Persönlich habe ich mir nichts vorzuwerfen

Michael Philipp

Persönlich habe ich mir nichts vorzuwerfen

Politische Rücktritte in Deutschland von 1950 bis heute

Süddeutsche Zeitung **Edition**

Bibliographische Information: Die Süddeutsche Zeitung Edition
verzeichnet diese Publikation in der Deutschen Nationalbibliographie;
detaillierte bibliographische Daten sind im Internet über
http.//dnb.ddb.de abrufbar.

© Süddeutsche Zeitung GmbH, München
für die **SüddeutscheZeitung Edition** 2007

Umschlaggestaltung und Layout: Eberhard Wolf
Satz und Grafik: Dennis Schmidt
Druck und Bindearbeiten: Ebner & Spiegel, Ulm
Printed in Germany

ISBN: 978-3-86615-485-8

Für Anne

Inhalt

Vorwort 8

1 **Bei vorzeitiger Erledigung des Amtes**
Einführung 21

2 **Mich der Bürde der Staatsgeschäfte zu entledigen**
Melancholie und Überdruss – Historische Rücktritte 31

3 **Dann sind es irgendwann zu viele Steine**
Rücktrittsgrund 1: Biografische Entwicklung 57

4 **Zwischen den Mühlsteinen zerrieben**
Rücktrittsgrund 2: Politische Entwicklung 79

5 **Ausdruck der Gewissensnot**
Rücktrittsgrund 3: Protest 99

6 **Respekt vor ungeschriebenen Regeln der Demokratie**
Rücktrittsgrund 4: Verantwortung 122

7 **Was damals Recht war**
Rücktrittsgrund 5: Politisches Vorleben 144

8 **Ich weiß auch nicht, was in mich gefahren ist**
Rücktrittsgrund 6: Persönliche Verfehlung 168

9 **Ein Vergehen, das exemplarisch geahndet werden muss**
Rücktrittsgrund 7: Politische Verfehlung 189

10	**Ein übler Fall, eine Geschmacklosigkeit** Rücktrittsgrund 8: Geldgeschichten 213
11	**Untragbar für ein öffentliches Amt** Rücktritt als Waffe: Forderungen und Drohungen 243
12	**Nach heutigem Erkenntnisstand** Die Bedeutung des Regierungschefs und der Partei 263
13	**Von der Zeitung erschlagen** Die Rolle der Medien 283
14	**Mit stockender Stimme** Finale Inszenierung: Die Bekanntgabe des Rücktritts 304
15	**Dieser Schritt fällt mir nicht leicht** Rhetorik des Abschieds: Rücktrittserklärungen 324
16	**Es ist ein Sieg der politischen Vernunft** Reaktionen auf Rücktritte 340
17	**Nicht unbedingt am Ende seiner Karriere** Das Leben danach 369
18	**In der dunkelsten Stunde meines politischen Lebens** Der eigene Rücktritt in der Erinnerung 393
19	**Nicht Grund genug für einen Rücktritt** Verweigerte Demission und Entlassung 412
20	**Manche Notwendigkeiten der Politik** Fazit: Die Kultur des Rücktritts 439

Anmerkungen 452
Bildnachweis 457
Literaturverzeichnis 458
Danksagung 468
Namenverzeichnis 470

Vorwort

Der Spion Günter Guillaume bei Willy Brandt im Kanzleramt. Die Todesurteile des Marinerichters Hans Filbinger. Der Kieler Sumpf des Uwe Barschel. Viele der großen Skandale der Bundesrepublik führten zum Rücktritt eines Politikers. Wer Missstände zu verantworten hat, wen eine problematische Vergangenheit belastet oder wer sich unlauterer Machenschaften bedient, ist für ein politisches Amt nicht tragbar. Der Rücktritt ist ein Akt, mit dem Probleme bereinigt, Konflikte beigelegt und Krisen entschärft werden. Wie in der griechischen Tragödie die Katharsis, bewirkt ein Rücktritt nach einem Skandal eine temporäre gesellschaftliche Läuterung.

Mit dem Abtreten des Verantwortlichen klingt die öffentliche Erregung schnell ab. Weil das so ist, weil das heiße Eisen von gestern schon heute kalter Kaffee ist, wird am Rücktritt nur eines als entscheidend angesehen: sein Vollzug. Ist der Amtsverzicht erfolgt, ist das Thema erledigt. Die Vorgeschichte, die Beteiligten, ihre Abwägungen und Absichten sind nicht mehr von Interesse. Deshalb ist das Thema Rücktritt bisher kaum analysiert worden. Umfangreichere Darstellungen sind entweder journalistisch oder abstrakt gehalten, und auch in der politologischen Literatur sind Rücktritte bisher nur ein beiläufiges Thema.

Dabei ist ein Rücktritt ein alltägliches Phänomen der Demokratie. Denn nicht nur die spektakulären Skandale führen zu Amtsniederlegungen, sondern auch viele der kaum zählbaren kleineren Affären. Und neben den gravierenden Störfällen der Politik stehen Rücktritte, die Normalfälle sind: Rücktritte aus Altersgründen oder um in ein anderes Amt zu wechseln, Rücktritte wegen parteiinterner Konflikte oder verlorener Wahlen. So bündeln sich im Phänomen Rücktritt Ausnahmezustand wie Regelfall des demokratischen Systems.

Als wiederkehrende Erscheinung ist der Rücktritt ein politisches Ritual, das eingespielten Handlungselementen folgt. Wie bei den Tanzfiguren des Balletts gibt es im politischen Alltag immergleiche Abläufe. Deshalb lässt sich vom Rücktritt als einer Figur sprechen. Um diese Figur zu beschreiben, werden die wichtigsten Rücktritte von Regierungschefs und Landesministern in der Bundesrepublik behandelt. Davon hat es bisher über 250 Fälle gegeben – ein reiches Anschauungsmaterial. Hier wird erstmals eine gründliche und systematische Beschreibung vorgelegt, die eine Typologie der Rücktrittsgründe entwickelt, die Faktoren und Wirkungen von Rücktritten untersucht und sich nicht vor einem Fazit scheut – es ist ein nachdrückliches Plädoyer für eine Kultur des Rücktritts.

Beim Thema Rücktritt werden unweigerlich viele Schattenseiten der Politik ausgeleuchtet. Zwangsläufig ist oft von Verführbarkeit und Verfehlung, von Geltungssucht und Eitelkeit die Rede. Gleichwohl stimmt das Buch nicht ein in den Chor derer, die Verderbtheit und Verfall, Selbstsucht und Machtgeilheit der politischen Klasse beklagen. Es geht um etwas anderes. Rücktritte sagen viel über die politische Kultur aus. In den Debatten über Rücktritte, den Forderungen und ihren Zurückweisungen, den Begründungen und Kommentaren, findet eine Verständigung über Normen und Werte statt. Hier wird über Gut und Schlecht gestritten, wird Verhalten kritisiert oder verteidigt. Deshalb sind Rücktritte ein Indikator für den Stand der Moral und des Miteinanders in der Politik.

DER RÜCKTRITT, DER EINE ENTLASSUNG WAR
Den vom Kaiser geschassten Reichskanzler Otto von Bismarck
trösten die Huldigungen der Berliner Bevölkerung nicht.

RING ODER KRONE?
Für Wallis Simpson dankte Edward VIII.
als König von Großbritannien ab. – Zum
Rücktritt genötigt, verlässt Bundeskanzler
Ludwig Erhard mit gesenktem Kopf
die Fraktionssitzung (vorhergehende Seiten)

ECHTE UND GESPIELTE VERZWEIFLUNG
Nach seiner Abschiedsrede im Düsseldorfer
Landtag wischt sich Johannes Rau das Auge
(oben). Gregor Gysis Betroffenheit erschien
unglaubwürdig (unten).

BUNDESREPUBLIK DEUTSCHLAND
DER BUNDESKANZLER

den 6. Mai 1974

Sehr geehrter Herr Bundespräsident!

Ich übernehme die politische Verantwortung für Fahrlässigkeiten im Zusammenhang mit der Agentenaffäre Guillaume und erkläre meinen Rücktritt vom Amt des Bundeskanzlers.

Gleichzeitig bitte ich darum, diesen Rücktritt unverzüglich wirksam werden zu lassen und meinen Stellvertreter, Bundesminister Scheel, mit der Wahrnehmung der Geschäfte des Bundeskanzlers zu beauftragen, bis ein Nachfolger gewählt ist.

Mit ergebenen Grüßen
Ihr

Willy Brandt

EIN DOKUMENT POLITISCHER VERANTWORTUNG
Willy Brandts Rücktrittsschreiben.

GUTGLÄUBIGKEIT AUSGENUTZT
Willy Brandt und sein Referent, der Spion
Günter Guillaume, kurz vor dessen Enttarnung.

N STRASSENKÄMPFER ALS AUSSENMINISTER?
r junge Joschka Fischer (im Kreis) hält den
asserwerfern stand.

OR DER ENTSCHEIDUNG UND DANACH
fred Gomolka und Hans Filbinger versuchen
nderingend, im Amt zu bleiben; Hans Seifriz
d Johannes Rau geben gefasst ihre Entscheidung
annt (linke Seite, im Uhrzeigersinn).

PRIVATMANN STATT MINISTER
Oskar Lafontaine, hier mit Sohn Carl-Maurice, demonstriert nach seinem abrupten Rücktritt die Freuden des Familienlebens.

KAPITEL I

Einführung

Bei vorzeitiger Erledigung des Amtes

Nach seinem Ausscheiden als Reichskanzler erhielt Otto von Bismarck viele Briefe. Darunter war auch ein Schreiben des württembergischen Ministerpräsidenten Hermann von Mittnacht. Im März 1890 antwortete Bismarck seinem ehemaligen Kollegen: „Ich danke Ihnen herzlich für Ihre gütige Begrüßung bei meinem ‚Rücktritt', wie Sie es nennen, obschon ich nicht zurückgetreten, sondern gegen meinen Wunsch und ohne einen erkennbaren Grund entlassen worden bin."[1] Der Fürst war über das unfreiwillige Ende seiner Dienstzeit verbittert. Er betonte das Erzwungene seines Schrittes, die Entlassung.

> Daher soll man auf das Ende bedacht sein
> und seine Sorgfalt mehr auf ein glückliches Abgehn
> als auf den Beifall beim Auftreten richten.
> *Balthasar Gracian, Hand-Orakel*

Das Ringen des Zwangspensionierten um die richtige Benennung weist auf ein noch heute aktuelles Problem: die Definition dessen, was ein Rücktritt ist. Zunächst erscheint die Erklärung wenig kompliziert. Ein Regierungsamt in der Demokratie bedeutet die zeitlich begrenzte Übertragung einer Aufgabe. Ein Rücktritt ist die Niederlegung des Amtes vor Ablauf der Frist. Aus eigenem Entschluss, wäre allerdings noch zu ergänzen. Diese Anfügung macht die Betrachtung von Rücktritten kompliziert, ist doch die Frage der Freiwilligkeit das zentrale Problem bei einem Rücktritt. Das illustriert schon Bismarcks politisches Ende.

Dabei kommt es nicht auf die Formulierung „entlassen" an, die der ehemalige Reichskanzler hervorhob. Der Begriff Entlassung wird auch in der Bundesrepublik verwendet. Er beschreibt das Verfahren, mit dem die Amtszeit eines Ministers endet. Dieser wird auf

Vorschlag des Bundeskanzlers vom Bundespräsidenten entlassen. Die Frage der Freiwilligkeit ist damit nicht beantwortet.

Zwischen Rausschmiss und eigener Entscheidung

Die Figur des Rücktritts ist ein vielschichtiges Phänomen mit manchen Unschärfen der Abgrenzung. Schwierigkeiten der Zuschreibung betreffen zum einen Fälle, in denen ein Amtsinhaber zur Aufgabe genötigt wird, zum anderen solche Rücktritte, die mit dem Ende der Legislaturperiode zusammenfallen. Sind das „richtige" Rücktritte? Und was ist mit einem Rücktritt vor Antritt, wenn ein bereits nominierter Kandidat vor seiner Vereidigung aussteigt? Vielleicht sind solche Unsicherheiten die Ursache dafür, dass in den meisten Lexika zur Politik das Stichwort Rücktritt fehlt. Und dabei wird in den Medien täglich über erfolgte, geforderte oder angedrohte Rücktritte berichtet.

Eindeutig ist der Sachverhalt, wenn ein Amtsinhaber zurücktritt, um eine andere Aufgabe zu übernehmen. Vor allem wenn der neue Posten reizvoller ist, wird niemand an der Freiwilligkeit des Schrittes zweifeln. Ebenso eindeutig ist die Sache, wenn sich ein Minister ausdrücklich weigert zurückzutreten. Dann wird er gefeuert. Zwischen der überzeugenden Freiwilligkeit beim Amtswechsel und der deutlichen Unfreiwilligkeit beim Rauswurf liegt ein weites Feld. Wie freiwillig ist ein Rücktritt, wenn ein Politiker wochenlang von der Presse skandalisiert wird? Wie freiwillig ist der Abschied eines Ministers, wenn sein Regierungschef ihn in stundenlangen Krisengesprächen bearbeitet? Wie freiwillig ist die Amtsniederlegung, wenn die Basis der Partei längst murrt und nörgelt? Das Maß an Freiwilligkeit lässt sich nicht exakt bestimmen. Es gibt bei Rücktritten unterschiedliche Grade an Freiwilligkeit. Daher wird hier ein formales Kriterium zugrunde gelegt. Solange ein Politiker – unter welchem Druck auch immer – selbsttätig seinen Amtsverzicht erklärt, solange er also nicht ausdrücklich entlassen wird, ist sein Schritt ein Rücktritt.

Neben der Frage der Freiwilligkeit besteht in manchen Fällen ein weiteres definitorisches Problem. Das ist mit dem Zeitpunkt verknüpft, zum Beispiel mit dem Ende der Legislaturperiode. So verabschieden sich viele Minister nach Bundestagswahlen aus der Regierung. Ein solcher Ausstieg bei der turnusmäßigen Beendigung der Amtszeit wirkt nicht als ungeplanter Abbruch einer Karriere. Der

Zeitpunkt ist auch aus einem anderen Grund geschickt: In den Tagen nach einer Wahl richtet sich die Aufmerksamkeit auf die Vielzahl der kommenden Akteure. Da fallen Abschiede von Ministern nicht auf. Nach dem Grundgesetz endet das Amt eines Bundesministers erst mit dem Zusammentritt des neu gewählten Bundestages. Ist die Mitteilung, nicht für das neue Kabinett zur Verfügung zu stehen, als Rücktritt zu werten? Nein, denn das Ende der Amtszeit ist in solchen Fällen nur eine Frage von ein paar Tagen.

Es gibt einen weiteren besonderen Zeitpunkt, der eine definitorische Frage auslöst. Mit dem Rücktritt eines Regierungschefs mitten in einer Legislaturperiode ist automatisch ein Rücktritt aller Minister seines Kabinetts verbunden. Diese Rücktritte sind reine Formsache. Sie fallen schon deswegen nicht ins Gewicht, weil der neue Regierungschef im Allgemeinen die meisten Minister der Vorgängerregierung übernimmt. Selten nutzt ein Minister die Gelegenheit eines Wechsels an der Spitze, um seinen Rücktritt zu realisieren.

Zwei Erscheinungen werden häufig mit Rücktrittsdiskussionen in Verbindung gebracht, obwohl sie nicht dazugehören. Die erste sind Fälle, in denen ein designierter Minister noch vor der offiziellen Ernennung von seinem Posten Abstand nimmt. So etwas wird umgangssprachlich als Rücktritt vor Antritt bezeichnet, obwohl es sich nicht um einen Rücktritt handelt. Der Politiker war zwar nominiert, aber noch nicht als Minister vereidigt. Die zweite Variante, die nicht dazugehört, ist ein Rücktritt auf Zeit. Manchmal möchte sich ein Minister, der mit Vorwürfen konfrontiert wird, beurlauben lassen, solange eine Untersuchung läuft. Damit könnte er sich Rücktrittsforderungen entziehen, bis die mediale Erregung abgeklungen ist. Aber ein provisorischer Rücktritt ist bei Politikern nicht vorgesehen. Anders als Beamten steht ihnen nur der definitive Amtsverzicht offen, nicht aber eine Beurlaubung.

Was dahinter steckt

Diether Deneke, Agrarminister in Nordrhein-Westfalen, begründete seinen Rücktritt 1979 mit dem Protest gegen eine geplante Autobahn. Dennoch kursierten Gerüchte über andere Gründe. Kritik am Ministerpräsidenten, Streit mit den Kollegen, Ärger über den Koalitionspartner wurden als die tatsächlichen Motive seiner Amtsniederlegung gehandelt. „Daß ein Minister schlicht aus den

Gründen zurückgetreten sein kann, die er selber angibt, ist wohl zu simpel, um geglaubt zu werden", kommentierte die *Zeit*.[2] Nicht immer stimmen die offiziellen Begründungen für einen Rücktritt. Misstrauen gegenüber Rücktrittserklärungen ist keineswegs immer unangebracht. Häufig hat ein Rücktritt mehrere Gründe, aber nicht alle werden genannt. Vielleicht um Fehlverhalten nicht eingestehen zu müssen, vielleicht um die Regierung oder die Partei nicht zu belasten. Ein Anlass kann ein Auslöser für eine Rücktrittsentscheidung sein und wird als Grund angegeben, aber andere Gründe, die schon länger bestanden, können die tieferliegende Ursache sein. Der tatsächliche Grund für einen Rücktritt aber ist eine zentrale Frage. Hinter der angeblich angegriffenen Gesundheit kann ein Konflikt mit dem Regierungschef stecken, einer „persönlichen Entscheidung" kann eine parteiinterne Auseinandersetzung vorausgegangen sein. Der Grund des Rücktritts ermöglicht eine typologische Einordnung, die aus acht Kategorien besteht.

Eine grundsätzliche Unterscheidung bei Rücktrittsursachen ist die zwischen Normalfall und Störfall der Demokratie. Als Normalfälle sind alle Rücktritte zu zählen, die mit der biografischen Entwicklung eines Politikers zu tun haben, wie der Wechsel von einem Amt in ein anderes oder der Berufswechsel, also das Verlassen der Politik. Persönliche Motive können Amtsmüdigkeit oder Überforderung sein, ebenso Krankheit und Alter.

Nicht weniger gewöhnlich sind Rücktritte aufgrund der politischen Entwicklung. Hierher gehören Rücktritte nach einer Wahlniederlage, bei Koalitionsproblemen, gescheiterten Vorstellungen oder nach einem verlorenen Machtkampf in der Partei. Auch die wenigen Rücktritte aus Protest können den Normalfällen zugerechnet werden. Wenn sich ein Politiker mit einem für ihn wesentlichen Anliegen nicht durchsetzen kann oder eine Entscheidung aus Gewissensgründen nicht mittragen kann, steht ihm der Rücktritt frei. Amtsniederlegungen aus Protest werden in den Medien stark beachtet – weil sie so selten vorkommen und weil sie ein Problem schlaglichtartig herausstellen. Auch wenn diese Rücktritte mit ihrer Alles-oder-Nichts-Haltung ein destruktives Element sind, bewegen sie sich innerhalb der Regeln des politischen Systems.

Als Störfälle sind alle Rücktritte zu sehen, die aufgrund von Regelverstößen erfolgen. Dabei ist nicht ein Fehlverhalten der Skandal. Ein Skandal entsteht erst, wenn eine Normverletzung problematisiert wird. Verfehlungen, die zu einem Skandal gemacht werden, sind nicht immer dem Amtsinhaber persönlich anzulasten. Die häufig thematisierte Übernahme der politischen Verantwortung für einen Skandal trifft als Rücktrittsgrund zu, wenn ein Minister für einen Missstand einsteht, der nicht durch sein eigenes Handeln, allenfalls durch ein Unterlassen zustande gekommen ist. Kein aktuelles Fehlverhalten, sondern das politische Vorleben kann ein weiterer Anlass für einen Rücktritt sein. Hier ist das Skandalon eine mitunter jahrzehntelang zurückliegende Aktivität für den Nationalsozialismus oder das SED-Regime. Das frühere Engagement für ein undemokratisches System wird als Verstoß gegen das Gebot der biografischen Unbescholtenheit aufgefasst.

Um Skandalisierung aktuellen Verhaltens handelt es sich bei der persönlichen oder der politischen Verfehlung und der Vorteilsnahme. Zur persönlichen Verfehlung gehört normwidriges Betragen, das nicht als politische Handlung zu sehen ist. Das sind etwa – äußerst selten thematisierte – private Vorgänge, Entgleisungen oder das Phänomen der politischen Dummheit. Politisches Fehlverhalten reicht von mangelhafter Amtsführung über Täuschungen bis zu rechtswidrigen Machinationen. Am häufigsten sind die Fälle von Versagen. Dazu gehören die Fehleinschätzung eines Problems und ungenügendes Krisenmanagement, fehlendes Durchgreifen und Führungsschwäche. Auch Unwahrheiten oder Vetternwirtschaft können zu Rücktritten führen. Am gravierendsten sind unlautere Machenschaften wie die von Franz Josef Strauß und Uwe Barschel.

Die letzte Kategorie der Rücktrittsgründe umfasst alle Fälle der Vorteilsnahme, wobei dieser Begriff nicht im strafrechtlichen, sondern im umgangssprachlichen Sinn gemeint ist. Es geht um Politiker, die ihre Position ausnutzen, um sich privat zu bereichern, die Parteispenden ohne korrekte Verbuchung entgegennehmen oder Urlaubsreisen und Einladungen auf Kosten anderer genießen. Auch der unregelmäßige Umgang mit öffentlichen Geldern zugunsten anderer gehört dazu.

Die Rücktritte aufgrund von Störfällen sind es, an denen sich die Diskussion um Verhaltensnormen von Politikern entzündet. Aber nicht nur die – wahren oder vorgeschobenen – Gründe sind für den Vollzug eines Rücktritts ausschlaggebend. Ob es zu einem Rücktritt kommt, hängt von einer Vielzahl anderer Faktoren ab wie der Person des Politikers, seiner Stellung in der Partei, der politischen Konstellation und dem zeitlichen Kontext.

Von allen Seiten

Kräfte aus vier Bereichen üben Einfluss auf die Entscheidung für oder gegen einen Rücktritt aus: die Regierung, das Parlament, die eigene Partei und schließlich die Öffentlichkeit. In der Regierung ist es zum einen der Bundeskanzler oder Ministerpräsident, der den Minister unterstützt oder fallenlässt, zum anderen sind es die Kabinettskollegen, die sich in Solidarität üben oder mit Zurückhaltung oder gar Kritik seine Position in Frage stellen.

Im Parlament sind die Oppositionsparteien per Definition darauf aus, einen Minister bei Schwächen oder Verfehlungen zu kritisieren und seinen Rücktritt zu fordern. Dies kann innerhalb des Parlaments in Debatten und durch Misstrauens- oder Abwahlanträge geschehen wie außerhalb durch Pressemitteilungen oder Interviews. Hier ist ein umstrittener Minister oder Regierungschef größtem Rechtfertigungsdruck ausgesetzt. Skeptische Stimmen können auch von Abgeordneten einer Koalitionspartei kommen oder – untrügliches Zeichen für eine akut gefährdete Stellung – aus der eigenen Fraktion.

In der eigenen Partei spielen der Landes- oder Bundesvorstand ebenso eine Rolle wie die Basis. Deren Vorstellungen decken sich nicht immer, manchmal agieren konkurrierende Parteiflügel gegeneinander. Die Generationenfrage spielt ebenfalls eine nicht zu unterschätzende Rolle. Durchsetzungsfähigkeit und seine Chancen, Wahlen zu gewinnen, bestimmen den Stellenwert eines Politikers innerhalb seiner Partei. Das gilt für Spitzenkandidaten und Ministerpräsidenten und auch für solche Politiker, die eine spezielle Klientel ansprechen, die ohne sie für die Partei kaum erreichbar wäre. Entscheidend für einen ausbleibenden oder verzögerten Rücktritt kann auch der Mangel an einem geeigneten Nachfolger sein.

In der Öffentlichkeit wirken die Medien, die den Politiker kritisch begleiten. Sie können durch negative und hämische Kommentare einen Minister demontieren, aus ideologischen Gründen seine Tätigkeit niedermachen oder ihn durch Enthüllungen und forcierende Berichterstattung unter Druck setzen. Im Bereich der Öffentlichkeit agieren auch Interessengruppen wie Gewerkschaften, die einen Politiker ablehnen und deshalb seinen Rücktritt fordern. Auch die Bevölkerung, die Wähler, beurteilen in Bewertungen und Umfragen den aktuellen Status eines Politikers.

Der Einfluss all dieser Faktoren ist abhängig von aktuellen Konstellationen und dem zeitlichen Kontext: Das können die Situation im Kabinett sein, Koalitionserwägungen oder auch andere Rücktritte. Der zeitliche Kontext eines Rücktritts ist häufig durch bevorstehende Wahlen gekennzeichnet. Ein umstrittener Minister liefert der Opposition Wahlkampfmunition. Die Furcht vor berechtigten Attacken bringt manchen Regierungschef dazu, vor einem Urnengang ein Kabinettsmitglied zum Rücktritt zu drängen, das er zu einem anderen Zeitpunkt im Amt gehalten hätte.

Diese vielen Komponenten, die in jedem Fall unterschiedlich intensiv wirken, machen jeden Rücktritt zu einem Einzelfall. Das bedeutet aber nicht, dass Rücktritte nicht miteinander vergleichbar sind. Um solche Vergleiche bemühen sich die Medien, um aktuelle Fälle einzuordnen, Abläufe zu verdeutlichen oder Argumentationen zu untermauern. Aber nur wenige Rücktritte haben stilbildend gewirkt. Zu diesen gehört der abrupte Amtsverzicht von Oskar Lafontaine im März 1999. Als im Jahr darauf Christa Thoben ebenso überraschend zurücktrat, wurde ihr Schritt von Parteifreunden als „Abgang à la Lafontaine" gebrandmarkt. Noch einmal wurde im August 2002 an Lafontaine erinnert, beim Rücktritt von Gregor Gysi. Das sei „die klassische Oskar-Nummer", befand der Berliner Grüne Wolfgang Wieland.[3]

Auch wenn sich zwischen einzelnen Amtsniederlegungen Bezüge herstellen lassen – eine Generationenfolge lässt sich nicht ausmachen. Die politischen und gesellschaftlichen Bedingungen in der Bundesrepublik haben sich im Lauf der Jahrzehnte geändert, aber eine Entwicklung der Figur Rücktritt hat nicht stattgefunden. Ihre Konstanten sind gleich geblieben, weshalb eine Untersuchung der Rücktrittsgründe und ihrer Faktoren ergiebiger ist als eine chronologische Darstellung.

Im Verfassungsrang

Hier werden nur die Rücktritte von Vertretern der obersten Verfassungsorgane betrachtet. Auf Bundesebene sind das der Bundestagspräsident sowie der Bundeskanzler und die Minister seiner

Regierung. Auf Landesebene sind es die Regierungschefs und ihre Kabinettsmitglieder. Warum dieser Fokus? Die Inhaber staatlicher Ämter unterscheiden sich von anderen Funktionsträgern wie Abgeordneten, Parteibeauftragten oder Kommunalpolitikern durch eine Reihe von Charakteristika.

Zum Ersten handelt es sich bei ihrem Tätigkeitsfeld um Ämter im Verfassungsrang. Diese erfordern einen verantwortungsvollen Umgang. In Rücktrittsforderungen oder -begründungen ist häufig davon die Rede, das Amt müsse vor Schaden bewahrt werden. Eine zweite Besonderheit: Die Amtsinhaber bewegen sich in einem definierten Raum mit ritualisierten Verfahren, dem Parlament. Auch wenn in diesem Raum nicht über alle Details des Verhaltens Einigkeit besteht – die Diskussionen um Rücktrittsforderungen belegen das –, sind die Grundlinien unbestritten. Parteiinternes Fehlverhalten lässt sich als Vereinsangelegenheit ansehen, ein Normenverstoß eines Amtsinhabers ist dagegen ein öffentlicher Fall. Das dritte Charakteristikum ist die intensive Kontrolle der staatlichen Funktionsträger durch die Öffentlichkeit. Das setzt sie einem beständigen Rechtfertigungsdruck aus. Bei Kommunalpolitikern oder Verbandsfunktionären ist das Medieninteresse weniger ausgeprägt und oft regional begrenzt.

Vom nachfolgenden historischen Kapitel abgesehen, ist das Thema auch in geografischer und zeitlicher Hinsicht eingegrenzt: auf die Bundesrepublik von ihrer Gründung bis zur Gegenwart. Rücktritte in anderen Staaten scheiden aus. In Großbritannien etwa besteht eine ausgeprägte Tradition des Rücktritts, die in Deutschland häufig als vorbildlich bezeichnet wurde. Schon beim zögerlichen Rücktritt des Vertriebenenministers Theodor Oberländer im Frühjahr 1960 hieß es in der FAZ, in Großbritannien genüge ein Wink des Regierungschefs, um einen glücklosen Minister zum Rücktritt zu bringen. Während die Rücktrittskultur Großbritanniens anscheinend mustergültig ist, gelten die Strukturen in Italien als Negativbeispiel. Wo mafiöse Verflechtungen und Korruption an der Tagesordnung sind, wird eine Rücktrittsbegründung wie der Verlust der Glaubwürdigkeit Unverständnis hervorrufen.

Auch staatsrechtliche Fragen, die in erster Linie für Juristen interessant wären, bleiben ausgeklammert. Nach Artikel 24 der niedersächsischen Verfassung können der Ministerpräsident und die Minister jederzeit zurücktreten. Eine entsprechende Bestimmung

Einführung

für die Mitglieder der Bundesregierung fehlt im Grundgesetz. Über den Rücktritt des Bundeskanzlers schweigt sich die Verfassung aus. Die Möglichkeit seiner Absetzung durch den Bundestag ist durch ein Misstrauensvotum vorgesehen, ein freiwilliger Amtsverzicht wird aber nicht erwähnt. Das gilt auch für die beiden anderen höchsten Staatsämter. Weder für den Präsidenten des Bundestages noch für den Bundespräsidenten ist gesagt, was „bei vorzeitiger Erledigung des Amtes", so die vage Formulierung des Grundgesetzes, aus eigenen Stücken zu tun ist. Die Option wurde von den Vätern der Verfassung nicht einmal ins Auge gefasst. Aber in der Praxis ist noch keine Amtsniederlegung an fehlenden Grundgesetzartikeln gescheitert. Die Diskussion über einen fälligen Rücktritt des Bundestagspräsidenten findet nicht auf der Ebene rechtlicher Bestimmungen statt. Deshalb ist der verfassungsrechtliche Aspekt bei der politischen Bewertung von Rücktritten nicht maßgeblich.

Der Einzelne und sein Rücktritt

Mögen auch noch so viele Faktoren eine Rolle spielen, mag die Entscheidung freiwillig oder durch das Zutun anderer zustande kommen – ein Rücktritt bleibt der Schritt eines Einzelnen. So stellt eine Untersuchung über Rücktritte unvermeidlich die Person des Politikers in den Mittelpunkt. Dabei kommen Bereiche zur Sprache, die sich kaum auf der politischen Agenda befinden. Es geht um die Bedeutung des Rücktritts für den Einzelnen, für seine politische Karriere wie für seine Lebensplanung. So scheint abseits aller Programmatik und inhaltlichen Diskussionen eine menschliche Dimension auf. Nicht Strukturen und Programme, Institutionen und Ideologien werden behandelt, sondern das Individuum in der politischen Landschaft.

Diese personale Perspektive bedeutet nicht, die in früheren Zeiten gängige Sichtweise aufzugreifen, nach der die Weltläufte von bedeutenden Männern bestimmt werden. Im Gegenteil. Die Geschichte der Rücktritte ist nicht die Geschichte der großen historischen Persönlichkeit, wie sie Jacob Burckhardt im 19. Jahrhundert gesehen hat. Zum einen zeigen sich mehr Geltungssucht und Kleinmut als menschliche und historische Größe. Zum anderen sind die Handlungsspielräume des Politikers in der modernen Gesellschaft begrenzt. So sehr begrenzt, dass er oftmals noch nicht einmal die

Umstände seines Ausscheidens selbst bestimmen kann. Und dabei sollte der Rücktritt das Gestaltungsrecht des Einzelnen sein. Darauf richtet sich ein Fokus der Untersuchung: auf den kommunikativen Prozess, in dem der einzelne Politiker steht und in dem er sich zu behaupten hat.

KAPITEL 2

Melancholie und Überdruss – Historische Rücktritte

Mich der Bürde der Staatsgeschäfte zu entledigen

Der Kaiser hätte nicht besonders darauf hinweisen müssen. Alle Anwesenden im Schloss zu Brüssel spürten, dass sie einen historischen Moment erlebten. Was sich vor ihren Augen abspielte, war eine so unübliche wie bedeutsame Zeremonie. Am 25. Oktober 1555 übertrug Kaiser Karl V. die Herrschaft der Niederlande an seinen Sohn. Mit diesem Thronverzicht bereitete der müde Monarch seine Abdankung als Kaiser des Römischen Reiches vor. Das Außergewöhnliche seines Schrittes war ihm bewusst, weshalb er es in einer bewegenden Abdankungsrede herausstellte: „Meine Handlungsweise wird wenige Nachahmer finden, wie sie wenige Beispiele hat".[1] Damit hatte Karl Recht und sollte Recht behalten. Wer hatte vor ihm die Macht aus freien Stücken aufgegeben, wer würde es nach ihm tun? Es waren nur wenige innerhalb von 2000 Jahren. Um einige von ihnen geht es in diesem Kapitel: um zwei römische Herrscher, einen Papst, einen Kaiser und zwei Könige.

> Zur Resignation gehört Charakter.
> *J.W. von Goethe zu Sulpiz Boisserée*

Warum wird hier ein Zusammenhang zwischen historischen Gestalten und bundesdeutschen Politikern hergestellt? Welche Beziehungen bestehen zwischen monarchischen Potentaten und gewählten Mandatsträgern? Vergleichbar sind nicht die Staatsformen und sozialen Verhältnisse, nicht Machtfülle und Regierungstechnik. Vergleichbar sind – mit aller Vorsicht – die persönliche Situation eines Amtsinhabers und die Dramatik des Geschehens, die existentielle Entscheidung eines Einzelnen, die weitreichenden Konsequenzen für den Staat. Vergleichbar sind auch die Fragen, die seit jeher an Demissionen gestellt werden: Wie kommt es zu einem

Rücktritt, warum erfolgt er gerade in dieser Situation? Stimmen die angegebenen Gründe oder spielen ungenannte Interessen und Absichten eine Rolle? Ist eine Abdankung verantwortungsvoll oder geschieht sie lediglich aus persönlicher Bequemlichkeit? Die Figur des Rücktritts folgt seit ihren Anfängen einer ähnlichen Dramaturgie. Mit der gebotenen Zurückhaltung bei historischen Analogien geht es hier darum, wiederkehrende Muster zu benennen, die als Konstanten der Machtausübung gelten können. Mitunter kommen erstaunliche Übereinstimmungen im Detail vor. Das Wissen um solche überzeitlichen Parallelen erleichtert die Einordnung und Bewertung gegenwärtiger Rücktritte.

„Wer einmal die Rauschlust des Herrschens und Gebietens geübt, vermag ihr nie mehr zu entsagen", schreibt Stefan Zweig in seiner Biografie des französischen Revolutionärs Joseph Fouché. „Man durchblättere die Weltgeschichte nach Beispielen freiwilligen Entsagens", so Zweig weiter, „außer Sulla und Karl V. findet man unter Tausenden und Zehntausenden von Gestalten kaum ein Dutzend, die gesättigten Herzens und klaren Sinns der fast frevlerischen Lust entsagten, Schicksal für Millionen zu spielen."[2] Von diesem knappen Dutzend werden die sechs bedeutendsten hier vorgestellt. Neben den von Stefan Zweig erwähnten Sulla und Karl V. sind es Diokletian, Papst Cölestin V., Christina von Schweden und der englische König Edward VIII.

Die einzelnen Fälle standen in einem jeweils eigenen Kontext und bezogen sich nicht auf ihre Vorgänger. Eine stilistische Entwicklung fand nicht statt. Um jedoch eine sinnvolle Ordnung zu erhalten, werden die historischen Demissionen in chronologischer Folge präsentiert. Die Abdankungen erregten große Aufmerksamkeit und wurden von den Zeitgenossen vielfach kommentiert. Die erste ausführlich dokumentierte Amtsniederlegung ist der Machtverzicht des römischen Diktators Sulla. Mit ihm beginnt die Geschichte des Rücktritts.

Ein wunderbarer Akt

Ungläubiges Erstaunen bei den Zeitgenossen, anhaltende Spekulationen bei den Historikern – der unvermittelte Rücktritt des römischen Diktators Lucius Cornelius Sulla im Jahr 79 v.u.Z. war ein irritierender Schritt. Auf dem Höhepunkt seiner Macht entschloss sich der Gewaltherrscher zur Niederlegung seines Amtes, die er in einer Ansprache auf dem Forum Romanum öffentlich verkündete. „Er erklärte sich einfach zum Privatmann", vermerkte der Geschichtsschreiber Appian zweihundert Jahre später konsterniert.³ Freimütig bot Sulla an, über alle Taten Rechenschaft abzulegen. Man solle ihn nur fragen. Vor aller Augen legte er die Rutenbündel und Beile, Insignien der Macht, ab und entließ seine Leibwache. Danach ging er, nur von seinen Freunden begleitet, lange Zeit mitten auf dem Forum umher. Die Masse der dichtgedrängten Bürger schaute in tiefer Scheu auf den Diktator, den sie lang gefürchtet hatte.

Beklemmende Stille herrschte. Die Römer waren derart verblüfft, dass niemand seiner Aufforderung, ihn nach seinen Taten zu befragen, nachkam. Wie konnte es sein? Ein skrupelloser Tyrann beendet plötzlich, ohne erkennbaren Anlass, seine Willkürherrschaft? Drei Jahre lang hatte der erfolgreiche Kriegsherr Rom mit unvorstellbarer Grausamkeit regiert, indem er sich auf die Veteranen seiner kampanischen Armee, eine unschlagbare Hausmacht, gestützt hatte. Mit seinen Ächtungsbefehlen, den Proskriptionen, hatte er nach Lust und Laune politische Gegner benannt, zur Ermordung freigegeben und ihr Vermögen konfisziert. Tausende hatte er ohne Gnade abschlachten lassen! Seine Feinde waren unzählbar.

Dennoch schien Sulla keine Angst vor Rache zu haben. Er ließ sich weder von den Bürgern in Rom noch von den Verbannten schrecken. Sulla sei der erste Mann, wunderte sich Appian, der ein so gewaltiges Amt ohne jeden Zwang in andere Hände lege. Dies waren nicht etwa die Hände seiner Söhne, sondern die Hände jener, die er bis eben tyrannisiert hatte. Dieser beispiellose Vorgang war für den Chronisten schwer nachvollziehbar. Überdies war dem Despoten die Macht nicht in den Schoß gefallen. Sulla hatte sich seine Position in langjährigen und brutalen Kriegen gegen seine Widersacher hart erkämpft. Appian staunte: „Man kann es kaum glauben, daß jemand sich unter vielen Gefahren den Weg zur Herrschaft bahnte und sie, nachdem er sie erlangt hatte, freiwillig aufgab."⁴

Mit Appians Fazit, dieser Akt scheine ans Wunderbare zu grenzen, mochten sich die Nachgeborenen nicht begnügen. Seit Jahrhunderten wird über die Hintergründe des Rücktritts gerätselt. Der will so wenig zu einer Persönlichkeit passen, die schon Cicero als amoralisch, gewalttätig, grausam, habgierig und selbstherrlich bezeichnete. Einige bezweifelten die Freiwilligkeit des Schrittes. Sie vermuteten als Ursache das Drängen politischer Kreise, etwa der Meteller, einer einflussreichen Familie, die um ihre Macht gefürchtet hätte. Meistens aber wird Sullas Schritt für selbstbestimmt gehalten. Mehrere Gründe sind möglich. Die einen sehen darin die Konsequenz aus Sullas Staatsvorstellung. Er habe aus Prinzip einen Wechsel an der Regierung gewünscht, da er kein Anhänger der Monarchie gewesen sei. Andere glauben, Sulla habe der schöpferische Genius gefehlt, der innere Dämon des Politikers, der ihm einen Machtverzicht nicht erlaubt hätte. In diese Richtung geht auch ein Vorwurf des nur wenig jüngeren Caesar: Sulla sei politisch ein Analphabet gewesen, da er die Diktatur von sich aus niedergelegt habe. Wieder andere wollen die Überheblichkeit des Genussmenschen erkennen. Der Don Juan der Politik, wie ihn der Historiker Theodor Mommsen nannte, habe sein Amt nur mit ironischer Leichtfertigkeit aufgefasst. Dazu passt des Tyrannen eigene Aussage: Die öffentlichen Geschäfte seien ihm eine Last geworden. Er entledigte sich ihrer, sobald er konnte, um ein idyllisches Landleben zu führen.

Mögliches Rücktrittsmotiv können auch gesundheitliche Probleme des beinahe 60-Jährigen gewesen sein. Oder hatte ein Orakel den Ausschlag gegeben? Sulla glaubte an die Wahrsagung eines Chaldäers, er werde nach einem ruhmvollen Leben auf der Höhe seines Glücks sterben. Diese Prophezeiung soll den Ausschlag für den Rücktritt gegeben haben. So sah es Sullas Zeitgenosse Plutarch. Dieser überliefert auch eine Vision, die Sulla kurz vor seinem Tod hatte. Im Traum sei ihm sein Sohn erschienen, der wie seine frühere Frau Metella bereits verstorben war. Der Sohn habe ihn aufgefordert, „alle Sorgen fahren zu lassen, wenn er jetzt mit ihm zur Mutter Metella ginge, um frei von den unruhevollen Geschäften des Staates bei ihr zu leben."[5] So hat Sulla der Rückzug aus der Politik noch bis in seine letzten Tage beschäftigt.

Sullas Amtsverzicht bleibt rätselhaft. Zu dünn ist die Quellenlage, zu wenig durchschaubar ist seine von Willkür und Orakelglauben geprägte Mentalität. Aber Sullas Schritt ist das Urbild für manche Aspekte der Figur des Rücktritts. Die Verblüffung der Zeitgenossen, das Rätselraten über die Gründe, die Vorwürfe von Politikunfähigkeit waren auch bei späteren Amtsniederlegungen zu hören, manchmal sind sie es bis in die Gegenwart. Dass sich ein Politiker heute spontan zur nicht-öffentlichen Person erklärt, geschieht selten. Oskar Lafontaine war eine solche Ausnahme. Nach seinem Rücktritt im März 1999 verweigerte er zunächst alle Interviews mit der Begründung, er sei jetzt Privatmann. Das hätte er von Sulla haben können.

Sullas Rücktritt war seine persönliche Entscheidung. Es ist nicht ersichtlich, wie lange er diesen Schritt im Voraus überlegt hat. Der zeitlich nächste Rücktritt, fast 400 Jahre später, war gut bedacht und gründlich vorbereitet. Diokletian entwickelte das Muster für eine geregelte Amtsübergabe.

Aus freien Stücken übertragen

Als der römische Kaiser Diokletian am 1. Mai 305 den herrscherlichen Purpurmantel seinem Nachfolger Galerius überreichte, konnte er auf eine erfolgreiche Regierungszeit zurückblicken. 20 Jahre hatte er amtiert – seit mehr als 100 Jahren hatte sich kein Machthaber so lang an der Spitze des Römischen Reiches gehalten. In den beiden Dekaden seiner Regentschaft hatte der energische Herrscher den Staat grundlegend reformiert. Neben dem Justiz-, Finanz- und Steuerwesen hatte er mit der Einführung der Tetrarchie auch das Regierungssystem neu gestaltet. Zwei Kaiser, die Augusti, werden von zwei jüngeren Mitherrschern, den Caesares, unterstützt. Nach zehn Jahren danken die Älteren ab, die Jüngeren steigen zu Augusti auf, und neue Mitregenten werden ernannt. Mit dieser Regelung sollten die Nachwachsenden aufgebaut und eingearbeitet werden. So ließ sich Erfahrung weitergeben, die Kontinuität der Herrschaft sichern.

Bereits im Jahr 293 hatte Diokletian mit Galerius und Constantius Chlorus zwei Caesares erwählt. Sie sollten später die Macht übernehmen. Seinem langjährigen Mit-Augustus Maximian nötigte Diokletian im Winter 304 auf dem römischen Capitol das Versprechen zum Rücktritt ab. Der Kollege musste sogar einen Eid im Jupitertempel schwören. Daran hielt er sich, wenn auch nur widerwillig. Wie verabredet, trat er ein halbes Jahr später, am 1. Mai des Jahres 305, in Mailand zurück. Am selben Tag dankte Diokletian in der Nähe seines Regierungssitzes Nikomedia am Marmarameer ab. Der Staatsakt war sorgfältig inszeniert.

Die festliche Zeremonie vollzog sich auf einer Anhöhe drei Meilen vor der Stadt, dem Ort, an dem Diokletian im November 284 von seinen Soldaten zum Herrscher gekürt worden war. Dort hatte er später eine Säule mit einem Standbild Jupiters errichten lassen. Zu der offiziellen Verabschiedung marschierten große Mengen von Soldaten in Paradeuniform auf. Diokletian, sein Nachfolger sowie die hohen Offiziere erklommen ein eigens installiertes Podium, von dem aus der etwa 60-Jährige seine Abschiedsrede hielt. Unter Tränen erklärte der Kaiser gegenüber den Soldaten seinen Rücktritt. Er sei krank und wolle sich jetzt, nach den vielen Anstrengungen, Ruhe gönnen. Er übergebe die Herrschaft an Rüstigere. Um diesen Wechsel augenfällig zu demonstrieren, überreichte er sein purpurnes *paludamentum*, den Kaisermantel, an seinen Nachfolger Galerius. Danach fuhr der Herrscher im Ruhestand in seine Heimat Dalmatien.

Christliche Chronisten der Zeit, die Diokletian wegen der blutigen Verfolgung ihrer Glaubensgemeinschaft nicht mochten, hinterfragten die feierliche Amtsübergabe. Sie behaupteten, der Kaiser sei von Galerius unter Androhung eines Bürgerkriegs zum Rücktritt gezwungen worden. Überdies sei er wegen diverser Krankheiten zeitweise nicht zurechnungsfähig gewesen. Immerhin erwähnten auch andere Autoren, dass der Kaiser die Einschränkungen durch das Alter längst gespürt habe. Aber sie zollten dem eigenständigen Entschluss zur Abdankung Respekt. So würdigte der Geschichtsschreiber Eutropius, Diokletian habe es seit der Gründung des Reiches als Einziger vollbracht, „sich aus so hoher Gipfelstellung freiwillig zum Stand des Privatlebens und eines einfachen Bürgers zurückzuziehen."[6] Damit nehme er eine Ausnahmestellung ein. Deshalb sei ihm als ersten Menschen eine besondere Ehre zuteil geworden: Er wurde zu den Vergöttlichten gezählt. Und das, so der römische Geschichtsschreiber weiter, obwohl er als Privatmann verstorben sei.

Der für einen Ex-Herrscher ungewöhnliche Status des Privatiers erregte bei den Zeitgenossen Verwunderung, vielfach wurde darüber berichtet. Als Refugium hatte er sich einen prächtigen Palast in Salona, dem heutigen Solin bei Split, errichten lassen. Dessen früher Baubeginn gilt als Beleg für seine langfristige Rücktrittsplanung. Christliche Autoren ließen ihn dort übel leiden. „Er warf sich von der einen Seite auf die andere, weil seine Seele vor Gram nicht zur Ruhe kam und er deshalb weder Schlaf finden noch Speise zu sich nehmen konnte", schrieb der lateinische Kirchenschriftsteller Lactantius, ein Zeitgenosse Diokletians, und sah darin die gerechte Rache Gottes.[7] So wie heute die Medien je nach politischer Ausrichtung ihre Wertungen vornehmen, gab es auch damals unterschiedliche Urteile. Ein Panegyriker huldigte dem ehemaligen Kaiser überschwänglich und stellte ihn als wahrhaft glückselig, als mit seinem Handeln zufrieden dar. Diokletian, so der Laudator, „empfindet keine Reue über seinen Entschluß und seine Tat und glaubt nicht, verloren zu haben, was er aus freien Stücken übertragen hat".[8]

Noch acht Jahre lebte Diokletian, zurückgezogen, aber nicht ohne Anteilnahme am politischen Geschehen, in seinem dalmatinischen Palast bis zu seinem Tod um 313. Im Jahr 308 übernahm er sogar noch einmal das Konsulat und beteiligte sich an einer Kaiserkonferenz. Als ihn aber die Kollegen aufforderten, erneut als Augustus zu amtieren, lehnte er ab. Gelassen entgegnete er: „Kommt nur nach Salona und bestaunt den Kohl, den ich dort eigenhändig züchte, dann werdet ihr mich mit einem solchen Ansinnen verschonen."[9] Den Wunsch, sich künftig dem Ackerbau zu widmen, äußerten auch einige Politiker im 20. Jahrhundert.

Das Urteil der Nachwelt über Diokletian ist gemischt. Die einen sehen ihn erfolgreich und satt von Glück, die anderen verbittert und vor den Trümmern gescheiterter Pläne. Wie auch immer sein Lebenswerk zu bewerten ist – sein Rücktritt war gelungen. Die geschickte Übergabe des Amtes an einen Nachfolger gehört auch in der Gegenwart zu den großen Problemen von Politikern. Das eigene Verfallsdatum einzuschätzen und einen Nachfolger aufzubauen, gelingt nur wenigen. Manch langjähriger Ministerpräsident könnte sich Diokletian zum Vorbild nehmen.

Mit einer Regierungszeit von 20 Jahren und seinen grundlegenden Reformen hatte sich Diokletian als seinem Amt gewachsen gezeigt. Davon konnte beim nächsten Rücktritt – fast tausend Jahre später – keine Rede sein. Cölestin V. war eine eindeutige Fehlbesetzung auf dem Papstthron.

Ein feiger Verzicht?

Sein Gesundheitszustand war bedenklich. Aber alle Spekulationen, er könne deswegen sein Amt niederlegen, wies der schwer kranke Papst Johannes Paul II. mit dem Argument zurück, auch

Jesus habe sein Kreuz bis zum Ende getragen. Und schon der Apostel Paulus hatte im ersten Brief an die Korinther geschrieben: „Ein jeglicher bleibe in dem, darin er berufen ist." Johannes Paul harrte bis zu seinem Tod am 2. April 2005 im Amt aus. Dabei hätte er sich auf einen frühen Vorgänger beziehen können: Cölestin V. Sein Rücktritt ist in der zweitausendjährigen Geschichte des Heiligen Stuhls der einzige verbürgte Fall einer freiwilligen Abdankung. Nach einem Pontifikat von gerade mal fünf Monaten und neun Tagen kapitulierte der Unglückliche am 13. Dezember 1294. Die Schwierigkeiten seiner Aufgabe waren zu groß. In der *Göttlichen Komödie* widmete Dante ihm die wenig freundliche Zeile von jenem, „der feige tat den großen Amtsverzicht". Für Cölestin ehrenvoller ist die auch heute noch gebräuchliche Benennung Engelspapst.

Die Berufung des bereits 84-jährigen Benediktinermönchs im Sommer 1294 war nur eine Verlegenheitslösung. Seit mehr als einem Jahr war der Heilige Stuhl vakant, aber die intriganten Kardinäle konnten sich in ihrem Machtgezerre nicht auf einen Bewerber aus ihren Reihen einigen. Da brachte der neapolitanische König Karl II. überraschend einen auswärtigen Kandidaten ins Spiel. Einen alten Einsiedler, nach seinem Wirkungsort Peter von Morrone genannt. Der Ruf des frommen Greises und Ordensgründers war bereits von der Nordspitze Siziliens bis zu den Wahlmännern nach Perugia vorgedrungen, und so einigten sie sich auf den Außenseiter.

Allerdings fehlten dem einsiedlerischen Alten alle Voraussetzungen für dieses Amt. Kaum des Lateinischen mächtig, besaß er keinerlei theologische Kenntnisse und war im kanonischen Recht genauso ahnungslos wie in der Diplomatie oder der Verwaltung. So wenig er an Erfahrung mitbrachte, so wenig wollte er sich persönlich ändern. Auch als Papst blieb er seinen rustikalen Lebensgewohnheiten treu. Der florentinische Dichter Francesco da Barberino notierte nach einem Besuch indigniert, wie Cölestin durchs Zimmer lief und trocken Brot kaute, dabei nach der Weinflasche griff, die ein Diener hinter ihm hertrug. Solch bäurisches Verhalten ziemte sich nicht für einen Papst. Auch von seinem Ideal des Eremitentums wollte Cölestin nicht lassen. Gleich nach seiner Ankunft in Neapel ließ er sich in seinem Dienstsitz Castelnuovo eine hölzerne Mönchszelle einrichten.

Die Überforderung des praxisfernen Pontifex zeigte sich umgehend. Er verlor die Kontrolle über die Ämter der Kurie. Wahllos beurkundete er die Verleihung von Pfründen und Privilegien, gab aus Gutmütigkeit und Unkenntnis auch widerrechtlichen Anliegen statt. Bereits nach wenigen Wochen wurde der Gestresste von allen Seiten scharf kritisiert. Er litt darunter, der Verantwortung nicht gerecht werden zu können. Die Zustände im Kirchenapparat waren derart desaströs, dass einige Kardinäle seine Ablösung erwogen. Als sich Anfang Dezember 1294 entsprechende Gerüchte verbreiteten, versammelten sich die Anhänger des Engelspapstes zu einer Solidaritätskundgebung. Eine große Schar, darunter der Erzbischof von Neapel und der gesamte Klerus der Stadt, zogen vor die päpstliche Residenz und forderten, Cölestin möge, „da er der Ruhm des Königreichs sei, sich durch keine Überredungskünste zur Abdankung bewegen lassen".[10] Der Papst ließ freundlichst antworten, er beabsichtige im Amt zu bleiben. Allerdings machte er zugleich eine Einschränkung. Dies gelte nur für den Fall, dass nicht etwas eintrete, wodurch sein Gewissen bedrängt werde.

Das aber war längst der Fall. Der von Schuldgefühlen schwer Geplagte hatte bereits bei den Kanonisten der Kurie nach der rechtlichen und theologischen Möglichkeit der freiwilligen Abdankung gefragt. Die Kirchenjuristen erklärten einen Rücktritt für zulässig, stellten ihn sogar als einfach machbar dar. Da der Papst im Besitz der *plenitudo potestatis*, der Fülle der Gewalt, sei, müsse er nicht einmal eine Genehmigung einholen. Davon waren indes nicht alle Kardinäle überzeugt. Als Cölestin bei einem Konsistorium sein Vorhaben zur Sprache brachte, entbrannte eine lange Diskussion, bei der einige auf die unauflösliche Ehe zwischen Papst und Ecclesia verwiesen. Sie rieten dringend von einem Amtsverzicht ab. Eine solche, nie dagewesene Handlung könne Nachteile für die Kirche bringen. Der Ruf des Papsttums erleide Schaden.

Cölestin nahm sich einige Tage Bedenkzeit. Dann traf er seine Entscheidung, die er ausführlich begründete. Er nannte den Wunsch nach einem unbeschwerten Gewissen, den Mangel an Kenntnissen, die Bosheit des Volkes und seine eigene Schwäche. Außerdem wolle er in die Stille des Einsiedlerlebens zurückkehren. Ausdrücklich wies er auf die Freiwilligkeit seines Entschlusses hin. Zuvor hatte er noch eine Konstitution erlassen, die eine Abdankung als legitim erklärte. Am 13. Dezember 1294 legte Cölestin mit Ring, Tiara und Mantel die Zeichen des Amtes vor den Kardinälen ab, zog sich die graue Kutte seiner Kongregation über und setzte sich auf die unterste Stufe des Papstthrones. Zuletzt appellierte er an das Kollegium, möglichst schnell einen Nachfolger zu wählen.

Der Fall Cölestin ist ein klassisches Beispiel der Überforderung. Seine fehlende Ausbildung und seine ländliche Lebensweise hatten ihn nicht auf das Amt vorbereitet. Auch hatte er als Quereinsteiger nicht die harte Schule der Diplomatie durchlaufen – ein Manko, das auch einige Politiker im 20. Jahrhundert zu spüren bekommen sollten, die ohne die Ochsentour in ein Ministeramt gelangt waren. Warum Cölestin seine Einsiedelei überhaupt verlassen hatte, erklären die Quellen nicht. Jahrzehntelang hatte er in weltferner Abgeschiedenheit gehaust, dorthin wollte er wieder zurück. Ein Klosterdasein war auch das Ziel von Karl V. Im Herbst 1555 amtsmüde geworden, wollte er aller weltlichen Regierung entsagen und den Rest seines Lebens in Ruhe und Frieden Gott dem Herrn dienen. So schrieb er an seinen Bruder Ferdinand, dem er die Kaiserwürde andiente. Doch so einfach war die Sache nicht.

Feuchte Augen rundum

Die freiwillige Abdankung Kaiser Karls V. in den Jahren 1555/56 gilt als Ideal eines selbstbestimmten Rückzugs. Er hatte die Inszenierung des Abgangs bewusst auf diese Wirkung angelegt. Allerdings wurde sein lange geplanter Entschluss von äußeren Umständen herbeigeführt. Mehrere Gründe spielten eine Rolle. Zum einen gesundheitliche, denn schmerzende Gichtanfälle plagten ihn. Zum anderen war er politisch auf ganzer Linie gescheitert. So hatte sich der Papst gegen Spanien gewendet und damit die Union von Kirche und Kaiser aufgekündigt. Schlimmer noch war die Etablierung der Lutheraner, mit der die Einheit von Reich und Religion aufgelöst war. Die Idee des übernationalen Kaisertums war am Ende. Karl teilte die Herrschaft zwischen seinem Sohn Philipp und seinem Bruder Ferdinand auf.

Der zu Beginn des Kapitels erwähnte Staatsakt im Brüsseler Schloss war nur eine von mehreren Etappen von Karls Rückzug aus den Regierungsgeschäften. Vor den versammelten Ständen hielt der Kaiser an jenem 22. Oktober 1555 eine rhetorisch wohlkomponierte Abschiedsrede. Nur mit einem Spickzettel in der Hand trug er frei vor, gab Lebensrückblick und Vermächtnis in einem, legte Rechenschaft ab über seine Erfolge und Niederlagen. Die umständliche Aufzählung aller seiner Reisen sollte einen Eindruck vermitteln, wie anstrengend das Regieren war. Der Kaiser erwähnte auch, er sei schon Jahre vorher „in Folge meines beklagenswerthen Gesundheitszustandes mit dem Gedanken umgegangen, mich der Bürde der Staatsgeschäfte zu entledigen". Aber angesichts der religiösen Wirren – gemeint waren die Auseinandersetzungen mit den Protestanten – habe er diese Absicht aufgegeben. Damals habe er sich noch nicht so schwach wie jetzt gefühlt und habe es daher für seine Pflicht gehalten, der Wohlfahrt seines Volkes zu opfern, was ihm an Kraft und Leben noch übrig geblieben sei. Direkt an seinen Sohn richtete Karl die Worte: „Andere Könige schätzen sich glücklich, wenn sie in ihrer Todesstunde ihre Kronen ihren Kindern auf's Haupt setzen können; ich will dieses Glückes im Leben mich freuen und Dich regieren sehen."[11] Die anrührenden Worte verfehlten ihre Wirkung nicht. Dem Kaiser kamen die Tränen, während er Philipp den Segen erteilte. Dieser weinte tief ergriffen. Auch in den Reihen des ritterlichen Publikums und unter dem Volk gab es feuchte Augen genug, wie ein Beobachter mitteilt.

Nach den Niederlanden übertrug Karl im Januar 1556 auch die Herrschaft über Spanien, Italien und das Neue Indien an Philipp. Als komplizierter erwies sich die Übergabe der Kaiserwürde an Karls Bruder Ferdinand. Wie kann ein Kaiser abdanken? Und darf er das überhaupt? Musste er das vor den Kurfürsten tun, weil sie ihn gewählt hatten? Diese Fragen beschäftigten die Staatsjuristen. Ein solcher Fall war noch nicht vorkommen. Er war nicht im Reichsrecht geregelt. Zu diesem Problem schwieg die Goldene Bulle – wie auch das Grundgesetz die Rücktrittsfrage für den Bundespräsidenten ausklammert. Im Todesfall wäre es selbstverständlich, die Nachfolgefrage zu regeln. Deshalb formulierte Karl, sein Bruder solle das Kaisertum übernehmen, als ob „Wir allbereit mit Tod abgegangen wären".[12]

Zunächst lehnte Ferdinand das Ansinnen ab. Er befürchtete unabsehbare Folgen für das Reich, aber Karl V. ließ nicht locker. Am 3. August 1556, fast ein Jahr nach seinem ersten Versuch, verfasste er seine Abdankungserklärung. Wenige Tage später ließ er seinen Bruder wissen, wenn die Abdankung nicht möglich wäre, würde er ihm zumindest die Verwaltung der Staatsgeschäfte übertragen. „Wenn auf diese Weise mein Gewissen seiner Bürde entledigt ist, will ich den Titel behalten, obgleich die Möglichkeit, auch diesen ablegen zu können, eine Sache ist, die mir sehr am Herzen liegt", schrieb Karl.[13] Es ging ihm nicht nur um eine Entlastung von den praktischen Aufgaben, die Ferdinand ohnehin schon zum großen Teil übernommen hatte. Karl wollte auch von der Verantwortung befreit sein.

Es sollte noch weitere anderthalb Jahre dauern, bis die Kurfürsten ihre Zustimmung zum Wechsel gaben. Erst einmal fragten sie bei Karl nach, ob er nicht doch Titel und Krone behalten und nur die Verwaltung Ferdinand überlassen wollte. War diese freundliche Zurückhaltung nur eine höfliche Floskel, oder wollten die Kurfürsten die Abdankung abwenden? Scheuten sie die rechtlichen Schwierigkeiten? Immerhin vermieden sie so den Eindruck, sie würden den Rücktritt begrüßen. Als Ferdinand endlich im März 1558 als Nachfolger angenommen wurde, lebte Karl bereits in der ländlichen Abgeschiedenheit des spanischen Klosters San Gerónimo de Yuste. Bis kurz vor seinem Tod im September 1558 verfolgte er die politischen Entwicklungen mit regem Interesse. Eine direkte Einmischung in das Geschehen lehnte er aber ab und blieb, wie es in einem Bericht über sein Klosterleben heißt, ohne Reue über seine Entsagung.

Karl V. war bei seiner Abdankung 55 Jahre alt und schwer krank. Cölestin hatte über 80 Winter erlebt, Diokletian und Sulla standen in ihren Sechzigern. Welche Gründe auch immer bei ihren Abdankungen noch eine Rolle gespielt haben – beeinträchtigte Gesundheit oder fortgeschrittenes Alter waren wichtige Faktoren. Das war bei Christina von Schweden nicht der Fall. Die Königin zählte bei ihrem Thronverzicht gerade mal 28 Lenze und war kerngesund. Hier ging es nicht um den Wunsch nach einem ruhigen Pensionärsdasein, sondern um eine andere Lebensplanung.

Was für eine Zeit

So rätselhaft wie ihr Charakter waren die Motive ihrer Abdankung. Im Frühsommer 1654 gab Königin Christina die schwedische Krone an ihren Vetter Karl Gustav ab. Persönliche Überforderung, Freiheitswillen, drohender Staatsbankrott, vor allem aber ihre beabsichtigte Konversion zum Katholizismus werden als Beweggründe ihres Schrittes genannt. Aber weder als einzelnes Argument noch in ihrer Gesamtheit taugen sie als plausible Erklärung für einen so dramatischen Schritt. Den hatte sie jahrelang mit großer Umsicht vorbereitet.

Seit ihrem 18. Lebensjahr übte die Monarchin – nicht ohne Geschick – die Regierungsgewalt in Schweden aus. Bereits als Sechsjährige war Christina, nach dem Tod ihres angesehenen Vaters Gustav Adolf, nominell zur Königin ausgerufen worden. Ihr Ruf war zwiespältig, galt sie doch als exzentrisch, rastlos, geltungssüchtig und verschwenderisch. Zugleich wurde ihr der Beiname Minerva des Nordens zugedacht, weil sie sprachgewandt und philosophisch gebildet war. Eine Heirat lehnte sie entschieden ab, stimmte jedoch aus Gründen der Staatsräson einer geplanten Vermählung mit ihrem Vetter zu. Dabei hatte sie wohl Hintergedanken. Es gelang ihr, den Vetter als ihren Erben und Thronfolger anerkennen zu lassen, eine unerlässliche Voraussetzung für ihren Thronverzicht. Den kündigte sie dem Reichsrat, der schwedischen Regierung, im August 1651 an.

Entsetzt lehnte das Gremium dieses Vorhaben ab. Seine Mitglieder fürchteten um ihre Privilegien bei einem Machtwechsel. Aber die Herren akzeptierten auch die von Christina angeführten Gründe nicht. Zum einen hatte sie vorgebracht, das Land benötige einen männlichen Herrscher, der militärische Auseinandersetzungen führen könne. Das war, kurz nach dem Ende des Dreißigjährigen Krieges, immerhin nicht so weit hergeholt. Der zweite Grund, ihr Bedürfnis nach Ruhe und Frieden, war ein persönlicher. Dagegen argumentierte der Reichsrat, die Königin habe als Herrscherin von Geburt eine hohe Verantwortung übernommen. Sie sei verpflichtet, diese Aufgabe durchzuführen und eigene Belange hintanzustellen.

Nach dreimonatigem Hin und Her erklärte sich Christina bereit, die Regierung fortzuführen, betrieb aber insgeheim weiter ihre Abdankung. Auch hielt sie an ihrer seit langem gehegten Absicht fest, zum katholischen Glauben überzutreten – eine Unmöglichkeit im erzprotestantischen Schweden. Warum sie konvertieren wollte, lässt sich nicht klären. Auf ihren Wunsch waren, als vornehme Reisende getarnt, zwei italienische Jesuiten nach Stockholm gekommen. Diese verneinten Christinas Frage, ob es möglich wäre, heimlich als Katholikin zu leben. Darauf die Königin: „Dann muß ich vom Thron herabsteigen und das Reich verlassen!"[14] Diese Aussage überliefert einer der beiden Jesuiten, Pater Francesco Malines, der interessiert war, ihre Abdankung als ausschließlich religiös motiviert darzustellen. Aber bei Christinas Konversion spielten auch praktische Überlegungen eine Rolle. Zum einen glaubte sie, nach einem Rücktritt der Unterstützung katholischer Mächte zu bedürfen. Zum anderen hatte sie als künftigen Aufenthaltsort Rom, den Sitz des Papstes, gewählt.

In dieser Hinsicht erforderte der Konfessionswechsel auch diplomatische Vorbereitungen. Diese waren Anfang 1654 nahezu abgeschlossen. Erneut brachte Christina ihren Abdankungswunsch vor und stieß erneut auf den Widerstand von Reichsrat und Reichstag. Per Brahe, der Reichsdrost, wandte ein, kein Beamter von Ehre könne dies akzeptieren. Zwischen Fürst und Volk bestehe ein gegenseitiges Dienstverhältnis, das die Königin nicht aufkündigen könne. Aber diesmal setzte Christina ihren Willen durch, und der Rat willigte mit großer Skepsis ein. Sie erreichte sogar eine großzügige Unterhaltsgarantie. Zahlreiche Ländereien und Güter wurden ihr übertragen. Eine Urkunde formulierte ihren Rücktritt, sprach ihr aber zugleich den lebenslangen Status einer Königin zu. Sie legte fest, dass sie keiner Autorität unterstellt und nur Gott gegenüber verantwortlich sei.

Bei der offiziellen Abdankungszeremonie am 6. Juni 1654 in der großen Halle von Schloss Uppsala trat Christina noch einmal in vollem Krönungsornat auf. Schön wie ein Engel habe sie ausgesehen, meinte Reichsdrost Per Brahe später. Schwert, Zepter, Reichsapfel und Schlüssel wurden auf ein Kissen neben dem Thron gelegt. Die Königin hielt eine bewegende Rede über ihre zehnjährige Regentschaft, die alle Versammelten, einschließlich Christina, zu Tränen rührte. Sie wünschte ihrem Nachfolger Karl Gustav Glück und Erfolg. Schließlich winkte sie dem Reichsdrost, ihr die Krone vom Haupt zu nehmen. Aber Per Brahe weigerte sich, so dass sie dies selbst tat. Dann schritt sie vom Thron herab. „Damit tratte sie gantz ab", stellte ein Zeremonialfachmann fest.[15] Die Abdankung mit dem schrittweisen Ablegen der Insignien vollzog den Ablauf der Krönung in umgekehrter Reihenfolge nach.

Bald darauf verließ Christina Schweden. Ihre Thronentsagung wurde europaweit als Pflichtvergessenheit, Flucht vor der Verantwortung und Egoismus kritisiert. Der Gelehrte Isaak Vossius notierte enttäuscht: „In was für einer Zeit leben wir, da die Königinnen ihr Zepter ablegen und als Privatiers leben möchten, für sich selbst und für die Musen."[16] Der Historiker Johan Arckenholz meinte 1751 in seiner Geschichte Schwedens zurückhaltend, Christina sei der Verwicklung in den Geschäften überdrüssig gewesen.

Christinas Persönlichkeit mag im schwedischen Adel zwiespältig eingeschätzt worden sein, ihre Stellung hingegen war keinesfalls umstritten. Es gab keine politischen Probleme, sie wollte die ihr durch Herkunft und Erziehung zugedachte Rolle einfach nicht übernehmen. Ihre Selbstverwirklichung war ihr wichtiger als die Regierung des Staates. So war ihr Thronverzicht persönlich motiviert. Private Gründe hatte auch die letzte der hier vorgestellten Abdankungen. Es ist die des englischen Königs Edward VIII. Mit ihr ist eine der tragischsten Liebesgeschichten des 20. Jahrhunderts verbunden.

Nicht leichten Herzens

Die Staatskrise konnte nur durch eine baldige Entscheidung gelöst werden. Es ging um die Wahl zwischen Krone und Ehering. Vor diese Alternative wurde Edward VIII. im Winter 1936 gestellt. Warum das drastische Entweder-Oder? Das lag an der puritanischen Einstellung der anglikanischen Kirche. Die lehnte Scheidungen ab, und Edwards Auserwählte, die Amerikanerin Wallis Simpson, war noch verheiratet. Die Auflösung ihrer Ehe stand bevor. Eine solche Frau an der Seite des britischen Königs war für die sittenstrengen Kleriker nicht denkbar. Zum Wächter der Moral schwang sich der britische Premierminister Stanley Baldwin auf, der dem König unverhohlen drohte: Sollte Edward auf Thron und Heirat bestehen, träte die Regierung zurück. Das würde eine Verfassungskrise heraufbeschwören, die das Ende der Monarchie einleiten könnte. „Der König soll abdanken, weil es seinem Premierminister gefällt, seine Privataffären zu kritisieren?", wunderte sich George Bernhard Shaw und meinte: „Das wäre der denkbar unglücklichste Weg, der eingeschlagen werden könnte."[17] Aber darauf sollte es hinauslaufen.

In Edwards Memoiren kommt Baldwin nicht gut weg. Der König empfand ihn nicht als edelmütigen Premier, der versucht, seinem Souverän in einer heiklen persönlichen Situation beizustehen. Edward verglich den Regierungschef mit dem antiken Prokrustes, der sein königliches Opfer in das eiserne Bett der Konvention habe zwängen wollen. Baldwin lehnte sogar eine mögliche Hilfskonstruktion ab, die morganatische Heirat. Bei einer solchen „Ehe zur linken Hand" wird der nicht standesgemäßen Gemahlin der Titel Königin vorenthalten. Edwards Ringen mit dem Premierminister wurde in der Bevölkerung mit Spannung verfolgt. Dort genoss der junge Monarch weiter Sympathie. In Solidaritätsbekundungen ertönte die Parole „Gott schütze den König – vor Stanley Baldwin", doch der Regierungschef war nicht umzustimmen. Er wusste auch den mächtigen Erzbischof von Canterbury hinter sich.

Zu den engagiertesten Unterstützern des Königs gehörte Winston Churchill. Damals ohne Ministeramt und ein Außenseiter bei den regierenden Tories, warf Churchill Baldwin vor, den Konflikt unnötig forciert zu haben. Noch sei Mrs. Simpson nicht geschieden, noch sei die Heiratsfrage nicht akut. Daher sei die ultimative Forderung des Premiers unberechtigt. Churchill riet dem König, die Regierung zu einem Gesetz aufzufordern, das eine Heirat gestatte. Solle Baldwin dies verweigern, sei er derjenige, der gehen müsse. Solcher Zuspruch bestärkte den König. Aber nur für kurze Zeit. Edward sah, dass die Diskussion um sein Privatleben eine Dynamik bekommen hatte, die sich nicht durch verfassungsrechtliche Überlegungen beherrschen ließ. Die Unantastbarkeit der Krone war in Frage gestellt, wenn persönliche Geschichten zur Staatsaffäre wurden. Edward rang sich zum Thronverzicht durch.

Am 10. Dezember 1936 wurde vor dem schweigenden Parlament seine Abdankungserklärung verlesen. Edward betonte, sich der Pflicht bewusst zu sein, die auf ihm lastete, aber er musste einräumen, „daß ich diese schwere Aufgabe nicht länger mehr wirksam und zu meiner Zufriedenheit erfüllen kann."[18] Wie sehr er mit seinem Ethos gerungen hatte, zeigte er auch in einer Rundfunkansprache am Abend seiner Abdankung, mit der er sich direkt an die Bevölkerung wandte und um Verständnis bat. Es sei ihm unmöglich gewesen, „die schwere Bürde der Verantwortung auf mich zu nehmen und meine Pflichten als König, so wie ich wollte, zu erfüllen, ohne die Hilfe und die Unterstützung der Frau, die ich liebe."[19]

Es war das erste Mal in der Geschichte des Empire, dass ein Herrscher aus eigenem Entschluss sein Amt aufgab. Als Herzog von Windsor lebte Edward künftig mit Wallis Simpson in Frankreich. Vermutlich wusste er nicht, was der Geheimdienst wusste. Der hatte die Geliebte des Königs bei amourösen Abstechern observiert, etwa mit dem charmanten Frauenhelden Guy Marcus Trundle. Das brisante Dossier wurde Jahrzehnte später vom britischen Staatsarchiv veröffentlicht.

Die zentrale Frage der Pflicht eines Monarchen hat Edward lang beschäftigt. Noch Jahre später kam er in seinen Memoiren darauf zu sprechen. Er wies die Unterstellung zurück, bei der Wahl zwischen Liebe und Pflicht hätte er die Liebe vorgezogen. Zwar habe er geheiratet, weil er den Weg der Liebe gewählt habe, abgedankt habe er allerdings, weil er den Weg der Pflicht gewählt habe: „Ich schätzte die Krone nicht so gering, daß ich sie leichten Herzens weggab. Ich schätzte sie so hoch, daß ich sie lieber weitergab, als ihr Ansehen zu gefährden."[20] Er meinte, das Königtum sei das letzte Amt, von dem man sich nicht im Guten und mit der Hoffnung auf Verständnis zurückziehen dürfe. „Gewählte Präsidenten können zurücktreten und hohe Regierungsbeamte ihren Abschied nehmen. Das erbliche Prinzip aber hält einen von der Wiege bis zum Grabe umfangen", sinnierte der Ex-König.[21] Mit dem Hinweis auf das ererbte Königtum lag Edward richtig. Aber auch gewählte Politiker können oder wollen nicht so ohne weiteres zurücktreten.

Wiederkehrende Elemente

Was zeigt dieses rasche Durchblättern der Weltgeschichte? Sind diese historischen Fälle als Vorbilder für Rücktritte in der Bundesrepublik geeignet? Der Amtsverzicht des Hamburger Bürgermeisters Paul Nevermann 1965 wurde als direkte Entsprechung zur Abdankung von Edward VIII. gesehen. Aber die Voraussetzungen der Fälle aus vergangenen Jahrhunderten waren grundlegend anders. Und zwei Aspekte, die alle Abdankungen gemeinsam haben, unterscheiden sich deutlich von einem demokratischen Mandat. Zum Ersten fehlte die zeitliche Befristung. Ein Monarch war auf Lebenszeit ernannt, eine Abdankung war nicht vorgesehen. Zum Zweiten war der Amtsinhaber in seinem Bereich die jeweils höchste Instanz, ob als Kaiser, König oder Papst. Er hatte weder eine Autorität über sich, noch war er, anders als in der Demokratie, vom Wohlwollen anderer abhängig.

Trotz dieser Unterschiede erinnern in der Bundesrepublik manche Politikerkarrieren an feudale Zustände. Jahrelang amtierende Ministerpräsidenten wie Lothar Späth oder Erwin Teufel werden gern Landesfürsten genannt, Kurt Biedenkopf in Sachsen titulierte der Volksmund scherzhaft-anerkennend als König Kurt. Treten solche Regionalgrößen zurück, ist in den Medien häufig von Abdankung die Rede. Aber nicht nur aus diesen Bezeichnungen ergibt sich ein Zusammenhang der historischen Amtsniederlegungen zu heutigen Demissionen. Einige grundlegende Elemente der Figur des Rücktritts sind überzeitlich. Sie sind nicht an eine besondere Regierungsform gebunden. Übereinstimmungen kommen in drei verschiedenen Bereichen vor: in der persönlichen Situation, in der Wahrnehmung durch die Zeitgenossen und schließlich in den formalen Abläufen.

Zunächst zur persönlichen Situation des Amtsinhabers, der vor einem Rücktritt steht. Er muss sich von seiner bisherigen Lebensplanung verabschieden, von seiner beruflichen Praxis lösen. Er tritt von der politischen Bühne ab und muss künftig ohne die Vorteile seiner Position auskommen: seien es Macht und Einfluss, seien es Prestige und Privilegien. Die Abdankung ist eine existentielle, unumkehrbare Entscheidung. Das ist heute – von hohem Alter oder massivem Fehlverhalten abgesehen – nicht immer der Fall. Aber viele Zurücktretende empfinden einen solchen Schritt als Ende ihrer Laufbahn. Feuchte Augen und brüchige Stimmen bei der Verlesung von Rücktrittserklärungen gab es nicht nur zur Zeit von Diokletian oder Karl V. Die Abdankungsrede ist der Moment für Bilanz und Rechenschaft. Der Scheidende muss sich fragen, ob er seine Ziele erreicht hat oder ob er vor den politischen Problemen flieht, was ihm gelungen, wo er gescheitert ist. Er listet seine Verdienste auf, gibt Rechenschaft und erklärt die Gründe für seinen Rücktritt. So ist es bei den heutigen Fällen meistens, die persönliche Situation hat sich in ihren Grundzügen seit Sulla nicht geändert.

Aber nicht nur die Befindlichkeit des Abdankenden, auch die Wahrnehmung des Ereignisses durch die Zeitgenossen hat über die Jahrhunderte hinweg vier vergleichbare Elemente. Erstens wird bei einem freiwilligen Amtsverzicht die Frage nach der Verantwortung gestellt, nach der Pflicht zur Amtsausübung. Dies war bei Karl V. der Fall, obgleich seine gesundheitliche Verfassung einen hinreichenden Rücktrittsgrund bot. Aber bei Christina von Schweden oder Edward VIII. findet sich keine derartige Entschuldigung. In der Bundesrepublik wird vor allem bei Rücktritten aus Protest oder mit dem Ziel, in die Wirtschaft zu wechseln, von einer Verpflichtung des Amtsinhabers zum Verbleib auf seinem Posten geredet. Zweitens haftet vielen vorzeitigen Amtsniederlegungen ein Makel an. So wie Cölestin V. von Dante der Feigheit geziehen wurde, war bei Willy Brandts Rücktritt zu hören, er fliehe vor den politischen Problemen. Der dritte Gesichtspunkt richtet sich auf die Interessen anderer, die häufig als Faktoren bei Rücktritten wirken. Steckten interessierte Kreise hinter der Abdankung? Bei Sulla mögen es die Meteller gewesen sein, bei Edward war es der Erzbischof von Canterbury. Heute wird bei Rücktritten oft in der eigenen Partei nachgefragt, ob dort jemand bei der Entscheidung behilflich war. Und schließlich, viertens, hat sich schon in den Anfängen der Geschichtsschreibung gezeigt, dass die Bewertung eines Rücktritts von der politischen Position der Beobachter abhängt. Dies belegen die unterschiedlichen Deutungen bei Diokletian oder Christina.

Nach den Bereichen des persönlichen Befindens und der Wahrnehmung der Zeitgenossen ist noch ein Blick auf die formale Seite zu richten. Die historischen Fälle haben gezeigt, wie wichtig die öffentliche Erklärung der Abdankung ist. Fast immer wurde sie mit symbolischen Handlungen vollzogen. Sulla gab die Rutenbündel ab, Diokletian hängte Galerius den Purpurmantel um, Christina entledigte sich der Krone. Ähnlich prachtvolle und aufwändige Inszenierungen kennt die Demokratie nicht. Allenfalls spielt, wenn ein Verteidigungsminister verabschiedet wird, das Heeresmusikcorps den Großen Zapfenstreich. Für Konrad Adenauer wurde eine Militärparade abgehalten. Aber sonst? Die heutigen Insignien der Macht – Dienstwagen, Chauffeur, Leibwächter – können nicht in einem repräsentativen Akt abgegeben werden. Mühsam suchen die Medien nach Bildern, die den Rücktritt symbolisieren können. Häufig bleibt nur die Person des Politikers, die vor einem Wall aus Mikrofonen steht. Wichtig aber ist die öffentliche Bekundung des Rücktritts, ob im Parlament oder auf einer Pressekonferenz. Wo sie unterbleibt, wird ihr Fehlen eingeklagt wie bei Oskar Lafontaine. Die Bevölkerung hat – indirekt durch die Wahl – einem Politiker zu seinem Amt verholfen. Also muss er sich ihr gegenüber rechtfertigen.

Die angeführten Parallelen zeigen die Figur des Rücktritts als eine Konstante, die seit den Anfängen organisierter Staaten und geregelter Herrschaft auftritt. Das heißt nicht, dass es nicht erhebliche Wandlungen gegeben hätte. Schon allein die Häufigkeit der

Fälle hat sich geändert. Kam es lange Zeit nur alle paar hundert Jahre mal zu einer Abdankung, so erfolgt heute alle paar Monate ein Rücktritt. Genauso haben sich auch die Gründe für einen Rücktritt geändert. Die meisten der hier vorgestellten Abdankungen erfolgten aufgrund von Überdruss und Ermüdung, und es haftete ihnen ein resignatives Moment an. Der autonome Abschied von einem Amt ruft eine Reihe philosophischer Diskurse auf: von der Lehre des Verzichts, vom Scheitern und vom Weltekel, von Melancholie und Resignation. Das fordert unterschiedliche Wertungen heraus. Was die einen als tugendhafte Selbstbescheidung begrüßen, ist den anderen Anlass zur Kritik, weil sie darin eine Absage an die Politik als Durchsetzung eigener Interessen sehen. Ein selbstbestimmtes Aufhören vor der Zeit widerspricht der politischen Laufbahn als Prozess der Machtsteigerung, des Machterhalts so lang es geht. Wer sein Amt ohne Notwendigkeit aufgibt, stellt das Prinzip der Politik in Frage. Diese Hypothek tragen auch heutige Rücktritte, wenn sie als nicht zwingend erscheinen. Aber das sind die wenigsten.

Heute geht die überwiegende Zahl von Rücktritten auf Skandale zurück. Zu den wenigen Motiven eines Rücktritts ohne Skandalisierung gehören parteipolitische Entwicklungen oder persönliche Umstände. Diese kamen bei allen geschilderten Abdankungen zum Tragen: Alter und Krankheit, Überforderung, Ausstieg aus der Politik oder private Entscheidungen. Diese verschiedenen Motive sind im Katalog heutiger Rücktrittsgründe zu einem Komplex zusammengefasst: die biografische Entwicklung.

Inszenierte Bilder
Bundeskanzler Konrad Adenauer fährt die Front der angetretenen Paradetruppen ab. Ludwig Erhard verlässt das Palais Schaumburg, nachdem er vom Bundespräsidenten seine Entlassungsurkunde erhalten hat (vorige Seite).

ROUTINE UND PROTOKOLL
Bundespräsident Richard von Weizsäcker (jeweils links) überreicht die Entlassungsurkunde an Jürgen Möllemann (Foto links) und Hans-Dietrich Genscher (Foto rechts).

TRÄNEN UND ERSCHÜTTERUNG
Barbara Stamm, Willy Brandt, Sabine Leutheusser-Schnarrenberger, Bernhard Vogel (nächste Seite, im Uhrzeigersinn).

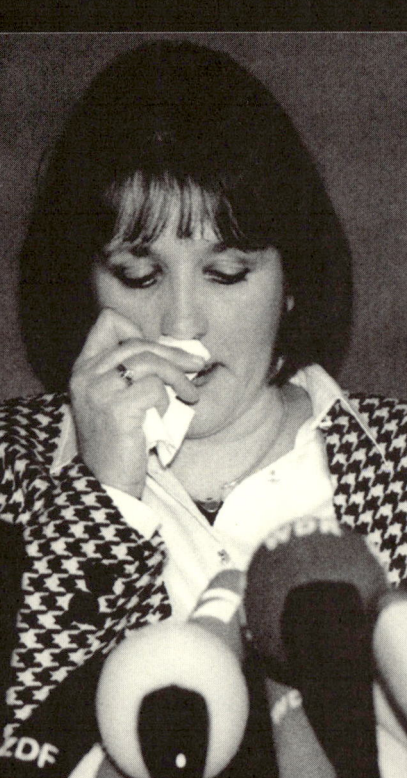

Kapitel 3

Rücktrittsgrund 1: Biografische Entwicklung

Dann sind es irgendwann zu viele Steine

Es war eine der Chancen, die sich niemand entgehen lässt. Als Karl Carstens Anfang 1983 überraschend erklärte, nicht weitere vier Jahre Bundespräsident sein zu wollen, wurde dringend ein Nachfolger gesucht. Schnell stand der angesehene Richard von Weizsäcker zur Debatte. Der saß als regierender Bürgermeister in Berlin. Zwar hatte er bei seinem Amtsantritt verkündet, keine weitere politische Aufgabe zu suchen, aber die unerwartete Aussicht auf höhere Weihen ließ ihn alle Treueschwüre für die Inselstadt vergessen. Mit seiner Nominierung als Präsidentschaftskandidat im November 1983 stand sein Rücktritt als Regierungschef fest.

> Freiwillig abzusteigen ist nicht peinlich, wenn sich die Zuschauer nur überzeugen lassen, dass es freiwillig geschieht; stürzen aber ist bitter, zumal ein Sturz stets vom Beifall der Untenstehenden begleitet wird.
> *August Strindberg, Der Sohn der Magd*

Weizsäckers Entscheidung enttäuschte viele Berliner. Nicht nur wegen des Wortbruchs, der ihm bissig vorgeworfen wurde. Der Freiherr hatte weltmännisches Flair in die isolierte provinzielle Stadt gebracht, Lebensgefühl und Selbstbewusstsein waren gestiegen. Die bessere Stimmung war denn auch greifbarer als konkrete Erfolge des Westimports. Anhaltende Abwanderung, Abbau von Arbeitsplätzen, Firmenpleiten und Preissteigerung – an der wirtschaftlichen Misere Berlins hatte Weizsäcker nichts geändert. Trotzdem kam keiner auf die Idee, er hätte sich von den Problemen wegbefördern lassen. Niemand behauptete, der Regierende wäre vor den Schwierigkeiten der Tagespolitik in präsidiale Sphären geflohen.

Mit seinem Weggang aus Berlin übernahm Weizsäcker ein anderes Staatsamt – ein normaler Vorgang in der Politik, eine nebensächliche Formalität. Ein Wechsel in eine andere Funktion – vor allem, wenn diese attraktiver als die vorige ist – wird kaum problematisiert. Während die Karriere als Rücktrittsgrund akzeptiert wird, reizen andere biografische Ursachen zur Nachfrage. Nimmt ein Politiker einen Job in der Wirtschaft an oder nennt er als Gründe seines Rücktritts zu lange Amtsdauer oder Krankheit, werden kritische Stimmen laut: Wurde da jemand von seiner eigenen Partei weggedrängt? Steht ein Skandal vor der Entdeckung? War die Entscheidung so freiwillig wie behauptet? Hinter allen Fragen steht eine Frage: Gibt es für den Amtsverzicht noch andere als die genannten persönlichen Gründe? Nachdem Hamburgs Bürgermeister Klaus von Dohnanyi als Rücktrittsmotiv Amtsmüdigkeit angegeben hatte, blieb die Presse skeptisch. „Niemand hatte das Gefühl, daß er die wirklichen Gründe seiner Rücktrittsentscheidung genannt hat", nörgelte die *Welt*.[1]

Woher dieser Argwohn? Persönliche Gründe werden häufig als Vorwand benutzt, um nicht andere Ursachen für einen Rücktritt einräumen zu müssen: Scheitern, parteiinterne Konflikte oder eine Verfehlung. Das Misstrauen gegenüber diesen Motiven erklärt sich aber noch aus einem anderen Grund. Hinter dieser Skepsis steht das Bild des Berufspolitikers. Politische Karrieren sind nicht unbegrenzt, aber ihr Ende ist zumeist durch Machtschwund, nachlassendes Vermögen oder verblassende Wählergunst bedingt. Regierungsverantwortung wird nicht als Gastspiel gegeben. Wer seinen Lebenslauf auf die Politik ausgerichtet hat, wer sich im innerparteilichen Kampf bis zur Spitze hochgeboxt hat – der wird doch nicht von allein gehen. Der Berufspolitiker hält an der Macht fest, so lang es irgend geht. Diese Sicht hat eine Erwartungshaltung hervorgebracht, die, wird sie nicht bedient, für Irritationen sorgt.

Nicht immer werden persönliche Gründe nur als Ausrede angeführt. Manchmal spielen sie die ausschlaggebende Rolle, sei es aus eigener Entscheidung oder unfreiwillig. Zu den selbstbestimmten Motiven gehören der Wechsel in ein anderes Amt, das Verlassen der Politik, um in einem anderen Bereich zu arbeiten, und die Amtsmüdigkeit, das Aufgeben aus Überdruss oder Erschöpfung. Andere persönliche Gründe werden von der biografischen Situation diktiert. Bei Überforderung, Krankheit und altersbedingter

Einschränkung ist das Verbleiben im Amt nicht mehr nur dem eigenen Willen unterworfen.

Die spektakulärsten Rücktritte wegen Berufswechsels waren die der Bundesminister Hans Friderichs und Michael Naumann. Amtsmüdigkeit führten Außenminister Hans-Dietrich Genscher und der Hamburger Bürgermeister Klaus von Dohnanyi an. Aufgrund von Überforderung traten Bundestagspräsident Erich Köhler und der Berliner Senator Ulrich Rastemborski zurück. Wegen Erkrankung schied der bayerische Ministerpräsident Hanns Seidel aus dem Amt.

Ein besonderes Problem sind Rücktritte aus Altersgründen. Diese können freiwillig geschehen – in der Einsicht über das Nachlassen der Kräfte. Oder sie erfolgen unfreiwillig – erzwungen von der drängenden jüngeren Generation. Es gibt nur wenige Beispiele von Politikern, die von sich aus den Schlusspunkt setzen. Wilhelm Kaisen oder Henning Scherf, beide Bürgermeister in Bremen, gehören dazu. Weitaus häufiger schlägt Beharrlichkeit in Altersstarrsinn um. Drastische Beispiele dafür sind Bundeskanzler Konrad Adenauer und der sächsische Ministerpräsident Kurt Biedenkopf.

Vom Ministersessel in die Vorstandsetage

Was dem einen der Geltungsnutzen, ist dem anderen der finanzielle Vorteil. Hatte sich Richard von Weizsäcker für den politischen Posten mit dem größeren Prestige entschieden, griff Hans Friderichs im September 1977 bei einer lukrativen Offerte zu. Das Salär: 800 000 D-Mark. Der Job: Vorstandssprecher bei der Dresdner Bank, Deutschlands zweitgrößtem Kreditinstitut. Der Preis: Rücktritt als Bundeswirtschaftsminister. Einen solchen Fall hatte es noch nicht gegeben. Ein Unternehmen angelt sich einen amtierenden Bundesminister von seinem Bonner Schreibtisch weg. Die Entscheidung habe er sich nicht leicht gemacht, versicherte Friderichs. Aber er hat sie konsequent vollzogen. Mit seinem Rücktritt am 9. September 1977 legte er auch sein Bundestagsmandat nieder, zugleich gab er sein Amt als stellvertretender FDP-Vorsitzender ab. Im Jahr darauf verließ er den Bundesvorstand seiner Partei. Der Abschied des erst 46-Jährigen aus der Politik war total.

Dabei hatte der Jurist Friderichs den idealen Lebenslauf eines Berufspolitikers. Parteieintritt mit 25 Jahren, mehrere Jahre als Bezirksvorstandsvorsitzender und Fraktionsführer im Kreistag tätig, Bundestagsmitglied, Bundesgeschäftsführer der FDP, Staatssekretär in Rheinland-Pfalz, 1972 Wirtschaftsminister unter Bundeskanzler Willy Brandt. Nach der Amtsübernahme Helmut Schmidts wie nach der Bundestagswahl 1976 blieb Friderichs im Kabinett. Weshalb trat er ein Jahr später zurück? Zu einem Zeitpunkt, als die Bundesrepublik unter höchster Anspannung stand? Vier Tage zuvor war Arbeitgeberpräsident Hanns Martin Schleyer von der RAF entführt worden. Die größte Belastungsprobe der Demokratie hatte gerade begonnen. Die Bekanntgabe seines überraschenden Wechsels hatte Friderichs nicht selbst terminiert. Er musste Spekulationen um seine Zukunft begegnen, denn an der Börse kursierten bereits Gerüchte. Dass sein Schritt in der Aufregung um Schleyer schnell in den Hintergrund geriet, war ihm wohl ganz recht.

Friderichs war sich bewusst, dass sein Rückzug vom Ministeramt zu Mutmaßungen Anlass gab. Er beteuerte, „in voller, unbeeinträchtigter Loyalität" zur Bundesregierung zu stehen.[2] Dieser Hinweis warf neue Fragen auf: Gab es Konflikte im Kabinett, Krach mit dem Kanzler? Ein akuter Anlass aber war nicht auszumachen. Zu einem Zerwürfnis war es nicht gekommen. Jedoch deuteten sich Bruchstellen an, die in seiner Partei lagen. Friderichs sah sich als „Offizialverteidiger der Marktwirtschaft" und Verfechter der Unternehmerinteressen, womit er auf Skepsis im linken Flügel der FDP stieß. Trotz der Unterstützung durch Parteichef Hans-Dietrich Genscher sah Friderichs seinen Rückhalt in der FDP schwinden. Sein Spielraum war eingeschränkt und würde weiter eingeschränkt werden, die Entwicklung seiner Partei bot ihm keine Zukunft. Da kam ihm das Angebot der Dresdner Bank zupass.

Friderichs Mobilität hat sich nicht zum Modell entwickelt, zumindest nicht auf Bundesebene. Zwar übernehmen prominente Politiker nur zu gern Posten in der Wirtschaft, aber zumeist erst, nachdem sie ihre politische Laufbahn beendet haben. Wenn ein Politprofi wie Friderichs die politische Bühne zugunsten eines anderen Wirkungsfeldes verlässt, stellt er das Bild des Berufspolitikers in Frage. Anders ist dies bei Seiteneinsteigern, die vor ihrem ministeriellen Engagement eine erfolgreiche Karriere begonnen hatten. Sie werden im politischen Betrieb als Fremdkörper empfunden. Ihr vorzeitiges Ausscheiden gilt als naheliegende Konsequenz dieser Fremdheit. So war es bei Kulturstaatsminister Michael Naumann.

Biografische Entwicklung 3

Der habilitierte Politologe Naumann hatte sich längst als Journalist bei *Zeit* und *Spiegel* einen Namen gemacht, als er für zehn Jahre die Leitung des Rowohlt-Verlages übernahm. Seit Anfang 1996 führte er einen Verlag in New York. Im Sommer 1998 nahm ihn der Kanzlerkandidat der SPD, Gerhard Schröder, in sein Schattenkabinett auf. An politischer Erfahrung konnte Naumann lediglich auf ein Engagement in sozialistischen Gruppen während seines Studiums verweisen, was aber kein Nachteil sein sollte. In diesem neu geschaffenen, exotischen Amt war ein Exot gerade recht. Nach der Bildung der rot-grünen Bundesregierung wurde der Außenseiter am 3. Februar 1999 als Kulturstaatsminister vereidigt.

Für Naumann war nicht nur der transatlantische Sprung von der amerikanischen Metropole in die Bundesbaustelle Berlin eine Umstellung. Auch die Schwierigkeiten des politischen Alltagsgeschäfts machten dem Ministerneuling zu schaffen. Gleichwohl gelang es dem intellektuellen Nichtpolitiker nach einigen Anlaufschwierigkeiten, das neu geschaffene – und wegen der Kulturhoheit der Länder nicht unumstrittene – Amt mit Glanz und Bedeutung zu erfüllen. Manche hochfliegenden Pläne blieben Phantasie, anderes gelang: das Bündnis für den Film, der Hauptstadtkulturvertrag, der Erhalt der Buchpreisbindung und die Reform des Stiftungsrechts.

So hatte Naumann erste Erfolge vorzuweisen. Aber das Misstrauen gegen den Büchermenschen war noch längst nicht geschwunden, als er am 22. November 2000 seinen Rücktritt bekanntgab. Damit hatte niemand gerechnet. Das Presseecho war dementsprechend gemischt. „Ein Tausendsassa geht nicht auf leisen Sohlen", vermerkte die *Frankfurter Rundschau* zu Naumanns Überraschungscoup. Er sei in Schröders Kabinett der grauen Anzüge von dekorativem Wert gewesen. Aber seine Bilanz müsse sich „an der Größe der Pfauenräder messen, die er geschlagen hat."[3] Nach nicht einmal zwei Jahren im Amt hatte Naumann eine reizvolle Offerte erreicht: Chefredakteur und Mitherausgeber der *Zeit* zu werden. Dieses Angebot sei doch ein Traumjob, äußerte Gerhard Schröder sein Verständnis für Naumanns Umorientierung. Damit machte der Kanzler gute Miene zum bösen Spiel. Der Minister hatte auf seinen Abschied gedrängt und Schröder keine Wahl gelassen.

Ob sich der Traumjob durch Ansehen, Geld oder intellektuellen Einfluss auszeichnet – bei Weizsäcker wie bei Friderichs und Naumann war die Entscheidung zur Kündigung von der günstigeren

Alternative beeinflusst. Vor allem aber war sie freiwillig. Das gilt auch für die dritte Kategorie biografisch bestimmter Amtsniederlegungen, für Rücktritte aus Überdruss. Aber während beim Amtswechsel wie beim Verlassen der Politik das Wohin die entscheidende Frage ist, spielt die weitere Karriere bei Amtsmüden keine zentrale Rolle. Der wesentliche Aspekt ist das Aufhören.

Im Mantel des Erfolgs

Man soll aufhören, wenn es am schönsten ist, empfiehlt der Volksmund. Wann das genau sein soll, bleibt offen. Theoretisch lässt sich der geeignete Moment für einen Politiker leicht bestimmen. Drei Kriterien spielen eine Rolle. Erstens dass der Amtsinhaber nach jahrelangem Erfolg auf dem Höhepunkt seines Ansehens steht und nicht schon von allen Seiten bemäkelt wird. Zweitens sollte ihm noch niemand aus der eigenen Partei seine Position streitig machen oder sich als Nachfolger öffentlich anbieten. Drittes Kriterium für das Aufhören ist das Nachlassen von Belastbarkeit, Elan und Arbeitsfreude. Das könnte als Erster der Betreffende selbst spüren. Aber es ist schwer, diesen Augenblick zu erkennen. Das gelingt nur wenigen Spitzenpolitikern. Hans-Dietrich Genscher, langjähriger Außenminister, ist einer der seltenen Fälle eines rechtzeitigen Abschieds.

Sein 65. Geburtstag am 21. März 1992 wurde international gewürdigt. Niemand dachte daran, dass Hans-Dietrich Genscher beabsichtigen könnte, seine Position aufzugeben. Seit fast 18 Jahren war der FDP-Politiker diplomatisch unterwegs, der dienstälteste Außenminister der Welt, der rastlos Reisende. Ohne ihn schien die Außenpolitik der Bundesrepublik undenkbar. Großes hatte er erreicht. Nicht nur für die europäische Sicherheitspolitik in den achtziger Jahren. Sein größter Erfolg war der Zwei-plus-Vier-Vertrag, mit dem am 12. September 1990 Deutschlands Einheit und volle Souveränität vereinbart wurden. Zwei Herzinfarkte hatten den Unermüdlichen nicht bremsen können. Längst wurde gemutmaßt, er suche wohl sein Ende im Amt.

Umso größer war die Verblüffung, als Genscher kurz nach seinem 65. Geburtstag, am 27. April 1992, unvermittelt seinen Rücktritt bekanntgab. Als Datum nannte er den 18. Mai, den Tag, an dem er 18 Jahre Außenminister sein würde. Diesen Termin habe er sich schon lange gesetzt, teilte Genscher dem erschütterten Präsidium seiner Partei mit. 23 Jahre hatte er der Bundesregierung angehört, das war genug. „Demokratie bedeutet die Übernahme von Verantwortung in öffentlichen Ämtern auf Zeit," verkündete Genscher und sparte nicht mit staatstragenden Worten.[4] Er wollte ein Zeichen setzen, dass die demokratischen Strukturen funktionieren, Vorbild für das Demokratieverständnis von Ministern sein.

Genscher hatte erreicht, was nur selten gelingt: ein Rücktritt ohne äußeren Anlass. Der Außenminister war seit Jahren der beliebteste Politiker Deutschlands und hatte gezeigt, dass Politiker freiwillig aufhören können. Umso intensiver setzten die Spekulationen über mögliche Hintergründe ein. Ältere Vermutungen lebten wieder auf, Genscher wolle Bundespräsident werden. Wie oft hatte er dieses Gerücht schon dementiert. Auch an abstrusen Theorien mangelte es nicht. Von belastenden Stasi-Akten war die Rede, von Verwicklungen in Waffengeschäfte mit dem Iran. Weniger absurd war eine andere Vermutung. „Verläßt er mit sicherem Instinkt das sinkende Schiff, so wie er dies schon einmal getan hat?", fragte die *Süddeutsche Zeitung*.[5] Knapp zehn Jahre vorher, im September 1982, hatte Genscher den Koalitionswechsel betrieben und damit Helmut Kohl die Kanzlerschaft ermöglicht. Jetzt wollte er dem Eindruck entgehen, er plane eine erneute Drehung. So veröffentlichte er einen Brief an den „lieben Helmut". Darin war viel von Dank und Erfolg und vom gemeinsamen Weg die Rede. Warum er zu diesem Termin zurücktrat, erklärte Genscher nicht. Er wollte nicht nur weit vor der nächsten Bundestagswahl aufhören, sondern auch den Eindruck vermeiden, sein Rücktritt erfolge im Zusammenhang mit einer angekündigten größeren Kabinettsumbildung. Das hätte den Eindruck erweckt, er wäre abgehalftert worden.

So konnte Genscher seinen Rücktritt als eigene Entscheidung zu einem selbstbestimmten Zeitpunkt darstellen. Wie gut er ihn getroffen hatte, zeigen die Pressekommentare. Die orteten ihn gerade noch auf dem Zenit seines Einflusses, machten aber auch Anzeichen eines beginnenden Nachlassens aus. Fehleinschätzungen wie im Jugoslawien-Konflikt Anfang der 90er Jahre wären ihm früher nicht unterlaufen. Aber die Kritik wie die Spekulationen um angebliche dunkle Flecken in seiner Vergangenheit wurden von den Würdigungen überlagert. Das Bedauern war größer als die Erleichterung. Genscher war es gelungen, wie der *Rheinische*

Merkur formulierte, „sich vor der Götterdämmerung im Mantel des Erfolges zu verabschieden."[6]

Von diesem Kleidungsstück redete bei Klaus von Dohnanyi keiner. Dem Hamburger Bürgermeister war die Arbeitsfreude abhanden gekommen – allerdings bereits nach sieben Jahren. Am 10. Mai 1988 gab der 60-jährige Sozialdemokrat seinen Rücktritt bekannt. Seine halbe Lebenszeit hatte er in politischen Ämtern verbracht. Staatssekretär im Bundeswirtschaftsministerium, Bundesminister für Bildung, Staatsminister im Auswärtigen Amt waren einige seiner Stationen. 1981 wurde der gebürtige Hamburger nach dem Rücktritt von Hans-Ulrich Klose als Bürgermeister in die Hansestadt geholt.

Die „Hamburger Verhältnisse" waren schwierig. Der in der Zeit von Dohnanyis Regierung geprägte Begriff bezeichnete die zähen Koalitionsverhandlungen nach den Bürgerschaftswahlen vom Juni 1982 und November 1986. Auch sonst war das politische Klima an der Elbe heikel. Hohe Verschuldung und Arbeitslosigkeit erschwerten den sozial gesteuerten Strukturwandel, wie Dohnanyi seine Politik benannte. Zu den Krisen kamen in den 80er Jahren deftige Skandale. So der Hamburger Kessel vom Juni 1986, die stundenlange Umzingelung von Atomkraftgegnern durch Polizeitruppen. Einen Monat später folgte die Bluttat des Killers von St. Pauli im Altonaer Polizeipräsidium. Jahrelang schwelte der Konflikt um die besetzten Häuser an der Hafenstraße. Dieses Problem konnte Dohnanyi im November 1987 mit einem Pachtvertrag vorübergehend entschärfen. Die Vereinbarung hatte ihn höchsten Einsatz gekostet und wurde von der Betonriege der eigenen Partei scharf kritisiert.

Aber schon im Frühjahr 1988 sah die *Welt* erneut einen rechtsfreien Raum am Hafenrand: „Stahlkugeln werden wie eh und je auf Polizeibeamte abgeschossen, Autos werden wie eh und je aufgebrochen, die Politkriminalität blüht wieder wie zuvor."[7] Dohnanyi hatte alle Mühe zu bekräftigen, sein Rücktritt habe nichts mit den besetzten Häusern zu tun. Das wollte ihm niemand abnehmen. Zu offensichtlich waren Krisen und Querelen in der Hansestadt. Genschers Abschied kam aus heiterem Himmel, über dem Hamburger Senat dagegen hingen stets düstere Wolken. Da konnte, anders als beim erfolgreichen Außenminister, kein ruhmvoller Abschied gelingen. Dohnanyi zeige eine „unnachahmliche Grandezza beim Abstieg von einem politischen Scherbenhaufen", höhnte ihm der Fraktionsvize der Hamburger CDU hinterher.[8]

BIOGRAFISCHE ENTWICKLUNG   3

War Dohnanyi gescheitert? Er selbst sah das nicht so. Er fühlte sich verbraucht, sprach von Abnutzungserscheinungen und geschwundener Kreativität. Kraft und Durchsetzungsfähigkeit hätten nachgelassen, auch das Vergnügen an der Arbeit. Wenn Dohnanyi gescheitert war, dann nicht an einer einzelnen Person oder einer Gruppierung. Abgesägt hatte Dohnanyi niemand, aber die traditionellen zähen Flügelkämpfe der Hamburger SPD hatten ihn zermürbt. Den Querschüssen von Genossen habe er begegnen können, so lang er frisch im Amt gewesen sei, meinte Dohnanyi. Doch ließe sich das nur eine bestimmte Zeit durchhalten. „Wenn man mal das Bild nimmt vom Karrenziehen, und da sind immer Steine im Weg und noch mal Steine, dann sind es irgendwann zu viele Steine", beschrieb er die Plackerei.[9] Dohnanyi nannte ein generelles Unbehagen an der Politik als ein weiteres Motiv für seinen Ausstieg. Das Ruder reiche nicht bis ins Wasser, das alltägliche Handeln sei von Sachzwängen diktiert, Entscheidungen würden den komplexen Problemen nicht gerecht. Künftig wolle er in Ruhe über die Bedingungen politischen Gestaltens nachdenken.

Gescheitert oder nicht gescheitert – sieben Jahre lang hatte sich Dohnanyi den Herausforderungen der Regierungsgeschäfte gestellt. Seine Aufgabe war nicht größer als seine Fähigkeit, von Überforderung war nicht zu sprechen. In Fällen von Überforderung gelingt es nicht, den Termin des Rücktritts zu wählen. Der wird von außen diktiert. Rücktritte aus Überforderung sind weder selbstbestimmt noch können sie den Eindruck erwecken, selbstbestimmt zu sein.

Überprüfung des Lebensweges

Wer die Ochsentour durchläuft, wer sich langsam in der Parteihierarchie nach oben arbeitet, erwirbt zwangsläufig ein gewisses Maß an persönlicher Stärke und Härte. Aber nicht immer sorgen die parteiinternen Auswahlverfahren dafür, dass ein Kandidat für eine Position auch Souveränität und Widerstandskraft mitbringt. Die verlangt ein Amt ebenso wie die fachliche Eignung. Nicht immer weiß der Anwärter, worauf er sich einlässt, mit welchen Zumutungen und Schwierigkeiten er konfrontiert wird. Der erste Präsident des Bundestages, Erich Köhler, war so ein Fall. Nach nur einem Jahr im Amt trat er wegen Überforderung am 18. Oktober 1950 zurück.

Der Ökonom Köhler hatte im September 1945 die CDU in Wiesbaden mitbegründet, war 1946 in den hessischen Landtag gewählt und dort Vorsitzender der CDU-Fraktion geworden. Im Juni wurde er Präsident des neu gegründeten Wirtschaftsrates der Bi-Zone, des ersten überregionalen Parlaments im Nachkriegsdeutschland. Köhler hatte die ersten demokratischen Gehversuche der zunächst 52, später 104 Abgeordneten geleitet. So schlug ihn Konrad Adenauer als ersten Präsidenten des Bundestages vor, worauf Köhler in der konstituierenden Sitzung am 7. September 1949 mit großer Mehrheit gewählt wurde.

Aber in Bonn ging es anders zu als in der bescheidenen Bi-Zonen-Vertretung. Jetzt debattierten über 400 Abgeordnete aus 12 Parteien, parlamentarische Abläufe waren noch nicht eingespielt. Köhler waren die Grenzen seines Amtes – er sollte die Debatte moderieren, nicht kommentieren – noch nicht bewusst. Als der KPD-Abgeordnete Max Reimann in einer der ersten Sitzungen die Oder-Neiße-Linie als Friedensgrenze bezeichnete, kam es zu Tumulten. Statt zu beschwichtigen, erteilte Köhler Reimann einen Ordnungsruf. Ein klarer Verstoß gegen die Geschäftsordnung, der so gravierend war, dass viele Parlamentarier bezweifelten, ob Köhler seinem Amt gewachsen war. Ende September war bereits von einer Präsidentenkrise die Rede.

Doch das Drama ging weiter. In der turbulenten Plenarsitzung vom 24. November 1949 schleuderte SPD-Chef Kurt Schumacher Konrad Adenauer sein berühmt gewordenes Verdikt vom „Bundeskanzler der Alliierten" entgegen. Im Proteststurm der Regierungsparteien war Köhler hilflos. „Das Haus tobte. Präsident Köhler versuchte vergebens, sich Gehör zu verschaffen, die Abgeordneten erhoben sich gestikulierend und schreiend von ihren Sitzen. Unablässig schwang der Präsident die Glocke", erinnert sich Carlo Schmid, SPD-Abgeordneter und einer der Stellvertreter Köhlers. Für ihn war Köhler „ein sehr auf Repräsentation bedachter Herr, der sich für den ersten Mann Westdeutschlands hielt".[10] Dass Köhler die Beschimpfungen der SPD-Fraktion durch Regierungsvertreter nicht rügte, sahen die Sozialdemokraten als Pflichtverletzung an. Nach dieser Debatte erklärte die größte Oppositionspartei, sie habe zum Bundestagspräsidenten kein Vertrauen mehr.

Nachdem Köhler seine Aufgabe auch in den folgenden Monaten nicht meisterte, forderte die SPD Anfang März 1950 seinen

Biografische Entwicklung

Rücktritt und brachte dazu sogar einen Antrag im Bundestag ein. Dieser wurde von der Mehrheit der Abgeordneten als unzulässig abgelehnt. Laut Grundgesetz ist der Bundestagspräsident für vier Jahre gewählt, eine Abberufung nicht vorgesehen. Aber das leidige Problem löste sich auf andere Weise, denn im Juli erlitt Köhler einen Nervenzusammenbruch. Daraufhin legte ihm seine Partei den Rücktritt nahe. Wie ein Nachruf liest sich eine Agenturmeldung vom 22. Juli 1950. Noch vor Köhlers Abschied hieß es, Gegner wie Parteifreunde hätten seine Amtsführung kritisieren müssen. Er sei keiner, „dem Energie, eine geschickte parlamentarische Hand ebenso eigen sind wie starke Nerven."[11]

Energie, geschickte Hand und starke Nerven – damit sind drei Voraussetzungen für eine gute Amtsführung benannt. An allen drei mangelte es Köhler, die Überforderung war offensichtlich. Dies war bei Ulrich Rastemborski von der Union nicht der Fall. Der Berliner Bausenator verschwand einfach. Völlig unvermittelt. Ohne Ankündigung. Am Freitag, den 19. August 1983 war Rastemborski am Vormittag mit seinen Abteilungsleitern zu einem Besichtigungstermin in Kreuzberg verabredet. Dort warteten die Beamten vergeblich auf ihren Chef. Niemand wusste, wo er steckte, auch seine Ehefrau nicht.

Die Aufregung um den Verschwundenen wurde nur wenig gedämpft, als bei seinem persönlichen Referenten ein Brief einging. Darin teilte Rastemborski mit, dass er wegen Überanstrengung eine Woche Krankheitsurlaub nehme. Also lag seinem mysteriösen Abtauchen zumindest kein Verbrechen zugrunde. Aber wo war Rastemborski abgeblieben? Die Zeitungen meldeten, dass sich die Spur des Bausenators nach einem Flug Berlin-Hannover verlor. Die Polizei wurde zunächst mit einer inoffiziellen Suche beauftragt, dann wurde eine Vermisstenanzeige erstattet. Auf dem Boulevard kursierten heiße Gerüchte: Rastemborski sei mit einer Frau durchgebrannt, er habe ein Verbrechen begangen, er sei in ein Kloster eingetreten. Die Sorge stieg, als sich ein Frankfurter Notar in Berlin meldete, der gehört hatte, ein Senator namens Rastemborski werde vermisst. Ein ihm unbekannter Mann dieses Namens habe in seiner Kanzlei gerade eine Vermögensverfügung hinterlegt. Wollte sich der Senator etwas antun?

Der Regierende Bürgermeister Richard von Weizsäcker musste am 23. August einräumen, er wisse von dem Vorgang weniger als er wolle. Zwei Tage später erreichte ihn ein Schreiben seines Senators ohne Absender. In dem handschriftlichen Brief nahm Rastemborski eine „ernsthafte Überprüfung seines Lebensweges" vor und teilte Weizsäcker das Ergebnis dieser Überprüfung mit: Rücktritt von allen Ämtern aus persönlichen Gründen. Eine solche plötzliche Infragestellung des eigenen Tuns ist in der politischen Wirklichkeit nicht vorgesehen. Sie kam auch nie wieder vor.

Über Rastemborskis Gründe wollte sich Weizsäcker nicht äußern. Das übernahm die Presse. Von seinem harten Job war die Rede, von seinem redlichen Bemühen, eine Verständigung mit den Hausbesetzern zu erreichen, von Meinungsverschiedenheiten im Senat. Das schwache Nervenkostüm des Senators wurde erwähnt, sein Stress, das Kettenrauchen, seine Neigung zum Grübeln. Aber objektive existentielle Probleme wurden bei Rastemborski nicht gesehen. „Es sei denn", meinte der *Tagesspiegel*, „eine unter seelischer Hochspannung stehende Natur wache eines morgens mit dem selbstquälerischen Gedanken auf: ich kann nicht mehr."[12]

Das war es, was Rastemborski zum fluchtartigen Verlassen seines Postens getrieben hatte. Seine Kurzschlusshandlung hatte psychische Ursachen, eine körperliche Erkrankung lag nicht vor. Bei Erich Köhler war das anders. Da kam zur Überforderung der Nervenzusammenbruch. Das begünstigte die Entscheidung zum Rücktritt. In anderen Fällen sind Krankheiten das hauptsächliche Argument – sei es wegen tatsächlicher körperlicher Beeinträchtigung oder sei es als Ausrede.

Echte und diplomatische Krankheiten

Alle Hoffnung auf Heilung war vergebens. Dieser Einsicht hatte sich der bayerische Ministerpräsident Hanns Seidel gestellt. Am 21. Januar 1960 legte er sein Amt nieder. Anderthalb Jahre hatte er an einer Wirbelverletzung laboriert, die er sich bei einem Verkehrsunfall im Juli 1958 zugezogen hatte. Auf der Fahrt zu einer Kundgebung in Unterfranken stieß der Dienstwagen Seidels mit einem LKW zusammen. Seidel kletterte äußerlich unverletzt aus den Trümmern, hielt ein vorbeifahrendes Auto an und ließ sich nach München zurückbringen. Eine ärztliche Untersuchung ergab keinen Befund. Später auftretende Rückenschmerzen wurden zunächst als Rheuma, dann als Hexenschuss diagnostiziert. Aber im Januar

1959 musste sich Seidel erneut behandeln lassen, ein Klinikaufenthalt folgte, erst Ende Mai konnte er wieder eine Kabinettssitzung leiten. Bei seinem letzten großen Auftritt feierte Seidel noch einen Triumph. Die Landesversammlung der CSU bestätigte ihn im Juni 1959 mit 95,5 Prozent der Stimmen als Parteivorsitzenden. Aber sein wechselhaftes Befinden zwang ihn erneut ins Krankenhaus. Bereits im Oktober musste er die Führung der Amtsgeschäfte seinem Stellvertreter übertragen. Nach der Mahnung seiner Ärzte zur Schonung gab Seidel im Januar 1960 auf. Eine erfolgreiche Laufbahn war an ihr vorzeitiges Ende gekommen.

Hanns Seidel war CSU-Mitglied der ersten Stunde, langjähriger bayerischer Wirtschaftsminister, Parteivorsitzender seit 1955. Er galt als Mann des Ausgleichs. Unter seiner Führung hatte die CSU bei der Landtagswahl 1958 fast die absolute Mehrheit erreicht. Der bei seinem Rücktritt noch nicht 60-jährige Ministerpräsident hätte die Geschicke Bayerns unbestritten noch länger geführt, hätte es ihm sein physischer Zustand erlaubt.

Häufiger jedoch ist die Situation nicht so eindeutig – Grund für einen Rücktritt kann eine tatsächliche oder angebliche Erkrankung sein, aber auch andere Aspekte können zusätzlich eine Rolle spielen. Bremens Finanzsenator Ulrich Nölle litt an einer durch Zeckenbiss verursachten Borreliose. Aber genauso ausdrücklich, wie er diese Erkrankung als Anlass seines Rücktritts im September 1999 nannte, erklärte er andere Motive als Ursache: Schienbeintretereien in seiner Partei, der CDU, und Anfeindungen in der Öffentlichkeit. Die Borreliose war nur der letzte Auslöser für seinen Schritt.

Ein weiterer, nicht immer glaubhafter Rücktrittsgrund, ist die Gefährdung der Gesundheit. Horst Werner Franke verabschiedete sich im Februar 1990 vorzeitig aus dem Bremer Senat – auf dringenden Rat seines Kardiologen. Damals war der 57-jährige Sozialdemokrat mit einer 14-jährigen Amtszeit der dienstälteste Kultusminister in der Bundesrepublik. Über seine Diagnose, Herzrhythmusstörungen, gab Franke freimütig Auskunft, was die Medien nicht daran hinderte, zu spekulieren. Die FAZ verwies auf die scharfe Kritik an Frankes Schulpolitik. Die *Frankfurter Rundschau* stellte ironisch fest: „Seitdem sein vorzeitiger Rücktritt wegen Krankheit feststeht, strotzt er vor Gesundheit." Franke aber wies alle Vermutungen zurück, Bürgermeister Klaus Wedemeier

wolle ihn loswerden. Der Regierungschef habe ihm keineswegs eine „diplomatische Krankheit aufgeschwatzt".[13]
Gesundheit kann als Scheinargument instrumentalisiert werden. Dieses Thema ist heikel, weil es die Persönlichkeit des Amtsinhabers betrifft. Der Politiker ist in der Mediendemokratie eine öffentliche Person, doch Fragen des körperlichen Befindens berühren seine Privatsphäre. Aus Respekt bewahren die Medien meistens Zurückhaltung. Die Einschätzung körperlicher Belastbarkeit unterliegt ausschließlich dem Urteil des Betroffenen. Das trifft auch im Fall der Folgen hohen Alters zu.

Nicht in den Sielen sterben

Eine Altersgrenze für politische Funktionsträger ist nicht definiert. Mancher Regierungschef, der längst seine Pension verzehren könnte, fühlt sich noch fit genug, die Richtlinien der Politik zu bestimmen. Konrad Adenauer, ein Extremfall, wollte mit 87 Jahren noch immer nicht als Bundeskanzler aufhören. Da blieb es nicht aus, dass sein Alter zum Thema wurde. In anderen Fällen wird darüber nicht oder nicht offen gesprochen. Die Lebenszeit gehört wie die Gesundheit in einen persönlichen Bereich, der außerhalb der Berichterstattung liegt. Das Tabu wird allenfalls unter Hinweis auf die Notwendigkeit einer Nachfolgeregelung umgangen.

Obwohl nichts im Leben so unvermeidlich ist wie das Altern, wird wenig so gern und intensiv verdrängt. Das ist bei Politikern nicht anders als bei anderen Menschen. Und wie andere haben Politiker die Möglichkeit, das Unausweichliche zu akzeptieren oder zu leugnen, zumindest solange dies physisch möglich ist. Allerdings unterliegen politische Senioren besonderen Bedingungen. Sie wissen: Mit einem Rücktritt fällt ihr Sozialprestige rapide. Kein Fahrer, keine Leibwächter, keine Termine mehr. Keine Fragen, keine Entscheidungen. Jahrelang lebten sie mit dem öffentlichen Interesse, jetzt verlieren sie jeden Nachrichtenwert. Die meisten politischen Freundschaften erweisen sich als Zweckbündnisse auf Zeit. Die soziale Fallhöhe für Politiker ist höher als für andere.

Der Weg aus Pressekonferenzen und Blitzlichtgewitter aufs Altenteil ist steinig. Längst nicht jeder erkennt den notwendigen Zeitpunkt, und längst nicht jeder reagiert auf Hinweise so prompt wie Wilhelm Kaisen, langjähriger SPD-Bürgermeister von Bremen.

Biografische Entwicklung 3

Über ein Jahr vor seinem Rücktritt kündigte der 71-jährige Kaisen diesen Schritt an. Er solle am 17. Juli 1965 stattfinden – dem Tag seiner 25-jährigen Senatszugehörigkeit. Dann sei „das Maß dessen, was ein Mensch in dieser Position zu leisten habe, erfüllt."[14] Kaisen hatte bereits in den Jahren 1928 bis 1933 als Senator für das Wohlfahrtswesen der Bremer Regierung angehört. Schon einen Monat nach Kriegsende, im Juni 1945, wurde er von der US-Militärverwaltung in den ersten Nachkriegssenat berufen. Anfang August 1945 zum Senatspräsidenten ernannt, wurde er im November 1946 durch Wahl in diesem Amt bestätigt. Kaisen, 1887 geboren, eine Persönlichkeit von natürlicher Autorität, hatte die Bremer Politik zwei Jahrzehnte lang souverän bestimmt.

Jetzt war die Zeit zum Aufhören gekommen. Doch Kaisen war nicht von allein zu dieser Erkenntnis gelangt. Richard Boljahn, Fraktionsvorsitzender und Repräsentant des einflussreichen Gewerkschaftsflügels, forderte auf einem Landesparteitag der Bremer SPD im März 1964 unverhohlen den Rücktritt des Bürgermeisters. Nicht nur das sorgte für Unbehagen in der Partei, auch die Umstände waren schäbig. Boljahn hatte mit seinem Redebeitrag gewartet, bis Kaisen die Versammlung verlassen hatte. Der Regierungschef erkannte das als Kampfansage. Der Fraktionschef hatte bessere Voraussetzungen, und über kurz oder lang würde er eine Mehrheit in der Partei gegen Kaisen finden. Die politische Solidarität einer Fraktion ist in Altersfällen begrenzt, Abgeordnete setzen lieber auf künftige Kräfte. Aber mit seiner umgehenden Rücktrittserklärung behielt Kaisen das Heft des Handelns in der Hand. Er konnte sich noch ein weiteres Jahr Amtszeit sichern und ersparte sich eine unschöne Diskussion. Kaisen gelang ein würdiger Abschied. Am Tag seines Rücktritts wurde er Ehrenbürger Bremens – der Erste, der diese Auszeichnung zu Lebzeiten erhielt.

In seiner Selbstwahrnehmung zählte sich der 71-jährige Kaisen nicht zum alten Eisen. Andere fühlten eine Grenze näher kommen. Der Sozialdemokrat Henning Scherf, einer von Kaisens Nachfolgern, erinnerte im September 2005 an sein Engagement für Arbeitszeitverkürzung. Die nehme er jetzt für sich in Anspruch. Er wolle nicht mit den Füßen voran aus dem Rathaus getragen werden. Da stand er kurz vor seinem 67. Geburtstag. Der „Methusalem in der deutschen Politik", so Scherfs Selbsteinschätzung, war das dienstälteste Kabinettsmitglied in der Bundesrepublik. 27 Jahre gehörte er dem Bremer Senat an, zehn davon als Regierungschef. In dieser Zeit führte er eine große Koalition mit der CDU, nicht immer zur Freude seiner Partei. In der Bevölkerung war er umso populärer.

Landesväter und Kronprinzen

Kaisen und Scherf waren Regierungschefs. Minister lassen sich leicht austauschen, Ministerpräsidenten nicht unbedingt. Ein objektiver Grund kann die überragende Persönlichkeit sein. Aber auch die subjektive Einschätzung des Regierungschefs, der sich für unersetzlich hält, kann ein Grund sein. In beiden Fällen spielen politische Fragen eine Rolle, aber entscheidend ist der Zeitpunkt eines Rücktritts. Der sollte so weit vor der nächsten Wahl liegen, dass der Nachfolger die Chance hat, sich zu profilieren. Partei und Wähler können sich auf die neue Leitfigur einstellen.

Scherfs Rücktritt war geglückt, weil es ihm wie Genscher möglich war, alle zu überraschen. Zu den wenigen vergleichbaren Beispielen gehört Scherfs Amtskollege und Parteifreund Manfred Stolpe, der zwölf Jahre als erster Ministerpräsident Brandenburg regierte. Lange wurde er wegen seiner Stasi-Verbindungen kritisiert. Medienrummel, Koalitionskrach, Untersuchungsausschuss – alles hatte Stolpe überstanden. Auch das Scheitern der von ihm favorisierten Großprojekte wie der Rennstrecke Lausitz-Ring oder der Chipfabrik in Frankfurt/Oder konnte ihm nichts anhaben. In einer ruhigen Phase, ohne erkennbaren Anlass, trat Stolpe im Juni 2002 zurück. Die Begründung des 66-jährigen: der anstehende Generationswechsel, den er in der Mitte der Legislaturperiode vollziehen wolle.

Bei Stolpe stand mit Matthias Platzeck ein designierter Nachfolger bereit. Der war in die Pläne des Regierungschefs eingeweiht. Das ist nicht immer so. Oft fehlt auf der einen Seite die Bereitschaft zum Abdanken, auf der anderen die Geduld. Das kommt vor allem bei Ministerpräsidenten, gerne Landesväter genannt, vor. Schon der Begriff deutet auf einen möglichen Generationenkonflikt. Ein Senior und seine Altersgenossen regieren, während ein Jüngerer und seine Generation an die Macht wollen. Das kann lange dauern – Wolfgang Clement und Günther Oettinger wurden schon dem Prinz Charles-Phänomen des ewigen Anwärters zugeordnet.

Wolfgang Clement, Wirtschaftsminister in Nordrhein-Westfalen, hielt sich jahrelang mit öffentlichen Äußerungen zurück. Aber seit

Biografische Entwicklung 3

er in einem Interview im Sommer 1997 einen für das folgende Jahr vorgesehenen Rücktritt von Johannes Rau andeutete, nahmen die Spekulationen kein Ende. Rau wollte keinen Termin nennen. 19 Jahre war er Ministerpräsident von Nordrhein-Westfalen, davor bereits neun Jahre Minister. Seine 66 Jahre waren für ihn kein Thema, und er zögerte eine Entscheidung immer wieder hinaus. Da mussten sich erst einige Hinterbänkler aus der eigenen Partei im Düsseldorfer Landtag finden, die Raus Rücktritt forderten. Den kündigte er endlich am 17. März 1998 an. Den Ausschlag gaben aber nicht diese Parteifreunde. Die bevorstehende Nominierung Gerhard Schröders zum SPD-Kanzlerkandidaten sollte der Partei Aufschwung verleihen. Ein Generationswechsel käme da genau richtig. Ob gesprungen oder geschubst – Raus Partei war erleichtert über seinen Abgang. Die Mutmaßungen über seine Pläne waren zu einer Belastung geworden.

Ein noch ausgeprägteres Beispiel für diese zögerliche Haltung ist Erwin Teufel. Der langjährige Ministerpräsident in Stuttgart fühlte sich mit 66 Jahren noch keineswegs rentenreif. Fleißig, bieder, unauffällig – so hätte er gern noch länger regiert. Das sahen die Wähler anders. Bei einer Umfrage erklärten sich 60 Prozent mit seiner Arbeit zufrieden, zugleich meinten 73 Prozent, er solle einem Jüngeren Platz machen. Im Sommer 2004 forderten dies immer mehr Gruppierungen in der CDU Baden-Württembergs. Als Teufel schließlich im Oktober 2004 zurücktrat, sah er sich als Opfer einer Intrige seiner Partei, die den Generationswechsel aktiv betrieben habe.

Alt, aber nicht weise

Zur Rücktrittsbereitschaft von Johannes Rau hatte eine Perspektive – die Aussicht auf den Posten des Bundespräsidenten – beigetragen. Diese Möglichkeit des ehrenvollen Amtswechsels hatte sich zwei Jahrzehnte früher auch für Bundeskanzler Konrad Adenauer angeboten. Aber nach anfänglicher Zusage schlug er die Gelegenheit aus. Damit hatte er die letzte Chance für einen würdigen Abschied versäumt. Ein quälendes Drama nahm seinen Lauf.

Am 15. September 1949 wurde Konrad Adenauer, mit damals 73 Jahren, zum ersten Kanzler der Bundesrepublik gewählt. Alle, die ihn für eine kurzfristige Übergangslösung hielten, belehrte „der

Alte" eines Besseren. Er war agiler und ausdauernder als viele Jüngere. 1953 errang die CDU unter seiner Führung einen großen Sieg bei der Bundestagswahl. Der wurde bei der folgenden Abstimmung noch übertroffen. Mit ihrem Slogan „Keine Experimente" fuhr die Union im Herbst 1957 50,2 Prozent der Stimmen ein. Zum ersten Mal in der deutschen Parlamentsgeschichte hatte eine Partei in einer freien Wahl die absolute Mehrheit erzielt. Adenauer war inzwischen 82 Jahre alt. Bald nach diesem Triumph begann seine Autorität zu bröckeln. Die Kritik an seinem Führungsstil nahm zu, Fehlentscheidungen des Kanzlers häuften sich. Offen wurde über seine Nachfolge debattiert. Den prominentesten Kandidaten lehnte Adenauer vehement ab. Bei Wirtschaftsminister Ludwig Erhard sah er Kompetenz in ökonomischen Belangen, nicht aber in politischen Fragen. Als für den Herbst 1959 ein Nachfolger für Bundespräsident Theodor Heuss gesucht wurde, wollte Adenauer Erhard auf diesen Posten wegloben, doch der weigerte sich. Da erklärte Adenauer plötzlich, im April 1959, seine Kandidatur für das höchste Staatsamt. Der allgemeinen Verblüffung folgte in der Union die Erleichterung über die glimpfliche Lösung der Kanzlerfrage. Die Opposition frohlockte. „Laßt uns alle miteinander Adenauer auf dem Präsidentenstuhl ins Altenteil hieven", verkündete Carlo Schmid.[15] Der war als – aussichtsloser – Gegenkandidat nominiert.

Doch die Freude währte nur kurz, denn Adenauers Entschluss hielt nicht lange. Er hatte sich Illusionen über die Befugnisse des Präsidenten gemacht. Die Stellung des Staatsoberhauptes sei „viel größer als man schlechthin glaubt", hatte Adenauer in einer Rundfunkansprache am 8. April 1959 verkündet und gehofft, weiter die Politik bestimmen zu können.[16] In Artikel 63 des Grundgesetzes wird festgelegt, dass der Bundeskanzler auf Vorschlag des Bundespräsidenten vom Parlament gewählt wird. Als ihm klar wurde, dass er mit dieser Bestimmung die Kanzlerschaft Erhards nicht werde aufhalten können, zog er Anfang Juni 1959 seine Kandidatur als Bundespräsident zurück. Adenauer blieb Kanzler, aber zu einem hohen Preis. Das Entsetzen in seiner Partei und in den Medien war groß. „Heute ist der Kanzler ein Opfer seiner Menschenverachtung geworden", schrieb Marion Dönhoff in der *Zeit* nach Adenauers Schwenk. Und sie folgerte: „Selten nur werden die Starken von ihren Gegnern erledigt. Gewöhnlich gehen sie an ihren eigenen Fehlern zugrunde."[17] Diese Regel sollte auch für Adenauer zutreffen.

Der Kanzler war in seiner Partei isoliert, seine Urteilsfähigkeit nahm ab. Einen Monat später, bei der Bundestagswahl vom 17. September 1961, bekam Adenauer die Quittung: fünf Prozent Stimmenverlust für die CDU. Die Christdemokraten waren nun auf eine Koalition angewiesen. Die FDP hatte mit der Devise „Für die CDU – ohne Adenauer" um fünf Prozent zugelegt. Für die Regierungsbeteiligung rückten die Liberalen von ihrem Slogan ab, mit der Bedingung: Adenauer musste schriftlich zusichern, in der Mitte der Legislaturperiode sein Amt einem Nachfolger zu übergeben. Eine letzte Galgenfrist – Adenauer hat sie schlecht genutzt. Nach seinem törichten Verhalten in der Spiegelaffäre im Oktober 1962 forderte die FDP, Adenauer müsse seinen Rücktritt terminieren. Im Dezember rang er sich dazu durch, im kommenden Herbst zurückzutreten.

Die folgenden Monate waren von peinlicher Verwirrung bestimmt. Mehrfach stellte Adenauer seinen Rücktritt in Frage. Realitätsblind hoffte der 87-jährige, das Ende seiner Kanzlerschaft noch einmal hinauszögern zu können. Die Presse berichtete täglich über die Ausfälle des Alten. Die Kanzlerfrage habe sich, so die *Welt* im Februar 1962, „zum ständig juckenden, die Aktivität lähmenden Geschwür am Parteikörper der CDU entwickelt."[18] Die Fraktion bot alle diplomatischen Mittel auf, den Störrischen zur Vernunft zu bringen. Aber der verweigerte jede Einsicht. Nachdem die Christdemokraten bei der Wahl in Berlin am 17. Februar 1963 beinahe zehn Prozent verloren hatten, bei der Abstimmung in Rheinland-Pfalz Ende März vier Prozent, schrillten in der Partei die Alarmglocken. Vor der Niedersachsenwahl am 19. Mai musste gehandelt werden. Wenn die Nachfolgeregelung nicht mit ihm zu machen war, dann gegen ihn. Am 23. April kam es zum Showdown. Die Fraktion stimmte über einen Nachfolger ab. Zwei Drittel entschieden sich für Erhard – eine herbe Niederlage für Adenauer. Den erzwungenen Rücktritt empfand er als schwersten Schritt seines Lebens. Er war verbittert und bis ins Mark erschüttert.

Hochbegabt, aber miserabel

Zwischen Adenauers Ankündigung des Rücktritts im April und der Amtsniederlegung im Oktober 1963 lagen fast sieben Monate – in der Tagespolitik ein langer Zeitraum. Er war lang genug für

Adenauer, um sich mit dem Dienstende äußerlich abzufinden, für die CDU, um das ramponierte Image zu pflegen, und für die Öffentlichkeit, um das missliche Gezerre zu vergessen. So wurden bei zahlreichen Abschiedsveranstaltungen Adenauers Verdienste gewürdigt. Nur mehr wenig Bedeutung hatten seine Charakterzüge, mit denen er in den zwei Jahren davor die ganze Bundesrepublik genervt hatte: Altersstarrsinn, Selbstüberschätzung, Realitätsverlust, Eitelkeit, Irrationalität.

Anders bei Kurt Biedenkopf. Alle diese peinlichen Mangelerscheinungen waren bei ihm bis zu seinem letzten Amtstag und darüber hinaus vertreten. In Reinkultur. Aber in mancher Hinsicht ist Biedenkopf mit Adenauer zu vergleichen. Die späte Regierungsübernahme, die überragenden Leistungen in einer Aufbausituation. Das verzweifelte Festhalten am Amt, der verbiesterte Kampf gegen den Nachfolger. Von allen Rücktritten aus Altersgründen ist der von Biedenkopf der peinlichste und der tragischste.

Kurt Biedenkopf war ein seltenes Glück vergönnt, eine so unerwartete wie erfolgreiche Alterskarriere. 61 Jahre zählte der Professor für Wirtschaftsrecht, als er im Oktober 1990 zum Ministerpräsidenten von Sachsen gewählt wurde. In einem Alter, in dem sich mancher mit dem Gedanken ans baldige Aufhören beschäftigt, startete Biedenkopf noch einmal durch. Es war das erste Mal in seiner langen politischen Laufbahn, dass er Regierungsverantwortung trug. Bis dahin war sein Wirken nicht von Erfolg gekrönt. Als Generalsekretär der CDU 1973-1977 geriet Biedenkopf in Konflikt mit Helmut Kohl. In den achtziger Jahren versuchte er sich als Oppositionsführer im Düsseldorfer Landtag. Die Führung des nordrhein-westfälischen Landesverbandes der CDU musste er im Mai 1987 nach internen Querelen abgeben. Auseinandersetzungen begleiteten seinen Weg in der Union. Biedenkopf war ein unbequemer Anreger, der gern Grundsatzpapiere veröffentlichte. Seine Positionen standen häufig quer zu denen der Partei.

Bei der ersten Landtagswahl in Sachsen nach der Wende erzielte die CDU unter Biedenkopf mit 53,8 Prozent die absolute Mehrheit. Das lag auch am allgemeinen Trend in den neuen Bundesländern. In den beiden folgenden Landtagswahlen triumphierten die sächsischen Christdemokraten ebenfalls. 1994 erreichten sie mit 58,14 Prozent ein Ergebnis, wie es außerhalb Bayerns kaum denkbar war. Auch 1999 hielt der Höhenflug an: die 56,9 Prozent wurden zu Recht als Erfolg des Ministerpräsidenten gewertet – seine Leistungen bei der Neuorganisation des Landes konnte niemand bestreiten. Vielleicht waren ihm die Wahlsiege zu Kopf gestiegen oder die Hochachtung, die „König Kurt" unter den Sachsen genoss. Vielleicht war es auch sein autokratischer Führungsstil, der sich verselbständigt hatte – nach zehnjähriger Regierungszeit zeigte sich Anfang 2001, dass Biedenkopf den Kontakt zur Realität verloren hatte. Das Jahr 2001 war geprägt von monatelangen Affären, deren Peinlichkeit sich steigerte.

Die Vorwürfe reichten von der Begünstigung des Baulöwen Heinz Barth über Flugreisen in dessen Privatmaschine bis hin zum Erholungsurlaub auf der Privatyacht des Münchener Unternehmers Max Schlereth in Monte Carlo. Es ging um günstige Mietkonditionen für die Dienstwohnung in der Dresdener Schevenstraße, um private Beschäftigung von Landesbediensteten, private Nutzung von Dienstwagen und um die Unterbringung von Familienangehörigen bei privaten Anlässen auf Staatskosten. Ein Untersuchungsausschuss, eine Sondersitzung des Landtages und Rücktrittsforderungen thematisierten die unerfreulichen Verquickungen von Biedenkopfs privaten und dienstlichen Angelegenheiten. Für diesen war alles nur eine Medienkampagne, die seine Persönlichkeit zerstören wolle. Die Ehre seiner Familie werde verletzt. Waren schon diese Vorgänge und Biedenkopfs klägliche Rechtfertigungsversuche bizarr, leistete er sich im Dezember 2001 eine absurde Aktion. Bei einem Einkauf bei Ikea erzwangen er und seine Frau Ingrid unter Hinweis auf Biedenkopfs Amt einen Rabatt von 15 Prozent in Höhe von 132 DM. Die lächerliche Begründung, der Rabatt solle sozialen Zwecken zugutekommen, löste eine Welle von Hohn und Spott aus.

Für Vorteilsnahme und Amigo-Dienste gibt es vergleichbare Beispiele aus anderen Bundesländern. Beispiellos aber war Biedenkopfs Verhalten in der Frage seiner Nachfolge. Er warf den profiliertesten Kandidaten aus dem Kabinett. Der sei ein „hoch begabter Fachmann, aber ein miserabler Politiker".[19] Das hatte auch Adenauer über Ludwig Erhard gesagt. Aber der schlaue Alte hatte sich gehütet, den erfolgreichen Wirtschaftsminister zu entlassen. Biedenkopf dagegen feuerte am 30. Januar 2001 Finanzminister Georg Milbradt – und das, ohne eine überzeugende Begründung geben zu können. Das Abkanzeln des Hoffnungsträgers brachte die Partei gegen den Ministerpräsidenten auf. Zwar lehnte die Fraktion im Frühsommer 2001 noch Misstrauensanträge der Opposition ab, aber im September 2001 wählte sie den geschassten Milbradt zum neuen Parteivorsitzenden. Biedenkopf tobte: Es sei ein einmaliger Vorgang, einen entlassenen Minister zum Vorsitzenden zu machen. Damit habe die Partei parallel zur Opposition seinen Rücktritt betrieben.

Biedenkopf sah sich als Opfer einer Intrige. Diese skurrile Sicht präsentierte er einer verwunderten Öffentlichkeit am 16. Januar 2002, dem Tag, an dem er seinen Rücktritt bekanntgab und gleichzeitig zum Rundumschlag ausholte. Der Beleidigte giftete gegen Milbradt, gegen die CDU, gegen die Medien. Von eigenen Fehlern war keine Rede. Affären? Entscheidend für den Rücktritt seien innerparteiliche Gegebenheiten. Biedenkopfs peinliches Gezeter, seinen Hass und seine Häme nahmen alle ebenso fassungslos wie entsetzt zur Kenntnis. Von irrationaler Kleinkariertheit und unwürdigem Nachtreten war die Rede, von verbrannter Erde und eitler Egozentrik. Die PDS ergänzte das berühmte Gorbatschow-Wort: Nicht nur den, der zu spät kommt, bestraft die Geschichte, sondern auch den, der zu spät geht.

Weil das Aufhören aus Altersgründen Politikern so schwer fällt, ist die Tendenz zum Modell Biedenkopf größer als die zum Modell Genscher. Dabei ist in diesem Fall, bei einiger Selbsterkenntnis und Reflexion, selbstbestimmtes Handeln ebenso möglich wie bei anderen biografischen Entwicklungen. In anderen Fällen besteht die Freiheit der Entscheidung nicht. Nicht weil der Rücktritt durch einen Skandal erzwungen würde, sondern weil die politischen Ereignisse – in der eigenen Partei, in einer Koalition – ein Verbleiben im Amt verhindern.

KAPITEL 4

Rücktrittsgrund 2: Politische Entwicklung

Zwischen den Mühlsteinen zerrieben

Die Niederlage war eindeutig – sie war ein Desaster. Zwei Drittel der Wähler hatten bei der Volksabstimmung mit Nein votiert. Sie lehnten das Saarstatut ab. Johannes Hoffmann, Ministerpräsident des Saarlandes, war gescheitert. Unmittelbar nach Verkündigung des Ergebnisses am 23. Oktober 1955 trat er zurück. Er hatte das kleine Territorium zwischen Frankreich und Deutschland zu einer autonomen Region in Europa machen wollen. Das Gebiet stand noch immer unter französischer Verwaltung, aber das wollten die Saarländer nicht. Sie wünschten einen Zusammenschluss mit Deutschland. Hoffmann und seine Christliche Volkspartei hatten mit aller Macht den Plan einer selbständigen Region propagiert. Vergeblich. Hoffmann war am Ende, sein Rücktritt konsequent. Wie hätte er gegen seine Überzeugung den Anschluss betreiben sollen? Dieser wurde zwei Jahre nach der Volksabstimmung vollzogen. Am 1. Januar 1957 trat das Saarland als zehntes Land der Bundesrepublik bei.

> Höre, Carlos, ich kann den Ton des Rückhalts
> an Freunden nicht ausstehen.
>
> *J.W. von Goethe, Clavigo*

Hoffmanns Position war nicht mehrheitsfähig. Sein Rücktritt nach dem Wählervotum erfolgte aus Gründen der politischen Entwicklung. Auch andere politische Prozesse können zu einer Amtsniederlegung führen, Vorgänge innerhalb einer Partei oder Regierung. Davon gibt es fünf Varianten. Es kann – erstens – vorkommen, dass die eigene Partei den Regierungschef nicht mehr unterstützt. Dafür gibt es vielerlei Anlässe. So ließ Bundeskanzler Ludwig Erhard seine Partei befürchten, die folgenden Wahlen zu verlieren. Der Berliner Bürgermeister Heinrich Albertz wurde ein Opfer von

Flügelkämpfen, sein Hamburger Kollege Hans-Ulrich Klose entfernte sich inhaltlich von der Mehrheit seiner Partei. Der zweite Bereich parteiinterner Gründe sind Rücktritte von Ministern, die in Konflikt mit ihrem Regierungschef geraten oder von ihm zum Rücktritt getrieben werden. So war es bei Wilhelm Hahn, dem Kultusminister von Baden-Württemberg, und bei Bundesfamilienministerin Antje Huber. Der prominenteste Fall in dieser Kategorie ist der Abgang von Oskar Lafontaine als Bundesfinanzminister.

Auseinandersetzungen gibt es aber nicht nur zwischen Regierungschef und Minister, sondern auch zwischen Ministern und ihrer Fraktion oder Partei – die dritte Variante. Daran scheiterte etwa Kultusminister Wolfgang Knies in Niedersachsen oder, auf Bundesebene, Innenminister Werner Maihofer. Den meisten dieser Rücktritte liegen komplexe Vorgänge zugrunde – gewandelte Vorstellungen und unterschiedliche Konzepte im inhaltlichen Bereich. Im persönlichen Bereich sind dies mangelnde Dialogfähigkeit und fehlende Kompromissbereitschaft. Es kommt aber auch vor, dass ein Minister seinen Rücktritt mit einer unterschiedlichen Auffassung eines einzelnen Problems begründet. Für diesen vierten Komplex parteiinterner Auseinandersetzungen stehen die Amtsniederlegungen der Bundesminister Ewald Bucher und Karl Schiller.

Bei allen bisher genannten Gründen handelt es sich um Vorgänge innerhalb einer Regierungspartei. Im fünften und letzten Bereich spielen sich Konflikte zwischen den Partnern einer Koalition ab. Minister einer Partei treten zurück, um einen Regierungswechsel zu erzwingen. Auf diese Weise beendete die FDP die Kanzlerschaft von Helmut Schmidt. Oder ein Koalitionspartner setzt mit dem Rücktritt seiner Minister eine Kabinettsumbildung durch, wie die FDP im Fall von Verteidigungsminister Franz Josef Strauß. Eine weitere Form koalitionsbedingter Rücktritte ist selten: die Forderung nach dem Rücktritt eines Politikers der anderen Regierungspartei. Das tragischste Beispiel ist Außenminister Heinrich von Brentano.

Wechsel der Wählerstimmung

Die Zustimmung der Wähler bestimmt den Kurswert eines Politikers, vor allem den eines Spitzenkandidaten. Erweist sich dieser als zukunftsträchtiger Mehrheitsbeschaffer, ist seine Position unangefochten. So hatte sich Kurt Biedenkopf in Sachsen mancherlei herausnehmen können. Er verwies darauf, für seine Partei dreimal die absolute Mehrheit geholt zu haben. Wenn aber die Wählergunst nachlässt, wenn die Umfragewerte sinken, wenn eine Wahlniederlage droht – dann steht ein Regierungschef in seiner Partei zur Disposition. Dies erfuhr auf schmerzliche Weise Ludwig Erhard, seit Oktober 1963 Nachfolger Konrad Adenauers im Bundeskanzleramt.

Erhard wurde abschätzig Gummilöwe genannt. Das bezog sich auf die hingenommenen Demütigungen durch Adenauer. Bekannter ist sein Beiname Wahlkampflokomotive. Erhard war einer der populärsten Politiker seiner Zeit. Seit 1949 Wirtschaftsminister, war er die Symbolfigur für den ökonomischen Aufstieg. Er galt als Vater der Sozialen Marktwirtschaft und als Erfinder des Wirtschaftswunders. Erhard verstand sich als Volkskanzler und suchte mehr die direkte Nähe zur Bevölkerung als die zu seiner Partei. Seine mitreißenden Wahlkampfauftritte hatten großen Anteil an den Wahlsiegen der CDU. Das war auch noch bei der Bundestagswahl 1965 so, nach der Erhard im Amt bestätigt wurde. Aber schon kurz darauf begann sein Stern zu sinken.

So erfolgreich Erhard als Wirtschaftsminister gewirkt hatte, so wenig überzeugend agierte er als Bundeskanzler. Außenpolitisch kam es zu Schwierigkeiten mit Frankreich und den Vereinigten Staaten. Die Kontroverse zwischen Atlantikern und Gaullisten in der Union gelangte an die Öffentlichkeit. Innenpolitisch stand die schwindende wirtschaftliche Stabilität in der Kritik. Von Erhards Führungsschwäche war die Rede. Die Botschaft kam auch bei den Wählern an. Am 10. Juli 1966 wählte das von Stahlflaute und Kohlenkrise gebeutelte Nordrhein-Westfalen einen neuen Landtag. Die SPD erreichte mit 49,5 Prozent der Stimmen nahezu die absolute Mehrheit. Die CDU sank auf 42,8 Prozent. Jetzt sei die Wahllokomotive Erhard entgleist, hieß es in *Christ und Welt*. Einen solchen Wechsel der Wählerstimmung hatte die seit 1949 regierende CDU noch nicht erlebt. Das katastrophale Ergebnis brachte die Gegner des Kanzlers in der Union in Stellung. Mit ihm an der Spitze würde sich kaum die Bundestagswahl 1969 gewinnen lassen.

Erhards Vorgänger und alter Widersacher Konrad Adenauer meldete sich aus dem Off zu Wort. „Das Vaterland ist in Not", warnte der Altkanzler pathetisch und riet Erhard zu einem Heilschlaf.[1] Adenauer empfahl Bundestagspräsident Eugen Gerstenmaier, der sich selbst gern in dieser Position gesehen hätte, als neuen Regierungschef. Ende September 1966 machte der *Rheinische Merkur* mit der Schlagzeile auf, Gerstenmaier halte sich als Kanzler bereit. Zwar versicherte der Ehrgeizige, „bis zur Erschöpfung" loyal zu Erhard zu stehen, aber es könne der Zeitpunkt kommen, an dem die Loyalität gegenüber dem Land größer sein müsse als gegenüber einer einzelnen Person. Gerstenmaiers Affront war ein Verstoß gegen den politischen Anstand. Aber er war nur ein Element bei der Selbstzerfleischung der Union, denn an der Demontage des Kanzlers beteiligten sich auch andere. CSU-Chef Franz Josef Strauß wollte Erhard ebenfalls weghaben und setzte den Hebel bei den Haushaltsberatungen für das Jahr 1967 an.

Die CDU/CSU-Fraktion verlangte von Erhard, einen ausgeglichenen Etat vorzulegen. Das ging nur über Steuererhöhungen, denen sich der Koalitionspartner FDP verweigern würde. So kam es auch. Am 27. Oktober 1966 traten die vier FDP-Minister zurück. Ihre offizielle Begründung: Ein stabiler Haushalt sei nicht zu erwarten. Die Koalition war aufgekündigt, Erhard stand plötzlich einer Minderheitsregierung vor. „Alle warten auf Erhards Rücktritt!", hechelte *Bild* am 29. Oktober. Zwei Tage später wurde das Blatt noch deutlicher: „Machen Sie den Weg frei!", verlangte die Schlagzeile.[2]

Aber noch wollte der Kanzler nicht aufgeben. Eine erste ausdrückliche Rücktrittsforderung von Strauß ignorierte er und machte stattdessen Wahlkampf in Hessen. Dort verkündete er lauthals, nicht zu kapitulieren. Aber schon zwei Tage später war es vorbei. Am 2. November beschloss der Fraktionsvorstand der Union in Anwesenheit Erhards, eine neue Regierung unter einer neuen Führung zu bilden. Der Kanzler begriff und signalisierte seine Bereitschaft zum Rücktritt. Aber anstatt diesen Schritt zu vollziehen, hoffte er noch auf einen Ausweg. Er ließ es sogar zu einer unerquicklichen Bundestagsdebatte kommen. Die SPD hatte beantragt, Erhard solle vom Parlament beauftragt werden, die Vertrauensfrage zu stellen. Der Antrag wurde am 8. November 1966 mit den Stimmen der oppositionellen SPD und der bisherigen Koalitionspartei FDP angenommen. Zwar kann der Kanzler nicht genötigt werden, die Vertrauensfrage zu stellen, aber die Annahme dieses Antrags war ein Ausdruck des Misstrauens der Bundestagsmehrheit. Nach dieser Sitzung nominierte der Parteivorstand der CDU vier Kandidaten für die Kanzlerschaft. Erhard war nicht darunter. Der Kanzler schloss die Sitzung mit den Worten: „Sie können überzeugt sein, daß ich mit Würde und mit Anstand diesen Posten niederlegen werde."[3] Für Würde und Anstand war es zu spät. Durch sein zähes Verharren im Amt hatte sich Erhard schwer beschädigt. Erst Jahre später stieg sein Ansehen wieder, in Erinnerung an seine Leistungen als Schöpfer der Sozialen Marktwirtschaft.

Die Demontage von Ludwig Erhard durch die Parteifreunde mag auch durch den persönlichen Ehrgeiz einiger Akteure motiviert gewesen sein. Entscheidend aber war der Wunsch nach Machterhalt für die Partei. Hätte die Aussicht bestanden, mit Erhard die nächste Bundestagswahl zu gewinnen – niemand hätte ihm seine Führungsposition streitig gemacht. Aber es kann auch zu parteiinternen Kämpfen gegen einen Regierungschef kommen, bei denen es nicht um Wahlchancen geht. In diesen Fällen stehen unterschiedliche Richtungen einer Partei gegeneinander. Ohne Rücksicht auf die Außenwirkung ihres Streits ringen sie um Einfluss und um die Besetzung von Posten. Drastischstes Beispiel selbstzerstörerischer Flügelkämpfe ist Berlin. Dort wurden in den Jahren 1966 bis 1981 drei Bürgermeister nacheinander – Heinrich Albertz, Klaus Schütz und Dietrich Stobbe – von ihrer Partei in den Rücktritt gemobbt.

Die Macht der Kungelrunden

Das Land Berlin hatte in der Bundesrepublik bis 1989 einen besonderen Status. Dort herrschten auch besondere Bedingungen für die Parteien – zumindest für die SPD. In den ersten drei Jahrzehnten nach dem Zweiten Weltkrieg stellte sie nahezu ununterbrochen den Bürgermeister. Bei der Wahl zum Abgeordnetenhaus 1963 erzielte sie fast 62 Prozent der Stimmen. Auch bei den Wahlen davor und danach lag sie gut über der absoluten Mehrheit. Diese gesicherte Machtposition, die lange Regierungszeit und die Verhältnisse in der Frontstadt bestimmten die Berliner SPD. Sie war geprägt von den gegensätzlichen Vorstellungen eines starken rechten und eines weniger starken linken Flügels, doch dank ihrer unangefochtenen Stellung konnte sich die Partei bissige Machtkämpfe zwischen den Richtungen leisten.

Der erste Berliner Bürgermeister, der den Flügelkämpfen zum Opfer fiel, war Heinrich Albertz. Gerade mal zehn Monate konnte er sich im Amt halten. Albertz wurde von seinem Vorgänger Willy

Brandt vorgeschlagen. Ohne diese Empfehlung wäre er kaum gewählt worden, denn der Pastor aus Schlesien war nicht in der Partei zu Hause. Arroganz, beleidigender Witz und Distanziertheit hatten ihm schon in seiner Zeit als Leiter der Berliner Senatskanzlei und Innensenator viele Feinde gemacht. Sie wurden nicht weniger durch Albertz' taktisches Ungeschick und Zweifel an seiner politischen Potenz. Auch hatte er keine Ausstrahlung. Mit Ludwig Erhard verbanden Albertz zwei Defizite: wie dieser konnte er sich nicht an seinem populären Vorgänger messen. Zudem verfügte er in seiner Partei nicht über den notwenigen Rückhalt. Schon unter gewöhnlichen Umständen ist das Fehlen einer Hausmacht ein Risiko für einen Regierungschef. Unter den Berliner Bedingungen musste es die politische Existenz zerstören.

Albertz scheiterte nicht an den auseinanderstrebenden Parteiflügeln, sondern an seiner Unfähigkeit, die Belange dieser Teilmengen zu berücksichtigen. Mit seiner unbeholfenen Personalpolitik brachte er die Mehrheit der Partei gegen sich auf. Albertz glaubte, als Regierungschef über den Parteiflügeln zu stehen und deshalb die Machtverhältnisse und Gruppeninteressen ignorieren zu können. Dies zeigte er bei der Bildung seines Senats nach der Wahl vom 12. März 1967. Er besetzte die Ämter mit Männern seines Vertrauens aus der zahlenmäßig kleinen Mitte-Gruppierung. So wurden die Wenigen genannt, die keinem der beiden Flügel zugehörten. Die Linken wie die Rechten fühlten sich übergangen, hatten sie doch Posten und Einfluss zugunsten der Mitte verloren. Damit hatte Albertz einen ersten schweren Fehler begangen.

Der zweite Fehler schloss sich bei den Neuwahlen des Landesvorstandes an. Albertz hätte sich an den Diskussionen beteiligen, bei den Nominierungen mitreden müssen. Stattdessen fuhr er im Frühjahr 1967 in Urlaub. In seiner Abwesenheit geschah das Überraschende. Die verfeindeten Parteiflügel verbündeten sich und drängten bei den Vorstandswahlen im Mai 1967 die von Albertz geförderte Mitte-Gruppierung aus den Parteigremien. Der Senat hatte keinen Rückhalt mehr in der Partei. Einige der Senatoren aus der Mitte-Gruppe wandten sich einem der beiden Flügel zu. Im Sommer 1967 war Albertz isoliert, seine Position fragil. Die Ereignisse in Berlin beschleunigten die gegen Albertz gerichtete Dynamik.

Bei einer Demonstration gegen den Besuch des Schahs von Persien kam es am 2. Juni 1967 zu brutalen Gewaltexzessen der Polizei.

Dabei wurde der Student Benno Ohnesorg von einem Polizisten durch einen Kopfschuss getötet. Der Hardliner Albertz, vormaliger Polizeisenator, verteidigte die Einsatzkräfte. Ihm fehlte jedes Gespür für die politischen Wandlungen. Für ihn waren die Studenten eine extremistische Minderheit, deren Ziel die Auflösung der Demokratie war. Albertz erließ ein Demonstrationsverbot und wollte den Campus der Freien Universität von der Polizei räumen lassen. Dagegen verwahrte sich die Fraktion. Sie signalisierte mit einer Kranzspende für Benno Ohnesorg eine andere Position. Jetzt wollte sie Albertz schnellstmöglich loswerden.

Ende Juni 1967 startete der rechte Parteiflügel eine Kampagne aus Indiskretionen und Diffamierungen gegen Albertz. Die *Zeit* berichtete darüber in so drastischen Worten wie Kesseltreiben, Dschungelkampf oder erbarmungsloser Bruderkrieg. Im September forderte der Landesvorsitzende Kurt Mattick, Anführer der rechten Fronde, eine Senatsumbildung. Wolfgang Büsch, der für den Polizeieinsatz am 2. Juni verantwortliche Senator, sollte abgelöst werden. An seine Stelle sollte Sozialsenator Kurt Neubauer vom rechten Flügel treten. Und Neubauer sollte auch Stellvertreter von Albertz werden – für den Regierenden eine unannehmbare Forderung.

Spätestens jetzt hätte der Bürgermeister einsehen müssen, dass seine Position unhaltbar war. Dennoch versuchte Albertz, sich zu behaupten. Um dem rechten Flügel Genüge zu tun, drängte er Wolfgang Büsch zum Rücktritt und schlug Partei und Fraktion Neubauer als Innensenator vor, nicht aber als seinen Stellvertreter. Neubauer lehnte ab. Damit brachte er Albertz vollends in die Bredouille. Nach der Berliner Verfassung müssen die Senatoren vom Abgeordnetenhaus gewählt werden. Einen Nachfolger für Büsch aus dem linken Flügel oder dem Rest der Mitte-Gruppe hätte die Fraktion nicht nominiert. Ein anderer als Neubauer aus dem rechten Flügel bot sich nicht an. Ohne Innensenator aber konnte Albertz in der hitzigen Stimmung der Studentenunruhen nicht weiterregieren. Am 26. September 1967 kapitulierte Albertz. Gerade mal 60 Sekunden dauerte die Pressekonferenz, in der er sein Scheitern eingestand. Die *Welt* kommentierte, er sei „zwischen den Mühlsteinen zerrieben" worden.[4]

Albertz war den Klüngeln seiner Partei unterlegen, etwa dem sogenannten Pfeifenclub. Dort versammelte sich seit dem Ende der fünfziger Jahre die Leitung der Parteirechten. Der Donnerstagskreis war das Koordinationsgremium des linken Flügels auf Landesebene. Als Senats- oder Rathausfraktion wurde die Truppe bezeichnet, die Albertz nahestand. Solche Kungelrunden betreiben Politik außerhalb der Parteigremien und umgehen damit bewusst die organisierten Instanzen der politischen Willensbildung – ein keineswegs auf Berlin beschränktes Phänomen. Die Stadt war jedoch aufgrund ihrer besonderen Bedingungen ein geeignetes Biotop.

Von perfiden Genossen abgesägt

Die politische Lagerbildung kennzeichnete auch lange Zeit die Situation bei den Hamburger Sozialdemokraten. Wie in Berlin bestand ein traditionell starker rechter SPD-Flügel, an dem der sozialdemokratische Senkrechtstarter Hans-Ulrich Klose scheitern sollte. Der Jurist Klose hatte im Landesverband der hanseatischen SPD schnell Karriere gemacht. Innerhalb von sechs Jahren war aus dem stellvertretenden Juso-Chef der zweite Landesvorsitzende, der Fraktionsvorsitzende in der Bürgerschaft und der Innensenator geworden. Zunächst hatte sich Klose als Vertreter eines gemäßigten Kurses profiliert. Erste Kritik aus seiner Partei zog er sich mit seinem Integrationskurs zu, mit dem er auf Bündnisse von Kräften der Mitte und des linken Flügels setzte. Im Oktober 1978 meldete er Zweifel am Radikalenerlass an. Ihm seien 20 kommunistische Lehrer lieber als 200 000 verunsicherte junge Menschen. Für diese Aussage bezog Klose Prügel aus seiner Partei, vor allem von Bundeskanzler Helmut Schmidt.

Kloses politisches Umdenken zeigte sich noch bei einem anderen Thema, das die politische Diskussion der 70er Jahre bestimmte: die Nutzung der Kernenergie. Die anhaltenden Proteste gegen das AKW Brokdorf motivierten Klose, die Beteiligung Hamburgs an der Anlage in Frage zu stellen. Auf einem Parteitag der Hamburger SPD am 2. Februar 1981 stimmten 198 Delegierte für den Ausstieg, 157 waren dagegen. Die Atomkraftgegner waren mit 55 Prozent nur knapp in der Mehrheit. Auch die Regierungsmannschaft war geteilt. Sieben Senatoren waren für, sechs gegen den Ausstieg. Anders der Landesvorstand: Der plädierte vehement für die weitere Atomnutzung.

Die Hamburger SPD war gespalten, aber das war nicht Kloses einziges Problem. Der anvisierte Ausstieg ließ sich rechtlich kaum realisieren. Die Beteiligung Hamburgs an dem Atommeiler Brokdorf lief über die Hamburgischen Electricitätswerke. An dem Energieversorger hielt die Hansestadt Anteile von 72 Prozent. Aber sie hatte keine Möglichkeit, auf den Vorstand einzuwirken. Klose brachte das Energiewirtschaftsgesetz von 1935 in die Diskussion, wonach der Bau von Energieanlagen aus Gründen des Gemeinwohls untersagt werden kann. Klose erinnerte auch an den Artikel 15 des Grundgesetzes – die Verstaatlichung von Produktionsmitteln.

Die Konservativen waren alarmiert. Sie sahen das Gespenst des Sozialismus an der Elbe aufziehen. Auch in der SPD regte sich Zorn. Am 24. Mai 1981 nahm der Landesvorstand auf einer Sondersitzung Klose zehn Stunden in die Mangel. Der Bürgermeister wurde für einen angeblichen Ansehensverlust der SPD verantwortlich gemacht. Seinem Kurs seien Parteiaustritte und die gesunkenen Wahlchancen der Partei zuzuschreiben. Dabei war es Klose gewesen, der bei der Bürgerschaftswahl 1978 den Sozialdemokraten endlich wieder die absolute Mehrheit geholt hatte. Jetzt aber sahen der Landesvorsitzende Werner Starke wie auch Fraktionschef Ulrich Hartmann – beide Befürworter Brokdorfs – die Partei durch Kloses Links-Schwenk geteilt.

Klose saß in der Klemme. Der Ausstieg war juristisch kaum durchsetzbar, und als Gegner des Landesvorstands konnte er nicht in den Wahlkampf ziehen. Er hatte sich selbst in diese Sackgasse gebracht. Der einzige Ausweg war der Rücktritt. Die vom linken Parteiflügel verbreitete Parole, Klose sei „von perfiden Genossen abgesägt"[5] worden, stimmt nur bedingt. Aber die Parteimehrheit rächte sich. Knapp vier Wochen nach Kloses Sturz wurde der Vorstand auf einem Sonderparteitag abgewählt. Kloses Versuch, mit der knappen Mehrheit der Basis am Establishment der Partei vorbeizuregieren, musste scheitern. Vorstand und Fraktion ließen sich nicht übergehen.

Buhmänner und graue Mäuse

Der Bundespräsident ernennt auf Vorschlag des Kanzlers die Minister. Auf gleichem Weg können sie entlassen werden – notfalls auch gegen ihren Willen. Meistens kommt es aber nicht zur Entlassung. Der Regierungschef kann einen Minister zum „freiwilligen" Rücktritt nötigen. Die Gründe dafür können vielfältig sein: Ein

Skandal, der einen Minister zur Belastung für die Regierung macht, ein Konflikt, Unzufriedenheit oder noch allgemeinere Ursachen können eine Rolle spielen. Dies gilt auch auf Landesebene, wie das Beispiel Wilhelm Hahn zeigt. Der amtierte bereits 14 Jahre als Kultusminister der CDU in Baden-Württemberg, als ihn Ministerpräsident Hans Filbinger zum Rücktritt drängte. Der Theologe war als Bildungsreformer so erfolgreich wie als Hochschulpolitiker umstritten. In den Auseinandersetzungen mit den Studenten in den Jahren nach 1968 erwies er sich als unnachgiebiger Hardliner. Anfang der siebziger Jahre avancierte er zum „Buhmann Nr. 1" der fortschrittlichen Kräfte.[6]

Die rechte Positionierung Hahns war für den erzkonservativen Filbinger kein Problem. Seinen Kultusminister wollte er 1978 aus zwei Gründen loswerden, die beide nichts mit Hahns Politik zu tun hatten. Zum einen wollte er seinen Innenminister auswechseln. Diese Aktion sollte unspektakulär erscheinen, weshalb sie in ein größeres Revirement eingebettet werden sollte. Der zweite Grund: Filbinger hatte bei seiner Wiederwahl 1976 eine Kabinettsumbildung angekündigt. Dieses Versprechen wollte er einhalten. Hahn wehrte sich vergeblich gegen die Kündigung. So war sein Rücktritt am 11. Mai 1978, drei Tage vor seinem 69. Geburtstag, nur in der offiziell verbreiteten Lesart freiwillig. Zu dieser Zeit waren die Auseinandersetzungen mit der Studentenbewegung längst in den Hintergrund getreten. Die *Deutsche Zeitung* würdigte Hahn bei seinem Ausscheiden als erfolgreichsten Kultusminister der Bundesrepublik.

Es gibt für einen Regierungschef auch andere Möglichkeiten, einen unpassend gewordenen Minister loszuwerden. Er kann ihm die Unterstützung versagen, ihn austrocknen lassen. Auf diese Weise entledigte sich Bundeskanzler Helmut Schmidt seiner Familienministerin Antje Huber. Sie leitete seit Dezember 1976 das Ressort für Jugend, Familie und Gesundheit. Den einen galt sie als zäh und durchsetzungsstark, andere sahen in ihr die graue Maus des Kabinetts. Die *Zeit* wertete ihr Naturell als blass und wenig munter und mäkelte über ihren Einsatz. Die Kampagnen gegen Alkohol und Nikotin würden von Huber, so die Wochenzeitung, „mit dem Griesgram einer Frau betrieben, deren Sechzig-Grad-Wäsche partout nicht weiß wird."[7] Als langjährige Abgeordnete, als stellvertretende Vorsitzende des Finanzausschusses und als Mitglied des Präsidiums der SPD war Huber in der politischen Landschaft gut vernetzt. Aber als Ministerin verfügte sie über wenig Kompetenzen und wenig Beachtung im Kabinett.

Am 7. April 1982 trat Huber mit der Begründung zurück, sie wolle eine vom Kabinett beschlossene Kürzung des Kindergeldes nicht mittragen. Das Merkwürdige daran war, dass der Beschluss ein halbes Jahr zurücklag. Bereits da hatte sie zurücktreten wollen, aber dem Kanzler hatte ein Rücktritt zu dieser Zeit nicht ins Konzept gepasst. Warum dann die späte Demission? Im September hatte Schmidt gegenüber Huber versichert, er würde sie nie gegen ihren Willen entlassen. Ein halbes Jahr später mochte er seine Zusage nicht bestätigen. Im Frühjahr 1982 wurden Gerüchte über eine bevorstehende Entlassung Hubers gestreut, die der Kanzler nicht dementierte. In einer Unterredung mit Schmidt fragte Huber nach. Der Kanzler wich aus. Die Ministerin verstand. Von der Kabinettsumbildung würde sie betroffen sein. Mit ihrem Rücktritt kam sie ihrer Entlassung zuvor.

Bei Wilhelm Hahn wie bei Antje Huber bestehen Unterschiede zwischen offizieller Darstellung und den Hintergründen. Das liegt auch daran, dass für diese Rücktritte kein zwingender Grund gegeben war. Im Fall eines Konfliktes zwischen Regierungschef und Minister muss das nicht anders sein. Das prominenteste Beispiel ist der Machtkampf zwischen Bundeskanzler Gerhard Schröder und Finanzminister Oskar Lafontaine. Der trat am 11. März 1999 von seinem Amt und vom Parteivorsitz der SPD zurück – einer der spektakulärsten Ministerrücktritte in der Bundesrepublik. Lafontaine sah das anders. Er empfand seinen Rücktritt nicht als einen außergewöhnlichen Akt. Ein Politiker, der erkannt habe, seine Arbeit nicht mehr erfolgreich fortführen zu können, solle zurücktreten. So sehr Lafontaine mit diesem Grundsatz Recht hat, so wenig rechtfertigen die Umstände seines Schrittes die Berufung auf demokratische Selbstverständlichkeiten.

Herzliche Grüße an den Kanzler

Am 11. März 1999 diktierte Oskar Lafontaine drei Briefe. Einer ging an den Bundeskanzler. Darin teilte Lafontaine den Rücktritt vom Amt des Finanzministers mit. In einem Schreiben an den Vorstand der SPD unterrichtete Lafontaine die Genossen von seinem Rücktritt als Parteivorsitzender. Der dritte Brief war an

Bundestagspräsident Wolfgang Thierse gerichtet. Er setzte ihn von der Niederlegung seines Abgeordnetenmandats in Kenntnis. Lafontaines Rückzug aus der Politik sollte vollständig sein. Der Napoleon von der Saar war nicht der erste Bundesfinanzminister, der sein Amt niederlegte. Mit Hans Friderichs und Karl Schiller hatte Lafontaine in dieser Rolle Vorgänger, aber beide hatten neben ihrem Ministeramt keine Bedeutung in der Bundespolitik. In ihren Parteien waren sie ungeliebte Störfaktoren. Lafontaine aber war der prominenteste Sozialdemokrat, Vorsitzender seiner Partei, der größten Regierungspartei.

Nicht nur die zeitgleiche Aufgabe beider Ämter machte Lafontaines Rücktritt zu einem Eklat, auch die Umstände waren beispiellos. Sein Schritt kam unerwartet. Seine drei lapidaren Schreiben enthielten keinerlei Begründung. Und – Lafontaine war nach Diktat verreist. Ohne eine Aussprache mit dem Kanzler, ohne die Öffentlichkeit zu informieren, ohne eine Pressekonferenz gegeben zu haben, verschwand Lafontaine aus Berlin. Er setzte sich in sein Auto und fuhr ins heimische Saarbrücken. Auf der Autobahn erreichte ihn ein Anruf von Schröders Sekretärin. Er weigerte sich, mit dem Kanzler zu reden, ließ nur herzliche Grüße bestellen.

Das Eklatante an Lafontaines Rücktritt war der so plötzliche wie wortlose Abgang – „nach Art des Götz von Berlichingen", wie die FAZ meinte.[8] Die Spekulationen überschlugen sich. Ein Blackout wurde ebenso vermutet wie ein Verzweiflungsakt. Eine Kurzschlussreaktion ebenso wie ein plötzlicher Ekel vor der Macht. Handelte es sich um eine Spätfolge des Attentats vom April 1990? Oder hatte er sich spontan besonnen, den Wunsch nach einem Leben auf dem Bauernhof zu realisieren? Erst nach einigen Tagen des Rätselratens wurde der Grund für die Flucht aus Berlin deutlich. Lafontaine hatte sich einen erbitterten Machtkampf mit Bundeskanzler Gerhard Schröder geliefert und war unterlegen.

Lafontaine war einem Irrtum aufgesessen. Als Finanzminister, so seine Vorstellung, könne er die Richtung der Bundesregierung vorgeben. Er hatte gedacht, seine eigenwilligen Ordnungsvorstellungen für die Wirtschaft durchsetzen und als Parteivorsitzender den Bundeskanzler dirigieren zu können. Aber so ging es nicht. In seiner Position war er in die Kabinettsdisziplin eingebunden. Lafontaine musste Vorgaben des Kanzleramtes zur Finanzpolitik exekutieren, die seinen Überzeugungen widersprachen. Geirrt hatte sich Lafontaine auch in der Einschätzung Gerhard Schröders. Der verstand sich als Genosse der Bosse und hätte keinesfalls einen politischen Kurs gegen die Unternehmer eingeschlagen. Zudem war ihm der Kanzler an Machtwillen und Behauptungsvermögen überlegen. Die Zusammenarbeit mit Schröder war eine Fehlkonstruktion. Als Fraktionschef hätte Lafontaine mehr Einfluss auf die Regierung ausüben können.

Lafontaine brauchte 135 Tage, um den Konstruktionsfehler zu erkennen und um einzusehen, dass sich daran nichts ändern ließe. Auch Schröders ätzende Ironie über den „brillanten Makro-Ökonomen" Lafontaine hatte die brüchige Freundschaft nicht gefestigt. So hatte Lafontaine längst genug, als er in den Illustrierten die Fotos von Schröder als Cashmere-Kanzler sah, als Schröder im Kabinett drohte, mit ihm gebe es keine Politik gegen die Wirtschaft und als aus dem Kanzleramt Gerüchte über eine Mehrwertsteuererhöhung lanciert wurden. In der Begründung für seinen Rücktritt, die Lafontaine drei Tage später nachlieferte, sprach er über das schlechte Mannschaftsspiel der Regierung. Ein Mannschaftsspiel verlange Teamgeist, Rücksicht und das füreinander Einstehen. Damit hatte Lafontaine recht. Aber er erwähnte nicht, dass nicht nur Schröder ein schlechter Mannschaftsspieler war. Lafontaine hatte nicht mehr soziale Kompetenzen als Schröder.

Nicht nur der Regierungschef an der Spitze kann Druck auf einen einzelnen Minister ausüben, auch die Basis, die Landes- oder Bundespartei oder die Fraktion. Zu den Ministern, die im Konflikt mit ihrer Partei unterlagen, gehörten Wolfgang Knies und Werner Maihofer.

Vom Vordenker zum Sündenbock

Seine Amtszeit war kurz und folgenlos. Gerade mal 17 Monate dauerte das Gastspiel von Wolfgang Knies als Kultusminister in Niedersachsen. In dieser Zeit erregte Knies nur einmal überregionale Aufmerksamkeit. Während das Land unter Sparzwängen litt, ließ er sich für über 57 000 Mark in sein Büro Klo und Dusche einbauen. Ministerpräsident Ernst Albrecht hatte den Juraprofessor im April 1987 aus Saarbrücken nach Hannover geholt. Knies hatte bereits vier Jahre Erfahrung als Chef des saarländischen Kulturressorts und sich dort um das gegliederte Schulsystem verdient gemacht. Auf seinem neuen Posten gelang ihm das nicht. Das lag auch an seinem Verhältnis zur CDU-Fraktion, die als Kultusminister lieber einen der ihren gesehen hätte. Aber Albrecht setzte die Berufung Knies' gegen den Willen der Fraktion durch. Das rächte sich. Die Abgeordneten ekelten den Importminister weg. Aus der Fraktionsspitze wurden abträgliche Äußerungen über Knies an die Presse lanciert, seine Arbeit sabotiert. Albrecht wurde bearbeitet, er solle Knies entlassen. Diesem schmählichen Schritt wollte der Ungeliebte zuvorkommen, weshalb er im November 1988 zurücktrat – nicht ohne die Öffentlichkeit über die Kabale gegen ihn ins Bild zu setzen.

Knies hätte des Rückhalts seines Regierungschefs bedurft. Als Außenstehender konnte er nicht auf eine Hausmacht in der Landespartei bauen. Die Gegnerschaft der Fraktion, deren Einfluss im Machtgefüge weit reicht, kam hinzu. Vielleicht wäre Knies geduldet worden, wäre er eine starke Persönlichkeit gewesen. Neben den parteiinternen Machtverhältnissen gab es keinen Grund für das Betreiben des Rücktritts – weder ein eklatantes Versagen noch eine akute Fehlleistung oder einen dramatischen Skandal. Das war bei Bundesinnenminister Werner Maihofer anders. Dessen Amtsführung war geprägt von einer Serie von Missgeschicken und Versäumnissen, von Führungsschwäche und Überforderung. Der *Spiegel* nannte sie eine „traurige Melange aus Inkompetenz und überkompensierter Unordnung".[9]

Trotzdem waren es nicht die Skandale, die Maihofers Rücktritt erzwangen, sondern seine Parteifreunde. Woran sich das festmachen lässt? Der Grund für seinen Rücktritt, den Maihofer benannte, war so aufgesetzt, dass er nicht ernstzunehmen war. Als zuständiger Innenminister übernahm er die Verantwortung für eine Panne bei der Fahndung nach den Schleyer-Entführern. Diese Panne hatte die offizielle Untersuchungskommission unter dem früheren Innenminister Hermann Höcherl dokumentiert. Eine örtliche Polizeidienststelle hatte eine Information über eine verdächtige Wohnung erhalten und diese nicht an die Einsatzleitung in Köln übermittelt. Später stellte sich heraus, dass in dieser Wohnung der entführte Arbeitgeberpräsident Hanns Martin Schleyer festgehalten worden war. Das Ungewöhnliche an Maihofers Rücktritt: Niemand hatte ihn verlangt. Auch der Höcherl-Bericht hielt personelle Konsequenzen nicht für notwendig. So liegt die Vermutung nahe, Maihofer habe einen Anlass für die Amtsniederlegung gesucht. Seine Entscheidung wurde beflügelt durch seinen Parteifreund Otto Graf Lambsdorff, seinerzeit Wirtschaftsminister, der in einem Rundfunk-Interview kaum verhohlen Maihofers Rücktritt forderte. Der Angesprochene parierte sofort. Damit war ein mehrjähriges Missverständnis beendet.

An diesem Missverständnis waren zu einem größeren Teil die Verhältnisse in der FDP, zu einem kleineren Teil die Person Maihofers Schuld. Um mit dem letzteren zu beginnen: Der Professor für Jura wandte sich erst nach seinem 50. Lebensjahr der Politik zu. 1969 trat er in die FDP ein, schnell wurde er Vorsitzender der Programmkommission. In der sozialliberalen Koalition wurde Maihofer Minister für besondere Aufgaben. Nach der Regierungsübernahme von Helmut Schmidt im Mai 1974 wechselte Maihofer in das Innenressort. Bald dominierte die Terrorismusabwehr seine Agenda. Im Jahr 1977, auf dem Höhepunkt des RAF-Terrors, räumte Maihofer dem Sicherheitsbedürfnis des Staates oberste Priorität ein. So befürwortete er die Rasterfahndung, das gewaltige Datensammelprojekt des Bundeskriminalamtes. Eine verfassungswidrige Abhöraktion gegen den Atomphysiker Klaus Traube rechtfertigte Maihofer mit „übergesetzlichem Notstand". Damit hatte sich der linksliberale Vordenker weit von seinem Ausgangspunkt entfernt. Was war aus dem einstigen Gegner der Notstandsgesetze geworden? Das fragte sich der linksliberale Flügel der FDP, von Maihofer bitter enttäuscht. Der rechte Parteiflügel hatte zu Maihofer ohnehin kein Verhältnis. So hatte der Minister im Frühjahr 1978 keinen Rückhalt mehr in Partei und Fraktion. Im Amt hielt ihn die Personalknappheit der FDP: Parteichef Genscher hatte keinen Nachfolger parat.

In dieser Situation wurde im Mai 1978 ein neuer Polizeiskandal publik. An den Grenzübergängen registrierte der Bundesgrenzschutz Reisende, die bestimmte Publikationen mit sich führten. Eine Liste mit 287 inkriminierten Titeln hatte der Verfassungsschutz zusammengestellt. Zehn Abgeordnete der SPD forderten den Rücktritt Maihofers. Zwar stellte sich das Präsidium der FDP noch einmal vor den umstrittenen Minister, aber nur halbherzig. Es vermied eine ausdrückliche Vertrauenserklärung. Schon stimmte der Berliner Landesverband der FDP in die Rücktrittsforderungen ein. Ebenso die FDP-Vorsitzende aus Hamburg, Helga Schuchart, die gerade eine Bürgerschaftswahl vor sich hatte. Diese Wahl fand zeitgleich mit der für den niedersächsischen Landtag am 4. Juni 1978 statt. In beiden Bundesländern erlitt die FDP eine verheerende Niederlage. Die wurde auch als Ausdruck der Querelen um Maihofer interpretiert. Der sollte als Sündenbock herhalten, aber nach Möglichkeit nicht so offensichtlich. So war der Höcherl-Bericht ein willkommener Aufhänger für Otto Graf Lambsdorff, um seine Rücktrittsforderung zu platzieren – für Maihofer, um einen Grund für den Rücktritt zu benennen.

Die FDP hat sich Maihofers entledigt. Er hat seine Entscheidung nicht freiwillig getroffen. Dies ist bei den meisten Rücktritten aus Gründen der politischen Entwicklung der Fall. Eine Ausnahme sind die Minister, die erkannt haben, dass sie ihre politischen Vorstellungen nicht durchsetzen können. Für manche Politiker ist dies ein Anlass, ihr Amt niederzulegen.

Intrigen gegen Kapriolen

Der Minister wollte den Ball flachhalten. Seinen Rücktritt als Chef des Justizressorts nannte er ein Gebot der demokratischen Ordnung. Deshalb müsse es keinen Streit geben. Er sehe keine Veranlassung, große Konflikte zu entfesseln. Mit diesen Worten beschwichtigte der Liberale Ewald Bucher am 26. März 1965 die Öffentlichkeit. Die Begründung seines Schrittes: Er wolle kein Gesetz unterzeichnen, das er nicht verantworten könne. Am Tag zuvor hatte der Bundestag mit den Stimmen der CDU und der oppositionellen SPD, gegen die Stimmen des Koalitionspartners FDP, ein Gesetz beschlossen, das sich mit der Verfolgung von NS-Morden befasste. Damals bestand noch die Verjährungsfrist von 20 Jahren. Danach wären diese Taten am 8. Mai 1965, 20 Jahre nach dem Ende des NS-Regimes, nicht mehr verfolgbar gewesen. Um eine grundsätzliche Verjährungsdebatte zu vermeiden, entwickelte die CDU-Fraktion einen Kompromiss. Vom Ende des Zweiten Weltkrieges bis zur Übertragung der juristischen Souveränität an die Bundesrepublik am 1. Januar 1950 wurde ein Stillstand der Rechtspflege angenommen. Damit sollte die Verjährung um fünf Jahre auf den 31. Dezember 1969 verschoben werden. Die Befürworter dieser willkürlichen Festlegung hatten auch das Urteil des kritischen Auslands im Blick, denn ein Beharren auf der geltenden Verjährung wäre als geringer Aufarbeitungswille kritisiert worden.

Justizminister Bucher lehnte die Verlängerung aus prinzipiellen Gründen ab. Bereits im Januar 1965 verkündete er, bei einem entsprechenden Gesetz zurückzutreten. Seine Begründung war merkwürdig. Da die Bundesregierung aus rechtlichen Erwägungen eine Verlängerung abgelehnt habe, müsste er bei einer Änderung dieses Beschlusses auf einmal die gegenteilige Rechtsposition vertreten. Dies könne er aber nicht, und deshalb wäre sein Rücktritt zwangsläufig. Diese Geradlinigkeit relativierte Bucher durch eine seltsame Einschränkung: Sollte der Beschluss nicht vom Kabinett, sondern vom Bundestag gefällt werden, würde er nicht zurücktreten. Schließlich wäre eine Parlamentsentscheidung nur dann inakzeptabel, wenn sie „etwas völlig Verwerfliches" enthielte.[10]

Diese Spitzfindigkeit war Buchers Parteifreunden zu subtil. Die FDP bangte, wieder einmal als Umfaller-Partei zu gelten, sollte Bucher nach einem solchen Bundestagsbeschluss entgegen seiner Verlautbarung nicht zurücktreten. Auch hatte sie ihre Klientel im Auge. Der war nicht an einer Verschiebung der Verjährung gelegen. Im März wurde Bucher auf einem Parteitag vergattert zurückzutreten, sollte das Parlament das Gesetz beschließen. Nachdem der Schritt vollzogen war, spielte Buchers kuriose Differenzierung zwischen einem Beschluss des Kabinetts und des Parlaments keine Rolle mehr. Buchers Haltung, für seine Überzeugung das Ministeramt aufzugeben, wurde als vorbildlich gesehen. Die FAZ lobte: „Es ist gut, daß der Erfahrungsschatz der Bundesrepublik mit solchem Vorfall bereichert wird."[11]

Wie Ewald Bucher reklamierte auch Karl Schiller Prinzipientreue für sich. Schiller war ab 1966 Wirtschaftsminister der großen Koalition. Dieses Amt behielt er auch nach dem Wechsel zur sozialliberalen Koalition unter Willy Brandt und übernahm 1971 zusätzlich das Finanzressort. Damit war ein übermächtiges Superministerium entstanden. Schiller gerierte sich gern als Nebenkanzler. Zu Kiesingers Zeiten war er durch überzeugende Konzepte wie die Konzertierte Aktion oder das Stabilitäts- und Wachstumsgesetz hervorgetreten. Aber die Zeiten waren schwerer geworden. Anfang der siebziger Jahre hatte er gegen die Inflation anzukämpfen. Auch musste er sich gegen gierige Kollegen im Kabinett zur Wehr setzen. Die lehnten im Mai 1972 die von ihm geforderten Etatkürzungen in Höhe von 2,5 Milliarden Mark ab. Es gab giftige Auseinandersetzungen.

Schon vorher hatte sich Schiller in der Ministerrunde unbeliebt gemacht. Bezeichnungen wie Kapriolen-Karl oder Callas des Kabinetts sprachen für sich. Die Parteifreunde bereiteten Schiller im Juni 1972 eine fatale Niederlage. Als Maßnahme gegen die Inflation empfahl der Präsident der Bundesbank eine Beschränkung der Kapitalimporte. Diesen Vorschlag unterbreitete er dem Kabinett. Mit Schiller hatte er ihn nicht abgesprochen. Der lehnte diese Maßnahme ab – nicht aber die anderen Minister. Alle stimmten gegen Schiller. Es gab nicht einmal eine Enthaltung. Der Düpierte sah sich wegen der „überfallartigen Antragstellung" als Opfer einer Intrige. Anstatt den Mehrheitsbeschluss zu akzeptieren, kündigte Schiller die Zusammenarbeit auf. Die Frage der Kapitalimporte war gewiss keine Schicksalsfrage, das sah auch Schiller so. Aber er nahm die Entscheidung als Demonstration gegen seine Person und seine Politik.

Die Hintergründe der Rücktritte von Ewald Bucher und Karl Schiller waren unterschiedlich. Das Gemeinsame in beiden Fällen: Die Minister machten ein konkretes Problem zu ihrer Existenzfrage. Sie machten ihr Verbleiben im Amt davon abhängig, ob sie ihre Ansicht durchsetzen könnten. Eine heikle Haltung, weil sie eine kaum bedeutende Sachfrage verabsolutierten und zur prinzipiellen Entscheidung stilisierten. Wohlgemerkt: Es handelte sich nicht um eine Gewissensfrage oder um eine Entscheidung, die mit ethischen Grundsätzen nicht vereinbar gewesen wäre. Die Problematik der Rücktritte von Bucher und Schiller liegt in einem anderen Bereich. Sie wirft eine andere Frage auf: Ist das Beharren auf einer abweichenden Meinung ein Zeichen von Überzeugungstreue eines unbeugsamen Individualisten? Oder ist es Ausdruck gekränkter Eitelkeit und fehlender Kompromissbereitschaft? Das heißt: Sind diese Rücktritte ein Zeichen mangelnder Politikfähigkeit?

Der Poker des Partners

Sind schon die Machtverhältnisse innerhalb einer Partei ein komplexes Gefüge aus Interessengruppen, individuellen Karrierestrategien und kollektivem Machtstreben, gestaltet es sich bei einer Koalition noch komplizierter. So beendete die FDP 1982 die sozialliberale Koalition. Ihre Minister Hans-Dietrich Genscher, Otto Graf Lambsdorff, Gerhard Baum und Josef Ertl traten zurück.

13 Jahre hatten die Liberalen mit der SPD regiert. Jetzt meinten sie, künftig besser mit der Union unter Helmut Kohl Politik machen zu können. Bei diesem Koalitionsbruch handelte es sich um eine Richtungsentscheidung. In einem anderen Fall setzte die FDP einen kollektiven Rücktritt ihrer Minister als ultimatives Druckmittel in einer Krise ein. Das war im November 1962 bei der sogenannten Spiegelaffäre.

Am 31. Oktober 1962 trat Justizminister Wolfgang Stammberger zurück. Er hatte von dem fragwürdigen Polizeieinsatz gegen den *Spiegel* erst aus der Zeitung erfahren. Er könne in einer so hochpolitischen Angelegenheit die Verantwortung nicht übernehmen, betonte Stammberger. Bundeskanzler Adenauer forderte den Minister auf, er solle sich seinen Rücktrittswunsch noch einmal überlegen. Als sich herausstellte, dass an der Aktion die Staatssekretäre im Verteidigungs- wie im Justizministerium beteiligt waren, forderte die FDP die Entlassung der beiden Beamten. Noch immer sah Adenauer die Dimension des Vorfalls nicht. Da drohte die FDP mit dem Rücktritt ihrer fünf Minister. Die Erklärungen wurden sogar schon ausgefertigt und unterschrieben im Panzerschrank des Parteivorsitzenden deponiert. Am 5. November lenkte Adenauer ein. Die Staatssekretäre wurden außer Dienst gestellt. Stammberger zog sein Demissionsgesuch zurück. Damit hätte die Regierungskrise gebannt sein können. Aber längst fiel der Verdacht auf Verteidigungsminister Franz Josef Strauß, der Drahtzieher der Aktion zu sein. Am 11. November wurde Stammberger gefragt, ob er dessen Vorgehen für rechtsstaatlich korrekt halte. Seine ausweichende Antwort: „Ich sehe das für eine sehr schwerwiegende Frage an. Aber ich bitte um Verständnis dafür, daß ich mich dazu nicht äußere."[12]

Eine entsprechende Äußerung der FDP erfolgte wenig später. Die Partei forderte den Rücktritt von Strauß. Um Entschlossenheit zu zeigen, wurden am 19. November die Demissionserklärungen von Walter Scheel, Wolfgang Mischnick, Hans Lenz, Wolfgang Stammberger und Heinz Starke hervorgeholt und Adenauer überreicht. Die Koalition war geplatzt. Knapp drei Wochen später wurde eine neue Vereinbarung getroffen. Dem neuen Kabinett gehörte Strauß nicht mehr an, aber auch Wolfgang Stammberger war nicht mehr dabei. Offiziell wurde sein Ausscheiden mit Gesundheitsproblemen begründet, aber Adenauer hatte ihn für unerwünscht erklärt: Der

Spiegel verfüge über Unterlagen eines Militärstrafprozesses gegen Stammberger. Dadurch sei dieser erpressbar. Die FDP ließ ihren Minister fallen – kein Ausdruck von Solidarität.

Der skrupellose Taktiker Adenauer war auch für einen weiteren Rücktritt aus Koalitionsgründen verantwortlich. Das war der Amtsverzicht von Außenminister Heinrich von Brentano. Das war noch nicht vorgekommen: dass eine Partei als Vorbedingung für eine Koalition den Rücktritt eines amtierenden Ministers der anderen Partei nennt. Mit dieser Forderung wollte die FDP ihre plötzliche Meinungsänderung rechtfertigen. Im Bundestagswahlkampf 1961 hatte sie die Ablösung Adenauers gefordert. Wollte sie an der Regierung beteiligt werden, musste sie ihn akzeptieren. Um ihr Gesicht zu wahren, verlangten die Liberalen die Auswechslung des Außenministers. Der galt als Symbolfigur des bisherigen Kurses. Brentano gehörte dem Bundestag von Anfang an in herausgehobener Stellung an. Von 1949 bis 1955 war er Vorsitzender der Unionsfraktion, seit 1955 Außenminister. Er war der Erste in diesem Amt, denn bis dahin hatte Adenauer die Außenpolitik betrieben.

Die Verhandlungsführer der Union lehnten die Bedingung der FDP zunächst als unannehmbar ab. Brentano ließ Adenauer wissen, er solle auf ihn bei der Bildung des neuen Kabinetts keine Rücksicht nehmen. Da hatte der stets loyale Minister auf die Loyalität des Kanzlers gesetzt. Das war ein Fehler. Adenauer gestand der FDP einen Staatsminister im Auswärtigen Amt zu. Der sollte – ein Novum – Sitz und Stimme im Kabinett erhalten. Falls sich Brentano mit diesem Aufpasser nicht anfreunden könne, solle er sein Amt niederlegen. Dieser zynischen Empfehlung folgte der Außenminister sofort. Am 28. Oktober 1964 teilte er Adenauer seinen Rücktritt mit. Adenauer war erleichtert, dass er eine Hürde vor der Regierungsbildung überwunden hatte. Für den Kanzler war es kein Problem, sich von einem langjährigen Weggefährten zu trennen, wenn es die politische Entwicklung forderte. Brentano war mit seinem Rücktritt ein Opfer dieser politischen Entwicklung geworden.

KAPITEL 5

Rücktrittsgrund 3: Protest

Ausdruck der Gewissensnot

Die Fabriken wurden ausgeräumt, der Schwarzwald abgeholzt. Auch drei Jahre nach Kriegsende nahmen sich die französischen Sieger noch immer, was sie brauchten. Längst hatten die USA mit dem Marshall-Plan ihre Politik gegenüber dem besiegten Deutschland geändert. Aber die Franzosen setzten in ihrer Besatzungszone die Demontage fort. Gegen Kahlschlag und Maschinenklau regte sich im Sommer 1948 Widerstand in Württemberg-Hohenzollern. „Die Betroffenen werden Steine auf uns werfen", befürchtete Justizminister Carlo Schmid.[1] Er forderte aktiven Widerstand gegen die französische Plünderungspolitik. Mit starken Worten sei es nicht getan.

> Hier stehe ich, ich kann nicht anders.
> *Martin Luther, vor dem Reichstag in Worms 1521 (zugeschrieben)*

Schmid wusste, dass mit der Besatzungsmacht nicht zu diskutieren war. Die schwäbische Regierung wollte in dieser brenzligen Situation die Verantwortung nicht länger tragen. Nach mehrtägigen, hektischen Beratungen trat das Kabinett geschlossen zurück. Im Landtag begründete Schmid am 6. August 1948 die Entscheidung, die Regierung mache sich einer Verfassungsverletzung schuldig, wenn sie Verfügungen mittrage, die den Lebensstandard unter jedes erträgliche Maß drückten. Für CDU-Fraktionschef Gebhard Müller war der Schritt „Ausdruck der Gewissensnot, die in einer unheilvollen Situation des Landes kein anderes Mittel sieht als das, das auch dem Totalbesiegten bleibt: nämlich der Appell an das Recht."[2] Jahrzehnte später bezeichnete Müller die heikle Lage vom Sommer 1948 als die schwierigste Situation, die er je erlebt hatte. Es war eine Situation, in der die konventionellen Mittel der Politik ausgeschöpft waren. Ihr konnte nur mit einem demonstrativen Akt des Protests begegnet werden.

1948 herrschte in Deutschland ein politischer Ausnahmezustand. Die französische Militärverwaltung war weder von der Bevölkerung gewählt noch einer parlamentarischen Kontrolle unterworfen. So spielte sich dieser Konflikt in einem vordemokratischen Zustand ab. Aber auch in der Bundesrepublik kommt es vor, dass sich ein Regierungsmitglied in einer Lage sieht, in der es nur einen Ausweg gibt: durch Amtsniederlegung gegen einen Beschluss zu protestieren. Wie jeder Rücktritt ist auch ein Rücktritt aus Protest ein Akt symbolischer Politik: Die Handlung ist das Symbol. In einer einzigen Geste wird ein vielschichtiges und kompliziertes Problem ausgedrückt, die Verfahrenheit einer Situation, die Bedrohlichkeit einer Entwicklung oder die Unzumutbarkeit einer Entscheidung. Für den Politiker ist es ein Eingeständnis seiner Ohnmacht, aber er verbindet es mit einer heroischen Geste, er setzt ein letztes Fanal. Dann verlässt er den Raum politischen Handelns.

Viele Rücktritte gehen auf eine Skandalisierung zurück, bei Rücktritten aus Protest ist der Rücktritt selbst das Skandalon. Ein derartiger Ausstieg irritiert das politische System. Hier werden die Seiten vertauscht: sonst kommt Protest von Betroffenen einer Entscheidung, nicht von den Entscheidern. Protest will ein Machtgefälle ausgleichen, die Machtträger sind seine Adressaten, nicht seine Urheber. Außerdem enttäuscht ein Politiker, der aus Protest zurücktritt, die in ihn gesetzten Erwartungen.

Kapital auf dem Moral-Konto

Als Hans-Ulrich Klose, Erster Bürgermeister Hamburgs, 1981 den Ausstieg aus dem Kernkraftwerk Brokdorf in seiner Partei nicht durchsetzen konnte, trat er zurück. Damit zog er die Konsequenzen aus einer Niederlage. Sein Rücktritt war ein Scheitern, kein Protest. Die Trennlinie ist scharf. Beide Rücktrittsgründe haben denselben Ausgangspunkt – die Unmöglichkeit, seine Linie zu behaupten. Doch die Motivation ist eine andere. Klose hatte inhaltliche Probleme. Rücktritte aus Protest sind dagegen meistens Ausdruck der Gewissensnot, wie der eingangs zitierte Gebhard Müller 1948 formuliert hatte. Auf die individuelle Instanz des Gewissens beriefen sich bei ihrem Rücktritt Gustav Heinemann und Diether Deneke.

Aber nicht immer wird das Gewissen als moralische Richtschnur angeführt. Gründe für einen Rücktritt aus Protest können auch Zumutungen sein, bei denen ein Politiker Verantwortungsgefühl und Glaubwürdigkeit angezweifelt sieht. Hier ist das Gewissen nur mittelbar angesprochen. Aber als letzte Instanz wirkt es auch in diesen Fällen. So war es bei Sabine Leutheusser-Schnarrenberger, Marianne Birthler, Carl-Heinz Evers und Erhard Eppler. Daneben gibt es eine dritte Gruppe von Rücktritten aus Protest. Da berufen sich Politiker weder auf ihr Gewissen noch auf ihre Glaubwürdigkeit. Im Vordergrund steht die Selbstachtung wie bei Alex Möller und Christa Thoben.

Über Entscheidungen, die das Gewissen diktiert, ist schwer zu diskutieren. Dennoch werden an diese Fälle, mehr noch an die Protestrücktritte ohne Gewissensbegründung, kritische Fragen gestellt. Wenn Politik als die Durchsetzung von Gestaltungsvorstellungen verstanden wird – muss eine solche Entscheidung nicht als antipolitisch gelten? Wenn in einer Konsensdemokratie Kompromiss und Toleranz als Mittel der Konfliktlösung dienen – erweist sich ein Minister, der aus Protest zurücktritt, nicht als undemokratisch? Und schließlich liegt die Frage nahe, ob sich einer in ein gutes Licht stellen möchte, weil er seine Ideale nicht aufgibt? Schwingt da jemand die Moralkeule, oder möchte er als Märtyrer erscheinen, der für das Gute in der Welt einsteht? Max Weber hat diesen Typus als Gesinnungsethiker beschrieben. Das ist jemand, der das Wünschbare nicht am Machbaren abgleichen kann. So ist er politikunfähig.

Diese Vorbehalte betreffen das Funktionieren im System. Für den Einzelnen gelten andere Kriterien: Verkörpern diese Politiker das Ethische in der Politik? Ist ihr Rücktritt symbolisches Kapital auf dem Moral-Konto der Exekutive? Von außen mag sich die Verweigerung eines Ministers als Trotz oder Stolz darstellen, als Pflichtvergessenheit oder moralischer Rigorismus. Aber für die Akteure bedeutet sie, in einem symbolhaften Akt ihr Amt aufzugeben. Das ist ein Beschluss mit existentiellen Konsequenzen, dem eine ernsthafte Selbstprüfung vorausgeht. Abgewogen wird, ob das erwartete Verhalten mit dem eigenen Gewissen vereinbar ist.

Zunächst werden die Rücktritte aus Protest nach den drei Motivationen Gewissen, Glaubwürdigkeit und Selbstachtung beschrieben. Dann geht es um die Frage ihrer Resonanz. Die ist bei Rücktritten aus Protest wesentlich. Schließlich treibt jede Demonstration die Absicht an, ein Signal zu setzen. Protest findet als öffentliche Stellungnahme statt. Wie reagieren Medien und Öffentlichkeit, wie verhalten sich die Parteien und Regierungen? Kann ein solcher Akt mehr sein als eine Geste der Verzweiflung, kann er politisch etwas bewirken, oder besiegelt er nur das Ende einer Karriere? Von diesen Rücktritten hat es in der Bundesrepublik nur wenige gegeben. Nicht einmal ein Dutzend Fälle lassen sich dazu zählen. Liegt diese geringe Zahl daran, dass ein solches antipolitisches Verhalten diskreditiert ist? Oder ist dies Zeichen geringer Grundsatzkonflikte? Sind Politiker weniger moral- als karrierebewusst, weniger an Ethik als an Pragmatismus orientiert?

Schicksalhafte Entscheidungen

Konrad Adenauer fühlte sich bedroht. Der Sommer 1950 war dramatisch, ein Angriff der Sowjetunion auf die junge Bundesrepublik schien unmittelbar bevorzustehen. Adenauer bat seinen Vertrauten Herbert Blankenhorn, bei den Amerikanern 200 Revolver zu besorgen. Damit wollte er das Kanzleramt verteidigen. Aber Adenauer dachte auch in größerem Maßstab. Er wollte wieder eine deutsche Armee, eine Bundespolizei hielt er ebenfalls für nötig. Doch die Frage der Wiederbewaffnung war umstritten – auch innerhalb der Bundesregierung. Adenauer entschloss sich zu einem Alleingang. Am 29. August 1950 bot er den Hohen Kommissaren der westlichen Besatzungsmächte ein deutsches Truppenkontingent an. Seinem Kabinett berichtete er davon erst am 31. August. Da meldete sich Innenminister Gustav Heinemann, damals noch CDU-Mitglied, zu Wort. Die Frage betreffe sein Ressort und deshalb könne er nicht hinnehmen, übergangen zu werden. Adenauer witterte Widerstand. Was das heißen solle, erregte sich der Kanzler. Heinemann: „Ich scheide aus der Bundesregierung aus."[3] Gerade mal ein Jahr war die Regierung des neuen Staates im Amt, und jetzt dieser Eklat. Es war der erste Rücktritt eines Ministers in der Bundesrepublik.

Der Konflikt war nicht spontan entstanden, sondern Ausdruck eines tiefen Zerwürfnisses zwischen Adenauer und Heinemann. Das hatte zum einen eine persönliche Komponente. Da standen sich der rheinische Katholik Adenauer, taktierend bis zur Verschlagenheit, und der westfälische Protestant, konfliktbereit bis zur Dickschädeligkeit, gegenüber. Zum anderen gab es die politische Komponente. Adenauer war von übersteigerter Russen-Angst besessen und suchte sein Heil in Westbindung und Wiederbewaffnung. Dagegen stand die Dialogbereitschaft Heinemanns, der mit dem Osten verhandeln wollte. Der spätere Bundespräsident wollte die Wiederherstellung der deutschen Einheit nicht durch Aufrüstung gefährden. Es waren auch schlimmere Folgen denkbar. Seit einigen Wochen lieferten sich die UdSSR und die Westmächte einen Stellvertreterkrieg in Korea. Der ließ auch in Europa den Übergang vom Kalten zum heißen Krieg möglich werden.

Heinemann amtierte auch als Präses der Synode der evangelischen Kirche. Geprägt von den Erfahrungen in der Bekennenden Kirche während der NS-Zeit, war ihm die individuelle Verantwortung maßgeblich. Die Frage der Remilitarisierung sah er als Gewissensfrage, die jeder für sich selbst beantworten sollte. So hatte der Protestant eben auf dem Kirchentag verkündet: „Es geht um dich und um dein Gewissen!" Gefragt sei der Einzelne, gefragt sei die persönliche Entscheidung.[4] Auch aus dieser Haltung konnte Heinemann nicht akzeptieren, dass Adenauer ihn nicht gefragt hatte. Darüber hinaus sah er den Bundestag nicht legitimiert, über die Wiederbewaffnung zu befinden. Er hielt es für unerlässlich, in dieser „wahrhaft schicksalsvollen und bedeutsamsten Entscheidung der Nachkriegszeit" eine Volksbefragung oder eine Neuwahl durchzuführen.[5] Außerdem war das parlamentarische System der Bundesrepublik noch keineswegs gefestigt. Ein Rückfall in autoritäre Muster war nicht ausgeschlossen, die Selbstherrlichkeit Adenauers tendierte in diese Richtung. Heinemann wandte sich gegen die Intoleranz des Kanzlers: „Wo jeder nur mit Vorwürfen zu rechnen hat, der sich den Richtlinien nicht willig fügt, möchte und kann ich keine Mitverantwortung tragen." Heinemann wollte seinen Rücktritt als Denkanstoß verstanden wissen: „Mein Ausscheiden aus der Bundesregierung möge das deutsche Volk vor die Frage führen, wie es sich Demokratie denkt und was es von seinen Ministern erwartet."[6]

Bei Heinemanns Rücktritt ging es um ein existentielles Problem. Die Wiederbewaffnung war eine Frage von weltpolitischem Ausmaß. Im Fall von Diether Denekes Protest war die Dimension dagegen regional und überschaubar. Drei Jahrzehnte später, im Mai 1979, ging es um den Bau einer Autobahn, und doch stand auch hier eine Grundsatzfrage dahinter: der Konflikt zwischen Ökonomie und Ökologie. Der wurde in den 70er Jahren noch nicht lange problematisiert, Umweltschutz war damals kaum ein Thema. Allerdings gab es Ausnahmen. Eine solche war Diether Deneke, Agrarminister in Nordrhein-Westfalen.

Der gelernte Gärtner Deneke, der sich gern mit grünem Filzhut und Jagdhorn fotografieren ließ, leitete seit 1966 das Ressort für Ernährung, Landwirtschaft und Forsten. Insektizide waren ihm ebenso ein Graus wie der zunehmende Autoverkehr. Ein seit Beginn der 70er Jahre gehegtes Projekt der Straßenbauer lehnte er rundheraus ab: die geplante Autobahn A 4, die von Olpe im Sauerland nach Bad Hersfeld führen sollte und damit den Naturpark Rothaargebirge zerschneiden würde. Mit über 1350 Quadratkilometern gehörte er zu den größten Parks in Nordrhein-Westfalen. Deneke wollte das intakte Waldgebiet bewahren. Da wusste er mindestens 60 000 Bürger hinter sich – so viele hatten bei der Bürgerinitiative Rettet das Rothaargebirge gegen die Teerschneise unterschrieben.

Aber im Kabinett stand Diether Deneke mit seinen Bedenken allein. Auch im Landesverband der SPD fand er keine Mitstreiter. Den gewerkschaftlich orientierten Sozialdemokraten an Rhein und Ruhr gingen Arbeitsplätze vor Umweltschutz. Die Industrie- und Handelskammer schwärmte schon von neuen Fabrikanlagen. Über 10 000 neue Jobs sollten entstehen. Was waren dagegen 500 Hektar Wald, die vernichtet würden? Was waren dagegen die unabsehbaren Folgen für das Ökosystem? Johannes Rau, erst seit September 1978 Ministerpräsident, stellte solche Fragen nicht. Umweltpolitik war ihm nur ein grünes Ornament.

Rau wollte die Autobahn realisieren. Am 27. April 1979 verkündete er in Siegen, die Trasse durch den Wald werde gebaut. Die Meldung brauchte einige Tage, bis sie in die Medien fand. Anfang Mai las Deneke in der Zeitung von Raus Ankündigung. Er war entsetzt. Lange schon hatte er mit dem Regierungschef über diese Autobahn reden wollen, war aber immer abgewimmelt worden. Und jetzt dieses Vorpreschen. Deneke deutete Raus Absicht als Richtungsentscheidung. Dadurch sah er sein ökologisches Konzept bedroht. „Wir können in der grünen Politik nicht glaubwürdig bleiben, wenn wir nur den Mund spitzen und nicht pfeifen", mahnte Deneke. Diese Frage war für ihn nicht nur von sachlicher Bedeutung, er nahm sie auch persönlich: „Irgendwo geht es auch für einen Minister um die eigene Glaubwürdigkeit und um das Gewissen".[7] Wer es mit dem Umweltschutz ernst nehme, müsse ein Zeichen setzen und notfalls mit seinem Rücktritt deutlich machen, dass dies nicht nur Gerede bleiben solle. Diesen Rücktritt vollzog Deneke am 3. Mai 1979.

Wie Heinemann fühlte sich Deneke von seinem Regierungschef nicht ernstgenommen. In beiden Fällen stand hinter der Einzelfrage eine Kardinalfrage, mit der beide Politiker ihre Weltsicht verbanden. Sie fühlten sich in ihrer Position und Persönlichkeit in Frage gestellt. Zur Persönlichkeit gehört das Gewissen – eine nur schwer fassbare Größe im politischen Alltag. Der Minister-Eid des Grundgesetzes sieht das Gewissen nicht vor, er spricht nur von gewissenhafter Pflichterfüllung. Lediglich bei den Abgeordneten des Bundestages heißt es in Artikel 38, sie sind „an Weisungen nicht gebunden und nur ihrem Gewissen unterworfen." Ob das Gewissen wie bei Gustav Heinemann einen religiösen Bezug hat oder wie bei Deneke einer weltlichen Ethik folgt – es ist das innere Bewusstsein vom sittlichen Wert des eigenen Verhaltens. Heinemann und Deneke sahen sich in einem Konflikt zwischen politischen Gegebenheiten und den Forderungen ihres Gewissens. Diesen Dissens konnten sie nicht anders lösen als durch ihren Rücktritt. Nicht jede kritische Selbstprüfung, die zu einem Amtsverzicht führte, wurde indes ausdrücklich als Konflikt des Gewissens bezeichnet. Manchmal ist es auch nur eine Frage des Gewissens wie bei Sabine Leutheusser-Schnarrenberger und bei Marianne Birthler.

Wenn der Maulkorb drückt

Das geplante Gesetz warf eine Gewissensfrage auf. Die betraf ihr eigenes Gewissen, aber mehr noch das Gewissen der Partei. Für Justizministerin Sabine Leutheusser-Schnarrenberger war mit dem Gesetz über den Großen Lauschangriff eine Grundsatzentscheidung für die FDP verbunden. Die schwarz-gelbe Koalition unter Helmut Kohl wollte im Sommer 1995 gegen die organisierte Kriminalität vorgehen. Als notwendiges Mittel galt das Abhören von Privatwohnungen Verdächtiger. Für die Ministerin war das ein massiver Eingriff in ein Grundrecht, der nicht zu rechtfertigen war. Doch diese Skepsis teilten nur Wenige in den Regierungsparteien.

Schon mehrfach hatte sich Leutheusser nicht durchsetzen können. 1992 hatte sie die Kronzeugenregelung nicht fortführen wollen, war damit jedoch weder beim Koalitionspartner CDU/CSU noch in der eigenen Partei auf Zustimmung gestoßen. Der Parteivorstand tat ihre Ansichten gern als Einzelmeinung ab. In der Fraktion hatte sie nicht viele Freunde. Nur aus Verlegenheit war sie im April 1992 nominiert worden, weil die FDP-Abgeordneten den Linksliberalen Burkhard Hirsch als Minister verhindern wollten. Zu der Zeit war Sabine Leutheusser noch fast unbekannt. Noch nicht einmal zwei Jahre saß die damals erst 41 Jahre alte Patentanwältin im Parlament. Die vom wirtschaftsliberalen Flügel dominierte Fraktion konnte nicht wissen, wen sie auf den Schild hob.

Das zeigte sich in der Diskussion über das Lauschgesetz. Für Sabine Leutheusser stand das Selbstverständnis der FDP als Bürgerrechtspartei zur Disposition. Sie vertrat das Konzept des liberalen Rechtsstaats, dessen Recht zuerst das Abwehrrecht des Bürgers ist. Eine Zustimmung ihrer Partei zum Lauschangriff wäre ein Richtungswechsel, den sie nicht mitmachen wollte. Das brachte sie in eine Zwangslage. Sie konnte einen Beschluss, den sie ablehnte, nicht umsetzen. Sollte ihre Partei dem Lauschangriff zustimmen, blieb ihr nur der Rücktritt.

Die FDP befragte ihre Mitglieder. 43 Prozent der rund 80 000 eingetragenen Liberalen stimmten ab, fast zwei Drittel sprachen sich für den Lauschangriff aus. Als das Ergebnis am 14. Dezember 1995 bekanntgegeben wurde, trat Leutheusser zurück. In ihrer letzten Pressekonferenz als Ministerin konnte sie die Tränen der Enttäuschung nicht verbergen. Sie wiederholte, dass sie aus Überzeugung diese Änderung der liberalen Rechtspolitik ablehne. Aber sie sah ihre Konsequenz nicht nur als Eingeständnis der politischen Niederlage. Sie sollte auch Ausdruck des Beharrens sein: „Auf alle Fälle hat die FDP heute gewonnen: an Politikern und Politikerinnen, die für ihre Überzeugung stehen".[8]

Gehört der Amtsverzicht von Sabine Leutheusser-Schnarrenberger zu den Rücktritten aus Protest? Anders als in den anderen Fällen dieses Kapitels war ihr Schritt angekündigt, doch das war keine Drohung. Sabine Leutheusser konnte nicht davon ausgehen, dass sich die Mitglieder ihrer Partei davon beeindrucken lassen würden. Sie wollte die Entscheidung in einer Sachfrage auch nicht mit einer Personenfrage in Verbindung bringen. Aber sie verweigerte sich dem Richtungswechsel und bekundete öffentlich ihr Missfallen. Ihre Identität als Liberale stand auf dem Spiel. Die wollte sie nicht aufgeben. Überzeugungstreue war ihr wichtiger als der Ministersessel. So war es auch bei Marianne Birthler.

Im Januar 1992 hatte der brandenburgische Ministerpräsident Manfred Stolpe seine dubiosen Stasi-Kontakte öffentlich gemacht. Daraufhin entbrannte eine heftige Diskussion um seine Amtsfähigkeit. Die dauerte über zwei Jahre. Stolpe blieb auf seinem Posten. Einer der Höhepunkte im Streit um Stolpe war am 29. Oktober 1992 erreicht, als Bildungsministerin Marianne Birthler zurücktrat. Sie protestierte gegen den Amtsverbleib des Belasteten. Im Herbst 1992 kritisierte nicht nur die Opposition den Ministerpräsidenten. sondern auch die Koalition. Die erste Regierung in Brandenburg bestand aus SPD, FDP und dem Bündnis 90. Nach immer neuen Stasi-Enthüllungen über Stolpe misstrauten die ehemaligen Bürgerrechtler vom Bündnis 90 dem Regierungschef. Sie forderten, Stolpe solle sein Amt ruhen lassen, solange die Klärung der Vorwürfe andauere. Das Bündnis solle nicht mit dem Feuer spielen, warnte Stolpe am 23. September 1992. Sonst könnte die SPD die Koalition auflösen. Am 15. Oktober rauften sich die Regierungsparteien in einer vierstündigen Krisensitzung zusammen. Ergebnis: Stolpe sicherte zu, zur Aufklärung beizutragen. Dafür wollte das Bündnis keine Urteile über Stolpe mehr abgeben.

Doch ein Regierungsmitglied vom Bündnis 90 war mit dem Maulkorb nicht einverstanden. Das war Marianne Birthler. Seit November 1990 war sie im Amt. Zu DDR-Zeiten hatte die Außenhandelswirtschafterin zur kirchlichen Opposition gehört, 1986 hatte sie den Arbeitskreis Solidarische Kirche mitbegründet, der sich für Demokratisierung einsetzte. Über die Initiative Frieden und Menschenrechte unterstützte sie inhaftierte Friedensaktivisten. Da sie aus Oppositionskreisen kam, musste ihr Stolpes Stasi-Verbindung untragbar sein. Dazu kam ein Konflikt in ihrer Zuständigkeit: Sie hatte die Verantwortung für die Entlassung Stasi-belasteter Lehrer zu tragen. Nach den Kriterien ihres Ministeriums hätte Stolpe keine Chance, im öffentlichen Dienst beschäftigt zu werden. „Mit zweierlei Maß zu messen ist unzulässig", befand Marianne Birthler.[9] Sie wehrte sich gegen die Vereinbarung vom 15. Oktober. Sie war der Meinung, das Land brauche nicht Stolpe, sondern einen unbelasteten Regierungschef. Sie wollte nicht versprechen, sich mit

Kritik zurückzuhalten. Über diese Widersetzlichkeit war Stolpe sauer. Am Samstag, 17. Oktober, bestellte er die Ministerin ein und nötigte ihr unter Drohungen eine Stillhalteerklärung ab. Die hielt keine zwei Wochen, dann platzte ihr der Kragen.

Birthler reichte ihren Rücktritt ein. Dieses Schweigen überforderte sie. Sie empfand Stolpes Ausflüchte, sein Taktieren, seine Unaufrichtigkeit als unerträglich, als Bedrohung der politischen Kultur. Sie sei nicht bereit, durch stillschweigende Billigung eine solche Politik mitzuverantworten, verkündete Birthler: „Ich will mich nicht vor mir selbst verbiegen, sonst muß ich die nächsten Jahre krumm gehen".[10] Ein Weitermachen unter Stolpe konnte sie mit ihrer Integrität nicht vereinbaren. Um die Integrität ging es auch bei den Rücktritten von Carl-Heinz Evers und Erhard Eppler.

Spiel mit der Zukunft

Die Nachricht schlug wie eine Bombe ein und löste Bestürzung aus. So sah es der *Telegraf*. Das Berliner Boulevardblatt machte am 4. März 1970 mit einer spektakulären Nachricht auf: Schulsenator Carl-Heinz Evers war zurückgetreten. Hart hatte er im Senat um einen höheren Etat für sein Ressort gerungen. Evers wollte mehr Geld für den Ausbau der Berliner Schulen, aber seine Bemühungen waren vergeblich. In der mittelfristigen Finanzplanung war er vertröstet worden. Nach einer erfolglosen Intervention beim Regierenden Bürgermeister Klaus Schütz sah er nur eine Konsequenz: Rücktritt.

Carl-Heinz Evers hielt Chancengleichheit und eine moderne Pädagogik für den Schlüssel zur gesellschaftlichen Demokratisierung. Schon 1962 hatte er Thesen zur Schulreform entwickelt, 1963 wurde Evers zum Berliner Senator für Schulwesen ernannt. Mit seinen Überlegungen zur Bildungsreform erwarb er sich bundesweite Anerkennung. Die Problematik war keine Nebensache. Bildung war das große politische Thema dieser Zeit. Ein reformorientiertes Bildungskonzept war eines der zentralen Anliegen der Bundesregierung unter Willy Brandt.

Aber zwischen den großen Plänen und den regionalen Realitäten klaffte eine Lücke. Das Land Berlin hatte nicht so viel Geld, wie es für die Reformen benötigte. Oder der Senat setzte andere Schwerpunkte. Für Evers ergab sich ein Dilemma. Einerseits sollte er die bildungspolitischen Konzeptionen der SPD vertreten, andererseits hatte er keine Mittel, die Konzepte umzusetzen. Evers befürchtete, unglaubwürdig zu werden. Lehrer, Schüler und Eltern in Berlin hatten die Unzulänglichkeiten im Schulwesen hingenommen und auf baldige Besserung gehofft. Die war nun nicht abzusehen. Evers dachte auch an seine Mitarbeiter in der Senatsverwaltung. Wie sollten die unter diesen Bedingungen zu ihrer Arbeit stehen? Die Beamten hatten, anders als Evers, nicht die Freiheit des Rücktritts. Mit seiner Amtsniederlegung wollte er auch ihrer Glaubwürdigkeit dienen. Evers erwartete eine Signalwirkung: „Ich hoffe, durch diesen politischen Schritt für den Bereich des Bildungswesens, für meine Mitarbeiter und meinen Nachfolger günstigere Bedingungen zu schaffen."[11]

Die Resonanz auf Evers' Abgang war groß. Am 6. März rief die Gewerkschaft Erziehung und Wissenschaft in Berlin 10 000 Lehrer zum Streik auf. Der Berliner Elternausschuss und der Deutsche Lehrerbund begrüßten das. Aus dem Bundesgebiet trafen Solidaritätserklärungen für den kämpferischen Senator ein. Auch Günter Grass, damals in Berlin ansässig, äußerte Verständnis. Lange genug habe Evers darauf hingewiesen, dass die Bildungspolitik Priorität haben müsse. Angesichts des Etats war für Grass der Rücktritt unumgänglich: „Ich glaube, daß Evers so handeln mußte."[12] Hatte Evers so handeln müssen? Andernfalls hätte er sich beim Spagat zwischen Wunsch und Wirklichkeit überdehnt. Evers war das Festhalten an seinen Vorstellungen wichtiger als seine politische Karriere. So war es auch, vier Jahre nach Evers, bei Erhard Eppler. Der amtierte als Bundesminister für wirtschaftliche Zusammenarbeit.

Im September 1973 versprach Helmut Schmidt beim Gipfel des Weltwährungsfonds in Nairobi eine Verdopplung der deutschen Entwicklungshilfe bis zum Jahr 1978. Doch schon ein Jahr nach seiner Ankündigung wollte er davon nichts mehr wissen. Da war er, seit dem Rücktritt Willy Brandts, Bundeskanzler. Jetzt ließ er verlauten, die Zusage vom Vorjahr sei lediglich eine Zielerklärung gewesen und in der inzwischen veränderten Situation korrigierbar. Die versprochene Erhöhung wurde reduziert. Statt der angepeilten 553 Millionen Mark sollte der Etat im Jahr 1975 nur um 272 Millionen, also nicht einmal die Hälfte, wachsen. Die mittelfristige Planung bis 1978 sah sogar eine Differenz von zwei Milliarden Mark zwischen dem Etat und den Versprechungen vor.

Im Bundeskabinett stimmte am 4. Juli 1974 nur ein Minister gegen den Plan: Erhard Eppler. Es war sein Ressort, dessen Flügel hier gestutzt wurden. Die Bundesrepublik war das wirtschaftlich stabilste Land in Europa. Wenn es von seinen Zusagen abrückte, hätte das eine fatale Wirkung auf andere Geberländer. Außerdem hatte erst zwei Monate zuvor, am 30. April 1974, die Europäische Gemeinschaft einen Beschluss zur Entwicklungshilfe gefasst. Die sollte 0,7 Prozent des Bruttosozialprodukts betragen. Die Bundesrepublik erreichte gerade mal 0,4 Prozent. Eppler sah die Kürzung vor globalem Hintergrund. Für ihn ging es um die Alternative von internationalem Verteilungskampf oder solidarischem Verhältnis zu den Entwicklungsländern. Er erinnerte an einen Satz von Bundespräsident Gustav Heinemann: „Wer heute nur für sich selbst sorgen will, verspielt mit der Zukunft anderer auch seine eigene."[13] Mit diesem Zitat schloss Eppler am 4. Juli 1974 seine Rücktrittserklärung. Gustav Heinemann, 24 Jahre vor ihm aus Protest zurückgetreten, war Epplers Leitfigur.

Es war nicht nur die Finanzfrage, die Eppler zum Rücktritt bewog. Unter Helmut Schmidt ging es im Kabinett anders zu als unter Willy Brandt. Vorbei waren die idealistischen Grundsatzdebatten – Pragmatismus war angesagt. Unter dem Macher Schmidt hatte ein Debattierer wie Eppler keine Chance. Herbert Wehner verspottete ihn wegen seiner Mischung von Pietismus und kämpferischer Ideologie als Pietkong. Nicht erst mit seinem Rücktritt hatte sich Erhard Eppler als Mahner und Moralist profiliert. Diese Rolle sollte er in der SPD auch weiterhin spielen.

In den bisher geschilderten Fällen ging der Rücktritt auf eine fundamentale Frage zurück. Sie betraf das Gewissen oder die Richtung, für die ein Politiker stand. Aber es muss nicht immer eine Kardinalfrage sein, die zu einem Protest Anlass gibt. Es kann auch die Frage sein, wie viel Entscheidungsfreiheit einem Minister gewährt wird. So war es bei Alex Möller und Christa Thoben. Für sie ging es um die Selbstachtung.

Das Glück der Besinnung

Der Ministersessel in Bonn war der späte Höhepunkt seiner politischen Karriere. Das Finanzressort übernahm er im Herbst 1969. Da war Alex Möller bereits 66 Jahre alt. Für die SPD hatte er schon von 1928 bis 1933 im preußischen Landtag gesessen. Ab 1946 vertrat er die Partei im Landtag Baden-Württemberg, 1961 wurde Möller in den Bundestag gewählt. Dort profilierte er sich als finanzpolitischer Sprecher seiner Fraktion. Es lag nahe, dass ihn Willy Brandt zum Finanzminister machte.

Doch den Job hatte sich Möller anders vorgestellt. Als Generaldirektor der Karlsruher Lebensversicherungs AG hatte er selbstbestimmt schalten und walten können. Das war im Bundeskabinett nicht der Fall. Alle wollten für ihren Bereich viel Geld haben, mehr als verfügbar war. Ihr Ausgabeneifer war von Willy Brandts Reformeuphorie entfacht. Möller sah sein Ziel der Stabilität gefährdet. Mehrfach mahnte er Ausgabendisziplin an und ersuchte Willy Brandt um Unterstützung. Mehrfach drohte er mit seinem Rücktritt, konnte sich aber nicht durchsetzen. Nach nur anderthalb Jahren im Amt trat Möller am 13. Mai 1971 zurück.

Möllers Amtsniederlegung war ein spektakulärer Rückschritt für Willy Brandts Aufbruch und kam der Bundesregierung ungelegen. In den Medien wurde die Formel verbreitet, Möller wolle nicht als Inflationsminister in die Geschichte eingehen. Diesen Begriff habe er nicht verwendet, stellte Möller richtig. Aber er wollte sich nicht vor den Schuldenkarren spannen lassen. Für ihn war die Amtsniederlegung nicht Ausdruck der Resignation, sondern ein Symbolakt, von dessen Notwendigkeit er überzeugt war. Seinem Nachfolger habe er die Chance gegeben, Stabilität zu erreichen: „Er könnte mehr Glück haben, weil mein Rücktritt die Besinnung fördern wird."[14]

Die Unvereinbarkeit von Stabilität und Reformen hatte den Ruf von Alex Möller bedroht. In einer ähnlichen Situation sah sich fast drei Jahrzehnte später Christa Thoben in Berlin. Sie begann dort im Dezember 1999 als Senatorin für Wissenschaft, Forschung und Kultur. Da ging es vor allem ums Sparen. Aber das sollte niemandem wehtun. Sie sollte dem Berliner Bären das Fell waschen, ohne ihn nass zu machen. Am 23. März 2000, nach gerade mal 105 Tagen, quittierte sie ihren Dienst. Damit hatte niemand gerechnet, denn sie galt als kompetent und durchsetzungsstark.

Christa Thoben hatte sich mit Regierungschef Eberhard Diepgen gestritten. Es war um Personalkündigungen im Berliner Klinikum Charité gegangen, die Thoben durchsetzen wollte. Nur so war die dringend erforderliche Kostensenkung zu erreichen. Aber der Bürgermeister verweigerte seine Zustimmung zu der unpopulären Maßnahme. Dabei hatte Diepgen ihr Unterstützung zugesichert. Bereits vor ihrem Dienstantritt hatte sie mit ihm über diese Sparmöglichkeit gesprochen. Aber nun mochte sich der Bürgermeister nicht mehr daran erinnern. Thoben sah ihre Seriosität in Frage gestellt: „Das beschädigte meine Glaubwürdigkeit."[15]

Christa Thoben war eine ausgewiesene Finanzexpertin. Und sie war glühende Berlin-Anhängerin. Die promovierte Ökonomin hatte mit der Stadt nur positive Erfahrungen gemacht – bis zu ihrem dortigen Dienstantritt. In den 90er Jahren hatte sie in ihrer Funktion als Staatssekretärin im Bundesbauministerium den Umzug der Regierung von Bonn in die neue Hauptstadt organisiert. Als Auswärtige war Thoben mit dem Berliner Klüngel nicht vertraut. Sie hatte aber schnell erkannt, dass sie sich nicht gegen die alten Seilschaften durchsetzen konnte. Sie würde sich sinnlos aufreiben. Sie trat jedoch nicht nur aus Selbstschutz zurück, sie wollte auch zeigen, dass es so nicht weiter gehe. Das deutete sie in ihrer zurückhaltenden Art an: „Ich hoffe, dass ich meinem Nachfolger durch meinen Rücktritt dabei helfe, die notwendigen Gelder einzutreiben."[16] Mit dieser beabsichtigten Signalwirkung gehört Christa Thobens Schritt in die nicht sehr lange Reihe der demonstrativen Amtsniederlegungen.

Solche Rücktritte wollen wahrgenommen werden. Die Hoffnung auf große Resonanz hatte schon die württembergische Regierung im Sommer 1948. Über einen direkten Erfolg ihrer Verweigerungshaltung machte sie sich allerdings keine Illusionen. „Die Beteiligten waren sich klar darüber, daß dieser Schritt auf örtlicher Stufe keinerlei Auswirkung haben würde", berichtete Carlo Schmid dem Landesvorstand der SPD kurz nach dem Rücktritt. Sie hätten lediglich gehofft, dass durch ihre Demonstration das Demontage-Problem „auf der Weltstufe" wieder thematisiert würde.[17] Ihre Hoffnung wurde nicht enttäuscht, internationale Zeitungen schrieben darüber, sogar mehr als die deutschen. Protest ist nicht nur ein Akt der Kommunikation, sondern entsteht erst, indem er wahrgenommen wird. Die in der Tasche geballte Faust ist noch kein Protest. So ist bei diesen Rücktritten die Resonanz in den Medien ein entscheidender Faktor für ihre Wirkung.

Zusammenprall von Prinzipien

Rücktritte ohne Skandalisierung sind selten. Schon deshalb werden sie mit großer Aufmerksamkeit zur Kenntnis genommen. „Wenn heute in Deutschland ein Minister den Hut nimmt, gilt es, bevor Sachgründe erörtert werden, zunächst den Hut zu ziehen vor der Ausnahme."[18] So lobte der *Tagesspiegel* am 5. März 1970. Parlamentarische Verantwortung sei häufig nur eine Floskel. Da ehre die persönliche Konsequenz eines Politikers die Person und seine Motive. Das war auf Carl-Heinz Evers gemünzt. Eine solche Anerkennung wurde den aus Protest Zurückgetretenen in den meisten Medien gezollt.

In allen Fällen wurde der Signalcharakter dieser Rücktritte gewürdigt. Die Amtsniederlegung galt als Zeichen für einen Zustand, eine Entwicklung, ein Problem. Für die *Frankfurter Rundschau* hatte Carl-Heinz Evers ein bundespolitisches Signal ausgesendet. Er habe den Anstoß zu grundsätzlichen Überlegungen gegeben. Den Amtsverzicht von Alex Möller nahm die *Welt* als Warnsignal an die Regierung und an die SPD. Aus Christa Thobens Amtsniederlegung las die *Berliner Zeitung* einen Hilfeschrei und Ausdruck der Solidarität mit den Berliner Künstlern. Wenn jetzt die Misere erkannt wäre, hätte sie der Stadt einen großen Dienst getan, meinte die *Welt*. Der *Tagesspiegel* hoffte auf das Ende der Berliner Selbstgerechtigkeit, für ihn war dieser Rücktritt eine Zäsur. Die FAZ deutete ihn als Fanal für einen Neuanfang der Berliner Kulturpolitik. Thoben habe ein Zeichen gesetzt, dass es mit dem Weiterwursteln vorbei sei.

Die Zustimmung hing nicht von parteipolitischen Positionen ab. Nur bei Erhard Eppler spielte die Gesinnung eine Rolle. Die gemischte Resonanz auf seinen Rücktritt 1974 spiegelt die ideologischen Fronten der siebziger Jahre wider. Der *Frankfurter Rundschau* galt Eppler als Garant für Glaubwürdigkeit und Engagement. Sie sah mit seinem Rücktritt die Frage nach der Moral in der Politik gestellt. Die *Süddeutsche Zeitung* akzeptierte Epplers Argument, er fürchte sich vor einem Gesichtsverlust: „Eppler ist nicht der Mann, der sich irgendwo ‚ohne Gesicht' hinstellt. Also gab es für ihn eine Grenze der Kompromißbereitschaft". Gleichzeitig versuchte die SZ, die Problematik tiefer zu hängen. Eppler nenne seine Auseinandersetzung mit Schmidt einen gewöhnlichen Interessenkonflikt, der so gelöst worden sei, wie das in Demokratien sein müsse. Anders dagegen die *Welt*, die über die unterschiedlichen Auffassungen von Eppler und Schmidt dramatisierte: „Unter den Trümmern, die der Zusammenprall dieser beiden Prinzipien verursachte, liegt Eppler nun begraben." Er habe „sich selbst die Schnur um den

Hals gelegt, an der er als Minister jetzt gestorben ist." Er sei ein Prinzipienreiter, ein in die Politik verschlagener Schwärmer.[19] Die Konservativen versagten Eppler jeden Respekt.

Die FAZ weigerte sich sogar, Epplers Demission als freiwillig anzuerkennen. Sie behauptete, Helmut Schmidt habe ihm den Laufpass gegeben, weil er ihn als Belastung empfunden habe. Eppler habe nie begriffen, dass Entwicklungshilfe ein normaler Bestandteil der Politik sei, sondern habe sie unter missionarischen, futurologischen und ideologischen Vorzeichen betrieben. Eppler gehöre zu den Leuten, die ihrer Natur nach unwillig und unfähig seien, so die *Frankfurter Allgemeine* weiter, „ihre Seelen mit Kompromissen zu beschmutzen und Grundsätze, die sie für die einzig richtigen halten, sich für eine Weile scheinbar abkaufen zu lassen." Da Eppler ein Monopol auf ein reines Gewissen beanspruche, sei er bei der Kärrnerarbeit der praktischen Politik nicht zu gebrauchen. Damit wurde Eppler die Politikfähigkeit abgesprochen. Aber nicht nur das. Laut FAZ war er für die Demokratie unbrauchbar: „Für die Mühsal eines Ministeramtes in diesem parlamentarisch-demokratischen Staat war er deshalb von Anfang an eine Fehlbesetzung."[20] So hämisch triumphierten die konservativen Gralshüter, nachdem der letzte Vertreter von Willy Brandts Ansatz „Mehr Demokratie wagen" aus dem Kabinett ausgeschieden war.

Zugeständnisse und Kompromisse sind ein unvermeidlicher Teil des demokratischen Alltags. Wer dazu unfähig ist, gilt als politikuntauglich. Es gibt aber Fälle, in denen die mangelnde Bereitschaft zu Kompromissen nicht als Manko gesehen wurde. So war es etwa bei Marianne Birthler. Die *Welt* kritisierte ihre Ungeduld. Aber ihre Rücktrittsgründe könnten sich sehen lassen. Sie sei jemand, so der *Tagesspiegel*, der die Notwendigkeit taktischer Kompromisse nur schwer ertragen könne", lobte die *taz*. „Konsequenz war schon immer ihre Stärke." Marianne Birthler habe sich nicht verbiegen wollen, freute sich die FAZ und urteilte mit Blick auf Birthlers Herkunft aus der Bürgerbewegung wohlwollend: „Die Gewissensentscheidung, die sie für sich beansprucht, darf man gerade ihr abnehmen."[21]

Auch Sabine Leutheusser-Schnarrenberger wurde Aufrichtigkeit zugesprochen. Die *taz* begrüßte ihr Verhalten: „Sie sagt meistens, was sie denkt, sie steht zu ihren Überzeugungen". Sie sei bereit, aus Niederlagen Konsequenzen zu ziehen. Zu dieser Bereitschaft komme eine besondere Amtsauffassung, die mit dem Amt mehr verbinde als den Gehaltsstreifen. Sie wolle etwas erreichen und sei bereit, dafür zu kämpfen. Leutheusser sei die Einzige, die Bundeskanzler Kohl widerspreche oder eine abweichende Meinung zu äußern wage. Das könne auch negative Folgen haben, so die *taz*: „Sie ist in einer Weise couragiert, die karriereschädlich ist." Das war als Lob gemeint. Oder als Trost angesichts der Erfolglosigkeit: „Sie kämpft, aber sie kämpft auf verlorenem Posten."[22] Auch wenn in manchen Darstellungen skeptische Töne anklingen – die Würdigung der Rücktritte aus Protest war in den Medien überwiegend positiv. Anders reagierten die Parteien und Regierungschefs, bei denen Unverständnis und Ablehnung dominierten.

Ein ganz irrationaler Vorgang

Der Rücktritt der württembergischen Regierung von 1948 war eine Kollektiventscheidung. Sie wurde von allen Fraktionen des Landtags getragen und war somit ein Sonderfall, der sich nicht wiederholt hat. Jeder andere Rücktritt aus Protest war der Beschluss eines Einzelnen. Er stand immer in Gegnerschaft zur Fraktion, zum Kabinett und zum Regierungschef, deren Politik damit in Frage gestellt wurde. Dementsprechend fielen die Reaktionen aus. Die Verbleibenden sahen sich von unerwarteter Seite herausgefordert, ihren Kurs oder ihr Politikverständnis zu rechtfertigen.

Die Regierungschefs verzichteten meistens, einem scheidenden Minister hinterherzutreten. Willy Brandt wurde im Mai 1971 gefragt, ob er den Rücktritt seines Finanzministers für akzeptabel halte. Seine Antwort: „Ich muß einem verdienten Mann wie Alex Möller all den Respekt bekunden, auf den er Anspruch hat." Brandt wies auf das lange Engagement Möllers, der Wesentliches geleistet habe. Auch beim Nachhaken, ob er Möllers Schritt für politisch klug halte, blieb Brandt gelassen: „Nein, aber das ist nicht meine Sache, einem Mann von der Statur Alex Möllers im Nachhinein jetzt etwas nachzurufen, über das man zu gelegenerer Zeit in größerer Ruhe und Ernsthaftigkeit wird sprechen können."[23] Selbst Manfred Stolpe heuchelte Bedauern über den Abgang seiner Ministerin. Er nannte Birthler ein Symbol für die neue Politik. Dies klang angesichts ihrer Vorwürfe wegen seiner Vergangenheit wie Hohn.

Andere Regierungschefs verbanden ihre Respektbezeugung für die Zurückgetretenen mit Kritik. Eberhard Diepgen grollte nach

Christa Thobens Abgang, sie habe sich nicht über mangelnde Unterstützung beklagen können. Und: „Ich selbst würde in einer solchen Situation den Versuch der Weiterarbeit und Lösung der Probleme vorziehen."[24] Klaus Schütz, einer von Diepgens Amtsvorgängern, hielt den Rücktritt von Carl-Heinz Evers für nicht gerechtfertigt. Ihn ärgerte die Plötzlichkeit ohne Ankündigung und ohne Rücksprache. Ein Senator sei auf Vorschlag des Bürgermeisters im Amt, daher habe er die Pflicht, vor einem derartigen Schritt das Gespräch zu suchen. „Ich halte diese Art des Umgangs mit einem öffentlichen Amt nicht für verantwortungsbewußt, und ich halte es nicht für beispielhaft", rüffelte Schütz.[25]

Die Reaktionen der Regierungschefs sind diplomatisch zurückhaltend, Kommentare aus den niederen Rängen der Partei oder der Koalition dafür umso deftiger. „Für mich ist das ein ganz irrationaler Vorgang", ärgerte sich ein Kabinettskollege, der sich vom *Spiegel* anonym zitieren ließ, nach Diether Denekes Demission. Es sei nicht nachvollziehbar, dass Deneke mit der Gloriole des Umweltschützers abtreten könne.[26] Von der FDP hämte Burkhard Hirsch, Deneke hätte gar nicht erst Minister werden sollen. Er habe doch gewusst, dass die Autobahn geplant gewesen sei. Brandenburgs Wissenschaftsminister Hinrich Enderlein vom Koalitionspartner FDP freute sich nach Marianne Birthlers Rücktritt. Sie habe in ihrer Haltung gegen Stolpe allein dagestanden. Daher gebe es im Kabinett jetzt Erleichterung.

Ausgeprägt war die Verärgerung in der Berliner CDU über Christa Thoben. Sogar ihre Kompetenz wurde angezweifelt. „Sie war der Sache nicht gewachsen", kommentierte der Kulturpolitiker Uwe Lehmann-Brauns. Sie habe die Schwere des Amtes unterschätzt. Thoben sei es nicht gelungen, in Berlin anzukommen. Auch habe sie versäumt, nach Verbündeten zu suchen. Sein Fazit: „So macht man das nicht." Der stellvertretende CDU-Landeschef Stefan Schlede unterstellte ihr zu geringe Ausdauer: „Sie hätte länger durchhalten sollen". Ihr seien die Probleme über den Kopf gewachsen. Dabei habe niemand von Thoben verlangt, innerhalb kurzer Zeit Wunder zu vollbringen. Fraktionschef Klaus Landowsky zeigte sich enttäuscht. Der Rücktritt Thobens sei nicht zwingend gewesen. Landowsky: „Das war kein Abgang mit Grandezza". Er erinnerte an Oskar Lafontaines Rücktritt. Ein solches Verhalten solle nicht beispielgebend sein.[27]

Nur selten brachte eine Partei die Gelassenheit auf, sich sachlich von der Haltung des Protestierenden abzugrenzen. Bei Birthlers Rücktritt wies der Fraktionssprecher von Bündnis 90 auf deren persönliche Entscheidung. Damit rückte die Partei von Birthler ab, ohne sie zu diskreditieren. In den meisten anderen Fällen kam es zu ernsthaften Zerwürfnissen der verbleibenden Regierung mit dem Protestierer. Da erhebt sich die Frage, ob mit den Rücktritten etwas erreicht worden ist.

Zu dicke Bretter

Die Sieger waren sauer. Den Rücktritt der württembergischen Landesregierung vom August 1948 sah die französische Besatzungsmacht als offene Auflehnung. Sie drohte mit Restriktionen. Der amtierende Staatspräsident Gebhard Müller ließ sich nicht einschüchtern. Er meinte, die Franzosen sollten doch die Regierung selber übernehmen, dann wisse die Bevölkerung, wer für die Maßnahmen verantwortlich sei. Wenige Monate nach diesem Eklat hörten die Abholzungen auf, die Demontagen wurden reduziert. Als Müller sein neues Kabinett im Juni 1949 präsentierte, war längst der Zusammenschluss der westlichen Besatzungsgebiete zur Trizone erfolgt. War das auf den Rücktritt der Regierung Württembergs zurückzuführen, oder wäre die Entwicklung von der Konfrontation zur Kooperation auch ohne dieses Fanal erfolgt? Liefen nicht wirtschaftliche Notwendigkeiten und Kalter Krieg ohnehin in Richtung Trizonesien und Westorientierung?

Konkrete Konsequenzen der Rücktritte aus Protest lassen sich nur schwer feststellen. Am deutlichsten ist die Wirkung bei Diether Deneke. Die Autobahn durchs Rothaargebirge wurde nicht gebaut. Aber hätte er dieses Ziel nicht auch erreicht, wenn er innerhalb der Regierung argumentiert hätte? Ein halbes Jahr nach Denekes Demission resümierte die *Welt*: „Ein Minister kann durch einen Rücktritt manchmal offensichtlich mehr erreichen als durch einen zähen Kampf im Kabinett."[28] Deneke hatte nicht nur auf die Brisanz des Themas aufmerksam gemacht, sondern auch einen Denkanstoß geliefert.

Keine Auswirkungen dagegen hatte der Rücktritt von Marianne Birthler. Manfred Stolpe ließ sich davon nicht beeindrucken. Zehn weitere Jahre, bis 2002, hielt sich der umstrittenste Brandenburger.

Haben die wegen Etatproblemen abgetretenen Carl-Heinz Evers und Erhard Eppler etwas erreicht? Konnten Alex Möller und Christa Thoben mehr als kurzzeitige Aufmerksamkeit verbuchen? Das müsste anhand der einzelnen Haushaltspläne untersucht werden. Die *Welt* stellte nach dem Rücktritt von Möller fest, die Person an der Spitze habe gewechselt, die Probleme seien geblieben. Einzige Änderung: „Sie werden zum Teil jetzt erst schärfer in ihren politischen, wirtschaftlichen und finanziellen Auswirkungen erkannt."[29]

Nichts bewirkt hat Gustav Heinemann mit seinem Rücktritt. Weder konnte er die Militarisierung der Bundesrepublik verhindern noch Adenauers autokratischen Regierungsstil ändern. Und Sabine Leutheusser-Schnarrenberger hat mit ihrem Rücktritt die Durchsetzung des Großen Lauschangriffs nicht beeinflusst. Dass die Regelung später modifiziert werden musste, lag an einer Entscheidung des Bundesverfassungsgerichts vom März 2004. Die Ex-Ministerin hatte mit anderen liberalen FDP-Politikern gegen das Gesetz geklagt. Diese Maßnahme wäre ihr im Amt nicht möglich gewesen. Die Bilanz der Rücktritte aus Protest fällt von den praktischen Auswirkungen her negativ aus. Über die persönlichen Konsequenzen wird in Kapitel 17 berichtet. Und welche Fragen stellte der Rücktritt an das System?

Marianne Birthlers Abgang aus der Regierung Stolpe sollte die Ampelkoalition nicht in Frage stellen, wünschte ihre Fraktion. Birthlers Parteifreund Matthias Platzeck plädierte dafür weiterzumachen. Die Regierung habe eine ganze Menge angeschoben, das dürfe nicht leichtfertig geopfert werden. War Birthlers Entschluss zum Rücktritt leichtfertig? Gefährdete sie die Arbeit? Nach dem Rücktritt von Carl-Heinz Evers meinte der Fraktionsvorstand der SPD, es sei immer schwer, eine weitreichende Konzeption in ein administratives Gefüge zu bringen. Hatte sich der Senator dem schweren Weg unvermeidlicher Einschränkungen nicht stellen wollen? Bei der Diskussion um den Lauschangriff stimmte Guido Westerwelle, damals FDP-Generalsekretär, mit Justizministerin Leutheusser-Schnarrenberger überein, aber er kam nicht auf die Idee, darauf zu beharren. Für ihn handelte es sich um eine Abwägungsentscheidung, die nicht zur Überlebensfrage des Liberalismus stilisiert werden dürfe. Wer nicht ertragen könne, überstimmt zu werden, so Westerwelle, dürfe nicht in die Politik gehen.

Hat also jemand nichts in der Politik verloren, wenn er auf Überzeugungen besteht? Sollten Menschen wie Gustav Heinemann oder Erhard Eppler das politische Feld den Pragmatikern überlassen und sich in einem zwangfreien Raum der Moral bewegen? Sind Leute wie Marianne Birthler und Carl-Heinz Evers als Minister eine Fehlbesetzung, weil sie es sich zu leicht machen? Weil sie nicht die Ausdauer dafür haben, was nach Max Weber Politik ausmacht, nämlich „ein starkes langsames Bohren von harten Brettern mit Leidenschaft und Augenmaß zugleich"?[30] Oder ist dem Journalisten Paul Sethe zuzustimmen, der in einer Rückschau die Demission von Gustav Heinemann begrüßte? 1963 resümierte Sethe, Heinemann gab mit seinem Rücktritt „der Nation das Beispiel des Handelns aus dem Gewissen, von dem man nur wünschen möchte, in der Ära Adenauer hätte man es häufiger erlebt."[31]

Die Flamme des Protests

Dass es nur wenige Rücktritte aus Protest gab, hat mehrere Gründe. Heinemanns Demission orientierte sich an einer elementaren Entscheidung. Das war 1950, im Jahr Eins der Bundesrepublik. Seither war kaum ein Politiker mit einer Gewissensentscheidung dieser Tragweite konfrontiert. Auch haben sich die Prozesse der Meinungsbildung in den Parteien entwickelt und sich so etabliert, dass die Positionen der Regierungsmitglieder in den meisten Fällen mehrheitsfähig sind. Längst hat sich der Typus des Karrierepolitikers herausgebildet, in dessen Lebensplanung eine Tätigkeit außerhalb der Politik nicht vorgesehen ist. Gustav Heinemann noch hatte kurz nach seinem Amtsantritt seine Mitbrüder der Bekennenden Kirche aufgefordert, ihm Bescheid zu sagen, falls er ihren Erwartungen als Minister nicht entspreche. „Ich sitze locker genug im Sattel, um heruntersteigen zu können", hatte er im Januar 1950 mitgeteilt.[32] Er war bereit, in seinen Beruf zurückzugehen.

Kurz nach dem Ersten Weltkrieg hatte sich Max Weber mit der Frage beschäftigt, ob Politiker pragmatisch oder idealistisch veranlagt sein sollten. Weber unterschied zwischen dem Gesinnungsethiker und dem Verantwortungsethiker. Letzterer habe „die geschulte Rücksichtslosigkeit des Blickes in die Realitäten des Lebens, und die Fähigkeit, sie zu ertragen und ihnen innerlich gewachsen zu sein."[33] Er sei sich der ethischen Paradoxien bewusst und seiner

Verantwortung für das, was aus ihm unter ihrem Druck werden könne. Ein solcher Politiker kann also die Welt und seine eigenen Möglichkeiten einschätzen. Er kann sich damit arrangieren, dass manches nicht zu ändern ist. Das kann nicht jeder.

Der Gesinnungsethiker, wie ihn Weber beschreibt, orientiert sich nicht an den realen Gegebenheiten. Für ihn gelten nur seine abstrakten Ideale. „Wenn die Folgen einer aus reiner Gesinnung fließenden Handlung üble sind", so Max Weber, gelte dem Gesinnungsethiker „nicht der Handelnde, sondern die Welt dafür verantwortlich, die Dummheit der anderen Menschen oder – der Wille Gottes, der sie so schuf." Weber kritisierte am Gesinnungsethiker, dass dieser Verantwortung allenfalls dafür fühle, dass „die Flamme der reinen Gesinnung" nicht erlösche. Dem Gesinnungsethiker gehe es darum, die Flamme des Protests immer neu anzufachen. Seine Taten seien, wegen geringer Erfolgsaussichten, irrational. Sie könnten nur exemplarischen Wert haben.[34]

Die Flamme des Protests, die erfolglosen irrationalen Taten – zählen auch die Rücktritte dazu? Müssen diese Minister den politikunfähigen Gesinnungsethikern zugerechnet werden, weil sie ihre hehren, aber unrealistischen Ideale nicht aufgeben wollten? Die Betroffenen sahen das nicht so. Gustav Heinemann wehrte sich dagegen, dass seine Einstellung als weltfremder Pazifismus gedeutet wurde. In einer Erinnerung zu Heinemanns 100. Geburtstag 1999 notierte Erhard Eppler: „Ein Rücktritt, das hatte er gezeigt, war nicht nur Ende, sondern auch neuer Anfang. Er dispensierte einen politischen Menschen nicht von Verantwortung, er zwang ihn nur, diese Verantwortung anderswo in anderer Weise wahrzunehmen." Nach Eppler habe Heinemann sich gerade durch seinen Rücktritt als Politiker erwiesen: „Wer weiß, was er politisch will und was er definitiv nicht will, und wer bereit ist, für seine Überzeugungen einzustehen, ist immer eine politische Adresse und manchmal auch eine politische Kraft."[35] Diese Protestierer sind Politiker, die nicht alles mitmachen. Die Grenzen und Alternativen aufzeigen. Das macht ihren Wert aus, vor jeder praktischen Auswirkung des Protests.

Epplers Urteil über Heinemann war auch ein Plädoyer in eigener Sache. Anlässlich seines eigenen Rücktritts versäumte Eppler nicht den Hinweis, sein Rücktritt geschehe ohne persönlichen Vorwurf. Er wollte nicht als der wirklichkeitsferne Idealist dastehen, der die Moral gepachtet hat und der dem Realisten Helmut Schmidt den erhobenen Zeigefinger vorhält. Mit seiner Unterscheidung zwischen sich selbst, der einen Beschluss nicht mittragen kann, und anderen Politikern, denen er aber keine Vorhaltungen macht, verwies Eppler auf die persönliche Verantwortung. Er stand in einem Konflikt, den er mit sich auszumachen hatte. Das zielt auf eine Grenzsituation, die auch Max Weber bedacht hat. An dieser Stelle schwächte er seine strikte Differenzierung von Gesinnungs- und Verantwortungsethiker ab. Weber räumte nämlich die Möglichkeit ein, dass jemand, „der diese Verantwortung für die Folgen real und mit voller Seele empfindet und verantwortungsethisch handelt, an irgendeinem Punkte sagt: ‚ich kann nicht anders, hier stehe ich'." Diese Formel, Martin Luther zugeschrieben, stand am Beginn des Protestantismus, einer Konfession, die ihren Ausgangspunkt im Protest hatte. Mit Gustav Heinemann, Erhard Eppler und Marianne Birthler waren zumindest drei der Rücktritts-Protestierer in der evangelischen Kirche verwurzelt. Die Formel Luthers bezeichnet den Moment der Gewissensnot, die auch die württembergische Regierung 1948 empfand.

Eine solche Berufung auf Gewissensgründe war für Max Weber eine Reaktion, die „menschlich echt ist und ergreift. Denn diese Lage muß freilich für *jeden* von uns, der nicht innerlich tot ist, irgendwann eintreten *können*." Daher, folgerte Weber, markierten Gesinnungsethik und Verantwortungsethik „nicht absolute Gegensätze, sondern Ergänzungen, die zusammen erst den echten Menschen ausmachen, den, der den ‚Beruf zur Politik' haben *kann*." Nach dieser salomonischen Lösung Webers sind die Protestierer nicht nur vom Vorwurf der Politikunfähigkeit und des unpolitischen Moralismus freizusprechen. Gerade ihre Moralität macht sie zu „echten Menschen" im Sinn Max Webers, die Berufspolitiker werden können. Und es sei erwiesen, so Weber am Ende seiner Überlegungen, dass „man das Mögliche nicht erreichte, wenn nicht immer wieder in der Welt nach dem Unmöglichen gegriffen worden wäre."[36] So hat sich der nüchterne Rationalist Weber ein Stück Utopie in sein Bild vom Politiker gerettet. Rücktritte aus Protest hätte er wohl nicht als Vorbilder gefeiert. Aber er hätte sie in den Katalog legitimen Verhaltens aufgenommen.

KAPITEL 6

Rücktrittsgrund 4: Verantwortung

Respekt vor ungeschriebenen Regeln der Demokratie

Am 24. April 1974 wurde der DDR-Spion Günter Guillaume in Bonn verhaftet. Jahrelang hatte er als Referent im Kanzleramt gearbeitet. Zwei Wochen später, am Morgen des 6. Mai 1974, teilte Bundeskanzler Willy Brandt seiner Frau Rut mit, er werde zurücktreten. Ohne Überraschung antwortete sie: „Das finde ich richtig. Einer muß die Verantwortung auf sich nehmen."[1] Dieses Argument griff Brandt in seiner Rücktrittserklärung auf, die er an den Bundespräsidenten richtete: „Ich übernehme die politische Verantwortung für Fahrlässigkeiten im Zusammenhang mit der Agentenaffaire Guillaume".[2]

> Verantwortlich ist man nicht nur für das, was man tut, sondern auch für das, was man nicht tut.
>
> *Laotse (zugeschrieben)*

Noch am selben Tag informierte Brandt Vizekanzler Walter Scheel, den Vorsitzenden des Koalitionspartners FDP. Dieses Schreiben enthielt einen kleinen, bemerkenswerten Zusatz. Brandt schrieb, er habe „die politische (übrigens: auch die persönliche) Verantwortung" übernommen.[3] Diese Ergänzung heizte die brodelnde Gerüchteküche weiter an: Warum diese Differenzierung, was meinte Brandt mit dem übrigens, was mit persönlicher Verantwortung? Zugleich wurde über die Notwendigkeit oder Angemessenheit seines Schrittes debattiert. War Brandt der Verantwortliche für den Spionagefall? Oder war einer seiner Minister oder ein Beamter zuständig? Hatte sich der Kanzler ein Versäumnis zu Schulden kommen lassen und wenn ja, hätte er deswegen zurücktreten müssen?

Die Verantwortung des Regierungschefs ist im Grundgesetz angesprochen. „Der Bundeskanzler bestimmt die Richtlinien der Politik und trägt dafür die Verantwortung", heißt es in Artikel 65. Wie in den meisten Fällen wird die Verfassung nicht konkret. Das gilt auch für die Verantwortlichkeit der Minister. Die ist im selben Artikel geregelt: „Innerhalb dieser Richtlinien leitet jeder Bundesminister seinen Geschäftsbereich selbständig und unter eigener Verantwortung." Was meint diese Verantwortung, wie wird sie realisiert, und wem gegenüber besteht sie? Diese Fragen lassen sich nicht ohne weiteres beantworten. Das Grundgesetz gibt eine institutionelle Festlegung, keine Gebrauchsanleitung.

Verantwortung im allgemeinen Sinn bedeutet, dass jemand für die Folgen des eigenen Handelns aufkommt. Wer gegen ein Gesetz verstößt, kommt vor den Kadi. Wer einen Schaden anrichtet, muss ihn ersetzen. Das Einstehenmüssen des Akteurs für seine Aktion gilt auch in der Politik. Dabei geht es allerdings nicht um Straf- oder Zivilrecht. Es geht um das Amt. Wenn ein Minister eine falsche Entscheidung trifft, eine Situation nicht richtig einschätzt, einem Missstand nicht entgegentritt, muss er dafür einstehen. Bei Politikern führen gravierende Fehler zur Infragestellung ihrer Position. Diese Fälle finden sich unter der Rubrik politisches Fehlverhalten. Das ist plausibel und allgemein akzeptiert. Kein Konsens besteht dagegen über die Haftung eines Ministers, in dessen Amtsbereich etwas ohne sein Zutun schiefgelaufen ist. Wenn sich die Urheberschaft einer Kalamität in den mittleren Rängen der Bürokratie verliert, ist die politische Verantwortung gefragt.

Der Blick auf die politische Bühne zeigt, dass das Stück „Ministerverantwortung" häufig gegeben wird. Die Verteilung der Rollen ist klar. Ihre Besetzung richtet sich nach der Parteizugehörigkeit der Mitspieler. Drei Varianten zeichnen sich ab. In der ersten bekennt sich ein Politiker ohne persönliches Fehlverhalten aus eigener Entscheidung zu seiner politischen Verantwortung für einen Missstand und tritt zurück. Diese Fälle sind überschaubar. Das bekannteste Beispiel war Rudolf Seiters. In der zweiten Version streiten Politiker die Verantwortung für die Handlungen untergeordneter Beamter ab. Da müssen Medien, Opposition oder die eigene Partei den Minister zur Übernahme seiner Verantwortung zwingen. Die hartnäckigsten Fälle waren Otto Theisen und Gerhard Stoltenberg. Bei der dritten Variante kommt ein neuer Begriff ins Spiel: die Gesamtverantwortung. Die trägt der Regierungschef. Häufig bekennt er sich zwar dazu, aber büßen muss einer seiner Minister. Am drastischsten war dies bei Alfred Sauter und Frank Dahrendorf.

Bevor diese Fälle zur Sprache kommen, werden die grundsätzlichen Fragen der politischen Verantwortung aufgezeigt. Dazu dient die früheste Diskussion dieses Themas in der Bundesrepublik – der Fall John aus dem Jahr 1954.

Worauf es ankommt

„Was muß in der Bundesrepublik eigentlich passieren, bis irgend etwas passiert, bis irgendeinem Verantwortlichen etwas passiert?"[4] Mit diesem – später noch oft gehörten – Ausruf meldete sich der liberale Abgeordnete Reinhold Maier am 16. September 1954 zu Wort. Der Bundestag debattierte über Konsequenzen aus dem Fall John – dem rätselhaften Verschwinden und Auftauchen des obersten Verfassungsschützers Otto John in Ostberlin. Das fiel in den Zuständigkeitsbereich des christdemokratischen Innenministers Gerhard Schröder. Für den war die Sache „ein nationales Unglück", aber „nicht das persönliche Unglück des Bundesministers des Inneren".[5] Schröder erkannte die Peinlichkeit und Brisanz des Geschehens in der Hochphase des Kalten Krieges. Johns Flucht war ein Triumph für Pankow, für Bonn ein Desaster. Aber er fühlte sich nicht davon betroffen. Er war erst seit einem Jahr im Amt und die Einstellung des zweifelhaften Agenten vor seiner Zeit erfolgt.

Reinhold Maier kritisierte Schröders Weigerung, sich zu seiner Verantwortung zu bekennen. Dabei konnte er ihm aber keinen Verstoß gegen die Geschäftsordnung nachweisen. Der Liberale wies darauf hin, es sei eines der ungeschriebenen Gesetze des Parlamentarismus, dass von Ministern die Verantwortung für alle Vorgänge in ihren Ressorts übernommen werde. Dies gelte auch für Fälle, bei denen kein persönliches Verschulden vorliege. Maier beklagte bei Schröder das Fehlen der „exemplarischen Statuierung der Verantwortlichkeit".[6] Diese Kritik am Aussitzen des Skandals kam vom Mitglied einer Partei der Regierungskoalition – in späterer Zeit undenkbar. In dieselbe Kerbe hieb Maiers Parteifreund Thomas Dehler. Der FDP-Chef brachte – noch in der Wortwahl der Zeit befangen – die Wähler ins Spiel: „Unser Volk muß fühlen, dass Verantwortungen getragen werden." Dabei ging es nicht um die Frage des Verschuldens. Diese sei im Fall eines Ministers nicht relevant, meinte Dehler: „Es kommt nicht darauf an, wie die Franzosen sagen, ob jemand coupable, schuldig, ist, sondern darauf, daß er responsable, daß er verantwortlich ist".[7] Das Verursacherprinzip zählt also nicht. Damit hatte der Jurist Dehler die Ministerverantwortung auf den Punkt gebracht.

Dahinter steht ein Amtsverständnis, das von der Identität von Behörde, Leitung und Person ausgeht. Danach repräsentiert der Minister die Institution nicht nur, er verkörpert sie auch. Auf ihn konzentriert sich das Vertrauen, dass die Geschäfte ordnungsgemäß geführt werden. Dieses Vertrauen gewähren ihm Regierungschef, Parlament und Wähler. Der Minister in seiner Person ist Garant des guten Regierens. So ist ein Rücktritt aus Verantwortung ein Akt symbolischer Politik par excellence: Die Komplexität des Problems, seiner Ursachen und Folgen wird reduziert auf eine einzelne Szene. Der Repräsentant büßt stellvertretend ein Versäumnis, indem er sich von seinem Amt trennt.

In einem solchen Fall werden häufig die Metaphern vom Opferlamm und Sündenbock verwendet. Auch diese archaischen Symboltiere waren Stellvertreter, an denen sich die Reinigung des Kollektivs vollzog. Denn nicht auf den „Geopferten", hier den zurückgetretenen Minister, kommt es an, sondern auf den Akt der Reinigung. Dieser ist notwendig, um das beschädigte Vertrauen wiederherzustellen. Und er ist symbolisch – deshalb spielt es keine Rolle, ob der Betreffende der Verursacher eines Missstandes ist oder einer seiner Beamten.

Die Verantwortung eines Politikers unterscheidet sich grundsätzlich von der eines Beamten. Darüber hatte schon Max Weber nachgedacht. Die Ehre des Beamten sei es, einen Befehl auch dann auszuführen, wenn er der eigenen Vorstellung zuwiderlaufe, und zwar „auf Verantwortung des Befehlenden gewissenhaft und genau so auszuführen, als ob er seiner eigenen Überzeugung entspräche". Die heute kaum mehr gebräuchliche Kategorie der Ehre führte Weber auch für Politiker an. Die Ehre des „leitenden Staatsmannes" sei das Gegenteil davon, nämlich „die ausschließliche *Eigen*verantwortung für das, was er tut, die er nicht ablehnen oder abwälzen kann und darf."[8] Was Weber in dieser idealtypischen Gegenüberstellung nicht berücksichtigt hat, sind Störfälle: Was passiert, wenn ein Beamter nicht gewissenhaft handelt, sondern fahrlässig oder vorschriftswidrig? Muss der Politiker auch dafür haften?

Nach den Ausführungen von Reinhold Maier und Thomas Dehler über den Fall John war Innenminister Schröder – auch ohne eigenes Verschulden – verantwortlich. Er trat aber nicht zurück. Wenige Wochen vor der Bundestagsdebatte vom September 1954 über Johns Flucht hatte es einen Fall gegeben, in dem ein Minister ohne Zögern wegen der Verfehlung eines Beamten sein Amt aufgab, allerdings in Großbritannien. Bei der Rückgabe von Flächen, die während des Krieges in England beschlagnahmt worden waren, hatte sich ein Beamter des Agrarministeriums unkorrekt verhalten. Die Sache kam im Unterhaus zur Sprache, der zuständige Minister Sir Thomas Dugdale erstattete dem Parlament Bericht. Danach erklärte er seinen Rücktritt. Auf die Frage eines Abgeordneten, ob er damit nicht die Verantwortlichkeit etwas übertreibe, antwortete Dugdale: „Als Minister muß ich die volle Verantwortung gegenüber dem Parlament für alle Fehler und Nachlässigkeiten von Beamten meiner Behörde übernehmen, genauso wie ich die volle Dankbarkeit ernte, wenn meine Beamten einen Erfolg in meinem Auftrag erzielen."[9] Jede Abweichung von dieser Regel, so Dugdale, bringe die Verwaltung in die politische Arena. Dies sollte vermieden werden. In Großbritannien mag eine solche Haltung selbstverständlich sein. Wie wenig sie das in Deutschland ist, zeigen die Beispiele dieses Kapitels.

Den Fall Dugdale erwähnt Horst Ehmke, unter Willy Brandt Kanzleramtschef, in einem Aufsatz über die Kontrolle des Parlaments und die im Grundgesetz definierte Ministerverantwortlichkeit. Diese sei nur platonisch, weil sie lediglich gegenüber dem Bundeskanzler bestehe, nicht gegenüber dem Parlament. Denn der Bundestag hat nicht die Option, einen Minister durch eine Misstrauenserklärung abzuberufen. Der Reichstag der Weimarer Republik dagegen war in der Lage, mangelhafte Amtsführung mit der Entlassung zu beantworten. Den Vätern des Grundgesetzes war bange, diese Möglichkeit könnte die Stabilität der Regierung gefährden. Deshalb musste sich Reinhold Maier auf die ungeschriebenen Regeln des Parlamentarismus berufen, als er Schröders Verantwortlichkeit einforderte.

Erst die Sanktionsmöglichkeit der Abberufung konkretisiert die Verantwortung des Ministers vor dem Parlament – zumindest in der Theorie. Denn in der Praxis ist die Frage, wem gegenüber ein Minister verantwortlich ist, nicht entscheidend. Das zeigt sich schon daran, dass es in einigen Bundesländern dem Landtag verfassungsrechtlich sehr wohl möglich ist, einen Minister zu entlassen. Die tatsächlichen Machtverhältnisse verhindern aber zumeist die Realisierung dieser Möglichkeit. Selten mutet die Mehrheitsfraktion ihrer Regierung die Peinlichkeit zu, einem Minister im Parlament das Misstrauen auszusprechen.

So wenig der formale Ablauf der Statuierung der Verantwortlichkeit geregelt ist, so wenig ist es deren Inhalt. Wann greift die Ministerverantwortlichkeit? Wann muss der Ressortchef einstehen? Wenn sich – wie unter Thomas Dugdale – ein nachgeordneter Beamter unkorrekt verhält? Wenn die Gefahr besteht, dass die Verwaltung in die politische Arena gezerrt wird? Hat ein Minister automatisch eine Haftung für alle Vorgänge in seiner Behörde? Über diese Frage wird seit dem Fall John in der Bundesrepublik immer wieder gestritten. Als vorbildhaftes Beispiel für die Übernahme politischer Verantwortung gilt der Rücktritt von Rudolf Seiters.

Verantwortungsbewusstsein und Stil

Am 4. Juli 1993 legte Rudolf Seiters sein Amt als Bundesinnenminister nieder. Eine Woche zuvor, am 27. Juni, wurden bei der Festnahme mutmaßlicher Terroristen zwei Männer getötet. Bei einem Schusswechsel auf dem Bahnhof des mecklenburgischen Städtchens Bad Kleinen starben der GSG-9-Angehörige Michael Newrzella und der als RAF-Mitglied gesuchte Wolfgang Grams. Vier Kugeln hatten Grams getroffen, eine davon oberhalb der rechten Schläfe in den Kopf. Das Einschussloch war 1,8 cm groß. Dies sollte noch eine Rolle spielen.

Nicht nur Planung und Durchführung der Aktion waren mangelhaft. Auch die Aufklärung in den Tagen danach lief nicht korrekt. Da gab es widersprüchliche Angaben über den Ablauf. Da wurden entgegen der Dienstvorschrift die Polizeipistolen nicht überprüft. Da wurde die Spurensicherung derart schlampig betrieben, dass noch Tage später Patronenhülsen am Tatort herumlagen. Vor dem Innenausschuss des Bundestages konnten Seiters und Generalbundesanwalt Alexander von Stahl viele Ungereimtheiten nicht ausräumen. Stahl, der dem Justizministerium unterstand, sah alle Schuld bei der Polizeitruppe GSG-9 und dem Bundeskriminalamt – für beide ist der Innenminister zuständig.

In seiner Rücktrittserklärung räumte Christdemokrat Seiters Fehler und Mängel in der Koordination ein, für die er einstehen wolle.

„Es gibt in Deutschland zu Recht den Begriff der politischen Verantwortung. Wer soll diese politische Verantwortung übernehmen, wenn nicht ein Minister?", fragte Seiters. Er habe weder falsche Entscheidungen getroffen noch Informationen zurückgehalten, er habe sich nichts vorzuwerfen. Mit Blick auf den Generalbundesanwalt wollte er weitere Debatten vermeiden: „Ich möchte aber weder mir noch meiner Familie eine unwürdige Diskussion zumuten, wer in dieser Angelegenheit wem Verantwortung zuschiebt, oder wer an welchem Amte festhält."[10]

Seiters' schneller Rücktritt wurde in den Medien gewürdigt. Von Verantwortungsbewusstsein und Stil war die Rede, vom Setzen moralischer Maßstäbe. Diese Sichtweise hat sich behauptet. „Er hat etwas Unerhörtes vollbracht", so Bundestagspräsident Wolfgang Thierse Jahre später: „Zurückzutreten, wegen eines Vorganges, für den er persönlich und unmittelbar gar nicht verantwortlich war."[11] Als Seiters im Oktober 2000 zum Ehrendoktor der Bundeswehr-Universität München ernannt wurde, kam sein Rücktritt lobend zur Sprache. Dieser sei, so der Laudator, „einer der seltenen Fälle von angewandter politischer Philosophie und Ethik".[12] Auch Seiters sah die Wirkung seines Schrittes so. Zehn Jahre nach den Schüssen von Bad Kleinen äußerte er über seinen Rücktritt von 1993: „Er war gedacht als Schadensbegrenzung für die Regierung und als Signal für konsequente, unabhängige Aufklärung der Vorgänge." Nach Seiters' Einschätzung war der Amtsverzicht ein gelungenes Zeichen: „Er hat das Vertrauen der Menschen in die Politik gestärkt, weil jemand bereit war, ohne persönliches Verschulden politische Verantwortung zu übernehmen."[13] Wie gelungen dieses Zeichen war, zeigt sich auch daran, dass immer wieder an Seiters' Rücktritt als Akt politischen Anstands erinnert wird, wenn es um Politiker geht, die sich nicht zu ihrer Verantwortung bekennen wollen.

Die verklärenden Urteile in der Retrospektive übersehen, dass Seiters keine andere Wahl hatte. Denn bereits unmittelbar nach dem Einsatz von Bad Kleinen hatte es in den Medien kritische Reaktionen gegeben. Neben Ehrenbezeugungen waren auch Vorwürfe an Seiters zu hören: Desinformation und mangelndes Stehvermögen wurden moniert, sein Rücktritt gar als mögliches Schuldeingeständnis bewertet. Berechtigte Vorhaltungen, denn zum Ersten hatte die Woche zwischen dem Polizei-Debakel in Bad Kleinen und dem Rücktritt mit ihrem Kompetenz-Wirrwarr gezeigt, dass Seiters keineswegs Herr der Lage war. Nicht die Mängel beim Zugriff waren ihm anzulasten, aber das ungenügende Krisenmanagement. Zum Zweiten konnte Seiters der öffentlichen Diskussion über seine Person nicht standhalten – erste Rücktrittsforderungen waren schon angeklungen. Schließlich, und das war entscheidend: Möglicherweise hat sich der mutmaßliche Terrorist Wolfgang Grams nicht selbst erschossen, sondern wurde, als er längst am Boden lag, durch einen aufgesetzten Kopfschuss getötet. Daher das große Einschussloch von 1,8 Zentimetern. Entsprechende Augenzeugenberichte lagen dem *Spiegel* vor und sollten veröffentlicht werden. Demnach wäre Grams gezielt liquidiert worden – ein politisches Fiasko ohnegleichen.

In den Abendnachrichten am 3. Juli 1993, einem Samstag, hörte Seiters von der bevorstehenden Ausgabe des *Spiegel*. Titel: „Tötung wie eine Exekution". Sofort war ihm deutlich: Allein dass über die Möglichkeit, die Polizei hätte gemordet, spekuliert wurde, machte seine Position unhaltbar. Deshalb trat er so schnell zurück. Noch bevor der *Spiegel* in den Handel kam, hatte Seiters am Sonntagmorgen Bundeskanzler Helmut Kohl von seinem Entschluss informiert. Der war dagegen, sah den Rücktritt als nicht notwendig an. Allerdings, so wurde aus Kohls Beraterkreis kolportiert, wisse keiner, was noch nachkommen könne. Seiters habe seine Rücktrittserklärung „sybillinisch genug" formuliert.[14] Aber auch wenn nichts nachkam – die langwierigen Ermittlungen der Umstände des tödlichen Schusses auf Grams hätten Seiters so belastet, dass er sein Amt nicht mehr hätte führen können.

Dennoch wurde und wird Seiters' Rücktritt als selbstbestimmt gesehen und deshalb als noble Geste gewertet. Seiters hatte eine unumstrittene Stellung, er genoss das Vertrauen seiner Fraktion und die Unterstützung Helmut Kohls, der ihn halten wollte. Häufig versuchen Politiker in einer solchen Position, Konflikte auszusitzen. Außerdem vollzog Seiters seinen Rücktritt zu einem Zeitpunkt, als noch niemand damit gerechnet hatte – noch war der *Spiegel*-Artikel nicht bekannt. Als er am Montag im Kiosk auslag, war der Kritisierte bereits nicht mehr im Amt. Damit kam Seiters nicht nur die Überraschung zu Gute, sondern auch die Ausnahmestellung. Selten war ein Politiker derart rasch zurückgetreten. Seiters' Bekenntnis zur politischen Verantwortung für die Fehlleistung einer ihm unterstellten Behörde ist ein weiterer Grund für die Würdigung. So ist es Seiters gelungen, die Unvermeidlichkeit seines Rücktritts durch eine ethische Dimension in den Hintergrund treten zu lassen.

Der Fall John, in dem Innenminister Schröder die Verantwortung ablehnte und abwälzte, war wie die missglückte Aktion in Bad Kleinen eine Panne, eine unvorhergesehene Einzelstörung im Ablauf. So einem situativen Misslingen lässt sich nicht vorbeugen, zumindest nicht durch ministerielle Verwaltung. Anders ist das bei Missständen, die durch strukturelle Defizite der Verwaltung, durch organisatorische Mängel, personelle Fehlbesetzungen oder ungenügende Vorgaben des Ministers hervorgerufen werden.

Bodenlose Schlamperei und stinkende Fische

Schon 1788 hatte Alexander Hamilton, der Vater der amerikanischen Verfassung, die Unübersichtlichkeit der Bürokratie beklagt. Bei zu vielen Akteuren lasse sich die Verantwortung nicht eindeutig zuweisen. „Es wird oft unmöglich, unter den wechselseitigen Anklagen denjenigen zu bestimmen, den die Schuld oder Strafe für eine schädliche Maßnahme" treffen sollte, stellte Hamilton in seinem Kommentar zur US-Verfassung fest. Er zielte auf die Verantwortung: „Sie wird mit so viel Geschick und so plausiblem Anschein von einem zum anderen geschoben, dass die öffentliche Meinung im Ungewissen bleibt, wer der tatsächliche Urheber ist." Der Verfassungsrechtler bilanzierte: „Die Umstände, die zu einem nationalen Fehlschlag oder Unglück geführt haben, sind manchmal derart kompliziert – vor allem bei mehreren Beteiligten mit unterschiedlicher Art und Intensität der Mitwirkung –, dass wir zwar im Ganzen begreifen, dass Missmanagement vorliegt. Aber es kann unmöglich sein herauszufinden, auf wessen Konto das Übel, das sich ereignet hat, wirklich geht."[15] So waren schon in der Frühzeit der Demokratie die Zuständigkeiten nicht immer deutlich.

Hamilton konnte nicht ahnen, wie sehr sich 200 Jahre später der bürokratische Apparat ausgebreitet haben sollte. Aber er hatte eine Vorstellung davon, dass der symbolische Gehalt der politischen Verantwortung von den Akteuren häufig verkannt oder abgelehnt wird. Mit dem Verweis auf die eigene weiße Weste halten Minister an ihrer Position fest, auch wenn es in ihrem Amtsbereich zu erheblichen Fehlern gekommen ist. Die ärgsten Beispiele lieferten Verteidigungsminister Gerhard Stoltenberg und der rheinlandpfälzische Justizminister Otto Theisen. Letzterer betonte noch in seinem Rücktrittsgesuch, dass „die Klärung des Sachverhalts nichts ergeben wird, was mich zu Recht belastet".[16] Theisen verstand das Prinzip Verantwortung nicht.

Otto Theisen war im Sommer 1979 in die Kritik geraten. Er hatte in einem heiklen Fall, der Verfolgung des NS-Verbrechers Arnold Strippel, eine falsche Auskunft erteilt. Der SS-Obersturmführer war im Januar 1944 am Bunkerdrama von Vught beteiligt. Bei diesem Vorfall in einem Konzentrationslager in Holland waren 74 Frauen in eine Zelle von wenigen Quadratmetern gepresst worden, zehn von ihnen starben. Obwohl aus Amsterdam umfangreiches Belastungsmaterial gegen Strippel an die deutschen Behörden übergeben worden war, kam es nicht zur Einleitung eines Ermittlungsverfahrens. Schließlich protestierte der niederländische Oberstaatsanwalt bei seinen deutschen Kollegen. Im Sommer 1979 berichteten die holländischen Medien über den Fall.

Im Auftrag einer Überlebenden aus Vught wandte sich eine Rechtsanwältin aus Hamburg an das Justizministerium von Rheinland-Pfalz. Angesichts der Untätigkeit der Staatsanwaltschaft vermutete sie eine Strafvereitelung im Amt. Der Justizminister wiegelte ab. Die Akten seien gesichtet worden, sie enthielten nichts über Strippel. Theisens Antwort gründete auf Mitteilungen eines Generalstaatsanwaltes. Die Behauptung mangelnder Beweise erwies sich wenig später als falsch, Strippel wurde sehr wohl in den Akten genannt. Eine Reportage im *stern* machte den Fall im August 1979 auch in Deutschland bekannt. Der Verdacht, deutsche Behörden deckten NS-Verbrecher, stand im Raum.

Im Mainzer Landtag wurde am 25. Oktober 1979 über den Fall gestritten. In der Einschätzung des Vorgangs waren sich Opposition aus SPD und FDP und die Regierungspartei CDU einig. Alle werteten die Sache als bodenlose Schlamperei. Einziger Unterschied: Die Opposition machte den Minister verantwortlich, die CDU sah die Schuld ausschließlich bei den zuständigen Ermittlern. Der FDP-Landesvorsitzende Hans-Otto Scholl empfand die „Weitergabe des Schwarzen Peters" an die Staatsanwaltschaft als zu billig.[17] Nach gründlicher Abwägung des Vorgangs war die liberale Fraktion überzeugt, Theisen sei keine Panne, sondern ein gravierendes Fehlverhalten anzulasten. Dieser Ansicht schloss sich der SPD-Abgeordnete Karl-Heinz Weyrich an. Er sah die Verantwortung des

Ministers bestätigt und appellierte an Theisen, statt die Schuld auf untergeordnete Staatsanwälte zu schieben, sein Versagen zuzugeben. Es könne nicht genügen, einen Minister der Verantwortung zu entledigen, wenn dieser darauf verweise, er habe bei seinen Beamten nachgefragt und von dort einen falschen Bericht erhalten.

Die CDU bot eine Phalanx von Verteidigern auf. Heinz Peter Volkert meinte über das Gebahren der Staatsanwaltschaft, dies sei „ein so unfaßbares Fehlverhalten, daß man gerade von dieser Unfaßbarkeit her schließen kann, daß sich der Minister auf die Richtigkeit verlassen konnte." Das war eine logische Glanzleistung. Wenig überzeugender war die Unterscheidung von Leo Schönberg zwischen Theorie und Praxis. Der Minister habe „rein theoretisch selbstverständlich" für das Handeln der Behörde einzustehen. Da er aber in der Praxis nicht jeden Einzelfall kennen könne, dürfe er nicht für alle Handlungen seiner zahlreichen Mitarbeiter verantwortlich gemacht werden. Die Aufgabe des Ministers sei die Leitung und Überwachung der Verwaltung, so Schönberg. Erst wenn er von Pflichtwidrigkeiten oder Missständen erfahre, aber untätig bleibe, werde er verantwortlich. Auch wenn so dem Verursacher- das Unterlassungsprinzip zur Seite gestellt wurde – die Ausführungen gingen am Kern politischer Verantwortung vorbei.

Auch für Rudi Geil galt politische Verantwortung nur bei eigenem Handeln eines Politikers. Wenn „Schlamperei einer unterstellten Behörde vorliegt", so der Fraktionschef der CDU, „dann liegt die Verantwortung auch dort". Dort seien die Verantwortlichen zur Rechenschaft zu ziehen. Auch Ministerpräsident Bernhard Vogel ergriff das Wort für seinen Justizminister. Er betonte die Notwendigkeit der Ministerverantwortung, aber diese könne nicht einen Freibrief für alle nachgeordneten Dienststellen bedeuten. Sein Resümee: „Der Minister trägt die politische Verantwortung, aber er ist nicht der Sündenbock für das Fehlverhalten anderer." Auch Vogel zeigte hier ein eigenwilliges Verständnis von politischer Verantwortung. Er erkannte das Prinzip des symbolischen Einstehens, lehnte es aber ab. Wie sich Verantwortung sonst realisieren soll, sagte Vogel nicht.

Am 14. November 1979 musste der Ministerpräsident den Rücktritt Theisens bekanntgeben – die Parteibasis hatte über den unglaubwürdigen Persilschein gemurrt. Eine Ausweitung der Kritik auf dem anstehenden Parteitag wollte Vogel vermeiden. Zu seiner Entlastung griff er auf Theisens Rücktrittsangebot zurück. Dieses war nicht etwa einer späten Erkenntnis über seine mangelnde Sorgfalt entsprungen oder einer Einsicht in Verantwortlichkeit. Theisen begründete seinen Rücktritt mit seiner Wahrnehmung, dass „sich das Klima der öffentlichen Meinung" verschlechterte.[18]

Nicht eigene Vernunft, sondern öffentlicher Druck führte auch zum Rücktritt von Gerhard Stoltenberg. Der musste am 31. März 1992 aus dem Amt des Verteidigungsministers ausscheiden. Dass von seinem Haus ein Bundestagsbeschluss unterlaufen worden war, mochte er sich nicht selbst anrechnen. Am 7. November 1991 hatte der Haushaltsausschuss 25 Millionen Mark gesperrt, die für Umbau und Transport von zehn Leopard-1-Panzern in die Türkei vorgesehen waren. Die Überlassung des Kriegsgerätes war Teil eines Materialhilfeabkommens, das die Bundesrepublik mit der türkischen Regierung im Dezember 1990 geschlossen hatte. Grund für die Aussetzung: Die Waffen aus Deutschland wurden im Kampf gegen aufständische Kurden eingesetzt. Trotz dieses Beschlusses erhielt die Türkei die Panzer in mehreren Tranchen bis zum Februar 1992. Das Verteidigungsministerium hatte das Parlament hintergangen. Es handele sich um Versäumnisse im Beamtenapparat, formulierte der Regierungssprecher, aber wie es dazu kommen konnte, lasse sich nicht aufklären. Der Staatssekretär des Verteidigungsministeriums, Ottfried Hennig, war bei der Sitzung des Haushaltsausschusses am 7. November anwesend und hatte versichert, sein Haus werde die Sperre beachten. Ebenso Ministerialdirektor Wolfgang Ruppelt.

Ruppelt hätte den Beschluss umsetzen müssen. Stoltenberg stellte den Beamten im März 1992 zur Rede, erhielt allerdings keinen Aufschluss. Eine richtig nachvollziehbare Erklärung für die Unterlassung gebe es nicht, musste der Minister mitteilen. Aber Ruppelt habe die Verantwortung für die illegale Lieferung übernommen. Daher habe er ihn in den einstweiligen Ruhestand versetzt. Bei sich und Staatssekretär Hennig sah Stoltenberg kein Verschulden. Da es im Verteidigungsministerium das Delegationsprinzip gebe, hätte er selbstverständlich davon ausgehen müssen, dass Ruppelt den Beschluss umsetze. Stoltenberg wehrte sich dagegen, automatisch für alle Fehler verantwortlich gemacht zu werden. Schon einige Tage vorher hatte der Minister seine eigene Definition von Verantwortlichkeit gegeben: „Die politische Verantwortung kann nicht bedeuten, daß – wenn die Leitung klare Weisungen gegeben hat – die Realisierung in jedem Fall von der Spitze und nicht von den zuständigen leitenden Beamten kontrolliert wird."[19] Was sollte Verantwortung sonst bedeuten?

Stoltenbergs Delegationsgrundsatz wurde empört kommentiert. Der Vorsitzende des Haushaltsausschusses, Rudi Walther von der SPD, sah Ruppelt als Bauernopfer, mit dem Stoltenberg die tatsächliche Verantwortlichkeit überdecken wolle: „Der Fisch beginnt vom Kopf her zu stinken."[20] Der verteidigungspolitische Sprecher der SPD äußerte, Stoltenberg höhle das Prinzip politischer Verantwortung aus. Er fragte: „Wo beginnt eigentlich die Verantwortung des Ministers, wenn alle bisherigen Affären und Pannen immer nur das Versagen von Beamten waren?"[21] Bereits im Vorjahr hatte ein Skandal schlechtes Licht auf das Verteidigungsministerium geworfen, als Panzer aus den Beständen der ehemaligen DDR-Armee illegal nach Israel geliefert worden waren. Auch da hatte Stoltenberg die Schuld auf einen untergeordneten Beamten geschoben. Von Führungsschwäche und Überforderung war damals schon die Rede gewesen.

Nur einen Tag nach der Entlassung Ruppelts verkündete Stoltenberg seinen Rücktritt. Bundeskanzler Kohl hatte den alten Weggefährten dazu gedrängt, denn dessen absurde Beharrlichkeit hätte sich negativ auf die bevorstehenden Landtagswahlen ausgewirkt. In seiner gewundenen Begründung verbreitete sich Stoltenberg über „Wertungen und Wahrnehmungen in einem großen Bereich der öffentlichen Meinung" und „Zuspitzungen im Wahlkampf".[22] Auch wolle er Schaden von der Union und von der Regierung abwenden. Von mangelhafter Aufsicht, von eigenen Versäumnissen war nicht die Rede, schon gar nicht von Verantwortung.

Auch wenn die Betroffenen es nicht einsehen wollten – bei Theisen wie bei Stoltenberg war die Frage der Zuständigkeit des Ministers eindeutig. Schwieriger wird es, wenn mehrere Ressorts ins Gerede kommen, wenn mehrere Minister oder gar ein Ministerpräsident in die Kritik geraten, weil nach der Gesamtverantwortung gefragt wird. Dann wird der Schwarze Peter innerhalb des Kabinetts herumgereicht. Einer muss zurücktreten, der Regierungschef bleibt im Amt. Dies war der Fall bei Alfred Sauter und Frank Dahrendorf.

Viele Schulden, keine Schuld

Durch die Delegation der Verantwortlichkeit zog sich der bayerische Regierungschef Edmund Stoiber im Jahr 1999 aus einer peinlichen Affäre. Die landeseigene Wohnungsbaugesellschaft LWS war in finanzielle Schieflage geraten. Stoiber, der sich gern als Wirtschaftsfachmann ausgibt, redete seine Beteiligung an dem Desaster klein und präsentierte als Verantwortlichen Justizminister Alfred Sauter. Diese Ausflucht war so willkürlich, dass Sauter allenthalben als Prügelknabe gesehen wurde. Der setzte sich vehement zur Wehr.

Einige Jahre waren die Aktivitäten der LWS nicht zum Besten gelaufen. Längere Zeit hatte die Geschäftsführung gedacht, das Ruder noch herumreißen zu können, aber Anfang 1999 erwies sich diese Hoffnung als unrealistisch. Da war bereits ein Verlust von 367 Millionen DM aufgelaufen. Alfred Sauter war, bevor er in München Justizminister wurde, von 1993 bis 1998 Vorsitzender des LWS-Aufsichtsrats. Ein Gutachten des Bayerischen Rechnungshofes vom Sommer 1999 belegte schwerwiegende Managementfehler, wozu die Durchführung riskanter Bauträgerobjekte wie des Schlosskarrees in Chemnitz oder der Bärenschanze in Nürnberg gehörte. Diese Projekte waren sogar gegen den Einspruch des Bayerischen Finanzministeriums begonnen worden. Derjenige, der gegen den Widerstand von Fachleuten die waghalsigen Geschäfte durchgedrückt hatte, derjenige, der spätere Warnungen über drohende Verluste ignoriert hatte, war – Ministerpräsident Edmund Stoiber.

Als das Millionendefizit publik wurde, wies Stoiber jede Mitschuld mit der Begründung von sich, der Rechnungshof habe die Verantwortung des Aufsichtsrats festgestellt. Damit zielte Stoiber auf Sauter, der sich wortgewaltig gegen diese Entlastungsoffensive verteidigte. „Ich übernehme Verantwortung, aber ich spiele nicht den Watschenmann", begehrte Sauter auf. Er wollte nicht allein beschuldigt werden: „Als einziger Fußabstreifer eigne ich mich nicht". Sauter sah er sich als Menschenopfer, das mit einem doppelten Genickschuss erledigt werde.[23] Ihren Zank trugen Sauter und Stoiber ausgiebig in den Medien aus. Selten wurde eine Kabinettskontroverse so drastisch öffentlich gemacht.

Am 13. September 1999 beharkten sich die Parteien im Bayerischen Landtag wegen des LWS-Debakels. Die Opposition in München begrüßte, dass sich Sauter zu seiner Mitwirkung an dem skandalösen Schaden bekannte, machte aber als Hauptverantwortlichen Edmund Stoiber aus. Die Fraktionsvorsitzende der SPD, Renate Schmidt, kommentierte dessen durchschaubares Ablenkungsmanöver: „Läuft etwas schlecht, dann pocht der Ministerpräsident auf Ressortzuständigkeiten und ist von der Verantwortung weg wie das Würstel vom Kraut".[24] SPD-Fraktionsvize Franz Maget sah den Bericht des Rechnungshofes als Beleg „abgrundtiefer Mißwirtschaft und haarsträubender Fehlleistungen". Er zeige die tiefe Verstrickung und volle Verantwortung Stoibers, der die Weichenstellung für die Projekte betrieben habe. Für ein Zugunglück sei derjenige verantwortlich, der die Weiche falsch gestellt habe. Niemand sei fehlerfrei. Aber jeder müsse zu den Fehlern, die er mache, stehen.

Der Fraktionschef der CSU, Alois Glück, sah die Sache anders. Er räumte ein, Stoiber sei einer von mehreren Beteiligten, aber er könne nicht als Hauptverantwortlicher hingestellt werden. „Das krampfhafte Bemühen, die gesamte Verantwortung auf den Ministerpräsidenten zu schieben, ist aber schlichtweg absurd", dozierte Glück. Ein anderer CSU-Redner wandte ein, die SPD hätte ein Verantwortungsgebäude aufgebaut, das einer Überprüfung nicht standhalte. In einem Wortschwall warf er der Opposition vor, Fakten, tatsächliche Entscheidungsgegebenheiten, rechtliche Verantwortlichkeiten und tatsächliche Verantwortlichkeiten zu vermengen. Die Fehler seien im Management und Aufsichtsrat der LWS geschehen, und deshalb sei es abwegig, diese Fehler Stoiber anzulasten.

Die unterschiedlichen Auffassungen der Parteien hielten sich bis zur Diskussion über den Abschlussbericht des Untersuchungsausschusses im Mai 2001. Inzwischen hatte sich die Schadensumme auf 500 Millionen DM erhöht. Die CSU sah überall Verantwortlichkeiten: bei Geschäftsführung, Wirtschaftsprüfern, Aufsichtsrat und Gesellschaftern – Stoiber aber könne „in keiner Weise verantwortlich gemacht werden."[25] Die SPD dagegen nannte neben Sauter als Mitverantwortliche weitere Kabinettsmitglieder. Dies seien der Finanz- und der Wirtschaftsminister. Vor allem beharrte sie auf Stoibers Rolle. Ihm seien sowohl mangelhafte Sorgfalt als auch falsche Entscheidungen nachzuweisen. Nach dieser Argumentation hatte der Ministerpräsident nicht nur durch Unterlassen, sondern sogar durch eigenes Handeln Fehler gemacht. Demnach stünde seine Verantwortung außer Frage. Von politischer Verantwortung im eigentlichen Sinn – dem stellvertretenden Einstehen für einen Missstand – war bei der Debatte im Mai 2001 nicht die Rede.

Um diese Frage war es auch beim Rücktritt von Justizminister Sauter nicht gegangen. Der war bereits anderthalb Jahre zuvor, im

September 1999, zurückgetreten, um seiner Entlassung durch den Landtag zuvorgekommen. Diese betrieb Stoiber mit aller Verbissenheit. Bereits Tage vorher hatte er Sauter mit der Begründung des gestörten Vertrauensverhältnisses beurlaubt. Das lag aber nicht etwa an Sauters Versäumnissen im LWS-Aufsichtsrat, sondern an dessen Insubordination. Der öffentliche Streit über die Schuld am LWS-Debakel habe das Vertrauen zerstört. So hat in diesem Skandal mit Millionenverlusten für den öffentlichen Haushalt keiner der beteiligten Politiker die Verantwortung übernommen.

Die See sucht ein Opfer

Sauters erzwungener Rücktritt war ein durchsichtiges Manöver von Stoiber, einen Schuldigen zu präsentieren und von sich abzulenken. Nach demselben Prinzip hatte sich 20 Jahre zuvor ein anderer Regierungschef aus der Affäre gezogen. Im Skandal um die Hamburger Giftfabrik Stoltzenberg hatte der Erste Bürgermeister der Hansestadt, Hans-Ulrich Klose, Justizsenator Frank Dahrendorf im September 1979 zum Rücktritt genötigt.

Der erst seit gut einem Jahr amtierende Dahrendorf musste für ein langjähriges Behördenversagen einstehen, das mittelbar zum Tod des achtjährigen Oliver Ludwig geführt hatte. Der Junge war am frühen Abend des 6. September 1979 bei einer Explosion im Keller der elterlichen Wohnung verblutet. Sein Bruder und ein Spielkamerad wurden schwer verletzt. Die Kinder hatten mit Phosphor und Schwarzpulver hantiert. Die Chemikalien stammten vom Gelände einer nahegelegenen Fabrik im Hamburger Stadtteil Eidelstedt, das durch einen morschen Lattenzaun gut erreichbar war. Auf dem verwahrlosten Areal lagerten, dicht bei einem Wohngebiet, rund 80 Tonnen giftige Chemikalien und Kriegsmunition, darunter auch Granaten mit dem tödlichen Nervengift Tabun. Mit nur einem Kilo dieser Substanz können 200 000 Menschen getötet werden. Der größte Umweltskandal der Bundesrepublik war aufgedeckt.

Bei den Ermittlungen über die Firma Stoltzenberg stellte sich heraus, dass das Unternehmen im Lauf der Jahrzehnte von über 600 Beamten verschiedener Behörden besucht worden war. Trotz des offensichtlichen Chaos in der Fabrik hatten sie sich nicht zum Eingreifen veranlasst gesehen, mehrfach wurden Beschwerden von Anwohnern zu den Akten gelegt. Der Hamburger Senat beauftragte Staatsrat Peter Rabels mit einer Untersuchung. Bereits nach wenigen Tagen kam dieser zu der Erkenntnis, den Behörden seien „Fehleinschätzungen, mangelhafte Prüfungen, unterlassene oder unzureichende Abwehrmaßnahmen" anzulasten.[26] Als beteiligte Ämter führte der Staatsrat die Innenbehörde an, aber auch die Ressorts Arbeit und Soziales, Bau, Umwelt sowie Wirtschaft.

Rabels' Bericht war eine Bankrotterklärung der Hamburger Regierung. Bei der Diskussion am 25. September 1979 stellte sich der Senat die Frage, ob keiner, alle oder ob nur der Bürgermeister zurückzutreten habe. Aber niemand aus dem Senatorenkreis hielt den eigenen Rücktritt für erforderlich. Auch nicht der Bürgermeister. Klose erläuterte, ein persönlich zurechenbares Fehlverhalten sei einem einzelnen Senator nicht vorzuwerfen. Es bestehe eine Gesamtverantwortung des Senats. Dabei könne nicht gesagt werden, der eine sei verantwortlicher als der andere. Bezüglich personeller Konsequenzen verwies Klose auf den Untersuchungsausschuss, dessen Ergebnissen er nicht vorgreifen wolle. Auch solle das Problembewusstsein erhalten bleiben: Habe die See ihr Opfer gefunden, beruhige sie sich zu schnell, so der Bürgermeister. Der Fraktionsführer der SPD, Ulrich Hartmann, sekundierte: Sollte sich bei den Untersuchungen herausstellen, dass auch ein Senator von den Zuständen gewusst habe, müsse dieser zurücktreten. Dafür gebe es bisher aber keine Hinweise.

Während im September 1979 Soldaten des Kampfmittel-Beseitigungsdienstes der Bundeswehr in Schutzanzügen Unmengen von Munition und Gift vom Stoltzenberg-Gelände abtransportierten, zwei Kilo Zyankali gefunden wurden, Phosphor in Brand geriet, Polizisten in Gasmasken das Areal absperrten, die Nachbarschaft evakuiert und ein nahegelegenes Fußballstadion geschlossen wurde, diskutierte die Hamburger Regierung weiter über personelle Konsequenzen. Nach hektischen Beratungen konnte Klose am 26. September doch einen Einzelnen haftbar machen: Justizsenator Frank Dahrendorf. Der hatte 1971 ein Schriftstück abgezeichnet, das als Unbedenklichkeitserklärung für die Giftfabrik Stoltzenberg gelesen werden konnte. Damals war Dahrendorf allerdings Staatsrat, wie in Hamburg die Staatssekretäre heißen, und damit Beamter. Hätte sich Klose an Max Webers Unterscheidung zwischen Beamten und Politikern orientiert, hätte er nicht Dahrendorf, sondern den damaligen Senator verantwortlich machen müssen.

Aber Klose hatte einen weiteren Vorwurf parat. Als nach der Eidelvstedter Explosion im Senat nach persönlichem Fehlverhalten gefragt worden war, hatte Dahrendorf nicht auf das acht Jahre zurückliegende Schreiben hingewiesen. Damit habe er den Bürgermeister desavouiert, der öffentlich erklärt hatte, keiner der Senatoren hätte sich etwas zu Schulden kommen lassen. Dahrendorfs Verteidigung: Er habe damals – 1971 – lediglich weitergegeben, was andere gesagt hätten und könne darin kein Fehlverhalten sehen.

Dennoch drängte Klose Dahrendorf zum Rücktritt. Dieser gab der Pression nach, aber noch in seiner Rücktrittserklärung widersprach er dem Bürgermeister. Eine Mitschuld an der ungenügenden Überwachung der Chemiefabrik sah Dahrendorf nicht: „Ich habe nach reiflicher Prüfung ein reines Gewissen." Als Rücktrittsgrund führte er lediglich an, er habe ein Schreiben aus dem Jahr 1971 nicht erwähnt. Deshalb hätten der Bürgermeister und der Fraktionsvorsitzende Erklärungen abgegeben, die ihre Glaubwürdigkeit in Frage stellen könnten. „In der augenblicklichen politischen Situation kommt für mich deshalb nur der Rücktritt in Betracht", stellte Dahrendorf fest.[27] Die See hatte ihr Opfer gefunden. Auf Kloses wenig überzeugende Begründung reagierte die Presse empört. Sie schrieb von Kopf-ab-Methoden und dem Abschuss Dahrendorfs. Symbolische Politik wirkt nur dann überzeugend, wenn sie glaubhaft ist. Der einzig sinnvolle Schritt wäre der Rücktritt des Ersten Bürgermeisters gewesen.

Kloses Argument vom persönlich zurechenbaren Fehlverhalten war weder neu noch besonders. Es nahm wieder einmal das Verursacherprinzip auf. Neu an Kloses Formel war die Definition von politischer Verantwortung, die „zwischen Schuld und Garantiehaftung" läge. Diese Kategorien sah der Jurist Klose als ungeeignet für den Bereich der Politik an. Kein Politiker könne eine Garantiehaftung für ein richtiges Handeln der Verwaltung übernehmen. Der Senat könne unmöglich 109 000 Mitarbeiter des öffentlichen Dienstes kontrollieren. Klose ignorierte den symbolischen Gehalt in der Position des Amtsinhabers als personale Verkörperung der Exekutive.

Ein Misstrauensantrag der CDU gegen Klose wurde abgelehnt. So blieb – wie 20 Jahre später bei Edmund Stoiber – die Gesamtverantwortung des Regierungschefs auch in Hamburg eine Verbalerklärung. Und so wie Sauter wurde Dahrendorf wegen eines Vertrauensverlustes zum Rücktritt gezwungen.

Nicht nur die Fälle Alfred Sauter und Frank Dahrendorf, auch Otto Theisen und Gerhard Stoltenberg, belegen, wie wenig Einvernehmen über die Frage der politischen Verantwortung besteht. Ein allgemeingültiger Komment, immer wieder eingefordert, besteht nicht. Denn ob die Verantwortung durch einen Rücktritt symbolisch realisiert wird, hängt von vielen Komponenten ab. Wie bei Rücktritten aus anderen Gründen kommen Faktoren zum Tragen, die weder mit dem Inhalt des Problems noch mit der Maxime des Einstehens zu tun haben: das Ansehen des kritisierten Politikers, mögliche Ersatzkandidaten, Wahltermine. Diese konkreten Fragen spielen eine größere Rolle als das Prinzip Verantwortung. Parteipolitische Machtpositionen und individuelle Karrieren gehen vor moralische Grundsätze. Die Selbstverständlichkeit, mit der Sir Thomas Dugdale sein Amt niedergelegt hatte, ist in Deutschland kaum denkbar. Das wechselseitige Verweisen und Abstreiten der politischen Verantwortung ist ein Bestandteil des rituellen Schlagabtausches. In den Debatten zu diesem Thema werden stets – mit wechselnden parteipolitischen Vorzeichen – die gleichen Argumente und Positionen wiederholt. Eine Entwicklung ist nicht erkennbar. In dieser Frage tritt die politische Kultur der Bundesrepublik auf der Stelle.

Der Rat des Rindviehs

Und Willy Brandt? Wie verhält es sich mit seinem Rücktritt aus Verantwortung? Was hatte der Kanzler am Fall Guillaume zu verantworten? Die Anstellung des Agenten im Kanzleramt war es nicht. Die nahm Brandt in der Aktuellen Stunde des Bundestages am 26. April 1974 nicht auf seine Kappe: Niemals sei ein Bundeskanzler zuständig für die Sicherheitsüberprüfung von Mitarbeitern gewesen. Er gehe davon aus, dass diese von den zuständigen Stellen durchgeführt werde.

Allerdings gab es anderes, das sich Brandt vorwarf – und zwar zu Recht. So war bereits im Mai 1973 ein erster Verdacht auf Guillaume gefallen. Aber die Beweislage reichte nicht aus. Da kam der Präsident des Bundesamtes für Verfassungsschutz, Günter Nollau, auf die glorreiche Idee, den mutmaßlichen Agenten weiter agieren zu lassen, um ihn bei passender Gelegenheit in flagranti zu ertappen. Innenminister Hans-Dietrich Genscher verkaufte Brandt diesen

Einfall, inklusive der Vereinbarung völliger Geheimhaltung. Erst im Nachhinein war Brandt die Stupidität dieser Empfehlung klar: „Ich Rindvieh hätte mich auf diesen Rat eines anderen Rindviehs nie einlassen dürfen!" Diesem verzweifelten Ausruf im Tagebuch geht das Eingeständnis voran: „Ich fühle mich insbesondere verantwortlich dafür, dass G. ab Frühsommer 73 in seiner Funktion belassen wurde." [28]

Diese Notate Brandts stammen vom 29. April, fünf Tage nach der Verhaftung Guillaumes. An jenem Tag suchte Brandt Rat bei Horst Ehmke und bei Horst Grabert. In dem mitternächtlichen Krisengespräch mit dem früheren und dem amtierenden Chef des Kanzleramtes erkannte der Kanzler, wie schwer es werden würde, die Weiterbeschäftigung des verdächtigen Guillaume zu erklären. „Mir beginnt klarzuwerden, daß ich weit über das tatsächlich von mir zu Vertretende hinaus Verantwortung übernehmen muß", heißt es in den Aufzeichnungen.[29] Bei einem Spaziergang mit seinem Freund Conrad Ahlers am 3. Mai beharrte der Kanzler auf der Bedeutung dieses Problems. In sein Tagebuch notierte Brandt, Ahlers sehe „nicht den Ernst, mit dem ich die Frage der Verantwortlichkeit stelle".[30] Am Abend desselben Tages monologisierte Brandt gegenüber Günter Gaus und Egon Bahr eine Dreiviertelstunde über seine Verantwortung. Darum ging es auch am nächsten Tag, dem 4. Mai, in einem Gespräch mit dem befreundeten Klaus Harpprecht. Brandt hielt fest, Harpprecht halte seine Auffassung von der Verantwortlichkeit für Guillaume für übertrieben. Noch einmal kam er auf dieses Thema bei einer Unterredung mit dem Fraktionschef der SPD, Herbert Wehner. Während die meisten Gesprächspartner dem Kanzler von einem Rücktritt abrieten, enthielt sich der undurchsichtige Wehner einer Stellungnahme.

Unterdessen war es zu einer unwürdigen öffentlichen Diskussion über die Verantwortlichkeit gekommen. Der Verfassungsschutz versuchte, die Schuld für die Anstellung Guillaumes auf das Bundeskanzleramt zu schieben, was Hans-Dietrich Genscher zu Gute kommen sollte. Der für die Sicherheitsdienste zuständige Innenminister stand vor seiner Wahl zum FDP-Vorsitzenden, zugleich sollte er Vizekanzler und Außenminister werden. In dieser Position galt Genscher als Garant der sozial-liberalen Koalition. Er könne, so dramatisierte Rudolf Augstein im *Spiegel*, „als einziger Politiker, überhaupt nicht zurücktreten, ohne daß die Republik zusammenbräche."³¹ Keiner in der Koalition hatte ein Interesse am Rücktritt Genschers, am wenigsten Genscher selbst.

In den teils betroffenen, teils hämischen Reaktionen auf den Kanzler-Rücktritt wurde die Frage der Verantwortung nur am Rand angesprochen. Brandt habe, so die *Neue Zürcher Zeitung*, diese auf sich genommen, während andere sie „in einem unrühmlichen Spiel sich im Kreis herum gegenseitig zuschoben". Ihren Bericht vom 8. Mai, in dem sie Brandt Respekt zollte, ergänzte die Zeitung einen Tag später mit einem kritischen Hinweis: „Vor dem Problem, wer von seiner Regierung das Opfer auf sich zu nehmen und die politische Sühne für den Fall Guillaume zu leisten habe, damit die Regierung als Ganzes weiterbestehen könne, hat er die Flinte ins Korn geworfen und selber alle Schuld auf sich genommen."³² Mit den Begriffen Opfer und Sühne traf der Kommentar den Kern der politischen Verantwortung, auch wenn hier ein negativer Beiklang von einer Flucht aus dem Amt mitschwingt. Ausführlicher als die Verantwortung wurde in den Medien über die „wahren" Motive des Rücktritts spekuliert. Verschwörungstheorien und Erpressbarkeitsphantasien überboten einander.

Die Frage der Verantwortung Brandts wurde von einer Regierungskommission untersucht, die unter der Leitung des Politologen Theodor Eschenburg die Hintergründe des Rücktritts ermitteln sollte. In seinem Bericht monierte Eschenburg Unterlassungsfehler des Bundeskanzlers, trotzdem hätte er deswegen nicht zurücktreten müssen. Die Reaktion Brandts habe, so Eschenburg, „in keinem Verhältnis zum Verantwortungsgrad" gestanden. Dies sei auch in der Öffentlichkeit so gesehen worden: „Die Demission eines integren, erfolgreichen und angesehenen Kanzlers wegen dieses Vorfalls, der auf Pannen und auf Betriebsstörungen mittleren Ranges beruhte, lag weit außerhalb des Erwartungshorizonts der öffentlichen Meinung und der Bevölkerung."³³

Ob der Innenminister und der BKA-Chef zum mittleren Rang gehören, sei dahingestellt. Eschenburgs Resümee stimmt ohnehin nur für den frühen Zeitpunkt des Rücktritts. Willy Brandt hätte sich nicht im Amt halten können, unabhängig von der Frage seiner Mitschuld an der Panne. Dass er dem Rat von „Rindvieh" Genscher gefolgt war und Guillaume in seiner Nähe belassen hatte – diese Leichtfertigkeit hätte sich nicht lange als Betriebsstörung abtun lassen. Einem Bundeskanzler, der sich in Sicherheitsfragen derart naiv verhält, kann die Führung der Staatsgeschäfte nicht anvertraut werden. Als ein Detail kam hinzu, dass Brandt in der Aktuellen Stunde am 26. April dem Bundestag versehentlich nicht die Wahrheit gesagt hatte. In seinem improvisierten Beitrag hatte Brandt behauptet, Guillaume sei nie mit Geheimpapieren beschäftigt gewesen. Da hatte der Kanzler die Norwegenreise vergessen. Eine Petitesse – aber sie wäre gegen ihn verwendet worden. Opposition und Medien, und sei es nur die Springer-Presse, hätten über kurz oder lang seinen Rücktritt gefordert.

Brandt, von früheren Hetzkampagnen („Vaterlandsverräter") verwundet, hätte nicht lange widerstehen können, seine persönliche wie innerparteiliche Position war ohnehin fragil. Die Furcht vor Enthüllungen von Bettgeschichten aus dem Sonderzug, über die wildeste Gerüchte im Umlauf waren, stand nicht einmal an erster Stelle. Anderes wog schwerer. Im Frühjahr 1974 stand es mit seiner Regierungskraft nicht mehr zum Besten. Brandts Autorität bröckelte, innerparteiliche Konflikte hatten ihn ebenso zermürbt wie Herbert Wehners Intrigen und Sottisen. Dass ihm sein potentieller Nachfolger Helmut Schmidt öffentlich Ratschläge erteilte, gehörte auch dazu. Der Kanzler war zu erschöpft, um der Empfehlung Walter Scheels zu folgen, die Sache „auf einer Arschbacke" abzusitzen.[34]

Brandts früher Rücktritt, noch bevor sich Opposition und Medien auf ihn eingeschossen hatten, sicherte ihm ähnlich wie rund 20 Jahre später Rudolf Seiters einen ehrenvollen Abschied. Und seine Demission ist wie die von Seiters ein Beispiel für die angemessene Übernahme von politischer Verantwortung. Mit seiner Begründung „aus Respekt vor ungeschriebenen Regeln der Demokratie", so der Ex-Kanzler am Tag danach, griff Brandt das Wort Reinhold Maiers aus der Bundestagsdebatte von 1954 auf. Damit bekräftigte er, dass die Frage, wann und wie politische Verantwortung realisiert wird, nicht im Grundgesetz niedergelegt ist. Das Bekenntnis zu ihr, ihre symbolische Statuierung bleibt der persönlichen Einschätzung des Politikers überlassen.

Kapitel 7

Rücktrittsgrund 5: Politisches Vorleben

Was damals Recht war

Frankfurt, April 1973: Mehrere Männer umringen einen Polizisten. Ein Schwarzbehelmter hebt die Faust zum Schlag. Der Beamte geht zu Boden. Einige treten kräftig auf den Gestürzten ein. Es ist eine Straßenschlacht aus den heißen Zeiten des Häuserkampfs. Sie wurde in einer Serie von Schwarzweiß-Fotos dokumentiert. Im Januar 2001 brachte der *stern* die Bildstrecke. Da geriet einer der damals Beteiligten, der mit dem schwarzen Helm, in Bedrängnis. Das war Joschka Fischer. In den siebziger Jahren agierte er als militanter Sponti, seit 1998 amtierte er als Außenminister und stellvertretender Bundeskanzler. Angesichts der Fotos raste die Opposition. Es sei unerträglich, schäumte Bayerns Innenminister Günther Beckstein, dass Deutschland von

> Das Vergangene ist nie tot,
> es ist nicht einmal vergangen.
> *William Faulkner, Requiem für eine Nonne*

einem ehemaligen Gewalttäter repräsentiert werde. Fischer müsse zurücktreten. Der Angegriffene verteidigte sich. Er habe sich aus Überzeugung zum Demokraten gewandelt. Der Weg in die Gewalt sei falsch gewesen. Fischer entschuldigte sich für begangenes Unrecht, aber er stand zu seinem Lebenslauf. „Ohne meine Biografie wäre ich heute ein anderer, und das fände ich gar nicht gut", meinte der Geläuterte.[1]

Darf ein Mann mit solcher Vergangenheit in der Regierung sitzen? Die Frage war noch nicht ausdiskutiert, als es auch gegen Umweltminister Jürgen Trittin ging. Auch in dessen politischem Vorleben wurde gegraben. Als Student hatte er dem Kommunistischen Bund angehört und sich 1977 nicht ausreichend vom RAF-Terror distanziert. Die FAZ zählte ihn zu den geistigen Brandstiftern, die den Staat bekämpften.² Die Grünen vermuteten wegen der Gleichzeitigkeit der Angriffe, die Union wolle einer politischen Generation den Prozess machen. Im Bundestag und in den Feuilletons formierten sich die alten Lager aus der Zeit vor 1989. Der *Spiegel* sah für die Deutschen eine dritte große Debatte über die Bewältigung der Vergangenheit gekommen.

Zwei Vergangenheitsdebatten hatte es bis dahin gegeben. Sie beschäftigten sich mit dem NS-Staat und mit der DDR. Ein zentrales Moment war in beiden Fällen das Problem personaler Kontinuität. Die Frage war, ob Funktionsträger aus dem Nationalsozialismus oder dem SED-Regime in der Bundesrepublik eine öffentliche Aufgabe übernehmen konnten. Durfte jemand, der mit einem undemokratischen System paktiert hatte, in der Demokratie eine staatliche Funktion ausüben? Diese Frage richtete sich an Lehrer und Professoren, Offiziere und Juristen und an das politische Personal.

In rund einem Dutzend Fällen hat die Diskussion über das politische Vorleben eines Politikers zu einem Rücktritt geführt. Anders als bei anderen Skandalen ging es nicht um aktuelles Versagen oder eine Verfehlung, sondern um Zweifel an der persönlichen Integrität. Wegen ihrer Tätigkeit in der DDR traten Lothar de Maizière, Gerd Brunner und Josef Duchac zurück. Sie verkörpern unterschiedliches Verhalten: Kooperation, Dienstwilligkeit und Beteiligung. Ihre Demissionen erfolgten in den Jahren 1990 bis 1992, also kurz nach dem Ende der DDR. Seit den 60er Jahren war die NS-Vergangenheit von Politikern in der Bundesrepublik immer wieder Anlass für Skandale und Rücktritte. Hans Seifriz und Hans Puvogel etwa wurden von ihren Propagandaschriften eingeholt. Nicht wegen früherer Äußerungen, sondern wegen der ihnen vorgeworfenen Handlungen traten Theodor Oberländer und Hans Filbinger zurück. Im Folgenden wird gezeigt, worin sich die dritte Vergangenheitsdebatte von den vorigen unterschied. Dabei wird deutlich, warum Joschka Fischer nicht zurückgetreten ist.

Altlasten als Hypothek

Als Steinewerfer und Polizistenprügler hatte sich Joschka Fischer 1973 strafbar gemacht. Landfriedensbruch und Widerstand gegen Vollstreckungsbeamte sind keine Bagatelldelikte. Doch das interessierte 2001 keinen Staatsanwalt, denn die Vergehen waren längst verjährt. Beim Streit um Fischers Vergangenheit ging es nicht um juristische Fragen. An Paragraphen hielt sich die Diskussion nicht auf. Das gilt auch für die Fälle aus den beiden anderen Debatten. Keinem der ehemaligen DDR-Bürger, die nach 1989 als Minister amtierten, wurde eine Straftat zur Last gelegt. Auch den bundesdeutschen Politikern, deren Verhalten in der NS-Zeit kritisiert wurde, kreidete niemand plausibel eine Beteiligung an Verbrechen an. Die Ausklammerung der rechtlichen Seite bei diesen beiden Vergangenheitsdebatten war mit der über Joschka Fischer zu vergleichen. Die Voraussetzungen waren allerdings grundverschieden, ja gegenteilig.

Als militanter Aktivist hatte Joschka Fischer gegen Gesetze verstoßen. Er hatte die geltende Rechtsordnung bewusst und systematisch bekämpft. Er hatte sich gegen den Staat aufgelehnt. Das traf für die anderen Fälle nicht zu. Wenn in der Bundesrepublik das politische Vorleben von Politikern kritisiert wurde, dann nicht wegen Widerstandshandlungen gegen den NS-Staat oder die DDR. Kritisiert wurden vielmehr das Mitmachen, die Beteiligung, die Systemtreue. Viele Betroffene konnten das nicht nachvollziehen. Pointiert zeigt sich dieses Unverständnis in einem Hans Filbinger zugeschriebenen Satz: „Was damals Recht war, kann heute nicht Unrecht sein."

Lässt sich das frühere Mitmachen später verstehen? Bei dem ehemaligen NS-Marinerichter Hans Filbinger versuchte es Helmut Kohl im Sommer 1978. Kohl war damals Oppositionsführer und CDU-Bundesvorsitzender. Sein Blick auf Filbingers Richtertätigkeit kurz vor dem Ende des Zweiten Weltkriegs war mitfühlend. Filbinger habe sich in einer schweren, menschlich tief bedrückenden Situation befunden. „Wer mit ihm darüber redet, kann das in jeder Sekunde verspüren. Das geht in dem Mann natürlich heute noch um", versicherte Kohl. Er versuchte, Filbinger mit Verharmlosungen beizuspringen. Zu einem Engagement in der NS-Zeit könnten Idealismus oder Opportunismus geführt haben. Entscheidend sei doch, so Helmut Kohl, dass diese Millionen ehemaliger NS-Sympathisanten die Demokratie mitgebaut hätten. Da habe sich Filbinger Verdienste erworben. Ohnehin lehnte der Historiker Kohl Fragen über die politische Vergangenheit von Politikern ab. „Es ist eine zutiefst deprimierende Sache, wenn jetzt nach über 30 Jahren sozusagen ein Gesinnungszertifikat abgefordert wird", bedauerte Kohl.[3]

Der Einwurf ging am Kern der Sache vorbei. Weder war beschwichtigende Nachsicht noch Ignoranz gegenüber der Geschichte angemessen. Zur Debatte stand nicht die persönliche Eignung für die Demokratie, sondern ob sich ein Politiker durch früheres Engagement diskreditiert hatte. Dazu diente das von Helmut Kohl als historische Mistkäferei verfluchte Nachfragen. Und es ging um die Frage, ob er sich in der Rückschau dazu angemessen verhielt. Das war entscheidend für die Glaubwürdigkeit und Integrität eines Politikers mit Vorleben. Dies war ein ausschließlich politischer Maßstab.

Wie kam es zu diesem strengen politischen Maßstab? Dafür gibt es einen praktischen und einen grundsätzlichen Anlass. Der praktische Grund lag in der Situation nach 1945 und nach 1989. Demokratische Strukturen, Parteien und Parlamente mussten von Grund auf neu organisiert werden. Das ließ sich nur mit Personen machen, die nicht belastet waren. Daher kam die Unduldsamkeit gegenüber den sogenannten Wendehälsen. Mit einem Begriff aus der Umwelttechnik war von personellen Altlasten die Rede. Der grundsätzliche Aspekt lag in der Bedeutung von Ministern. Sie sind Vertreter der Verfassung, sie repräsentieren die freiheitliche Grundordnung. Die Glaubwürdigkeit der Verfassung hängt von der Glaubwürdigkeit ihrer Politiker ab. Deshalb kann sich kein Parlament Abgeordnete, keine Regierung Minister leisten, die sich für ein undemokratisches System engagiert hatten.

Die Problematik der Vergangenheitsdebatten ist vielschichtig: die Gefährdung der gesellschaftlichen Einheit, wenn Opfer und Verfolgte mit Tätern, Profiteuren und Mitläufern zusammenleben; die Fragen von Schuldabwehr und Verdrängung, von geringer Konsequenz und von Versäumnissen; der Wunsch nach Reinigung oder einem Schlussstrich. Auch die Unterschiede zwischen NS-System und DDR gehören dazu. Hier aber geht es ausschließlich um Merkmale bei Politikern, die nicht toleriert wurden.

Niemand wurde geschädigt

Der erste Minister, der wegen eines Stasi-Vorwurfs zurücktrat, hat die deutsche Vereinigung vom 3. Oktober 1990 gerade mal zwei Monate im Amt überlebt. Es war Lothar de Maizière, der letzte Ministerpräsident der DDR. Am 18. Dezember 1990 gab er seinen Posten als Bundesminister für besondere Aufgaben im Kabinett von Helmut Kohl auf. Kurz zuvor hatte der *Spiegel* berichtet, de Maizière habe unter dem Decknamen Czerny für die Stasi gespitzelt. Entsprechende Gerüchte hatte es schon vorher gegeben. Im Dezember 1990 wurden aufschlussreiche Indizien präsentiert, die den Vorwurf zwar nicht belegen konnten, aber einen Einsatz de Maizières für den Geheimdienst wahrscheinlich machten.

So hieß es in den Stasi-Unterlagen, IM Czerny solle Informationen aus der Kirche besorgen. Ab Mitte der achtziger Jahre sei er Mitglied der Bundessynode der Evangelischen Kirche in der DDR, beruflich sei er als Anwalt tätig. Beides traf auf Lothar de Maizière zu. In den Archiven gab es auch die Registriernummer XV/3468/81 der Territorialkartei F 78. Dort war eingetragen, IM Czerny wohnt in Berlin, Am Treptower Park 31. Das war die langjährige Adresse de Maizières. Der *Spiegel* präsentierte im Dezember 1990 nicht nur diese Karteikarte, sondern auch Stasi-Major Edgar Hasse aus der Abteilung XX/4. Der gab sich als ehemaliger Führungsoffizier des IM Czerny alias de Maizière aus. Hasse behauptete, de Maizière habe wissentlich und willentlich Gespräche mit der Stasi geführt.

De Maizière hatte seine Kontakte mit dem Ministerium für Staatssicherheit (MfS) nie geleugnet, sondern sie mit seiner Tätigkeit als Anwalt begründet. Im Auftrag der Kirche vertrat er Wehrdienstverweigerer. Um schärfere Konfrontationen zu vermeiden und um seinen Mandanten zu helfen, habe er mit der Stasi verhandelt. „Aber niemand wurde geschädigt", verteidigte sich de Maizière.[4] Das war die Formel, mit der moralisches Fehlverhalten ausgeschlossen werden sollte. Doch zur politischen Entlastung reichte das nicht, denn für den Mann mit Verdiensten und Vergangenheit, so die *Zeit*, ging es im Dezember 1990 nicht um persönliche oder strafrechtlich messbare Schuld. Es ging um seine politische Glaubwürdigkeit. Auch seine Handlungsfähigkeit wurde angezweifelt: „Wer sich in der Vergangenheit verstrickt hat, besitzt weder die innere Freiheit noch die äußere Unabhängigkeit, um die Zukunft zu gestalten", so die *Zeit*.[5]

De Maizière verteidigte sich hilflos, indem er sich gegen Vorwürfe wehrte, die niemand erhoben hatte. Er bekräftigte, keine Verpflichtungserklärung unterschrieben, keine Reporte für die Stasi verfasst und kein Geld vom MfS erhalten zu haben. Aber von Unterschrift, Berichten oder Geld war nie die Rede. Diese kopflose Flucht nach vorn kostete ihn viele Sympathien. Die besaß de Maiziere ohnehin nicht im Übermaß. Zwar hatte der 50-Jährige die Vereinigung der beiden deutschen Staaten vorangetrieben, und die CDU hatte ihn erst am 2. Oktober 1990 zum einzigen Stellvertreter von Helmut Kohl als Parteivorsitzenden gewählt. Noch kurz zuvor hatte er für die erste gesamtdeutsche Wahl am 2. Dezember 1990 als Symbolfigur der neuen Länder hergehalten. Aber das spielte keine Rolle mehr. Er galt als Mann des Übergangs, wenn nicht als Altlast. Seine Identifikation mit der Vergangenheit machte die Sache nicht besser. „Ich werde immer ein DDR-Bürger bleiben, seelisch und geistig", bekannte de Maizière bei jeder Gelegenheit.[6]

Solche Statements stärkten seine Position in der Union nicht. Parteifreunde und Bundeskanzler hielten sich nach den Stasi-Vorwürfen ohnehin mit Solidaritätsbekundungen zurück. Am 17. Dezember 1991, eine Woche nach dem *Spiegel*-Artikel, trat Lothar de Maizière zurück. Es war ihm nicht gelungen, die Verdächtigungen zu entkräften, was auch daran lag, dass viele seiner Unterlagen im Stasi-Archiv nach dem November 1989 vernichtet worden waren. Es fanden sich nur noch fünf leere Aktendeckel mit einer ausradierten, kaum erkennbaren Beschriftung. Jede Akte hatte ein Fassungsvermögen von rund 300 Blatt, da hätten viele Berichte hineingepasst. Eine Kooperation de Maizières mit dem MfS blieb unbewiesen, aber diese Leerstelle bedeutete Freiraum für Interpretationen. Das war im Fall Gerd Brunner anders – da ließen die Aktenbestände keine Fragen offen.

Ungewöhnliche Zwangssituation

Gleich bei der ersten Sitzung des Kabinetts von Sachsen-Anhalt kam das Thema Stasi zur Sprache. Werner Münch, seit dem 4. Juli 1991 Ministerpräsident in Magdeburg, wollte sicher gehen. Der West-Regierungschef fragte seine Ost-Minister als Erstes nach ihrer Vergangenheit in der DDR. Jeder musste eine Erklärung unterschreiben, keine Kontakte zur Stasi gehabt zu haben. Auch Gerd Brunner, Minister für Europa- und Bundesangelegenheiten, zeichnete den Revers. Doch seine Selbstauskunft war eine Lüge.

Der 63-jährige Brunner hatte früh politische Erfahrungen gesammelt. Bereits von 1950 bis 1952 hatte er dem Landtag von Sachsen-Anhalt als Vertreter der Liberaldemokratischen Partei (LDPD) angehört. Die sollte politische Vielfalt in der DDR vortäuschen.

1956 wurde Brunner Chefredakteur der *Liberaldemokratischen Zeitung* in Halle, später übernahm der Diplomjurist eine Professur an der Universität Magdeburg. Bis kurz vor der Wende blieb er im Bezirksvorstand Halle der LDPD. Bei der Gründung des Landesverbands Sachsen-Anhalt der FDP am 12. August 1990 war Brunner wieder mit von der Partie und wurde sogar zum Landesvorsitzenden gewählt. Nach der ersten Landtagswahl in Sachsen-Anhalt zog Brunner am 2. November 1990 in die Landesregierung ein. Er war, so befand die *taz*, ein klassischer Wendehals.

Anfang August 1991 wurde ein anderer Aspekt seines politischen Vorlebens thematisiert. Dem Stasi-Sonderausschuss des Landtages lag ein Gutachten der Gauck-Behörde vor, in dem Brunner als IM bezeichnet wurde. Dieser Vorwurf sei unhaltbar, empörte sich der Minister. Doch das Dementi konnte er nicht lange aufrechterhalten. Kurz darauf, am 8. August, trat er zurück. Das sei die logische Konsequenz aus einer eindeutigen Aktenlage, befand FDP-Bundesvorsitzender Otto Graf Lambsdorff kühl. Jetzt rächte sich, dass die FDP im Gründungsrausch des Jahres 1990 unkritisch auf das Personal der Blockparteien zurückgegriffen hatte. Die Dokumente über Brunner waren eindeutig, es gab auch eine von ihm unterschriebene Verpflichtungserklärung. Acht Jahre lang wirkte er als Zuträger. Diese Angelegenheit habe er verdrängt, behauptete Brunner im August 1991. War das glaubhaft? Der Vorgang lag zwar über 25 Jahre zurück, doch er war mehr als eine Episode. Um so etwas aus dem Bewusstsein zu streichen, bedurfte es einiger Anstrengung.

Aber die Archivalien hatten Brunners Erinnerung auf die Sprünge geholfen. Auf einmal waren ihm die fünfziger Jahre in vielen Details wieder gegenwärtig. Er habe sich damals in einer ungewöhnlichen Zwangssituation befunden, rechtfertigte sich Brunner, seine Familie sei mittellos gewesen. Die *Liberaldemokratische Zeitung* habe ihn Anfang 1953 entlassen – weil er Fluchtpläne eines Redakteurs nicht gemeldet habe. Danach sei er ein halbes Jahr arbeitslos gewesen. Als er wieder bei der Zeitung angefangen habe und 1956 Chefredakteur geworden sei, hätten ihn zwei Stasi-Mitarbeiter zur Kooperation genötigt. Doch er habe, behauptete Brunner im August 1991, nur unter Vorbehalten mitgewirkt. Er habe sich bemüht, so wenig wie möglich zu sagen. Auskünfte über seine Mitarbeiter habe er so gehalten, dass sie nicht nachteilig wirkten. Die Stasi habe ihn als wenig verlässlich eingeschätzt, weshalb er 1964 von der Verpflichtung entbunden worden sei.

Ministerpräsident Werner Münch wollte darüber nicht urteilen. „Ich maße mir nicht an, über Verstrickungen oder persönliche Zwänge zu richten, die zu einer solchen Tätigkeit geführt haben", hielt sich Münch zurück.[7] Ihm war, so ein damals verbreiteter Ausdruck, die Gnade der Westgeburt zuteil geworden. Münch verzichtete auf eine moralische Bewertung. Die übernahmen andere. Hans-Herbert Haase, Fraktionschef der FDP, distanzierte sich von seinem Parteifreund Gerd Brunner. Seine journalistische Arbeit habe ihn diskreditiert, so Haase: „Wer als Intellektueller jahrzehntelang in der Presse dieses System vertreten hat, der hat aus unserer Sicht ohnehin keinen Anspruch, in dieser Demokratie mitzureden."[8] Das zielte auf die Glaubwürdigkeit. Als Sprachrohr der früheren staatlichen Politik hatte sich Brunner nach Haases Meinung unmöglich gemacht. Aber die Stasi-Tätigkeit und der Vertuschungsversuch waren noch ärger. Haase erklärte sie mit einer charakterlichen Deformation durch das DDR-System. Dass für Leute wie Brunner die Begriffe Ehre, Anstand und Moral nur auf dem Papier stünden, sei eine Folge des Regimes, das auf Lug und Trug aufgebaut gewesen sei.

Mit Lothar de Maizière und Gerd Brunner mussten zwei Minister zurücktreten, denen eine Tätigkeit für die Stasi vorgeworfen oder nachgewiesen wurde. Das galt nicht für Josef Duchac, einen weiteren Politiker, der wegen seiner Ost-Vergangenheit ausscheiden musste. Er hatte nur in seiner Freizeit Kontakte zur Stasi. Aber Duchac verkörperte den Typus des glatten, gehorsamen Funktionärs.

Wir sind der Staat

Josef Duchac sah die deutsche Einigung nicht als zweite Stunde Null. Man könne nicht so tun, als seien am 3. Oktober 1990 alle neu geboren, verteidigte der Ministerpräsident Thüringens sein politisches Vorleben in der DDR. Er habe sich dort bewusst eingebracht, denn der Sozialismus sei für ihn glaubhaft und vertretbar gewesen. Duchac stand zu seiner Vergangenheit als Funktionär der Blockpartei CDU, er sah daran nichts Ungewöhnliches. „Ich habe eine für die DDR normale Geschichte", behauptete Duchac im November 1991, als er vor dem Landtag sein früheres Tun rechtfertigte.⁹ Vorausgegangen war ein hämischer Artikel des *stern* unter dem Titel „Die schwarzlackierte rote Socke". Eine derbe Anspielung auf sein Engagement für den SED-Staat.

Dieses Engagement war nicht spektakulär. Der Chemie-Ingenieur Duchac brachte es im VEB Gummiwerke Waltershausen zum stellvertretenden Betriebsleiter. Seine Kaderakte attestierte ihm 1986 gute Voraussetzungen, ein erfolgreicher Staatsfunktionär zu werden. So übernahm er im Rat des Kreises Gotha das Amt für Wohnungswirtschaft, wo er auch als stellvertretender Vorsitzender amtierte. Daneben war er Kreisvorsitzender der CDU und Vizechefs des lokalen Ablegers der Gesellschaft für Deutsch-Sowjetische Freundschaft (DSF). So normal solche Funktionen in der DDR waren, so normal war auch ihre politische Aufladung. Der Freundschaftsverein, so das Selbstverständnis, trug zur Weiterentwicklung des sozialistischen Selbstbewusstseins der Werktätigen bei. In den 60er Jahren gehörte Duchac den operativen Kampfgruppen an, die sich als die bewaffnete Arbeiterelite sahen. In der Betriebszeitung *Gummiwerker* betonte Duchac im Juni 1967 die Selbstverständlichkeit des Waffentrainings.

Aber auch in seiner Freizeit brachte sich Duchac im Sinn des Staates ein. Als Conferencier trat er im Ferienhaus Magnus Poser für Stasi-Offiziere in Friedrichsroda auf. Und 1987 rezitierte er auf der Veranstaltung zum 70. Jubiläum der Großen Sozialistischen Oktoberrevolution. Noch am 40. Jahrestag der DDR, am 6. Oktober 1989, huldigte Duchac dem Honecker-System, als er vor 800 Besuchern im Kreiskulturhaus Gotha Verse von Johannes R. Becher vortrug: „Ein Staat, der so geliebt ist und geehrt,/ Ist unser Staat, und dieser Staat sind Wir". So drückte Duchac noch im Herbst 1989 seine Identifikation mit der DDR aus. Da regten sich längst die Proteste, die bald in dem Ruf „Wir sind das Volk" gipfeln sollten.

Duchac stand im Zentrum des Geschehens und nicht in der zweiten Reihe, wie er behauptete. Von der reklamierten Nischenexistenz konnte keine Rede sein. Er war der Prototyp des bedingungslos systemtreuen Funktionärs. Duchac hatte sich nicht der Stasi verpflichtet, aber er hatte sich auf andere Weise mit dem System eingelassen. Das hatten viele, aber manche mehr als nötig. Der vormalige DDR-Oppositionelle Rainer Eppelmann hat dieses Prinzip drastisch beschrieben. Es gehe nicht darum, wer Jungfrau sei, so Eppelmann, denn „Nutten sind wir alle, es kommt nur darauf an, wer mit wem wie oft geschlafen hat."[10] Das war in deutlichem Bild die Frage, wie weit die Mitwirkung hatte gehen müssen.

Diese Frage stellte sich auch der Partei Duchacs. Am 18. Dezember 1991 überstand er noch einen Misstrauensantrag. Aber schon forderten mehrere Ortsverbände seinen Abgang. Die nach der Wende eingetretenen Mitglieder fragten, wann die Funktionäre der DDR-CDU zum Abdanken gezwungen würden. Wie bei Gerd Brunner und der FDP zeigte sich auch bei der Union das Problem, die Ostpartei komplett geschluckt zu haben.

Am 23. Januar 1992 kam das Aus für Duchac, als drei seiner Minister ihm die Gefolgschaft verweigerten: Ulrike Lieberknecht, Klaus Zeh und Jochen Lengemann. Duchac stellte in der Fraktion die Vertrauensfrage und scheiterte mit 25 Nein- gegen 15 Ja-Stimmen. Wie bei de Maizière wurde auch in diesem Fall eine tätige Mithilfe der Bonner Parteizentrale bei der Abservierung des Regierungschefs vermutet. Der Bundes-CDU kam es nicht ungelegen, dass der wenig überzeugende Duchac abgelöst wurde. Er war unpopulär, führungsschwach und ohne jede Ausstrahlung. Bei einer Umfrage Anfang Dezember 1991 wünschten sich 70 Prozent der Thüringer einen neuen Regierungschef. Während die Wählerwerte sanken, wuchsen die Zweifel an seiner Durchsetzungskraft. „Wäre er im Regierungsamt stärker gewesen", vermutete die *Frankfurter Rundschau*, „er hätte die Kritik vielleicht wegdrücken können."[11]

Die Rücktritte von Lothar de Maizière, Gerd Brunner und Josef Duchac in den Jahren 1990 bis 1992 fielen in die Zeit der gesellschaftlichen Neuformierung. Sie zeigen die Uneinheitlichkeit der Bewertung. Was als belastend angesehen, was als verständlich toleriert wurde, war nicht definiert. Es gab keine Einigkeit darüber, welche Handlungen verwerflich, welche entschuldbar waren. Das galt auch für den Amtsverbleib von NS-Belasteten in der Bundesrepublik vor 1989. Die bekanntesten Beispiele sind Bundeskanzler Kurt Georg Kiesinger und Konrad Adenauers Staatssekretär Hans Globke. Die Zahl der wegen ihrer NS-Vergangenheit zurückgetretenen Politiker ist überschaubar. Was ihnen nach 1945 vorgeworfen wurde, war um einiges härter als das, wofür sich ehemalige DDR-Bürger nach 1989 zu rechtfertigen hatten.

In den 90er Jahren bürgerte sich die Bezeichnung der DDR als zweite deutsche Diktatur ein. Vielfach war von den Verbrechen des

Arbeiter- und Bauern-Staates die Rede, wurde über die Vergleichbarkeit von SED-Regime und NS-Herrschaft diskutiert. Aber beim Thema der individuellen Vergangenheit unterblieb jeder Vergleich mit dem Nationalsozialismus. Das galt auch für Diskussionen um das Vorleben von Politikern. Sonst wären die Maßstäbe für die Beurteilung des Verhaltens in der DDR ins Rutschen gekommen. Bedeutete dort die Schädigung eines anderen die Beeinträchtigung seiner Freiheit oder Lebensqualität, konnte das in der NS-Zeit die Ausfertigung von Todesurteilen oder die Beteiligung an Massakern meinen. Äußerte sich die ideologische Unterstützung der SED-Regierung in einem Bekenntnis zum Sozialismus, so gipfelte sie im NS-Staat im Aufruf zum Völkermord und zur Eliminierung Missliebiger aus der sogenannten Volksgemeinschaft. Wenn solche Aussagen aus der Vergangenheit auftauchten, gingen in der Bundesrepublik Ministerkarrieren zu Ende.

Das Zitat als Stolperstein

Im Juni 1979 bekamen die Einwohner der Hansestadt Bremen übelste Hassparolen zu lesen. Der kostenlos verteilte *Weser Report* brachte Propaganda aus der NS-Zeit. Bausenator Hans Seifriz hatte im Herbst 1944 wüste Tiraden für die *Bremer Zeitung* verfasst, aus denen das Wochenblatt zitierte. Damals hatte Seifriz gehetzt, die Juden seien „Parasiten der Menschheit" und eine „niedrige Weltpest", sie seien eine „gottverfluchte Rasse", die „immer wieder die Völker unterwühlte, ihr Eigenleben störte und Kriege anzettelte". Kurz vor der deutschen Niederlage hatte Seifriz gefordert: „Oberstes Ziel kann es nur sein, die Todfeinde der Menschheit, das Judentum und den mit ihm verbündeten Bolschewismus und westlichen Kapitalismus, total zu vernichten".[12]

Nur einen Tag nach der Veröffentlichung der giftigen Blütenlese, am 25. Juni 1979, trat Seifriz zurück. Vergeblich versuchten Bürgermeister Hans Koschnick und seine Senatskollegen, ihn zum Bleiben zu bewegen. Seit 1956 war Seifriz SPD-Mitglied, zehn Jahre hatte er dem Senat angehört. Die *Welt* vermutete, der 52-Jährige habe schon längst eine passende Gelegenheit gesucht, um aus dem Amt zu scheiden. Aber der Senator wies auf den anstehenden Wahlkampf, den er nicht belasten wolle. Der Rücktritt sei nicht das Ergebnis erneuter Vergangenheitsbewältigung. Die hatte Seifriz für sich längst absolviert. Nach Kriegsende habe er diese „Äußerungen meines irregeleiteten Unverstandes" nie verschwiegen. Sie seien im offiziellen Entnazifizierungsverfahren beurteilt worden. Das Verfahren sei mit seiner Entlastung beendet worden. Aber das hatte Seifriz nicht genügt. Bevor er 1961 für den Bundestag kandidierte, stellte er in seiner Partei seine früheren antisemitischen Äußerungen zur Diskussion.

Zum Zeitpunkt der Veröffentlichung der Hetzartikel Ende 1944 war Hans Seifriz erst 17 Jahre alt. Wenn irgendwo der Begriff Jugendsünde passt, dann in seinem Fall. 1979 wies Seifriz auf sein damaliges Alter und auf seine Läuterung. Er akzeptiere nicht, dass Angehörige der Hitlerjugend heute verurteilt würden. Er erinnerte daran, dass die SPD solche jungen Menschen in Kenntnis ihrer Vergangenheit zur Mitarbeit im demokratischen Staat aufgerufen habe. Gerade von ehemaligen HJ-Mitgliedern sei überzeugendes Eintreten für die Demokratie zu erwarten, denn sie könnten ein Urteil über die verbrecherische Wirkung des NS-Staates abgeben. Ob dies verallgemeinerbar war, sei dahingestellt, aber in Seifriz' Fall traf es zu. Sein Fazit: „Ich habe mein Verhalten von damals immer tief bedauert. Ich glaube, daß ich meine demokratische Haltung seit 1945 durch öffentliches Wirken nachgewiesen habe."[13]

Ein Jahr vor Seifriz' Rücktritt hatte es einen ähnlichen Vorgang gegeben. Das war der Fall Hans Puvogel, Justizminister in Niedersachsen. Am 20. März 1978 berichtete der *Südwestfunk* über Puvogels NS-Vergangenheit. Wie bei Hans Seifriz ging es nicht um Taten, sondern um Äußerungen. NS-Vergangenheit? Puvogel behauptete am 21. März 1978, er habe keine NS-Vergangenheit. Bei der Entnazifizierung sei er in Kategorie 5, das waren die Entlasteten, eingestuft worden. Einen Rücktritt, wie ihn die SPD forderte, halte er weder rechtlich noch moralisch für geboten. Drei Tage später legte der 66-Jährige sein Amt nieder.

Landwirtssohn Puvogel hatte 1936 an der Universität Göttingen in Jura promoviert. Bis Kriegsbeginn 1939 wirkte er als Anwaltsassessor in Hannover, 1940 bis 1945 leistete er Kriegsdienst. Seit 1963 saß der Rechtsanwalt für die CDU im Landtag, der Regierung gehörte er erst knapp zwei Jahre an. Stein des Anstoßes im Jahr 1978 war Puvogels Dissertation von 1936. Die hatte zum Thema *Die leitenden Grundgedanken bei der Entmannung gefährlicher Sittlichkeitsverbrecher*. Der Grundgedanke war einfach. Verbrecherische Neigungen seien erblich, daher gebe es anlagebedingte Kriminelle. Die seien unverbesserlich, mit Resozialisierungsmaßnahmen sei nichts auszurichten. Daher müssten besondere Vorkehrungen getroffen werden wie etwa die Entmannung. Eine solche anzuordnen, sei völkische Pflicht eines Richters. Aber Puvogel erwog auch weiterreichende Maßnahmen. Für diese, so der 25-jährige Doktorand, sei vielleicht die Zeit noch nicht reif: „Ob das Volk für eine Ausscheidung des Minderwertigen durch Tötung bereits Verständnis aufzubringen vermag, mag dahingestellt bleiben." Puvogel begrüßte die Ausrottung von Sittlichkeitsverbrechern. Nur ein rassisch wertvoller Mensch, dozierte der eifrige Jurist, habe in der Volksgemeinschaft eine Daseinsberechtigung. Seine Tätigkeit verstand er 1936 im Sinn der NS-Ideologie: „Der rassischen Aufartung aber hat das gesamte Recht zu dienen."[14]

Das klang kaum anders als bei Hans Seifriz. Und doch gab es Unterschiede. Jener hatte seine Hetzartikel mit 17 Jahren verfasst. Puvogel schloss seine Dissertation als 25-Jähriger am Ende eines Studiums ab. Seine Arbeit erhob den Anspruch wissenschaftlicher Fundiertheit. Seifriz äußerte sich lediglich in einer Lokalzeitung. Anders als Seifriz sah Puvogel seinen aggressiven Rassismus in den 70er Jahren wenig kritisch. Seifriz schämte sich für seine Auslassungen, von Puvogel dagegen war kein Wort des Bedauerns zu hören. Der Minister distanzierte sich nur halbherzig und widerrief seine damaligen Thesen nicht ausdrücklich. Auf die Frage, ob er noch zu den Ausführungen seiner Doktorarbeit stehe, äußerte er lediglich: „In dieser Form sicherlich nicht."[15] Aber auch heute sei bekannt, dass es Nichtbesserungsfähige gebe. Den Ausdruck Rassegedanken in seiner Arbeit bezeichnete er als Schlagwort, das er nicht mehr gebrauchen würde. Diese Parole könne er nicht ungeschehen machen, aber ihre Verwendung sei kein Grund, nach 40 Jahren zu sagen, der damals junge Jurist sei heute nicht geeignet, ein Staatsamt auszuüben. Es komme auf die Arbeit nach 1945 an.

Diese Bemerkung weist auf einen weiteren Unterschied der beiden Fälle. Als Bausenator hatte Seifriz keinen thematischen Bezug zu seinen früheren Veröffentlichungen, während Jurist Puvogel weiterhin in der Rechtspflege tätig war. Und da gab er sich gern besonders hart. So wandte er sich gegen jede Liberalisierung des Strafvollzugs und hielt nichts von Resozialisierungsmaßnahmen. Sein Grundsatz lautete: „Strafe muß Strafe bleiben". Die Inhaftierung dürfe nicht zu einem komfortablen Erholungsaufenthalt mit Fortbildungsveranstaltungen werden. An diese Stellungnahmen Puvogels erinnerte die *Frankfurter Rundschau* am 22. März 1978 und deutete so eine Kontinuität in seiner Auffassung vom Umgang mit Straftätern an.

Eine solche Kontinuität bemerkte auch der SPD-Landesvorsitzende Peter von Oertzen. Aber er wollte nicht Puvogels aktuelle Justizpolitik aus dessen Vergangenheit ableiten oder über die Frage persönlicher Schuld des Ministers debattieren. Er brachte sogar Verständnis für eine damalige Verblendung auf. Für Oertzen war entscheidend, dass der Justizminister der oberste Dienstherr der Gerichte war. Ein Prozess gegen ehemalige Nationalsozialisten oder gegenwärtige Extremisten sei kaum zu führen, wenn die Aussagen Puvogels aus dem Jahr 1936 zur Sprache kämen. Der Minister dürfe nicht im Amt bleiben.

Peter von Oertzens Ausführungen vom April 1978 waren bereits ein Nachruf auf Hans Puvogels Tätigkeit. Sein Rücktritt kam neun Wochen vor der niedersächsischen Landtagswahl. Der Minister begründete seine Amtsniederlegung mit dem bevorstehenden Wahlkampf. Wie bei Hans Seifriz wäre seine Vergangenheit von der Opposition thematisiert worden. Beide Fälle belegen, wie ein problematisches Vorleben instrumentalisiert werden kann. Das hatte sich schon bei Rücktritten in den sechziger Jahren gezeigt. Dabei war es aber nicht nur um ideologische Nähe zum Nationalsozialismus gegangen, sondern um Vorwürfe unmenschlicher Taten. Und es gab einen gewichtigen Faktor: die Propaganda der DDR.

Herunter mit ihm vom Ministersessel!

Das hat es nur ein einziges Mal gegeben. Ein amtierender Bundesminister wurde per Steckbrief gesucht. Gegen ihn lag ein Haftbefehl vor. Wegen fortgesetzten Mordes. Gesucht wurde Theodor Oberländer, Bundesminister für Vertriebene. Der Prozess war ihm bereits gemacht worden, das Urteil lag vor. Im April 1960 hatte ihn das Oberste Gericht der DDR zu lebenslänglichem Zuchthaus verurteilt. Wenige Tage nach dem Richterspruch, am 3. Mai 1960, trat Oberländer zurück. Ostberlin triumphierte.

Der Schauprozess gegen Theodor Oberländer war der Höhepunkt einer ausgeklügelten Kampagne. Ihre Absicht formulierte Albert Norden, Chefideologe und Mitglied im Politbüro der SED, im März 1960. Ihm ging es darum, „das Bonner System zu diskreditieren und die Wesensgleichheit seiner Politik mit der des Hitlerfaschismus zu dokumentieren".[16] Für diese Absicht eignete sich die Person Oberländers hervorragend. Der derbe, gedrungene Mann war eine schillernde Figur. Bundeskanzler Adenauer schätzte den bekennenden Kommunistenhasser als tüchtig, kenntnisreich und rücksichtslos. Seit 1953 amtierte er als Bundesminister für Angelegenheiten der Vertriebenen. Damit hatte er ein wichtiges Ressort inne. In den 50er Jahren lebten rund neun Millionen Vertriebene und Flüchtlinge in der Bundesrepublik, beinahe 20 Prozent der Bevölkerung. Oberländer bemühte sich um ihre Versorgung und Integration, zugleich verstand er sein Ministerium als Kampfplatz an der innerdeutschen Front des Kalten Krieges. Er war von einem kämpferischen Antibolschewismus erfüllt und agitierte vehement für Wiederbewaffnung und Westbindung der Bundesrepublik.

So musste Oberländer der DDR ein Dorn im Auge sein. Aber die Argumente für die Kampagne bezog Ostagitator Norden nicht aus Oberländers Tätigkeit in Bonn. Die Kampagne gründete auf dessen Engagement in der Zeit des Nationalsozialismus. Oberländer hatte Land- und Volkswirtschaft studiert, seine Spezialität war die damalige Ostforschung. Dieser Zweig einer sogenannten kämpferischen Wissenschaft hatte die Vision einer deutschen Vorherrschaft über Osteuropa. Oberländer war nicht nur einfaches Mitglied der NSDAP, er amtierte als Gauamtsleiter der Partei in Ostpreußen. In der SA erreichte er den Rang eines Hauptsturmführers.

Als Hauptmann der Wehrmacht führte der Ostexperte ein in das deutsche Heer eingegliedertes Bataillon von Ukrainern mit der Bezeichnung Nachtigall. Aus diesem Einsatz bezog die DDR ihre Vorwürfe gegen Oberländer. Im Juli 1941 habe er sich in Lemberg mit der von ihm befehligten Truppe an Erschießungen beteiligt. Zu den Opfern sollen tausende von Juden und ukrainischen Nationalisten gehört haben, auch 38 bekannte polnische Professoren seien darunter gewesen. Das war das Material, aus dem die Kampagne geschmiedet wurde. Ihr Motto: „Herunter mit ihm vom Ministersessel! Er gehört hinter Zuchthausmauern!"[17] Der Feldzug begann am 1. Juli 1959. Da berichtete das *Neue Deutschland* in einem ganzseitigen Artikel über den „Massenmörder Oberländer am Werk". Am 3. August erstattete die VVN, die von der DDR unterstützte Vereinigung der Verfolgten des Naziregimes, Anzeige gegen den Minister.

Am 22. September 1959 bot der Beschuldigte dem Bundeskanzler seinen Rücktritt an, aber Konrad Adenauer lehnte ab. Einerseits wollte er auf den loyal ergebenen Fachmann nicht verzichten, andererseits wollte er sich seine Kabinettsbesetzung nicht von Ostberlin diktieren lassen. „Ich weigere mich, einem Mann den Kopf abzuschlagen, weil die SED es will", beharrte Adenauer noch im Februar 1960, als er Oberländer vor Kölner Studenten verteidigte. Seine NS-Vergangenheit sah er ihm nach. „Es mag sein, daß Minister Oberländer braun gewesen ist, wenn Sie wollen, sogar tiefbraun", gestand Adenauer zu. Doch entscheidend war für den Kanzler: „Er hat nie etwas getan, was unehrenhaft, ein Vergehen oder Verbrechen gewesen wäre".[18] Aber auch der eiserne Rückhalt des Regierungschefs nützte Oberländer nichts. Das war einer der wenigen Fälle, in denen ein Kanzler gegen seinen Willen einen Rücktritt hinnehmen musste.

Oberländer, dem der *Spiegel* die Sturheit eines masurischen Gutsherren bescheinigte, verteidigte sich ungeschickt. Erst ließ er in Fulda eine Ausgabe der VVN-Zeitung *Die Tat* beschlagnahmen, dann blamierte er sich am 30. September vor über 100 Journalisten. Oberländer bestritt nicht nur eine Beteiligung an den Erschießungen in Lemberg, er behauptete auch noch, davon nicht einmal etwas mitbekommen zu haben. Das nahm ihm keiner ab. Das Ansehen des Ministers sank rapide. Ohnehin hatte im Herbst 1959 ein Stimmungswandel in der Bevölkerung eingesetzt. Allmählich wurde der Blick auf Tätigkeiten unter dem NS-Regime kritischer. Widerstand gegen Oberländer regte sich auch in seiner Partei. Einen öffentlichen Angriff auf Oberländer landete Gerd Bucerius, *Zeit*-Verleger und CDU-Bundestagsabgeordneter, am 29. Januar 1960. Bucerius war überzeugt, dass an den Händen des Ministers kein Blut klebe, aber er warf ihm Opportunismus vor. Mit 18 Jahren habe Oberländer 1923 an Hitlers Marsch zur Feldherrnhalle teilgenommen. Als sich die Weimarer Demokratie stabilisiert habe, sei er demokratisch geworden, nach 1933 wieder Nationalsozialist und seit 1945 wiederum Demokrat. Oberländer sei ehrgeizig und geschäftig, aber das reiche nicht aus. Bucerius bilanzierte: „Dieser Oberländer gehört nicht in das Bundeskabinett."[19]

Nicht nur Rücktrittsforderungen aus der eigenen Partei brachten Oberländers Position ins Wanken, auch sein unkluges Verhalten trug dazu bei. So hatte er im Bundestagshandbuch behauptet, er sei im Herbst 1943 zum Tod verurteilt worden. Am 8. April 1960 sollte er dazu im Bundestag Stellung nehmen. Unbeholfen präsentierte er im Plenum eine Beinahe-Tot-Story, lästerte der *Spiegel*. Unions-Fraktionschef Heinrich Krone drängte Oberländer zum sofortigen Aufhören. Sein Argument: „Mit Ihrem Rücktritt dienen Sie dem deutschen Volk."[20] Er diente auch der Union, die dadurch einen Untersuchungsausschuss vermeiden konnte.

So war die Ostberliner Kampagne nur der Anlass für Oberländers Demission. Gleichwohl war der Rücktritt wie die fast zeitgleiche Verurteilung ein propagandistischer Doppelsieg für Albert Norden. Der Schauprozess war eine Farce. Eine Beteiligung Oberländers an den Erschießungen von Lemberg hat sich auch später nicht beweisen lassen. Nicht die Verdächtigung als Massenmörder hat den Minister das Amt gekostet. Es war etwas anderes. Als Ostforscher der Nationalsozialisten hatte sich Oberländer für eine politische Betätigung im demokratischen System diskreditiert. Und er war ein Karrierist. Beide Aspekte waren Grund genug für die Amtsniederlegung. Außerdem hatte Oberländer durch sein unsouveränes Verhalten seine Position geschwächt. Das war es auch, was Hans Filbinger 1978 zu Fall brachte. Nirgendwo sonst gab es so viel Doppelmoral und so wenig Einsicht, so viel Dünkel und so wenig Selbstkritik. Aber in dieser Causa wurde nicht über die Fakten gestritten. Die wurden von niemandem bezweifelt. Das Problem war, dass sie erst nach und nach zum Vorschein kamen.

Ein schweres Unrecht

Im Herbst 1978 erschien der Roman *Eine Liebe in Deutschland* von Rolf Hochhuth. Darin ging es um die Beziehung einer Deutschen zu einem polnischen Kriegsgefangenen, der nach einer Denunziation verurteilt und hingerichtet worden war. Die Recherchen für diese Geschichte waren nicht einfach, wie Hochhuth am 17. Februar 1978 in der *Zeit* berichtete. Er erwähnte auch den baden-württembergischen Ministerpräsidenten Hans Filbinger. Der sei Hitlers Marinerichter, ein furchtbarer Jurist, gewesen. Filbinger sei nur auf freiem Fuß dank des Schweigens derer, die ihn kannten. Das wollte der Angesprochene nicht auf sich sitzen lassen. Filbinger verklagte Hochhuth. Das sollte sich als schwerer Fehler erweisen.

Das Stuttgarter Landgericht entschied am 13. Juli 1978 über die Klage. Hochhuth wurde die Behauptung, Filbinger sei nur auf freiem Fuß dank des Schweigens derer, die ihn kannten, untersagt. Nicht untersagt wurden ihm die Bezeichnungen Hitlers Marinerichter und furchtbarer Jurist. Diese Aussagen seien keine Behauptungen, sondern zulässige Werturteile. Aber diese Entscheidung spielte schon bald keine Rolle mehr. Rolf Hochhuth hatte mit seiner Geschichte eine Sache losgetreten, die Filbinger in den politischen Orkus riss.

Um seine Behauptung vor Gericht verteidigen zu können, musste Hochhuth Material über Filbingers Tätigkeit als Richter suchen. Er recherchierte und wurde schnell fündig. Im Bundesarchiv stieß er auf die Akte Walter Gröger. Der 22-jährige Matrose hatte 1944 in Norwegen Fahnenflucht begangen und wurde am 16. Januar 1945 zum Tod verurteilt. Vertreter der Anklage war Hans Filbinger. Der bestimmte das Datum der Hinrichtung und nahm als Zeuge teil. Am 16. März 1945, sieben Wochen vor dem Ende des Zweiten Weltkriegs, wurde Gröger erschossen. Hochhuth übergab das Material dem *Spiegel*. Anfang Mai 1978 befragten drei Journalisten des Magazins den Ministerpräsidenten. Der konnte sich zunächst nicht an den Fall erinnern. Erst beim Stichwort Schweden, dem ersehnten Fluchtziel des Matrosen Gröger, ging ihm ein Licht auf. In diesem Gespräch wollten die *Spiegel*-Redakteure auch den Satz gehört haben: „Was damals Recht war, kann heute nicht Unrecht sein." Filbinger bestritt, diese Formulierung gebraucht zu haben, aber in der Öffentlichkeit wurde sie zum Motto seiner Haltung.

Diese Haltung vertrat Filbinger offensiv. Am 4. Mai verbreitete die Pressestelle der Landesregierung eine umfangreiche Rechtfertigung. Bei den Vorwürfen von Hochhuth handele es sich um böswillige Verunglimpfungen. Der Posten des Marinerichters sei ihm aufgezwungen worden. Er habe sich mit allen Mitteln dagegen gewehrt. Das Urteil im Fall Gröger sei vom Flottenchef als Gerichtsherrn vorgegeben gewesen. Als Anklagevertreter habe er keinen Ermessensspielraum gehabt. Außerdem sei die Fahnenflucht Grögers bewiesen gewesen. Ein Delikt, das nicht nur in Deutschland, sondern in allen Nationen mit der Todesstrafe belegt gewesen sei.

Was hatte Filbinger da getan? Er hatte sich auf eine formaljuristische Position zurückgezogen. Schon das war problematisch. Nach den damaligen Gesetzen mochte sich der Richter korrekt verhalten haben. Aber 33 Jahre nach Kriegsende war die Erkenntnis zu erwarten, dass das NS-Regime verbrecherisch gewesen war. Filbingers positivistische Haltung war nicht mehr vermittelbar. Doch das Todesurteil gegen den Matrosen Gröger hatte auch eine moralische Dimension. Hatte ein 22-Jähriger, der sich dem verbrecherischen Morden entziehen wollte, den Tod verdient? Und wäre nicht, bei aller Gesetzestreue Filbingers, im Jahr 1978 Bedauern über die sinnlose Tötung des Walter Gröger angebracht? Willy Brandt attestierte Filbinger die Sensibilität eines Rhinozeros. Es war, wie Margarete und Alexander Mitscherlich diese seelische Verhärtung genannt haben, die Unfähigkeit zu trauern.

Das war das Kernproblem im Fall Filbinger. Es ging nicht um eine Kritik an seinem Verhalten im Jahr 1945, sondern um sein Verhalten im Jahr 1978. Es ging nicht um juristische Fragen, sondern um die fehlende Selbstkritik. Das haben Filbinger und seine Verteidiger nicht begriffen. Seine Kritiker sahen dies bereits Anfang Mai 1978. In der *Zeit* vermisste Theo Sommer bei Filbinger das Mindestmaß an moralischer Lauterkeit, das Politikern abzuverlangen sei. Wenn jemand früher in Schuld verstrickt worden sei, müsse er heute die Demut aufbringen, es wenigstens zuzugeben. Oppositionsführer Erhard Eppler befand Filbinger unfähig zur Selbstkritik. Er habe, so Epplers später oft zitiertes Wort vom 8. Mai 1978, ein pathologisch gutes Gewissen. Eppler hielt Filbinger vor: „Es geht nicht primär um Ihre Vergangenheit, es geht um Ihr Verhältnis zu Ihrer Vergangenheit."[21]

Doch solche Mahnungen erreichten Filbinger nicht. Er hielt sich für unschlagbar, weil er auf eine absolute Mehrheit verweisen konnte. Seit 1966 amtierte er als Ministerpräsident. Bei der Landtagswahl 1972 hatte er für die CDU 53 Prozent der Stimmen geholt, 1976 wurde er sogar mit dem astronomischen Ergebnis von 56,7 Prozent wiedergewählt. Filbinger war von keinem Zweifel angenagt. Am 16. Mai 1978 setzte er noch eins drauf. Im *Schwarzwälder Boten* bekundete er: „Ich bin der Meinung, daß jemand, der seinem Gewissen nach seine Pflicht getan hat, auch in der äußersten Situation, daß der in Anspruch nehmen kann, daß er das Vertrauen und die Glaubwürdigkeit behält, die ihm bisher geschenkt wurden."[22]

Aber innerhalb weniger Wochen manövrierte sich Filbinger ins eisige Abseits. Es zeugte schon von wenig Augenmaß, das Todesurteil gegen den Matrosen Gröger als Pflichterfüllung darzustellen.

Filbinger behauptete auch noch, er habe viele Soldaten vor harter Strafe bewahrt. „Das ist geschehen bei Gefahr für Leib und Leben von mir selbst", dramatisierte Filbinger.²³ Außerdem habe er während der NS-Zeit seine antinazistische Gesinnung nicht nur in sich getragen, sondern auch sichtbar gelebt. Filbinger stilisierte sich zum NS-Gegner aus christlicher Prägung. Diese Volte bescherte ihm ein weiteres Glaubwürdigkeitsproblem. Wie heimlich musste der heimliche Widerstand gewesen sein, damit er mit NSDAP- und SA-Mitgliedschaft vereinbar war? Auch ein Aufsatz Filbingers von 1935 warf Fragen auf. Der 21-jährige Jurastudent hatte sich über die Strafrechtsreform geäußert. Belegte etwa seine Unterscheidung zwischen der Blutsgemeinschaft und den Schädlingen am Volksganzen eine oppositionelle Haltung? Filbingers Erklärungsversuch, er habe lediglich das geltende Recht beschrieben, konnte die Mär von der NS-Gegnerschaft nicht stützen.

Die Kritik an Filbinger wurde auch durch seine Selbstpositionierung in der politischen Landschaft gestärkt. Er fühlte sich als das letzte Bollwerk gegen den Osten. 1976 führte er Wahlkampf mit der Parole „Freiheit statt Sozialismus". Wichtiges Instrument zur Rettung der Freiheit war für Filbinger der Radikalenerlass von 1972, mit dem Verfassungsfeinde aus dem öffentlichen Dienst gehalten werden sollten. Baden-Württemberg setzte den Erlass konsequenter als andere Länder durch. Erhard Eppler zog eine Parallele: Wenn der Student Filbinger extremistische NS-Phrasen nur nachgeplappert habe, warum sollten extreme Äußerungen heutiger Studenten dazu führen, dass sie nicht den Beruf ergreifen könnten, den sie anstrebten? Dies müssten Jugendliche als grotesken Fall von Doppelmoral empfinden. Für Eppler ging es nicht mehr um die Person Hans Filbinger: „Es geht darum, ob dieser Staat zum zynischen Gespött einer ganzen Generation wird. Es geht um die Normen unseres Zusammenlebens." Eppler forderte Filbingers Rücktritt. Kein Staat könnte sich von jemandem vertreten lassen, der für sich nicht den Maßstab gelten lasse, den er an andere anlege. Er hielt Filbinger vor, künftig bei allen Handlungen gefragt zu werden, wer ihm das moralische Recht dazu gebe. „Und jedes Mal wird etwas abbröckeln von der Glaubwürdigkeit unseres Staates", prophezeite Eppler.²⁴

Zu diesem Abbröckeln trugen auch weitere Enthüllungen bei. Innerhalb weniger Wochen kamen dunkle Details aus Filbingers Richterdienst ans Licht. Es ging um weitere Todesurteile. In einem Interview mit der *Schwäbischen Zeitung* Anfang Mai hatte Filbinger behauptet: „Es gibt kein einziges Todesurteil, das ich in der Eigenschaft als Richter gesprochen hätte".[25] Selbstsicher ergänzte er, es gäbe kein anderes Verfahren als den Fall Gröger, an dem er als Anklagevertreter beteiligt gewesen sei. Keines der von ihm durchgeführten Verfahren habe mit der Todesstrafe geendet. Aber das stimmte nicht. Am 4. Juli 1978 präsentierte das ARD-Magazin *Panorama* ein weiteres Todesurteil. Filbinger erfand die phantastische Erklärung, bei jenem Richterspruch vom 19. April 1945 handele es sich um ein Phantomurteil. Den zur Hinrichtung bestimmten Deserteur habe er im sicheren Schweden gewusst.

Filbingers absurde Ausflüchte wurden mit ungläubigem Staunen aufgenommen. „Warum es Filbinger so weit hat kommen lassen, daß er nun der Lüge geziehen werden muß, ist völlig unerklärlich", wunderte sich die *Stuttgarter Zeitung* am 6. Juli 1978. Filbinger habe sich und seiner Partei schweren Schaden zugefügt: „Es gibt bei den politischen Würdenträgern einen Grad von Würdelosigkeit im Verdrehen von Tatsachen und im Festhalten an persönlichen Machtpositionen, der einen Schatten auf das Land und seine Bürger wirft".[26] Jetzt regte sich auch in der CDU Widerstand gegen den erinnerungsschwachen Landesvater. Lothar Späth hatte alle Mühe, die Partei bei der Stange zu halten, da wurde am 4. August 1978 erneut ein von Filbinger unterfertigtes Todesurteil gefunden.

Das war zu viel. „Dies alles möge doch ein Ende haben – um aller Beteiligten willen", stöhnte ein Kommentator im *Süddeutschen Rundfunk*. Jetzt war auch die Landes-CDU mit ihrer Solidarität überfordert. Unter Aufbietung aller Kräfte drängte sie den Starrsinnigen in quälenden Diskussionen zur Amtsaufgabe. Die erfolgte am 7. August. Seine Stellungnahme vor der Presse war noch einmal ein Dokument der Uneinsichtigkeit. Er sah es als ungerecht an, dass damaliges Tun aus der Stimmung von heute heraus beurteilt werde. Filbinger fühlte sich als Opfer: „Es ist mir schweres Unrecht angetan worden."[27] Sein Rücktritt sei Folge einer beispiellosen Rufmordkampagne. Dies werde sich noch erweisen. Erwiesen hat sich 1995, dass 1978 Informationen über Filbinger aus dem Ministerium für Staatssicherheit gekommen waren. So hat die DDR noch einen späten Beitrag zur Vergangenheitsdebatte in der Bundesrepublik geleistet. Diese nachträgliche Erkenntnis ändert aber nichts an Filbingers verbissener Selbstgerechtigkeit.

Bei einer Bundestagsdebatte am 1. Juni 1978 über Filbinger hatte Helmut Kohl die SPD angeblafft: „Ihnen geht es doch gar nicht um Fragen der jüngsten Geschichte, sondern Ihnen geht es um die Diffamierung eines politischen Gegners".[28] Mindestens in einer Hinsicht hatte Kohl recht: Fragen von Schuld und Moral waren das eine, parteipolitische Interessen das andere. In allen Vergangenheitsdiskussionen spielten außerhalb des Falles liegende Positionen eine Rolle. Nicht nur das Verhältnis von Opposition und Regierung war ein wichtiger Faktor, sondern auch innerparteiliche Konstellationen wie bei de Maizière oder außenpolitische Absichten wie beim Abschuss von Oberländer durch die DDR-Propaganda. Aber unabhängig von etwaigen Interessen galt ein Kommentar, den die *Frankfurter Rundschau* zum Fall Duchac gab. Am 19. Dezember 1991 fragte sie, „ob ausgerechnet so jemand jetzt an der Spitze eines neuen Bundeslandes stehen sollte."[29] Galt das auch für Joschka Fischer im Außenministerium?

Der letzte Mohikaner

Auch die Frontlinien im Fall Fischer vom Januar 2001 folgten den bekannten Argumentationen. In der Kontroverse tauchten die Stichworte der Vergangenheitsdebatten wieder auf. Fischer bediente sich derselben Entschuldigungen, mit denen sich NS- oder Stasi-Belastete gerechtfertigt hatten. So verwies er darauf, wie wichtig der politische Kontext seines damaligen Handelns gewesen sei. Für ihn war es eine Zeit „der härtesten Konfrontation, des öffentlich gepredigten Hasses gegen die Studenten, wo für uns die deutsche Demokratie ein Gesicht zeigte, das die Kontinuität des Nationalsozialismus wieder aufscheinen ließ."[30] Die Zeitgebundenheit ihres früheren Handelns hatten auch andere erklärt. Darüber hinaus stellte sich Fischer als Sprecher einer Gruppierung dar. Ähnlich hat sich Hans Filbinger als Stellvertreter einer Generation gesehen. Ein weiteres Argument war nicht neu: Entscheidend sei das demokratische Engagement in der Gegenwart. Das hatten andere wie Hans Seifriz auch gebracht. Und schließlich die ungenügende Erinnerungsfähigkeit. Die begründete Joschka Fischer mit der langen Zeitspanne. „Nach 25, 26, 27 Jahren kommen Sie an die Grenzen dessen, was Gedächtnis leisten kann", meinte er entschuldigend.[31] Filbinger hatte Todesurteile „vergessen" – das Schema war das gleiche.

So folgte Fischer, wie seine Gegner, einem üblichen Muster. Auch deren Vorwürfe erinnerten an frühere Vergangenheitsdiskussionen. Der hessische Ministerpräsident Roland Koch meinte, ein 25- oder 28-Jähriger sei kein Jugendsünder. Die CDU-Vorsitzende Angela Merkel bemängelte bei Fischer fehlende Betroffenheit. Sie befand säuerlich: „Herrn Fischer geht jede Demut ab."[32] Den Vorwurf der Selbstgerechtigkeit hatten sich auch Hans Puvogel oder Hans Filbinger anhören müssen. Wolfgang Bosbach, Fraktionsvize der Union, bezeichnete Fischer als Täter. In diesem Sinn schrieb die FAZ von Fischers abscheulichen Gewalttakten. Sie sah „Vergehen, die zu Scham Anlaß geben".[33] Damit kam ein Vokabular in die Debatte, das aus der Diskussion um NS-Verbrechen geläufig war.

So viele Parallelen, so viele Wiederholungen. Warum aber wurde die dritte deutsche Vergangenheitsdebatte nicht mit einem Ministerrücktritt besiegelt? Warum blieb Joschka Fischer im Amt? Mit den Vorwürfen hatte das nur bedingt zu tun. Es war wichtig, dass Fischer „nur" Steine geschleudert und Polizisten geschlagen, nicht aber zum bewaffneten Kampf aufgerufen hatte. Hätte er dies getan, wäre er nicht zu halten gewesen. Wäre ihm versuchter Mord wegen des Einsatzes von Molotow-Cocktails vorgeworfen worden, hätten Reue und Wandlung nicht ausgereicht. Aber die anderen Skandale um das politische Vorleben haben gezeigt, dass der Inhalt des Vorwurfs nicht das entscheidende Moment ist. Bei Lothar de Maizière und Theodor Oberländer war nichts bewiesen, Josef Duchac hatte nichts Verwerfliches begangen. Dennoch mussten sie alle zurücktreten. Was war bei Joschka Fischer anders?

Bei aller Ähnlichkeit zu früheren Vergangenheitsdebatten gab es bei der im Januar 2001 vier wesentliche Unterschiede. Zum Ersten stand Fischer zu seiner Wandlung. Er betonte die Einsicht, früher falsch gehandelt zu haben. Das war ungewöhnlich. Von allen Ministern, die wegen ihrer Vergangenheit zurücktreten mussten, hatte nur Hans Seifriz die Fähigkeit zur Selbstkritik aufgebracht. Alle anderen hatten abgestritten und abgewiegelt, hatten problematische Details geleugnet oder kleingeredet. Anders Joschka Fischer. Sein Eingeständnis hatte ihn nicht diskreditiert, es hatte im Gegenteil seine Glaubwürdigkeit vergrößert.

Ein zweiter Moment stützte Fischers Glaubwürdigkeit. Josef Duchac und Gerd Brunner, Theodor Oberländer und Hans Filbinger hatten bereits eine andere Karriere hinter sich, als ihr Vorleben beleuchtet wurde. Sie hatten sich auf ein undemokratisches System eingelassen, hatten sich angedient, hatten mitgemacht. Das wollten sie auch, unter anderen Vorzeichen, in der Bundesrepublik. Wie immer Fischers politische Entwicklung beurteilt werden mochte – eines war ihm nicht nachzusagen: Er war kein Wendehals. Er hatte sein Mäntelchen nicht opportunistisch in den Wind gehängt. Er hatte sich seine Wandlung glaubhaft erarbeitet. Das brachte ihm viele Sympathien ein.

Der dritte Gesichtspunkt, der für Fischer sprach, war die Bewertung der Achtundsechziger und ihrer Zeit. Anders als nach 1945 und 1989 bestand kein kollektives Reinigungsbedürfnis. Und: Fischers Vergangenheit führte zu einer Grundsatzdebatte über ein Kapitel der Demokratiegeschichte. Die FAZ stellte resigniert fest, dass die Rebellion der Achtundsechziger in großen Teilen der Gesellschaft den Ruf genoss, legitime Ziele verfolgt zu haben. Diese Periode werde als Voraussetzung für das Vollenden der Demokratisierung Deutschlands angesehen. Das habe Fischer gerettet. Die *Frankfurter Allgemeine* musste die verbreitete Bereitschaft bemerken, in Fischer den edlen jungen Wilden, den letzten Mohikaner der Achtundsechziger zu erkennen. Da blieb nur der ironische Kommentar: „Welch märchenhafte Vergangenheit".[34] Das war keine Sympathiebekundung. Aber auch wer den rebellierenden Studenten noch im Nachhinein übel gesonnen war, musste zugeben, dass der Massenmord der Nationalsozialisten oder millionenfache Unterdrückung in der DDR eine andere Dimension als der Frankfurter Häuserkampf von 1973 hatten. Ein Mitläufer aus NS- und DDR-Zeiten konnte kaum auf besondere Zuneigung der Wähler bauen.

Joschka Fischer aber schlug eine besondere Zuneigung entgegen – der vierte und wesentliche Aspekt seines Amtsverbleibs. Der Außenminister war der beliebteste Politiker, unangefochten führte er bei allen Umfragen auf Platz eins. Die Diskussion über sein politisches Vorleben konnte diesem Status nichts anhaben. Da mochten Unionsvertreter toben und konservative Blätter zetern, die Mehrheit der Wähler ließ sich davon nicht beeindrucken. Sei es, dass Fischers Sünden als lässlich angesehen wurden, sei es, dass seine Verdienste alles aufwogen – Fischers Ruf und Ansehen war nicht in Frage gestellt. So gab es auch keinen Grund für seine Parteifreunde oder den Koalitionspartner SPD, Bundeskanzler Gerhard Schröder eingeschlossen, an Fischer zu zweifeln.

KAPITEL 8

Rücktrittsgrund 6: Persönliche Verfehlung

Ich weiß auch nicht, was in mich gefahren ist

Die Leitplanke der A 25 war auf beiden Seiten demoliert, am Ort der Karambolage vor den Toren Hamburgs lag eine Radkappe. Aber dem Unfallfahrzeug war an jenem 2. Mai 1984 noch etwas anderes abgefallen – das Nummernschild. Der schwer demolierte Wagen wurde später in der Nähe der Autobahnauffahrt Allermöhe gefunden. Trotz des vorliegenden Kfz-Kennzeichens konnte die Polizei den Fahrer nicht ohne weiteres ermitteln, denn es gehörte zu einer speziellen Klasse von Fahrzeugen, deren Fahrer im Computersystem nicht abfragbar sind. Erst ein besonders legitimierter Beamter konnte das Geheimnis lüften. Das Kennzeichen gehörte zum Wagen des Finanzsenators Jörg König.

> Eines schickt sich nicht für alle.
> Sehe jeder, wie er's treibe,
> Sehe jeder, wo er bleibe,
> Und, wer steht, daß er nicht falle!
> *J.W. von Goethe, Beherzigung*

Der 41-jährige Sozialdemokrat erschien kurz nach 15 Uhr höchstpersönlich auf der Hamburger Revierwache 60. König tischte den Beamten eine kaum wahrscheinliche Geschichte auf. Er habe beim Bergedorfer Schützenverein den Tanz in den Mai gefeiert und sei wegen seines Alkoholkonsums – „fünf bis zehn Schnapsgläser Korn" – um 4.40 Uhr mit der ersten S-Bahn nach Hause gefahren. Den Wagen hätte er später geholt, zu dem Unfall sei es gegen zehn Uhr vormittags gekommen.

Diese Version konnte König nicht lange aufrechterhalten. Eine Hamburger Zeitung stellte Recherchen an, daraufhin musste der Senator seine Aussage korrigieren. Auf der Polizeirevierwache Bergedorf gab er den korrekten Hergang zu Protokoll und überließ den Beamten gleich seinen Führerschein. Warum König versucht hatte, sich mit einer Falschaussage aus der Affäre zu ziehen, ist nicht erklärbar. Selbst wenn es ihm gelungen wäre, die Trunkenheitsfahrt zu verdecken – allein wegen der Fahrerflucht hätte er nicht im Amt bleiben können. König bereute seine Kurzschlusshandlung, bedauerte die Fehlinformation von Polizei und Öffentlichkeit und trat am 3. Mai 1984 zurück. In seinem Abschiedsbrief erwähnte er die Maßstäbe, die an Regierungsmitglieder angelegt werden: „Mein Verhalten verträgt sich nach meinem Verständnis nicht mit dem Amt eines Senators der Freien und Hansestadt Hamburg."[1]

Der Fall König war der Skandal eines Politikers, aber er war kein politischer Skandal. Das Verhalten des Senators hatte nichts mit seiner amtlichen Arbeit zu tun, es handelte sich um ein persönliches Fehlverhalten. Das kommt bei Politikern nicht häufig vor. Wegen des Vorwurfs, er habe sich privat etwas zu Schulden kommen lassen, musste kaum ein Amtsträger zurücktreten. Mit Suff und Sex werden hierzulande kaum Schlagzeilen gemacht. Zu den wenigen Fällen zählt neben Jörg König Heinz Eggert. Auch die Kritik an den ehelichen Verhältnissen Paul Nevermanns gehört dazu.

Eine andere Variante persönlichen Fehlverhaltens, die zu einem Rücktritt führen kann, spielt sich in der politischen Öffentlichkeit ab. Sie beruht nicht auf planmäßigem Handeln oder Unterlassen. Sie ist auch selten mit persönlichen Absichten verbunden. Es ist eine spontane Unüberlegtheit – eine Entgleisung. Deswegen traten Herta Däubler-Gmelin, Peter Gloystein und Christoph Palmer zurück. In diesen Zusammenhang gehören auch Rücktritte wegen einer Dummheit. Der gravierendste Fall war Günther Jansen mit der Schubladenaffäre. Auch der Rücktritt von Philipp Jenninger zählt dazu.

Ob Fehlverhalten, Entgleisung oder Dummheit – ein gravierender Verstoß gegen Sitte und Anstand stellt die Eignung einer Person für ein Regierungsamt in Frage. Darüber wird bei aktuellen Anlässen debattiert. Nur bei einem Minister wurde bisher grundsätzlich über die charakterlichen Voraussetzungen eines Politikers gestritten. Da hatte der sein Amt noch gar nicht angetreten. Das war der Fall Leonhard Schlüter im Sommer 1955.

Mindestforderungen an den Charakter

Am Morgen des 27. Mai 1955 hing der Aufruf vor allen Hörsälen der Universität Göttingen: Streik! Der Allgemeine Studentenausschuss rief zum Boykott der Lehrveranstaltungen auf. Fast alle Studierenden folgten. Grund für den Protest war die am Tag zuvor erfolgte Ernennung von Leonhard Schlüter zum niedersächsischen Kultusminister. Zu diesem Amt fehlte es dem FDP-Politiker an politischer Integrität. So sahen es die Studierenden, und sie standen damit keineswegs allein. Zuvor nämlich hatten der Rektor Emil Woermann und der Senat der Universität ihre Ehrenämter niedergelegt. Mit ihrem demonstrativen Schritt lösten die Professoren in der noch jungen Bundesrepublik eine Debatte über Widerstandsrecht, Zivilcourage und Demokratieverständnis aus.

Wer war dieser Leonhard Schlüter, gegen den sich ein unvergleichlicher Proteststurm erhoben hatte? Der Offizierssohn, geboren 1921, hatte sich nach dem Abitur 1939 freiwillig zum Kriegsdienst gemeldet. Wegen seiner jüdischen Herkunft wurde er aus dem Heer ausgeschlossen. Ebensowenig Glück hatte Schlüter beim Jurastudium. Bei der Prüfung am 1. August 1944 fiel er durch. Umso erfolgreicher agierte er nach Kriegsende. Im April 1945 ernannte ihn die Besatzungsmacht zum Leiter der Kriminalpolizei von Göttingen. Der erst 23-Jährige war mit diesem Posten überfordert, wie eine Auflistung des Oberstaatsanwalts vom Juni 1947 zeigt. Dieser warf dem übereifrigen Inspektor unter anderem Aussageerpressung, Verfolgung Unschuldiger, Freiheitsberaubung und Urkundenunterdrückung vor. Zwar wurden auf Anordnung der Militärregierung die Vorermittlungen eingestellt, aber Schlüter musste als Polizeipräsident abtreten.

Exponiert hatte sich der Mann mit der bulligen Figur aber auch politisch. Vor seinem Übertritt zur FDP im September 1951 war Schlüter als Rechtsextremist aufgetreten. In den Landtag war er als Abgeordneter der neonazistischen Deutschen Reichspartei eingezogen. In seiner Göttinger Verlagsanstalt für Wissenschaft und Politik waren einschlägige Bücher erschienen. Einer von Schlüters Autoren war Dietrich Klagges, der nationalsozialistische braunschweigische Ministerpräsident. Ein anderes Buch seines Hauses stammte von Rudolf Diels, dem ersten Chef der Gestapo. Angesichts dieser Fakten fragte die *Deutsche Universitätszeitung*: „Wessen bedarf es, um einem Politiker in der Bundesrepublik die Befähigung zum Ministeramt abzusprechen?"[2] Das war das Kernproblem.

Die Aktion von Rektor Emil Woermann in Göttingen war nicht unerwartet gekommen. Seit der niedersächsischen Landtagswahl vom 24. April 1955 stand die Nominierung Schlüters zur Diskussion. Woermann hatte sofort seine Bedenken geäußert, als der Name Schlüter auf der Kabinettsliste gehandelt wurde, denn unter Professoren wie Studenten herrschte ein unüberbrückbares Misstrauen gegen diesen. Woermann fürchtete, der hinreichend bekannte Politiker würde Entwicklung und Ansehen der Universität gefährden. Der Senat zweifelte, ob Schlüter über die menschlichen Qualitäten zur Ausübung eines Ministeramtes verfüge.

Woermann hatte seine Einwände vor der Regierungsbildung sogar in einem Gespräch gegenüber dem designierten Ministerpräsidenten Heinrich Hellwege geäußert. Doch diesem waren die Vorwürfe zu allgemein. Er forderte von Woermann Material über den Ministerkandidaten. Die Zumutung der Zuträgerschaft wies der Rektor entrüstet von sich. Zwar nahm Hellwege die Sache nicht auf die leichte Schulter, glaubte aber, wenn Schlüter erst im Amt wäre, ließe sich alles aufklären. So wurde der Umstrittene am 26. Mai 1955 in Hannover als Kultusminister vereidigt.

Was der Ministerpräsident nicht vorausgesehen hatte, waren die Reaktionen auf die prompt erklärte Amtsniederlegung von Rektor und Senat der Universität. Nicht nur die Studierenden solidarisierten sich durch ihren Streik mit den Professoren. Aus der gesamten Bundesrepublik trafen zustimmende Telegramme in Göttingen ein. Der Präsident der Max-Planck-Gesellschaft, Otto Hahn, begrüßte den Protest ebenso wie Werner Heisenberg und Carl Friedrich von Weizsäcker. Die prominenten Physiker sorgten sich um die Zukunft der Wissenschaft in Niedersachsen. Einhellig nahm die Presse Stellung gegen Schlüter. Dabei ging es auch um die „Mindestforderungen an Charakter, Geist und staatlicher Zuverlässigkeit", die nach der *Rhein-Neckar-Zeitung* an einen Kultusminister zu stellen seien.[3] Die FAZ betonte, ein Minister, erst recht ein Kultusminister, müsse einen untadeligen Ruf haben, sonst könne er sein Amt nicht bekleiden.

Wie hatte es dazu kommen können, eine derart schräge Figur auf den Ministersessel zu heben? Regierungschef Hellwege berief sich fadenscheinig darauf, die FDP habe ihm diesen Kandidaten vorgeschlagen. Die kleine Partei, schon damals mit dünner Personaldecke, brauchte lange bis zu einer Distanzierung. Erst spät rang sie sich zu dem Eingeständnis durch, es bestehe eine Diskrepanz zwischen Schlüter und dem Bild, das sich die Öffentlichkeit von einem liberalen Kultusminister mache. Keiner der selbstgewissen Politiker hatte mit einem so nachdrücklichen Widerstand gerechnet. 1955 war das Grundgesetz gerade mal sechs Jahre alt, die demokratischen Erfahrungen der Adenauer-Republik noch überschaubar. Bis zum breiten Einspruch gegen staatliches Handeln, den die Spiegelaffäre 1962 hervorrufen sollte, war es noch ein langer Weg.

So ist der Fall Schlüter ein frühes – und erfolgreiches – Beispiel außerparlamentarischer Opposition in der Bundesrepublik. Am 9. Juni erklärte der Befehdete seinen Rücktritt. Kurz danach hätte der Landtag über seine Entlassung debattiert. Trotz des Abgangs wurde ein Untersuchungsausschuss eingesetzt, der zu dem Ergebnis kam, dass Schlüters Persönlichkeitsbild „ernsteste Bedenken dagegen erwecken mußte, ihm das Amt des Kultusministers" anzuvertrauen.[4] Schlüter hatte sich nicht erst einer Verfehlung in seiner Amtszeit schuldig machen müssen. Er hatte sich bereits vorher diskreditiert.

Der Fall Schlüter war das einzige Mal, dass ein Regierungsmitglied ausschließlich durch öffentliche Proteste zum Rücktritt gezwungen wurde. Und es war das einzige Mal, dass mangelnde Unbescholtenheit zugrunde lag. Die Ernennung einer so zwielichtigen Gestalt zum Minister ist nicht noch einmal vorgekommen. Dagegen passierte es öfter, dass sich ein Politiker aus persönlichen Gründen als untragbar erwies, die nicht vorherzusehen waren. Ein solches persönliches Fehlverhalten kann in Gesetzeswidrigkeiten oder Verstößen gegen Moralvorstellungen bestehen.

Über Jörg Königs Straftaten gab es nichts zu diskutieren. Fahren unter Alkoholeinfluss, Sachbeschädigung, Unfallflucht und uneidliche Falschaussage waren zusammengekommen. Die Fakten waren klar, der Sachverhalt eindeutig. Das war im Fall Heinz Eggert anders. Bereits die bloße Behauptung eines Vergehens im persönlichen Bereich reichte aus, um diesen Minister zum Rücktritt zu zwingen. Hier ging es aber nicht um die Folgen übermäßigen Alkoholkonsums, sondern um den heiklen Vorwurf sexueller Nötigung.

Chancenlos in der Schlammschlacht

Es war das erste Mal, dass ein Regierungsmitglied wegen eines Sex-Skandals zurücktreten musste. Bewiesen war nichts – aber die lateinische Redewendung „Etwas bleibt immer hängen" sollte sich auch im Fall Heinz Eggert als richtig erweisen. Gern hielt sich der verheiratete Vater von vier Kindern in männlicher Gesellschaft auf.

Persönliche Verfehlung 8

Dass es dabei wohl nicht nur platonisch zuging, gehörte zu den offenen Geheimnissen in Dresden. Jeder, der es wissen wollte, konnte es wissen. Aber es störte niemanden. Dabei wäre es wohl auch geblieben, hätten sich nicht ehemalige Mitarbeiter wegen angeblicher sexueller Übergriffe beklagt. Darüber berichtete der *Spiegel* im Juni 1995. Nicht alles, was sich im Dresdener Amtszimmer oder in der Dienstwohnung des sächsischen Innenministers Heinz Eggert oder auf dessen Reisen ereignet haben soll, sei freiwillig gewesen. Das Magazin berief sich auf eidesstattliche Erklärungen. Namen wurden nicht genannt.

Heinz Eggert gehörte zu den Quereinsteigern aus dem Osten, denen nach dem Ende der DDR eine steile politische Karriere gelang. Erst im Oktober 1990 in die CDU eingetreten, wurde der Pfarrer aus Zittau bereits zwei Jahre später einer der stellvertretenden Bundesvorsitzenden der Union. Schon nach einem Jahr Parteizugehörigkeit wurde der damals 45-Jährige im September 1991 Innenminister in Sachsen. Eggerts rascher Aufstieg gründete auf seiner Durchsetzungskraft, seinem Charisma, seiner phrasenlosen Direktheit und einem unkonventionellen Politikstil. Süchtig nach Medienpräsenz und mit einem Hang zum Populismus, kultivierte der hemdsärmelige Eggert ein erfrischendes Außenseitertum. Gesprächspartner wurden schnell geduzt. Der oberste Hemdknopf blieb stets offen. Die Atmosphäre seines Ministeriums erinnerte Besucher mehr an ein Jugendcamp denn an eine Landesbehörde.

Nun wurde Innenminister Eggert der sexuellen Nötigung beschuldigt – und zwar innerhalb der dienstlichen Sphäre. Wie sehr ihn diese Vorwürfe getroffen hatten, konnte Eggert nicht verhehlen. Der sonst so souveräne Politiker zeigte sich verkrampft, unsicher und mit leichenblassem Gesicht. „Zittern beim Dementi", titelte die *Süddeutsche* nach Eggerts Pressekonferenz.[5] Der Minister dementierte die Anschuldigungen, sah darin einen Racheakt entlassener Mitarbeiter. Dennoch ließ er sich beurlauben. Er wollte sich nicht dem Verdacht aussetzen, Einfluss auf die Untersuchung zu nehmen. Zu einer Aufklärung des Sachverhalts kam es jedoch nicht, sondern es begann eine Schlammschlacht, wie es sie in der politischen Szene noch nie gegeben hatte. Gerüchte und Andeutungen machten die Runde, peinliche Details wurden bekannt, Beschuldigungen und Gegenbeschuldigungen lanciert. Alles wurde für möglich gehalten, Ehrenerklärungen unterblieben.

Ministerpräsident Kurt Biedenkopf setzte einen Ermittler ein, der über 40 Gespräche mit Zeugen und Mitarbeitern aus Eggerts Ministerium führte. Das Ergebnis: Die Anschuldigungen ließen sich nicht mit letzter Sicherheit entkräften. So stand Aussage gegen Aussage. 20 harte Tage hatte Eggert durchgehalten, dann war ihm klar, dass er nicht im Amt bleiben konnte. „Die Art der Auseinandersetzung hat mich chancenlos gemacht", stellte er treffend fest.[6] Gern wäre er in der Politik geblieben, aber nicht um jeden Preis, bekundete Eggert bei seinem Rücktritt.

Um den persönlich zu entrichtenden Preis für ein politisches Amt ging es auch bei Paul Nevermann. Allerdings führten weder der Vorwurf einer Straftat noch ein Vergehen, das im dienstlichen Bereich stattgefunden hätte, zum Rücktritt des Hamburger Bürgermeisters, sondern rein private Schwierigkeiten.

Heucheln für Hamburg

Bundeskanzler Gerhard Schröder und Außenminister Joschka Fischer waren beide mehrfach geschieden und wieder verheiratet. Das mochte in den 90er Jahren, wenn überhaupt, spöttische Kommentare oder Stirnrunzeln auslösen. Die Fähigkeit, den Staat zu repräsentieren, hat ihnen deshalb niemand abgesprochen. Eine solche Toleranz, heute eine Selbstverständlichkeit, hat es nicht immer gegeben. Im Juni 1965 musste Paul Nevermann als Erster Bürgermeister Hamburgs zurücktreten, da sein unklarer Familienstand nicht den Erwartungen seiner Partei entsprach – und vor allem nicht denen der Springer-Presse.

Der 63-jährige Nevermann hatte sich von seiner Frau Grete nach 31 Ehejahren getrennt. Er hatte das gemeinsame Domizil in Blankenese verlassen und ein Appartement an der Außenalster bezogen, auf eine Scheidung hatte er allerdings verzichtet. Die SPD legte Wert auf die bürgerliche Reputation des Ersten Bürgermeisters. Eine gescheiterte Ehe schickte sich nicht für einen Hanseaten. Stattdessen schlossen die Proforma-Eheleute eine kuriose Vereinbarung. Er sollte vermeiden, die Verlassene in der Öffentlichkeit zu kompromittieren, dafür sollte sie bei offiziellen Anlässen Hamburg weiterhin als First Lady zur Verfügung stehen. Doch der von der *Zeit* als Heucheln für Hamburg verspottete faule Kompromiss hielt nicht lange.

Nevermann war einer anderen Frau zugetan, deutlich jünger und mit einem Unternehmer aus Hannover verheiratet. Als er sich mit seiner neuen Flamme in der Senatsloge des Hamburger Schauspielhauses zeigte, fühlte sich seine Gattin nicht mehr an die Abmachung gebunden und weigerte sich, die ihr zugedachte Rolle als Repräsentantin auszuüben. Als Queen Elizabeth II. im Mai 1965 Hamburg besuchte, lehnte es Grete Nevermann ab, neben ihrem Mann aufzutreten. Der Bürgermeister musste sich von der Frau seines Stellvertreters, Ilse Engelhard, begleiten lassen. Die wohlgemeinte Empfehlung, dem Empfang unter Hinweis auf eine diplomatische Krankheit fernzubleiben, hatte Nevermann nicht beherzigt. Das sollte sich rächen.

Was sich heute wie eine amüsante Anekdote liest, wurde in den 60er Jahren zur Staatsaffäre. Die Yacht der englischen Königin war kaum ausgelaufen, als die Zeitungen aus dem Verlag des zum vierten Mal verheirateten Axel Springer, allen voran die *Welt*, von einer Regierungskrise schrieben. Nevermann habe es nicht verstanden, „Unstimmigkeiten in seinem privaten Leben aus der Sphäre seines Amtes zu verbannen."[7] Damit habe er zwar kein Gesetz missachtet, aber die Räson verletzt, der sich ein Regierungschef zu unterwerfen habe. Deshalb werde Nevermann nicht umhinkommen, sein Amt niederzulegen. Die Formulierung klingt heute zurückhaltend, doch damals war sie ein unvergleichlicher Affront.

Zunächst stellten sich die Hamburger Regierungsparteien SPD und FDP hinter den Bürgermeister, denn sie wollten sich dem heuchlerischen Moraldiktat der Springer-Presse nicht beugen. Der Fall sei eine Privatangelegenheit. Doch schnell wehte ein anderer Wind. Obwohl Nevermann angesehen und politisch unangefochten war – seit 1920 SPD-Mitglied und bereits seit 1945 im Vorstand – schien sich die Partei eine Debatte über den Regierungschef nicht leisten zu können. Lange hatte er als Senator amtiert, nach dem Machtverlust der SPD 1953 als Oppositionsführer brilliert. 1956 hatte er die SPD wieder an die Regierung gebracht, zunächst unter Max Brauer, den er im Dezember 1960 ablöste. Viereinhalb Jahre später stand der sozialdemokratische Vormann unter dem Beschuss konservativer Blätter.

Am 1. Juni 1965 kam der Landesvorstand der Hamburger SPD im Kurt-Schumacher-Haus zusammen. Fünf Stunden dauerte das dramatische Ringen mit Nevermann. Die Partei versicherte ihn ihres Rückhalts – unter einer Bedingung: Er müsse die Beziehung zu der Frau des Industriellen beenden. So sah sich der Hamburger Regierungschef vor die Entscheidung gestellt, zwischen Amt und Privatleben zu wählen. Ähnlich war es fast drei Jahrzehnte zuvor Edward VIII. gegangen. Und wie der britische König entschied sich Nevermann für das persönliche Glück: „Von mir aus wurden Entschlüsse in meinem privaten Lebensbereich gefaßt, die in Konflikt gerieten mit den Ansprüchen, die an den Ersten Bürgermeister gestellt werden. Diese persönliche Entscheidung will und kann ich nicht rückgängig machen."[8]

Der Vorstand, dem die ultimative Aufforderung peinlich war, bat Nevermann, Mitglied der Landesführung und der Fraktion zu bleiben. Er wollte signalisieren, dass der Rücktritt nichts mit der honorigen Person des Bürgermeisters zu tun hatte. Die Springer-Zeitung *Hamburger Abendblatt* kommentierte, die Affäre habe das öffentliche Ansehen der Stadt überschattet. Aber Nevermann habe sich der Staatsräson gebeugt. Er habe „im Geiste und nach den Gepflogenheiten hanseatischer Tradition" gehandelt.[9]

Was war das Problem bei Nevermann? Oder besser gesagt: Welches Problem hatten seine Zeitgenossen? Es war kein rechtliches und kein inhaltliches, weder betraf es seine Ansichten noch seinen Regierungsstil. Die zentrale Frage des Konflikts stellte die *Zeit*: „Ob in unserem Lande politische Führung gleichbedeutend sein muß mit sittlicher Repräsentanz"?[10] Es ging darum, ob ein Amtsinhaber nicht nur politische Pflichten, sondern auch moralische Konventionen zu erfüllen hatte. Ob Politiker, denen die Staatsgeschäfte anvertraut wurden, als Privatleute Takt und Tugend, Zurückhaltung und Stil zeigen müssten.

Die Frage wurde im Fall Nevermann nicht beantwortet, aber die journalistische Praxis der folgenden Jahrzehnte gab indirekt eine Antwort. Dass Bundeskanzler Willy Brandt auf Reisen attraktive Damen nicht nur zu Hintergrundgesprächen empfing, war schon während seiner Regierungszeit kein Geheimnis. Aber das war kein Thema für die Zeitungen der Bonner Republik. Anders als etwa in Großbritannien, wo Liebschaften und sexuelle Präferenzen von Politikern bis heute detailfreudig in der Boulevardpresse ausgebreitet werden, hielten sich die Journalisten in Deutschland in der Regel an eine unausgesprochene Übereinkunft: Über Vorgänge hinter den ministeriellen Schlafzimmertüren wird geschwiegen.

Neben Verstößen gegen Recht oder Moral können auch andere persönliche Fehlleistungen zu einem Skandal führen: Entgleisungen. Manchmal beschwören diese juristische Konsequenzen herauf, aber nicht immer. Bei verbalen Entgleisungen etwa reicht es aus, wenn sie gegen die political correctness verstoßen.

Gesagt ist gesagt

Selten hat eine einzelne Äußerung einen derartigen Skandal hervorgerufen. Selten hat ein einzelner Satz solche Konsequenzen gezeitigt. Der Hitler-Bush-Vergleich von Bundesjustizministerin Herta Däubler-Gmelin im September 2002 hatte eine furiose Wirkung. Gewiss, auch Bundeskanzler Helmut Kohl hatte sich viel Ärger eingehandelt, als er im Oktober 1986 eine Parallele zwischen Michail Gorbatschow und Joseph Goebbels zog, aber niemand stellte deshalb seine Position in Frage. Das war bei Herta Däubler-Gmelin anders. Sie konnte nicht im Amt bleiben.

Nur vier Tage vor der Bundestagswahl 2002, am 18. September, absolvierte Herta Däubler-Gmelin einen Wahlkampftermin in ihrem Wahlkreis Tübingen-Hechingen. Dort hatte die langjährige Bundestagsabgeordnete 1998 das Direktmandat gewonnen. Zum Thema Globalisierung in der Arbeitswelt hatte Herta Däubler-Gmelin die Betriebsräte örtlicher Metallfirmen eingeladen. Rund 30 Gewerkschafter kamen in die Sportgaststätte des TV Derendingen, mit ihnen Michael Hahn, Wirtschaftsredakteur der Lokalzeitung *Schwäbisches Tagblatt*. Der schrieb am folgenden Tag, die Ministerin habe US-Präsident George W. Bush mit Adolf Hitler verglichen. Ein Sturm der Entrüstung brach los.

Die Meldung wurde von der *New York Times* und der *Washington Post* aufgegriffen und landete so auch im Weißen Haus. Däubler-Gmelins Bemerkung beschwor die bis dahin schwerste Krise der deutsch-amerikanischen Beziehungen herauf, so hieß es zumindest in der ersten Aufregung. Condolezza Rice, Sicherheitsberaterin des Präsidenten, war aufgebracht. Wenn nur die Hälfte von dem, was berichtet wurde, gesagt worden sei, wäre dies nicht hinnehmbar. Die Atmosphäre zwischen Deutschland und den USA sei vergiftet. Ari Fleischer, Sprecher des Weißen Hauses, übermittelte die Empörung des Präsidenten. Ein solcher Vergleich sei ungeheuerlich. Bundeskanzler Gerhard Schröder versuchte es mit der Rolle des

Ungläubigen. Er könne sich nicht vorstellen, dass Däubler-Gmelin so etwas gesagt habe. Schröder entschuldigte sich in einem Brief an Bush. An seinem Kabinettstisch habe niemand Platz, der den Präsidenten mit einem Verbrecher in Verbindung bringe.

So kurz vor der Wahl war der Vorfall für die Opposition ein gefundenes Fressen. Friedrich Merz, Fraktionschef der Union, forderte die sofortige Entlassung der Ministerin, andernfalls müsse man davon ausgehen, dass sich Schröder die Äußerung zu Eigen mache. CDU-Generalsekretär Laurenz Meyer sah eine unglaubliche Entgleisung. Däubler-Gmelins Verbleiben im Amt vergrößere den internationalen Schaden für Deutschland. Michael Glos tobte im Namen der CSU-Landesgruppe, Däubler-Gmelins Vergleich sei der abscheuliche Höhepunkt der anti-amerikanischen Kampagne von Rot-Grün. Sie müsse sofort von der Regierungsbank verschwinden. Auch FDP-Chef Guido Westerwelle forderte, der Kanzler müsse noch vor der Wahl dafür sorgen, dass die Ministerin zurücktrete.

Der Skandal wurde auch dadurch nicht geringer, dass es sich nicht um eine öffentliche Erklärung, sondern um eine Bemerkung im kleinen Kreis gehandelt hatte. Er wurde auch nicht kleiner, weil der genaue Wortlaut umstritten war, und schon gar nicht durch das Dementi von Herta Däubler-Gmelin: „Ich habe das nicht gesagt – ganz einfach." Denn so einfach war es nicht. Nach Angaben des *Schwäbischen Tagblatts* hatte Däubler-Gmelin behauptet, mit dem Irak-Krieg wolle Bush von seinen innenpolitischen Schwierigkeiten ablenken. Dazu habe sie formuliert: „Das ist eine beliebte Methode. Das hat auch Hitler schon gemacht."[11] Nachdem Däubler-Gmelin fünf eidesstattliche Versicherungen vorgelegt, gerichtliche Schritte gegen die Zeitung angekündigt und Zweifel an der Kompetenz des Redakteurs angemeldet hatte, legte dieser nach. Die Ministerin habe nach der Veranstaltung in der Redaktion angerufen und sei dort auch persönlich erschienen. Sie habe ihre Äußerungen vor Zeugen wiederholt. Die später gedruckten Sätze seien von ihr autorisiert worden. Ursprünglich hatte sie allerdings nicht von Hitler, sondern von „Adolf Nazi" gesprochen, eine sprachliche Nachlässigkeit, die auf das Spontane ihres Einwurfs hindeutet.

Egal wie der genaue Wortlaut war – Däubler-Gmelins inkriminierte Einlassung war politisch ungeschickt und überflüssig. Aber sie war nicht so dramatisch, dass ihre Eignung als Ministerin in Frage stand. Das Ausmaß der Erregung lag zum einen an der unmittelbar bevorstehenden Wahl, zum anderen an ihrer Kritik an Bushs Irak-Krieg. Zu diesem Zeitpunkt waren seine Fehleinschätzungen und Fehldarstellungen noch nicht bekannt. Drei Jahre später hätte sich die Aufregung in Grenzen gehalten, nicht aber im September 2002. Die FAZ sah nur einen Ausweg: „Ihre Aussage kann sie zwar nicht mehr aus der Welt schaffen, aber sie kann durch Rücktritt dafür einstehen und weiteren Schaden von Deutschland abwenden."[12] Dazu entschloss sich die Ministerin unmittelbar nach der Wahl und kam damit ihrer Entlassung zuvor. Gerhard Schröder hätte sich den Start seiner zweiten Amtszeit durch solch eine Affäre nicht verderben lassen. Die Justizministerin sei, kommentierte der *Südwest-Rundfunk*, über ihre scharfe Zunge gestolpert.

Verbale Entgleisungen sind Taktlosigkeiten, die kalkuliert zur Provokation eingesetzt werden oder unüberlegt herausrutschen, als Patzer, als Versehen. In beiden Fällen wirken sie als Tabubruch: Etwas Unschickliches wurde gesagt. Wie es bewertet wird, hängt vom Stilempfinden, der politischen Einstellung und der aktuellen Situation ab. Keine Relativierung dulden hingegen Entgleisungen, die mit Tätlichkeiten verbunden sind.

Unerklärliche Ausraster

Es war die übelste Entgleisung, die sich je ein Politiker in der Bundesrepublik geleistet hat. Wäre der Vorgang nicht durch Fotos dokumentiert, wäre er kaum glaubhaft. Mitten auf dem Marktplatz von Bremen ließ sich Wirtschaftssenator Peter Gloystein im Mai 2005 zu einer ungeheuerlichen Handlung hinreißen. Bei der Eröffnung eines Weinfestes übergoss der Politiker einen vor ihm stehenden Zuschauer mit Sekt. Gloystein stand auf einem Podium, eine Magnum-Flasche Winzersekt in den Händen. Mit den Worten „Hier hast Du auch etwas zu trinken" kippte der Senator plötzlich die Flasche über dem Kopf des Mannes aus. Das Opfer des Angriffs, der 44-jährige Udo Oelschläger, war ein Obdachloser aus Bremen. Der soziale Unterschied zwischen dem Senator und dem Penner ließ den absurden Vorgang in seiner Wirkung noch drastischer erscheinen.

Über einige Details liegen unterschiedliche Aussagen vor. Ob Oelschläger angetrunken war, ob er provozierend nach der Flasche gegriffen hatte, ob er zuvor während der Ansprache des Senators herumgepöbelt hatte, ist nicht eindeutig überliefert. Auch über das Folgende liegen unterschiedliche Aussagen vor. Die eine Lesart besagt, der völlig Durchnässte sei von Gloysteins Bodyguards als Störenfried der Polizei übergeben worden. Andere behaupten, er habe sich selbst an die anwesenden Beamten gewandt. Unwidersprochen blieb dagegen die Anzeige gegen den Senator wegen Beleidigung und Körperverletzung, ebenso Gloysteins Beruhigungsversuche. Er entschuldigte sich bei Oelschläger und bot ihm seinen teuren Montblanc Kugelschreiber als Entschädigung an.

Es ist erstaunlich, aber zunächst glaubte Gloystein, im Amt bleiben zu können. Der Senator behauptete, er habe Oelschläger vom Podium herab Sekt in den Mund gießen wollen. Als dieser nicht darauf eingegangen sei, habe er einfach drauflosgegossen. Das sei weder bösartig noch herabwürdigend gemeint gewesen, vielmehr habe es ein integrativer Akt sein sollen. Auf die Frage, warum er nach der Attacke breit grinsend dagestanden habe, sagte sein Sprecher: „Der Senator guckt immer freundlich."[13] Mit dem Hinweis, er bedaure den Vorfall und habe sich bei Oelschläger entschuldigt, wollte Gloystein die Sache als erledigt abtun.

Doch nur wenige Stunden später war dem Senator klar, dass er sich unmöglich gemacht hatte. Er trat zurück. Am Tag danach brachte *Bild* auf der Titelseite ein großes Foto, das den Übergriff zeigte. Die Schlagzeile: „Politiker dreht durch. Sekt-Anschlag auf Obdachlosen".[14] Auf Seite zwei wurden sechs weitere Fotos gezeigt. Gloystein sah ein, dass der Vorfall durch die Veröffentlichung dieser Bilder eine Dimension bekommen hatte, der er nicht mehr gewachsen war. „Dieser Schnappschuss hat mich gekillt", stellte er treffend fest.[15] Dieser Meinung war auch Bremens Bürgermeister Henning Scherf, der in seiner ersten Reaktion die Tätlichkeit seines Stellvertreters noch unterschätzt hatte. Nach der Veröffentlichung der Aufnahmen sprach er von einem krassen Fehler Gloysteins. Allerdings verurteilte er weniger die Aktion des Senators als deren Wirkung. Solche Fotos, die sich in die Köpfe der Menschen einbrennen, verursachten einen immensen Imageschaden für die Politik. Gefährliche Vorurteile über Politiker würden bedient.

Wie es zu seiner Kurzschlussreaktion gekommen ist, vermochte Gloystein nicht zu sagen: „Ich weiß auch nicht, was in mich gefahren ist."[16] Gleiches hätte auch Christoph Palmer sagen können. Auch er musste wegen einer Tätlichkeit zurücktreten, ein Dreivierteljahr vor Peter Gloystein, im Oktober 2004. Palmer, Staatsminister in Baden-Württemberg, war mit einem Parteifreund, dem CDU-Bundestagsabgeordneten Joachim Pfeiffer, aneinandergeraten. Er hatte ihn bei einer Veranstaltung im Stuttgarter Ratskeller als Drecksau beschimpft. Aber nicht nur das. Es folgten auch zwei kräftige Schläge ins Gesicht. Als Ohrfeigeneklat, als Aussetzer und Ausraster beschrieben die Medien den Vorfall. Unschöne Details wurden in den verschiedensten Ausschmückungen präsentiert. Den Kern der Ereignisse schilderte der *Tagesspiegel* knapp: „Ohne Worte stürzte sich Palmer auf den Parteifreund, packte ihn am Kragen, schrie – und ohrfeigte den Wehrlosen."[17]

Eine derartige Prügelei war bis dahin unter Politikern noch nicht vorgekommen. Unmittelbar danach bemühte sich Palmer, den Vorfall herunterzuspielen. Er versuchte es mit dem wenig überzeugenden Hinweis auf eine alte Freundschaft. Wenn man sich seit 20 Jahren kenne, boxe man sich auch mal. Ein Streit unter Freunden müsse möglich sein. Die zu mitternächtlichen Stunde noch anwesenden Journalisten beschwichtigte Palmer: „Sie sehen also, es ist nur ein Sturm im Wasserglas."[18] Palmer war aber der Einzige, der es so sah. Allen anderen war klar, dass hier eine Grenze überschritten war.

Wie hatte es dazu kommen können? Der Vorfall hatte eine Vorgeschichte, die Palmers Kontrollverlust nicht erklären kann, aber er lässt sich dadurch einordnen. Schon länger war die CDU in Baden-Württemberg in zwei Lager gespalten. Streitpunkt war Ministerpräsident Erwin Teufel, der bereits seit 14 Jahren regierte. Bewusst ließ er Spekulationen wuchern, ob er eine weitere Amtszeit anstrebe. Die eine Gruppierung der Partei, zu denen der attackierte Pfeiffer gehörte, forderte einen Generationswechsel. Das andere Lager plädierte für eine erneute Kandidatur Erwin Teufels. Dazu zählte auch der Teufel treu ergebene Palmer, der die Nachfolgedebatte kurzerhand mit seinem physischen Einsatz beenden wollte. Das erreichte er, aber anders als gewollt. Nach der peinlichen Eskalation sah sich Teufel gezwungen, seine Hinhaltetaktik aufzugeben, und er terminierte seine Demission. Auf der gleichen Pressekonferenz gab Palmer seinen Rücktritt bekannt.

Christoph Palmer hatte schlagartig die Blockade Erwin Teufels gelöst. Sein physisches Engagement hatte wie ein Katalysator den notwendigen Prozess in Gang gesetzt. Aber auch wenn die Wirkung nützlich war, die Ursache war nicht akzeptabel. Diese Erkenntnis war Palmer nach kurzer Bedenkzeit gekommen. Zwar habe er in großer Erregung gehandelt und sich sofort entschuldigt, aber so etwas dürfe, egal mit welcher Begründung, nicht geschehen. In seiner Rücktrittserklärung bekannte Palmer, ein Minister müsse sich untadelig verhalten. „Ich bitte die Öffentlichkeit um Verständnis, dass Menschen – auch wenn sie Minister sind – nicht ohne Emotionen sind."[19]

Bei einer Entgleisung handelt es sich um eine spontane Fehlleistung, entstanden in einem Moment der Unbeherrschtheit. In einer ruhigen Stunde, in einer anderen Gemütsverfassung hätten sich Herta Däubler-Gmelin, Peter Gloystein und Christoph Palmer anders benommen. Keiner der Genannten hatte sich die Konsequenzen seines Tuns bewusst gemacht, sonst hätten sie sich nicht so verhalten. Dies gilt auch für eine weitere Kategorie persönlichen Fehlverhaltens: die Dummheit. Dabei muss es keineswegs um eine plötzliche Anwandlung gehen. Politische Dummheiten sind unter Umständen detailliert geplant und werden sorgfältig durchgeführt.

Eine Dummheit ohne schlechtes Gefühl

Es war eine politische Torheit. Der *stern* hatte eine sensationelle Geschichte darüber angekündigt. Günther Jansen, Sozialminister in Kiel und Stellvertreter Björn Engholms, wollte der Veröffentlichung zuvorkommen und gab den unglaublichen Vorgang am 1. März 1993 selbst bekannt. Er hatte dem Journalisten Reiner Pfeiffer 1989 und 1990 durch einen Boten rund 40 000 DM zukommen lassen. Bar, in kleinen Scheinen, ohne Quittung. Nachts an einer Raststätte der Autobahn Hamburg-Bremen. Reiner Pfeiffer? Der war als Medienreferent des früheren Ministerpräsidenten Uwe Barschel 1987 maßgeblicher Akteur von „Waterkantgate" gewesen. Mit üblen Verleumdungs- und Bespitzelungsaktionen sollte damals Barschels Gegenkandidat Engholm ausgeschaltet werden. Als die Machenschaften bekannt wurden, musste Barschel gehen. Daraufhin trat im Mai 1988 Engholm das Amt des Ministerpräsidenten in Schleswig-Holstein an.

Fünf Jahre später wurden mit Jansens öffentlichem Geständnis Erinnerungen an das dunkle Kapitel wach. Was steckte hinter den mysteriösen Zahlungen an Pfeiffer? Und warum hatte sich mit Klaus Nilius ausgerechnet ein Mitarbeiter von Engholm als Geldbote betätigt? Handelte es sich um Schweigegeld oder um einen Judaslohn für einen Doppelagenten? In der an ominösen Vorgängen reichen Barschelaffäre schien alles möglich. Die schlimmsten Spekulationen zirkulierten, doch Jansen verstand die Aufregung nicht. Das Geld stammte aus der Schublade seines Schreibtisches, in der er über die Jahre Scheine für gute Zwecke gesammelt hatte. Mit seiner Zuwendung hatte er lediglich einer finanziellen Notlage Pfeiffers begegnen wollen, der nach Barschels Rücktritt im Oktober 1987 arbeitslos geworden war. Er habe aus sozialem Empfinden gehandelt, sagte Jansen. Er war sich keiner Schuld bewusst.

Wieviel Naivität ist bei einem Berufspolitiker vertretbar? Jansen hatte acht Jahre im Bundestag gesessen, war fünf Jahre Landesminister und knapp ein Jahr stellvertretender Ministerpräsident. Ein Rücktritt war für ihn kein Thema. „Ich habe im Moment kein so schlechtes Gefühl, aber ich werde jetzt die veröffentlichte Meinung beobachten", bekundete er am 1. März.[20] Auch Björn Engholm sah keinen Grund für eine Ablösung seines Ministers. Er attestierte Jansen, aus tiefstem menschlichen Herzen gehandelt zu haben. Auch die SPD-Fraktion sprach dem Wohltäter ihr Vertrauen aus. Jansen war zwölf Jahre Landeschef und in der Nord-SPD hoch angesehen. Allerdings gab deren Sprecher zu, ein Vermittlungsproblem zu haben. Jansens gute Tat war für niemanden nachvollziehbar.

Die CDU-Opposition forderte Jansens Rücktritt. Engholm versuchte, standhaft zu bleiben, agierte jedoch ungeschickt. Er sah in Jansens Geldleistungen eine Privatangelegenheit, die den dienstlichen Bereich nicht berühre, aber die politische Zusammenarbeit mit ihm als Stellvertreter. Jansens hervorragende Arbeit als Minister stehe dagegen außer Zweifel. Jansen blieb Minister, musste aber sein Amt als stellvertretender Ministerpräsident abgeben. Die *Frankfurter Rundschau* sprach von einem halben Rücktritt. Dieser habe Engholm aus der menschlichen Not geholfen, einen Freund wegschicken zu müssen. Eine Entlastung sei diese halbe Lösung aber nicht. Das wurde schnell deutlich. Die Schubladenaffäre weitete sich aus, immer neue Details über Jansens Kontakte zu Pfeiffer im Sommer 1987 wurden bekannt. Die nährten den Verdacht, dass er damals mehr über Barschels Aktivitäten gewusst hatte als bisher bekannt war. Schnell kam auch Engholm ins Gerede.

Der handelte spät, zu spät. Am 23. März drängte Engholm Jansen, sein Ministeramt niederzulegen. Der folgte, konnte aber in seiner konspirativen Freigiebigkeit aus der Privatschatulle noch immer kein Fehlverhalten erkennen. Er sah lediglich ein, dass das Motiv für seine Zahlungen schwer vermittelbar war. Auch wurde ihm deutlich, dass er Engholm, die Fraktion und die Partei in Misskredit gebracht hatte. Für ihn war der Rücktritt nicht eine notwendige Konsequenz, sondern lediglich ein Tribut an politische Usancen. „Ich bin zurückgetreten, weil es in dieser Gesellschaft so üblich ist, daß man offenbar zurücktreten muß", so seine Auffassung.[21] Diese Uneinsichtigkeit war eine pubertäre Trotzhaltung.

Der Fall war weder zu erklären noch zu rechtfertigen, das vernichtende Urteil war einhellig, der Rücktritt zwingend. Kaum vorstellbar, dass Jansen sich Gedanken gemacht hat, wie er sein Tun erklären könnte. Er muss davon ausgegangen sein, dass seine Aktion geheim bleibt und keine Informationen an die Presse gelangen. Dies zeugt von fahrlässiger Naivität, deutet jedoch nicht allein auf ein unsicheres Moralbewusstsein. Mangelnde Reflexion und Ansätze von Realitätsverlust dürften die wesentliche Rolle gespielt haben. Diese beiden Defizite und dazu tragische Selbstüberschätzung lagen auch einem weiteren Fall politischer Dummheit zugrunde.

Das Beste war zu wenig

Selten nur lagen Ursache und Wirkung, lagen Skandal und Rücktritt so dicht beieinander. Und nur selten kam der Sturz ohne Vorwarnzeit. Gerade mal 24 Stunden hat Philipp Jenninger seine fatale Rede am 9. November 1988 politisch überlebt. Sie erzwang einen der spektakulärsten Rücktritte in der Geschichte der Bundesrepublik. Jenninger war kein unbedeutender Provinzpolitiker. Als Bundestagspräsident bekleidete er das zweithöchste Staatsamt. Auch in den Reihen der Opposition genoss er Respekt und Anerkennung. Und dann dieses schmähliche Versagen.

Es war allerdings keine unbewusste, spontane Entgleisung eines Unbeherrschten, sondern dauerte 45 quälend lange Minuten. Es war auch keine verdeckt durchgeführte Geheimaktion, denn das peinliche Geschehen spielte sich vor dem Plenum des Bundestags ab. Anlass war eine Gedenkveranstaltung zum 50. Jahrestag des NS-Novemberpogroms von 1938, der sogenannten Reichskristallnacht. Wie einige Jahre zuvor der 40. Jahrestag des Kriegsendes sollte dieses Datum in einem besonderen Rahmen begangen werden. Damals, im Mai 1985, hatte Bundespräsident Richard von Weizsäcker eine vielbeachtete Rede gehalten. Eine ähnliche Wirkung schwebte auch Philipp Jenninger vor. Doch das Vorhaben ging gründlich schief.

Die Aufregung begann bereits 2 Minuten und 17 Sekunden, nachdem Jenninger zu reden angefangen hatte. Da kam der Zwischenruf der grünen Abgeordneten Jutta Oesterle-Schwerin: „Es ist doch alles gelogen!" Diesen Einwurf hatte sie sich von Anfang an vorgenommen, weil sie die Gedenkveranstaltung grundsätzlich ablehnte. Ihr Ausruf hatte nichts mit Jenningers Rede zu tun. Aber er entfaltete eine ungeahnte Wirkung. Im Plenum entstand der Eindruck, mit der Rede stimme etwas nicht. Dieser Eindruck bestätigte sich schnell, denn der Bundestagspräsident referierte über Ungeheuerliches. Im Plauderton dozierte er über den Gegensatz vom Starken, Gesunden und Nützlichen zum Krankhaften, Minderwertigen und Schädlichen. Juden seien als Ungeziefer bezeichnet worden. Davon habe es sich durch Ausmerzung zu befreien gegolten. Da hatten einige Mandatsträger den Saal bereits verlassen. Nach und nach wurden es mehr. Der Eklat war da. Mit seinem Auftritt hatte Jenninger sich, das Parlament und die Bundesrepublik blamiert.

Wie das? Der Jurist Jenninger, bisher nicht als Historiker hervorgetreten, hatte sich ein anspruchsvolles Ziel gesetzt. Es sollte keine der üblichen Ansprachen werden, in denen nur die Erinnerung beschworen wird. Er wollte die geistige Atmosphäre der dreißiger Jahre vergegenwärtigen, um zu erklären, wie es zum Holocaust gekommen war. So schwadronierte er vom Faszinosum Hitler, bezeichnete damalige NS-Gegner als querulantische Nörgler und mutmaßte, die Juden hätten die antisemitischen Übergriffe selbst provoziert. „Hatten sie es nicht vielleicht sogar verdient, in ihre Schranken gewiesen zu werden?", fragte Jenninger. Ausführlich zitierte er einen Augenzeugenbericht über eine Erschießung von Juden. Er ersparte seinen Zuhörern weder die Schilderung von zuckenden Körpern und blutenden Köpfen noch ausführliche Zitate des SS-Führers Heinrich Himmler. Es war geschmacklos.

Jenningers Überlegungen waren nicht neu. Über das Faszinosum Hitler hatte er bei Joachim Fest gelesen, die querulantischen Nörgler stammten von Sebastian Haffner – beides ausgewiesene Hitler-Experten. Aber Jenninger sprach zur falschen Zeit am falschen Ort. Eine Gedenkrede dient dem Erinnern, nicht dem Erklären, der

Plenarsaal des Bundestages ist kein Universitätsseminar. Weitaus gravierender jedoch waren die rhetorischen Mängel des Vortrags. Was sich in gelesener Form nachvollziehen ließ, war bei der Rede nicht erkennbar: die Anführungszeichen. Jenninger sprach aus der Täterperspektive, er hatte die schwierige Stilfigur der erlebten Rede gewählt. Seine Zitate waren zu lang, nicht ausreichend gekennzeichnet, und er hatte es außerdem versäumt, auf ihre Funktion hinzuweisen. Die Wirkung war, verstärkt durch manipulative Berichte im Fernsehen und in der Presse, verheerend.

Die Reaktionen schwankten zwischen Empörung und Fassungslosigkeit. Willy Brandt sprach von einem dunklen Tag für die deutsche Nachkriegsgeschichte. Der SPD-Fraktionschef Hans-Jochen Vogel wäre bei einigen Stellen am liebsten in den Erdboden versunken. Auch Abgeordnete von CDU und CSU zeigten sich beschämt, während Wolfgang Lüder von der FDP meinte, Jenninger sei mit geistigen Knobelbechern durch die Geschichte marschiert. Niemand unterstellte Jenninger Sympathie für den Nationalsozialismus. Vorgeworfen wurden ihm Verharmlosung und mangelnde Sensibilität.

Jenningers tolpatschige Rede war eine politische Dummheit, sein Abgang unvermeidlich. Allerdings nicht in erster Linie wegen dieser Dummheit oder weil er sich kaum einsichtig zeigte. Sein Fazit lautete: „Man muß daraus lernen, nicht alles darf man beim Namen nennen in Deutschland."[22] Jenningers Rücktritt war zwingend, weil er sich seinem Amt nicht gewachsen zeigte. Er hatte sich übernommen. Eine Rede zu einem so gewichtigen Anlass an so gewichtigem Ort darf nicht missverständlich sein. Richard von Weizsäckers legendärer Beitrag zum 8. Mai 1985 hätte sich bei allem Willen zur Interpretation nicht falsch auslegen lassen. Jenninger dagegen hat Fehldeutungen provoziert und sich im Amt unmöglich gemacht. „Warum mußte er reden?", fragte die *Frankfurter Rundschau* und seufzte: „Er gab sein Bestes. Aber das war zu wenig."[23] Eine politische Dummheit dieser Größenordnung darf nicht vorkommen.

Die seltenen Ausnahmen

Was alles darf im Verhalten eines Politikers nicht vorkommen? Die in diesem Kapitel geschilderten Fälle sind unterschiedlich zu gewichten. Die Vorwürfe gegen Heinz Eggert waren unbegründet oder unbeweisbar. Die Vorwürfe gegen Paul Nevermann und Herta Däubler-Gmelin waren lediglich der zeitbedingten Mentalität oder einer aktuellen Situation geschuldet. Einige Vorkommnisse waren strafrechtlich relevant.

Suff und Sex, Patzer und Dummheiten – sind Politiker in der Bundesrepublik haltlos, geil und ungeschickt? Zeigen diese Fälle persönlichen Fehlverhaltens moralische Verworfenheit und charakterliche Mängel der politischen Klasse? Nein, im Gegenteil. Die hier präsentierten Fälle waren seltene Ausnahmen. Wenn es in beinahe 60 Jahren Bundesrepublik nur so wenig Beispiele von Ausrastern und Übergriffen gab, ist das ein gutes Zeichen. Dies gilt trotz einiger Einschränkungen. Zum einen erheben die dargestellten Fälle keinen Anspruch auf Vollständigkeit, zum anderen hat nicht jede persönliche Verfehlung zu einem Rücktritt geführt. Und schließlich wird nicht aus jedem Fehltritt eine Schlagzeile.

Die Frage nach der Anzahl solcher Fälle ist nicht so wesentlich wie die grundsätzliche Frage, die sich von ihnen ableiten lässt. Werden an Politiker besondere charakterliche Anforderungen gestellt? Im Fall von Leonhard Schlüter wurde die Frage eindeutig mit ja beantwortet. Schlüters Ernennung hing auch mit den Umständen der Nachkriegszeit zusammen, in der sich auch fragwürdige Gestalten auf der politischen Bühne tummeln konnten. Seither wählen die Parteien ihr Personal sorgfältiger aus, zumindest was die persönliche Integrität betrifft. Und wie verhält es sich mit der moralischen Vorbildhaftigkeit eines Politikers? Muss sich sein Privatleben einer vorherrschenden oder geforderten Moralvorstellung orientieren? Heute wären Paul Nevermanns Eheprobleme kein Thema mehr. Unklare Familienverhältnisse sind heute für Regierungschefs ebensowenig ein Problem wie Schwulsein.

Keinen Zweifel gibt es dagegen bei Rechtsverstößen. Die Rücktritte von Jörg König oder Peter Gloystein waren zwingend. Auch Minister sind Menschen, hatte sich Christoph Palmer verteidigt. Als solche können und sollten sie für ihr Fehlverhalten mit ihrem Rücktritt einstehen.

Ob justiziabel oder strafrechtlich irrelevant, ob politisch instrumentalisiert oder nicht – bei fast allen Skandalen dieses Kapitels handelt es sich um Probleme außerhalb des Politischen. Zwar hat Philipp Jenninger seine missglückte Rede in seiner Eigenschaft als

Bundestagspräsident gehalten. Peter Gloystein hat sich zu seiner Sektattacke hinreißen lassen, während er als Senator auf einem Podium stand. Die Vorwürfe gegen Heinz Eggert wurden von ehemaligen Mitarbeitern erhoben. Aber der Grund des Versagens oder der Vorhaltung lag im menschlichen Ungenügen, nicht im politischen. Doch auch von den zahlreichen Varianten politischen Fehlverhaltens gibt es erschreckende Beispiele.

KAPITEL 9

Rücktrittsgrund 7: Politische Verfehlung

Ein Vergehen, das exemplarisch geahndet werden muss

Es war ein Fehlgriff. Und es würde ein teurer Fehlgriff werden. Der würde den Steuerzahler innerhalb der nächsten fünf Jahre 700 000 Mark kosten. Später kämen 3,3 Millionen Mark hinzu. So hoch waren Übergangsgeld und Pensionsanspruch. So teuer kam die vorzeitige Entlassung eines Staatssekretärs. Gerade mal vier Monate amtierte Johannes Schädler 1995 im hessischen Umweltministerium, dann war das Verhältnis zur grünen Ministerin Iris Blaul zerrüttet. Für diesen Posten war er nicht der Richtige. Iris Blaul hatte den zweiten Mann ihres Hauses persönlich ausgesucht, und sie hatte sich vertan. Die Ministerin versuchte, den Staatssekretär zum freiwilligen Weggang zu bewegen, doch der weigerte sich. Daraufhin trat sie am 20. September 1995 zurück. Ihre Begründung: Durch Schädler werde nicht nur die Arbeit ihres Ministeriums schwer beeinträchtigt, seine Entlassung werde auch den Landeshaushalt belasten. Für die Personalentscheidung sei sie verantwortlich.

> Handle so, dass die Maxime deines Willens jederzeit zugleich als Prinzip einer allgemeinen Gesetzgebung gelten könne.
> *Immanuel Kant, Kritik der praktischen Vernunft*

Die Opposition nannte diese Begründung vorgeschoben. Sie witterte andere Ursachen. Von Überforderung war die Rede, davon, dass das Ministerium von einem Küchenkabinett am Staatssekretär vorbei geführt werde. Der Leiter der Zentralabteilung, Wenzel Mayer, war Blauls Lebensgefährte. CDU und FDP beantragten sogar einen Untersuchungsausschuss zur Aufklärung der Gründe des Rücktritts. Aber auch Blauls Parteifreunden schien eine falsche Personalentscheidung ein wenig plausibler Rücktrittsgrund zu sein. Es sei wohl einmalig, staunte der grüne Fraktionschef Fritz Hertle, „dass ein solcher Anlaß einen solch gewichtigen Schritt provoziert."[1]

Das Misstrauen der Opposition war ebenso gerechtfertigt wie die Verwunderung des Fraktionsvorsitzenden. Eine einzelne Fehlentscheidung eines Ressortchefs führte in der Bundesrepublik kaum je zu einem Rücktritt – schon gar nicht, wenn diese Fehlentscheidung noch nicht einmal skandalisiert worden war. Ob ein so teurer Missgriff wie der von Iris Blaul den verzeihlichen Irrtümern zugerechnet werden kann, sei dahingestellt. Zumindest war er kein Vergehen, das Anlass eines Rücktritts sein musste. Da gibt es andere Kaliber politischer Verfehlungen. Verfehlung meint einen Verstoß gegen Grundsätze oder Vorschriften einer ordentlichen Geschäftsführung. Dieser Verstoß ist politisch im engeren Sinn, wenn er mit der Ausübung der Funktion zu tun hat.

Zunächst geht es um ein Phänomen, bei dem das Fehlverhalten aus Untätigkeit besteht: die Unterschätzung eines akuten Problems, bei dem Entscheidungen und Durchgreifen notwendig wären. In der zweiten Kategorie handeln die Amtsinhaber zwar, aber in der falschen Weise. Da spielt anmaßende Kompetenzüberschreitung eine Rolle. Eine Gefälligkeitsentscheidung zugunsten Bekannter oder Verwandter, die Vetternwirtschaft, gehört zur dritten Spielart politischer Normverletzung. Zwei weitere Typen politischer Verfehlung beziehen sich auf unlautere Maßnahmen zum Machterhalt: Die Intrige und die Lüge. Am Schluss des Kapitels werden die beiden Rücktritte geschildert, die mit den größten Skandalen der Bundesrepublik verbunden sind: die Spiegelaffäre des Franz Josef Strauß und die Machenschaften der Kieler Staatskanzlei unter Uwe Barschel. Nirgendwo hatte politisches Fehlverhalten eine größere Dimension.

Hysterische Wahnsinnsängste

Selten hat ein Minister im Bundestag derart dumm, peinlich und unsouverän gesprochen. Sollten noch Zweifel an Georg Lebers Überforderung bestanden haben – mit seiner Rede vom 26. Januar 1978 hatte er sie ausgeräumt. Gewiss, die Opposition hatte den sozialdemokratischen Verteidigungsminister durch aggressive Zwischenrufe provoziert, aber das rechtfertigte seine pathetische Rhetorik nicht. „Wenn Christus noch einmal auf die Erde käme und sähe, wie einige Leute aus diesen Parteien, die sich ‚christlich' nennen, unter diesem Namen ihr politisches Kleingeld wechseln und fälschen und schieben", rief Leber der Union zu, „er würde sie nicht nur verhauen, wie er sie damals verhauen hat, sondern er würde alle diese Philister und Pharisäer aus seinem Tempel jagen."[2]

Solche Ausraster waren ein gefundenes Fressen für die CDU, während die Abgeordneten der Koalition ratlos zwischen Beklommenheit und trotziger Solidarität schwankten. Leber hätte sich an sein Manuskript halten sollen, aber der Haushalt des Verteidigungsressorts, der auf der Tagesordnung stand, war nicht das Thema, das die Opposition interessierte. Sie wollte von Leber etwas zu den beiden Skandalen hören, die gerade heiß diskutiert wurden. In beiden Fällen hatte sich Leber als uninformiert und führungsschwach gezeigt. Sein mangelndes Durchgreifen war so erbärmlich, dass sich Oppositionsführer Helmut Kohl zu der Bemerkung verstieg, das Land werde im Stil einer Bananenrepublik regiert.

Georg Leber wurde schon länger angefeindet. Dabei hatte das dienstälteste Kabinettsmitglied in der Regierung von Helmut Schmidt anerkannte Verdienste. Der gelernte Maurer, im Zweiten Weltkrieg Unteroffizier, stand seit 1972 dem Verteidigungsministerium vor. Unter seiner Führung wurden die Streitkräfte vergrößert und modernisiert. Aber nach einigen erfolgreichen Jahren auf der Hardthöhe verließ den damals 56-Jährigen das Gespür für Notwendigkeiten. Als ein Spionagering um das Ehepaar Lutze im Verteidigungsministerium enttarnt wurde, reagierte er nur zögerlich. Was dringliche Chefsache gewesen wäre, überließ Leber seinem Staatssekretär Helmut Fingerhut. Auf einer Pressekonferenz präsentierte sich der Minister derart unwissend, dass die Medien an seiner Eignung für das Amt zweifelten. Diese Zweifel verstärkten sich, als Leber kurz darauf widerrechtliche Abhöraktionen des Militärischen Abschirmdienstes (MAD), von denen er nichts wusste, einräumen musste.

Leber hatte sich zu vertrauensselig auf den Automatismus der Bürokratie verlassen. Den Spionagefall hatte er auf die leichte Schulter genommen, beim MAD waren die Zügel zu locker geblieben – er hatte sein Ministerium nicht unter Kontrolle. Seine Inkompetenz stellte das Vertrauen in die Bundeswehr, mit fast 500 000 Soldaten die zweitgrößte Nato-Armee, in Frage. Mit seinem hilflosen Auftritt im Bundestag demonstrierte Leber, dass er Krisensituationen nicht handhaben konnte. Der Verteidigungsminister wurde zum Sicherheitsrisiko. Davon war auch Bundeskanzler Helmut Schmidt überzeugt. Leber hatte keinen Rückhalt mehr. Nur drei Tage nach seiner peinlichen Rede trat er zurück. Er begründete den Schritt zu Recht mit seiner Verantwortung für das ungesetzliche Treiben des MAD. Aber die Ursache des Missstands und seines Rücktritts waren seine Unterlassungen, seine Führungsschwäche und sein mangelndes Durchgreifen.

Leber hatte in zweifacher Hinsicht gegen die Anforderungen an einen Minister verstoßen. Von einem Ressortchef wird zum einen erwartet, dass er seine Behörde im Griff hat. Mit der mangelnden Kontrolle des MAD hatte Leber sein Unvermögen bewiesen. Zum anderen wird von einem Minister verlangt, in einer Krisensituation angemessen zu reagieren. Das hatte Leber im Spionagefall Lutze versäumt – sein Rücktritt war gerechtfertigt. Dies gilt umso mehr, als es sich um so wesentliche Probleme wie die äußere Sicherheit und Verstöße gegen das Grundgesetz handelte.

Die Versäumnisse von Andrea Fischer waren nicht so schwerwiegend wie die von Georg Leber, dennoch brachten sie die Gesundheitsministerin im Januar 2001 zu Fall. Es waren viele Fronten, an denen Andrea Fischer kämpfte. Seit zwei Jahren war die Grüne im Amt. In dieser Zeit hatte sie weder Bundeskanzler Gerhard Schröder noch ihre Parteifreunde davon überzeugt, die richtige Frau auf diesem Posten zu sein. Auf die zunehmende Kritik reagierte die 40-Jährige zunehmend gereizt, und Kritik gab es reichlich. Ob Gentechnik oder Gesundheitsreform, Budgetierung von Arzneimitteln oder Präimplantationsdiagnostik – für kaum eine der zahlreichen Baustellen legte die Ministerin plausible Konzepte vor.

Nur in einer gefährlichen Situation, der BSE-Krise, reagierte Fischer schnell und angemessen. Ausgerechnet die wurde ihr aber zum Verhängnis. Kaum war Ende November 2000 der erste Fall von Rinderwahnsinn in Deutschland publik geworden, legte sie einen Gesetzentwurf über das Verfütterungsverbot von Tiermehl vor. Damit setzte sie sich gegen ihren Kollegen vom Landwirtschaftsressort, Karl-Heinz Funke, durch. Bei aller Kritik gegen Fischer – diese rasche Maßnahme verschaffte ihr Anerkennung. Ihr Haus sei offensichtlich auf das Auftreten von BSE gut vorbereitet gewesen, lobte der *Rheinische Merkur* am 15. Dezember 2000. Aber solcher Zuspruch war vereinzelt und hielt nicht lange vor.

Wenige Tage später zeigten fünf weitere Kühe die Symptome der Krankheit. Die Furcht vor gefährlichen Fleischwaren grassierte und nahm hysterische Züge an. Innerhalb einer Woche wurde Andrea Fischer, so die *Frankfurter Rundschau*, von der Verbraucherschützerin zum lebensbedrohlichen Gesundheitsrisiko. Die Ministerin hatte zwei schwerwiegende Fehler begangen. „Das macht sie zur idealen Zielscheibe der öffentlichen Wahnsinnsängste", hieß es einen Tag vor Weihnachten.[3]

Der erste Fehler: Am 19. Dezember wandte sich Fischer gegen EU-Verbraucherkommissar David Byrne und versicherte, deutsche Wurst sei ungefährlich. Byrne hatte behauptet, in deutschen Würstchen stecke gefährliches Rinderhirn. Aber nur einen Tag nach dieser Unbedenklichkeitserklärung musste Fischer eingestehen, dass in ihrem Ministerium bereits eine Woche zuvor ein Warnbrief der Bundesanstalt für Fleischforschung eingegangen war. Deren Fachleute hielten das von Wirbelsäulen abgeschabte Faserfleisch für bedenklich. Diese Warnung bezog sich zwar auf einen anderen Sachverhalt, aber in der Öffentlichkeit stand Fischer als Verharmloserin der gefährlichen BSE-Krise dar, zumal der Brief eine Woche in ihrem Ministerium herumgelegen hatte. Fischer kündigte sofortiges Eingreifen an – ihr zweiter Fehler. Die Ministerin wollte mit einer Eilverordnung den Verkauf bestimmter Wurstwaren untersagen, doch das Verbot war juristisch nicht durchsetzbar. Was als beherztes Durchgreifen gedacht war, wirkte kopflos. So wurde Fischer erst der Verharmlosung, dann der Inkompetenz geziehen.

Solche Fehler darf sich kein Minister leisten, der im Kabinett oder in seiner Partei eine fragile Position hat. Weder ihre politischen Freunde noch die Öffentlichkeit trauten Fischer zu, den Verbraucherschutz glaubwürdig zu vertreten. Das sah die Ministerin ein und trat am 9. Januar 2001 zurück. Ihr Schritt hatte Folgen. Nachdem sie die Verantwortung für Fehler übernommen hatte, konnte Landwirtschaftsminister Karl-Heinz Funke, der sich als Lobbyist der Bauern verstanden und systematisch die BSE-Gefahren kleingeredet hatte, ebenfalls nicht mehr im Amt bleiben. Eine andere Folge der Rücktritte war eine Umbenennung des Ressorts in Verbraucherschutzministerium.

Aber nicht nur mangelnder Einsatz kann zum Rücktrittsgrund für einen Minister werden. Auch zu großer Eifer wird zum Stolperstein, wenn die gesetzlichen Grenzen der Zuständigkeiten überschritten werden.

Aus dem Ruder gelaufen

Der Schuss ging nach hinten los. Er sollte den politischen Gegner treffen, warf aber den Schützen aus der Bahn. Am 6. November 1990 musste der hessische Innenminister Gottfried Milde zurücktreten. Er hatte ein angebliches Komplott von Opposition und Presse gegen Regierungschef Walter Wallmann entlarven wollen und dazu aus einem geheimen Abhörprotokoll zitiert – öffentlich, während einer Landtagssitzung. Der Verstoß gegen das Fernmeldegeheimnis war nicht nur ein Bruch der Verfassung, denn die Verletzung des Dienstgeheimnisses ist auch ein im Strafgesetzbuch beschriebener Tatbestand.

Wenige Wochen vor der Landtagswahl vom 20. Januar 1991 kursierten über Ministerpräsident Wallmann schmuddelige Gerüchte. Dem früheren Frankfurter Oberbürgermeister wurden Kontakte ins dortige Rotlichtmilieu nachgesagt. Mit dem flüchtigen Bordell-König Hersch Beker sollen ihn dubiose Grundstücksgeschäfte verbunden haben. Ein unter dem Decknamen Paule auftretender Spitzel der Frankfurter Polizei hatte behauptet, er habe Beker und dessen Freundin zu Wallmanns Privathaus chauffiert.

Zu diesen Verdächtigungen hatte die Opposition am 24. Oktober 1990 eine aktuelle Stunde im Wiesbadener Landtag beantragt. Walter Wallmann verneinte eine Bekanntschaft mit der Kiezgröße. Innenminister Milde behauptete, es sei eine niedere Rufmordkampagne gegen den Regierungschef im Gang. Sein Argument: ein Telefonat, in dem ein *stern*-Reporter einem Frankfurter Rechtsanwalt 150 000 Mark für ein Interview mit dem abgetauchten Beker geboten haben soll. Der Beweis: das Abhörprotokoll des Bundeskriminalamtes, aus dem Milde zitierte. Der Grüne Rupert von Plottnitz war fassungslos. Erstmals in seiner Geschichte habe der Landtag zugehört, wie ein Regierungsmitglied einen Rechtsbruch begeht.

Milde hätte nicht nur darauf verzichten sollen, aus dem Protokoll zu zitieren, er hätte es nicht einmal besitzen dürfen. Nach Auffassung des hessischen Datenschutzbeauftragten Spiros Simitis war der Innenminister widerrechtlich an das Material gelangt. Obendrein hatte Milde den Sachverhalt falsch dargestellt. Nicht der *stern* hatte sich um das Interview bemüht, sondern der Anwalt hatte es im Auftrag seines Mandanten angeboten. Der abgehörte Journalist zeigte Milde wegen des Verdachts der Verleumdung sowie der Verletzung der Privatsphäre und des Fernmeldegeheimnisses an.

Der Minister war sich keiner Schuld bewusst. Er sah den Regierungschef mit skrupellosen Mitteln ins Zwielicht gezogen und in seiner Ehre verletzt. Gottfried Milde war überzeugt, rechtmäßig und pflichtgemäß gehandelt zu haben. Als Innenminister sei es seine Aufgabe, Schaden vom Staat, den Staatsämtern und den Amtsinhabern abzuwenden. Dass sich die Rechtsordnung nicht durch ihre Übertretung retten ließ, kam weder ihm noch Walter Wallmann oder der hessischen Union in den Sinn. Sie sprachen Milde ihr Vertrauen aus. Das CDU-Präsidium dankte Milde sogar für seinen Auftritt im Parlament. Mit so viel Solidarität im Rücken wies der Minister jeden Gedanken an Rücktritt von sich.

Dass Milde nur wenig später doch zu Fall kam, lag am Koalitionspartner FDP. Zwar hatten die Liberalen zunächst mit der Union einen Antrag auf Entlassung Mildes abgeschmettert. Aber schnell hatten sie erkannt, dass ihre Wählerklientel eine Abhöraffäre nicht ohne weiteres hinnehmen würde. Auch versprach es wenig Prestigegewinn, diesen Skandal während des Wahlkampfes an der Seite der CDU durchzustehen. So beredete die FDP den Regierungschef, Milde zum Rücktritt zu motivieren. Wallmann gab dem Scheidenden eine Ehrenerklärung mit auf den Weg. Zu Recht musste sich der Ministerpräsident vom hessischen SPD-Chef Hans Eichel Vorwürfe gefallen lassen. Die Glorifizierung von Mildes Rechtsbruch zur mutigen Tat, so Eichel, zeige ein unklares Verhältnis zum Rechtsstaat und zur Pressefreiheit.

Ein fragwürdiges Verständnis der Rechtsordnung offenbarte auch der sächsische Justizminister Steffen Heitmann, der es nicht so genau mit der Gewaltenteilung nahm. Die Unabhängigkeit der Justiz war für den Kirchenjuristen aus der DDR kein Thema. Zu diesem Eindruck kam der sächsische Datenschutzbeauftragte Thomas Giesen am 18. Juli 2000. An jenem Tag hatte er einige Akten im Dresdener Justizministerium überprüft. Darunter war auch ein Verfahren aus dem Jahr 1997. Einige handschriftliche Vermerke Heitmanns in dem Vorgang machten Datenschützer Giesen stutzig. Der Minister hatte sich nicht nur von der Staatsanwaltschaft über den Stand des Verfahrens informieren lassen, sondern hatte überdies einen Abteilungsleiter seines Ministeriums beauftragt, bei den Ermittlern auf beschleunigte Behandlung zu drängen. Heitmann hatte sogar den Grund für seine Anweisung vermerkt. Das Verfahren lief gegen den Finanzbeigeordneten der Stadt Görlitz, Rainer Neumer, der dort als stellvertretender Kreisvorsitzender der CDU kandidieren sollte. Dem ersten Vorsitzenden, Volker Bandmann, war an einer raschen Klärung der Vorwürfe gelegen, weshalb er Heitmann angerufen hatte.

Der Datenschutzbeauftragte war alarmiert. Es war nicht das erste Mal, dass er an Heitmanns Amtsführung nach Gutsherrenart etwas auszusetzen hatte. Aber dies war der schwerste Verstoß gegen die Richtlinien, den er in Sachsen je festgestellt hatte. Die Opposition forderte den Rücktritt Heitmanns. Der sah dazu keinen Grund. Er habe auf die Justiz keinen Einfluss ausgeübt. Sein Fehler sei lediglich gewesen, dass durch die Umstände der Weitergabe ein Gebräu an Vermutungen entstanden sei. Er behalte sich auch künftig vor, sich über laufende Verfahren Bericht erstatten zu lassen. Heitmann nannte die Diskussion eine Veranstaltung eines Datenschützers, der ein besonderes Rechtsverständnis habe. Einer Anzeige wegen Geheimnisverrats sehe er mit Genugtuung entgegen.

Heitmanns Selbstsicherheit schien durch Kurt Biedenkopf gedeckt. Zwar hatte der Ministerpräsident schnell die Regeln für die Berichterstattung der Staatsanwaltschaften ans Ministerium geändert, aber er war von Heitmanns Unschuld überzeugt. Nach einem Gespräch mit dem Minister sah Biedenkopf die Sache als erledigt an. Alle anderen sahen es anders. Die Opposition verschärfte ihre Rücktrittsforderungen, der Verband der sächsischen Verwaltungsrichter forderte Biedenkopf auf, die „aus dem Ruder gelaufene sächsische Justizpolitik wieder in rechtsstaatliche Bahnen zurückzulenken".[4] Auch die Neue Richtervereinigung Sachsen kritisierte eine Geringschätzung der Gewaltenteilung, ebenso die Staatsanwaltschaft Dresden. Sie ermittelte wegen des Verdachts der Verletzung von Privat- und Dienstgeheimnissen.

Bei so viel Gegenwind strich Heitmann die Segel. Am 12. September trat er zurück. Die unerträgliche Weise, in der seine Amtsführung angegriffen werde, so seine Begründung, ziele auf die Beschädigung seines Ansehens. Der Regierungschef lobte Heitmann über den grünen Klee und schwärmte: „Er war bis heute der beste Justizminister Sachsens."[5] Was Wunder – war Heitmann doch bis dahin der Einzige, der dieses Amt seit Gründung des Freistaates innehatte. Biedenkopf attackierte Heitmanns Kritiker: Datenschützer Giesen, der als Westdeutscher seinen Lebensmittelpunkt nicht in Sachsen habe, die Richter, die größtenteils ebenfalls aus dem Westen stammten. Auch Heitmann sparte nicht mit Gift und Galle. „Es sind nicht die Fähigsten und Fleißigsten, die sich durch die Dienstaufsicht beeinträchtigt fühlen", verunglimpfte er die Richter.[6]

Steffen Heitmann wie Gottfried Milde hatten sich in Ausübung ihres Amtes Kompetenzen angemaßt, die ihnen nicht zustanden, hatten ihre Position ausgenutzt, um ein parteiliches Anliegen durchzusetzen. Die Ignoranz gegenüber rechtlichen Machtbeschränkungen spielt auch bei der folgenden Variante politischer Verfehlung eine Rolle. Hier steht nicht ein Freundschaftsdienst im Vordergrund, sondern der eigene Machterhalt.

Die Dirigentin des dicken Hundes

Der Erfolg war so spektakulär wie unerwartet. Für die CDU von Sachsen-Anhalt war die erste freie Landtagswahl im Oktober 1990 ein großer Sieg. Die Union gewann fast sämtliche Direktmandate. So freute sich alle Christdemokraten – nur einer nicht: Gerd Gies, auf Platz eins der Landesliste und designierter Ministerpräsident. Er hatte keinen Sitz errungen, weil alle CDU-Abgeordneten über ein Direktmandat in den Landtag kamen. Gies war davon ausgegangen, als Spitzenkandidat würde er selbstverständlich über die Landesliste ins Parlament gelangen. In Unkenntnis des Wahlrechts hatte er versäumt, sich über einen Wahlkreis abzusichern. Wie Gies dennoch zu einem Parlamentssitz kam? Einige der gewählten Abgeordneten verzichteten unerwartet auf ihr Mandat. Gies konnte als Nachrücker zum Zug kommen.

Doch viel Freude hatte er an seinem Amt nicht. Schnell erwies sich der Tierarzt als inkompetent und überfordert. Seit 1970 in der Ost-CDU, konnte er sich nicht vom Denken in alten Strukturen befreien. Der *Spiegel* schmähte ihn mit Blick auf die Regierungschefs der neuen Bundesländer als den Farblosesten unter Farblosen. Doch nicht Anpassungsdrang oder Kohl-Hörigkeit, nicht Führungsschwäche oder Ungeschick wurde Gies im Sommer 1991 zum Verhängnis. Er musste zurücktreten, weil er sich sein Landtagsmandat mit einer Intrige erschlichen hatte.

Nach der Wahl vom Oktober 1990 hatte Gies mit mehreren gewählten Parteifreunden verhörartige Einzelgespräche geführt. Darin warf er ihnen eine frühere Mitarbeit bei der Stasi vor. Er verfügte über eine Namensliste mit entsprechenden Mitarbeiternummern. Wenn der dort Genannte nicht auf sein Mandat verzichte, drohte Gies, würde er die IM-Tätigkeit öffentlich machen. Drei Abgeordnete ließen sich auf diese Weise erpressen. Sie gaben ihr Mandat zurück. Ein weiterer, der Magdeburger Christoph Koch, ließ sich nicht dazu bewegen, denn sein Name stand ohne Grund auf der Stasi-Liste. Aber Koch war so eingeschüchtert, dass er monatelang schwieg. Erst Anfang Juli 1991 ging er an die Öffentlichkeit. Gies musste sich vor der CDU-Fraktion rechtfertigen. Zehn Stunden kämpfte er am 3. Juli 1991 um seine Position, aber mit 21 zu 20 Stimmen entzog ihm die Fraktion das Vertrauen. Gies trat zurück.

Ein solches Ränkespiel war nur in den Gründungswirren der neuen Bundesländer möglich? Weit gefehlt. Das alte Lied vom Kampf um die Macht mit allen Mitteln spielte auch Monika Hohlmeier. Und wie Gerd Gies hatte die ehrgeizige Tochter des langjährigen Bayern-Regenten Franz Josef Strauß zu hoch gepokert. Das hoffnungsvolle Nachwuchstalent der CSU musste am 14. Mai 2005 als bayerische Kultusministerin zurücktreten. Vorausgegangen waren monatelange Querelen über ihre Intrigen.

„So etwas hat es zum letzten Mal bei der Stasi gegeben", empörte sich SPD-Fraktionschef Franz Maget im Juli 2004.[7] Was da aus der CSU zu hören war, schien kaum glaublich. Monika Hohlmeier soll ihren Parteifreunden mit prekären Enthüllungen gedroht haben. Auf einer Sitzung der Münchener CSU-Führung war die Bezirksvorsitzende in einen feurigen Streit mit ihren Vorstandskollegen geraten. In die Enge getrieben, legte Hohlmeier mit den Worten „gegen jeden von euch gibt es was" einen blau-grünen Klarsichtschnellhefter auf den Tisch. Die Sitzungsteilnehmer sahen einen Erpressungsversuch, Hohlmeier aber bestritt jede Nötigungsabsicht. Spät erst schaltete sich Parteichef Edmund Stoiber ein und drängte Hohlmeier zu einer Entschuldigung. Mit einem Kompromiss glaubte Stoiber, das Problem zu lösen. Monika Hohlmeier blieb Kultusministerin, musste jedoch ihr Amt als Münchener CSU-Vorsitzende abgeben.

Damit aber war die Affäre Hohlmeier längst nicht beendet. Ihre Enthüllungsdrohung war nur eine Schlacht in einem schon lange schwelenden Grabenkrieg. Der parteiinterne Zwist wurde seit Dezember 2004 in einem Untersuchungsausschuss behandelt. Anlass waren die Vorgänge im Münchener CSU-Ortsverband Perlach, wo der Landtagsabgeordnete Joachim Haedke und ein Kreis Gleichgesinnter neue Parteimitglieder durch Geldleistungen angeworben und sogar Aufnahmeanträge gefälscht hatten. Damit wollten sie Wahlen manipulieren, um Parteiposten bekleiden zu können, falls Hohlmeier bayerische Ministerpräsidentin würde. Dies war seit einem Strafprozess gegen die Wahlfälscher bekannt. Anfang April 2005 traten die Strafermittler im Untersuchungsausschuss auf und attestierten Hohlmeier, von dieser Praxis gewusst zu haben. Ein dicker Hund, kommentierte SPD-Fraktionsvize Karin Rademacher die spektakuläre Aussage.

Doch es kam noch dicker. Einer der beteiligten Manipulateure legte vor dem Untersuchungsausschuss nach. Maximilian Junker stellte Monika Hohlmeier nicht nur als Mitwisserin, sondern als Dirigentin der Operation dar. Er sei im November 2002 Ohrenzeuge eines 40-minütigen Telefonats zwischen der Ministerin und dem Abgeordneten Haedke in dessen Wohnung gewesen. Darin habe Haedke von den Mitgliedskäufen und dem auf 500 Euro pro Kopf gestiegenen Preis berichtet. Dieser Aussage widersprach Hohlmeier, aber ihre Position war unhaltbar geworden. Was ihr Vorteil hatte werden sollen, wurde ihr zum Verhängnis. Eine andere Form politischer Vergehen, die Vetternwirtschaft, soll anderen zu einem Vorteil verhelfen. Wegen solcher Begünstigungen geriet Jürgen Möllemann in die Kritik.

Was man wissen sollte

Es war eine kleine Hilfestellung, die Jürgen Möllemann im März 1992 einem Kölner Unternehmen geben wollte. In einem Brief pries er ein aus seiner Sicht pfiffiges Produkt an: einen Schlüsselanhänger, der einen Chip enthielt, mit dem im Supermarkt ein Einkaufswagen von der Kette gelöst werden konnte. Empfänger des Empfehlungsschreibens waren die Leiter großer Einzelhandelsfirmen wie Aldi, Coop oder Spar. Möllemann schlug vor, zu einer Präsentation des Produkts der Firma Pro-Invention die Herren Appelhoff und Körfgen einzuladen. Ein Detail, das der Minister in seinem freundlichen Brief nicht erwähnte, brachte der *stern* im Dezember 1992 zur Sprache. Einer der von Möllemann genannten Herren, Hubert Appelhoff, war ein Vetter von Möllemanns Ehefrau Carola. So wurde aus der ministeriellen Wirtschaftsförderung ein Fall von Nepotismus.

Die Empörung über diese Verquickung von Regierungsamt und Privatgeschäft hätte Möllemann wegstecken können, aber der Minister griff zur falschen Taktik – er leugnete. Die Werbebriefe seien ohne sein Wissen und ohne seine Billigung verfasst worden. Während seiner Abwesenheit habe ein Mitarbeiter des Ministeriums einen blanko unterschriebenen Briefbogen verwendet. Er habe, gab Möllemann an, erst durch eine Anfrage des *stern* von dem Vorgang erfahren – eine absurde Behauptung. Wäre es denkbar, dass ein deutscher Beamter selbständig einen Ministerbrief in der Ich-Form abfasst? So fragte der *stern* bei der Enthüllung der Geschichte. Schnell hatte sich die Problematik verschoben. Die Frage lautete nun nicht mehr, ob Möllemann als Minister für Privatinteressen geworben hatte, sondern ob er gelogen hatte. Zugetraut wurde ihm beides. Sein Renommee war denkbar schlecht. Dem *Spiegel* galt er als der Prototyp des unseriösen Politikers, als Gernegroß und Selbstdarsteller. Die *taz* sah in ihm einen mediengeilen Lobbyisten, den Karrieristen par excellence. Möllemanns Qualifikation für ein Ministeramt wurde in Abrede gestellt. Einwände gab es in fachlicher wie in charakterlicher Hinsicht. Der SPD-Wirtschaftsexperte Uwe Jens urteilte über die Briefaktion, bei Möllemann seien entsprechende Sicherungen nicht durchgebrannt, sondern gar nicht vorhanden.

Der Minister schätzte die Situation falsch ein. Nach seinem ersten Dementi verabschiedete er sich zum Weihnachtsurlaub in die sonnige Karibik. Aber von dort musste er vorzeitig ins winterlich kalte Bonn zurückkehren, denn es waren weitere Fragwürdigkeiten ans Licht gekommen. So hatte er sich im Oktober 1992 für den Wunderheiler Heinz Rolf Drevermann aus Linnen eingesetzt, dem der Landkreis Warendorf jede weitere ungenehmigte Tätigkeit als Heilpraktiker untersagt hatte. Möllemann versuchte mit seiner Autorität als Minister, in einem Brief an den Oberkreisdirektor für Drevermann die weitere Betätigung zu ermöglichen. Auch für ein anderes kommerzielles Produkt hatte sich Möllemann einspannen lassen. Mit seiner Amtsbezeichnung und dem Bundesadler hatte er ein Geleitwort für das Buch *Was man über Werbeartikel wissen sollte* verfasst.

Möllemanns Rückhalt in seiner Partei schwand rapide. Die FDP-Abgeordnete Hildegard Hamm-Brücher meinte bereits zu Beginn der Briefbogenaffäre, nach ihrem Verständnis von Stil und Anstand müsse Möllemann zurücktreten, um damit der Demokratie in Zeiten wachsender Politikverdrossenheit einen Dienst zu erweisen. Auch in der Parteiführung und bei Bundeskanzler Helmut Kohl hatte sich die Stimmung gegen Möllemann gewendet. Den Aufforderungen zum Rücktritt konnte er sich nicht entziehen, er kam ihnen am 3. Januar 1993 nach. Als Grund nannte er nicht den Brief an den Vetter, sondern die Belastungen des Amtes durch die öffentlichen Auseinandersetzungen. Das war zutreffend – über das Gewicht des Nepotismus-Vorwurfs ließ sich streiten, entscheidend aber war der Vorwurf der Lüge. Manche Eskapaden eines Ministers sind verzeihlich – Lügen sind es nicht.

Absichtslos falsch

Als Wilfried Hasselmann im Sommer 1986 das niedersächsische Innenministerium übernahm, erbte er eine Reihe von Skandalen von seinem Vorgänger Egbert Möcklinghoff. Der ärgste Skandal war die Spielbankenaffäre. Die wurde im Oktober 1987 publik, reichte aber bis in die 70er Jahre zurück. Für den *Spiegel* war der Kasinofall ein Politthriller erster Güte, mit Selbstmord, Drohungen, illegalen Parteispenden, gekauften Politikern, Sexaffäre eingeschlossen. Hauptfigur war der Spielbankbetreiber Marian Felsenstein. Der wurde im August 1988 verhaftet. Vorgeworfen wurde ihm die Veruntreuung von 43,9 Millionen Mark. An der Lizenzvergabe für Felsenstein soll neben Ministerpräsident Ernst Albrecht auch CDU-Landeschef Wilfried Hasselmann mitgewirkt haben. Die Partei wollte mitverdienen. Der Innenminister hatte den spendierfreudigen Felsenstein noch gestützt, als dessen Geschäftsgebaren längst ruchbar geworden war.

Wilfried Hasselmann war mit den Problemen des Innenressorts überfordert. Das war nicht mangelnder Erfahrung geschuldet. Der joviale Volksvertreter war der wichtigste CDU-Politiker in Niedersachsen. Seit 1963 saß der gelernte Bauer im Landtag. 15 Jahre hatte er als Minister amtiert, erst für Landwirtschaft, später für Bundesangelegenheiten. Zehn Jahre hatte er die Fraktion als Oppositionsführer geleitet. Aber so sehr der trinkfeste Hasselmann die Herzen der CDU-Wähler ansprach, so wenig wurde er den Anforderungen einer Behördenleitung gerecht. „Wer blickt da noch durch", hatte der Minister einmal an den Rand einer Akte notiert. Dieser Satz galt als Synonym für seine Überforderung.

Doch es waren nicht nur Skandale und Unvermögen, die Hasselmann im Sommer 1988 in Verruf brachten. Auch sein mangelhaftes Krisenmanagement sorgte für negative Schlagzeilen. Hasselmann spielte die Probleme herunter und übte sich in Beschwichtigungen. Die Kritik wurde schärfer, die Zeitungen stöhnten über den Skandalminister, über seine Provinzpossen und Staatsaffären. Das aber verstärkte nur Hasselmanns Beharrlichkeit, an Rücktritt dachte er nicht. „Die Aufgabe meiner Ämter sähe jetzt wie Fahnenflucht aus", meinte der Umstrittene Anfang August.[8]

Aber trotz seines Durchhaltewillens trat Hasselmann am 25. Oktober 1988 zurück. Das lag nicht daran, dass der Landesrechnungshof dem Minister bescheinigte, seiner Aufsichtspflicht nicht gerecht geworden zu sein. Das lag auch nicht am Eingeständnis des Versagens. Und es lag nicht an der Übernahme der Verantwortung für die Missstände im Polizeiapparat oder im Kasinowesen. Der Rücktritt war nach einer Unwahrheit zwingend geworden.

Hasselmann hatte vor dem Untersuchungsausschuss zur Spielbankenaffäre falsch ausgesagt. Bei einer Anhörung im April 1988 hatte er behauptet, nichts von Parteispenden des Kasinobetreibers an die CDU zu wissen. Aber in den beschlagnahmten Akten der Spielbank fand sich ein Schreiben vom 9. Juni 1980. Darin bedankte sich CDU-Schatzmeister Ludolf von Wartenberg bei Marian Felsenstein für die Gabe von 40 000 Mark. Die hatten er und Hasselmann entgegengenommen. Der Minister verteidigte sich, er habe nach bestem Wissen ausgesagt. An einen Scheck von Felsenstein könne er sich nicht erinnern. Die Frage lag nahe, ob diese Gedächtnislücke Absicht sei, um einen Zusammenhang zwischen Spende und nachlässiger Kontrolle der Spielbanken zu verschleiern. Wartenberg teilte auch noch mit, es habe sich um zwei Schecks in Höhe von je 20 000 Mark gehandelt. Einen habe er, den anderen Hasselmann eingesteckt. Jetzt sahen die Grünen den Minister reif für den Staatsanwalt. Die SPD beklagte eine Auflösung der politischen Moral in einem Ausmaß, das dem Land Schaden zufüge. Dieser Ansicht konnten sich die Regierungsparteien nicht länger verschließen. Die Fraktionschefs von CDU und FPD, Josef Stock und Martin Hildebrand, berannten Ministerpräsident Ernst Albrecht wegen des Rücktritts von Hasselmann. Der brachte seinen Minister dazu. Aber er gab ihm eine Entschuldigung mit auf den Weg: „Wenn er objektiv etwas Falsches gesagt hat, dann bestimmt nicht mit Absicht."[9] Wilfried Hasselmann wurde wegen Verfehlungen kritisiert, aber erst eine Lüge war es, die seine Position unhaltbar machte. Bei Björn Engholms Rücktritt lag lediglich eine Lüge vor.

Wegen so einer Sache

Es war eine falsche Datumsangabe, mehr nicht. Engholm bezeichnete die Sache als Petitesse. Es handelte sich um die Frage, wann er 1987 von der Kampagne aus der Kieler Staatskanzlei erfahren hatte. Engholm hatte vor dem Barschel-Untersuchungsausschuss gesagt, er habe erstmals am Abend der Landtagswahl, am 13. September 1987, davon gehört. Im Frühjahr 1993 musste er einräumen, dass er bereits eine Woche vorher, am 7. September, informiert worden war. Was machte diese eine Woche aus?

Als im September 1987 die Machenschaften aus der Kieler Staatskanzlei aufgedeckt wurden, waren die Rollen sauber verteilt. Auf der einen Seite standen die Bösen: Ministerpräsident Uwe Barschel und sein Medienreferent Reiner Pfeiffer. Die hatten die übelste Kampagne aller Zeiten veranstaltet. Auf der anderen Seite standen die Guten: die Sozialdemokraten und ihr Spitzenkandidat Björn Engholm. Die waren ahnungslos den perfiden Aktionen ausgesetzt. Als Engholm im Mai 1988 zum Ministerpräsidenten Schleswig-Holsteins gewählt wurde, versprach er eine neue Politik. Er wollte das Land mit mehr Transparenz, größerer Bürgernähe und Modernität gestalten. Auch bundespolitisch ging es für Engholm aufwärts. 1991 übernahm er den Vorsitz der SPD, bald darauf wurde er als Kanzlerkandidat zum Herausforderer von Helmut Kohl ernannt. Als Lichtgestalt gefeiert, lagen Anfang der 90er Jahre die Hoffnungen der Partei auf Engholm.

Die Wende kam am 1. März 1993 mit der Schubladenaffäre von Günther Jansen. Engholm reagierte von Anfang an ungeschickt. So versäumte er den Hinweis, dass die Regierung bereits kurz vorher, schon im Februar, von den Zahlungen an Pfeiffer erfahren hatte. Engholm wurde nicht nur vorgeworfen, diese Information falsch eingeschätzt zu haben. Die *Welt* kritisierte auch, dass er dieses Faktum auf seiner Pressekonferenz zu Jansens Bekenntnis der Pfeiffer-Zahlungen verschwiegen habe. Die Wahrheit trete nur scheibchenweise zu Tage. Der Landtag richtete wieder einen Untersuchungsausschuss ein. Vor diesem Gremium musste Engholms Referent Klaus Nilius eingestehen, den früheren Barschel-Untersuchungsausschuss belogen zu haben. Seine Kontakte zu Reiner Pfeiffer waren intensiver gewesen als bis dahin behauptet.

Damit nicht genug. Nilius hatte sich auch persönlich in die Vorgänge eingeschaltet. Aktive Pressearbeit nannte er das. Er war es, der für Pfeiffer den Kontakt zum *Spiegel* hergestellt hatte. Er war es auch, der von Pfeiffer vertrauliche Dokumente aus der Staatskanzlei erhalten und eines davon dem *stern* zugespielt hatte. Als Nilius diese Verwicklungen am 16. März gestand, hatte Engholm ihn bereits beurlaubt. Sein Aussage, „Nilius hat Mist gebaut", zeigte Engholms Unterschätzung des Problems. Der Ministerpräsident steckte in einer Zwickmühle. Entweder war er von den Kontakten zu Pfeiffer informiert und dadurch diskreditiert, oder seine Mitarbeiter agierten eigenmächtig. Das warf ein schlechtes Licht auf Engholms Führungsqualitäten. CDU-Generalsekretär Peter Hintze verlangte am 17. März, Engholm solle auf die Kanzlerkandidatur verzichten, da er nur schwerlich nachweisen könne, nichts von den Aktivitäten seines Mitarbeiters Nilius gewusst zu haben. Die SPD hielt dagegen, Opfer dürften nicht zu Tätern gemacht werden.

Engholms Ansehen war bereits angeschlagen, als Sozialminister Jansen am 23. März wegen der Schubladenaffäre zurücktrat. Aber das konnte Engholm nicht mehr retten, denn eine weitere Front hatte sich aufgetan. Am 7. September 1987, das war eine Woche vor der Landtagswahl, bei der Engholm gegen Barschel kandidierte, hatten sich Günther Jansen und Klaus Nilius mit Reiner Pfeiffer getroffen. Bei der Zusammenkunft im Lübecker Hotel Lysia war auch Engholms Anwalt Peter Schulz anwesend. Unter Berufung auf seine Schweigepflicht verweigerte Schulz jetzt Auskünfte über diese Unterhaltung. Engholm zögerte, dem Anwalt Sprecherlaubnis zu erteilen. Hatte Engholm etwas zu verbergen? Am 24. März 1993 entband Engholm Schulz von der Schweigepflicht, allerdings nur teilweise. Alles, was den persönlichen Bereich berühre, sei schützenswerte Privatsphäre und dürfe nicht gesagt werden. Wer ihn zur vollständigen Offenlegung zwinge, so Engholm, verhelfe nachträglich denen zum Erfolg, die ihm mit kriminellen Methoden nachgestellt hätten. So verständlich Engholms Haltung war, so schwer war sie in der Öffentlichkeit vermittelbar.

Dies lag auch daran, dass die Medien immer nachdrücklicher fragten, ob Engholm bis zum Wahlabend wirklich nichts von Pfeiffer gewusst habe. Sollten seine engsten Freunde und Mitarbeiter, Jansen und Nilius, dem Spitzenkandidaten ihr Wissen verschwiegen haben? Wollten sie ihn schonen? Das erschien wenig plausibel. Unter dem öffentlichen Druck blieb Engholm nichts anderes übrig, als am 20. April Anwalt Peter Schulz vollständig von der Schweigepflicht zu entbinden. Im Nachhinein erhielt Engholms Zögern eine andere Erklärung. Er wusste, dass eine Aussage von Schulz sein politisches Ende bedeuten würde. Dann würde herauskommen, dass Engholm doch bereits vor dem Wahlabend im September 1987 von Pfeiffer wusste. Schulz hatte ihm nämlich unmittelbar nach dem Treffen im Hotel Lysia davon berichtet – eine Woche vor der Wahl. Engholm hatte vor dem Ausschuss gelogen, seine Entrüstung an jenem Wahlabend war eine geschickte Inszenierung. Am 3. Mai 1993 legte Engholm alle Ämter nieder. Der Ministerpräsident von Schleswig-Holstein, Bundesvorsitzender der SPD und Kanzlerkandidat gab auf.

„Wegen so einer Sache tritt man nicht zurück", lauteten die Durchhalteparolen, die Engholm noch am Vortrag erreicht hatten. Engholm habe nur eine geringfügige Verfehlung begangen, meinte Altkanzler Helmut Schmidt. Andere Sozialdemokraten hielten die Sache für eine Lappalie. War sie das? Angesichts der Vorgänge aus Barschels Staatskanzlei war Engholms Lüge keine große Geschichte, aber in seinem Fall wog die Unwahrheit schwer. Schließlich war er mit dem Anspruch angetreten, eine neue politische Kultur zu verkörpern, für Wahrhaftigkeit und Offenheit zu stehen. Umso größer war die Fallhöhe. Engholm hatte seine Glaubwürdigkeit verspielt.

Engholm war eine Ausnahmeerscheinung. So integer, so ehrlich, so anständig hat sich kaum ein zweiter Politiker präsentiert. Am anderen Ende der Skala stand ein Mann, der das Gegenteil von Engholm verkörperte: Franz Josef Strauß, Machtmensch in Reinkultur. Seine Karriere war gesäumt von Skandalen, denen der Geruch von Bestechung und Schieberei anhaftete. Aber Strauß kannte so wenig Skrupel wie er etwas auf die öffentliche Meinung gab. Nur einmal erfuhr seine Laufbahn eine Unterbrechung, im November 1962. Da musste Strauß als Verteidigungsminister zurücktreten. Bei den Vorgängen, die unter dem Namen Spiegelaffäre liefen, spielten nicht nur dreiste Lügen eine Rolle. Vorausgegangen war grobes politisches Fehlverhalten.

Im wahrsten Sinne

Die sogenannte Spiegelaffäre vom Oktober 1962 gilt als Ende der Restaurationsperiode, als Geburtsstunde der Außerparlamentarischen Opposition. Diese Affäre besiegelte den Niedergang von Bundeskanzler Konrad Adenauer, und sie war ein Sieg der kritischen Öffentlichkeit. Vor allem aber war sie ein Tiefpunkt der politischen Kultur in der Bundesrepublik. Das gilt sowohl für die Polizeiaktionen wie für die Stellungnahmen der Regierung im Bundestag. Und auch die Sanktionierung des groben Fehlverhaltens war kein Glanzstück demokratischer Praxis. Zwar musste der Urheber der Aktion, Franz Josef Strauß, als Verteidigungsminister zurücktreten, aber dieser Rücktritt wurde durch eine Neubildung der Regierung bemäntelt.

Am späten Abend des 26. Oktober 1962 marschierten acht Beamte des Bundeskriminalamtes in die Redaktion des *Spiegel* und zeigten einige Haftbefehle vor. Herausgeber Rudolf Augstein und einige Redakteure sollten festgenommen werden. Die Büros sowie die Wohnungen von Journalisten wurden durchsucht, zahllose Unterlagen beschlagnahmt. Augstein wurde ebenso verhaftet wie sieben weitere *Spiegel*-Mitarbeiter. Einer davon, Conrad Ahlers, wurde nachts in seinem Urlaubsort in Spanien in seinem Hotelzimmer festgenommen. Die Räume des *Spiegel* blieben von Hamburger Polizisten besetzt – für mehrere Wochen! Rudolf Augstein schmorte 103 Tage im Gefängnis.

Auslöser dieser Aktion war ein Artikel über die Bundeswehr. Unter der Überschrift „Bedingt abwehrbereit" hatte Ahlers im *Spiegel* zwei Wochen zuvor, am 10. Oktober, die schwächelnde Verteidigungsfähigkeit der Bundesrepublik bloßgestellt. Der Reserveoffizier Friedrich August Freiherr von der Heydte aus Würzburg war der Meinung, der Artikel könne nur mit geheimem Insiderwissen verfasst worden sein und erstattete Anzeige gegen den *Spiegel* wegen des Verdachts auf Landesverrat. Eine Lawine kam ins Rollen.

Die spektakuläre Verhaftung und Polizeibesetzung rief eine breite Protestaktion hervor. Studenten und Gewerkschafter demonstrierten, Dichter und Intellektuelle wie Alfred Andersch, Ingeborg Bachmann, Günter Grass oder Walter Jens solidarisierten sich mit dem *Spiegel*. Sie sahen die Freiheit der Presse in Gefahr, den Rechtsstaat bedroht und fragten, wer hinter der Aktion stand. Schnell fiel der Verdacht auf den Verteidigungsminister. Strauß versicherte, weder er noch die Leitung seines Ministeriums sei involviert. Die Vermutung, Strauß könne die Zwangsmaßnahme veranlasst haben, war nicht so abwegig, verband ihn doch eine intensive Feindschaft mit dem *Spiegel*. Häufig hatte das Magazin Strauß mit Korruptionsvorwürfen in Verbindung gebracht, zuletzt in einem Fibaffäre genannten Skandal. So sah sich Strauß zu einer Distanzierung genötigt. „Es ist kein Racheakt meinerseits", beteuerte er am 3. November. Dabei wiederholte er seine Behauptung: „Ich habe mit der Sache nichts zu tun. Im wahrsten Sinne des Wortes nichts zu tun."[10]

Das war eine dreiste Lüge. Wie dreist, stellte sich erst allmählich heraus. Das Verteidigungsministerium war von Anfang an in die Aktion einbezogen – an maßgeblicher Stelle. Nach dem Eingang der Anzeige hatte die Bundesanwaltschaft das Ministerium um ein Gutachten gebeten. Dieses Gutachten wurde Strauß vorgelegt. Sein Staatssekretär Volkmar Hopf machte Druck gegenüber den Bundesanwälten. Er behauptete, die Alliierten und der Kanzler seien besorgt, ein Eingreifen unbedingt notwendig. Staatssekretär Hopf hatte auch mit seinem Kollegen vom Innenministerium, Walter Strauß, abgemacht, Ressortchef Wolfgang Stammberger nicht zu informieren, denn möglicherweise hätte der Liberale Einwände erhoben. Aber Franz Josef Strauß hatte sich auch direkt eingeschaltet. Er hatte den Militärattaché in Spanien, Achim Oster, persönlich angewiesen, Conrad Ahlers verhaften zu lassen.

Die FDP, mit der Union an der Regierung, forderte Bundeskanzler Konrad Adenauer auf, die beiden Staatssekretäre zu entlassen. Innenminister Stammberger fühlte sich übergangen und erklärte verärgert seinen Rücktritt. Nach einem Ultimatum der Liberalen stellte Adenauer am 5. November die beteiligten Staatssekretäre außer Dienst. Das war den oppositionellen Sozialdemokraten, die sich zunächst mit Kritik zurückgehalten hatten, nicht genug. Landesverrat war auch für die SPD kein Kavaliersdelikt, aber diese Bauernopfer waren zu wenig. „Es ist unmöglich, daß hier Beamte über die Klinge springen müssen und der politisch verantwortliche Minister geschont wird", klagte Fraktionschef Herbert Wehner.[11]

Für die Plenarsitzung vom 7. November 1962 bereitete die SPD 18 Dringlichkeitsfragen vor, über die heftig und lange gestritten wurde. In dieser tumultösen Debatte fiel das Eingeständnis von Innenminister Hermann Höcherl, die Verhaftung von Conrad Ahlers in Spanien sei etwas außerhalb der Legalität gewesen. Diese Formulierung wurde zum geflügelten Wort, ebenso wie der Ausdruck Abgrund von Landesverrat. Der tat sich nach Adenauers Ansicht durch die Aktivitäten des *Spiegel* auf. Den Kanzler kümmerte es nicht, dass eine Vorverurteilung gegen rechtsstaatliche Prinzipien verstieß. „Gott, was ist mir schließlich Augstein", sagte Adenauer, „Der Mann hat Geld verdient auf seine Weise."[12]

Die Stellungnahme der Bundesregierung bestand aus fadenscheinigen Ausflüchten, sie hatte sich bis auf die Knochen blamiert. Der Staatsrechtler Theodor Eschenburg kritisierte das Verhalten von Strauß im Bundestag. Wer dem Parlament keine, falsche, unvollständige oder schuldhaft verspätete Antworten gebe, begehe ein schweres Vergehen gegen die parlamentarische Ordnung. „Ein Vergehen, das exemplarisch geahndet werden muß", urteilte Eschenburg.[13] Die SPD beschloss, einen Antrag auf Entlassung von Strauß zu stellen und brachte damit die FDP in Zugzwang. Würden die Liberalen den Antrag ablehnen, stimmten sie der Aktion von Strauß zu. Würden sie den Antrag befürworten, wäre das Ende der Koalition besiegelt. Am 15. November forderte die FDP eine Regierungsumbildung, einen Tag später erklärte sie, die weitere Zusammenarbeit mit Strauß sei unmöglich. Der ließ sich jedoch nicht beeindrucken und verkündete am 18. November selbstgewiss: „Ich bleibe Verteidigungsminister. Eine andere Entwicklung kann ich mir nicht vorstellen."[14]

Es dauerte nicht lang, bis Franz Josef Strauß eine andere Entwicklung zur Kenntnis nehmen musste. Am 19. November traten die FDP-Minister zurück. Am Tag darauf erklärten sich auch die Unionsminister zum Rücktritt bereit und gaben Adenauer die Möglichkeit, ein neues Kabinett zu bilden. Strauß war auch bei seinen Parteifreunden unter Rechtfertigungsdruck geraten. Am 28. November versuchte er in einer Fraktionssitzung, dem Kanzler die Verantwortung an der Aktion gegen den *Spiegel* zuzuweisen. Am nächsten Tag meldete die Deutsche Presse-Agentur eine schwere Auseinandersetzung zwischen dem Kanzler und Strauß. Letzterer gab sich geschlagen und teilte am 30. November mit, einem neuen Kabinett Adenauer nicht angehören zu können.

Das war eine Rücktrittserklärung, aber so schwammig formuliert wie alle Aussagen von Strauß in dieser Angelegenheit. Die Aktion gegen den *Spiegel* hing mit der Paranoia von Kaltem Krieg und Kuba-Krise zusammen, kann sie aber nicht rechtfertigen. Das gilt erst recht für die systematischen Lügen. Diese grobe Übertretung wurde nicht durch einen offensichtlichen Rücktritt ihres Urhebers sanktioniert – eine schwere Hypothek für die politische Kultur. Dies umso mehr, als Strauß, das sogenannte politische Naturtalent, wegen seiner Machenschaften nicht ein für alle Mal diskreditiert war. Im Gegenteil. Bereits seine Ernennung zum Finanzminister in der Großen Koalition 1966, nur vier Jahre später, war eine Rehabilitierung. Von 1978 bis zu seinem Tod 1988 amtierte er als bayerischer Ministerpräsident, trat 1980 sogar als Kanzlerkandidat der Union gegen Helmut Schmidt an.

Eine der Strauß'schen Spiegelaffäre gleichkommende politische Verfehlung hat es auf Bundesebene nicht noch einmal gegeben. Von Inhalt und Ablauf nicht zu vergleichen, aber ähnlich extrem war 25 Jahre später die Waterkantgate genannte Affäre in Schleswig-Holstein.

Pathetisches Ehrenwort

Was am 18. September 1987 im Landeshaus in Kiel am helllichten Tag stattfand, war eine der dunkelsten Stunden der politischen Kultur. An jenem Freitag inszenierte Uwe Barschel, Ministerpräsident Schleswig-Holsteins, eine Vorstellung, die als Ehrenwort-Pressekonferenz in die Geschichte einging. Mehr Medienvertreter waren in Kiel noch nie zusammengekommen. Vier Stunden lang rechtfertigte sich Barschel vor hunderten von Journalisten. Den Auftakt bildete ein einstündiger Monolog, der in einem pathetischen Ausruf gipfelte: „Ich gebe Ihnen mein Ehrenwort, daß die gegen mich erhobenen Vorwürfe haltlos sind."[15] Neun eidesstattliche Versicherungen aus seiner persönlichen Umgebung – von der Ehefrau über den Chauffeur bis zur Sekretärin – sollten seine Darstellung beglaubigen.

Wogegen setzte sich Barschel so vehement zur Wehr? Es war der Verdacht, in die schmutzigste Kampagne verwickelt zu sein, die es bis dahin gegeben hatte. Der Oppositionsführer und aussichtsreiche Gegenkandidat, Björn Engholm, sollte vor der Landtagswahl im

Herbst 1987 systematisch zermürbt und diskreditiert werden. Dazu wurden einige Aktionen angezettelt, die so geschmacklos wie illegal waren. So wurde Engholm von Privatdetektiven beschattet, um Details aus seinem Privatleben zu erfahren, eine anonyme Anzeige wegen angeblicher Steuerhinterziehung erstattet. Engholm wurde unter falschem Namen angerufen und mit dem Verdacht einer angeblichen Aids-Infektion konfrontiert. Außerdem gab es den Plan, eine Abhörwanze im Büro des Ministerpräsidenten zu installieren, um Engholm einen Lauschangriff anzulasten.

Dass es diese Aktionen und Absichten gegeben hatte, stand außer Zweifel. Ebenso wenig war zu bezweifeln, dass diese heimtückischen Maßnahmen von der Kieler Staatskanzlei ausgegangen waren. Zweifelsfrei deshalb, weil sich der Urheber dieser Machenschaften selbst offenbarte: Barschels Medienreferent Reiner Pfeiffer. Das war jener Journalist aus Bremen, der einige Jahre zuvor, im Juni 1979, den Bremer Bausenator Hans Seifriz durch eine Pressekampagne wegen seiner NS-Vergangenheit zum Rücktritt getrieben hatte. Pfeiffer war von Barschel am 17. November 1992 eingestellt worden. Sein Arbeitsgebiet umfasste die Auswertung von Medienberichten, das Verfassen redaktioneller Beiträge und den Kontakt zur Presse. Aber er hatte sich vor allem mit anderen Dingen beschäftigt.

Anfang September 1987 hatte Pfeiffer dem *Spiegel* sein Wissen angedient. Die Kollegen staunten nicht schlecht über die brisanten Vorgänge in Kiel, die Pfeiffer ihnen in allen Details darlegte. Auf 22 Seiten hatte er die Etappen der Kampagne gegen Engholm aufgelistet. Alles sei mit Barschel abgesprochen oder von ihm ausgegangen – behauptete Pfeiffer. In ihrem Enthüllungseifer verließen sich die Redakteure auf die Angaben des zwielichtigen Informanten. Sie machten daraus die Titelgeschichte „Barschels schmutzige Tricks", in Anlehnung an Richard Nixons dirty tricks, die schließlich in der Watergate-Affäre endeten. Analog dazu prägten die *Spiegel*-Autoren den Begriff Waterkantgate.

Als wäre die Story nicht schon spektakulär genug, machte sie der Zeitpunkt ihrer Veröffentlichung zur Sensation: einen Tag vor der Landtagswahl, am 12. September 1987. Noch am gleichen Abend forderte Björn Engholm, das Opfer der Intrigen, entrüstet die Einsetzung eines Untersuchungsausschusses. Bei der Wahl am folgenden Tag wurde die SPD mit 45,2 Prozent stärkste Fraktion im Kieler Landtag. Mit nur 42,6 Prozent fuhr die Union ihr schwächstes Ergebnis seit fast 20 Jahren ein. Aber in einer Koalition mit der FDP und dem Südschleswigschen Wählerverband hätte Barschel als Ministerpräsident wiedergewählt werden können.

In der Woche zwischen Wahl und Ehrenwort-Pressekonferenz tobten verbale Schlachten. Konservative Zeitungen agitierten gegen den *Spiegel*. Vehement stritt Barschel alle Verwicklungen in die Kampagne gegen Engholm ab. Das sei ein Alleingang Pfeiffers gewesen. Der aber legte Dokumente vor, aus denen Barschels Beteiligung hervorging. So präsentierte er handschriftliche Notizen des Regierungschefs über das Einkommen Engholms – die Grundlage für die Steueranzeige. Die SPD drang auf den Rücktritt Barschels, während sich die CDU in Solidarität übte. Barschel konnte seine Ehrenwort-Pressekonferenz mit Rückendeckung von Bundeskanzler Helmut Kohl geben. Dort fragte ein Journalist Barschel, ob er sich vorstellen könnte, allein schon wegen der Anstellung Pfeiffers Verantwortung zu empfinden und daher zurückzutreten. Nein, das konnte sich Barschel nicht vorstellen.

Genau eine Woche später, am 25. September, legte Barschel sein Amt nieder. Jetzt übernahm er doch Verantwortung für die Anstellung Pfeiffers, nannte als wesentliches Motiv für den Rücktritt allerdings das Misstrauen des Koalitionspartners FDP. Deren Vorsitzender Wolf-Dieter Zumpfort hatte sich geweigert, gemeinsam mit Barschel vor die Kameras zu treten. Zu Barschels Gesinnungswandel dürfte auch die Tatsache beigetragen haben, dass alle Anrufe aus der Staatskanzlei und von seinem Autotelefon von Computern registriert wurden – mit gewählter Nummer und Anrufzeit. Damit war seine Behauptung, im kritischen Zeitraum mit Pfeiffer nicht gesprochen zu haben, nicht mehr zu halten. Wenig später mussten Finanzminister Roger Asmussen und Innenminister Karl Eduard Claussen Barschels Mitwisserschaft in einigen Fällen bestätigen. Die Staatsanwaltschaft leitete ein Ermittlungsverfahren gegen Barschel ein.

Für den 12. Oktober lud der Untersuchungsausschuss Uwe Barschel zur Vernehmung vor, doch zu diesem Termin kam es nicht mehr. Am 11. Oktober wurde der ehemalige Ministerpräsident tot in der Badewanne seines Zimmers im Genfer Hotel Beau-Rivage aufgefunden. Ob er einem Mordanschlag von Waffenschiebern zum Opfer gefallen war, oder ob es sich um eine Selbsttötung handelte, wurde nie geklärt. Barschels plötzlicher Tod, die Spekulationen über die Hintergründe, die Enthüllungen über die Praktiken in der Staatskanzlei waren noch lange Gesprächsthema. Viele Fragen blieben offen. Wollte Reiner Pfeiffer Barschel erpressen, indem er ihm die Aktionen gegen Engholm anhängte? Warum sollte Barschel zu seiner Verteidigung derart gelogen haben, wenn er unschuldig war? Weshalb hatte Barschel seine Mitarbeiter zu falschen eidesstattlichen Erklärungen genötigt? Angesichts der dramatischen Entwicklung wurde über den Rücktritt nicht mehr gesprochen. Der erschien nur als Episode, als Zwischenstufe vor dem tödlichen Finale. Die Journalistenfrage von der Ehrenwort-Pressekonferenz hatte zu Recht auf die politische Verantwortung gezielt. Selbst wenn Barschel nichts von Pfeiffers perfiden Intrigen gewusst haben sollte, er musste zurücktreten.

Bei der Trauerfeier für Barschel am 27. Oktober 1987 im Lübecker Dom reflektierte Bischof Ulrich Wilckens über die Gefahren der Macht und die Angst vor dem Machtverlust. Diese sei eine Krankheit, die Uwe Barschel hingestreckt habe, von der auch viele andere befallen seien. Symptome dieser Krankheit sind Lügen und Intrigen, aber auch andere Erscheinungen gehören zum Krankheitsbild der Politik, etwa selbstherrliche Kompetenzüberschreitung oder Nepotismus.

Spektakuläre Fälle, die verschiedene Varianten politischen Fehlverhaltens zeigen und zu einem Rücktritt führen können, gibt es in großer Auswahl. Das liegt an der Spannweite des Phänomens. Zur politischen Verfehlung gehören Versagen wie Versäumnis, Vergehen wie Versuchung. Die meisten Versäumnisse geschehen aus Nachlässigkeit oder mangelndem Gespür für Krisen. Viele Vergehen beruhen auf Leichtfertigkeit oder Überschätzung der eigenen Macht und Möglichkeiten. Das Maß an Absicht variiert wie die politische Dimension der einzelnen Fälle. Ihnen allen gemeinsam ist die Normverletzung, die nicht hinnehmbar ist.

Keiner der hier vorgestellten Rücktritte war unnötig. Auch wenn nicht in allen Fällen die Vorwürfe nachgewiesen worden oder zutreffend gewesen sein mögen. Es reicht häufig bereits ein Verdacht, wenn er plausibel ist, um einen Amtsinhaber unmöglich zu machen.

KAPITEL 10

Rücktrittsgrund 8: Geldgeschichten

Ein übler Fall,
eine Geschmacklosigkeit

Der Sprecher des Berliner Wirtschaftssenators stritt den Tatbestand nicht ab. Er räumte einen Fehler seines Chefs ein, legte jedoch Wert auf die angemessene Bezeichnung. Und auf die angemessene Gewichtung: „Das ist eine Schlampigkeit und eine Dummheit gewesen, aber Gysi hat sich nicht bereichert."[1] Rücktrittsabsichten habe der Politiker nicht. Das war am 29. Juli 2002. Es ging um Gregor Gysi und die Bonusmeilenaffäre. In seiner Zeit als Bundestagsabgeordneter hatte Gysi Bonusmeilen, die er auf Dienstflügen erworben hatte, für private Reisen genutzt. Das lief einem Beschluss des Ältestenrats des Bundestages zuwider, nach dem der Bonus dienstlich verwendet werden sollte. Gysi hätte nicht damit zu einem Familienurlaub nach Kuba fliegen dürfen.

> Nach Golde drängt, am Golde hängt doch alles.
> *Johann Wolfgang von Goethe, Faust*

Die Zeitungen hatten am 30. Juli 2002 die Stellungnahme aus dem Berliner Wirtschaftsressort kaum gedruckt, da war sie bereits überholt. Gregor Gysi trat zurück. Er sah die Verfehlung als geringfügig an, sie sei nicht dramatisch und nicht strafbar. Die Angelegenheit sei, so Gysi, „kein Rücktrittsgrund, wenn man Moral in der Politik nicht jenseits der gesellschaftlichen Realitäten gelten lassen will".[2] Dennoch haderte Gysi mit seinem Verhalten. Er habe stets Wert darauf gelegt, sich als Politiker moralisch fehlerfrei zu bewegen und Privilegien nur im notwendigen Umfang zu nutzen. Jetzt habe er angefangen, Vergünstigungen als Selbstverständlichkeit hinzunehmen, habe er mit der Unterscheidung zwischen berechtigt und unberechtigt Schwierigkeiten. Das deute auf eine Persönlichkeitsveränderung, vor der er sich fürchte. Deshalb scheide er aus der Politik aus.

Gregor Gysis Selbstgeißelung stieß weithin auf Kritik. Seine Eigenanklage wurde als aufgesetztes moralisches Gejammer abgetan. Viele glaubten, Gysi habe die Bonusmeilen-Geschichte nur als willkommene Gelegenheit genutzt, denn insgeheim habe er längst zurücktreten wollen. Ein anderer Einwand zielte auf das Allgemeine der politischen Kultur. Eine Amtsniederlegung aus so nichtigen Gründen führe zu einer Verschiebung der Maßstäbe. Wer eine so bescheidene Sünde zum Anlass eines Rücktritts mache, verstelle den Blick auf die gravierenden Verfehlungen. Gysis Rücktritt trage dazu bei, die nötigen Differenzierungen zu verwischen, mäkelte etwa die *Frankfurter Rundschau*.

Gysis Privatnutzen gehört zu jenem Bereich politischer Verfehlungen, der am verbreitetsten ist. Es ist der problematische Umgang mit Geld und geldwertem Vorteil, den der Volksmund mit Begriffen wie Korruption und Bereicherung beschreibt. Das ist nicht identisch mit den durch Paragraphen beschriebenen Tatbeständen. Was das Strafgesetzbuch als Vorteilsnahme oder Bestechlichkeit, als Begünstigung oder Beihilfe zur Untreue definiert, mag in dem einen oder anderen Fall eine Rolle gespielt haben. Hier geht es aber nicht um eine juristische Bewertung. Die erfolgt – wenn überhaupt – ohnehin erst nach einem Rücktritt. Hier geht es um Fälle, in denen sich ein Politiker durch eine fragwürdige Finanzoperation in eine moralische Grauzone begeben hat.

Das Spektrum ist vielfältig. Es beginnt mit der Annahme von Gefälligkeiten und Vergünstigungen. Dafür war Gregor Gysi das harmloseste Beispiel, wesentlich ausgeprägter war dieses Phänomen bei Lothar Späth und Gerhard Glogowski. Eine andere Form sind Einkommenszuwächse, die sich aus gesetzlichen Regelungen ableiten lassen, deren Legitimität aber nicht zweifelsfrei ist. Eugen Gerstenmaier und Werner Münch mussten zurücktreten, weil der Anspruch auf die Leistungen, die sie erhalten hatten, fragwürdig war. Eine dritte Variante sind Nebeneinkünfte, wie sie etwa Peter Gauweiler und Rainer Barzel entgegennahmen. Ebenfalls kritikwürdig sind Geldumschichtungen, die nicht dem eigenen Vorteil eines Politikers dienen. Zum einen nicht korrekt verbuchte Parteispenden oder solche mit unklarer Herkunft und Absicht. Wegen derartigen buchhalterischen Schwierigkeiten musste Otto Graf Lambsdorff zurücktreten. Die zweite Kategorie finanzieller Transaktionen ohne direkten persönlichen Nutzen sind Vereinsgeschäfte. Darüber stürzte Reinhard Klimmt und mit ihm Klaus Meiser.

Ein gutes Geschäft

Der Saarländer Reinhard Klimmt war vielfach in seinem Bundesland engagiert. Er war nicht nur Vorsitzender des SPD-Landesverbandes und Fraktionschef im Saarländischen Landtag, er stand auch an der Spitze des 1. FC Saarbrücken. Als der Zweitligist im Sommer 1997 vom Konkurs bedroht war, sann Klimmt auf Rettung. Dazu griff er auch zu unsauberen Methoden. Mit der Caritas-Trägergesellschaft Trier (CTT) schloss Klimmt einen Beratervertrag. Demnach sollten die Fußballer die CTT, Betreiber zahlreicher medizinischer Einrichtungen, in Fragen der Physiotherapie und Sportmedizin beraten. Dafür leistete die Caritas monatliche Zahlungen. Die spülten dem finanziell maroden Club in den folgenden Jahren 614 991 Mark in die leere Kasse.

Aber die Abmachung war fingiert, die Beratungsleistungen wurden nicht erbracht. Die Vertragsparteien machten sich nicht einmal die Mühe, den Vertrag glaubwürdig erscheinen zu lassen. Der Deal war so offensichtlich vorgetäuscht, dass sich die Koblenzer Staatsanwaltschaft dafür interessierte. Der Geschäftsführer der CTT, Hans-Joachim Doerfert, war den Ermittlern auch anderweitig aufgefallen. Im September 1999 wurde Doerfert verhaftet. Vorgeworfen wurde ihm Untreue und Betrug in Millionenhöhe. Der Gesundheitsmanager hatte ein undurchschaubares System von Institutionen, Bürgschaften und Krediten errichtet. Von den hin- und hergeschobenen Beträgen profitierte er persönlich, aber auch andere wie etwa der 1. FC Saarbrücken kamen in den Genuss von Geldern.

Vor dem Landgericht Koblenz räumte Doerfert im Oktober 2000 freimütig ein, mit solchen Zahlungen politische Freundschaften gepflegt zu haben. Politiker wie Reinhard Klimmt sollten als Türöffner dienen, etwa um rasch Termine mit einem Staatssekretär zu bekommen. Die im Beratervertrag mit dem 1. FC genannte Leistung habe er nicht erwartet, gerechnet habe er mit Unterstützung in anderer Form. Doerfert gab die Vorteile für beide Seiten zu Protokoll: „Es war ein gutes Geschäft. Die CTT bekam Fürsprache, die anderen bekamen Geld."[3] Immerhin wurde mit Hilfe des Düsseldorfer Sozialministeriums die Schließung der gynäkologischen Abteilung des von der CTT betriebenen Krankenhauses Lenbach verhindert. Hatte Klimmt nachgeholfen? Ein Zusammenhang mit dem Fußballsponsoring ließ sich allerdings nicht beweisen. Daher beschränkte sich die Staatsanwaltschaft Koblenz auf den Scheinvertrag. Er brachte Klimmt einen Strafbefehl über 90 Tagessätze ein, das waren 27 000 Mark, und er beendete seine politische Karriere. Am 16. November 2000 musste Reinhard Klimmt als Bundesverkehrsminister zurücktreten. Auch der saarländische CDU-Innenminister Klaus Meiser, der als Vizepräsident des 1. FC Saarbrücken den Vertrag mitunterzeichnet hatte, trat zurück – einer der seltenen Fälle eines Doppelrücktritts von Ministern unterschiedlicher Parteien.

Die Aktion von Reinhart Klimmt und Klaus Meiser war rechtswidrig. Aber die Minister hatten sich weder persönlich bereichert noch ihrer Partei etwas zugeschoben. Das ist bei der anderen Form uneigennütziger Finanzfragen, den Parteispenden, anders. Wegen unsauberer Parteifinanzierung mussten zahlreiche Politiker zurücktreten, der spektakulärste dieser Rücktritte war der von Otto Graf Lambsdorff.

Löcher im Teppich

Im größten Parteispendenskandal flossen in den 70er Jahren 26 Millionen Mark an verschiedene Empfänger. Geldgeber war der Flick-Konzern. Das Fatale an der Affäre: Alle etablierten Parteien waren involviert. Ein Großteil der Spenden stammte aus schwarzen Kassen. Und das spendierfreudige Unternehmen hatte ein Interesse daran, Entscheidungsträger in seinem Sinn zu beeinflussen. Wirtschaftsminister Otto Graf Lambsdorff war der erste Politiker, der in dieser Sache zurücktreten musste.

Die Hintergründe sind kompliziert. Am 13. Januar 1975 verkaufte der Unternehmer Friedrich Karl Flick seine Beteiligung am Autobauer Mercedes-Benz an die Deutsche Bank. Preis des Aktienpakets: 2.031.238.725 Mark. Buchgewinn: rund 1,8 Milliarden Mark. Die hätten nach der Rechtslage versteuert werden müssen, was dem Fiskus etwa eine Milliarde Mark eingebracht hätte. Aber der Flick-Konzern sah eine Möglichkeit, die Steuerzahlung zu vermeiden. Diese Möglichkeit war in § 6b des Einkommensteuergesetzes und in § 4d des Gesetzes über Auslandsinvestitionen beschrieben. Dort heißt es: Erzielt ein Unternehmer Gewinn aus dem Verkauf seines Besitzes, muss er keine Steuern zahlen, sofern der Gewinn in eine Investition fließt. Voraussetzung ist die volkswirtschaftliche Förderungswürdigkeit der Investition. Ob diese gegeben ist, entscheiden Wirtschafts- und Finanzministerium auf Antrag. Im Fall Flick schien diese Voraussetzung gegeben zu sein. In drei Abschnitten gelang es dem Konzern in den Jahren 1976 bis 1981, geplante Investitionen als förderungswürdig einschätzen zu lassen. Steuerersparnis: 840 Millionen Mark.

Nicht lang nach dem letzten Anerkennungsverfahren wurden Fragen über das Zustandekommen der befreienden Einschätzung laut. Bereits Ende 1981 äußerte die *Neue Rhein-Zeitung* den Verdacht, der Flick-Konzern habe Politiker bestochen, um die Steuerbefreiung zu erlangen. Im Februar 1982 begann die Staatsanwaltschaft Bonn mit Ermittlungen gegen Eberhard von Brauchitsch, Otto Graf Lambsdorff und Hans Friderichs. Der Erste war Generalbevollmächtigter der Firma Flick, der Zweite amtierender Wirtschaftsminister, der Dritte dessen Vorgänger. Der Verdacht lautete auf Vorteilsnahme beziehungsweise Vorteilsgewährung. Ein vielschichtiges Geflecht zwischen dem Flick-Konzern und Politikern aller Parteien zeichnete sich ab, bei dem auch viel Geld eine Rolle gespielt hatte. Es war die Rede von der gekauften Republik, was das Ausmaß der Affäre bezeichnete.

Im Mai 1983 richtete der Bundestag einen Untersuchungsausschuss ein. Nicht alles von dem, was als Spendensumpf und Politmorast bezeichnet wurde, ließ sich erhellen. Aber was sich abzeichnete, war erschreckend. Eberhard von Brauchitsch hatte planmäßig Kontakte zu zahlreichen Politikern aufgebaut. Dabei hatte er nicht nur die sozialliberale Koalition im Blick, auch mit Vertretern der oppositionellen Union war er im Gespräch. Der Flick-Manager war nicht nur redefreudig, er war auch spendierfreudig. Zu den Treffen mit Spitzenpolitikern nahm er häufig Bares mit. Diskret überreichte er Kuverts mit 20, 30 oder 50 Tausend Mark. Von Brauchitsch nannte seine Gaben Pflege der politischen Landschaft.

Summen und Empfänger verzeichnete eine geheime Liste von Flicks Buchhalter Rudolf Diehl. Darunter waren politische Stiftungen und Einrichtungen der Parteien, etwa die Friedrich-Ebert-Stiftung der SPD, die FDP-nahe Friedrich-Naumann-Stiftung, die

Hanns-Seidel-Stiftung der CSU oder die Staatsbürgerliche Vereinigung, die für die CDU Spenden abwickelte. Persönlich genannt wurden Helmut Kohl, Walter Leisler Kiep und Franz Josef Strauß, Walter Scheel und Hans Friderichs, Willy Brandt, Erhard Eppler, Horst Ehmke – und Otto Graf Lambsdorff. Nach dieser Liste hatte er 135 000 Mark erhalten.

Nach fast zweijährigen Ermittlungen erhob die Staatsanwaltschaft Bonn am 8. Dezember 1983 Anklage gegen Brauchitsch, Friderichs und Lambsdorff. Trotz des drohenden Prozesses sah der Minister keinen Grund, sein Amt niederzulegen. Im Januar 1984 wurde Lambsdorff vor den Untersuchungsausschuss geladen. Er wetterte gegen eine Verdächtigung. Für ihn war das Hauptindiz, die Spendenliste des Rudolf Diehl, löchrig wie ein alter Teppich. Nicht jede der auf der Liste genannten Personen müsse das Geld persönlich erhalten haben. Immer wieder betonte Lambsdorff, seit seinem Amtsantritt als Minister von der Firma Flick keine einzige Mark erhalten zu haben. Er sei in dieser Sache guten Gewissens und unschuldig. Im Übrigen berief er sich auf sein Recht auf Aussageverweigerung.

Glaubte Lambsdorff, er könne sich im Amt halten? Nahm er an, das Landgericht Bonn würde auf eine Hauptverhandlung verzichten? Erst nachdem im Juni 1984 die Klage angenommen wurde, trat Lambsdorff zurück. Eine Weiterarbeit während des Prozesses sei, so der scheidende Minister, weder politisch möglich noch sachlich vertretbar. Aber auch am Tag seines Rücktritts gab er sich zuversichtlich: er sehe der Hauptverhandlung „mit der sicheren Erwartung entgegen, daß sich meine Schuldlosigkeit gegenüber den Vorwürfen der Anklage herausstellen wird."[4] Lambsdorffs Selbstgewissheit erwies sich nur zum Teil als berechtigt. Zweieinhalb Jahre nach seinem Rücktritt, im Februar 1987, endete sein Prozess. Das Gericht verurteilte den Ex-Minister zur Zahlung von 180 000 Mark wegen Steuerhinterziehung und Beihilfe zur Steuerhinterziehung.

Die Flickaffäre umfasste mehr als die Steuerbefreiung und den Fall Lambsdorff. Mit seinem Rücktritt fiel nur ein Steinchen aus dem Mosaik der Firma. Die Maßnahmen und Absichten des Konzerns reichten weiter. Zum Ersten ging es der Firma Flick nicht nur darum, eine einzelne Entscheidung herbeizuführen, sondern sie wollte sich Politiker grundsätzlich zugetan machen. Zum Zweiten ging es nicht um eine bestimmte Figur, die Beziehungspflege war überparteilich und flächendeckend. Das ist in den meisten

Fällen anders. Da handelt es sich um einzelne Politiker. Dort rückt auch weniger ein Konzern als der Akteur ins Blickfeld. Meistens sieht es aus, wie bei den Amigo-Skandalen von Lothar Späth und Gerhard Glogowski, als gingen die Aktivitäten vom jeweiligen Politiker aus.

Gefährliche Freundschaften

„Warum hätte ich die Einladungen meines Freundes ausschlagen sollen?"[5] Max Streibl, bayerischer Regierungschef, stellte diese Frage Anfang 1993 im Landtag in München. Die oppositionelle SPD hatte Auskunft über Streibls Reisen auf die brasilianische Hazienda des Mindelheimer Unternehmers Burkhart Grob verlangt. Für Streibl war die Antwort klar. Er sah keinen Grund, die Einladung seines Freundes auszuschlagen. Er sah allerdings auch keinen Grund, die Kosten zu tragen. Grob hatte den Flug bezahlt und auf die Erstattung mit dem Hinweis auf die alte Freundschaft verzichtet. Die saloppe Bezeichnung Amigoaffäre wurde zum Synonym für die Annahme von Vergünstigungen durch Politiker. Der 61-Jährige Streibl musste im Mai 1993 nicht wegen seiner problematischen Verbindungen zur heimischen Wirtschaft zurücktreten, sondern weil die negativen Schlagzeilen seinen ungeduldigen Nachfolger Edmund Stoiber auf den Plan gerufen hatten. Zwei andere Landeschefs dagegen standen unangefochten auf der Höhe ihres Ansehens, als ihnen Gefälligkeiten zum Verhängnis wurden: Lothar Späth und Gerhard Glogowski.

Lothar Späths Name war in einem Prozess wegen Untreue nebenbei aufgetaucht. An einer Straftat war er nicht beteiligt, da war er nur eine Randfigur. Aber schnell rückte diese Figur ins Zentrum eines politischen Skandals mit gewaltiger Dynamik. Keine drei Wochen nach den ersten Meldungen trat Lothar Späth am 13. Januar 1991 als Ministerpräsident von Baden-Württemberg zurück.

Im Dezember 1990 wurde vor dem Stuttgarter Landgericht gegen Helmut Lohr verhandelt. Der vormalige Vorstandsvorsitzende des Elektrokonzerns SEL war angeklagt, 1,5 Millionen Mark Steuern hinterzogen und 600 000 Mark veruntreut zu haben. Er soll private Reisen als Betriebsausgaben abgerechnet haben. Bei einigen dieser Urlaube kam der Name Späth ins Spiel. So hatte Lohr den Regierungschef und seine Gattin 1986 zum Segeln in die

Ägäis eingeladen. Mit den Kosten für den Flug und die 26-Meter-Yacht in Höhe von 90 000 Mark wurde Späth nicht behelligt, Lohr zahlte. Die Rechnung reichte der Manager bei seiner Firma ein. Die Staatsanwaltschaft sah darin den Tatbestand der Untreue erfüllt.

Lothar Späth behauptete, er habe von dieser Abrechnung nichts gewusst. Er sei davon ausgegangen, dass Lohr die persönliche Einladung auch persönlich bezahle. Dies sei die größte Enttäuschung seines Lebens, klagte Späth über seine gefährliche Freundschaft. Da war längst bekannt, dass der mediterrane Trip nicht die einzige Reise Späths auf Kosten anderer war. Ein erster Griechenlandurlaub war 1984 aus der Kasse von SEL gesponsert worden. 1988 hatte Lohr eine DDR-Reise für Späth organisiert. 1986 und im Jahr darauf verbrachten die Töchter von Späth und Lohr Reiterferien in Tirol. Die Aufwendung für den Späth-Nachwuchs in Höhe von 2633,10 Mark übernahm wieder die Firma SEL. Im Sommer 1985 folgte Späth einer Einladung des Blendax-Managers Lothar Strobel nach Irland. Zwei Jahre später ging es mit Max Grundig in die Karibik. Für diesen Flug nach Martinique hatte der Unternehmer eigens eine Concorde gechartert. Kosten: rund 500 000 Mark. Geschippert wurde auf Grundigs Privatyacht Maria-Alexandra. Von zahlreichen weiteren Reisen mit Managern und Unternehmern war die Rede.

Über manche Details berichteten *Spiegel* und andere in süffisanten Andeutungen. Aber nicht nur Späths Urlaubsreisen kamen zur Sprache. Auch seine sonstigen Flugreisen sorgten für Aufmerksamkeit. Dabei kamen Späths merkwürdige Gewohnheiten ans Licht. Der Ministerpräsident flog nicht gern mit Linienmaschinen. Er bevorzugte die Privatjets der großen Unternehmen, auf die er unbegrenzt Zugriff zu haben schien. Sein Büro musste lediglich Bedarf anmelden, schon waren die Flugbereitschaften von Daimler-Benz, Bosch und anderen zu Diensten.

„Der Späth lässt sich nicht kaufen – der Späth ist nicht bestechlich".[6] So rang der von den Vorwürfen getroffene Regierungschef im Januar 1991 um Fassung. Die Auflistung seiner zahllosen Reisen und Urlaube aus dem Etat seiner Gönner bestätigte er. Aber er sah daran nichts Verwerfliches. „Wenn der Herr Grundig mich einlädt, soll ich den fragen, ob ich mich am Dieselkraftstoff beteiligen soll von seiner Yacht?", fragte Späth.[7] Die Dienstflüge mit Konzernmaschinen seien zwar ein Problem, aber wegen der restriktiven Haushaltsvorschriften sei er auf solche Hilfe angewiesen. Und nie habe er sich in seiner

Unabhängigkeit eingeschränkt gefühlt. Das Entscheidende sei, sich die innere Souveränität zu bewahren. Lothar Späth sah seine Reisen als Teil seiner Pflichterfüllung. Er wollte nur das Beste für sein Bundesland. Seit 1978 hatte er sich für eine florierende Wirtschaft und die Schaffung von Arbeitsplätzen abgerackert. Er hielt sich für den Chef der erfolgreichen Baden-Württemberg AG.

Waren die Gunsterweise eine Einbahnstraße oder gab es Beziehungen zwischen Späths Kontakten und seinen Entscheidungen? 1984 erhielt die Firma SEL den Auftrag, alle Landesbehörden mit Telefax-Geräten auszustatten. Eine Ausschreibung hatte es nicht gegeben. Bei einer Asienreise mit Unternehmern im Jahr 1986 stellte Lothar Späth den SEL-Manager dem indonesischen Staatspräsidenten Suharto vor. SEL bewarb sich um den Auftrag für ein digitales Telefonsystem. Der Auftrag wurde erteilt. Im April 1990 schlug das Stuttgarter Staatsministerium vor, die Modernisierung eines Campingplatzes in Dresden mit einem Zuschuss in Höhe von 400 000 Mark zu fördern. Interessent für das Projekt war das Reiseunternehmen Hetzel, auf dessen Kosten Späth zur selben Zeit einige Tage in Ägypten verbrachte.

Aber ob zwischen Einladungen und Entscheidungen jener Zusammenhang bestand, den das Strafgesetzbuch in § 331 als Vorteilsnahme beschreibt, spielte für die öffentliche Wahrnehmung keine Rolle. Zum politischen Problem für Späth wurde seine Distanzlosigkeit. Er hatte sich in schlüpfrige Nähe zu Geld und Gönnern begeben, wie der *Spiegel* schrieb. Ein Politiker, der sich von anderen aushalten lässt, kann seine Unabhängigkeit nicht garantieren. Zu große Nähe, zu viele Privilegien stellen seine Glaubwürdigkeit in Frage.

Feudale Attitüden in der Provinz

Lang war auch die Liste der Vergünstigungen, die sich Gerhard Glogowski vorwerfen lassen musste. Am 26. November 1999 trat der niedersächsische Ministerpräsident zurück. Da war der 56-jährige Sozialdemokrat gerade mal ein Jahr im Amt. Vorher hatte er acht Jahre das Innenressort geleitet. Glogowski kam aus Braunschweig, wo er, mit fünfjähriger Unterbrechung, von 1976 bis 1990 Oberbürgermeister war. Dem Stadtrat gehörte er nach seiner Wahl zum Ministerpräsidenten weiterhin an. Auch anderweitig blieb der gelernte Werkzeugmacher und studierte Volkswirt seiner Heimatgemeinde treu. Glogowski war Aufsichtsratsvorsitzender bei den Braunschweigischen Stadtwerken sowie bei deren Töchtern Verkehrs-AG und Versorgungs-AG. Auch den Aufsichtsräten der NordLB, der Braunschweigischen Kohlenbergwerke und von Volkswagen gehörte er an. Beim Fußballclub Eintracht Braunschweig saß er im Wirtschaftsbeirat. Einer Stiftung, die für Braunschweig eine neue Mehrzweckhalle organisierte, stand Glogowski als Präsident vor. Träger der Stiftung: NordLB und Volkswagen.

Bei so intensiven Verbindungen war es nicht verwunderlich, dass Glogowski seine Hochzeit im März 1999 in Braunschweig feierte. Dafür stellte die Stadt ihren Rathaussaal kostenfrei zur Verfügung. Die ortsansässigen Brauereien Feldschlösschen und Wolters sorgten für Bier, die ebenfalls in Braunschweig beheimatete Firma Heimbs stellte den Kaffee. Für die Getränke berechneten die Unternehmen nichts. Nach der Hochzeitsfeier flog der Regierungschef zum Tauchurlaub ans Rote Meer. Dort posierten die Frischgetrauten vor einer Fahne des Reiseveranstalters TUI. Das werbewirksame Foto wurde von der Staatskanzlei verbreitet. Eine Rechnung für die Hochzeitsreise hat Glogowski nicht erhalten. Er beglich die Reisekosten in Höhe von 1654 Mark erst zwei Monate später. Zuvor hatte Umweltminister Wolfgang Jüttner Glogowski darauf hinweisen müssen, dass in Hannover Gerüchte kursierten, er müsse seinen Ägypten-Trip nicht bezahlen. Erneut ins Land der Pyramiden entflog der Regierungschef im Oktober 1999, wo er zu Füßen der Sphinx eine Freiluftaufführung von *Aida* genoss. Der extravagante Trip war als Dienstreise angelegt. Es kam zu einem Gespräch mit dem ägyptischen Tourismusminister, arrangiert vom Reiseunternehmen TUI. Eine Rechnung an den Regierungschef war nicht vorgesehen. Andere Reisen Glogowskis gingen auf Kosten der NordLB, etwa ein Ausflug mit Unternehmern nach Breslau oder ein Besuch der Immobilienmesse in Nizza. So sorgte sich Glogowski wenig um manche seiner Ausgaben, auf seine Einnahmen legte er umso mehr Wert.

Nach detailfreudigen Medienberichten soll Glogowski die Bezüge aus seinem Mandat im Aufsichtsrat von Volkswagen für 1999 – das waren knapp 97 500 Mark – entgegen den Bestimmungen nicht an die Landeskasse abgeführt haben. Außerdem soll er auf den Erhalt der monatlichen Pauschale von 500 Mark für Übernachtungen bestanden haben, obwohl er von April bis Oktober kostenfrei eine Wohnung im Gästehaus der Landesregierung nutzte. Auch sein Wohnsitz kam dem Regierungschef günstig. Beim Kauf seines Penthouse in der Braunschweiger Schlossstraße 8 hatte Glogowski auf Betreiben der Stadtverwaltung einen Rabatt in Höhe von 80 000 Mark erhalten. Gleichzeitig strengte er wegen Mietrückständen eine Räumungsklage gegen eine Sozialhilfeempfängerin an, die mit ihrem behinderten Kind eine ihm gehörende Eigentumswohnung in Potsdam bewohnte.

Für die *taz* waren Glogowskis Verquickungen eine trübe Mischung aus sozialdemokratischem Provinzialismus und feudaler Attitüde. Als die ersten Meldungen über sein einträgliches Netzwerk Mitte November 1999 aufkamen, weilte Glogowski nebst Gattin mit dem Vorstand der Preussag in Wien. Die Karten für *Don Giovanni* in der Staatsoper – Preis pro Stück 424 Mark – hatte die Salzgitter AG beschafft. Glogowskis Sprecher Jürgen Koerth beeilte sich, darauf hinzuweisen, Glogowski habe die Karten selbst bezahlt. Das schien nicht selbstverständlich zu sein. Weitere Details wurden innerhalb weniger Tage bekannt. Das Echo war vernichtend.

Und was machte Glogowski? Er war derart von sich überzeugt, dass er sich kaum um eine glaubwürdige Erklärung bemühte. So ließ er verlauten, mit dem Freibier auf seiner Hochzeitsfete habe er den Brauereien eine Marketingmaßnahme ermöglicht. Die Rechnungen für die Reisen seien wohl im persönlichen Geschäftsgang liegengeblieben. Er sah keinen Grund, seine Aktivitäten in Zweifel zu ziehen. Alle Vorwürfe seien unberechtigt und unbewiesen, er habe ein reines Gewissen. Wie bei Lothar Späth war keine von diesen Geschichten justitiabel. Aber alle hatten ein G'schmäckle, wie die Schwaben sagen.

Auch die Fälle in der nächsten Rubrik verstießen nicht gegen Gesetze. Da ging es nicht um die Inanspruchnahme von Vergünstigungen und Sachwerten. Da ging es um das Einstreichen von Geld. Dies orientierte sich mehr oder weniger an der Rechtslage. Die herausragenden Beispiele waren Eugen Gerstenmaier und Werner Münch.

Staat im Misskredit

Eugen Gerstenmaier hätte sich zurückhalten sollen. Mit seinem wütenden Ausbruch disqualifizierte er sich vollends für sein hohes Amt. „Nazi hätte ich sein müssen, dann bräuchte ich mich heute nicht zu verteidigen", giftete Gerstenmaier am 12. Januar 1969 auf einer Pressekonferenz. Und er, der Mitverschwörer vom 20. Juli 1944, legte nach. Wäre er wie andere ein Trommelbube Hitlers gewesen, wäre er in der NS-Zeit zum Professor ernannt worden. „So aber saß ich im Loch", barmte Gerstenmaier über seine Gestapo-Haft, „während andere damals Hitler verherrlichten, die heute glauben, die Demokratie höre auf ihr Kommando."[8] Starker Tobak. Der sich da vor den staunenden Vertretern der internationalen Presse so aufregte, war kein Kritiker des Umgangs mit ehemaligen Nationalsozialisten. Es war auch kein Gegner der Bundesrepublik. Der da so heftig ins Horn blies war der zweite Mann im Staat, der Präsident des Bundestages.

Gerstenmaier empörte sich in eigener Sache. Der Theologe und CDU-Politiker hatte eine Wiedergutmachungszahlung in Höhe von rund 280 000 Mark sowie die Zusage einer Zusatzpension von etwa 2500 Mark monatlich erhalten. Gerstenmaier regte sich darüber auf, dass die Presse die Umstände dieser Leistungen hinterfragte. Die waren nämlich auf ungewöhnlichem Weg zustande gekommen. Das wollte Gerstenmaier, einst von Paul Sethe als das Gewissen der Nation gelobt, nicht einsehen. Er verrannte sich in blinder Selbstgerechtigkeit. „Schaden durch Entschädigung" titelte der *Spiegel* im Januar 1969 zum Fall Gerstenmaier. Der hatte eine lange Vorgeschichte, die bis in die NS-Zeit zurückreichte.

Im Oktober 1935 promovierte Gerstenmaier im Fach Theologie an der Universität Rostock. 1937 habilitierte er sich dort, aber aus politischen Gründen verweigerte ihm die NSDAP die Zulassung als Dozent. Auch ein zweiter Versuch scheiterte am Einspruch der Partei. Statt Professor zu werden, arbeitete Gerstenmaier im Kirchlichen Außenamt in Berlin. 1942 kam er in Kontakt mit der Widerstandsgruppe Kreisauer Kreis. Nach dem missglückten Attentat auf Hitler am 20. Juli 1944 wurde Gerstenmaier zu sieben Jahren Zuchthaus verurteilt. Gleich nach Kriegsende baute er das Hilfswerk der evangelischen Kirche auf, das er bis 1951 leitete. Bereits 1949 wurde Gerstenmaier als Abgeordneter in den Bundestag gewählt. 1954 trug ihm Adenauer das Amt des Bundestagspräsidenten an. Dreimal wurde er in diesem Amt bestätigt – eine erfolgreiche Karriere, die dem Sohn eines kleinen Handwerkers nicht in die Wiege gelegt war.

Als Bundestagspräsident hatte Gerstenmaier im Jahr 1969 kein geringes Einkommen. Er bezog rund 6500 Mark monatlich, genoss

Dienstwagen und Dienstwohnung. Aus seiner langjährigen Tätigkeit im Dienst des Volkes stand ihm eine erkleckliche Pension in Aussicht. Gerstenmaier hätte also zur Existenzsicherung nicht auf einer Wiedergutmachung bestehen müssen. Der energische Schwabe gab denn auch andere Gründe für sein Begehren an. 1963 war ihm vorgeworfen worden, er sei nicht im Widerstand gewesen und führe seinen Professorentitel zu Unrecht. Gerstenmaier wollte seinen Status nach dem Gesetz zur Wiedergutmachung von NS-Unrecht klären lassen. Dabei ging es ihm lediglich um die Bestätigung, dass ihm die Professorenwürde von den Nationalsozialisten verweigert worden war. Im Dezember 1965 erhielt Gerstenmaier vom Innenministerium die Bescheinigung, er sei berechtigt, den Titel eines außerordentlichen Professors zu führen. Außerdem wurde ihm die Erstattung entgangener Versorgungsbezüge zugesagt. Gewährte Summe: 281 107 Mark. Ein Verzicht auf das Geld, so des Antragstellers Anwalt, sei rechtlich unzulässig und hätte den Verlust des Professorentitels zur Folge. So stellte Gerstenmaier im Januar 1969 den Sachverhalt dar. Das erhaltene Geld habe er im Übrigen zu großen Teilen gespendet.

Diese Behauptung konnte die verheerende Resonanz in den Medien nicht mildern. Wie konnte es sein, dass sich Gerstenmaier Schäden am beruflichen Fortkommen honorieren ließ, wo er eine andere Laufbahn eingeschlagen hatte? Er hätte doch nach dem Ende der NS-Herrschaft Professor werden können. Wieso erfolgte der Bescheid in gerade einmal zehn Monaten, während sich andere Antragsteller, darunter Opfer grausamer Misshandlungen, jahrelang mit den Behörden herumschlagen mussten? Und wie kam diese hohe Summe zustande, wo doch ein Tag Haft im KZ Auschwitz mit lediglich ein paar Mark abgegolten wurde? Gerstenmaiers Entschädigung mochte juristisch in Ordnung sein. Aber sie sei ungeheuer stillos, meinte die *Frankfurter Rundschau* und bilanzierte: „Ein übler Fall, eine Geschmacklosigkeit, noch mehr ein politischer und moralischer Selbstmord."[9]

Den Rest der Affäre servierte der *Spiegel*. Gerstenmaier hatte sich persönlich dafür eingesetzt, dass die gesetzliche Grundlage für die Wiedergutmachung in seinem speziellen Fall erfolgte. Die Regelung für nicht erteilte Professuren war in der siebenten Novellierung der Wiedergutmachungsgesetze enthalten. Gerstenmaier hatte in intensiven Gesprächen mit den Abgeordneten des zuständigen Ausschusses, dem Ministerialdirigenten und dem Staatssekretär des Innenministeriums bis in die Formulierungen die Regelung vorangetrieben. Der Entwurf wurde im Mai 1965 dem Parlament vorgestellt, seit Februar jenes Jahres lag ein erster Antrag in dieser Sache vor. Antragsteller: Eugen Gerstenmaier. Als Lex Gerstenmaier ging die maßgeschneiderte Regelung in die Geschichte ein. Zu allem Überfluss wurde auch noch bekannt, dass Gerstenmaier mehrfach auf die Auszahlung des Geldes gedrängt hatte. Seine Anwälte hatten den Behörden sogar mit einer Untätigkeitsklage gedroht.

14 Jahre hatte Gerstenmaier so energisch wie selbstbewusst den Bundestag geleitet. Er hatte dem Amt Würde verliehen, die Aktuelle Stunde eingeführt, den Bau des 29-stöckigen Bonner Abgeordnetenhauses – ihm zu Ehren Langer Eugen genannt – durchgesetzt. Er war ein guter Präsident, lobte Carlo Schmid seinen schwäbischen Landmann. Nur leider habe ihm manchmal die Sicherheit des Urteils über das Mögliche und Unmögliche gefehlt. Mit seinem Verhalten in der Wiedergutmachungsfrage hatte sich der Theologe unmöglich gemacht. „Gerstenmaier hat", so meinte der CDU-Abgeordnete Anton Pfeifer aus Tübingen, „den ganzen Staat in Mißkredit gebracht."[10] Dieser Meinung war die gesamte Unions-Fraktion, einschließlich Bundeskanzler Kurt Georg Kiesinger. Sie nötigten Gerstenmaier am 24. Januar 1969 zum Rücktritt.

Eine saubere Regierung

Die Rechtmäßigkeit eines Verfahrens ist nicht das einzige Merkmal, nach dem Zahlungen an einen Politiker als berechtigt oder unberechtigt gewertet werden. Das musste auch Werner Münch erfahren, von 1991 bis 1993 Ministerpräsident in Sachsen-Anhalt. Er scheiterte an §13 des Haushaltsgesetzes. Für den hatte er sich auf seinem vorigen Posten, als Finanzminister, eingesetzt. Das Stichwort lautete Besitzstandswahrung. Es war eine Sonderregelung für Minister aus Westdeutschland, die sich zu Beginn der 90er Jahre nach Sachsen-Anhalt gewagt hatten. Ihnen sollte aus den dort niedrigeren Gehältern kein Nachteil erwachsen, weshalb ihr Ostsalär mit einem Aufschlag versehen wurde.

Fünf Politiker waren aus dem Westen in Magdeburger Ministerien gekommen. Neben Regierungschef Werner Münch waren dies Hans-Jürgen Kaesler, Hartmut Perschau, Horst Rehberger und Werner Schreiber. Die Aufbauwilligen hatten der Gehaltsstelle einfach die Summe ihrer vormaligen Bezüge genannt. Belege dafür hatten sie nicht eingereicht. Als der Landesrechnungshof im März 1993 die Berechnung der Gehälter überprüfen wollte, waren keinerlei Dokumente vorhanden. Finanzminister Wolfgang Böhmer mahnte mehrfach bei seinen Westkollegen das ausstehende Material an. Im November 1993 berichtete der *Spiegel* über die Reibach-Regierung an der Elbe.

Nur die Angaben von Hans-Jürgen Kaesler sah das Magazin als plausibel an. Die anderen Befragten präsentierten laut *Spiegel* kuriose Zahlenzaubereien und ließen ihrer Phantasie freien Lauf, um auf eine möglichst hohe Bruttovergütung zu kommen. Eingerechnet wurde alles Erdenkliche, von zeitweiligen Aufsichtsratstantiemen über Vortragshonorare bis zu steuerfreien Kostenpauschalen. Mal wurde die Bezahlung dienstlich gestellter Arbeitskräfte der eigenen Entlohnung zugeschlagen, ein anderes Mal wurde der geldwerte Vorteil eines Dienstwagens in Anschlag gebracht. Besonders findig war Werner Münch. Er führte die Tagegeldpauschale des Europaparlaments an, und das auch für sitzungsfreie Monate. So konnte er zwölfmal 4872 Mark, also 58 464 Mark, seinem Gehalt addieren. Auch 30 000 Mark für Informationsmaterial und 36 000 Mark für Besuchergruppen, die ihm als Fraktionsmitglied zur Verfügung standen, fanden sich auf seiner Gehaltsberechnung. Münch steigerte seine Diäten aus dem Europaparlament von 116 000 Mark nachträglich auf dem Papier auf über 250 000 Mark, um an seine üppigen Bezüge in Magdeburg zu kommen.

Ob sich die Trickserei innerhalb oder außerhalb des Haushaltsgesetzes abspielte, machte für die Öffentlichkeit keinen Unterschied. Allein die Fragwürdigkeit der Super-Bezüge setzte die Westminister unter Rechtfertigungsdruck. Wie sollte es zu erklären sein, dass das kleine Sachsen-Anhalt seinen westlichen Regierungsmitgliedern mehr bezahlte als das viel größere Niedersachsen? Warum sollten die Minister im armen Magdeburg mehr bekommen als ihre Kollegen im reichen Stuttgart? Und warum wurden die Westimporte zu politischen Großverdienern, wo sie doch in ihrer Heimat nicht zur ersten Garde gehörten? Für alle hatte der Ruf an den Kabinettstisch im Osten einen Karrieresprung bedeutet.

Auf Münch und seinen Westkollegen lastete der Verdacht der Geldgier. Der rief im armen Sachsen-Anhalt Abscheu hervor. Finanzminister Wolfgang Böhmer sperrte am 23. November 1993 einen

Teil der Gehälter. Der liberale Alterspräsident des Landtages, Heinz Hildebrandt, forderte den Rücktritt Münchs: „Wir brauchen eine saubere Regierung und einen sauberen Landtag."[11] Wolfgang Schäfer, Vorsitzender des Finanzausschusses, warf den Ministern vor, sich aus der öffentlichen Kasse unzulässig bedient zu haben. Regierungschef Münch wies die Vorhaltung entrüstet zurück. Der Versuch der Medien, die Minister zu kriminalisieren, sei kränkend. Münch beharrte noch auf seinem Standpunkt, er habe „keinen Pfennig mehr kassiert als 100 Prozent Westgehalt", als ihn der erste seiner Kollegen verließ. Am 27. November 1993 legte Wirtschaftsminister Horst Rehberger sein Amt nieder. Er wies auf Gehaltszusagen, die ihm der vormalige Regierungschef Gerd Gies gegeben habe. Er sei getäuscht worden, das Finanzministerium nachlässig gewesen, die gesetzlichen Vorgaben seien unklar.

Nach diesem Statement konnte sich Münch nicht mehr halten. Nur einen Tag nach Horst Rehberger trat er zurück und damit das gesamte Kabinett. Die Feinheiten westlicher Gehaltsberechnungen waren dem östlichen Wählervolk nicht vermittelbar. Der Gegensatz zwischen den Mentalitäten und Realitäten alter und neuer Bundesländer spielte eine wichtige Rolle. „Münch stolperte in den Graben, der noch immer Ost und West in Deutschland teilt", meinte die *Welt*.[12] Aber ausschlaggebend war etwas anderes. Die Vergütung, die sich Münch hatte bezahlen lassen, erschien unangemessen. Der Verdacht, ein Politiker habe seine Position benutzt, um sich zu bereichern, macht ihn untragbar. Das gilt nicht nur bei seinem Gehalt, sondern auch bei Nebeneinkünften, wie die Skandale um Peter Gauweiler und Rainer Barzel belegen.

Makel für die Demokratie

Er musste ein ungewöhnlich guter Jurist sein. Gleich nach seiner Promotion im Alter von 30 Jahren begann Peter Gauweiler 1979 in München als Rechtsanwalt. Innerhalb kürzester Zeit erwarb er einen großen Kreis von Mandanten. Dennoch entschloss sich Gauweiler 1982 zu einer Umorientierung. Er wurde im Hauptberuf Leiter des Kreisverwaltungsreferats, weshalb er nicht weiter als Anwalt praktizieren konnte. Den so einträglichen Mandantenstamm verpachtete er an andere Anwälte. Dafür erhielt er monatlich 10 000 Mark. Bis zum Sommer 1993 kamen auf diese Weise rund 1,3 Millionen Mark zusammen. Zu dieser Zeit war Gauweiler bayerischer Minister für Umwelt und Landesentwicklung, daneben kandidierte er für den Posten des Münchener Oberbürgermeisters.

In seinen Wahlkampf platzten im Sommer 1993 Berichte über den einträglichen Verpachtungsvertrag mit der Frage, wieso diese mehrere Jahre alten Mandantenverbindungen einer Kanzlei noch immer 10 000 Mark im Monat Wert waren. Das sei eine nicht entschlüsselte Seltsamkeit, wunderte sich die FAZ. Die Opposition war misstrauisch. Strauß-Zögling Gauweiler verfügte über viele Kontakte, seit 1971 gehörte er dem Münchener Stadtrat an. Sollte er seine Beziehungen für die Kanzlei nutzen? Sollte er etwa neue Mandate besorgen und dafür Provision kassieren? „Ein Minister, der makeln möchte, ist ein Makel für die Demokratie", kalauerte SPD-Landeschefin Renate Schmidt im August 1993.[13]

Ministerpräsident Edmund Stoiber war beunruhigt. Die Amigo-affäre seines Vorgängers Max Streibl, die das Ansehen der CSU schwer beschädigt hatte, war erst wenige Monate her. Und schon wieder schien Versorgungsdenken und mangelndes Unrechtsbewusstsein einen Politiker auf Abwege gebracht zu haben. Stoiber hatte sich das Image des politischen Saubermanns zugelegt. Da konnte er keinen neuerlichen Skandal gebrauchen, zumal im Jahr darauf Landtagswahlen anstanden. Aber Stoiber konnte Gauweiler nicht ohne weiteres entlassen. Zunächst musste er den OB-Kandidaten stützen. Danach – die Wahl hatte Gauweiler verloren – brauchte Stoiber den Schwarzen Peter genannten Populisten noch zum Stimmenfang am rechten Rand. So wies Stoiber alle Rücktrittsforderungen an Gauweiler zurück. Aber er beauftragte den ehemaligen Präsidenten des Bayerischen Verfassungsgerichtshofs, Hans Domcke, mit einem Gutachten. Der kam zum Schluss, der Nutzen eines solchen Kundenstammes verflüchtige sich innerhalb von drei bis fünf Jahren. Seiner Meinung nach sei es ungewöhnlich, den Wert nach einem so langen Zeitraum noch mit monatlich 10 000 Mark zu beziffern. Stoiber empfahl Gauweiler, auf die Nebeneinkünfte zu verzichten.

Der folgte dem Anraten, aber nur widerwillig und erst im Februar 1994. Da hatte die Opposition längst einen Untersuchungsausschuss gefordert. Da waren längst belastende Details bekanntgeworden. So hatte Gauweiler nicht, wie vor dem Landtag behauptet, eine Genehmigung der Anwaltskammer für seine Verpachtung erhalten. Und bedenklich war eine Formulierung in Gauweilers Vertrag, die von neu besorgten Mandaten handelte. Wozu bedurfte es einer Zuerwerbsklausel, wenn sich die Abmachung auf uralte Kunden bezog? Mindestens einige neue Mandate schienen durch des Ministers tätige Mithilfe zustande gekommen zu sein. Etwa Anfang 1991 ein Auftrag der Gesellschaft zur Entsorgung von Sondermüll in Bayern. Im Protokoll einer Sitzung des landeseigenen Unternehmens war die Empfehlung eines Anwalts durch den Umweltminister vermerkt. Überbringer der Empfehlung war Ministerialdirektor Josef Vogl. Die Auftragserteilung erfolgte in Gauweilers Sinn.

Im März 1994 gab Gauweiler die ihm vorgeworfene Verquickung dienstlicher und privater Angelegenheiten zu. Vor dem Untersuchungsausschuss räumte er ein, seinem Ministerialdirektor jene Kanzlei ans Herz gelegt zu haben. Gauweiler sah darin aber kein Problem, er würde wieder so handeln, betonte der Trotzige. Dazu hatte er allerdings keine Gelegenheit. Bereits einen Monat vor diesem Auftritt, am 17. Februar 1994, war Gauweiler zurückgetreten. Stoiber hatte ihn gedrängt, denn es war noch ein weiterer Vorwurf gegen ihn aufgekommen, die Spelunkenaffäre. Darin ging es um den Vorwurf, Gauweiler habe in seiner Zeit als Kreisverwaltungsreferent einer als Kriminellentreff bekannten Kneipe eine ungewöhnlich späte Sperrstunde zugestanden. Dabei habe er von einem Geschäftsfreund des Betreibers Geschenke angenommen.

In der *taz* kommentierte Holger Doetsch, Öffentlichkeitsreferent der CDU in Thüringen: „Das politische Ende des Peter Gauweiler ist ein Geschenk für jeden, der an die Notwendigkeit einer politischen Kultur glaubt".[14] Zur politischen Kultur gehört die Trennung öffentlicher und persönlicher Belange. Die war bei Peter Gauweilers Nebeneinkünften nicht gegeben. Auf andere Art fragwürdig waren die Zusatzeinnahmen von Rainer Barzel.

Erst Präsident, dann Sozialfall

Er war Träger des Großen Verdienstordens der Bundesrepublik mit Stern und Schulterband, des Großkreuzes des Bundesverdienstordens und des Komturkreuzes mit Stern des Ordens des Hl. Gregorius des Großen. Ein Orden fehlte in der langen Liste des Rainer Barzel: das „Bundesnebenverdienstkreuz". Wenn es das gäbe, hätte Barzel es verdient, so Robert Leicht am 16. Oktober 1984 in der *Süddeutschen Zeitung*. Da waren Barzels erhebliche

Zusatzeinkünfte als Abgeordneter in den 70er Jahren bekanntgeworden. Die frostige Empfehlung, Barzel müsse sich warm anziehen, wenn er den kommenden Winter politisch überleben wolle, war nur rhetorisch gemeint. Leichts Fazit: „Objektiv ist Barzels Rücktritt zwingend."[15]

Dieser Ansicht schlossen sich innerhalb kürzester Zeit auch Barzels Parteifreunde aus der Union an. Nur zehn Tage später trat der Bundestagspräsident zurück. Nach Wirtschaftsminister Otto Graf Lambsdorff stürzte ein zweiter Politiker über die Flickaffäre. Von allen Rücktritten, die auf unschicklichen Nebenverdiensten gründeten, war dies der Fatalste. Nicht nur, weil es um besonders viel Geld – rund 1,5 Millionen Mark – ging, nicht nur, weil dafür kaum eine Leistung außer einigen dürren Gutachten erbracht wurde, sondern weil der Eindruck entstand, die Firma Flick könne politische Karrieren dirigieren.

Rainer Barzel war nicht nur einer der verdienstvollsten Politiker der Bundesrepublik, er war auch einer der tragischsten. Kein Bewerber um das Amt des Bundeskanzlers war jemals so nah daran wie Barzel am 24. April 1972. Damals war er Bundesvorsitzender der CDU und Fraktionschef. An jenem Tag wollte die Union Willy Brandt mit einem Misstrauensvotum stürzen. Die Mehrheit schien ihr sicher, doch bei der Auszählung fehlten ihr zwei Stimmen. Später stellte sich heraus, dass sie von der Stasi gekauft waren. Barzel, damals 48 Jahre alt, hatte als politisches Talent gegolten. Von jenem Tag an ging es mit ihm bergab. Nach der verlorenen Bundestagswahl 1972 und nach zwei Abstimmungsniederlagen in der Union gab Barzel am 9. Mai 1973 die Fraktionsführung ab. Eine Woche später verzichtete er auf eine erneute Kandidatur zum Parteivorsitz, sein Nachfolger wurde der spätere Bundeskanzler Helmut Kohl.

Barzel blieb Bundestagsabgeordneter. Daneben führte ihn die Rechtsanwaltskanzlei Albert Paul in Frankfurt/Main als wissenschaftlichen Mitarbeiter. Der promovierte Jurist Barzel sollte dort beraten und Gutachten erstellen. Dafür erhielt er in den Jahren 1973 bis 1979 rund 1,5 Millionen Mark – eine stolze Summe für einen nebenberuflichen Gutachter. Vermutlich wäre dies nie an die Öffentlichkeit gedrungen, wären nicht im Untersuchungsausschuss zur Flickaffäre entlarvende Unterlagen aufgetaucht. Die penible Spendenliste des Flick-Buchhalters Rudolf Diehl, in der auch Lambsdorff geführt wurde, enthielt mehrere Einträge über Zahlungen an die

Kanzlei Paul. Über die Jahre summierten sich die Gelder auf 1,56 Millionen Mark. Das entsprach in etwa der Summe, die Barzel von der Kanzlei erhalten hatte. Überdies stand in der Liste bei jeder Zahlung an Anwalt Paul „wg. Dr. Rainer Barzel".

Aber es kam noch ärger, als peinliche Schriftstücke aus vergangenen Zeiten auftauchten. Am Tag nach Barzels Rücktritt als Fraktionsvorsitzender hatte sich Kurt Biedenkopf in einem Brief an Helmut Kohl Gedanken gemacht, wie Barzel auch zum Rückzug vom Parteivorsitz motiviert werden könnte. Da schienen materielle Aspekte eine Rolle zu spielen. „So habe ich meine Hilfe bei der Lösung der sozialen Frage in Aussicht gestellt", schrieb Biedenkopf an Kohl. Es solle vermieden werden, dass aus Barzel ein Sozialfall werde. Eine Kopie dieses Briefes ging an Eberhard von Brauchitsch, den Pfleger der politischen Landschaft. Offensichtlich hatte der Flick-Manager umgehend reagiert, denn nur eine Woche später erhielt er Post von Rainer Barzel. „Lieber Herr von Brauchitsch, für Ihren überaus freundlichen Brief danke ich Ihnen", schrieb Barzel und fuhr fort: „Ich würde gern die Lage betr. die Zukunft mit Ihnen erörtern".[16]

Solche Zeugnisse legten den Schluss nahe, Barzel habe sich seinen Abschied aus den Parteiämtern vergolden lassen. Andere Vermutungen gingen weiter. Helmut Kohl habe sich von Flick den Weg an die Parteispitze freikaufen lassen, behauptete der Grüne Abgeordnete Jürgen Reents am 18. Oktober 1984 im Bundestag und schockierte das Parlament. Sein Ausruf ist nur mit Kurt Schumachers Schmähung von Adenauer als Kanzler der Alliierten vom November 1949 zu vergleichen. Die Attacke des Grünen sorgte für Solidarität der Union mit Barzel. Aber die hielt nicht lange. Zu offensichtlich waren die Verbindungen mit der Firma Flick, als dass eine plausible Erklärung Barzels vorstellbar war. Der sah das anders. „Ich stehe – auch moralisch – unter falschem Verdacht", beharrte Barzel am 22. Oktober 1984.[17] Schon vorher hatte er verkündet, nicht an Rücktritt zu denken. Mit gutem Gewissen sehe er seiner Anhörung im Untersuchungsausschuss entgegen. Die fand zwei Tage später, am 24. Oktober, statt. Aber das reinigende Gewitter, das sich Barzel erhofft hatte, fiel aus. Es war ihm nicht möglich, die Ungereimtheiten seiner Anstellung bei Anwalt Paul zu klären. Das übernahm andertags Günter Max Paefgen. Der ehemalige Flick-Manager sagte aus, Barzel habe den Flick-Konzern von seinem Eintritt in die Kanzlei Paul unterrichtet. Erst daraufhin sei der Vertrag zwischen Paul und Flick geschlossen worden. Das saß. Als hätte er geahnt, dass ihm diese Aussage das Genick brechen würde – noch während der Befragung Paefgens gab Barzel am 26. Oktober 1984 seine Amtsniederlegung bekannt.

Das Problem bei den Zahlungen von Flick über Paul an Barzel lag nicht in der Frage, ob Barzel als damaliger Vorsitzender des Wirtschaftsausschusses auf die Steuerbefreiung von Flick Einfluss genommen hat. Dies wurde vermutet, hat sich aber nicht belegen lassen. Insofern konnte sich Barzel später als rehabilitiert fühlen. Das Problem lag auch nicht an einer Unrechtmäßigkeit. Barzel hatte seine Nebeneinkünfte als Abgeordneter ordnungsgemäß dem Bundestagspräsidenten gemeldet und hatte alles versteuert. Es ging um den Anschein, als hätte es die Firma Flick in der Hand gehabt, über politische Ämter zu befinden. Und es ging um einen unerträglichen Widerspruch. Wer als Politiker Moral, Tugend und Maßhalten beschwört, sollte nicht ohne erkennbare Gegenleistung Gelder einstreichen. Wieder einmal war das Amt des Bundestagspräsidenten in Mitleidenschaft gezogen worden, der Hüter der Moral der Abgeordneten stand als schamloser Abkassierer da.

Der falsche Schein

Zur Rechtfertigung seiner Wiedergutmachungsgelder sagte Eugen Gerstenmaier nicht nur so unschöne Sätze wie den vom Staat des Berechtigungswesens, in dem man ohne Bescheinigung der Angeschmierte sei. Gerstenmaier beanspruchte auch Gleichbehandlung. Sein Amt im Bundestag dürfe ihm nicht mehr, aber auch nicht weniger Rechte als jedem Staatsbürger bringen. Niemand hätte ihm das Recht auf Gleichbehandlung abgesprochen – hätte er sich nicht durch die Lex Gerstenmaier eine Vorzugsbehandlung verschafft. Er hatte seine Position und seinen Einfluss genutzt, um an diese Leistungen zu kommen.

Wer auf einem privilegierten Posten sitzt, erhält leicht Privilegien oder eine bevorzugte Behandlung. Das als Selbstverständlichkeit anzusehen, hatte Gregor Gysi als sein Manko eingeräumt. Da war er eine Ausnahme. Andere sahen bei ihren Geldgeschichten keinen Fehler. Dies zeigt die starre Selbstgerechtigkeit, mit der sich viele Profiteure einer Problematisierung ihres Verhaltens verweigern. Allenfalls versuchen sie es mit mildernden Umständen. Er sei von seinem Freund Helmut Lohr getäuscht worden, jammerte Reisemeister Lothar Späth. Der genussfreudige Gerhard Glogowski räumte ein, arglos gewesen zu sein. Sollten solche Selbstaussagen ernstgemeint sein und zutreffen, wären sie eine freundliche Umschreibung für ein ernsthaftes Problem: den Realitätsverlust. Dazu gehört auch mangelnde Sensibilität. Wem Annehmlichkeiten oder Großzügigkeiten offeriert werden, der greift gern zu. Die Bereitschaft, Angebote anzunehmen, Spielräume zum eigenen Vorteil auszuschöpfen, macht korrumpierbar. Wer immer nur auf Spesen lebt, verliert leicht den Bezug zum Geld. Die Beziehung zwischen einer Leistung und ihrer Bezahlung verwischt schnell.

Um eine Grenzverwischung handelt es sich auch hinsichtlich der Trennlinie von privater und dienstlicher Sphäre, von Politik und Wirtschaft. Bei der Skandalisierung Gerhard Glogowskis wurde an ein älteres Gutachten erinnert, das der frühere Verfassungsrichter Helmut Simon im Auftrag der niedersächsischen Landesregierung bei einer Affäre im Jahr 1995 verfasst hatte. Darin plädierte Simon für die saubere Trennung zwischen öffentlichem Amt und privatem Interesse. Als verwerflich werde empfunden, wenn sich jemand unter Ausnutzung seines Amtes bereichere. In der Annahme von Vergünstigungen liege die Gefahr der Abhängigkeit der Amtsausübung, der Vernachlässigung des Gemeinwohls und des Vertrauensverlustes. Inhabern öffentlicher Ämter riet Simon, sich an die alte Devise von Beamten zu halten: Meide jeden falschen Schein. Gemessen an dieser Maxime war keiner der hier behandelten Rücktritte übertrieben. Alle Politiker hatten mit ihren Geldgeschichten den Anschein illegitimen Handelns erweckt.

Die Häufigkeit der Geldgeschichten unter den Rücktrittsgründen belegt, dass hier die größte Verführbarkeit besteht. Aber ihre Seltenheit bei der Gesamtzahl der Minister und Regierungschefs belegt auch, dass Politiker keineswegs so sein müssen. Daher geht eine Kritik an der freizügigen Annahme von Vergünstigungen nicht als moralischer Rigorismus an der gesellschaftlichen Realität vorbei. Die hier geschilderten Fälle zeigen nicht ein strukturelles Problem, sie sind Symptome individueller Defizite. Es ist ein zu Wenig an Sensibilität und Augenmaß. Es sind weniger die unabwendbaren Mechanismen der Macht als die Verformungen der Persönlichkeit, wie sie Gregor Gysi an sich erkannte.

Ein Tiefpunkt politischer Kultur
Uwe Barschel bei seiner Ehrenwort-Pressekonferenz.

DER LETZTE GANG
Auf dem Weg zum unvermeidlichen Rücktritt: Gerhard Stoltenberg, Rainer Barzel,
Ludwig Erhard und Jürgen Möllemann (von links).

AUSGANG

Politische Dummheit
Nach seiner missglückten Rede bleibt Philipp Jenninger
nur ein Ausweg: Rücktritt (linke Seite).

Fliegender Wechsel
Edmund Stoiber (links) auf den Fersen von Max Streibl (oben);
Willy Brandt übergibt die Amtsgeschäfte an Helmut Schmidt (unten);
Lothar Späth geht, Erwin Teufel kommt (nächste Seite).

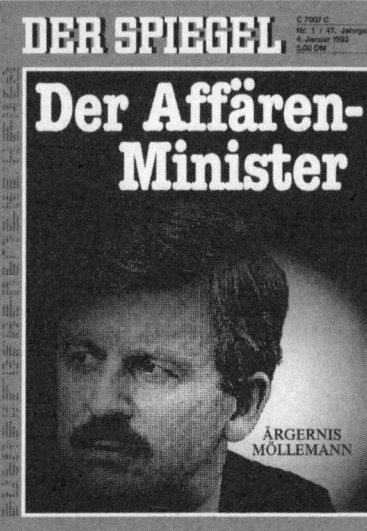

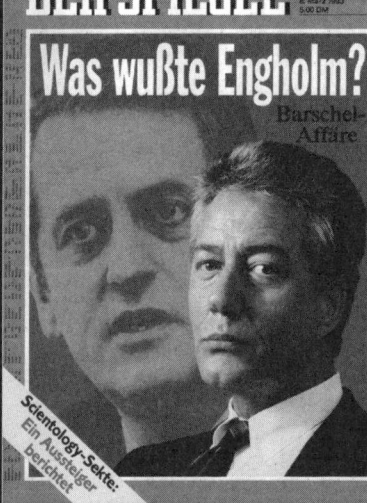

IM FADENKREUZ DER MEDIEN
Vier *Spiegel*-Titel, vier Demissionen:
Der Bericht über den Tod des mutmaßlichen
RAF-Terroristen Wolfgang Grams führte
zum Rücktritt von Rudolf Seiters; auch
an den Rücktritten von Jürgen Möllemann,
Eugen Gerstenmaier und Björn Engholm
(im Uhrzeigersinn) war der *Spiegel* beteiligt.

KAPITEL 11

Rücktritt als Waffe: Forderungen und Drohungen

Untragbar für ein öffentliches Amt

Die Meldung war noch keine Stunde alt, da stand für die Opposition schon fest: Der Senator ist schuld. Der Senator muss zurücktreten. Am 27. Mai 1978 wurde der mutmaßliche Terrorist Till Mayer aus dem Untersuchungsgefängnis Moabit befreit. Erst in der Woche zuvor hatte die oppositionelle CDU vom Berliner Senat wissen wollen, ob denn die Kontrollen im Knast ausreichend seien. Für die Sicherheit der Haftanstalt war der liberale Justizsenator Jürgen Baumann zuständig. Der Fall war klar. Der Zusammenhang zwischen organisatorischem Versagen und dem verantwortlichen Senator konnte direkter nicht sein. So war die Rücktrittsforderung nicht erstaunlich, ungewöhnlich war nur ihre Unmittelbarkeit. Es kommt nicht häufig vor, dass zwischen einem Vorfall und dem Ruf nach personellen Konsequenzen weniger als 60 Minuten vergehen.

> Hab' ich das Recht zur Seite,
> schreckt dein Droh'n mich nicht.
>
> *Sophokles, Philoktet*

Die Kürze der Frist im Fall Baumann zeigt, dass Rücktrittsforderungen ein Reflex sein können. Die Regierung hat sich eine Blöße gegeben, das aktiviert den Beißmechanismus. Aber zumeist ist die Forderung nach Rücktritt mehr als eine unwillkürliche Antwort. Sie ist die schärfste Waffe der Opposition. Oft genug ist ihr Einsatz gerechtfertigt. Ein Rücktritt wird bei Debatten oder in Pressekonferenzen gefordert. Parlamentarische Werkzeuge sind der Misstrauensantrag oder ein Antrag auf Entlassung. Aber häufig kommt es nicht zu einer Abstimmung im Parlament – sei es, dass der Kritisierte bereits zurückgetreten ist, sei es, dass die Opposition nicht auf ihrer Forderung besteht. Es gibt die verschiedensten Facetten von

Rücktrittsforderungen. Manchmal verzichtet die Opposition aus taktischen Gründen auf eine Forderung, manchmal wird sie nur unter dem Vorbehalt angekündigt, dass sich Vorwürfe bestätigen. Gilt die Forderung nach dem Rücktritt als legitimes Mittel gegen einen Amtsinhaber, so kann dieser die Androhung seines Rücktritts ebenfalls als Waffe einsetzen. Ein Regierungschef kann sein Kabinett oder die Fraktion damit zur Räson bringen. Ein Minister kann seinen Amtsverbleib von der Erfüllung einer Forderung abhängig machen. Solche Drohungen sind ein schwieriges Gebiet, da ihnen der Geruch von Erpressung und Offenbarungseid anhängt.

Nicht mit Kanonen auf Spatzen schießen

Nach der Bundestagswahl vom September 2002 setzte die Opposition einen Untersuchungsausschuss durch. Ihr Verdacht: Die rot-grüne Bundesregierung habe den Wahlkampf mit einer Lüge über die Haushaltssituation geführt. Der Lügen-Ausschuss kam nach Ansicht der Unions-Fraktion im November 2003 zu der Auffassung, der Vorwurf der bewussten Unwahrheit sei gerechtfertigt. Gleichwohl verzichteten die Christdemokraten auf die Forderung nach dem Rücktritt von Regierungsmitgliedern. Der Unions-Obmann im Ausschuss, Peter Altmaier, begründete diese Zurückhaltung mit dem lapidaren Hinweis, solche Forderungen seien „so aufregend, wie wenn in China ein Sack Reis umfällt."[1] Damit hatte Altmaier Recht, zumindest in diesem Fall. Das lag aber an der Fragwürdigkeit dieses Untersuchungsausschusses, der kaum handfeste Ergebnisse bringen konnte. Da er von vornherein als Instrument der Polemik angelegt war, wäre jede Rücktrittsforderung als pure Polemik abqualifiziert worden.

Um sich nicht lächerlich zu machen, verzichtet die Opposition manchmal auf eine Rücktrittsforderung, wenn der Anlass nicht ausreicht. Etwa bei der Bonusmeilenaffäre von Gregor Gysi, die er als Grund seiner Amtsniederlegung als Wirtschaftssenator im Sommer 2002 nannte. Nicht einmal die politischen Gegner waren auf den Gedanken gekommen, wegen dieser Bagatelle seinen Rücktritt zu verlangen. Man schieße doch nicht mit Kanonen auf Spatzen, meinte Oppositionsführer Frank Steffel großzügig. Auch bei der Opernballaffäre vom Februar 1996 gab es keine Rücktrittsforderung. Der niedersächsische Ministerpräsident Gerhard Schröder, zugleich Mitglied des VW-Aufsichtsrats, hatte sich von VW-Chef Ferdinand Piëch im konzerneigenen Jet zum Wiener Opernball fliegen lassen. Die CDU-Opposition in Hannover kritisierte diesen spendierten Ausflug als unvereinbar mit der Integrität eines Ministerpräsidenten. Trotzdem sah sie diese Verfehlung als nicht so gravierend an, dass sie Schröders Amtsniederlegung verlangt hätte. Die Union begnügte sich damit, im Landtag einen förmlichen Missbilligungsantrag einzubringen.

Manchmal sind Rücktrittsforderungen nicht nötig, weil sich die Amtsniederlegung abzeichnet. So war es bei Bundestagspräsident Rainer Barzel im Oktober 1984. Obwohl die Opposition über den Verdacht der Bezahlung Barzels durch die Firma Flick geschockt war, hemmte sie zunächst die Sympathie für den hochgeachteten Politiker. Schnell stand aber fest, dass Barzels Rücktritt unvermeidlich war. Eine Forderung nach diesem Schritt hätte eventuell eine Trotzreaktion des Umstrittenen ausgelöst, allemal hätte es wie Nachtreten ausgesehen. Auch beim niedersächsischen Ministerpräsidenten Gerhard Glogowski konnte sich Oppositionsführer Christian Wulff vornehm zurückhalten und mitteilen, er wolle sich nicht an Vorverurteilungen beteiligen. Der Sturz des Regierungschefs war vorhersehbar. Ohne Rücktrittsforderung kam die Opposition auch im Fall von Verkehrsminister Reinhard Klimmt aus, als sich im November 2000 der Strafbefehl wegen Beihilfe zur Untreue abzeichnete. „Ein vorbestrafter Minister ist für mich schwer vorstellbar", sagte CSU-Landesgruppenchef Michael Glos.[2] Ob Klimmt entlassen würde oder von sich aus zurücktrat – für Glos war der Minister erledigt.

Nicht immer fordert die Opposition explizit eine Demission. Manchmal legt sie einem Minister lediglich den Rücktritt nahe, wie das bei Berlins Innensenator Heinrich Lummer der Fall war. Nachdem in der Silvesternacht 1983 bei einem Brand in einem Abschiebegefängnis sechs Häftlinge umgekommen waren, appellierte die Opposition an den Senator zurückzutreten. Wenn er über demokratisches Gespür verfüge, müsse er persönliche Konsequenzen ziehen. Ist ein Sachverhalt noch nicht aufgeklärt, wird die Schärfe gedämpft. „Sollten sich die Vorwürfe bestätigen", hieß es von der FDP im August 2000 im Fall des sächsischen Justizministers Steffen Heitmann, dürfe er nicht länger im Amt bleiben. Aus der Bundestagsfraktion der Union wurde Björn Engholm im März 1993 zum

Rücktritt aufgefordert, falls er nicht zweifelsfrei darlegen könne, an der Schubladenaffäre unbeteiligt zu sein. Die SPD forderte im Januar 1991 den Rücktritt von Lothar Späth, sollte er den Vorwurf finanzieller Verstrickungen nicht widerlegen können. So signalisiert die Opposition ihre Empörung bereits beim Verdacht auf einen Regelverstoß. Dann weiß die Regierung, was auf sie zukommt.

Aktionismus mit und ohne Substanz

Rücktrittsforderungen gehören zum politischen Alltag. Mit fundamentaler Kritik am Regierungspersonal kann die Opposition auf sich aufmerksam machen. Nicht immer wartet sie auf passende Gelegenheiten, der Ruf nach Ablösung eines Amtsinhabers ertönt bisweilen auch aus geringem oder lächerlichem Anlass. Weil Umweltminister Jürgen Trittin den Satz „Ich bin stolz, ein Deutscher zu sein", ablehnte, forderte der CDU-Vorsitzende Wolfgang Schäuble im März 2001 Trittins Entlassung. Mit seiner Haltung treibe der Grüne die Menschen scharenweise den Rechtsextremisten zu. Nicht überzeugender war eine Rücktrittsforderung der Grünen in Hannover gegen den niedersächsischen Umweltminister Hans-Heinrich Sander. Der Liberale posierte im Dezember 2003 vor Fotografen mit einem T-Shirt, auf dem das Warnzeichen für Radioaktivität mit dem Slogan „kerngesund" aufgedruckt war. Die Grünen sahen dies als Verhöhnung von Strahlenopfern und forderten seinen Rücktritt.

Solche Paraden sind überflüssig, kommen aber häufig vor. Der inflationäre Gebrauch von Rücktrittsforderungen bei nichtigen Anlässen entwertet das Prinzip, denn oft genug liegen einer Rücktrittsforderung ernste Missstände zugrunde: das politische Vorleben, persönliches oder politisches Fehlverhalten oder Vorteilsnahme. Das am häufigsten für eine Rücktrittsforderung verwandte Argument zielt aber nicht auf eine bestimmte Fehlleistung, sondern auf das Gesamtbild eines Politikers. Dem Amtsinhaber wird vorgeworfen, er sei eine Belastung für das Ansehen des Landes und der Demokratie. Oder, wie es über Herta Däubler-Gmelin im September 2002 hieß: Ihr Verhalten mache sie „untragbar für ein öffentliches Amt".[3]

In diese Richtung gehen auch andere Formulierungen. Ein Ministerpräsident müsse ein untadeliges Ansehen vor der Öffentlichkeit haben, argumentierte im Dezember 1993 die SPD gegen den keineswegs untadeligen Regierungschef Thüringens, Josef Duchac. Die FDP begründete ihre Rücktrittsforderung gegen Bundesgesundheitsministerin Andrea Fischer im Oktober 2000 mit dem Verdikt, durch ihr verantwortungsloses Handeln habe sie das Vertrauen der Verbraucher verspielt. Nach den Bereicherungsversuchen von Bundestagspräsident Eugen Gerstenmaier meinten die Liberalen Anfang 1969, sein Rücktritt sei zur Wahrung des Ansehens der Demokratie unerlässlich. Hier wurden nicht genau definierte Kriterien wie Untadeligkeit, Vertrauen oder Glaubwürdigkeit angeführt. Defizite in diesen Bereichen sind Interpretationssache. Da ist die Opposition schnell mit strengen moralischen Maßstäben zur Hand.

So stereotyp die einen Rücktrittsforderungen begründen, so routiniert wiegeln die anderen ab. So tat die Berliner Regierung einen Misstrauensantrag als „künstlich aufgeblasene Sache" ab. Den Ruf nach einer Beurlaubung des skandalträchtigen Berliner Innensenators Heinrich Lummer kanzelte ein Senatssprecher als „nach Lage der Dinge völlig unangebracht" ab, während eine Rücktrittsforderung der Opposition im Bayerischen Landtag vom CSU-Fraktionschef als „reiner Aktionismus ohne Substanz und Grundlage" diffamiert wurde.[4] Rücktrittsforderungen werden auch gern als Wahlkampfgetöse oder parteitaktisches Manöver heruntergespielt – oft zu Recht. Sie sind immer auch ein Instrument in der Auseinandersetzung der Parteien.

Die Taktik des Säbelrasselns

Als Anfang Mai 1978 die NS-Vergangenheit von Hans Filbinger in die Schlagzeilen kam, war weder das Ausmaß seiner Tätigkeit als Marinerichter noch die Peinlichkeit seiner borniertenten Rechtfertigung abzusehen. Wohl aber zu erahnen. Daher forderte die SPD nicht sofort seinen Rücktritt, sondern wartete erst die Klärung offener Fragen ab. Außerdem wollte sie vermeiden, so Oppositionsführer Erhard Eppler, dass eine vorschnelle Forderung eine interne Diskussion in der CDU über Filbinger verhindere. Vier Wochen später gab Eppler seine Zurückhaltung auf. In einer großen Rede im Stuttgarter Landtag forderte er Filbingers Rücktritt. Noch während seiner Ausführungen kam es zum Eklat. Ein Teil der CDU-Fraktion verließ unter Protest den Plenarsaal. Bereits einige Tage zuvor hatte der Generalsekretär der Landes-CDU die Rücktrittsforderung als „absurden Höhepunkt der infamen Kampagne" gegen Filbinger bezeichnet.[5]

Kampagne oder nicht, die Auffassung, eine im Parlament vorgebrachte Rücktrittsforderung sei der Gipfel einer Kampagne, ist nicht akzeptabel. Nur wenige Wochen vor der Auseinandersetzung um Filbinger hatte der niedersächsische Justizminister Hans Puvogel wegen seiner NS-Vergangenheit zurücktreten müssen. Auf die Vorhaltung, die SPD habe den Minister persönlich abgewertet und diffamiert, stellte der SPD-Landesvorsitzende Peter von Oertzen klar: „Die Forderung nach dem Rücktritt eines Ministers ist eine legitime politische Handlung und keine auf die Person gezielte Beleidigung."[6] Die parlamentarische Zulässigkeit, auf die Oertzen verwies, schließt jedoch nicht aus, mit einer Rücktrittsforderung auch parteipolitische Ziele zu verbinden. Ein aktueller Vorgang wird zum Anlass, um einen missliebigen Politiker der Regierung zu demontieren und mit ihm auch dessen Partei zu schaden.

Zur Taktik gehört auch die Frage, wann und wie eine Rücktrittsforderung vorgebracht wird. So kann der Eindruck besonderer Dringlichkeit erweckt werden. Eine besondere Dramatik erzielt auch ein Ultimatum. Nach dem Hitler-Bush-Vergleich von Herta Däubler-Gmelin verlangte der Fraktionsvorsitzende der Union die Entlassung der Ministerin „bis heute Abend". Andernfalls sei davon auszugehen, dass Bundeskanzler Gerhard Schröder ihrer Äußerung zustimme. Neben dem Ultimatum beinhaltet diese Äußerung eine weitere Möglichkeit der Verschärfung. Nicht ein skandalisierter Minister wird zum Rücktritt aufgefordert, sondern der Regierungschef wird gedrängt, ein Mitglied seines Kabinetts zu entlassen. Er wird unter Handlungszwang gesetzt. Wenn er zögert, kann er direkt attackiert und beschädigt werden.

Im Fall von Herta Däubler-Gmelin ging die Kalkulation der Opposition auf, die Ministerin trat zurück. Weniger Erfolg hatte der langjährige Hamburger Oppositionsführer Jürgen Echternach. Der ließ in den siebziger Jahren keine Gelegenheit aus, den Rücktritt eines Senators oder des Bürgermeisters zu fordern. Mindestens einmal bewirkte Echternach das Gegenteil seiner Absicht. Als er im September 1979 unmittelbar nach Bekanntwerden des Skandals um die Giftfabrik Stoltzenberg den Rücktritt von Bürgermeister Hans-Ulrich Klose forderte, war er zu rasch vorgeprescht. Seine markigen Worte führten bei der zerstrittenen SPD zu einer überraschenden Solidarisierung mit dem Angegriffenen. Klose blieb im Amt. Als er knapp zwei Jahre später aus innerparteilichen Gründen zurücktrat, hieß es, die Opposition habe die scharfe Waffe der Rücktrittsforderung so oft benutzt, dass sie „am Ende nur noch den Knauf in der Hand hielt".[7] Zu häufiges Säbelrasseln führt zu Abnutzungserscheinungen.

So ungeschickt sich Jürgen Echternach verhielt, so geschickt kann es sein, das eigene Vorgehen als nicht taktisch, sondern moralisch motiviert zu bezeichnen. Dies unternahm Erhard Eppler in seiner bereits erwähnten Rede gegen Hans Filbinger vom Juni 1978. Dem Vorwurf der CDU, die Rücktrittsforderung an Filbinger sei lediglich parteitaktisch motiviert, begegnete Eppler mit dem Hinweis, „wenn wir nur parteitaktisch dächten, dann hätten wir nichts dagegen, wenn uns ein parteipolitischer Gegner von so angeschlagener Glaubwürdigkeit noch lange erhalten bliebe."[8] Schwarz oder rot, ja oder nein – zwischen Regierung und Opposition sind die Rollen zumeist eindeutig verteilt. Weniger eindeutig wird es, wenn zwei oder mehr Parteien regieren.

Im Sandkasten der Koalition

Die halbe Republik hackte im März 1991 auf Verteidigungsminister Gerhard Stoltenberg herum. Zu offensichtlich war sein Versagen bei der Panzerlieferung an die Türkei. Zu denjenigen, die schwiegen, gehörte die FDP, Koalitionspartner in der Regierung Helmut Kohl. Die Liberalen sahen keinen Erklärungsbedarf, wie ein Präsidiumssprecher mitteilte. Das hörte sich zunächst so an, als werte die FDP Stoltenbergs Verhalten als unproblematisch. So war der Verzicht auf Kritik allerdings nicht gemeint. Das wurde deutlich, als der Sprecher an eine Regel der Koalition erinnerte: „Jeder spielt im eigenen Sandkasten und hält sich mit Rücktrittsforderungen an den Regierungspartner zurück".[9] Die Botschaft in Richtung des anderen Sandkastens war nicht zu überhören. Aus Gründen des Koalitionsfriedens halten wir uns zurück, aber die Sache muss geklärt werden.

Den Koalitionspartner braucht es nicht zu stören, wenn in der anderen Regierungspartei ein Minister aufhören muss. Außerdem stellt ein Koalitionär das eigene Interesse über die Solidarität. Bevor das schlechte Image der Kollegen auf die eigene Partei zurückschlägt, wird der Rücktritt eines skandalisierten Ministers gefordert. Der Berliner Innensenator Kurt Neubauer war so ein Fall. Im April 1977 war der Sozialdemokrat in den Verdacht der Bereicherung geraten. Angesichts der Gefahr für die mitregierende FDP, mitsamt der SPD unterzugehen, forderten die Liberalen erfolgreich Neubauers Rücktritt. Dreimal verlangte die FDP auf Bundesebene in Koalitionen eine Amtsniederlegung: den von Bundeskanzler Konrad Adenauer, den von Außenminister Heinrich von Brentano und den von Verteidigungsminister Franz Josef Strauß wegen der Spiegelaffäre. Als die Forderung nicht fruchtete, erzwangen die FDP-Minister mit ihrer Demission das Ausscheiden von Strauß aus dem Kabinett.

Meistens ist ein so drastisches Druckmittel nicht notwendig. Als Bundeswirtschaftsminister Jürgen Möllemann 1992 in der Kritik stand, äußerte der CDU-Politiker Friedhelm Ost, gebraucht werde ein Minister, dem Unternehmer und Arbeitnehmer eine erfolgreiche Politik zutrauten. Im Klartext: Möllemann sei kein Erfolg zuzutrauen, er müsse abtreten. Direkter äußerte sich die Parteichefin der Grünen, Renate Künast, im November 2000 über Verkehrsminister Reinhard Klimmt: „Wenn ein grüner Minister dieses Problem hätte, würden wir dieses Problem lösen, und ich denke, der wäre zurückgetreten."[10] Bundeskanzler Schröder tobte über diesen Kommentar, den er als unanständig bezeichnete. Kurz darauf trat Klimmt zurück.

Die angeführten Beispiele zeigen die Macht eines Koalitionspartners, auch des kleineren. Deshalb wird es eng für einen umstrittenen Minister, wenn aus der Koalition eine Rücktrittsforderung kommt, erst recht aber, wenn diese von der eigenen Partei ausgeht.

Aus den eigenen Reihen

Nach dem Eklat, den die Rede von Bundestagspräsident Philipp Jenninger zum 9. November 1988 ausgelöst hatte, war schnell klar, dass der sich nicht halten würde. Als er noch keine Bereitschaft zur Amtsniederlegung erkennen ließ, trafen sich die Bonner Fraktionschefs zu einem Krisengespräch. Der Vorsitzende der Unions-Fraktion, Theo Waigel, wollte seinen Kollegen von der SPD, Hans-Jochen Vogel, motivieren, für die Sozialdemokraten Jenningers Rücktritt

Forderungen und Drohungen

zu fordern. Vogel ging auf den Deal nicht ein. Er meinte, lieber sollten die Christdemokraten als größte Fraktion den Präsidenten zum Amtsverzicht bewegen. Noch bevor es dazu kommen konnte, war Jenninger von sich aus zurückgetreten. Nachdem sein Abgang ohnehin schon schmählich genug war, ersparte er sich die größte Erniedrigung, die das politische Leben bereithält: von der eigenen Partei öffentlich zum Rücktritt gedrängt zu werden.

Rücktrittsforderungen von Parteifreunden sind heikel. Oft haftet ihnen der Ruch des Verrats an. Öffentliche Kritik am Regierungschef aus den eigenen Reihen wird vermieden, möchte doch niemand als Königsmörder dastehen. Auch das Amt eines Parteifreundes in Frage zu stellen, gilt als unfein, denn das verstößt gegen das Solidaritätsgebot. Deshalb greift die eigene Partei häufig auf indirekte Formen von Rücktrittsforderungen zurück. Heinz Eggert war einer der Ersten in der CDU, der den Abgang von Ministerpräsident Kurt Biedenkopf forderte. Eggert, längst nicht mehr in Biedenkopfs Kabinett, wertete einen Rücktritt seines ehemaligen Chefs als sauberste Lösung, „wenn all das, was ihm vorgeworfen wird, stimmt."[11] Um seinen Worten die Schärfe zu nehmen, schränkte Eggert ein, dass die Vorwürfe aber noch nicht geprüft worden seien. Trotz dieses Vorbehalts – das war ein Affront gegen Biedenkopf.

Deutlicher als die arrivierten Mitglieder äußert sich bei den Christdemokraten die Nachwuchsorganisation Junge Union. Im Streit um Hans Filbinger forderte ein rheinländischer Kreisverband bereits wenige Tage nach der SPD und noch Wochen vor Filbingers Abdankung dessen Rücktritt. Als der Generalsekretär der CDU, Heiner Geißler, von dem Vorstoß hörte, war er außer sich vor Wut. Im August 1978 kam es zum Showdown in Baden-Württemberg. Auf einer Versammlung des Landesvorstandes der Jungen Union zeigten 25 Redner nacheinander dem anwesenden Filbinger den gesenkten Daumen. Es gibt keinen zweiten Fall einer so massiven innerparteilichen Abrechnung mit einem amtierenden Ministerpräsidenten.

Was muss geschehen, bevor die Parteifreunde die rote Karte zeigen? Ein Grund für eine parteiinterne Rücktrittsforderung kann der anstehende Generationswechsel bei Regierungschefs sein. Hier verdrängt die jüngere Generation einen langjährigen, sesselklebenden Amtsinhaber. Es können aber auch Flügelkämpfe oder persönliche Animositäten sein. So piesackte sein Erzrivale

Friedhelm Farthmann im Frühjahr 1998 Johannes Rau mit Rücktrittsforderungen. Eine weitere Variante kommt am häufigsten vor. Negative Schlagzeilen über einen skandalisierten Minister werden als Belastung für das Amt gewertet. Oft genug fürchtet die Partei eine Schädigung ihres Ansehens und wünscht, von den Personal- zu den Sachdiskussionen zurückzukommen.

Allen Varianten von Rücktrittsforderungen aus der eigenen Partei ist eines gemeinsam: Die betroffenen Politiker haben ihre Position in der eigenen Partei falsch bewertet. Hätten sie sich beizeiten über die Stimmung in ihren Kreisen Gedanken gemacht, hätten sie wachsenden Unmut bemerken können.

Wir schlafen nicht

Im Frühjahr 2005 hatte Joschka Fischer die härteste Phase seiner politischen Laufbahn zu bestehen. Wegen des massenhaften Missbrauchs von Visa in der deutschen Botschaft in Kiew rückte ihm die Union heftig zu Leibe. Fischer geriet in akute Erklärungsnot, aber er blieb auf seinem Platz. Als ihm in einem Zeit-Interview seine Fehler und seine arrogante Rechtfertigung vorgehalten wurden, entgegnete Fischer gelassen: „Sie können mich ja anprangern oder auch zum Rücktritt auffordern – das ist alles legitim."[12] Fischer ordnete die Rücktrittsforderungen den gebräuchlichen Verfahrensweisen zu, ließ aber zugleich erkennen, dass ihn diese nicht beeindrucken würden. Er würde sie zur Kenntnis nehmen, sich der Kritik stellen, wie er in jenem Interview weiter ausführte. Aber dass er persönliche Konsequenzen erwägen würde – davon sagte der selbstgewisse Fischer nichts. Er trat auch nicht zurück.

Was bewirkt eine Rücktrittsforderung, was kann sie bewirken? Diese Frage ist nicht so leicht zu beantworten. Das hat einen einfachen Grund: Der Zusammenhang zwischen einer Rücktrittsforderung und einer Amtsniederlegung ist nicht immer direkt zu erkennen. Nur in den seltensten Fällen kommt es vor, dass jemand den Rücktritt eines Politikers fordert und dieser umgehend seinen Schreibtisch räumt. Wenn sich also die Regierung nicht darum schert, weshalb arbeitet sich die Opposition immer wieder an ihren rhetorischen Postulaten ab?

Das Ritual der Rücktrittsforderung hat eine wichtige Funktion. Vorausgesetzt, beim Anlass einer Forderung handelt es sich nicht um eine Bagatelle, sondern um ein seriöses Problem, kommen einer Rücktrittsforderung drei Funktionen zu. Zum Ersten bestätigt sie den Frontverlauf zwischen Regierung und Opposition. Letztere signalisiert: Wir schlafen nicht. Zweitens zeigt die Opposition der Regierung die Grenzen auf: Willkür oder Versagen von Amtsträgern wird nicht toleriert. Und schließlich, drittens, setzt die Opposition Maßstäbe richtigen Handelns oder fordert sie ein. Dazu kommt, dass Rücktrittsforderungen keine isolierten Einzeläußerungen sind. Sie fußen auf akuten Missständen und stehen im Kontext politischer Stimmungen.

Diese Bedeutung von Rücktrittsforderungen gilt, obwohl Einschränkungen berücksichtigt werden müssen. Zum einen sind längst nicht alle Rücktrittsforderungen berechtigt. Häufig werden sie als parteitaktisches Mittel eingesetzt, um die Regierung zu demoralisieren. Zum anderen zeigen die Debatten um Rücktritte die Austauschbarkeit von Vorwurf und Rechtfertigung. Was bei den anderen als untragbar gilt, wird bei den eigenen Amtsträgern oft verteidigt. Doppelmoral gehört zum politischen Geschäft.

Eine Rücktrittsforderung richtet sich gegen einen Politiker. Ein Einzelner wird verantwortlich gemacht. Dahinter steht eine Personalisierung der Politik, die den Akteur zur Zielscheibe der Kritik macht. Das Prinzip der Personalisierung gilt auch für das Gegenstück der Rücktrittsforderung, die Rücktrittsdrohung. Anders als bei Forderungen ist hier nur eine Partei im Spiel. Rücktrittsdrohungen von Ministern richten sich gegen den Regierungschef, die von Regierungschefs gegen die eigene Partei.

Das letzte Mittel

Seit 1974 war Bernhard Vogel Landesvorsitzender der CDU in Rheinland-Pfalz, seit 1976 zugleich Ministerpräsident des Bundeslandes. Für ihn gehörten beide Ämter zusammen: Der Ministerpräsident könne das Vertrauen der Bevölkerung nur erringen, wenn seine Partei hinter ihm stehe. So reagierte Vogel äußerst gereizt, als sich im Herbst 1988 ein Gegenkandidat für die Neuwahl des Parteivorsitzenden fand. Umweltminister Hans-Otto Wilhelm forderte den langjährigen Amtsinhaber heraus. Daraufhin konfrontierte Vogel seine Partei mit einem Junktim. Sollte er nicht als Landesvorsitzender bestätigt werden, würde er als Ministerpräsident zurücktreten. Von diesem Erpressungsversuch ließen sich die Delegierten auf dem Koblenzer Parteitag der rheinland-pfälzischen CDU allerdings nicht beeindrucken. Am 11. November 1988 votierten 258 von ihnen für Wilhelm, lediglich 189 für Vogel. Der war geschockt. Unmittelbar nach Bekanntgabe des Ergebnisses machte er seine Ankündigung wahr.

Vogels Sturz zeigt nicht nur die bittere Konsequenz für denjenigen, der sich verspekuliert hat. Er zeigt auch das Prinzip von Rücktrittsdrohungen. Ein Politiker sieht eine Entwicklung auf sich zukommen, die er für untragbar hält. Er kann die Entscheidung nicht verhindern oder durch Argumente zu seinen Gunsten beeinflussen. Ihm bleibt als letztes Mittel, seinen Verbleib im Amt an die Erfüllung einer Bedingung zu knüpfen. Damit haben die Delegierten nicht nur über eine Sachfrage abzustimmen, sondern auch über eine Personalfrage. Politisch gesehen ist das eine Erpressung. Aus der Perspektive des betroffenen Politikers ist es die ultima ratio – aber auch der politische Offenbarungseid.

Eine Rücktrittsdrohung enthält, wie jede Erpressung, ein Risiko. Sie wirkt nur, wenn es für die Parteifreunde ein größerer Schaden ist, den Minister oder Regierungschef zu verlieren als die vorgesehene Entscheidung aufzugeben. Wenn Machterhalt oder Regierungsfähigkeit durch das Ausscheiden eines Einzelnen bedroht sind, wird das die Entscheidung beeinflussen. Dass die meisten Rücktrittsdrohungen – von Ausnahmen wie Bernhard Vogel abgesehen – erfolgreich sind, spricht nicht für diese Methode. Es deutet nur darauf hin, dass Rücktrittsdrohungen zumeist aus einer Position der Stärke abgegeben werden.

Aber wann verfügt die Person eines Ministers über ein besonderes Gewicht? Ludwig Erhard drohte mit seinem Rücktritt als Bundeswirtschaftsminister, wenn Bundeskanzler Konrad Adenauer ihn nicht als Nachfolger nominieren würde. Erhard konnte sich auf seine große Popularität berufen. Der Superminister für Wirtschaft und Finanzen unter Willy Brandt, Karl Schiller, pochte bei seinen Rücktrittsdrohungen auf seine unbestrittene Kompetenz und Anerkennung. Eine Möglichkeit, Rücktrittsdrohungen Gewicht zu verleihen oder sie gar nicht erst zu benötigen, ist die Hausmacht eines Ministers in seiner Partei. Um Ungemach von starken Landes- oder Bezirksverbänden zu vermeiden, wird sich ein Regierungschef überlegen, ob er es sich leisten kann, auf ein

Mitglied seines Kabinetts mit großem Rückhalt in der Partei zu verzichten.

Das Gewicht eines Regierungschefs bemisst sich an seinen Wahlerfolgen. Kurt Biedenkopf drohte regelmäßig, wenn ihm etwas nicht passte, mit der Amtsniederlegung. Er brauchte nur auf die von ihm mehrfach eingefahrene absolute Mehrheit zu verweisen. Auch Bundeskanzler Gerhard Schröder betonte gern, dass die Bundestagswahl nicht durch den Vergleich der Parteien, sondern durch den der Spitzenkandidaten entschieden worden sei. Nach dem Motto „Schließlich habe ich die Wahl gewonnen" stellte Schröder die Bedeutung seiner Person heraus. Dieser Hinweis enthielt auch die Mahnung, ohne ihn sei eine Regierung der SPD nicht möglich.

Bernhard Vogel hingegen hätte gewarnt sein können. Die von Helmut Kohl geerbte absolute Mehrheit der CDU in Rheinland-Pfalz hatte er zweimal verteidigen können. Aber die Landtagswahl vom Mai 1987 hatte der Union einen Verlust von fast sieben Prozent der Stimmen gebracht und sie in eine Koalition mit der widerspenstigen FDP gezwungen. Solches Schwächeln erhöht den Marktwert bei den Delegierten nicht. Wer sich weit aus dem Fenster lehnt, sollte vorher seinen Standort geprüft und einen Blick auf potentielle Nachfolger geworfen haben. Sowohl Kurt Biedenkopf als auch Gerhard Schröder wussten, dass sie ohne Ersatzmann spielten.

Große und kleine Anlässe

Alles oder nichts? Wann und warum bringen sich Politiker in eine solche Situation? Unter den Anlässen für Rücktrittsdrohungen finden sich Grundsatzentscheidungen oder Detailfragen ebenso wie die Bemühung um Selbstbehauptung. Ein weiteres Motiv kann Amtsmüdigkeit sein. Diese Kategorien lassen sich nicht immer eindeutig trennen. Der Wille zur Selbstbehauptung kann sich auch an einer Einzel- wie an einer Richtungsentscheidung festmachen. Amtsmüdigkeit bringt geringe Diskussionsbereitschaft in Grundsatz- wie Einzelfragen mit sich. Sie führt leicht zu der Haltung „Ich muss es ja nicht machen."

Einer Grundsatzentscheidung misst ein Politiker existentielle Bedeutung bei, wenn er der Meinung ist, dass sie ein zentrales Moment seiner Regierungstätigkeit berührt. Für Bundeskanzler Helmut Schmidt war der Streit um die Nachrüstung Anfang der achtziger Jahre eine solche Frage. Bei den zähen Auseinandersetzungen in der SPD erklärte Schmidt im Mai 1981, er stehe oder falle mit dem Nato-Doppelbeschluss. Gerhard Schröder verband seine Kanzlerschaft mit der Entscheidung seiner Partei über die von ihm betriebene Reformagenda 2010. Unverhohlen drohte er: „Wer anderes beschließen oder durchsetzen will, der muß wissen, daß er die inhaltliche Grundlage für meine Arbeit mir entzieht und mich zu Konsequenzen zwingt."[13] In beiden Fällen machten die Regierungschefs deutlich, dass sie eine andere Linie nicht umsetzen würden. In beiden Fällen konnten sich die Regierungschefs behaupten. In beiden Fällen handelte es sich um eine Richtungsentscheidung. Ein anderer Beschluss hätte eine grundsätzlich andere Politik bedeutet.

Nicht immer muss der Anlass für eine Rücktrittsdrohung von fundamentaler Bedeutung sein. Eine Einzelfrage nahm Heide Pfarr Anfang 1993 zum Anlass für eine Rücktrittsdrohung. Die hessische Frauenministerin von der SPD hatte eine Vorlage für ein Gleichstellungsgesetz erarbeitet. Nachdem die Diskussionen in den Parteigremien auf eine Verwässerung ihres Vorhabens hinausliefen, stellte Pfarr die hessischen Sozialdemokraten vor die Alternative: Annahme ihres Entwurfs und Amtsverbleib oder Abschwächung des Gesetzes und ihr Rücktritt. Die Ministerin setzte sich in dieser Situation durch, trat allerdings wenig später aus anderen Gründen zurück.

Heide Pfarr hatte ein spezielles Thema, das für die sonstige Politik des Landes Hessen keine wesentlichen Konsequenzen hatte, zu einer persönlichen Existenzfrage erhoben. Ihre Position als Ministerin, ihr Selbstverständnis als Politikerin wäre in Frage gestellt worden, wenn sie sich in einem Kernbereich ihres Ressorts nicht hätte durchsetzen können. Wäre sie zurückgetreten, dann nicht aus Protest, sondern aus Selbstachtung. Sie hätte nicht ein Zeichen setzen, sondern auf ihrer Ansicht beharren wollen.

Ein anderer Grund für Rücktrittsdrohungen kann Amtsmüdigkeit sein. Zahlreiche Andeutungen von Unmut und Reizbarkeit Willy Brandts ließen sich als Rücktrittsdrohungen deuten. Sie wurden als ein Leitmotiv seiner zweiten Kanzlerschaft ausgemacht. Brandt neigte eher zur Nörgelei als zum Machtwort. Auch der Hamburger Wissenschaftssenator Hansjörg Sinn wehrte sich mit häufigen Rücktrittsdrohungen gegen die harten Herausforderungen des Politikbetriebes. Der parteilose Professor war Chemiker, kein Berufspolitiker. Er drohe so oft mit seinem Rücktritt, wie andere das Hemd wechseln, hieß es im August 1983 von ihm. Er selbst bekannte: „Am liebsten würde ich jeden Tag einmal zurücktreten."[14] Nicht lange darauf zog er sich aus der Politik zurück.

So war es nicht gemeint

Am 9. Dezember 1997 platzte Johannes Rau der Kragen. Der Ministerpräsident in Düsseldorf hatte Schwierigkeiten mit seiner Partei. Einige Abgeordnete stemmten sich gegen Einschränkungen des Braunkohletagebaus Garzweiler II, die der grüne Koalitionspartner durchsetzen wollte. Die Bergbaulobby in der SPD stellte sich quer. Der Koalitionsfrieden war bedroht. In dieser Situation entfuhr es Johannes Rau am Rand einer Fraktionsbesprechung: „Wenn die Regierung kein Vertrauen hat, geht sie".[15] Was Rau nicht wusste: Ein Fernsehteam nahm die Äußerung zufällig auf. Am nächsten Tag berichtete die Presse groß über seine angebliche Rücktrittsdrohung. Die Opposition forderte Raus sofortigen Rücktritt, bevor die Krise seiner Regierung zu einer Krise des Landes werde. Rau bestritt energisch, überhaupt eine Drohung ausgesprochen zu haben. Wer aus zwei Sätzen des Unmuts eine Rücktrittsdrohung mache, überhöhe den Sachverhalt. Der verstehe nichts vom politischen Geschäft.

Auch in anderen Fällen behaupteten Politiker, ihre Rücktrittsdrohung sei keine Rücktrittsdrohung. Bei einem Streit um die Obergrenzen von Kohlendioxidemissionen lehnte Bundeswirtschaftsminister Wolfgang Clement im März 2004 eine Regelung ab, die seiner Meinung nach das Wirtschaftswachstum gefährde. Dafür übernehme er keine Verantwortung, warnte Clement. Diesen ultimativen Hinweis wollte Clement aber nur als Mahnung, nicht als Drohung verstanden wissen: „Ich drohe mit der Sache – nicht mit Rücktritt", behauptete Clement.[16] Den Unterschied erläuterte er allerdings nicht.

Rücktrittsdrohungen werden nicht immer als solche dargestellt. Das liegt an ihrem schlechten Image, sie gelten als Zeichen von Schwäche. Sie können ein Druckmittel sein, zeigen aber auch, dass die inhaltliche Position nicht überzeugend ist. Und sie bringen ein unsachliches Element der Nötigung in den politischen Prozess der Entscheidungsfindung. Gerhard Schröders Drohgebärden wurden in der Presse als Macho-Attitüde gewertet. FDP-Generalsekretär Guido Westerwelle bemerkte zur Rücktrittsdrohung von Sabine Leutheusser-Schnarrenberger, sie zeige einen schlechten Verlierer.

Solchen Unterstellungen wollte der Berliner Schulsenator Carl-Heinz Evers vorbeugen. Ohne jede Vorwarnung trat er am 4. März 1970 zurück. Bürgermeister Klaus Schütz kritisierte, dass Evers ohne vorheriges Gespräch mit ihm zurückgetreten sei. Dieser Alleingang sei stillos. Den Vorwurf wies Evers zurück: „Kündigt man an, seinen Hut zu nehmen, dann denken die anderen, der droht mir ja bloß. Machen sie es so wie ich, dann ist es kein stilgerechtes Verhalten." Auf die Frage, warum er nicht mit Rücktritt gedroht habe, entgegnete Evers: „Dann hätte man mir doch Erpressung vorgeworfen".[17] Damit hat Evers ein Dilemma formuliert: Ein schneller Rücktritt wird als Verstoß gegen den politischen Anstand angesehen, eine Drohung als Erpressung gewertet oder nicht ernstgenommen. Evers meinte es aber ernst.

Nicht zu oft

Wie ernst sind Rücktrittsdrohungen gemeint? Dreimal schon hatte Finanzminister Alex Möller ein Rücktrittsschreiben an Bundeskanzler Willy Brandt übergeben. Aber Möller machte diese Briefe nicht öffentlich. Er äußerte sich nicht zu seiner Entscheidung, informierte nicht einmal seine Kabinettskollegen. Diese Erklärungen waren nicht Vollzug einer Entscheidung, sondern Aufforderungen an den Kanzler zu mehr Unterstützung und zu einem Krisengespräch. Aufforderungen, die auch eine Drohung enthielten: Sollte Brandt das Gewünschte nicht gewähren, würde Möller auf seinem Rücktritt bestehen. Dreimal kam Möller damit durch, beim vierten Mal scheiterte er. Der Kanzler nahm seinen Rücktritt an. Brandt war – spät genug – zur Ansicht gelangt, es sei nicht richtig, Möller immer wieder von seinen Entschlüssen abzubringen. Die Waffe der Rücktrittsdrohung hatte sich verbraucht.

Zu geringe Entschlossenheit zeigte auch Bundesinnenminister Paul Lücke. Der Christdemokrat gab im März 1968 bekannt, er neige zum Rücktritt. Seine Begründung: Der Koalitionspartner SPD hatte auf einem Parteitag die für Lücke wichtige Frage einer Wahlrechtsreform vertagt. Lücke hatte zwar vorsichtig von Rücktritts-Neigungen gesprochen, aber deren öffentliche Mitteilung war eine Rücktrittsdrohung. Damit hatte sich der Minister in eine Sackgasse manövriert. Es war nicht zu erwarten, dass die SPD einen Parteitagsbeschluss wegen Lücke umstoßen würde. Auch wenn die Sozialdemokraten in der großen Koalition saßen, vom Rücktritt eines CDU-Ministers würden sie sich kaum beeindrucken lassen. Bundeskanzler Kurt Georg Kiesinger sah in der Wahlrechtsreform keine Schicksalsfrage und unterstützte Lücke nicht. Damit war die Sache gelaufen. Lücke trat zurück – vorerst.

Hätte Lücke es dabei bewenden lassen, wären ihm vielleicht Starrsinn und Kompromisslosigkeit vorgeworfen worden, aber niemand hätte ihm Anerkennung für seine Konsequenz versagt. Doch Lücke nahm seinen öffentlich erklärten Rücktritt bereits nach vier Stunden ebenso öffentlich zurück. Der Kanzler hatte ihn noch einmal umstimmen können. Als Gerüchte die Runde machten, Lückes Amtsverbleib sei an Bedingungen geknüpft, wurden Kanzler und Minister von der oppositionellen FDP heftig gescholten. Wolfgang Mischnick warf Kiesinger Schwäche vor, weil er Lücke trotz latenter Rücktrittsdrohung im Amt belasse. Dem Minister hielt Mischnick vor, mit seiner Rücktrittsdrohung die demokratische Entscheidung eines Parteitages nicht akzeptieren zu wollen. Außerdem entlarve seine schnelle Wiederkehr ins Amt den Rücktritt als bloße Drohgebärde. Die mangelnde Konsequenz führe zu der Frage, wie ernst Minister dieser Regierung ihre Worte meinten.

Als Lücke am Tag darauf definitiv zurücktrat, erhielt er wegen seines Zickzackkurses böse Nachrufe. Für den *Tagesspiegel* war Lückes verspäteter Rücktritt „wie ein Revolverknall auf der Bühne, der unglücklicherweise erst ertönt, nachdem das Opfer schon am Boden liegt." Die *Zeit* meinte, sein Rücktritt werde nicht als Eklat, sondern lediglich als „interner Betriebsunfall" in die Geschichte eingehen.[18] Wer sein weiteres Amtieren an eine Bedingung knüpft, muss bereit sein, umgehend den Rücktritt zu vollziehen, falls diese Bedingung nicht erfüllt wird. Andernfalls verspielt er seine Glaubwürdigkeit und seine Reputation. Lücke hatte sich zum Gespött der Nation gemacht. Nicht jede Forderung ist also für eine Rücktrittsdrohung geeignet. Die mit ihnen verbundene Bedingung muss realisierbar sein. Und im Fall des Scheiterns sollte umgehend die Konsequenz gezogen werden.

Die Wahlrechtsreform war für Paul Lücke ein so wesentliches Anliegen, dass er seine politische Existenz damit verband. So ungeschickt er dabei vorging, die Aufrichtigkeit seines Bemühens ist ihm nicht abzusprechen. Die aus persönlicher Sicht große Gewichtung eines Problems liegt den meisten Rücktrittsdrohungen zugrunde. Manchmal drohen Politiker aber auch mit ihrem Rücktritt aus reinem Kalkül, bloß wegen des PR-Effektes oder um inhaltliche Debatten abzuwürgen.

Kalkül und Pression

Kaum im Amt, posaunte Wirtschaftsminister Jürgen Möllemann im März 1991 forsch: Wenn im nächsten Haushalt nicht zehn Milliarden Mark an Subventionen eingespart würden, träte er zurück. Die großspurige Ankündigung sorgte für dicke Schlagzeilen. Möllemann war in aller Munde. Wann hatte jemals ein junger, gerade inthronisierter Bundesminister eine derartige Forderung erhoben und zugleich seine gerade erst begonnene Karriere aufs Spiel gesetzt? Die Reaktionen schwankten zwischen Verblüffung, Anerkennung und Skepsis. Vielleicht gelang es Möllemann mit dieser Hauruck-Methode, die Fesseln der Subventionspolitik zu sprengen. Aber schnell wurden auch Nebenabsichten aufgedeckt. Der ehrgeizige Aufsteiger wollte sich mit seiner öffentlichkeitswirksamen Aktion innerhalb der FDP positionieren – als Anwärter auf den Parteivorsitz und als Nachfolger für Hans-Dietrich Genscher im Auswärtigen Amt. Möllemann betrieb seine egoistischen Pläne zu Lasten des Regierungsbündnisses. Seine ultimative Forderung konnte eine Koalitionskrise heraufbeschwören. Aber sie wurde nicht von allen Liberalen abgelehnt. Würde er sich durchsetzen, hätte auch die Partei gewonnen.

Nach dem ersten Staunen über Möllemanns Rücktrittsdrohung kam auch zur Sprache, dass die geforderten Einsparungen längst nicht so schwer zu erreichen waren, wie zunächst angenommen. Es war eine Frage von Definitionen, Zuordnungen und Umwidmungen. Möllemanns Coup war eine Luftnummer. So war es keine Überraschung, dass bei den Beschlüssen im Juli 1991 das Sparziel im Haushalt festgeschrieben wurde. Möllemann konnte sich als Sieger fühlen. Aber der Preis dafür war hoch. FDP-Chef Otto Graf Lambsdorff begrüßte die Subventionskürzungen, problematisierte aber Möllemanns Mittel. Einen solchen Kraftakt könne die FDP nicht wiederholen. Sein Parteifreund könne sich keine weitere Rücktrittsdrohung leisten. Dieses Instrument sei in einer Legislaturperiode nur einmal einsetzbar, räumte auch Möllemann ein. Siegeseuphorie klingt anders.

Die Union, auf deren Kosten sich Möllemann in Szene gesetzt hatte, reagierte mit Ablehnung und Unverständnis auf das Pokerspiel. Möllemann hatte sich selbst schwer beschädigt, was nicht nur an der geringen Substanz des Erreichten und an seiner Kurzfristigkeit lag. Bereits wenige Monate später mussten etliche Subventionsstreichungen zurückgenommen werden. Möllemann wurde zum Inbegriff des politischen Hasardeurs. Diesen fragwürdigen Stil praktizierte er bis zu seinem Ende. Möllemanns Beispiel machte keine Schule. Sein Vabanquespiel mit der Rücktrittsdrohung wegen der Subventionskürzung zeigt als drastischer Einzelfall die Kehrseite des Prinzips der Rücktrittsdrohung.

Nicht um einen Einzelfall, sondern um ein strukturelles Phänomen seines Führungsstils handelte es sich bei den Rücktrittsdrohungen von Bundeskanzler Gerhard Schröder. Der hatte den Knüppel Rücktrittsdrohung immer griffbreit. Die Zählung schwankt je nach Einbeziehung der dementierten Drohungen zwischen fünf und acht. Zu den dementierten Drohungen gehört eine Äußerung vom 9. Dezember 2002. Beim Streit um Reformvorhaben sagte Schröder im SPD-Vorstand: „Wer glaubt, dass er es besser kann, der soll es machen."[19] Dieser Satz – ob als Rücktrittsdrohung gemeint oder nicht – enthält drei charakteristische Elemente: die Ungeduld, das Ersetzen inhaltlicher durch personale Elemente und schließlich den indirekten Verweis auf die nicht vorhandene Personalalternative. Schröder hatte das Problem, dass die SPD noch nicht da war, wo er sie gern gehabt hätte. Er stand vor dem Dilemma, entweder das als notwendig Erkannte nicht oder erst später durchzuführen oder die Durchsetzung zu erzwingen. Er entschied sich für Letzteres.

Nicht nur seine Rücktrittsdrohungen, sondern auch ihre Häufung stießen auf Unverständnis bei einigen Abgeordneten der SPD. Als der Kanzler vor der Abstimmung über das Hartz IV-Gesetz im Oktober 2003 zum zweiten Mal innerhalb eines Jahres mit seiner Amtsniederlegung drohte, riet ihm Fraktionsvize Michael Müller, sich mit solchen Äußerungen zurückzuhalten. Man müsse ziemlich blind sein, um nicht zu sehen, dass Schröder sein politisches Schicksal mit seinen Reformvorhaben verknüpfe. Müller empfahl dem Kanzler, weniger die Auseinandersetzung zu suchen als auf rationale Begründungen zu setzen. Auch einer der Hauptgegner der Reformen in der SPD-Fraktion, Ottmar Schreiner, kritisierte Schröders „Drohungen am laufenden Band".[20] Es wäre besser, zu überzeugen statt zu drohen. Schröder unterstellte zudem denjenigen, die gegen den Fraktionszwang verstießen, Profilierungssucht. Die *Süddeutsche* erkannte darin ein System parlamentarischer Leibeigenschaft. Mit seinen Drohungen stelle Schröder kontinuierlich die Vertrauensfrage. Die sei sein Regierungsmittel.

Schröder sah darin kein Problem. Von Günter Gaus auf die Frequenz seiner Rücktrittsdrohungen angesprochen, meinte der Kanzler im Dezember 2003, gelegentlich sei es notwendig, deutlich zu machen, wie ernst einem eine Frage sei. So könnten Geschlossenheit und Disziplin eingefordert werden. Bei diesem entschlossenen Entweder-Oder wollte Gaus wissen, unter welchen Umständen er den Bettel hinschmeißen würde. Schröders Antwort war entlarvend: „Ich kann den Bettel nicht hinschmeißen, das darf ich nicht. Ich bin dazu gewählt worden, das zu machen, was ich jetzt tue. Und Bettel hinschmeißen war nie eine Charaktereigenschaft, die ich für mich für möglich gehalten hätte."[21] So gab Schröder, ohne mit der Wimper zu zucken, zu, dass er bei seinen Rücktrittsdrohungen nie die Möglichkeit erwogen hatte, diesen Schritt zu vollziehen. Schröder konnte sich damit eine Zeit lang behaupten. Aber nicht auf Dauer. Bei der Fraktion mag es funktionieren, auf Druck statt auf Argumente zu setzen. Bei den Wählern funktioniert es nicht.

KAPITEL 12

Die Bedeutung des Regierungschefs und der Partei

Nach heutigem Erkenntnisstand

Die Story war so alarmierend wie eindeutig. Doch erst einmal gab der Bundeskanzler seine übliche Devise aus: In schwierigen Zeiten muss man zum eigenen Mann stehen. Reflexartig stellte sich Helmut Kohl am 16. Oktober 1984 vor seinen Parteifreund, Bundestagspräsident Rainer Barzel. Dem hatte der *Spiegel* am Vortag eine anrüchige Verwicklung in die Flickaffäre vorgehalten. Auch Fraktionschef Alfred Dregger zeigte sich solidarisch. Im Kreis der Unionsabgeordneten tönte er, man müsse die Sache durchstehen, sonst nähmen alle Schaden. Neun Tage später trat Rainer Barzel zurück. Der Zusammenhang zwischen Zahlungen des Flick-Konzerns an eine Frankfurter Anwaltskanzlei und einem dortigen Beratervertrag für Barzel war zu offensichtlich. Das hatten auch Barzels Parteifreunde eingesehen, und vor allem hatten sie begriffen, dass jede weitere Unterstützung die Union in Mitleidenschaft ziehen würde. Sie gingen auf Distanz. Barzel war isoliert.

>...und Freundestreue prüft man erst im Sturme.
>*Theodor Körner, Alfred der Große*

Deutlich zeigt der Fall Barzel die Rolle von Regierungschef und Fraktion bei Rücktritten. Ihre Reaktion auf eine Skandalisierung bestimmt, ob und wann ein Rücktritt erfolgt. Mit ihrer Solidarisierung oder Distanzierung, ihrer Verteidigung oder ihrem Schweigen können sie einen Rücktritt beschleunigen oder verzögern. Wie reagieren Regierungschef und Partei, wenn ein Kollege von außen skandalisiert wird? Wer bringt die Beistandsbekundungen vor, welche Formeln werden verwendet und was besagen sie? Wie ernst ist die Unterstützung gemeint, und wie lange hält sie? Welche Überlegungen bestimmen den Corpsgeist?

Die Medien spielen dabei eine wichtige Rolle, denn sie zitieren ausgewählte Statements von Politikern und provozieren manche Äußerung durch hartnäckiges Nachfragen. Auch Abwesenheit und Ungesagtes interpretieren sie als Stellungnahmen. So wird vieles erst durch die Medien konstruiert. Die politischen Akteure sind allerdings mit der Arbeitsweise der Medien vertraut und setzen ihr Schweigen, Zögern oder Distanzieren bewusst ein.

Zunächst geht es um die naheliegendste Reaktion, wenn ein Parteifreund von Opposition oder Presse attackiert wird: die Verteidigung. Vorwürfe werden zurückgewiesen oder durch Ehrenerklärungen übertönt. Fällt die Solidarisierung nicht deutlich genug aus, stellt das sofort das politische Überleben eines Skandalisierten in Frage. Sind Anschuldigungen überzeugend, beginnen Partei und Regierungschef, sich zu distanzieren. Das Krisenmanagement wird auch durch Aspekte bestimmt, die außerhalb der Skandalisierung liegen. Steht ein Nachfolger bereit, droht ein Image-Schaden, naht ein Wahltermin?

Eine Reihe von Banalitäten

Integer, unschuldig und korrekt. Es sind immer die gleichen Prädikate, mit denen Regierungschefs einen bedrohten Minister in Schutz nehmen. Ministerpräsident Uwe Barschel meinte im Juni 1987, die gegen seinen Agrarminister Manfred Biermann erhobenen Vorwürfe seien nicht geeignet, dessen persönliche Integrität in Zweifel zu ziehen. Bundeskanzler Gerhard Schröder gab sich nach den Ermittlungen der Staatsanwaltschaft gegen Verkehrsminister Reinhard Klimmt im November 2000 überzeugt: Klimmts Unschuld werde sich herausstellen. Der brandenburgische Ministerpräsident Manfred Stolpe attestierte Bauminister Jochen Wolf im August 1993, dieser habe sich korrekt verhalten. Allenfalls sei ihm ungeschicktes Verhalten vorzuwerfen. Diese Aussagen stehen stellvertretend für unzählige andere. Selbstverständlich verteidigt der Regierungschef die Mitglieder seines Kabinetts. Er hat sie ausgewählt. Ein Angriff auf einen Minister ist auch ein Angriff auf die Regierung.

Manchmal bedarf es nur eines klärenden Gesprächs, schon sind die Vorwürfe anscheinend ausgeräumt. Als die sächsische Sozialministerin Christine Weber beschuldigt wurde, ungerechtfertigt Zahlungen entgegengenommen zu haben, beschwichtigte Ministerpräsident Georg Milbradt: „Frau Weber hat uns den Fall ausreichend erklärt, und es gibt keinen Grund, sie deshalb zu entlassen."[1] Was politische Gegner oder Medien als Fehlverhalten eines Ministers kritisieren, sieht der Regierungschef häufig nicht als Problem an. So verteidigte Berlins Bürgermeister Eberhard Diepgen im Frühjahr 1986 seinen Innensenator Heinrich Lummer. Die Vorwürfe seien eine Reihe von Banalitäten, von denen am Ende nichts übrig bleiben werde. Er sehe keine Veranlassung zur Senatsumbildung, denn Lummer sei ein erfolgreicher Senator. Routiniert werden Rücktrittsforderungen der Opposition zurückgewiesen, Missstände kleingeredet und die Leistungen eines Skandalisierten betont.

Auf derselben Klaviatur spielen Partei und Fraktion, wenn einer aus ihrem Lager kritisiert wird. „Reinhard Klimmt ist ein hochanständiger Mensch", verteidigte SPD-Fraktionschef Peter Struck den Angegriffenen.[2] Er sehe nicht, so Struck, dass das Amt beschädigt werde, wenn gegen einen Minister ermittelt werde. Mal wird dazu aufgerufen, eine Sache tiefer zu hängen, mal wird alle Kritik der Opposition als Vorverurteilung abgekanzelt. Bei Heinrich Lummer beschuldigten die CDU-Fraktionsmitglieder die Opposition falscher Verdächtigungen, Vorverurteilungen und Ehrabschneidungen. Die gegen Lummer erhobenen Vorwürfe, so Generalsekretär Klaus Landowsky, seien absurd und Ausdruck einer Kampagne von bisher nicht gekanntem Ausmaß. Die Strategie von Fraktion und Partei folgt dem Schema abwiegeln und zurückschlagen.

Wird der Regierungschef skandalisiert, sind Partei und Fraktion die Fürsprecher. Sie versichern uneingeschränktes Vertrauen und ihre unbedingte Loyalität. Der Grund liegt auf der Hand: Der Ministerpräsident hat die Wahl gewonnen, er ist der Mehrheitsbeschaffer und das Aushängeschild der Partei. Die eifrigsten Unterstützer sind die möglichen Nachfolger, die auf keinen Fall als Königsmörder gelten wollen. So hielt Lothar Späth Hans Filbinger eisern die Stange – bis über die Grenze des Vertretbaren. In keinem anderen Fall war die Solidarität einer Partei von vergleichbarer Dauer und Intensität.

Ende Mai 1978 kämpfte Späth, stellvertretender CDU-Landesvorsitzender und Innenminister, mit allen Mitteln für seinen Chef. Rücktrittsforderungen wies er als unmotiviert zurück. Die CDU stehe geschlossen hinter Filbinger, dessen Person und Politik das Vertrauen einer breiten Mehrheit der Bevölkerung besitze. Während sich im Sommer 1978 die Diskussion um Filbinger zuspitzte, seine uneinsichtige Selbstverteidigung grotesker wurde, immer neue Details über Filbingers NS-Vergangenheit bekannt wurden, arbeitete sich Späth unermüdlich für dessen Machterhalt ab. Dazu agitierte er nicht nur in den Gremien der Partei, sondern auch an der Basis. Mitte Juli 1978 erhielt jedes CDU-Mitglied von ihm einen Brief mit einem dringlichen Aufruf zur Solidarität. Späth kam nicht umhin, Filbingers absurde Aussagen anzusprechen. Er meinte, wer die Leistung des Ministerpräsidenten werte, könne angesichts der jüngsten Äußerungen die Frage eines taktischen Fehlverhaltens aufwerfen, aber nicht das Aufgeben seines Amtes fordern. Späth appellierte auch an das Mitgefühl der Christdemokraten. Die CDU werde auch danach beurteilt, „wie wir uns in einem solchen Fall, in dem eine unserer politischen Führungspersönlichkeiten angegriffen wird, als politische Gemeinschaft verhalten haben". Die sozial-emotionale Karte ist der letzte Trumpf, wenn die politischen Argumente ausgereizt sind.

Späth beließ es nicht bei schriftlichen Aufrufen, er bearbeitete die Funktionsträger auch direkt. Ende Juli rief er die Vorsitzenden und Geschäftsführer der 41 Kreisverbände Baden-Württembergs zusammen. Das Ergebnis der Beratungen stand schon vorher fest. „Es wird keine Rücktrittsforderung geben, eher das Gegenteil", verkündete der Pressesprecher des Landesverbandes.[3] So kam es auch. Späth konnte die Partei auf – so sein Ausdruck – kritische Solidarität festnageln. Moniert wurde an Filbinger, wie unbedacht er sich über seine Vergangenheit äußerte. Doch Filbinger sei lernfähig, versprach Späth. Für eine Rücktrittsforderung aus der Partei gebe es keinen Anlass. Zwar könne von Zeit zu Zeit ein Urteil auftauchen, an dem Filbinger als Marinestabsrichter mitgewirkt habe. Aber: „Wir glauben, daß keine Todesurteile mehr zu erwarten sind."[4] Als dennoch wenige Tage später ein weiteres von Filbinger unterzeichnetes Todesurteil publik wurde, brach die Verteidigungsfront zusammen. Jetzt konnte auch Späth den Ministerpräsidenten nicht mehr retten. Er hatte alles in seiner Macht Stehende für Filbinger getan. Das war die beste Voraussetzung, um sein Nachfolger zu werden.

Solange es möglich ist

So schnell und selbstverständlich die Parteifreunde zur Verteidigung eilen – nicht immer sind sie von der Unschuld ihres Kollegen überzeugt. Als der Berliner Innensenator Kurt Neubauer im Frühjahr

1977 unter dem Verdacht persönlicher Bereicherung stand, stellte Bürgermeister Klaus Schütz den Beschuldigten zur Rede. Danach teilte Schütz mit, der Senator fühle sich frei von Schuld. „Ich glaube ihm und bin überzeugt, daß er sich nicht ehrenrührig verhalten hat", meinte Schütz.[5] Trotzdem habe er eine juristische Überprüfung angeordnet, über weitere Schritte werde noch entschieden. Schütz stand vor einem Dilemma. Einerseits musste er sich zu den schweren Beschuldigungen äußern, andererseits seinen Senator in Schutz nehmen. Mit der eleganten Formulierung, er glaube Neubauer, machte Schütz sich dessen Aussage nicht zu eigen und überließ es anderen, den Wahrheitsanspruch von Neubauers Aussagen zu prüfen.

Häufig berufen sich Parteifreunde auf ihre aktuelle Informationslage. „Nach heutigem Erkenntnisstand" sei ihr Minister unschuldig. Oder es heißt, eine Spur zurückhaltender, derzeit sei kein Anlass für einen Rücktritt zu sehen. Solche Vorbehalte sind verständlich, denn wer möchte schon gerne einen Blankoscheck ausstellen? Für den Regierungschef geht es auch um die eigene Glaubwürdigkeit. Er kann einen Freispruch nicht so ohne weiteres verkünden, lieber nimmt er in Kauf, dass seine Fürsprache einen Vorbehalt ausdrückt. Wer will, kann daraus mangelndes Vertrauen lesen.

Auch andere, einschränkende Abwehrversuche signalisieren eher Vorsicht als Zuversicht. Bundeskanzler Gerhard Schröder warf einen Rettungsanker für seine Justizministerin Herta Däubler-Gmelin aus, als ihr der Hitler-Bush-Vergleich vorgehalten wurde. Er könne sich nicht vorstellen, dass sie so etwas gesagt habe. Zugleich verbreitete sein Sprecher, das Festhalten des Kanzlers an der Ministerin sei an die Richtigkeit ihrer Darstellung gebunden. Was als selbstverständlich vorausgesetzt werden darf, wurde hier eigens hervorgehoben. Erst dadurch erschien es möglich, dass die Darstellung der Ministerin nicht richtig sein könnte. Solch zögerliche Rückendeckung erweist dem Skandalisierten einen Bärendienst. Der niedersächsische Innenminister Heiner Bartling warnte vor einer Vorverurteilung des beschuldigten Gerhard Glogowski. Aber ein solcher Hinweis ist keine Vertrauenserklärung. Die Presse konstatierte denn auch prompt deren Ausbleiben. SPD-Bundesgeschäftsführer Egon Bahr wollte im Februar 1978 den umstrittenen Verteidigungsminister Georg Leber stützen. Solange er vorausschauen könne, sei eine Ablösung Lebers kein Thema, meinte Bahr, mit einer deutlichen Einschränkung: Dies gelte, solange nicht neue Umstände einträten.

Auch rhetorisches Unvermögen kann dafür sorgen, dass die Verteidigung nach hinten losgeht. Fraktionschef Erwin Teufel solidarisierte sich noch mit Ministerpräsident Lothar Späth, als die Empörung in der eigenen Partei längst Überhand genommen hatte. „Ich stehe voll zu ihm, solange das überhaupt möglich ist", verkündete Teufel anrührend.⁶ Ungeschickte Formulierungen bei der Verteidigung eines Angegriffenen können auch als Eingeständnis der Vorwürfe gewertet werden. Als Fraktionschef Wolfgang Schäuble Lothar de Maizière mit einem gemeinsamen Auftritt vor der Presse beistehen wollte, erklärte er, das Belastungsmaterial reiche für einen juristischen Nachweis nicht aus. „Mehr ist es nicht", meinte Schäuble, „aber weniger auch nicht."⁷ Schäuble hatte nicht etwa die Einwände für unbedeutend erklärt, sondern ihre Berechtigung eingeräumt.

Sowohl Vorbehalte als auch rhetorische Schwächen in der Verteidigung machen die Situation für den Angegriffen nicht günstiger. Im Gegenteil. Also wäre es besser, gar nichts zu sagen? Auf keinen Fall. Wer sich nicht zu Vorwürfen gegen einen Parteifreund äußert, scheint diesen zuzustimmen. Oder er will ihn loswerden.

Erschrecktes Schweigen

Nach der Aussage der Staatsanwälte im Münchener Untersuchungsausschuss Anfang April 2005 stand fest: Die bayerische Kultusministerin Monika Hohlmeier war in die Machenschaften um gekaufte Parteimitglieder verstrickt. Von Ministerpräsident Edmund Stoiber war dazu nichts zu hören. Im Jahr zuvor hatte er sich noch ausdrücklich hinter die Strauß-Tochter gestellt. Jetzt hielt er sich auffällig zurück. Die *Süddeutsche* meinte, seine mangelnde Solidaritätsbekundung deute das nahe Ende an: „Wenn Stoiber schweigt, hat er das Opfer fallengelassen."⁸ Es bedarf nämlich keineswegs einer ausdrücklichen Distanzierung, um von einem problematischen Parteifreund abzurücken. Hapert es bei Partei, Fraktion oder Regierungschef an Rückhalt, sind die Tage des Amtsinhabers gezählt.

Schweigen wird sofort registriert. Wenn ein Regierungschef ein umstrittenes Mitglied seines Kabinetts nicht in Schutz nimmt, empfiehlt er ihm indirekt den Rücktritt. Mehrfach hatte Hessens Ministerpräsident Holger Börner seinen Umweltminister Willi Görlach nach Pannen verteidigt, so auch im Frühjahr 1980. Nachdem ein neuer Missstand in Görlachs Ressort aufgedeckt worden war, wurde der Minister im Landtag scharf attackiert. Börner hörte sich die Vorwürfe an, meldete sich aber nicht zu Wort. Dieses Schweigen war ein Signal. Sofort kamen Gerüchte über einen bevorstehenden Rücktritt Görlachs auf. Der Regierungschef habe den Minister im Regen stehen lassen, formulierte ein SPD-Abgeordneter. Der Betroffene verstand den Fingerzeig und trat zurück.

Selten ist die Distanzierung durch Schweigen so deutlich wie bei Willi Görlach. Wo kann der Regierungschef einem attackierten Minister direkter beispringen als im Parlament? Aber auch eine Pressekonferenz, ein Kommuniqué oder ein Interview demonstrieren Unterstützung. Die fatale Konsequenz des Schweigens hingegen wurde nirgendwo deutlicher als nach der Rede von Philipp Jenninger am 9. November 1988. Keiner seiner Parteifreunde unterstützte ihn, es herrschte Funkstille bei Kanzler und Fraktionschef, erschrecktes Schweigen im CDU-Präsidium. Niemand äußerte Mitgefühl oder Verständnis. Damit war klar, dass er nicht mehr lange amtieren würde. Die ausgebliebene Solidarisierung kommentierte die *Frankfurter Rundschau* mit dem Urteil, „die Wirkung war verheerend und Philipp Jenninger damit ein politisch toter Mann."[9]

Jenninger wäre allerdings durch nichts zu retten gewesen. Eindeutige Situationen erledigen sich von allein. So hatte der Hamburger Innensenator Hartmut Wrocklage im Mai 2001 versucht, der Presse kritische Berichterstattung untersagen zu lassen. Ein grober Schnitzer – seine Genossen ließen ihn auflaufen. „Es war eindrucksvoll, wie weitgehend stumm die Mitstreiter aus Partei und Senat Wrocklages letzten Kampf begleiteten", bemerkte die *Frankfurter Rundschau*.[10] Die Parteifreunde hatten erkannt, dass sich Wrocklage verrannt hatte. Jede Solidarisierung wäre nicht nur überflüssig gewesen, sie hätte auch dem Image der Partei geschadet.

Dieses Problem stellte sich auch für die CDU im Fall von Heinz Eggert. Die Sachlage war allerdings unübersichtlich. Niemand wusste, ob die Vorwürfe von Mitarbeitern wegen sexueller Belästigung berechtigt waren. Eggert war einer der stellvertretenden Bundesvorsitzenden, so dass Vorstand und Präsidium der Partei allen Anlass gehabt hätten, sich zu äußern. Doch die Gremien vermieden eine Stellungnahme. Das war verständlich, aber es trug nicht dazu bei, Eggerts Position zu stärken. Auch Ministerpräsident

Kurt Biedenkopf drückte sich um ein öffentliches Bekenntnis zu Eggert. Zwar habe er eine Meinung dazu, aber die sage er nicht, denn er wolle die laufende Untersuchung nicht beeinflussen. Immerhin äußerte Biedenkopf in einem Brief an die Fraktion, die Anschuldigungen erschienen ihm nicht glaubwürdig. Die Presse rätselte über die Diskrepanz zwischen Brief und öffentlicher Erklärung. Überzeugend war das nicht. Eine Vertrauensbekundung des Regierungschefs hätte wohl kaum eine Untersuchung beeinflusst. Dieses fadenscheinigen Arguments bediente sich auch Bundeskanzler Helmut Kohl bei Lothar de Maizière. Er werde sich selbstverständlich eines Urteils enthalten, bis das Ergebnis einer Überprüfung vorliege, meinte Kohl. Wie wenig selbstverständlich dieses Schweigen war, zeigen die häufig schnellen oder vorschnellen Solidarisierungen in anderen Fällen. Bei Otto Graf Lambsdorff etwa hatte Kohl einige Jahre zuvor keine Bedenken, einen „Vorfreispruch" gegen die Vorverurteilungen in der Presse zu stellen.[11]

Die eindeutigste Absage ist die Verweigerung eines Statements auf eine Anfrage. CDU-Generalsekretär Heiner Geißler befand sich in einer prekären Situation, als er sich zum Fall Barzel äußern sollte und eierte diplomatisch um die heiklen Punkte herum. Auf die Frage von Journalisten, ob Barzel im Amt bleiben werde, verweigerte Geißler die Antwort. Auch seine persönliche Ansicht wollte er nicht preisgeben. Gefragt, ob seiner Meinung nach Barzel zurücktreten solle, entgegnete Geißler nur, er gebe keine Stellungnahme ab. Geißler wollte dem am politischen Abgrund stehenden Barzel nicht den letzten Tritt verpassen.

Die Wortlosen, die Verteidigungsverweigerer, waschen ihre Hände in Unschuld. Sie haben sich nicht gegen einen Parteifreund ausgesprochen, nicht den Kritikern zugestimmt, nicht den Rücktritt gefordert. Doch ihr Schweigen signalisiert, dass ihnen nichts am Amtsverbleib eines Skandalisierten liegt. Deutlicher ist nur die direkte Distanzierung.

Ein Minister als Mühlstein

Nachdem Alfred Dregger in der Fraktionssitzung Solidarität für Rainer Barzel gefordert hatte, meldete der CDU-Abgeordnete Horst Eylmann Widerspruch an. Er kenne die Akten, die Vorwürfe gegen Barzel seien anscheinend zum Teil begründet. Da er die Anschul-

digungen nicht rundheraus abgewiesen hatte, hätte Eylmann seine
Forderung, Barzel solle zurücktreten, nicht anschließen müssen.
Eylmanns Äußerung gelangte aus einer internen Sitzung an die
Presse und verfehlte ihre Wirkung nicht. Noch effektvoller sind
direkt an die Öffentlichkeit gerichtete Missfallensbekundungen.
Wenn der Regierungschef oder die Fraktion Anschuldigungen ge-
gen einen Kollegen als berechtigt oder ernsthaft bezeichnet, ist
die Stellung des Kritisierten akut bedroht. Distanzierungen von
Parteifreunden gehen vielen Rücktritten voraus.

Als seinem Europaminister Detlev Samland Steuerhinterziehung
nachgesagt wurde, sprach Ministerpräsident Wolfgang Clement
von einem ernsten Vorgang – eine Aufforderung zum Kofferpacken.
Anderthalb Jahre zuvor war in Nordrhein-Westfalen über eine Flug-
affäre gestritten worden. Er habe ein gutes Gewissen und könne
die Sache gelassen angehen, meinte Clement. Nach kurzer Pause
fügte er hinzu, mit Finanzminister Heinz Schleußer sei das eine
andere Sache – auch das ein kaum verhohlener Abschiedsgruß. Im
November 1997 hatte es Brandenburgs Ministerpräsident Manfred
Stolpe mit Vorwürfen gegen Agrarminister Edwin Zimmermann zu
tun. Stolpes Einschätzung, die Situation müsse sehr ernstgenommen
werden, war alles andere als ein Vertrauensbeweis. Mit solchen
Äußerungen setzt sich ein Regierungschef oder die Fraktion von
einem Minister ab. Dann ist der Rücktritt nicht mehr weit.

Noch ernster zu nehmen ist die Aufforderung, einen Sachverhalt
aufzuklären. Als gegen Gerd Gies, Ministerpräsident von Sachsen-
Anhalt, im Juli 1991 der Vorwurf der Stasi-Intrige erhoben wurde,
verlangte Bundeskanzler Helmut Kohl: „Herr Gies muß zu den
Vorwürfen Stellung nehmen".[12] Ein Wink mit dem Zaunpfahl aus
Bonn, lästerte die *taz*. Nach den Enthüllungen der Reisen Lothar
Späths erwartete der Stuttgarter CDU-Bundestagsabgeordnete
Roland Sauer eine rückhaltlose Aufklärung durch den Minister-
präsidenten. Mit drohendem Unterton kündigte er an, sollten sich
die Vorwürfe bestätigen, entstünde eine neue Situation. Nicht nur
in der Umkehrung der Beweislast liegt ein Affront. Mit einem
Kommentar, der den Anwürfen mehr Bedeutung beimisst als der
Verteidigung, distanziert sich ein Kollege augenfällig.

In Jürgen Möllemanns Partei senkte sich der Daumen bei der
Briefbogenaffäre schnell. Die Frage, ob Möllemann eine Belastung
für die FDP geworden sei, bejahte Parteichef Otto Graf Lambsdorff.

Die Debatte um dubiose Mandantenverpachtungen des bayerischen Umweltministers Peter Gauweiler nervte Anfang 1999 die CSU. Die Fraktion akzeptierte nicht nur den von der Opposition beantragten Untersuchungsausschuss, sondern befürwortete ihn ausdrücklich – untrügliches Zeichen einer Distanzierung. Generalsekretär Erwin Huber empfand die Affäre Gauweiler als Mühlstein um den Hals seiner Partei, wie er sagte. Ministerpräsident Edmund Stoiber meinte auf Nachfrage, er wolle sich den Ausdruck Mühlstein nicht zu eigen machen, wies ihn allerdings auch nicht zurück. Mit dieser Unterlassung machte Stoiber seine Kritik an Gauweiler deutlich, auch ohne sie ausdrücklich zu formulieren.

Lange hatte Ministerpräsident Ernst Albrecht seinen Innenminister Wilfried Hasselmann verteidigt. Sogar noch als Hasselmanns Falschaussagen bewiesen waren, unterstützte er ihn in einem Fernsehinterview. Doch die Belege waren so eindeutig, dass sich die Staatskanzlei zu einer Klarstellung veranlasst sah: Das Interview mit Albrecht sei bereits drei Tage vor dem Bekanntwerden der neuen Vorwürfe aufgezeichnet worden. Auch Albrechts Halsentzündung, wegen der er nicht an der Krisensitzung in Sachen Hasselmann teilnahm, war ein Indiz für seine Distanzierung. In ähnlicher Weise verfuhr Kurt Biedenkopf. Er kam nicht zu einer gemeinsamen Pressekonferenz mit Heinz Eggert. Wegen dringender Geschäfte sei Biedenkopf in Bonn, so die Verlautbarung der sächsischen Staatskanzlei. So unangenehm eine Angina sein kann, so wichtig Gespräche in Bonn sein mögen – in beiden Fällen interpretierten die Medien die Priorität des Regierungschefs als Absage an ihren Minister.

Absetzbewegungen sind als Zeichen interpretierbar. In allen genannten Fällen erfolgte der Rücktritt kurz nach der Distanzierung. Die Solidarität der Parteifreunde ist nicht selbstverständlich. Sie kann eingefordert werden, wird aber nicht immer gewährt.

Wenn die Dolche blitzen

Eine halbe Stunde hatte Eugen Gerstenmaier im Januar 1969 vor der Fraktion gesprochen. 30 Minuten lang hatte er versucht, seine Bereicherungsversuche zu erklären. Mit geringem Erfolg. Die Abgeordneten hatten mit frostigem Schweigen zugehört. Nur wenige Hände regten sich zu kläglichem Applaus, als Gerstenmaier fertig war. Schon da hätte er wissen müssen, wie es um seinen Rückhalt bestellt war. Geringer oder ausbleibender Beifall für einen umstrittenen Parteifreund drückt Missfallen aus. So erging es auch dem übler Machenschaften verdächtigten Uwe Barschel am 16. September 1987. Die Fraktion begrüßte ihn nur mit bescheidenem Klatschen. Sofort verstärkten sich die Gerüchte über seinen Rücktritt. Auch Lothar de Maizière wusste, was die Stunde geschlagen hatte, als er nach dem *Spiegel*-Artikel über seine Stasi-Vergangenheit im CDU-Bundesvorstand erschien. Nicht eine Hand rührte sich, um durch Beifall Sympathie zu bekunden. Er sei hereingekommen, habe sich gesetzt und das sei es gewesen, beschrieb ein Teilnehmer die Zurückhaltung. Das Ende des Ministers war damit besiegelt. Ausbleibende Unterstützung, mangelnde Verteidigung eines Parteifreunds, wird in der Presse sofort registriert. „Ein Bein hat man sich jedenfalls noch nicht ausgerissen, um Lummer in Schutz zu nehmen", notierte die *Frankfurter Rundschau*. In einem anderen Fall konstatierte der *Spiegel*: „Niemand springt für Heitmann in die Bresche."[13]

In Krisensituationen ist das Zusammengehörigkeitsgefühl einer Partei gefragt. Aber das Prinzip „Alle-für-einen" erweist sich oft als Wunschdenken dessen, der darauf angewiesen ist. „Ich fühle mich solidarisch aufgehoben im Rahmen meiner Partei und meiner Regierung", tönte Reinhard Klimmt am 15. November 2000.[14] Diese Versicherung war nichts anderes als das Pfeifen im Wald. Zwei Tage zuvor erst musste Klimmt, so berichtete die *Frankfurter Rundschau*, diese Solidarität bei Fraktionschef Peter Struck einklagen. Am Tag danach trat Klimmt zurück. Die Fraktion hatte ihn zu diesem Schritt gedrängt. Es zeigte sich, dass die behauptete Unterstützung eher das Gegenteil signalisiert, nämlich den Mangel an Beistand. Der lässt sich auch nicht erzwingen. Bundestagspräsident Rainer Barzel soll im CDU-Präsidium gedroht haben, wenn sich die Partei nicht hinter ihn stelle, werde sie schon sehen, was geschehe. Was Barzel auch immer damit gemeint haben könnte – überzeugen konnte er die Parteifreunde nicht.

So wie der Minister auf den Rückhalt des Regierungschefs angewiesen ist, benötigt jener die moralische Assistenz seiner Partei, vor allem in Konflikten ist sie unerlässlich. Zweimal hat die SPD auf Bundesebene hier versagt. Der Zuspruch, den Kanzlerkandidat Björn Engholm im Frühjahr 1993 erhielt, war weder so einhellig noch so eindeutig, wie es eine solche Situation erfordert hätte.

Gewiss, es hat nicht an ermutigenden Stimmen gefehlt. Präsidiumsmitglieder und Bundespolitiker appellierten an Engholm, im Amt zu bleiben. Johannes Rau bestärkte Engholm, nicht zurückzutreten. Aber sein Zusatz, letztlich müsse Engholm es selber wissen, signalisierte geringe Entschlossenheit. Hier wäre bedingungsloses Einstehen gefordert gewesen. Engholm beklagte denn auch den Mangel an Stütze. Rudolf Scharping riet dem Kandidaten, die Loyalität der Partei einzufordern. Aber alle Rettungsversuche wurden obsolet, als sich ein Genosse als Nachfolger Engholms ins Spiel brachte: Gerhard Schröder. Ein solcher Vorstoß mag im alltäglichen Machtpoker wirkungslos bleiben. Er zeigte Engholm, dass er keineswegs unersetzlich war. Das Wissen, dass nicht alle in seiner Partei auf ihn Wert legten, eröffnete noch keinen Zwei-Fronten-Krieg. Aber es untergrub das Fundament, das für eine Verteidigung nach außen unerlässlich ist. Allerdings hatte Engholm einen schweren Fehler begangen. Wer seinen Willen zur Macht mit dem Wunsch verbindet, auch noch geliebt zu werden, liefert sich seinen Parteifreunden aus. Wie Engholm hatte dies fast 20 Jahre zuvor Willy Brandt erfahren müssen.

Nach der Enttarnung des Spions Günter Guillaume quälte sich Willy Brandt tagelang mit Selbstzweifeln. In dieser Situation bat er Fraktionschef Herbert Wehner um ein eindeutiges Wort. Der aber verweigerte sich. Bei dem legendären Gespräch am Abend des 4. Mai 1974 in Münstereifel riet er dem Kanzler nicht ausdrücklich vom Rücktritt ab. Ob Brandt darin zu Recht eine Empfehlung zur Demission sah, sei dahingestellt. Aber hätte sich Wehner mit Nachdruck zu Brandts Kanzlerschaft bekannt, hätte sich dieser wohl entschlossen, die Krise durchzustehen. Über den mangelnden Rückhalt Willy Brandts in seiner Partei ereiferte sich die *Welt*. Sie zog alle Register des Boulevard-Stils: Von der Instinkthaftigkeit, über die Dolchstoßlegende bis zur unbeherrschbaren Weiten Russlands wurden im Unterbewusstsein tief verankerte Angstbilder beschworen. Als die „Instinkte der Partei die Witterung aufnahmen", dass Brandts Führungskraft nachließ, „verschwanden die Portepees und blitzten die Dolche." Mit Wehners kritischen Äußerungen über Brandt auf seiner Moskau-Reise habe es begonnen. Dadurch seien andere Führungskräfte der Partei ermutigt worden: „Der furchtbare erste Schlag wurde von Herbert Wehner aus der Tiefe Rußlands geführt. Wie ein Judas verleugnete er den Herrn. Dann trat Schmidt hervor und zeigte die Muskulatur des entschlossenen Mannes. Dohnanyi blinzelte kritisch um die Ecke, Ehmke brachte Sottisen an."[15] Als dann auch noch der Wähler zugeschlagen habe und die Jusos gemeckert hätten, sei Brandt erstarrt.

Wie jedes Zerrbild enthält auch dieses eine Wahrheit. Wer auch immer im Einzelnen wie agierte – dass Brandt im Frühjahr 1974 nur wenig Rückhalt in Teilen seiner Partei besaß, steht außer Zweifel. Auch in der Bevölkerung war Brandts Ansehen in dieser Zeit mehr und mehr verfallen. Nach mehreren Niederlagen bei Kommunalwahlen verlor die SPD am 6. März 1974 bei der Landtagswahl in Hamburg ihre absolute Mehrheit. Nach dem Desaster an der Elbe ergriffen Brandts innerparteiliche Kritiker Helmut Schmidt und Klaus von Dohnanyi das Wort. Das Urteil der Wähler ist auch ein Urteil über den Politiker an der Spitze.

Erfolg an der Urne

Mitte März 1993 war der bayerische Ministerpräsident Max Streibl bereits angezählt. Dennoch gab sich die die CSU-Führung treu und folgsam. Streibl werde auf seinem Posten bleiben. Fraktionschef Alois Glück wurde zur Zukunft des Regierungschefs befragt. Ob Streibl der beste Spitzenkandidat der Partei sei? Glücks diplomatische Antwort: „Ich bin der Meinung, daß wir auch mit Ministerpräsident Streibl eine Wahlsituation für die CSU erfolgreich bestehen können."[16] Mit einem einfachen ‚ja' wäre Streibl mehr gedient gewesen. Zwei Wochen später trat er zurück. Die Partei war sich über Streibls Wahlaussichten doch nicht so sicher gewesen. Alois Glück hatte auf den wesentlichen Faktor hingewiesen. Das entscheidende Kriterium für die Unterstützung eines Parteifreundes ist nicht seine Unschuld oder die Überlegung, ob er weiterhin Vertrauen verdient. Ebensowenig ob er fähig ist, seine Aufgabe zu meistern. Entscheidend ist die Frage, ob ein kritisierter Politiker die Wahlaussichten seiner Partei schmälert.

Innerparteiliche Diskussionen über einen Rücktritt werden mit Blick auf den nächsten Urnengang geführt. Dabei suchen Partei und Regierungschef das geringere Übel. Auf der einen Seite versorgt ein skandalisierter Minister die Opposition mit Wahlkampfmunition. Andererseits hat ein Rücktritt kurz vor einer Wahl mindestens drei Nachteile. Ein Scheitern muss eingestanden werden – ein Gesichtsverlust für die Regierung. Darüber hinaus ist auf die Schnelle nicht immer ein Nachfolger zur Hand, der von der Partei, dem Koalitionspartner oder dem Wähler akzeptiert wird. Und schließlich die Frage: Wie viel wissen die Wähler am Wahltag noch vom Skandal und dem anschließenden Rücktritt?

Auch wenn die Argumente gegen einen Rücktritt im Angesicht einer Wahl gewichtig sind, fällt die Entscheidung im Skandalfall zumeist für die Demission aus. Eine Debatte gerät leicht außer Kontrolle, der Personalaspekt überlagert die politischen Themen, weitere Enthüllungen drohen. Dann bestimmen Polemik und Häme die Diskussion. Amtsniederlegungen vor einer Wahl sind deshalb keine Seltenheit. Oft enthalten Rücktrittserklärungen den Hinweis, der Partei im Wahlkampf nicht schaden zu wollen. Tatsächlich bremst es die Dynamik eines Skandals, wenn ein umstrittener Minister sein Amt abgibt. Der Opposition gelingt es selten, nach einem Rücktritt den Skandal auf die verbliebenen Mitglieder der Regierung zu übertragen.

Bei der Affäre um Verkehrsminister Reinhard Klimmt wurde SPD-Fraktionschef Peter Struck gefragt, ob er negative Konsequenzen für die nächsten Landtagswahlen befürchte. Er erwarte keine positiven Auswirkungen, räumte er ein, aber davon dürfte sich die Partei nicht bestimmen lassen. Deshalb werde er nicht jemanden abschießen, an dessen persönlicher Integrität er nicht zweifle. Da hatte Struck die Rechnung ohne seine Fraktion gemacht. Einen Tag später war Klimmt weg vom Fenster. Selbst die Rückendeckung des Kanzlers hatte Reinhard Klimmt nicht helfen können. Häufig ist es der Regierungschef, der das entscheidende Wort über einen Rücktritt spricht.

Der Griff zur Notbremse

Eine Stunde lang debattierte das CDU-Präsidium im Juni 1993 den Fall. Der Minister bekam Beifall. Sein Rücktritt wurde als nobel, als honorig gewertet. Aber mancher fragte, ob dieser Schritt notwendig gewesen sei. Wäre es nach Helmut Kohl gegangen, hätte Innenminister Rudolf Seiters nicht zurücktreten sollen. Gegen seinen Willen hatte der Kanzler den Rücktritt angenommen. Am Vortag hatte er versucht, Seiters von seinem Entschluss abzubringen, ihm Bedenkzeit gegeben. Auch der Fraktion teilte Kohl mit: „Wir haben an diesem Mittag wirklich heftig am Telefon miteinander gerungen, so kann man es ja wohl sagen".[17]

Vermutlich sah Kohl den Rücktritt von Seiters tatsächlich als unnötig an, und vielleicht hat er versucht, dem Innenminister den Rücktritt auszureden. Aber zupass kam ihm diese Demission allemal. Zwar musste er künftig ohne den geschätzten Fachmann und loyalen Mitarbeiter auskommen, doch mit seinem raschen Rücktritt hatte Seiters alle Unbill auf seine Kappe genommen, die wegen der Schüsse von Bad Kleinen noch auf die Regierung hätten zukommen können. Niemand stellte die Freiwilligkeit von Seiters' Entscheidung in Abrede oder zweifelte daran, dass ihn der Bundeskanzler zu halten versucht hatte. Niemand konnte einem Regierungsmitglied einen Vorwurf machen. So war allen gedient. Seiters nahm Abschied in Ehren, Kohl hatte einen Skandal vom Hals.

Nicht immer gelingt eine so elegante Lösung. Bei Verteidigungsminister Gerhard Stoltenberg musste Kohl massiv nachhelfen. Wegen der Panzerlieferung an die Türkei war seine Position unhaltbar. Das wollte Stoltenberg nicht einsehen. Stundenlang musste der Kanzler ihn zusammen mit Fraktionschef Wolfgang Schäuble bearbeiten. Aus diesen Gesprächen sei er, so Stoltenberg, mit einer sorgfältigeren Bewertung des Falles herausgekommen. Die führte schließlich zur Rücktrittsentscheidung. Zwar konnte Stoltenberg bei einer Pressekonferenz mitteilen, Kohl hätte auch eine andere Entscheidung unterstützt. Zugleich hieß das aber, der Kanzler hatte ihn nicht aufgefordert, im Amt zu bleiben. Kohl wollte seinem alten Weggefährten einen guten Abgang verschaffen und erschien sogar gemeinsam mit ihm zur Bekanntgabe des Rücktritts. Aber das tollpatschige Auftreten der beiden machte den versammelten Journalisten schnell deutlich, dass der als freiwillig verkaufte Rücktritt ein vom Kanzler erzwungener war. Doch das war nur ein Schönheitsfehler. Die Hauptsache für Kohl war die Beendigung des Panzer-Skandals. Die hatte er mit dem raschen Schnitt erreicht. Der Regierungschef habe die Notbremse gezogen, ist in solchen Fällen zu lesen.

Ein früher Rücktritt eines umstrittenen Ministers, ein vom Regierungschef forcierter Abgang absorbiert die Energie eines Skandals. Aber nicht immer ist ein früher Rücktritt auch ein taktisch geschickter Schritt. Manchmal ist es für einen Regierungschef günstiger, das Amtsende eines Kabinettsmitglieds zu verschieben.

Als der hessische Umweltminister Werner Best im Oktober 1973 attackiert wurde, wollte Ministerpräsident Albert Osswald zwei Wochen lang nichts von einem Rücktritt wissen. So lange konzentrierten sich die Attacken auf Best – Landesregierung und Ministerpräsident waren kein Thema. Erst als die öffentliche Erregung abgeklungen war, drängte Osswald seinen Minister zum Rücktritt. Der Sündenbock Best fing den Restärger auf.

Auch andere Überlegungen können einen Regierungschef motivieren, einen Rücktritt verhindern oder verzögern zu wollen. So stand der Wunsch, mit einem bestimmten Minister eine spezielle Wählerklientel auch weiterhin ansprechen zu wollen, hinter den verschleppten Rücktritten von Peter Gauweiler in Bayern und Heinrich Lummer in Berlin. Beide hatten für das rechte Spektrum erhebliche Anziehungskraft. Bundeskanzler Kurt Georg Kiesinger wollte Innenminister Paul Lücke im Frühjahr 1968 trotz dessen Rücktrittsüberlegung im Amt halten, weil Lücke einer der Befürworter der großen Koalition war und als ihr Garant galt. Auch Leichen im eigenen Keller können ein Grund zur Zurückhaltung sein. Das Zaudern von Manfred Stolpe im Umgang mit Bauminister Jochen Wolf ließ vermuten, Letzterer verfüge über belastendes Stasi-Material gegen Stolpe.

Für die Verschleppung eines Rücktritts mag ein Regierungschef also viele Gründe haben: fehlendes Unrechtbewusstsein, mangelndes Gespür, persönliche Verbundenheit oder politische Erwägungen. Abgesehen von diesen Faktoren muss er einschätzen, welche Dimension der Skandal erreichen wird. Wenn die Erregung nach kurzem Aufflackern abklingt, wenn Medien und Opposition nicht mit Rücktrittsforderungen operieren, wenn die kritisierte Verfehlung entschuldbar ist – dann lässt sich ein Skandalminister im Amt halten. Dann helfen Vertrauenserklärungen und Solidarisierungen. Gerät der Skandal aber außer Kontrolle, kann auch die Regierung beschädigt werden. Diese Gefahr beschwor ein CDU-Funktionär im Januar 2006, als er den baden-württembergischen Ministerpräsidenten Günther Oettinger drängte, sich von Sozialminister Andreas Renner zu trennen: „Wenn du keine rote Linie ziehst, dann fliegt uns alles um die Ohren".[18]

Lässt sich auf anderem Weg keine Beruhigung erzielen, muss der Regierungschef handeln. Er muss den Minister zum Rücktritt motivieren oder ihn, falls es an Einsicht mangelt, entlassen. Ansonsten wird ihm Führungsschwäche vorgehalten. Wie auch immer die Zurückhaltung des Regierungschefs begründet ist, in den Medien und bei der Opposition erntet sie scharfe Kritik. In Eberhard Diepgens Unfähigkeit, sich rechtzeitig von Heinrich Lummer zu lösen, erkannte die *Zeit* einen fatalen Mangel an Führungskraft. Dieser habe Konsequenzen: „Für eine Sanierung der politischen Sitten in Berlin fehlt es ihm hinfort an Autorität."[19]

Der Zwang zur Tat gehört zum politischen Geschäft. Wer herrscht, muss handeln. Björn Engholm hatte als Ministerpräsident in Schleswig-Holstein versucht, sich diesen Gesetzen zu verschließen. Als Günther Jansen im März 1993 wegen der Schubladenaffäre unter Beschuss stand, wollte ihn Engholm trotz öffentlichen Drucks im Amt halten. Sein kurioses Argument: Jansens Zahlungen seien eine private Handlung, die nichts mit seinen dienstlichen Aufgaben zu tun hätte. Als Minister leiste Jansen hervorragende Arbeit. Engholm wollte nicht taktisch handeln, vor allem nicht gegen seine Überzeugung: „Aus politischer Opportunität, um etwa einem öffentlich gepflegten Bedürfnis zur Demonstration von Führungsstärke nachzukommen, werde ich keinen Mitarbeiter opfern", beteuerte Engholm.[20] Nach seiner Auffassung solle Politik eine menschliche Dimension behalten. Aber dieser Grundsatz ließ sich nicht vermitteln. Zwei Wochen später trat Jansen zurück. Engholm folgte ihm am 3. Mai 1993. Sein Politikverständnis, als neuer Stil propagiert, war gescheitert.

Einem Irrtum über die Grundlagen politischer Zusammenarbeit ist auch Außenminister Heinrich von Brentano im Oktober 1961 erlegen. Sah er seine Tätigkeit in Adenauers Kabinett wie ein Lehensverhältnis auf gegenseitige Treue gegründet, so machte der Kanzler eine pragmatische Kosten-Nutzen-Rechnung auf. Als die FDP den Rücktritt Brentanos zur Koalitionsbedingung erhob, servierte Adenauer seinen Gefolgsmann unverzüglich ab.

Wenn die Haie kommen

Längst schon hatte er seinen Rücktritt angeboten. Davon aber hatten seine Mitstreiter nichts wissen wollen. So versicherte es Uwe Barschel am Tag seines Rücktritts: „Meine Fraktion und meine Partei haben mir jedoch das Vertrauen ausgesprochen und mich veranlaßt, und zwar immer wieder veranlaßt, im Amt zu bleiben."[21]

Dass er dennoch zurücktrat, begründete Barschel mit dem Wohl Schleswig-Holsteins. Dieses gebiete ihm, dem Wunsch seiner Partei nicht länger zu folgen. Zu denjenigen, die von einem Rücktritt abgeraten hatten, gehörte der CDU-Landesvorsitzende Gerhard Stoltenberg. Der wollte eine Opfergabe an den *Spiegel* vermeiden. Auch der Bundesvorsitzende der Union, Kanzler Helmut Kohl, wollte Barschel weiter im Amt wissen. Sein Rücktritt könnte auch negative Auswirkungen auf die Bundesregierung haben. So begründet diese ersten Durchhalteappelle waren, so gewiss sich Barschel zunächst darauf stützen konnte – so schnell hatte sich die Meinung in seiner Partei gedreht. Zwei Wochen nach seinem Rücktritt bestellte die CDU-Fraktion Barschel aus dem Urlaub in den Untersuchungsausschuss. Gerhard Stoltenberg empfahl ihm, sein Abgeordnetenmandat niederzulegen. Jetzt war Barschel auch bei den eigenen Leuten unten durch. Wäre er nicht von sich aus zurückgetreten, hätte ihn die Partei absägen müssen. Selbst als Oppositionsführer nach der bereits verlorenen Wahl war Barschel untragbar.

Mit der Person des Regierungschefs stehen und fallen die Chancen auf Wiederwahl und Machterhalt. Die Partei hat ihn zum Kandidaten gekürt, die Fraktion an die Regierungsspitze gewählt. Er wurde, oft über Jahre hinweg, zur Führungspersönlichkeit aufgebaut, die Selbstdarstellung der Partei ist auf ihn ausgerichtet. Daher die Bemühungen, ihren Vormann auch dann noch zu stützen, wenn er sich unmöglich gemacht hat. Wenn der Regierungschef wegen eines Skandals zurücktreten muss, droht eine Katastrophe. Zumal wenn kein Nachfolger bereitsteht. Günther Oettinger, damals noch Landtagsabgeordneter, betonte die Bedeutung von Lothar Späth, als dieser in die Kritik geraten war: „Es gibt zu ihm keine Alternative."[22] Niemand konnte sich im Dezember 1991 vorstellen, dass einer der schnell auserkorenen Anwärter in der Lage wäre, der CDU bei der nächsten Landtagswahl wieder die absolute Mehrheit zu sichern. Erwin Teufel schaffte es dennoch. Bisher hat sich noch immer gezeigt: Jeder Politiker ist ersetzbar. Die Partei muss sich im Fall einer Skandalisierung nur zu gegebener Zeit umorientieren. Allerdings ist ‚die' Partei kein einheitlicher Block, und nicht immer agiert sie im Sinn ihrer Führung.

Selten fordert die Basis den Rücktritt eines Politikers der eigenen Partei. Als die Führungsgremien der CDU an Josef Duchac trotz dessen DDR-Vergangenheit festhielten, opponierten im Dezember 1991 drei Ortsverbände der Union Thüringens. In einem offenen Brief lehnten sie scheinheiliges Gerede über Konsens ab und forderten die Aufarbeitung der Vergangenheit. Diese Aktion war ein wichtiger Schritt für das politische Ende Duchacs. Die christdemokratische Basis beschwerte sich auch im Januar 1969 über die Bereicherungsversuche von Bundestagspräsident Eugen Gerstenmaier, allerdings nicht öffentlich. Austrittsdrohungen und Ankündigungen des Stimmenentzuges aus ihren Wahlkreisen erreichten die Abgeordneten. „Ich kann nicht mehr von meine Wähler treten", meinte Bundesgeschäftsführer Konrad Kraske in einer Fraktionssitzung in Bonn.[23]

Die Fraktion ist es, die häufig Einfluss auf das Schicksal eines skandalisierten Politikers nimmt. Wenn sie ihn nicht mehr für tragbar hält, arbeitet sie an seinem Abgang. Dabei kann sie sich auch gegen ihre Spitze oder den Regierungschef stellen. So wollte Bundeskanzler Konrad Adenauer den Anfang 1960 kritisierten Vertriebenenminister Theodor Oberländer unbedingt im Amt belassen. Aber nach massivem Druck aus den Reihen der CDU-Abgeordneten kam Oberländer um seinen Rücktritt nicht herum – gegen den erklärten Willen Adenauers. Dem blieb nichts anderes übrig, als den Abgang zu akzeptieren. Erheblichen Druck übte die SPD-Fraktion auf den Berliner Verkehrssenator Harry Liehr aus. Er wurde vor die Alternative gestellt, von sich aus zurückzutreten oder in einer Fraktionssitzung fertiggemacht zu werden. Liehr zog den schnellen Rücktritt vor. Einen ähnlichen Effekt erzielte die Bremer CDU-Fraktion nach der Entgleisung von Wirtschaftssenator Peter Gloystein. Sie zwang den Senator nicht zum Abgang, begegnete ihm jedoch mit größter Kühle. Nach der Fraktionsberatung mutmaßte ein Abgeordneter: „Wenn Gloystein ein bisschen sensibel ist – und ich gehe davon aus, dass er das ist – dann muss er in der Sitzung erkannt haben, dass es so nicht weitergehen kann."[24] Gloysteins Sensibilität war ausreichend. Zwei Stunden nach der Sitzung trat er zurück.

Mangelnder Rückhalt in der Partei bei einem Skandal kann inhaltliche wie persönliche Ursachen haben. Bei Monika Hohlmeier kam beides zusammen. Der Skandal um Mitgliedermanipulation betraf von Anfang an auch die CSU. Die Feindschaft steigerte sich bis zum offenen Hass. Als Parteichef Edmund Stoiber Hohlmeier ihrem Schicksal überließ, nahm die Intensität der Angriffe zu.

Hohlmeier empfand das Verhalten ihrer Parteifreunde als persönlichen Vernichtungsfeldzug. Die sahen das wohl genauso. „Wenn man blutend im Meer sitzt, kommen die Haie", ließ sich ein CSU-Abgeordneter in der *Süddeutschen* zitieren.[25]

Ende mit Schrecken

Nach der zurückhaltenden Resonanz auf seine Rechtfertigung in der Unionsfraktion wusste Bundestagspräsident Eugen Gerstenmaier, dass seine Zeit abgelaufen war. „Wenn diese Fraktion auch nur den leisesten Wunsch hat, dass ich den Abschied nehme, dann ist dieses Amt in diesem Augenblick frei", erklärte Gerstenmaier in die frostige Stille. Sollte er noch auf Widerspruch gehofft haben, wurde er enttäuscht. „Diese Erklärung ehrt Sie, Herr Bundestagspräsident", antwortete der Fraktionschef rasch.[26] Gerstenmaier war abserviert. Seine Partei hatte ihm den Beistand versagt. Jener Fraktionschef, der den Stab über Gerstenmaier gebrochen hatte, war – Ironie der Geschichte – niemand anderes als Rainer Barzel. 15 Jahre nach Gerstenmaier stand er als dessen Nachfolger ebenfalls unter Bereicherungsverdacht. Wie Gerstenmaier war Barzel in diesem Amt nicht abwählbar. Aber er war auf das Vertrauen der Fraktion angewiesen. Das entzog sie ihm schnell.

Andauerndes Vertrauen und fortgesetzter Rückhalt von Partei, Fraktion und Kanzler hätten allerdings weder Gerstenmaier noch Barzel genutzt. Zu gravierend waren die gegen sie erhobenen Vorwürfe. In solchen Fällen vermag auch die stärkste Rückendeckung durch die Partei nichts auszurichten. Da hilft nur, das berühmte Ende mit Schrecken dem Schrecken ohne Ende vorzuziehen.

Eine Partei ist ein Interessenverband, keine Sozialstation. Ihr Zweck ist nicht die Beförderung persönlicher Treue, sondern die Durchsetzung von Interessen ohne Rücksichtnahme auf Einzelne. Die erfolgt nur so lange, wie sie die Parteiinteressen nicht beeinträchtigt. Die Halbwertszeit von Solidaritätsbekundungen bemisst sich am Nutzwert des Einzelnen für die Interessen. Solange seine Kompetenz und seine Erfahrung der Partei helfen, hält die Unterstützung. Solange sein Ansehen zum Wahlerfolg führt, wird er getragen. Wer aber zur Belastung geworden ist, wird weggeschickt.

KAPITEL 13

Die Rolle der Medien

Von der Zeitung erschlagen

In den Wochen vor dem 27. Oktober 1936 schwante Edward VIII., König von England, nichts Gutes. An jenem Tag sollte vor einem britischen Gericht eine Scheidungsklage verhandelt werden. Die Amerikanerin Wallis Simpson wollte ihre Ehe auflösen – um Edward zu heiraten. Die US-Presse stürzte sich auf die Sensation. Der König befürchtete im moralstrengen Britannien einen Skandal. Er wandte sich an den Pressezaren Max Beaverbrook, dem unter anderem der *Daily Express*, die auflagenstärkste britische Zeitung, gehörte. Beaverbrook versprach dem König die Zurückhaltung seiner Medien. Aber als die übrigen Zeitungen das Thema groß aufgriffen, konnten auch Beaverbrooks Blätter nicht länger schweigen. Der Verleger bot Edward VIII. an, eine Imagekampagne zu starten, doch davor schreckte der König zurück. Er war schockiert über die Boshaftigkeit, die aus den Artikeln der *Times* sprach. Jahrelang hatte sie ihn als charmanten Prinzen gefeiert, jetzt machte sie ihn nieder. Wenige Tage später unterzeichnete er seine Abdankungsurkunde und verließ das Land.

> Nur kühn verleumden,
> es bleibt immer etwas hängen.
>
> *Francis Bacon, De dignitate et augmentis scientiarum*

War Edwards Thronentsagung eine Folge der despektierlichen Zeitungsartikel? Hatten unverschämte Redakteure den König auf dem Gewissen? Nein, zumindest nicht ausschließlich. Denn die königkritische Presse war nur das Sprachrohr der mächtigen Gegner seiner Heiratspläne. Der Premierminister und die Kirche wollten verhindern, dass eine geschiedene Frau Königin von England wird. Vielleicht hätte sich Edward durchsetzen können. Aber er fürchtete um die Würde des Amtes. Eine Diskussion über sein Verhalten würde die Monarchie beschädigen. Eine öffentliche Debatte über sein Privatleben wollte er sich ersparen. Insofern haben die *Times* und andere zu seiner Abdankung beigetragen.

Eine solche Wirkung der Medien lässt sich auch für viele Rücktritte gewählter Politiker in der Bundesrepublik feststellen. Dies gilt trotz anderer Verhältnisse. Undenkbar, dass der Bundeskanzler zum Telefon greift und Redakteure dazu bringt, auf die Berichterstattung zu verzichten. Aber der britische Fall aus dem Jahr 1936 zeigt zwei grundsätzliche Momente im Verhältnis von Medien und Macht. Zum Ersten ist es die Kontrollfunktion. Die Medien dokumentieren Regelverstöße und setzen eine Debatte darüber in Gang. Mit dieser Debatte üben sie, zum Zweiten, Druck auf normverletzende Amtsinhaber aus. Die Medien stellen Öffentlichkeit her, das Elixier der Demokratie.

Das Verhältnis von Medien und Politik ist so schwierig wie kompliziert. Unter den vielen Faktoren, die zu einem Rücktritt beitragen, sind die Medien nur einer. In den meisten Fällen lässt sich ihre Wirkung nicht konkret ausmachen. Dennoch gibt es einige Rücktritte, bei denen die Medien die ausschlaggebende Rolle gespielt haben.

Das Beben erahnen

Im Januar 2006, in Stuttgart näherten sich Landtagswahlen, wartete der *Südwestrundfunk* mit einer Exklusivmeldung auf. Andreas Renner, Sozialminister in Baden-Württemberg, werde in seiner Partei schwer kritisiert. Renner war ein Paradiesvogel unter den biederen Schwaben, da fand die Meldung offene Ohren. Anlass war eine unanständige Äußerung Renners gegenüber dem Stuttgarter Bischof. Der Politiker hatte dem Kirchenmann vorgehalten, er solle doch, anstatt über Schwule zu lästern, selber erst einmal Kinder zeugen. Allerdings lag die Äußerung bereits ein halbes Jahr zurück und war im kleinsten Kreis gefallen. Wer aus dieser Runde hatte sie ausgeplaudert? Die Antwort wurde bald bekannt. Der beleidigte Bischof hatte einige Wochen nach dem Zwischenfall zwei Mitarbeitern des Rundfunksenders davon erzählt. Die Journalisten wollten dem Kleriker Genugtuung verschaffen und sprachen bei Ministerpräsident Günther Oettinger vor. Der sagte zu, sich mit dem Bischof ins Benehmen zu setzen. Nachdem diesen Monate später aber noch keine Entschuldigung erreicht hatte, wurde einer der Journalisten tätig. Er steckte Renners Parteifreunden die Geschichte, und so zirkulierte der Vorfall in CDU-Kreisen. Daraufhin konnte der *SWF* verbreiten, in der Union werde über Renners Fehlgriff diskutiert. Die konservativen Kräfte in der Partei machten gegen den provokanten Minister mobil, er musste zurücktreten.

Eine von Journalisten angezettelte Intrige erzwang Renners Rücktritt. Sie streuten bewusst Informationen in den richtigen Kreisen, um anschließend darüber berichten zu können. Damit überschritten sie die Grenze von Berichterstattung zu aktiver Einflussnahme. Diese Grenze ist allerdings nicht festgelegt. Medien sind weder neutral noch sind sie bloße Beobachter. Bereits die Art und Weise, in der sie ihre Beobachtungen wiedergeben, was sie hochspielen oder bagatellisieren, ist bedeutsam. Auch die Entscheidung, was sie berichten und was sie ignorieren, hat Konsequenzen.

Die meisten Rücktritte, bei denen Medien eine Rolle spielen, gehen auf Skandale zurück. Journalisten enthüllen die Verfehlung eines Politikers und lösen eine Diskussion darüber aus. Daneben existieren zwei weitere Arten der Berichterstattung, die indirekt mit Rücktritten in Verbindung stehen. Zum einen sind es Spekulationen, zum anderen Demontagen, in denen die Autoren einen Politiker systematisch niederschreiben. Beiden Varianten ist gemeinsam, dass sie ohne einen sichtbaren Anlass, ohne eine Enthüllung, auftreten.

Bei der Demontage wird der Amtsinhaber fundamental schlechtgeredet. Dabei wird ihm jede Eignung zur Ausübung seiner Tätigkeit abgesprochen. In dieser Weise geiferte der *Spiegel* im Dezember 1979 über Hans-Ulrich Klose. Unter der Überschrift „Langsam zerfrißt das Gift diesen Mann" wurde der Hamburger Bürgermeister auf acht Seiten niedergemacht. Klose überstand diese Attacke und blieb noch zwei Jahre im Amt. „Schmeißt er? Oder schmeißt er nicht?", fragte der *Spiegel* im Sommer 1993 und wollte den Rücktritt Theo Waigels herbeischreiben.[1] Da war wohl der Wunsch der Autoren Vater des Gedankens. Obwohl sie den Finanzminister als unsicheren Versager porträtierten, blieb Waigel im Amt. Derartige Veröffentlichungen befinden sich in einem Grenzbereich von berechtigter Kritik und Polemik. Sie richten sich nicht an die Verunglimpften, sondern an deren Umfeld und sollen den Amtsinhaber in Misskredit bringen.

Spekulationen gab es vor dem abrupten Rücktritt von Oskar Lafontaine im März 1999 zuhauf. Sie lesen sich wie Aufzeichnungen eines Seismografen, der anhand kleiner Bewegungen das bevorstehende Beben erahnt. Schon im Februar 1999 hatte die *Zeit* den immensen Druck auf Lafontaine beschrieben. Seine finanzpolitischen Vorstellungen ließen sich nicht mehr lange durchhalten. Es werde einsam um ihn. Einen Tag später nahm die *Süddeutsche Zeitung* das Thema mit fast identischen Formulierungen auf. Kurz danach ergänzte der *stern* die dunklen Ahnungen und konstatierte, Lafontaine sei mit seiner Doppelrolle als Parteichef und Minister überfordert, in der Fachwelt isoliert. Während die Kritik von allen Seiten zunehme und Lafontaines Frustpegel steige, könne sich Gerhard Schröder des Regierens erfreuen. Aus dessen Umgebung werde lanciert, bald könnte ein neuer Finanzminister gebraucht werden. Der Text erschien am 4. März 1999 und erwies sich schnell als prophetisch. Eine Woche später hatte Lafontaine Berlin bereits verlassen.

Wären diese Berichte aufmerksamer gelesen worden, wäre die Überraschung über Lafontaines Abgang geringer ausgefallen. Sie waren gewiss nicht ausschlaggebend für seinen Rücktritt, aber sie trugen dazu bei, seine Position zu unterminieren. Lafontaine musste davon ausgehen, dass manche Mitteilungen absichtsvoll aus dem Kanzleramt gestreut wurden. Weit stärker als Demontagen und Spekulationen wirken Enthüllungen auf Rücktrittsentscheidungen.

Heuchelnde Chronisten

Ein direkter Zusammenhang zwischen Medien und Rücktritt lässt sich in drei Varianten feststellen. In allen dreien geht dem Amtsverzicht eine Skandalisierung voraus, deren Enthüllung allerdings eine jeweils andere Ausprägung hat. Bei der ersten handelt es sich nicht um eine Aufdeckung, sondern um das kalkulierte Hochspielen eines bekannten Sachverhalts. Die zweite Form dramatisiert eine Entgleisung, die ohne das Zutun von Journalisten nicht bekanntgeworden wäre. Die dritte Spielart ist die Enthüllung im eigentlichen Sinn, die ein bewusst verheimlichtes Fehlverhalten aufdeckt. Sie kommt am häufigsten vor und betrifft die spektakulärsten Fälle.

Zu den Beispielen des kalkulierten Hochspielens gehören die Rücktritte von Hans Seifriz und Paul Nevermann. Der Bremer Innensenator Hans Seifriz war stets offen damit umgegangen, dass er als 17-Jähriger in den letzten Wochen des Zweiten Weltkriegs judenfeindliche Artikel verfasst hatte. Nachdem der *Weser-Report* im Juni 1979 mit einschlägigen Zitaten Seifriz' Amtsniederlegung provoziert hatte, erklärte die Redaktion heuchlerisch, sie sei lediglich ihrer Chronistenpflicht nachgekommen. Sie drohte auch noch ärgere Enthüllungen über andere Politiker an. Während alle Parteien in Bremen ihre Abscheu über diese Denunziationen bekundeten, behauptete der Redakteur, er stelle nur nüchtern Tatsachen fest. Sein Name: Reiner Pfeiffer. Der sollte später als Barschels Mann fürs Grobe sein unrühmliches Treiben fortsetzen.

Berichte über bekannte Sachverhalte, die bis dahin niemand thematisieren wollte, die sogenannten offenen Geheimnisse, gehören ebenfalls zu den bedingten Enthüllungen. Der publizistischen Ausbreitung seines offenen Geheimnisses fiel der Hamburger Bürgermeister Paul Nevermann im Juni 1965 zum Opfer. Der Anlass, Nevermanns Trennung von seiner Frau, ist aus heutiger Sicht lächerlich. Die Springer-Presse verbreitete sich ungeniert über den Fall – ein beispielloser Eklat. Die SPD-eigene *Hamburger Morgenpost* sah politische Heckenschützen mit perfidem Sensationsbedürfnis am Werk. Bisher sei der Intimbereich eines Politikers respektiert worden. Der *stern* monierte, die Springer-Blätter hätten die hanseatischen Diskretionsregeln gebrochen.

Den Urhebern dieser Berichte war klar, welche Konsequenzen ihre Aktivitäten nach sich ziehen würden. Mit der Berufung auf die Chronistenpflicht persiflierte Reiner Pfeiffer das journalistische Ethos der Wahrhaftigkeit. Diese Beiträge hätten nicht geschrieben werden müssen, wenn die Redakteure nicht einen Skandal hätten provozieren wollen. Hier konnte vom Medienauftrag nach Information keine Rede sein.

Die zweite Gattung von Enthüllungen sind Berichte über eine aktuelle Entgleisung, die sich aus zufälliger oder beiläufiger Zeugenschaft ergeben. Herta Däubler-Gmelins Hitler-Bush-Vergleich fiel in einer kleinen Gesprächsrunde in der württembergischen Provinz. Nur durch die dortige Heimatzeitung, das *Schwäbische Tagblatt*, kam der Vorgang ans Licht. Hätte der Redakteur Däubler-Gmelins dahingesagte Bemerkung als Bagatelle betrachtet und nicht darüber berichtet, wäre es nicht zu ihrem Rücktritt gekommen. Der Vorgang war nicht so gravierend, dass eine Ignorierung einen Verstoß gegen journalistische Aufrichtigkeit bedeutet hätte. Für die einzigartigen Fehlleistungen von Christoph Palmer und Peter Gloystein gilt das nicht. Die Skandalisierung der Ohrfeige und des Sektflaschenangriffs ist den Beobachtern zu verdanken. Wären diese nicht vor Ort gewesen, wären die Vorfälle möglicherweise nie publik geworden.

Neben den mutwilligen und den zufälligen Enthüllungen stehen Meldungen, die einen politischen Missstand oder das Fehlverhalten eines Politikers offenlegen. Berichte über heikle Vorgänge und unlautere Geschäfte leuchten die Grauzone des politischen Lebens aus.

Sofortige Konsequenzen oder Salamitaktik

Die Schubladenaffäre von Günther Jansen kam durch einen Zufall ans Licht. Eine enttäuschte Ex-Geliebte von Reiner Pfeiffer wandte sich mit ihrem Wissen an den *stern*. Mitunter sind es aber keineswegs geheime Vorgänge, die den Anstoß zu einer Recherche geben. Der Bericht des *Spiegel* über die Gehaltsaffäre der Regierung von Sachsen-Anhalt ging auf einen Rapport des Landesrechnungshofes zurück. Die Redaktion übersetzte das nüchterne Bürokratendeutsch in die polemische *Spiegel*-Schreibe. Die Geschichte „Raffkes in der Klemme" vom November 1993 las sich so überzeugend, dass dem bloßgestellten Werner Münch nur der Rücktritt blieb. Auch die Berichte über die Luxusreisen von Lothar Späth erhielten ihren Anstoß aus einem anderen Zusammenhang. Späths Vergnügungstouren kamen im Prozess gegen den SEL-Chef Helmut Lohr zur Sprache. Diese Hinweise spornten den *Spiegel* zu seinen so ergiebigen Recherchen an.

In manchen Fällen hat die Enthüllung einer Affäre durch die Medien eine solche Sprengkraft, dass zwischen erster Erwähnung und Rücktritt nur wenige Tage vergehen. Eine Woche, nachdem der *Spiegel* in einer Titelgeschichte über Tausende von Tonnen illegal abgekippten Giftmülls berichtet hatte, trat der hessische Umweltminister Werner Best im Oktober 1973 zurück. Gerhard Glogowski überstand eine im Rundfunk gesendete Enthüllung seiner Vorteilsnahmen gerade mal sechs Tage. Schnell kam auch der Rücktritt von Hermann Heinemann. Der hatte sich auf seine Befragung in einem Untersuchungsausschuss mit einem umfangreichen Antwortenkatalog vorbereitet. Nur drei Tage, nachdem der *Spiegel* berechtigte Häme über Heinemanns Drehbuch ausgegossen hatte, verließ der Gesundheitsminister von Nordrhein-Westfalen im September 1992 seinen Amtssitz.

Am schnellsten erfolgte der Rücktritt von Innenminister Rudolf Seiters. Der trat bereits einen Tag vor einer angekündigten *Spiegel*-Geschichte über die Schüsse von Bad Kleinen zurück. Über Seiters wäre ein Sturm der Entrüstung losgebrochen, der ihn aus dem Amt gefegt hätte. So nahm er mit seiner Demission die vom *Spiegel* provozierte Konsequenz der Veröffentlichung vorweg. Auch Björn Engholm trat einen Tag vor einer *Spiegel*-Titelstory zurück. Wie bei Seiters hatte das Magazin eine Vorabmeldung lanciert, dass eine spektakuläre Enthüllung bevorstehe. Engholm hatte seinen Rücktritt längst vorgehabt und war verärgert, weil sein Entschluss nun als Reaktion auf den Bericht aufgefasst würde. Das mag sein – aber nach Erscheinen dieses Textes hätte sich Engholm ohnehin nicht mehr behaupten können.

Wenn die Beharrlichkeit des Amtsinhabers größer ist, wenn Journalisten weitere unbekannte Fakten vermuten, kommt es nach der Enthüllung zu einer forcierenden Berichterstattung. Die Medien kritisieren den Amtsverbleib und sehen sich zu weiterem Nachforschen veranlasst. Diesem Druck wollte Lothar Späth durch seinen Rücktritt im Januar 1991 entgehen. Da hatte der *Spiegel* bereits in zwei Ausgaben pikante Peinlichkeiten präsentiert. Andere Affärenminister zeigen sich zunächst resistent. Nach einem *stern*-Bericht über seine Vetternwirtschaft leugnete und lavierte Jürgen Möllemann vier Wochen lang, ehe ihm im Januar 1993 nur noch der Rücktritt blieb.

Das Prinzip der schrittweisen Enthüllung fand seine extremste Ausprägung im Fall von Hans Filbinger. Sein Verdrängen und Abstreiten von Mai 1978 bis zu seinem Rücktritt im August ist ein Paradebeispiel für die häufig von skandalisierten Amtsinhabern praktizierte Salamitaktik: leugnen, so lange es geht und immer nur das zugeben, was ohnehin bereits bekannt ist. Es blieb Aufgabe der Medien, Filbingers Gedächtnislücken zu füllen – aus seiner Sicht eine niederträchtige Zumutung. Das war die typische Haltung eines skandalisierten Politikers, dessen Blick auf die Realität getrübt war.

Ein Sonderfall vor aller Augen

Allen bisher geschilderten Beispielen des direkten Einwirkens der Medien auf einen Rücktritt liegt eine Enthüllung zugrunde. In einem besonderen Fall trifft das nicht zu. Das peinliche Geschehen hatte ein großes Publikum und wurde im Fernsehen übertragen. Es handelt sich um die Rede von Philipp Jenninger am 9. November 1988 im Bundestag. Jenningers Auftritt erzwang einen der schnellsten Rücktritte in der Bundesrepublik. Eine weitere Besonderheit des Falles: Die Skandalisierung erfolgte nicht erst durch die Medien, sie haben die ungeheure Erregung nur vervielfacht.

Die Medien hatten allen Grund, über diese sensationelle Fehlleistung zu berichten. Angesichts des unglaublichen Vorgangs gingen pauschale Urteile vor differenzierte Analysen. Der Frage, ob es sich bei dem Zorn der Abgeordneten um inszenierte Empörung oder gewolltes Missverstehen handelte, ging niemand nach. Auch die Veröffentlichung eines Fotos aus der Gedenkveranstaltung belegt die ungenügende Sorgfalt. Es zeigte die Schauspielerin Ida Ehre, die ihre Hände vor das Gesicht hält – eine intensive Geste des Entsetzens. Zahlreiche in- und ausländische Zeitungen brachten dieses Foto, das die Wirkung von Jenningers Rede anschaulicher als lange Berichte zeigte. Allerdings: Der Zusammenhang war konstruiert. Ida Ehre war durch ihre vorangegangene Rezitation eines Gedichtes so ergriffen, dass sie Jenninger gar nicht zuhörte. Ob das Foto bewusst verfälschend oder nur fahrlässig eingesetzt wurde, spielt für seinen fatalen Effekt keine Rolle. Stark wirkte auch die Berichterstattung des Fernsehens. Die *taz* meinte später, durch manipulativ geschnittene Zitate sei Jenninger der entscheidende Stoß versetzt worden.

War der Skandal um Jenninger also ein Skandal der Medien? Die SPD-Bundestagsfraktion urteilte nach Jenningers Rücktritt, er sei den Anforderungen seiner Aufgabe nicht gerecht geworden. Hätte sie dieses Verdikt auch ohne das verheerende Medienecho gefällt? Hätte Jenninger nicht zurücktreten müssen, wenn die Berichte sachlicher, zurückhaltender, objektiver gewesen wären? Die Medien haben seine Rede skandalisiert, aber er hat ihnen in seiner rhetorischen Unfähigkeit eine Steilvorlage dafür geliefert. Hätten sie den Ball nicht aufgenommen, wären sie nachlässig gewesen. Die Medien haben Jenningers Rücktritt erzwungen. Aber nicht zu Unrecht, denn er hatte sich im Amt unmöglich gemacht.

So war die vernichtende Kritik an Jenninger berechtigt. Aber war sie auch fair? War es angemessen, den als hochanständig angesehenen Politiker nach diesem Fauxpas zu verdammen? Die Frage nach Fairness, nach Anstand im Umgang von Journalisten mit Politikern ist so naheliegend wie schwierig.

Eine brüchige Freundschaft

Zu den vielen Abschiedsveranstaltungen Konrad Adenauers gehörte auch ein letzter Auftritt vor der Bundespressekonferenz. Die Journalisten überreichten dem scheidenden Kanzler einen goldenen Füllfederhalter. Damit solle er seine Memoiren schreiben. Der Alte war gerührt. Er bedankte sich herzlich für das Geschenk – und für die Arbeit der Journalisten im Allgemeinen. Die Presse sei ihm eine wertvolle Hilfe bei der Durchsetzung seiner Politik gewesen. Dafür empfinde er Dankbarkeit. Zwar sei er gegenüber der Kritik in den Zeitungen nicht unempfindlich gewesen, allerdings auch nicht unaufnahmefähig. Adenauers beschwichtigende Milde entsprang bereits dem verklärenden Rückblick, denn in den 14 Jahren seiner Kanzlerschaft war sein Verhältnis zu den Medien keineswegs ungetrübt gewesen.

Adenauers Harmonisierung entspricht der naiven Vorstellung einer optimalen Wechselbeziehung. Die Regierenden übergeben den Journalisten wichtige Informationen, die Medien vermitteln die politischen Entscheidungen an die Bevölkerung. Davon haben beide Seiten etwas: die Politiker Popularität, und die Zeitungen sind gehaltvoll und lesenswert. Ist eine solche Annahme bereits für den Normalfall unrealistisch, wie viel mehr ist sie es für den Störfall. Die Idee vom beiderseitigen Nutzen ist hinfällig, wenn ein Politiker skandalisiert wird. Die Freundschaft zwischen Politikern und Medien ist nicht krisenfest, sie ist unvermeidlich brüchig.

Presseschelte gehört zum Alltag in der Politik. Kurt Biedenkopfs Kritik, die Debatte um seinen Ikearabatt werde nicht mit der nötigen journalistischen Sorgfalt geführt, kann nicht überraschen. Heinrich Lummer beklagte die unlauteren Methoden der Journalisten, nachdem ihn das Fernsehmagazin *Monitor* vor laufender Kamera mit problematischen Dokumenten konfrontiert hatte. Jürgen Möllemann sah die Briefbogenaffäre überdimensioniert und unfair dargestellt. Oskar Lafontaine berichtet, ihm gegenüber hätten sich häufig Journalisten damit gebrüstet, einen Politiker zum Rücktritt gezwungen zu haben. Für manche wäre dies ein erklärtes Ziel. Als ihm, damals Saarländischer Ministerpräsident, Anfang 1993 Verbindungen ins heimische Rotlichtmilieu nachgesagt wurden, kreierte er den Ausdruck Schweinejournalismus – ein Kraftwort, das einen Tiefpunkt im Verhältnis von Politikern und Medien markiert.

Wird ein Amtsinhaber skandalisiert, spricht er häufig von einer Kampagne. Zunächst ist es offenbar die erste Reaktion, eine gemeinschaftliche, großangelegte Aktion zu wittern. Zur Selbstverteidigung erhebt der Kritisierte Vorwürfe an die Medien und denunziert gründliche Recherche und bohrendes Nachfragen als Feldzug und Verschwörung. Manche Politiker verschärfen das Wort von der Kampagne durch ergänzende Zusätze. Von einer Rufmordkampagne sprachen Uwe Barschel und Hans Filbinger. Eine Verleumdungskampagne vermutete Edwin Zimmermann, eine Medienkampagne Heinz Schleußer. Kurt Biedenkopf sah eine Diffamierungs-, Björn Engholm eine Schmutzkampagne.

Allerdings reden nicht alle undifferenziert oder unwidersprochen über eine Medienkampagne. Gregor Gysi, bei seinem Rücktritt gefragt, ob die Sache mit den Flugmeilen nicht lediglich eine Kampagne der *Bild*-Zeitung sei, antwortete: „Sicher. Aber das ändert nichts an meinem persönlichen Fehler."[2] Bundeskanzler Helmut Kohl rief Werner Münch zur Ordnung, der von einer gegen ihn gerichteten Rufmordkampagne getönt hatte. Er solle aufhören, so zu reden, eigene Fehler müssten eingestanden werden. Anders beim Rücktritt von Gerhard Stoltenberg: Auf die Frage eines Journalisten, ob er Stoltenberg als Opfer der Medien oder seiner eigenen Unfähigkeit sehe, antwortete Kohl lediglich, der Begriff Unfähigkeit sei völlig unangebracht. Damit ging er nicht auf das Bild des Opfers ein. Skandalisierte Politiker sehen sich häufig als Medienopfer, nach ihrer Auffassung werden Journalisten zu Tätern.

Für jeden eine Kerbe

In einer frühen Selbstdarstellung nannte *Spiegel*-Herausgeber Rudolf Augstein sein Magazin ein Sturmgeschütz der Demokratie. Auch mit gewachsenem Abstand zum Krieg erfreuen sich ballistische Bilder großer Beliebtheit, wenn es um die Aktivitäten von Journalisten geht. Zumeist handelt es sich allerdings um kleinere Kaliber oder um Metaphern aus dem Jagdwesen. So sprach Rainer Barzel von einer Hatz auf ihn, gegen Werner Münch wurde zum Halali geblasen. Gerhard Glogowski fühlte sich von den Medien gejagt, Heinz Eggert empfand sich als Freiwild. Wilfried Hasselmann wähnte sich inmitten eines Kesseltreibens. Die *Frankfurter Rundschau* sah Gregor Gysi als waidwund geschossenes Opfer des Boulevardjournalismus und prangerte die Skalpjägerei an – angesichts von Gysis Haarpracht eine unfreiwillige Pointe.

Das *Handelsblatt* kritisierte den *Spiegel* wegen dessen harscher Kritik an Heinz Kühn. Das Magazin werde als Schrotladung benutzt. In diese Richtung zielte auch das Wort vom Hinrichtungsjournalismus, das Kühn gebrauchte. Otto Graf Lambsdorff nahm den Begriff später auf und verknüpfte ihn mit journalistischen Todesschwadronen. In das Jagdumfeld gehört auch Lambsdorffs so selbstgewisses wie vergebliches „Ihr werdet mich doch nicht kriegen", das er einem *Spiegel*-Redakteur im Januar 1983 entgegenhielt.[3] Oskar Lafontaine unterstellte Journalisten Jagdfieber. Sie hätten für jeden abgeschossenen Politiker eine Kerbe im Federhalter.

Zum Eindruck, verfolgt zu werden, trägt die physische Gegenwart von Journalisten und Kameraleuten bei. Sie erzeugen konkreten Druck, der sich auch auf den Privatbereich erstreckt. Schon Edward VIII. fühlte sich auf seinem Landsitz in Sunningdale von den Medienvertretern belagert. „Sie richteten sich in dem örtlichen Gasthof, dem Bahnhofshotel, häuslich ein. Sie stellten an den beiden Haupttoren Wachen auf und beobachteten das Kommen und Gehen der Wagen", bemerkt der Ex-König in seinen Memoiren. Am aufdringlichsten seien die Bildjournalisten gewesen: „Die Fotografen, an sich schon kühnere Leute als die Reporter und ohne alle Hemmungen, ließen sich durch den hohen Zaun, der die Besitzung umgab, nicht abhalten."[4]

Was bereits in den dreißiger Jahren eine Belastung war, hat sich in den Jahrzehnten danach verstärkt. Die Klagen bedrängter Politiker sind zahllos. Günther Krause meinte noch kurz vor seinem Rücktritt, er werde nicht der Schwäche erliegen, sein Amt abzugeben, es sei allerdings die Frage, wie lange seine Frau und Kinder den Beeinträchtigungen durch die Journalisten standhielten. Für Krause eine Frage der Spielregeln, zu denen gehören sollte, dass die Privatsphäre außen vor bleibt. Das geschieht aber häufig nicht. Günther Jansen nannte als einen der Gründe für seinen Rücktritt, dass er seine Familie nicht länger dem öffentlichen Druck aussetzen wolle.

Diese Art von spürbarem Druck bedeutet eine enorme Belastung. Um diesem standhalten zu können, bedarf es mehr starker Nerven als guter Argumente, denn dieser Druck hat nichts mit einer inhaltlichen Auseinandersetzung zu tun. Ist eine Skandalisierung erst einmal so weit gediehen, dominieren irrationale Momente wie Sensationsgier und gespannte Erwartung. Die Entscheidung des Politikers zum Rücktritt ist gefragt, nicht mehr sachliche Aufklärung. Erzeugen und verstärken die Medien Druck, geht es um Tendenz, nicht um Objektivität.

Aus zuverlässiger Quelle

Das Kampagnenhafte sehen skandalisierte Politikers auch in tendenziösen Darstellungen der Medien. Oft steht nicht die nüchterne Schilderung im Vordergrund, sondern die Schaffung einer negativen Stimmung. Es gibt einige publizistische Methoden, die es auf den Rücktritt eines Politikers anlegen. Die vier wichtigsten sind das Zitieren anonymer Quellen, der Verweis auf Gerüchte, der Bezug auf Berichte in anderen Medien und die Berufung auf die Öffentlichkeit.

Es gibt zwei Arten von anonymen Quellen: die aus der Partei eines skandalisierten Politikers und die ohne eine besondere Herkunftsbezeichnung. Als Letztere werden gern sogenannte Beobachter eingeführt, die ihre Einschätzung zum Besten geben. So hieß es kurz vor Uwe Barschels Rücktritt in der *Frankfurter Rundschau*: „Auch alteingesessene Beobachter gingen davon aus, der Ministerpräsident werde seinen Hut nehmen."[5] Andere Varianten dieser unspezifischen Anonymität sind der Hinweis, dass ein Rücktritt als gewiss gelte, dass „man" einen solchen allgemein erwarte oder dass damit gerechnet werde. Wer sich hinter dem „man" verbirgt, wer die Kenner und Beobachter sind, wird nicht erklärt: die Opposition, ein Abgeordneter oder der Autor des Artikels, der sich nicht selbst ins Spiel bringen möchte. Aber der Verweis auf anonyme Quellen ist mehr als eine stilistische Figur, um die Ich-Perspektive zu vermeiden. Solche Hinweise konstruieren eine allgemeine Erwartungshaltung, so als sei ein Rücktritt selbstverständlich.

Eine debattierte Amtsniederlegung kann durch eine anonyme Stimme auch als zwingend dargestellt werden. Im Fall Heinz Eggert zitierte die *Frankfurter Rundschau* einen nicht näher charakterisierten „Insider": „Wenn in Sachsen die Uhren nicht anders gehen, ist Eggert nicht mehr zu halten. Die Vorwürfe klingen verdammt glaubwürdig".⁶ Dass die gegen den Minister erhobenen Vorwürfe lediglich glaubwürdig klingen, aber noch nicht belegt sind, fällt kaum ins Gewicht, schließlich stammt die Einschätzung von einem Insider. Ein solcher verfügt über Autorität, woher er auch sein Wissen haben mag. Er könnte aus der Partei des Skandalisierten stammen, die zweite Sorte anonymer Quellen.

Reporter zitieren die Aussagen von Parteifreunden oft ohne Namensnennung. Sie lassen Sitzungsteilnehmer, führende Mandatsträger, Vertraute oder ehemalige Mitarbeiter zu Wort kommen. Manche Artikel fußen auf nicht näher bestimmten Parteifreunden oder auf einem Präsidiumsmitglied, oder es ist ein Urteil aus dem Bundeskanzler nahestehenden Kreisen zu lesen. Um welche Kreise und um welche Nähe es sich handelt, bleibt der Phantasie des Lesers überlassen. Journalisten, die durch ihre Beziehungen und häufige Hintergrundgespräche viele Interna erfahren, schützen ihre Informanten durch Anonymität. Solche Quellen sind heikel, wenn sie die Stellung eines Parteifreundes in Zweifel ziehen. Als Steffen Heitmann in der Kritik stand, behauptete die FAZ: „In Regierungskreisen hieß es nun, bei weiteren und berechtigten Beanstandungen sei fraglich, ob Heitmann Justizminister bleibe."⁷ Das klingt nach einem Abschiedsgruß des Regierungschefs. Hinweise, die auf das Bröckeln der innerparteilichen Solidarität deuten, müssen jeden Skandalisierten alarmieren. Nach den Enthüllungen über die Vorteilsnahmen Gerhard Glogowskis wollte die *Welt* erfahren haben, „manch einer in der SPD fühlt sich zu ersten vorsichtigen Distanzierungen bemüßigt."⁸ Sollte an solchen Meldungen etwas dran sein, wären sie ein Signal an den Amtsinhaber, umgehend die Koffer zu packen. Sollte an der Meldung nichts dran sein, wäre doch der Eindruck erzielt, der Rückhalt Glogowskis in den eigenen Reihen sei am Schwinden.

Die Erwähnung von Gerüchten ist die zweite journalistische Methode, die auf den Rücktritt eines Politikers zielt. Hierbei spekulieren die Autoren nicht darüber, ob dies oder jenes zutreffend ist, sondern wann der Rücktritt erfolgt. So wurde Josef Duchac nachgesagt, er müsse sich ständig Gerüchte anhören, seine Regierung halte nicht mehr lange. Bei Uwe Barschels Abwehrkampf wurde ungeachtet der Unterstützung seiner Partei munter weiter gemutmaßt. „Die Gerüchte, Barschel werde doch noch zurücktreten, sind trotz der Solidaritätserklärung seiner Parteifreunde noch nicht vom Tisch", wusste die *Frankfurter Rundschau* und entwertete damit die Treuebekundungen der Partei.[9]

Das Raunen ist umso bedeutsamer, je weniger es lokalisiert werden kann. So kann ein Rücktritt als bevorstehend in die Diskussion gebracht werden, selbst wenn es keine handfesten Ansätze dafür gibt. Auf die Aussagen, Behauptungen oder Urteile von Kollegen zu verweisen, ist eine weitere beliebte Methode, um einen Rücktritt herbeizuschreiben.

Kochende Volksseele

Als es um die Männerfreundschaften von Heinz Eggert ging, erwähnte die *Süddeutsche* einen Artikel der *Woche* über Eggert – mit dem Hinweis, diese Zeitung habe sich bei dem Thema am weitesten vorgewagt. So spielte sie auf den brisanten Punkt an, ohne selbst die Gürtellinie zu unterschreiten. Zugleich erweckte sie den Eindruck, der Sachverhalt sei allgemein bekannt und damit zutreffend. Von einer niederschmetternden Nachrichtenlage für Gesundheitsministerin Andrea Fischer berichtete die *Frankfurter Rundschau* im Dezember 2000 und zitierte bösartige Stimmen aus *Bild* und *Berliner Zeitung*. Letztere hatte kurz vorher einen derben Artikel aus dem *stern* über die Ministerin erwähnt – da biss sich der Hund in den Schwanz.

Im Fall von Eugen Gerstenmaier brachte der *Spiegel* die Einschätzung eines anderen Mediums: „‚Der Eindruck im Lande ist verheerend' urteilte das Zweite Deutsche Fernsehen".[10] Und das Fernsehen, so suggerierte der *Spiegel*, muss es wohl wissen. Warum spielt die Meinung der Kollegen anderer Medien eine Rolle? Mit solchen Verweisen sichern Journalisten ihre Darstellung ab, wollen sie zeigen, dass sie mit ihrem Urteil nicht allein stehen. Zugleich schüren sie den Eindruck, es gebe eine breite Front gegen einen skandalisierten Politiker. Dazu dient auch die vierte Methode, die Berufung auf „die" Öffentlichkeit.

Wie selbstverständlich gebrauchen Berichterstatter bestimmte Formulierungen, um die Meinung „der" Öffentlichkeit oder anderer kollektiver Instanzen zu behaupten. Sie sprechen vom Druck der Öffentlichkeit oder, beispielsweise vor Ludwig Erhards Rücktritt, von der Meinung „der" Bürger, bei Heinrich Lummer hieß es: „Die Stadt hat die Nase voll."[11] Bei Gregor Gysis Rücktritt war von der

Volksseele die Rede, die manche Politiker weichkoche. Die öffentliche Meinung, wiedergegeben von den Medien, ist aber immer nur eine Teilmenge, die zumeist parteipolitisch ausgerichtet ist.

Eine Äußerungsform „der" Öffentlichkeit sind Umfragen, die Meinungsforscher, gelegentlich mit direktem Bezug auf einen skandalisierten Politiker, durchführen. Die Medien publizieren die Ergebnisse, wenn deren Tendenz zur Linie des Blattes passt. Damit wollen sie belegen, dass der geforderte Rücktritt dem Mehrheitswillen der Bevölkerung entspricht. Gegen Andrea Fischer als Ministerin äußerten sich mehr als die Hälfte der Befragten, Monika Hohlmeiers Rücktritt wünschten im Januar 2005 gar 60 Prozent. 67 Prozent sprachen sich im Oktober 1984 gegen einen Amtsverbleib von Rainer Barzel aus. Die höchsten Negativwerte erreichten Eugen Gerstenmaier 1969 und Hans Filbinger 1978. In beiden Fällen ermittelten die Wickert-Institute einen Anteil von 79 Prozent der Befragten, die für einen Rücktritt votierten. Die Problematik von Umfragen ist bekannt, die Antworten hängen oft von der Formulierung der Frage ab, die Ergebnisse von der befragten Auswahl.

Ob sich die Artikel auf Umfragen stützen oder nicht – „die" öffentliche Meinung wird zur Legitimation von Aussagen oder Forderungen verwendet. Das bleibt häufig nicht ohne Folgen. Gerhard Stoltenberg nannte „Wertungen und Wahrnehmungen in einem großen Bereich der öffentlichen Meinung" als Rücktrittsgrund.[12] Er teilte nicht mit, wie er die öffentliche Meinung ermittelt hatte, aber es ist anzunehmen, dass es sich um die bissige Kritik in den Medien handelte.

Der Druck nimmt zu

Ob nun die öffentliche oder die veröffentlichte Meinung Druck ausübt – Druck ist die zentrale Vokabel, wenn es um skandalisierte Politiker geht. Ein anderes Element, um auf einen Rücktritt hinzuwirken, ist die sprachliche Gestaltung. Eine Fülle sprachlicher Mittel aus der Waffenkammer der Medien ist geeignet, eine Situation zu dramatisieren. Einige stellen die Position des Amtsinhabers in Frage: Metaphern der Bedrohtheit, Steigerungsformeln sowie eine zugespitzte Darstellung des Verlaufs.

Der Druck auf einen Politiker kann, wie bei Gerhard Stoltenberg beschrieben, anhalten oder zunehmen, er kann, wie bei Andrea

Fischer behauptet, steigen oder immer stärker werden. Bildhafte Umschreibungen der brisanten Situation stammen oft aus dem Bereich der Wetterkunde. Mal ziehen sich die dunklen Wolken zusammen, mal braut sich ein politischer Sturm zusammen, mal wird die Luft dünn. Solche Bilder einer unterschwelligen Bedrohung sollen den Eindruck erwecken, der Rücktritt sei nicht mehr aufzuhalten. Auf diese Wirkung zielt auch die Verlaufsschilderung.

Mit dem Hinweis, eine Erkenntnis sei inzwischen oder längst bei Parteifreunden verbreitet, wird nahegelegt, die Kollegen hätten aus den geschilderten Vorgängen negative Schlussfolgerungen gezogen. So hieß es, Werner Maihofer habe sich „längst um sein Renommee gebracht" oder Josef Duchac sei „inzwischen selbst in den Reihen der eigenen Koalition" umstritten.[13] Damit behaupten die Autoren einen Erkenntnisprozess, der die Konsequenz, das Maß sei voll, enthalten soll. Auf den Verlauf beziehen sich auch die noch-Konstruktionen. Wenn es heißt, noch werde ein Politiker von seiner Partei getragen, klingt an, dieses Fundament sei nicht mehr von langer Dauer.

Beliebt sind auch Komparative, die den Eindruck der Beschleunigung erzielen. Da heißt es gern, die Auseinandersetzung wird immer schärfer geführt, der Druck wird immer stärker oder Enthüllungen türmen sich immer höher. Fragen stellen sich umso drängender, oder es könnte noch schlimmer kommen. Eine nachdrückliche Beschleunigung erreicht die Angabe von Fristen: Bei Wilfried Hasselmann gab es Woche für Woche neue Enthüllungen, im Fall Heinrich Lummer fast täglich neu auftauchende Vorwürfe und bei Jürgen Möllemann mehrten sich die Anzeichen für einen Rücktritt sogar von Stunde zu Stunde.

Nicht weniger dramatisch wirkt die Behauptung einer ultimativen Bedrohung. Da wird von der schwersten Belastungsprobe einer Regierung geschrieben, wird Endzeitstimmung ausgemacht. Vor Björn Engholms Amtsniederlegung mutmaßte das *Handelsblatt*, dessen Chancen, die Sache zu überstehen, seien nicht sehr groß. Gerhard Glogowski prophezeite die FAZ: „Das kann gefährlich für ihn werden". Für den *Spiegel* war Jürgen Möllemann im Januar 1993 „der arg in die Enge getriebene Wirtschaftsminister".[14] Wer hat denn den Minister in die Enge getrieben? War es die eigene Partei, der Bundeskanzler – oder waren es die Medien?

Diese Stilmittel dienen der tendenziösen Präsentation von Nachrichten. Sie beschreiben nicht nur ein dramatisches Geschehen, sie tragen zur Dramatisierung bei. Die Form der Darstellung ist manipulativ, auf eine einseitige Wirkung bedacht. Gegen Panikmache lässt sich schlecht argumentieren. Diese Artikel beschreiben einerseits eine vorhandene Situation, zugleich aber agitieren sie, weil sie zu einer Stimmung beitragen und eine Entwicklung vorantreiben. So erzeugen sie Druck. Ihre Wirkung ist nicht konkret zu belegen, aber sie ist vielfältig und kaum zu überschätzen. Auch Parteifreunde lesen solche Artikel, und ein Regierungschef muss sich fragen, ob ein derart kritisierter Minister nicht auch eine Belastung für ihn bedeutet. Sofern der Regierungschef der Skandalisierte ist, fragt seine Partei, ob mit ihm die nächste Wahl zu gewinnen ist. Dabei spielt das Niveau des Mediums und der Darstellung nur eine untergeordnete Rolle. Ob Boulevard, Polit-Magazin oder seriöses Qualitätsblatt – sie alle stellen Öffentlichkeit her.

Die Darstellung eines Skandals in den Medien ist häufig polemisch und übertrieben. Sie zielt oftmals weniger auf eine sachliche Aufklärung als darauf, einen Politiker abzusägen. Das belegen die vorgestellten Methoden und Stilmittel. Die Form ist eine Frage des Anstands, aber sie spricht nicht gegen den Inhalt, und schon gar nicht gegen die Aufgabe der Journalisten, über Missstände und Verfehlungen zu berichten und sie gegebenenfalls zu skandalisieren. Die Medien sind ein unverzichtbares Korrektiv im politischen System, sie haben eine Wächterfunktion. Ohne ihr Zutun bliebe vieles undiskutiert und unentdeckt. Als Instrument der Aufdeckung und Zurechtweisung verfügen die Medien über erhebliche Macht, die sie auf legitime Weise einsetzen können. Allerdings birgt diese Macht auch die Gefahr, sich instrumentalisieren zu lassen.

Das Maß ist voll

Die Angelegenheit war delikat. Mitarbeiter von Heinz Eggert fühlten sich von ihrem Chef sexuell belästigt. Die jungen Männer wandten sich an die Staatskanzlei in Dresden, erhielten jedoch keine Antwort auf ihr Schreiben. Nach neun Wochen vertrauten sie sich dem *Spiegel* an. Wenn über den Dienstweg nichts zu erreichen war, dann vielleicht über die Medien. Die Reaktion war tatsächlich furios, nach vier Wochen gab Eggert auf.

Im Fall von Heinz Eggert zeigt sich die korrigierende Macht der Medien in zweifacher Hinsicht. Zum einen machten sie auf ein

Fehlverhalten des Ministers aufmerksam, zum anderen zeigten sie das Versäumnis der Staatskanzlei, ihrer Dienstaufsicht gerecht zu werden. Die Betroffenen setzten den *Spiegel* ein, um diese Mängel öffentlich zu machen. Der *Spiegel* ging allerdings das Risiko ein, sich instrumentalisieren zu lassen.

Im Fall von Heinz Eggert mag den Mitarbeitern daran gelegen gewesen sein, ihre Situation am Schreibtisch zu entkrampfen. Kompromittierende Informationen können aber auch mit der Absicht weitergegeben werden, eine Karriere zu beenden. Von einem solchen Fall gezielter Machenschaften berichtete die *Welt*. Das Adenauer-Haus, die Parteizentrale der CDU, sei im Dezember 1990 an den *stern* herangetreten, er solle einen Bericht über die Stasi-Mitarbeit von Lothar de Maizière schreiben. Der Chefredakteur habe abgelehnt, derartige Handlangerdienste zu leisten. Eine Woche später hätte der *Spiegel* die Geschichte gebracht. Auch in weniger dramatischen Fällen können die anonym zitierten Parteifreunde mit ihren Aussagen manche parteiinterne Rechnung begleichen.

Sie müssen sich keineswegs konspirativer Mittel bedienen, um mit Hilfe der Medien innerparteiliche Konkurrenten zum Rücktritt zu drängen. Ludwig Erhards Vorgänger und Erzfeind Konrad Adenauer gab freimütig Interviews, in denen er Erhards Kompetenz in Frage stellte. Auch dessen Möchtegern-Nachfolger Eugen Gerstenmaier beteiligte sich mit einem aufsehenerregenden Interview an Erhards Demontage. Der Widerstand gegen den Kanzler entzündete sich allerdings nicht an einem Fehlverhalten, kritisiert wurde das Ungenügen Erhards. Gern nahmen die Medien die von Adenauer und anderen Unionspolitikern ausgehende Initiative auf.

Weit häufiger als der Versuch von Parteifreunden, gemeinsam mit der Presse parteiinterne Personalwechsel voranzutreiben, scheint für Politiker der Regierungspartei das Zusammenwirken von Opposition und Medien. So meinte der Hamburger Bürgermeister Hans-Ulrich Klose, seinem Senator Ulrich Klug hätten CDU-Opposition und Springer-Presse von Anfang an keine Chance gelassen. Der Generalsekretär der niedersächsischen CDU sah nach dem Rücktritt von Wilfried Hasselmann eine linke Kampfpresse am Werk, die von der SPD gesteuert sei. Verschwörungstheorien sind beliebt, haben aber wenig mit der tatsächlichen Rolle von Opposition und Medien zu tun, üben sie doch beide eine Kontrollfunktion aus. Sie begleiten das Tun und Lassen der Regierung kritisch. Während allerdings der Opposition per Definition daran gelegen ist, die Regierung zu diskreditieren, haben die Medien kein grundsätzliches Interesse am Schlechtmachen von Ministern und Regierungschefs. Die Dramatisierung einer Verfehlung, die publizistische Zuspitzung eines Skandals dient eher der Auflagensteigerung.

Zu unterscheiden ist zwischen unlauterer Meinungsmache und legitimer Meinungsäußerung. Häufig analysieren Kommentare sachlich das Fehlverhalten von Politikern und kritisieren mit deutlichen Worten gravierende Normverletzungen. Dies war etwa – in nahezu allen Zeitungen – im Sommer 1978 bei Hans Filbinger der Fall. Auch das Gebahren von Franz Josef Strauß in der Spiegelaffäre war, so Theodor Eschenburg in der *Zeit*, ein Vergehen, das exemplarisch geahndet werden müsse. Kommentatoren stellten Werner Maihofer die rhetorische Frage, ob einem Minister ein solcher Fehler passieren dürfe. Bei Gerhard Glogowski hieß es, wolle er Schaden von seinem Amt abwenden, so müsse er zurücktreten, und bei Wilfried Hasselmann empfahl die *Frankfurter Rundschau* ein rasches Auswechseln der Akteure. Die Kritik geht bis zu ausdrücklichen Rücktrittsforderungen. Die FAZ sah bei Max Streibl den Punkt erreicht, an dem der Rücktritt fällig werde. Im Januar 1993 befand Rudolf Augstein über Jürgen Möllemann: „Jetzt muß er aus dem Amt, das Maß ist voll."[15] Auch die *Bild*-Zeitung tritt bei Rücktrittsforderungen wenig zurückhaltend auf. Dem Verteidigungsminister rief sie im März 1992 im Kasernenhofton zu: „Stoltenberg, wegtreten!"[16]

Die Bewertung solcher Urteile hängt vom Standpunkt ab. Bei aller Betonung von Neutralität und Überparteilichkeit – die politische Ausrichtung eines Mediums bestimmt, welchem Regelverstoß es Verständnis entgegenbringt und welche Normverletzung es nicht toleriert. Aber hier handelt es sich nicht um polemisches Niedermachen, sondern um sachliche Diskussionsbeiträge. Kritische Kommentare klagen moralische oder politische Standards ein. Medien scheuen sich nicht vor offenen Worten – dies lässt sie zur vierten Gewalt im Staat werden.

Haben Rücktrittsappelle der Medien einen Einfluss auf die Entscheidung eines Politikers? Als im Januar 2001 eine Zeitung höhnisch fragte, ob heute der letzte Arbeitstag von Barbara Stamm sei, trat die bayerische Umweltministerin frustriert zurück. Ihr Kabinettskollege, Innenminister Günther Beckstein, reagierte betroffen: „Man nimmt die Befehle der Zeitungen nicht immer ernst, aber manchmal schon."[17] Barbara Stamm hatte eingesehen, dass sie sich nicht gegen die vehemente Kritik der Medien im Amt behaupten konnte. Das hatte schon, unter anderen Vorzeichen, Edward VIII. erkannt. Über die Mediengunst, die ihn so plötzlich verlassen hatte, sinnierte der ehemalige König nach seiner Abdankung: „Die Presse erschafft; die Presse zerstört."[18] Salopp pointierte Wilfried Hasselmann: „Politiker und Fliegen haben eins gemeinsam: Sie können von der Zeitung erschlagen werden."[19]

Die Sau im Mediendorf

Der Rücktritt von Björn Engholm war ein Triumph des Journalismus. Dieser Meinung war Engholms Bonner Büroleiter Michael Hofmann. Ist diese Ansicht zutreffend? War Engholm ein Opfer der Medien? Sicher, die journalistischen Nachstellungen im Frühjahr 1993 waren intensiv. Und dabei war der Anlass – eine Lüge im Strudel der Barschelaffäre Jahre zuvor – eine Lappalie. Doch eine Lüge bleibt eine Lüge. So war die Aufklärung dieser Sache weniger ein Triumph des Journalismus denn ein Triumph der Wahrheit. Wenn auch ein bitterer: Zu geringfügig war die Ursache, als dass sie das Ende einer vielversprechenden Karriere rechtfertigen würde.

In anderen Fällen bestanden triftigere Gründe für einen Rücktritt. Trotzdem beschuldigen Politiker häufig die Medien, für das vorzeitige Ende ihrer Amtszeit verantwortlich zu sein. Hans Filbinger, Wilfried Hasselmann, Werner Münch und viele andere sahen nicht die eigenen Verfehlungen als Problem, sie machten die Medien für die Stimmung gegen sie verantwortlich. Gerhard Glogowski war der Meinung, durch die Berichterstattung werde sein Amt beschädigt. Dass er selber dem Amt Schaden zufügte, als er sich seine Hochzeitsfeier bezahlen ließ, kam ihm nicht in den Sinn. Erleichtert begrüßte die *Frankfurter Rundschau* seinen Rücktritt: Sonst wäre wieder „eine neue Peinlichkeit des Ministerpräsidenten wochenlang als Sau durchs Mediendorf getrieben" worden.[20] Die Medien als Treiber – ja. Aber die Peinlichkeiten Glogowskis waren zuerst da, die Medien haben sie nur aufgegriffen.

In einem Editorial vom Frühjahr 1991 wies der *Spiegel* so selbstbewusst wie selbstgefällig darauf hin, dass sich wegen seiner Tätigkeit manche Politiker eine Abänderung ihres Lebenslaufs gefallen lassen mussten. Die Liste von Rücktritten war lang. Die

Redaktion rechtfertigte ihr Vorgehen mit dem Hinweis, dass „auch eine anerkannte Demokratie keineswegs garantiert, daß sich alle Demokraten einwandfrei betragen, Fehlverhalten zugeben und die Wahrheit lieben."[21] Dem ist nicht zu widersprechen. Nur wenige Politiker mussten zurücktreten, obwohl ihnen nur ein belangloser Fehltritt vorgehalten wurde. In den meisten Fällen war der Rücktritt angemessen. Dies schließt nicht aus, dass hämischer Tonfall, Übertreibungen und Dramatisierungen eine sachliche Klärung verhindern. In diesen Fällen werden die Medien ihrer Verantwortung nicht gerecht.

Die Medien können also einen Rücktritt bewirken, eine politische Laufbahn beenden? Ja, die angeführten Beispiele zeigen das. Aber diese Aussage muss in zweierlei Hinsicht eingeschränkt werden. Erstens hängt viel vom zeitlichen und politischen Kontext eines Falles ab, denn nicht immer führt ein von den Medien geschürter Skandal zu einem Rücktritt. Zweitens ist die unabdingbare Voraussetzung eine – belegte oder plausibel vorgeworfene – Verfehlung eines Politikers. Ohne Fehl kein Tadel, ohne Kerbholz keine Kampagne.

Eine Frage aber bleibt offen: Würde ein selbstkritisches Verhalten nach einer Skandalisierung einen Rücktritt abwenden? Wie wäre es, wenn ein Politiker – mit Vorwürfen konfrontiert – nicht leugnet, abwiegelt und zur Salamitaktik greift? Wenn er statt fehlenden Unrechtbewusstseins einfach Einsicht zeigt, statt mangelnder Selbstreflexion vollständige Offenheit und Entschuldigungsbereitschaft? Das wäre eine neue Form von Krisenmanagement. Ob sich ein Rücktritt bei solchem Verhalten verhindern ließe, hängt vom Ausmaß des Fehlverhaltens ab. Aber mit Sicherheit würde viel mediale Erregtheit vermieden.

KAPITEL 14

Finale Inszenierung: Die Bekanntgabe des Rücktritts

Mit stockender Stimme

Abweisend verschlossen die Rollläden die Fenster. Das Haus am Hügel im Saarbrücker Stadtteil Rotenbühl lag wie verlassen da. Doch die Journalisten wussten, dass sich der Hausherr in seiner Fluchtburg aufhielt. Tagelang harrten sie aus, mehrere Fernsehteams hatten sich vor dem Jägerzaun postiert. Endlich, am 14. März 1999 um 12 Uhr, bequemte sich der Versteckte heraus. An der Gartenpforte gab er ein kurzes Statement ab. 70 Stunden waren seit seiner Flucht aus Berlin vergangen. 70 Stunden, in denen sich Journalisten, Wähler und Parteimitglieder gefragt hatten, warum Oskar Lafontaine zurückgetreten war.

> Man sei daher so ganz Herr über sich und so groß, dass weder im größten Glück noch im größten Unglück man die Blöße einer Entrüstung gebe, vielmehr, als über jene erhaben, Bewunderung gebiete.
> *Balthasar Gracian, Hand-Orakel*

Nicht nur die Umstände des plötzlichen Rücktritts waren spektakulär. Sein Schweigen danach war es nicht minder. Lafontaine ließ die Öffentlichkeit ohne jede Begründung für seinen Ausstieg. Die Reporter und Kameraleute vor seiner Tür warteten auf ein Wort. Als Zeichen seiner trotzigen Sprachlosigkeit schickte Lafontaine seinen zweijährigen Sohn Carl-Maurice auf den Balkon, der den journalistischen Belagerern die Zunge herausstreckte. Das Foto des Knirpses stand stellvertretend für den unsichtbaren Vater. Einen Tag später, das Kind auf den Schultern, trat Lafontaine kurz auf die Terrasse seines Hauses und rief herunter, er gebe keine Interviews mehr. Er sei jetzt Privatmann.

Es gehört zu den Usancen für ein Regierungsmitglied, seinen Rücktritt öffentlich bekanntzugeben und diesen Schritt zu begründen. Diese Erklärung kann knapp und wortkarg gehalten sein oder aus einem langatmigen Monolog bestehen. Sie kann heiter oder tränenreich ausfallen, verbittert oder jovial, aber sie muss stattfinden. Lafontaine verweigerte sich einer Stellungnahme und verstieß damit ein weiteres Mal gegen den Komment. Doch auch er hatte eine letzte Bringschuld. Die Wähler haben durch ihr Votum dem Amtsinhaber zu seinem Amt verholfen. Wenn er es vor Ablauf der Frist abgibt, haben sie einen Anspruch auf Rechenschaft.

Lafontaines Rücktritt war, wie peinlich und ungeschickt auch immer, eine Inszenierung. Sein Entschluss mag spontan gewesen sein. Aber die Art, ihn zu vollziehen, war auf Wirkung bedacht. Die öffentliche Bekanntgabe des Rücktritts – bei Lafontaine die Nichtbekanntgabe – wird bewusst in Szene gesetzt. Sie ist ein Bespiel für die Theatralik der Politik – die unvermeidliche Selbstdarstellung von Amtsträgern. Vor allem die Medien sind unverzichtbarer Bestandteil der Inszenierungen. Sie sind als teilnehmende Beobachter dicht am Geschehen, wissen von Gerüchten oder provozieren sie. Die Medien erleben und verstärken die Spannung vor Bekanntgabe eines Rücktritts und transportieren diese Erregung für Leser und Zuschauer. Der entscheidende Moment ist die Pressekonferenz. Die Medien beobachten die Amtsinhaber bei ihrem letzten Auftritt hautnah und protokollieren haargenau Gestik, Mimik und Tonfall.

Die Ankündigung, die Bekanntgabe des Rücktritts ist das spannende Ereignis. Der protokollarische Vollzug, die offizielle Entlassung eines Amtsinhabers, ist nur ein nüchtern vollzogenes Ritual, meist als repräsentativer Akt gestaltet. Dieser steht häufig im Gegensatz zu vorangegangenen Krisen und Skandalen.

Vor verschlossenen Türen

Die wenigsten Rücktritte ereignen sich so unerwartet wie der von Oskar Lafontaine. Die meisten Fälle haben eine Vorgeschichte – eine Skandalisierung oder eine Debatte um die Ablösung eines im Amt Ergrauten. Diese Vorgeschichte kann wenige Tage dauern, aber auch Wochen und Monate. Sie kann durch gelegentliche Meldungen vor sich hinplätschern oder aber innerhalb kürzester Zeit ihren point of no return erreichen. Das ist fast immer dramatisch. In den Stunden unmittelbar davor, wenn das Geschehen spürbar auf eine Entscheidung hinausläuft, verbreitet sich Erregung, steigt bei den Beteiligten die Nervosität. Rote Köpfe, hektische Bewegungen und leichte Reizbarkeit zeugen davon.

Die Journalisten gehören auf ihre Weise zu den Beteiligten, denn sie stehen in direktem Kontakt mit den Entscheidungsträgern. „Auf geheimnisvolle Weise sind sich Politiker und Journalisten einig, wenn sie sich auf der Straße begegnen. Es gibt kein anderes Gesprächsthema", wurde über die Stunden vor Werner Maihofers Rücktritt mitgeteilt. Dessen bevorstehende Amtsniederlegung war die Sensation im Bonn des 6. Juni 1978. Die Zeitungsleute begnügen sich nicht mit der Übermittlung der Fakten an ihr Publikum, sondern wollen es an der Stimmung, der gedrängten Atmosphäre in und vor Parteizentralen, Staatskanzleien oder Fraktionszimmern teilhaben lassen. Auf Werner Maihofer warteten die Journalisten vor dem Sitzungssaal der FDP-Fraktion. Als er mit Parteichef Hans-Dietrich Genscher den Gang betrat, verstummte augenblicklich das aufgeregte Reden. Genschers Blick war starr, Maihofer lächelte gequält. Die *Süddeutsche* schilderte die geladene Stimmung: „Niemand wagt in diesem Moment, irgendeine Frage zu stellen. Die Gesichter der beiden Politiker sprechen für sich selbst. Dann werden die Türen geschlossen."[1]

Der Bekanntgabe eines Rücktritts geht häufig ein Vorgang voraus, der zwar dramatisch, aber nicht sichtbar ist: die Beratungen hinter verschlossenen Türen. Da werden stundenlang Debatten geführt, Positionen verteidigt oder geräumt, Taktiken überlegt und verworfen. Von diesen Auseinandersetzungen bekommen die Berichterstatter vor Ort allenfalls Bruchstücke mit – eine journalistische Herausforderung, wenn ihr Bericht die Tragweite des Geschehens und seine Dramatik angemessen abbilden soll. Dabei sind die Journalisten häufig auf bloße Äußerlichkeiten wie die wechselnde Besetzung von Besprechungsrunden angewiesen.

Tagelang war im September 1979 in Hamburg über das Versagen des Senats wegen der Giftfabrik Stoltzenberg debattiert worden. In der aufgeheizten Stimmung wollte der Erste Bürgermeister Hans-Ulrich Klose einen Schuldigen benennen, um den öffentlichen Druck zu mindern. Seine Wahl fiel auf Frank Dahrendorf. Allerdings konnte Klose, so eine damalige Besonderheit der Hamburger Verfassung, nicht einfach Senatoren entlassen. Sie mussten von sich aus den Rücktritt erklären. Dahrendorf aber weigerte sich. Wie die Sache ausgehen würde, blieb offen. Am Tag der Entscheidung wurde Dahrendorf gesehen, wie er mittags um 12 Uhr mit Bürgermeister

Hans-Ulrich Klose zusammenkam. Wenig später stieß Fraktionschef Ulrich Hartmann dazu. Um 13 Uhr kamen noch der Landesvorstand der SPD und die anderen Senatoren. Die Korrespondenten gingen davon aus, dass ein wichtiges Ereignis bevorstand, konnten dies aber lediglich anhand der Sitzungsteilnehmer vermuten. Überdies wurde der Senatsgehege genannte Bereich des Rathauses abgesperrt. Dann war über zwei Stunden nichts zu sehen. Um 15.15 Uhr war die Versammlung zu Ende, Ergebnis gab es jedoch keines. Bürgermeister Klose wurde beobachtet, als er sich mit versteinertem Gesichtsausdruck in sein Büro zurückzog. Gegen 16 Uhr kursierte das Gerücht, Klose wolle zurücktreten, weil sich Dahrendorf noch immer weigere. Nachmittags kam erneut Fraktionschef Hartmann mit anderen zum Bürgermeister und drängte Klose, im Amt zu bleiben. Gegen 17.45 Uhr tauchte Frank Dahrendorf wieder einmal auf. Die Anspannung wuchs, Spekulationen wucherten. Erst um 19.40 Uhr teilte der Senator den Journalisten seinen Rücktritt mit.

Nahezu acht Stunden hatte das Hin und Her gedauert. Acht Stunden der Unbestimmtheit, in denen nichts erklärt wurde. Nur verschlossene Türen waren zu sehen und die verschiedenen Teilnehmer bei den Beratungen, nur ein Gesichtsausdruck war einzufangen. Mit der Bekanntgabe des Rücktritts ist das Zustandekommen der Entscheidung unwesentlich. Der *Tagesspiegel*, der sich um die genaue Schilderung des Ablaufs mühte, beschrieb das zähe Ringen und versuchte damit, den Lesern eine Realitätserfahrung zu vermitteln, die weit über die Mitteilung des Ergebnisses hinausging.

Um das Nicht-Sichtbare zu beschreiben, wenden Journalisten gern einen dramaturgischen Kniff an. Wenn sich die zuständigen Politiker nicht zeigen, werden die anwesenden Kollegen zu Akteuren. Meistens handeln sie allerdings nicht, sondern warten mehr oder minder geduldig vor Sitzungssälen auf die Entscheidung. Die Beschreibung des Wartens soll die Dauer des Prozesses, die Spannung und die Ungewissheit über den Ausgang dokumentieren.

Während der SPD-Vorstand über das Schicksal des hanseatischen Bürgermeisters Paul Nevermann debattierte, versammelten sich die Medienvertreter im Pressezimmer des Kurt-Schumacher-Hauses und tauschten bei Kaffee und Tee Vermutungen aus. In der oberen Etage, in der das Sitzungszimmer lag, rührte sich lange Zeit nichts. Immer wieder mal stieg einer der Korrespondenten die Treppe hinauf in der Hoffnung, einen Sitzungsteilnehmer befragen zu können. Aber jeder, der aus dem Raum kurz vor die Tür kam, schwieg. Nach zwei Stunden gingen alle Journalisten gemeinsam nach oben und forderten Aufklärung. Zwei Vorstandsmitglieder ließen sich herauslocken und teilten lediglich mit, in der nächsten halben Stunde sei nicht mit einem Ergebnis zu rechnen. Die Medienleute mussten drei weitere Stunden warten. „In der hektischen Atmosphäre, die im Pressezimmer herrschte, gedieh jedes Gerücht, auch wenn es nur Gelächter hervorrief", ließ die *Welt* wissen. Erst gegen 23 Uhr kamen die Vorstandsmitglieder aus dem Saal. Die Erschöpfung war ihnen anzusehen: „Ihre Gesichter sprachen von der zähen Auseinandersetzung, die fünf Stunden lang und an den Tagen vorher geführt worden war. Leise und deutlich wurden die offiziellen Erklärungen verlesen. Fragen stellte niemand."[2] Die ernsten Mienen, die leise Stimme, die Endgültigkeit, die alle Fragen erübrigte – der *Welt* gelang es, ihre Leser an den Schwierigkeiten der Beschlussfassung teilhaben zu lassen.

Rauchschwaden hinter der Scheibe

Journalisten und Nebendarsteller gaben auch die Figuren für die Schilderung der Stunden ab, die der Amtsniederlegung von Hans Filbinger vorangingen. Keine Rücktrittsdiskussion war länger, intensiver und giftiger geführt worden. Umso geladener war die Atmosphäre im Stuttgarter Landtag am Morgen des 7. Juli 1978. Eine Sondersitzung der Fraktion war anberaumt. Die Öffentlichkeit erwartete Filbingers Rücktritt, nachdem endlich auch die CDU-Gremien eingesehen hatten, dass seine Ablösung unumgänglich war. Zuvor hatte der Ministerpräsident allerdings noch in einem Interview mit der *Bild* seinen Willen zum Durchhalten betont. Aufmerksam registrierten die Journalisten, dass Filbinger nur dürren Beifall erhielt, als er zur Fraktion kam. Dann wurden die Türen geschlossen. „Die Hektik draußen stand in völligem Gegensatz zu den spärlichen Zeichen über den Gang der Dinge im Fraktionszimmer", stellte die *Süddeutsche* fest.[3]

Über eine Stunde lang blieben den ausgesperrten Reportern nur Spekulationen. Dann öffnete sich die Tür des Fraktionszimmers. Drei Herren, Hans Filbinger, Innenminister Lothar Späth und Fraktionschef Erwin Teufel, verließen den Raum und eilten in Teufels Zimmer. Dorthin kamen auch die stellvertretenden Fraktionsvorsitzenden. Schließlich gab es noch ein Zweiergespräch zwischen Filbinger und Späth im Büro einer Schreibkraft. Das Einzige, was die Journalisten sahen, waren die aufsteigenden Rauchschwaden von Späths Zigaretten hinter der Scheibe des Oberlichts.

Im Kontrast zum äußerlichen Stillstand und zur Stille bearbeitete die Sekretärin im Nebenzimmer, unbeeindruckt von den Zeitläuften, ihre Schreibmaschine. Ein Detail, das die Berichterstatter nur erwähnten, um die eigene Ungeduld für den Leser erfahrbar zu machen. Um die Gereiztheit der Situation zu kennzeichnen, zitierten sie Regierungssprecher Gerhard Goll, wie er die Kameraleute angiftete: „Nehmen Sie doch die Scheinwerfer weg! Ich gehöre doch nicht zur Weltgeschichte." Schon der Morgen von Hans Filbingers Rücktrittstag hatte mit Spannung begonnen. Als er in das Landtagsgebäude gelangen wollte, musste er sich den Weg durch einen Pulk von Fotografen und Journalisten bahnen. Auch drinnen hatten sich die Medienvertreter postiert. „Fernsehscheinwerfer standen vor allen Zimmern, in die sich die einzelnen Phasen der umfangreichen Beratungen verlagern konnten", meldete die *Süddeutsche*.[4] Sie vergaß nicht zu erwähnen, dass die massive Präsenz der Medien der historischen Bedeutung des Geschehens entsprach.

Eine fester Bestandteil der Medienberichte sind die Medien selber und ihre Requisiten. Am auffälligsten sind die Fernsehkameras und -scheinwerfer und deren Installation. Weil die hektische Betriebsamkeit die Ausnahmesituation, in der sich alle befinden, so gut illustriert, schreiben die Zeitungen gern über die Tätigkeiten ihrer Kollegen vom Fernsehen. Beim Rücktritt von Hans-Dietrich Genscher, so der *Tagesspiegel*, „sprachen Kommentatoren überseeischer TV-Anstalten eiligst ihre ersten Einschätzungen über ‚the end of genscherism' in die Mikrofone."[5] Bevor Philipp Jenninger zurücktrat, bemerkte die *Welt* auf der granitgepflasterten Anfahrt zum Parlament drei Fernsehteams. Sie interviewten Abgeordnete und baten um Kommentare zu der noch ausstehenden Erklärung. Wo drei Kameras aufgebaut sind, so die indirekte Aussage, muss etwas Wichtiges geschehen.

Das gilt auch für Hinweise auf die große Anzahl anwesender Journalisten, die immer wieder in Berichten über Rücktrittsankündigungen auftauchen. Als Klaus von Dohnanyi im Hamburger Rathaus zur Pressekonferenz geladen hatte, herrschte, wie die *Welt* vermerkte, ein Gedränge der Reporter, Fotografen und Kameraleute wie nie zuvor. Eine Batterie von 17 Mikrofonen und beinahe ebenso vielen Fernsehkameras waren auf ihn gerichtet. Als sie die Rücktrittserklärung von Johannes Rau erwarteten, versammelten sich die Medienvertreter im Foyer des Düsseldorfer Landtages – so viele Journalisten seien hier lange nicht mehr gesehen worden, meinte die *Frankfurter Rundschau*. Die Kameraleute hätten um die besten Plätze gerangelt. Wer Johannes Rau sehen wollte, musste eine Position auf der Treppe zum Kabinettsaal einnehmen. Ein weiteres Standardelement der Reportagen sind die übervollen Säle, in denen ein Rücktritt bekanntgegeben wird – ein mit Journalisten überfüllter Raum signalisiert die Bedeutung des Augenblicks.

Dramatisch schilderte die *Welt* Jenningers Rücktritt. Der stand fest, aber die Frage der Nachfolge war noch unbeantwortet. Die meisten Journalisten erwarteten den Nachfolger aus den Reihen der CSU und sammelten sich deshalb vor deren Fraktionsraum. Als der erste Kandidat, Heinrich Windelen, im Flur erschien, musste er sich einen Weg durch die Journalistenmenge freimachen. Der zweite Anwärter, Richard Stücklen, wurde erst einmal eingekeilt. „Die Fraktion wirkte seltsam aufgekratzt. Die Abgeordneten schienen mehr Adrenalin als sonst im Blut zu haben. Wenn sich das Personalkarussell dreht, werden Politiker hektisch. Als, ganz zuletzt, Jenninger erschien, explodierte die Szene förmlich", stand in der *Welt*. Die Stimmung war hysterisch: „Wie bei den Amis', stöhnte ein Kollege, der einen Schuh verloren hatte. Es fehlte nicht viel, und die Bildreporter hätten die Glastüren zum Treppenhaus eingedrückt."[6] Die Scheiben blieben heil, der Schuh wird sich wohl wieder gefunden haben. Den Tumult, über den die Medien berichteten, hatten sie selbst verursacht.

Meistens geht es bei der Bekanntgabe eines Rücktritts allerdings weniger turbulent zu. Oft wird ein Rücktritt auf einer Pressekonferenz verkündet. Auch wenn sie in überfüllten Räumen stattfindet, handelt es sich um einen angekündigten Termin. In den meisten Fällen wissen die geladenen Journalisten, was auf sie zukommt. Mit dem Rücktritt von Finanzminister Alex Möller hatte indes keiner gerechnet. „Ohne Donner kam der Blitz aus heiterem Himmel", drückte die *Welt* ihre Überraschung aus. Auch hier versuchten die Korrespondenten die Dramatik des Geschehens zu verdeutlichen: „Hundert Journalisten, denen erst zwanzig Minuten zuvor die Anberaumung dieser Pressekonferenz mitgeteilt worden war, fällt fast der Bleistift aus der Hand."⁷ Anschaulicher und pointierter ist die kollektive Verblüffung kaum zu formulieren.

Mit gefrorenem Lächeln

Der Entschluss zum Rücktritt fällt im Verborgenen. Ob er auf einem einsamen Waldspaziergang, im engsten Familienkreis oder im Parteivorstand gefasst wird – die Entscheidungsfindung läuft nicht vor Publikum ab. Das wird erst nach der persönlichen Klärung informiert. Mit seinem wortlosen Abgang hat Oskar Lafontaine eine ungeschriebene Regel des Politikbetriebes verletzt. Aber so selbstverständlich die Regel erscheint, dass ein Rücktritt öffentlich begründet wird, so wenig selbstverständlich ist die Art, in der dies geschieht. Für die meisten Abläufe bestehen Satzungen und Geschäftsordnungen, sind die Verfahren festgelegt. Ob Parlamentsrede oder Regierungserklärung, Kabinettssitzung oder Koalitionsausschuss – die Normalfälle im Regierungsalltag sind geregelt. Das gilt nicht für die Bekanntgabe des Rücktritts. Meistens wird dafür eine Pressekonferenz anberaumt. Auch Pressekonferenzen gehören zum täglichen Geschäft eines Regierenden, da steht er auf festem Grund. Gegen skeptische Einwände lässt sich auf Kompetenz, Konzepte und Parteitagsbeschlüsse sowie auf die Mehrheitsverhältnisse verweisen. So weit ist der Politiker in der Selbstdarstellung trainiert.

Anders, wenn es um den eigenen Rücktritt geht, dann ist das Selbstverständnis des Amtsinhabers in Frage gestellt. Es geht nicht um Inhalte, es geht um die eigene Person, es geht nicht um Leistungen und Erfolge, sondern um Missstände und Verfehlungen. Es geht nicht um eindrucksvolle Zukunftsprogramme, sondern um eine problematische Vergangenheit und Gegenwart. Er muss nicht mehr um Zustimmung werben, sondern um Verständnis. Außerdem steht für den Zurücktretenden viel auf dem Spiel: seine politische Laufbahn, seine weitere Lebensgestaltung, Bezüge und Pensionsansprüche, Dienstwagen und Prestige. Oftmals fühlt sich ein Politiker ungerecht behandelt, vorverurteilt und verfolgt. Vor der Bekanntgabe des Rücktritts war er womöglich einer längeren Kampagne ausgesetzt. Er musste die Nachstellungen der Journalisten aushalten, die Häme der Opposition, den Druck der Parteifreunde, was enormen psychischen und körperlichen Stress bedeutet. Der Politiker sieht sich in einer Ausnahmesituation, der Rücktritt ist der persönliche Störfall. Den meisten fällt dieser Schritt schwer. Das galt auch für den bayerischen Ministerpräsidenten, wie die *Süddeutsche* feststellte: „Dieser Donnerstag ist der Tag der Wahrheit, Max Streibls schwerster Tag in seiner 30-jährigen politischen Karriere".[8]

Wie stark der Rücktritt einen Politiker mitnehmen kann, halten gelegentlich aufmerksame Journalisten fest. Am Morgen seines Rücktrittstages fiel dem Kieler Korrespondenten der *Welt* eine Veränderung an Uwe Barschel auf. Das bis dahin glatte Gesicht des 43-Jährigen wurde von strengen Falten durchfurcht. Auch bei Wolfgang Stammberger hatte der Kampf um den Rücktritt im November 1962 Spuren hinterlassen. „Sein jungenhaft-burschikoses Gesicht wirkt plötzlich verfallen, alt und fahl", notierte ein Beobachter.[9] Auf dem Weg zur Fraktionssitzung, auf der er seinen Rücktritt bekanntzugeben hatte, versuchte Philipp Jenninger, sich vor den Kameras wegzuducken. „Der sonst so massig wirkende Mann schien kleiner geworden zu sein; an ihm war nichts mehr von der Würde des Amtes, die er nun abzulegen hatte", hieß es im *Tagesspiegel*.[10] Die Pose, das Image, die antrainierte Haltung spielen jetzt keine Rolle mehr.

Politiker sind gewohnt, in der Öffentlichkeit aufzutreten. Immer stehen eine Filmkamera oder ein Fotoapparat bereit, eine Regung einzufangen. Manche Zurücktretenden geben auch noch auf dem Weg zur Pressekonferenz den ewigen Lächler. Gerhard Stoltenberg, der mit Bundeskanzler Helmut Kohl im Wagen vorfuhr, stieg schwungvoll und lächelnd aus dem Auto. Auch Max Streibl lächelte professionell, als er in den Steinernen Saal des Bayerischen Landtages eilte, um seine Rücktrittsrede zu halten. Manchen gelingt es, die Herausforderung ohne sichtbare emotionale Beteiligung zu bewältigen. Uwe Barschel hatte ein gefrorenes Lächeln auf den Lippen. Seine vorbereitete Erklärung verlas er steif und aufrecht sitzend. Hans Filbinger teilte seinen Rücktritt äußerlich unbewegt und ungebrochen mit. „Das ist Filbinger bis zur letzten Konsequenz", urteilte die *Zeit*. Barbara Stamm gelang es weitgehend, Gelassenheit zu demonstrieren. Sie wirkte, „als sei ein Panzer um ihr Herz gelegt, damit es nicht zerspringen kann", so die *Süddeutsche*. Werner Münch saß apathisch auf seinem Stuhl, bevor er zögernd und stammelnd begann. Der *Tagesspiegel* schilderte ihn als geistig abwesend: „Münch wirkt wie in Trance, er hält sich gebückt am Tisch, guckt starr auf ein Blatt Papier und liest vor."[11] Geistesabwesend schien auch Steffen Heitmann, den Kurt Biedenkopf auf seinem letzten Gang begleitete.

Während der Ministerpräsident die Leistungen seines Justizministers rühmte, saß Heitmann wie versteinert neben ihm und blickte ins Leere, nahm die Eloge ohne Regung hin.

So starr das Lächeln, so antrainiert die Pose auch sein mag, der Akt des Rücktritts läuft häufig nicht ohne Emotionen ab. Heinz Eggert stockte die Stimme, als er seine Rücktrittserklärung verlas. In seinen Augen standen Tränen. Sabine Leutheusser-Schnarrenberger rang sichtlich um Fassung. Ihre Augen waren verweint, die Nase gerötet. Bei Gerhard Stoltenberg verriet die Gestik die Aufregung. Zwar vermittelte sein Äußeres den gewohnt drögen und überkorrekten Eindruck, aber er musste beide Hände aufeinanderlegen, um seine Erregung zu kontrollieren. Sein Gesicht war hochrot, die Kiefer mahlten. Auch Alfred Gomolka, Regierungschef in Schwerin, versuchte, sich zu beherrschen, allerdings vergeblich, wie die *taz* befand: „Die Hände des Ministerpräsidenten zittern so, daß er die eine mit der anderen festhalten muß und die Daumen, die er gegeneinander schlägt, sich gelegentlich verfehlen."[12] Gomolka sprach so leise, dass er kaum zu verstehen war. Im Moment des eigenen Abschieds versagt selbst routinierten Rhetoren die Stimme. Jahrelang haben sie in Parteiversammlungen oder Dienstbesprechungen das große Wort geführt, jetzt verschlägt es ihnen die Sprache.

Zwei Parteifreunde umrahmten Gomolka, aber dieses Geleit bedeutete nicht moralischen Beistand, sondern offenbarte die Machtkonstellation. Günther Krause, Landeschef der CDU, und Fraktionschef Eckhardt Rehberg, flankierten den Regierungschef bei der Bekanntgabe seines Rücktritts. Sie hatten ihn dazu gedrängt. Bei der Pressekonferenz saß er mit rotgeränderten Augen wie ein Gefangener zwischen seinen Wärtern. Seine Rücktrittserklärung, so die *taz*, habe er wie ein Sprüchlein aufgesagt, die wesentlichen Äußerungen seien von seinen Begleitern gekommen. „Gomolka lächelt um den Rest seiner Würde", hieß es über die peinliche Szene.[13] Die Pressekonferenz kann zu einem letzten Akt der Selbstbehauptung werden oder aber die Niederlage augenfällig dokumentieren.

Knallende Sektkorken

Mit dem Verlesen eines vorbereiteten Textes ist für die meisten Zurücktretenden das Thema auf der Pressekonferenz erledigt. An einer Diskussion sind sie in dem für sie bitteren Moment nicht interessiert. Sobald Uwe Barschel sein Statement verlesen hatte, stand er auf und verschwand durch die Hintertür. Die Journalisten hatten keine Möglichkeit, Fragen zu stellen. Werner Münch konnte sich noch gute Wünsche für das Zusammenwachsen der beiden Teile Deutschlands abringen, ehe er sich zum Gehen wandte. Fragen wollte auch er nicht beantworten. Werner Maihofer hatte seine Rücktrittserklärung im Fraktionszimmer hinter geschlossenen Türen verlesen. „Dann packt er seine verbeulte Aktentasche und verläßt den Raum", berichtete die *Süddeutsche*. Die draußen wartenden Journalisten verwies Maihofer auf eine schriftliche Mitteilung. „Dann eilt er, ein geschlagener, verbitterter Mann, mit seinen Leibwächtern davon."[14]

Die Bereitschaft, auf Fragen einzugehen, muss nicht unbedingt einen besseren Eindruck hinterlassen. Das zeigte die Pressekonferenz von Umweltministerin Andrea Fischer. Sie hatte mit einer Verlesung ihrer Erklärung begonnen. Doch schon bald sprach sie frei über die BSE-Krise und ihre Versäumnisse. Bewegtheit und Verbitterung waren der 41-Jährigen anzusehen. Ein Journalist erkundigte sich nach ihrem Befinden. „Spielt das eine Rolle?", fragte Fischer zurück. Ein anderer wollte wissen, ob ihr Rücktritt hätte verhindert werden können. Diese Überlegung sei müßig, so Fischer. Zu weiteren Auskünften war sie laut *taz* nicht bereit: „Je länger die Journalisten nachfragten, desto sarkastischer und kürzer wurden die Antworten. Den Blick gesenkt, schüttelte die Exministerin nur noch den Kopf über Fragen nach Motiven und möglichen Nachfolgern – von jenseits des Spiels sieht plötzlich alles absurd aus".[15] Selten wird in einem Bericht so deutlich auf den radikalen Schnitt verwiesen, den der Moment des Rücktritts bedeutet. Sobald die Entscheidung gefallen ist, sind alle krampfhaften Versuche, die Position zu retten, mit einem Mal hinfällig. Das ganze Gehampel der vorangegangenen Tage ist von einer Stunde auf die andere egal geworden.

Manche können sich einen letzten Seitenhieb nicht verkneifen. Die gekränkte Sabine Leutheusser-Schnarrenberger richtete ein bitteres Wort an ihre Parteifreunde: „Denjenigen, die meinen Rücktritt gewollt haben, möge die Freude vergönnt sein."[16] Die bayerische Umweltministerin Barbara Stamm fühlte sich von den Medien ungerecht behandelt. Mit ihren Nerven am Ende, richtete sie in ihrer letzten Pressekonferenz ein Wort an die Journalisten, von denen einige auf ihren Rücktritt gewettet hätten. „Nun können Sie also dann auch die Sektkorken knallen lassen, wie Sie das auch gerne haben", meinte Stamm verbittert.[17] Bei einem Schritt, der als Demütigung oder Niederlage empfunden wird, behält nicht jeder die Fasson. Einen guten letzten Eindruck zu hinterlassen gelingt nicht jedem, manche bemühen sich allerdings gar nicht erst darum.

Der sächsische Regierungschef gab den fatalsten Auftritt, den sich jemals ein Politiker bei der Bekanntgabe seines Rücktritts geleistet hat. Kurt Biedenkopf war nach einer peinlichen Skandalreihe Anfang 2002 von seiner Partei zum Rücktritt genötigt worden. Jetzt spuckte er Gift und Galle gegen den Landesverband und seinen Vorsitzenden Georg Milbradt. Biedenkopf sah sich als Opfer heimtückischer Intrigen und behauptete, Milbradt hätte im Verband mit der Opposition seinen Rücktritt betrieben. Parteichef Milbradt war aussichtsreichster Kandidat für das Amt des Ministerpräsidenten. Bewusst demontierte Biedenkopf seinen Nachfolger und schadete damit seiner Partei. Die Journalisten schüttelten den Kopf, die Mitarbeiter der Landesregierung waren verstört. Bei aller Schärfe verlas Biedenkopf seinen Brandbrief ruhig, stellenweise sogar lächelnd. Auch für Fragen stand er zur Verfügung. Nach der Absicht seines Angriffs auf Milbradt gefragt, antwortete er, er habe lediglich den Sachverhalt festgestellt. Andere Fragesteller wurden einfach abgebügelt. Als einer etwas über etwaige Fehler Biedenkopfs wissen wollte, erklärte er, das sei nichts für die Öffentlichkeit. Einem anderen hielt Biedenkopf vor, über Politik zu reden wie ein Blinder über die Farbe. So benahm sich Biedenkopf auf seiner letzten Pressekonferenz wie im letzten Jahr seiner Regierungszeit: eitel, egozentrisch, verblendet und irrational. Ex-Kabinettsmitglied Heinz Eggert kommentierte: „Biedenkopf hat nur noch Schmutz im Rohr".[18]

Trotzige Attacken oder lächelndes Augenzwinkern

Ein solcher Rücktritt sei noch niemandem gelungen, staunte die *Zeit* am 4. Februar 1972. Hans Leussink hatte der Bundesregierung seine Amtsniederlegung aus dem fernen Peru mitgeteilt. Seit fast neun Wochen war der Wissenschaftsminister unterwegs, beschäftigte sich mit Ausgrabungen. Der Parteilose hatte sich in den Auseinandersetzungen über die Bildungspolitik aufgerieben. Diese Geste sei eines unabhängigen Gentleman würdig, hieß es.

Leussinks Akt wurde als angemessen betrachtet. Es tat der Wirkung keinen Abbruch, dass wenig später gemeldet wurde, Leussink habe den Kanzler bereits vor seiner Abreise aus Bonn um seine Entlassung gebeten. Die Entscheidung, diesen Schritt erst Wochen später und dann von Südamerika aus der Öffentlichkeit mitzuteilen, war ein bewusster Affront. Ähnlich wie später Oskar Lafontaine signalisierte Leussink seinen Kollegen, dass er an einem weiteren Dialog nicht interessiert war.

Die Bereitschaft zum Gespräch mit seinen Parteifreunden war auch bei Peter Altmaier gestört. Der erste Ministerpräsident von Rheinland-Pfalz bat im September 1968 acht Chefredakteure von Lokalzeitungen zum festlichen Dinner. Erst zu mitternächtlicher Stunde, nach Lendensteak und grünen Bohnen, gab er den Termin seines Rücktritts bekannt. Altmaier misstraute allen anderen Journalisten, denn sie hatten respektlos über ihn geschrieben. Ein Grund, warum er diesen Schritt lieber in trauter Runde mit den Heimatblättern verlautbarte. Der andere Grund war eine Trotzreaktion. Altmaier war nach über 20 Dienstjahren von seiner Fraktion unter Druck gesetzt worden, endlich seinen Rücktritt zu terminieren. Statt sich direkt gegenüber der drängenden Riege um Helmut Kohl zu erklären, bevorzugte Altmaier die Lokalpresse als Boten. Sein Plan glückte nur zum Teil. Einige der nicht geladenen Journalisten hatten von seiner Absicht erfahren und die Angelegenheit vorab gemeldet. Aber ein anderer Teil seiner Überlegung funktionierte. Die Partei empfand es als Kränkung, von dem Termin erst aus der Presse zu erfahren. Altmaier hatte sich eine Revanche gegönnt. Mit dem Vorwurf der Stillosigkeit konnte er leben.

Einen eigenen Stil pflegte der bayerische Umweltminister Peter Gauweiler, der es richtig krachen ließ. Er gab seine Amtsniederlegung in einer beispiellosen Form bekannt – während seiner Aschermittwochsrede in einer überfüllten Festhalle in München. Schon sein Einzug in den Saal, begleitet vom bayerischen Defiliermarsch, erinnerte mehr an einen Siegeszug als an einen Gang nach Canossa. Der begnadete Redner heizte den 1000 Zuhörern kräftig ein. Er präsentierte sich als den wahren Erben von Franz Josef Strauß, appellierte an das Wir-Gefühl der Anhänger des großen ehemaligen Vorsitzenden und machte Regierungschef Edmund Stoiber, der ihn zum Rücktritt gedrängt hatte, lächerlich. Gauweiler hatte die Lacher und den Beifall der Menge auf seiner

Seite. „Die Rücktrittserklärung geriet zum Triumph", bilanzierte die FAZ Gauweilers Auftritt.[19]

Zu einem solchen Erfolg bedarf es nicht nur rhetorischen Talents. Nötig sind auch bierhallenerprobte Zuhörer, die darauf warten, von einem pointensicheren Aufwiegler mitgerissen zu werden. Sowohl die demagogischen Fähigkeiten wie ein begeisterungsfähiges Publikum fehlten, als Manfred Stolpe überraschend seinen Rücktritt mitteilte. Der 66-jährige Landesvater erklärte den sofortigen Generationswechsel an der Spitze Brandenburgs für erforderlich. Mit seinem ruhigen Tonfall konnte er den Pastor in sich nicht verleugnen. Als Forum hatte sich Stolpe den Landesparteitag der SPD ausgesucht. Die Delegierten im Wittenberger Kultur- und Festspielhaus waren geschockt. Da war es nur ein schwacher Trost, dass Stolpe mit Matthias Platzeck einen sympathischen Nachfolger präsentierte. Die beiden zwinkerten sich demonstrativ zu, signalisierten so ihr Einverständnis – und die Freude über den gelungenen Coup. Stolpes Präsentation, verbunden mit dem Stabwechsel an Matthias Platzeck, gehört zu den gelungenen Beispielen einer Rücktrittserklärung.

Stolpes Demission folgte eigener Einsicht und Entscheidung. Wer selbstbestimmt den Abschied einreicht, kann den Eindruck vermitteln, leichten Herzens zu gehen, wie Klaus von Dohnanyi, oder ein guter Schauspieler zu sein, wie Jürgen Möllemann und Gregor Gysi.

Pilotsendung für die eigene Show

Fast immer lächelte der Erste Bürgermeister, wenn er zum Pressetermin kam, auch am Dienstag, den 10. Mai 1988. Aber Klaus von Dohnanyis Lächeln wirkte gelöster als sonst, an jenem Dienstag war er auffallend aufgeräumt. In heiterer Gelassenheit wurde er seine Nachricht los: Er werde zum 1. Juni zurücktreten. Dohnanyi ließ sich seine gute Stimmung nicht dadurch verderben, dass kaum einer der Journalisten seinen Beteuerungen glaubte, der Rücktritt habe nichts mit dem Streit um die besetzten Häuser in der Hafenstraße zu tun. Im Plauderton gab er bereitwillig Auskunft über seine Rücktrittsmotive und wirkte dabei, als sei ihm eine zentnerschwere Last von der Seele gefallen. Dohnanyi hatte sich aus freien Stücken zum Rücktritt entschlossen. So wäre allenfalls Wehmut, nicht aber Trauer oder Bitterkeit am Platz gewesen.

Ein aktueller Anlass für Dohnanyis Rücktritt war nicht erkennbar. Das war bei Gregor Gysi und der Bonusmeilenaffäre anders. Bei der Pressekonferenz zu seinem Rücktritt gab sich Gysi zerknirscht, trat aber so gutgelaunt vor die Kameras, dass er unglaubwürdig wirkte. Wortreich verbreitete er sich über seinen Fehler, mit dem er nicht klarkomme. Gysis offenes Hemd, sein Lächeln, seine geschürzten Lippen, seine ausgreifende Gestik nahmen seinen Beteuerungen jeden Ernst. Die FAZ ernannte ihn zum Vorsitzenden der Toskana-Fraktion, die *Frankfurter Rundschau* befand: „Ein quasselnder Quirl, der im Kameralicht badet."[20] Dem *Spiegel* galt Gysi als der entspannteste Zurückgetretene der gesamtdeutschen Politik.

Wie aufrichtig Gysi auch immer gewesen sein mag – der Rücktritt kam ihm so ungelegen nicht. Jürgen Möllemann dagegen hatte im Januar 1993 noch Größeres vor. Er strebte nach dem Parteivorsitz der FDP. Da konnte es ihm kaum genehm sein, wegen der Briefbogenaffäre seinen Posten aufzugeben. Dennoch zeigte er keine Spur von Verbitterung. Möllemann managte seine letzte Pressekonferenz als Wirtschaftsminister mit souveräner Routine. Er erschien lässig, die rechte Hand in der Hosentasche, wirkte locker und aufgeräumt, die Bräune vom Winterurlaub in der Karibik war ihm noch anzusehen. Die Journalisten begrüßte er mit Neujahrswünschen, bevor er sich auf ein einstündiges Frage- und Antwortspiel einließ. Die Ruhe gab ihm vielleicht seine Spielernatur ein, doch zudem hatte er die Gewissheit, dass der Rücktritt nur eine Unterbrechung, nicht das Ende seiner politischen Karriere bedeuten würde. Der Egomane Möllemann erwies sich auch dieser Aufgabe gewachsen.

Ob bewusst gestaltet oder intuitiv durchlitten – die Bekanntgabe des Rücktritts ist immer eine Inszenierung. Schon das Anberaumen einer Pressekonferenz grenzt den Akt aus dem Alltagsgeschehen aus. Das Verlesen eines vorgefertigten Textes, der Rücktrittserklärung, ist eine Präsentation, bei der es nicht nur um den Inhalt geht. Der Zurücktretende präsentiert auch sich selbst. Nicht umsonst wird die Bekanntgabe eines Rücktritts häufig mit Vokabeln aus der Theaterwelt charakterisiert. Da ist von Kulissen und Szenen die Rede, von Dramaturgie und Auftritt. Der Politiker ist immer auch Selbstdarsteller. Meistert jemand diese Aufgabe schlecht, weil er etwa die Contenance verliert, attestieren ihm die Beobachter menschliche Züge. Macht er auch bei der Bekanntgabe seines Rücktritts eine gute Figur, gilt er als professionell und geschickt.

„The show must go on – auch wenn der eigene Rücktritt gegeben wird", befand die *Frankfurter Rundschau* nach Möllemanns Pressekonferenz.[21] Die *Süddeutsche* war sich nicht sicher, ob dessen Auftritt als Drama oder als Posse aufzufassen war. Gregor Gysis Auftreten wurde als Rücktrittsschau bezeichnet. Der FAZ zufolge spielte er „den Moderator, der gerade die Pilotsendung für seine eigene Show aufnimmt."[22]

Beim Rücktritt Klaus von Dohnanyis schrieb die *Zeit* von einer Abschiedsvorstellung, die perfekt inszeniert und blendend besetzt gewesen sei, geeignet, jeden Berufsschauspieler zu blamieren. Auch Hans-Dietrich Genscher zollte die Öffentlichkeit Anerkennung für die geschickte Planung seines Rücktritts. Ein Meisterstück der Kabinettsdiplomatie sah der *Tagesspiegel*, der das Ende der Ära Genscher als verblüffend inszeniert empfand. Die *Süddeutsche* meinte, noch in seinem Rücktritt habe sich Genscher als Meister der Taktik erwiesen. Er habe den Abschied so inszeniert, dass die Bilanz vor allem aus Erfolgen bestehe.

Genscher hatte die Bekanntgabe seines Rücktritts geschickt in Szene gesetzt. Eine Woche danach, am 6. Mai 1992, hielt er im Bundestag seine letzte Rede als Außenminister. Bei dieser Gelegenheit ging er noch einmal auf seine Demission ein, und zugleich stellte er mit einem Bekenntnis zu Europa seine Haltung wie ein Vermächtnis dar. Daraufhin gab es standing ovations für Genscher, Sprecher aller Fraktionen würdigten seine Leistung. Die Abgeordneten des Bundestages bereiteten ihm außerhalb des protokollarischen Rituals, aber im offiziellen Rahmen einen würdigen Abschied.

Mit großem Trara

Punkt drei der Tagesordnung war schnell erledigt. Mit tonloser Stimme las Landtagspräsidentin Lianne Paulina-Mürl die Rücktrittserklärung von Uwe Barschel vor. Damit war am 2. Oktober 1987 die politische Karriere des schleswig-holsteinischen Ministerpräsidenten auch offiziell beendet. Rasch ging das Kieler Parlament zum nächsten Tagesordnungspunkt über. Barschel nahm ungläubig und enttäuscht zur Kenntnis, so das mitfühlende *Hamburger Abendblatt*, wie routiniert seine Ära abgehakt wurde. Mit gerötetem Gesicht sackte er in sich zusammen: „Sein Blick verlor sich irgendwo hinter dem Präsidium, hinter der Regierungsbank, auf der – ihm direkt gegenüber – der Sessel des Ministerpräsidenten genauso leer und unnütz herumstand, wie Barschel sich jetzt fühlte."[23]

Barschels Rücktritt war eine Sensation, sein protokollarischer Abschied verlief dagegen sang- und klanglos. Das gilt nicht für alle skandalisierten Politiker. Für Franz Josef Strauß geriet noch seine Verabschiedung als Verteidigungsminister zum Erfolg. Im Offizierscasino des Militärflughafens Wahn bei Köln wurde für Strauß am 20. Dezember 1962 ein Dinner gegeben. Betresste Admirale und Generale, die Militärattachés der Botschaften in ihren Gala-Uniformen, die alliierten Oberkommandierenden, Repräsentanten der Bundesbehörden und der Unionsfraktion waren gekommen. Zwischen Forellenfilet und Fruchtsalat huldigte ihm auch Konrad Adenauer und lobte das politische Talent des starken Mannes der CSU. Als Abschiedsgeschenk der Bundeswehr überreichte General Friedrich Foertsch seinem abrückenden Oberbefehlshaber einen Degen mit den Insignien des bayerischen Königs Maximilian Josef I. Nach dem Dessert ging es aufs Flugfeld. Dort waren im nächtlichen Nebel Starfighter, Panzer und Geschütze aufgefahren. Im Scheinwerferlicht spielte das Musikcorps den Großen Zapfenstreich. Die Verabschiedung war eine pompöse Inszenierung und überlagerte die schmählichen Umstände, unter denen Strauß zum Rücktritt genötigt worden war. Sie zeigte, dass nicht nur der Skandalminister damit überfordert war, die Fragwürdigkeit seiner Handlungen einzusehen. Für Strauß bedeutete die Wahrung der Form eine persönliche Genugtuung. Minister werden meist mit weniger Trara nach Hause geschickt, vor allem wenn sie durch unlautere Machenschaften aufgefallen sind.

Wenn ein langjähriger Regierungschef zurücktritt, vollzieht eine förmliche Abschiedsveranstaltung den Schlussakt. Die Entscheidung ist bereits gefallen, oft unter dramatischen und demütigenden Umständen. Am Tag des Abschieds aber ist der Kampf längst gekämpft, und es geht um einen rituellen Abschluss und eine persönliche Ehrung. Eine Fülle von Würdigungen wurde Hamburgs Bürgermeister Max Brauer im Dezember 1960 zuteil. Die Universität Hamburg ernannte ihn zum Doktor honoris causa. Vertreter der Behörden und der Wirtschaft sowie das Konsularkorps versammelten sich zu einem Empfang. Am Abend hielt Brauer seine letzte Ansprache an die Bevölkerung, zu der sich Tausende mit Fackeln auf dem dunklen Rathausplatz versammelt hatten. Immer wieder unterbrachen sie Brauer mit Beifall- und Bravorufen. Das *Hamburger Echo* rief

Brauer, der zu einer längeren Amerikafahrt aufbrach, ein „Gute Reise, Max!" zu.[24]

Mit einem Akt symbolischer Politik wird der Wechsel in der Führung sichtbar vollzogen, ausführlich dokumentiert etwa bei der Amtsniederlegung von Konrad Adenauer. Die *Deutsche Zeitung* berichtete aus dem Arbeitszimmer von Bundespräsident Heinrich Lübke. Dort überreichte Adenauer sein Gesuch um Entlassung: „Die Fernsehkameras surrten, und die Bildreporter bemühten sich, jede Phase dieser Amtshandlung im Bild festzuhalten, als der scheidende Bundeskanzler im Scheinwerferlicht und unter Fotoblitzen den großen Umschlag mit dem Gesuch langsam aus seiner Aktentasche zog und dem Bundespräsidenten in Anwesenheit von Staatssekretär Herwarth überreichte."[25] Vielleicht galt es, Zweifel auszuräumen – deshalb die detaillierte Schilderung. Schon damals begnügten sich die Reporter nicht mit der nüchternen Beschreibung des Vorgangs, sondern unterstrichen die Bedeutsamkeit des Geschehens mit dem Hinweis auf die anwesenden Kollegen.

Wenige Tage nach der Überreichung des Entlassungsgesuchs, am 15. Oktober 1963, wurde Bundeskanzler Adenauer mit einem Staatsakt in einer Sondersitzung des Bundestages verabschiedet. Bundestagspräsident Eugen Gerstenmaier verbreitete sich ausführlich über die historische Bedeutung jenes Tages, denn immerhin hatte Adenauer über 14 Jahre regiert. Pathetisch beendete Gerstenmaier seine Eloge: „Heute steht der Deutsche Bundestag vor Ihnen auf, Herr Bundeskanzler, um für das deutsche Volk dankbar zu bekunden: Konrad Adenauer hat sich um das Vaterland verdient gemacht."[26] Adenauer, im festlichen Cutaway, hatte sich die Rede aufrecht stehend, kühl und distanziert, angehört. Die peinlichen Querelen, die diesem Tag vorangegangen waren, hatte Gerstenmaier großzügig übergangen. Ohnehin erlaubte er sich einen freizügigen Umgang mit der Wahrheit. Adenauer sei der einzige Regierungschef in 100 Jahren deutscher Geschichte, der nach langer Regierungszeit unbesiegt, gelassen und im Frieden von seinem Stuhl steige.

Dem Protokoll entsprechen

Die offizielle Verabschiedung ist nicht die Stunde der Wahrheit, eher ist sie die Stunde der frommen Lügen und wohlmeinenden Heucheleien. Bei Max Streibls Verabschiedung im bayerischen Landtag lobte ihn CSU-Fraktionschef Alois Glück derart über den grünen Klee, dass sich die Zuhörer fragten, warum ein so unentbehrlicher Mann nicht in seinem Amt verbleibe. Wo Vorgeschichte und Fakten nicht so wichtig sind, ist Platz für versöhnliche Gesten. Die fallen manchem Regierungschef schwer, besonders wenn er von seiner Partei aus dem Amt gedrängt wurde. Kurt Biedenkopf dankte bei seiner Abschiedsansprache im Dresdener Landtag fast allen – dem Kabinett, der Fraktion, den Sachsen. Seiner Partei dankte Biedenkopf nicht, seinen designierten Nachfolger Georg Milbradt erwähnte er nicht einmal. Auch Konrad Adenauer stattete bei seinem Schlusswort als Kanzler einigen Dank ab, vor allem dem deutschen Volk. Für seinen Nachfolger Ludwig Erhard indes fand er kein Wort. Immerhin ging er am Tag darauf, nach der Kanzlerwahl, im Plenarsaal auf Erhard zu und sprach kurz mit ihm. Dann verließen beide den Saal; zu gleicher Zeit, aber durch unterschiedliche Türen.

Max Streibl zerstörte den Anschein des Versöhnlichen durch seine Trotzhaltung. Als sich die Vorsitzenden der Fraktionen im bayerischen Landtag von ihm verabschieden wollten, weigerte er sich demonstrativ, der Grünen Ruth Paulig die Hand zu geben. Eine Übersprungshandlung, denn seinen Abgang hatte Streibl der eigenen Partei zu verdanken. Auch Johannes Rau signalisierte seinen Unwillen. Seine offizielle Verabschiedung und die Wahl seines Nachfolgers Wolfgang Clement hatte der scheidende Ministerpräsident von Nordrhein-Westfalen überstanden, aber an der Einstandsfeier des neuen Regierungschefs wollte Rau nicht teilnehmen. Der Party in einem Düsseldorfer Altstadt-Lokal zog er eine Skatrunde in seiner Wuppertaler Stammkneipe Karpathen vor. Nicht jeder bringt die persönliche Größe auf, in dem Moment, da seine Niederlage besiegelt wird, auch noch die Form zu wahren.

Ob Oskar Lafontaine, der Normverletzer, bei seiner offiziellen Verabschiedung die Form wahren würde, war ungewiss. Trotz seines überstürzten Weggangs aus Berlin sollte ihm die Entlassungsurkunde vom Bundespräsidenten überreicht werden. Lafontaine hätte einen Boten schicken können, entschloss sich aber, das Dokument persönlich entgegenzunehmen. Da waren zehn Tage seit seinem Rücktritt vergangen. Er ließ den Termin sogar den Medien zukommen. Daraus schlossen die Journalisten, Lafontaine wolle den ansonsten unspektakulären Vorgang zu der noch immer ausstehenden Erklärung nutzen. Würde er aus der Rolle fallen und zu einer Generalabrechnung mit seinem Rivalen Gerhard Schröder ausholen? Vielleicht deshalb war Bundespräsident Roman Herzog weniger locker als es seiner Routine entsprach. Oder die erwartungsvollen Journalisten interpretierten lediglich Herzogs Gesichtsröte als Zeichen der Aufgeregtheit, weil sie selber aufgeregt waren. Lafontaine war unverkennbar angespannt und nervös.

Der Termin beim Bundespräsidenten wird meistens kaum beachtet. Bei Oskar Lafontaine umringten über 100 Journalisten die Freitreppe von Schloss Bellevue, dem Amtssitz des Präsidenten und bestürmten ihn mit Fragen, erwarteten endlich Aufschlüsse über seinen Schritt. Aber Lafontaine entrang sich einzig eine Bemerkung über das schöne Wetter. Die Hoffnung auf eine verwertbare Auskunft wurde enttäuscht, Lafontaine schwieg mit hintergründigem Lächeln. Die Zeremonie im Langhans-Saal dauerte gerade mal drei Minuten. Der Bundespräsident dankte Lafontaine für seine Leistungen. Er wünschte ihm Glück und händigte ihm das Dokument aus. „Damit ist die Entlassung rechtskräftig", beendete Herzog das kurze Ritual. Lafontaine gab den Dank an seine Mitarbeiter weiter. Auch beim Verlassen des Schlosses blieb er wortkarg. Die wissbegierigen Journalisten bedrängten ihn mit Fragen nach seiner Zukunft. Er beschied sie mit einem knappen „Auf Wiedersehen".[27] So hatte Oskar Lafontaine wieder alle Erwartungen enttäuscht. Diesmal hatte er auf eine Sensation verzichtet und sich entsprechend des Protokolls verhalten. Auch das war Teil der Inszenierung seines Rücktritts.

KAPITEL 15

Rhetorik des Abschieds: Rücktrittserklärungen

Dieser Schritt fällt mir nicht leicht

Er war nicht der einzige Verantwortliche. Aber an ihn richteten sich die Fragen des Untersuchungsausschusses. Auch die Staatsanwaltschaft nahm Anfang 2004 Peter Strieder ins Visier. Sie warf dem Berliner Senator für Stadtentwicklung Untreue zu Lasten des Staatshaushalts vor. Er soll Millionen an Steuergeldern beim Bau des Konzerthauses Tempodrom verschleudert haben. Am 7. April 2004 trat Strieder zurück. Er brauchte nur wenig mehr als drei Minuten, um seine knapp gehaltene Rücktrittserklärung zu verlesen. Die *Berliner Zeitung* war mit diesem Statement nicht zufrieden. Sie bemängelte, das meistgebrauchte Wort sei Vorverurteilung. Die bekannte Phrase, der Rücktritt sei kein Schuldeingeständnis, veranlasste sie zu der spöttischen Bemerkung: „Strieders letzte Worte im Amt könnten als klassische Vorlage für künftige Rücktritte vieler verfolgter Unschuldiger dienen."[1]

> Abschiedsworte müssen kurz sein
> wie Liebeserklärungen.
>
> *Theodor Fontane, Cécile*

Zwei Aussagen sind diesem ironischen Kommentar zu entnehmen: Zum einen hatte Peter Strieder nicht den Erwartungen entsprochen, die die *Berliner Zeitung* an seine Rücktrittserklärung gestellt hatte. Zum anderen war seine Rede offenbar als Vorlage für andere Rücktrittserklärungen geeignet, denn es ließen sich die klassischen Bausteine einer Verteidigungsrede darin finden. Daraus ergeben sich einige Fragen: Welcher Anspruch wird an eine Rücktrittserklärung gestellt? Was sagt ein Politiker bei einem vorzeitigen Amtsende? Was sollte er sagen?

Diese Fragen lassen sich nicht ohne weiteres beantworten. Zu unterschiedlich können Rücktrittserklärungen ausfallen. Sie kommen in vielen Formen vor, umfassen vielleicht nur wenige Zeilen oder sind zu seitenlangen Abhandlungen aufgebläht, als Brief an den Regierungschef, als Vortrag im Parlament oder auf einer Pressekonferenz oder manchmal nur als Notiz an die Medien. Manche Rücktritte werden nicht einmal schriftlich fixiert, manchmal genügt ein Gespräch mit dem Regierungschef. Die Gestaltung der Rücktrittserklärung hängt vom Anlass und den Umständen ab, die auch Tenor und Charakter der Verlautbarung bestimmen. Bei einem Amtsverzicht nach einer Skandalisierung ist die Verteidigung das zentrale Moment, bei einem Rücktritt aus eigener Entscheidung steht die Bitte um Verständnis im Vordergrund. Tritt ein langjähriger Regierungschef zurück, gerät die Rücktrittsrede oft zu einer ausführlichen Bilanz. Hintergrund, Umfang und Form von Rücktrittserklärungen sind also verschieden, aber ihre Voraussetzungen, ihre Sprecherhaltung und ihre Möglichkeiten sind gleich.

Egal aus welchem Grund ein Rücktritt erfolgt, dieser Schritt ist für den Betroffenen eine existentielle Angelegenheit, seine Bewältigung eine Herausforderung. Ob er dieser Herausforderung gerecht wird, lässt sich an seiner Rücktritterklärung ablesen. Aber Rücktrittserklärungen sind nicht nur von den Voraussetzungen der Sprecher vergleichbar, sondern auch von deren Haltung. Peter Strieders Stellungnahme war eine Selbstrechtfertigung – Kern jeder Rücktrittserklärung. Mit diesem Text macht ein Amtsinhaber verständlich, warum er vorzeitig ausscheidet. Er begründet, warum er die Erwartung, die Legislaturperiode auszuschöpfen, nicht erfüllt.

Darüber hinaus ist die Rücktrittserklärung nicht nur eine lästige Pflichtübung, sie birgt auch eine Chance. Der Scheidende bekommt zum letzten Mal Aufmerksamkeit, und ungehindert kann er seine Sicht darlegen. So hat er die Gelegenheit zur Richtigstellung oder Rechtfertigung. Er kann alles sagen, was ihm wichtig ist, mit seinen Gegnern abrechnen oder sein Vermächtnis verkünden. Eine Rücktrittserklärung ist nicht nur ein Epilog, sie kann zu einem Dokument der Selbstbehauptung werden.

Für den Einzelnen ist die Rücktrittserklärung ein singuläres Ereignis, für das politische System lediglich ein wiederkehrender Vorgang. Deshalb sind Rücktrittserklärungen eine eigene Sorte von Texten, die es zu untersuchen lohnt, weil sie Auskunft über das Selbstverständnis des Politikers und seine Souveränität geben. Die

Rücktrittserklärung bestimmt nicht über den Eintrag des Politikers im Geschichtsbuch, aber sie gibt ihm die Chance, sich bei seinem vorzeitigen Abgang Respekt zu verschaffen. Nutzen Politiker diese Chance?

Loyalität ohne Resignation

Er empfand seinen erzwungenen Abgang als Niederlage und vermied es, in der Öffentlichkeit von Rücktritt zu sprechen. Auch in seiner Rücktrittserklärung tauchte das Wort nicht auf. Selbst sinnverwandte Begriffe wie Amtsniederlegung oder Amtsverzicht finden sich in Konrad Adenauers Rede vor dem Bundestag am 15. Oktober 1963 nicht. Die Benennung der Pein hätte nur Salz in die Wunden gestreut. So hielten es auch andere Demissionäre: Rainer Barzel schrieb in seinem knappen Brief an den Fraktionschef der Union, Alfred Dregger, nicht von Rücktritt, sondern bat darum, einen anderen Bundestagspräsidenten zu wählen. Die Voraussetzung dafür, seinen Rücktritt, nannte er nicht. Hans Friderichs wollte seinen Abgang in die Wirtschaft möglichst unspektakulär darstellen, weshalb er in seiner Rücktrittserklärung nur von einem Wechsel im Amt des Wirtschaftsministers sprach. Auch Wilhelm Hahn mochte nicht von einem Rücktritt schreiben. Er unterrichtete Ministerpräsident Hans Filbinger, auf dessen Wunsch stelle er sein Amt zur Verfügung. Seine Skepsis gegenüber dem Begriff Rücktritt erklärt sich aus seiner Zwangssituation. Er wollte das Unfreiwillige seines Ausscheidens aus der Regierung betonen, weil ihn der Regierungschef dazu genötigt hatte, sein Amt aufzugeben. Für Rainer Barzel haftete dem Rücktritt etwas Schmachvolles an, ebenso für Konrad Adenauer. Allen rücktrittsscheuen Amtsinhabern gemeinsam waren die Schwierigkeit, sich mit dem Aufhörenmüssen abzufinden, was sich auch in Formulierungen und Umschreibungen niederschlug. Darin lag eine Verweigerung der Realität.

Konrad Adenauer gelang es, seinen Rücktritt mitzuteilen, ohne darüber zu reden. Wie er das anstellte? Er wählte einen Umweg. Er kündigte den Abgeordneten an, er werde in ihre Reihen zurückkehren. Das war großzügig formuliert. Adenauer hatte ausschließlich an der konstituierenden Sitzung des Bundestages, 14 Jahre zuvor, als einfacher Abgeordneter teilgenommen. Bereits in der zweiten Sitzung war er zum Kanzler gewählt worden, insofern war es keine Rückkehr. Aber mit seiner diplomatischen Formulierung gab Adenauer auch Auskunft über seine weiteren Pläne. Ein solcher Hinweis auf die künftige politische Arbeit gehört oftmals dazu. Rudolf Seiters stellte heraus, er werde weiter für seine Ziele im Bundestag und in der Fraktion arbeiten. Otto Graf Lambsdorff versicherte: „Der Rücktritt als Minister bedeutet keinen Rückzug aus der Politik und keine Resignation."[3] Auch Ludwig Erhard bekräftigte seine Absicht, sich auch in Zukunft am politischen Leben zu beteiligen. Solche Äußerungen gehören zur Selbstbehauptung. Der bevorstehende Bedeutungsverlust soll schließlich nicht in die Bedeutungslosigkeit führen.

Häufig findet sich auch eine Loyalitätserklärung, die den Eindruck des abrupten Wechsels abschwächen soll. Hans Friderichs bezeugte seine Verbundenheit mit der Partei, Björn Engholm wünschte der Regierung Erfolg, Graf Lambsdorff sicherte seinem Nachfolger Unterstützung zu. Auch Ludwig Erhard bekannte: „Für mich ist es selbstverständlich, den neuen Bundeskanzler loyal zu unterstützen."[4]

Mit Gottes Schutz

Angesichts von Erhards Erfahrungen mit seinen Parteifreunden war diese Zusage keineswegs selbstverständlich. Der so schlecht Behandelte vermied in seiner Rücktrittsansprache, sich bei Partei oder Fraktion zu bedanken. Er, der sich stets als Volkskanzler verstanden hatte, dankte den Mitbürgerinnen und Mitbürgern für ihr Vertrauen. Er bedankte sich auch für Unterstützung in den Wochen seiner Demontage. Die Danksagung ist ein Standardmerkmal von Rücktrittserklärungen. Auch Peter Strieder bedankte sich bei den Vielen, auf die er sich in Partei, Fraktionen, Senat und Verwaltung habe verlassen können. Darüber hinaus zeigte sich Strieder dankbar, dass er das Ressort Stadtentwicklung über acht Jahre hatte leiten dürfen. Der Ausdruck des Danks ist ein Bekenntnis zur Gemeinschaftsarbeit – und eine Geste der Bescheidenheit.

Eine solche Geste steht jedem Politiker gut an. Die ausgeprägteste Dankesbezeugung in einer Rücktrittserklärung gab Konrad Adenauer. Zehnmal kommen die Worte Dank, danken und dankbar vor. Seine Abschiedsrede vor dem Bundestag ist ein Muster der Selbstverleugnung. Die Rücktrittserklärung ist der Moment, in dem ein Politiker von sich spricht, von sich sprechen muss. Das machte Adenauer auch, aber weit häufiger ordnete er sich einem Kollektiv unter. Durchgehend wählte er wir- und unser-Formulierungen. Die Versicherung des Miteinanders, die Beschwörung des gemeinsamen Feindes im Osten, die Einbeziehung aller – Adenauer inszenierte bei seinem Abschied rhetorisch eine große Gemeinschaft. Er zeigte sich allen verpflichtet: dem Bundestagspräsidenten, der ihm eine schöne Rede gehalten hatte, den Abgeordneten, die 14 Jahre mit ihm zusammengearbeitet hatten, der Opposition dafür, „daß sie da war und die Pflicht einer parlamentarischen Opposition erfüllt hat."[5] Wie harmonisch Politik auf einmal sein konnte! Die wesentliche Dankadresse aber richtete Adenauer an das deutsche Volk – seine zentrale Kategorie. Über 20-mal erwähnte Adenauer das Volk. Seine Hervorhebung am Ende der Ansprache, es sei „unser" deutsches Volk, ist der einzige Anflug von Pathos, den sich der greise Mann gestattete.

Sonst blieb Konrad Adenauer nüchtern, demonstrierte Gelassenheit. Seine letzte Rede als Kanzler war menschlich und souverän. So viel Selbstbeherrschung hat nicht jeder Abgehende. Dietrich Stobbe, Bürgermeister Berlins, der unvermittelt bei einer Abstimmung im Abgeordnetenhaus gescheitert war, drückte seine Not pathetisch aus. In seinem letzten Satz im Amt legte er ein glühendes Bekenntnis ab: „Ich liebe unsere Stadt".[6] Bernhard Vogel bemühte gar göttlichen Beistand. „Gott schütze Rheinland-Pfalz!", rief er bei seinem Rücktritt spontan aus.[7] Die *Zeit* lästerte daraufhin, warum Vogel meine, dass ausgerechnet durch seine Abwahl dieser Landstrich in besonderem Maße göttlichen Schutzes bedürfe. Vogels Ausruf kam vielleicht von Herzen, aber er war lächerlich.

Vogel war nicht der Erste, der im letzten Satz den Höchsten anrief. „Meine Liebe und meine Kraft werden immer dem ganzen deutschen Volk gehören", versicherte Ludwig Erhard am Ende seiner Fernsehansprache. Und er wünschte: „Gott schütze unser Vaterland."[8] Max Streibl hatte schon immer gern den Auftakt der Hymne seines Bundeslandes zitiert. Viele seiner Reden hatte er mit dem frommen Wunsch beendet: „Gott mit dir, du Land der Bayern!"[9] So schloss er auch seine Rücktrittsrede, wähnte er sich doch in folkloristischer Übereinstimmung mit seinen Wählern. Solche Ausrufe zeigen, dass mancher Zurücktretende den Moment, in dem für ihn alles zu Ende ist, auch für einen historischen Moment hält.

Mancher wähnt sich vom Mantel der Geschichte gestreift. Dabei soll er nur seinen eigenen anziehen. Streibls Rücktrittserklärung gehört zum Typus der staatsmännischen Rede, die ein Regierungschef bei seinem Abschied hält. Ihr Muster geht auf Karl V. zurück.

Eine harte Nuss

Über 40 Jahre hatte er regiert, die Bürde der Staatsgeschäfte getragen. Jetzt aber zwang ihn seine Gebrechlichkeit zur Ruhe. Am 25. Oktober 1555 übertrug Karl V. die Herrschaft über die belgischen Provinzen an seinen Sohn Philipp. Karls Rede vor den Generalstaaten der Niederlande ist die älteste erhaltene Rücktrittserklärung. Detailliert berichtete der Kaiser über seine Regierungszeit. Er erwähnte seinen Einsatz für das Wohl des Landes und räumte ein, dass es ihm nicht gelungen sei, einen gesicherten Frieden zu erreichen. Aber der Erfolg liege in der Hand Gottes. Karl wollte auch sein Gewissen entlasten: „Ich für meinen Theil muss bekennen, dass ich mich zu mannigfachen Irrthümern habe verleiten lassen, sei es durch jugendliche Unerfahrenheit, oder durch den Stolz des reiferen Alters, oder durch eine andere Schwäche der menschlichen Natur".[10] Aber niemals habe er willentlich Unrecht geübt. Sollte er jemandem zu nahegetreten sein, bitte er ihn um Vergebung. Zum Schluss appellierte Karl an seinen Sohn und Nachfolger, Weisheit zu bezeugen. Er solle Glauben, Gesetz und Gerechtigkeit verteidigen.

Karls Rede ist ein rhetorisch großartiges Beispiel der Confessio, der Beichte oder des Bekenntnisses, in der er Rechenschaft ablegte über sein Tun und Lassen. Im Bekenntnis gesteht, wer Größe besitzt, sein Ungenügen, erhofft sich mit einem Appell an den Nachfolger Kontinuität. Vor allem aber zählt er Erfolge und Leistungen auf. Auch Konrad Adenauer versteckte in seiner Rücktrittsansprache das Erreichte nicht, zeigte aber größtmögliche Bescheidenheit. Als zentrale Leistung seiner Regierungszeit wertete er die politische Rehabilitierung Deutschlands. „Wir Deutsche dürfen unser Haupt wieder aufrecht tragen, denn wir sind eingetreten in den Bund der freien Nationen", betonte der scheidende Kanzler.[11] Freimütig räumte Adenauer ein, vieles nicht erreicht zu haben, aber angesichts der unübersehbaren Erfolge des Wiederaufbaus war diese Zurückhaltung Koketterie.

Die Abschiedsrede ist die Gelegenheit, berechtigten Stolz zu äußern. Max Streibl gab in einer Fernsehansprache am Tag vor seinem Rücktritt ein Resümee seiner fast fünfjährigen Amtszeit. Er habe sich in ruhiger, zielstrebiger Arbeit um vernünftige Lösungen bemüht. Er sei in der Lage, seinem Nachfolger ein blühendes Bayern zu übergeben – im Monat Mai eine angemessene Formulierung. Auch Erwin Teufel verwies auf seine Erfolge. Das Bundesland sei in guter Verfassung, 67 Prozent der Bevölkerung hielten Baden-Württemberg für das am besten regierte Land. Das sollte auch ein trotziges Signal an die Parteifreunde sein: Seht her, was ich alles geschafft habe, und dennoch wolltet ihr mich loswerden. In diese Richtung ging auch die Bilanz von Kurt Biedenkopf vor dem sächsischen Landtag. Eine Stunde dauerte sein Rückblick auf elfeinhalb Regierungsjahre. Dabei fehlte ihm einmal mehr das Gespür für die Situation. „Er überschüttete das festlich gekleidete Auditorium mit einem Wust aus Zahlen, Statistiken, Umfrageergebnissen, Arbeitslosen- und Geburtenquoten", bemängelte die *Frankfurter Rundschau*. Sie nahm die Rede als Vorgeschmack auf die Vorlesungen, die der Professor in den nächsten Jahren als Gastredner halten wolle. Ihr Urteil über Biedenkopfs Zahlenwirbel: „Faktenreich und gefühlsarm. Der 72-Jährige handelte das Potpourri seiner Lebensthemen ab".[12]

Heinz Kühn dagegen stapelte tief. Zwölf Jahre lang hatte er in Nordrhein-Westfalen regiert, dabei die Sanierung des Ruhrgebiets und eine Verwaltungsreform gestemmt. Vor dem Düsseldorfer Landtag bilanzierte er am 19. September 1978 zurückhaltend: Er glaube, es sei ein gutes Jahrzehnt gewesen, auch wenn nicht alles Erhoffte gelungen sei. Aus dieser Genügsamkeit sprach Demut, die, auch wenn sie nur eine Geste ist, einen Staatsmann am Ende ziert. Ebenso ein wenig Selbstironie. Auch die hatte Heinz Kühn in der Stunde seines Abgangs parat. Der alte Kämpfer von Nordrhein-Westfalen gedachte der harten, unvermeidlichen Auseinandersetzungen im Parlament mit dem Bonmot: „Das Leben ist eine harte Nuß; sie läßt sich nicht zwischen zwei weichen Kissen knacken."[13]

Ob Adenauer, Biedenkopf oder Kühn – den Rücktritten dieser Regierungschefs war hässliches, monatelanges Gezerre vorangegangen. Es spricht für die Genannten, dass sie bei ihren Abschiedsreden vor dem Parlament nicht darauf eingingen. So haben sie am Ende der Amtszeit ihre Würde wiedererlangt. Nicht alle Rücktritte sind frei von Groll, vor allem nicht bei Amtsniederlegungen nach parteiinternen Konflikten.

Menschliche Bitterkeit

Der Bundeskanzler war fassungslos und verbittert. Wie konnte es sein, dass ihm die eigene Partei so zusetzte, dass sie ihn, nach gerade mal 15 Monaten im Amt, zum Rücktritt trieb? Welche Intrigen gingen da vor sich? Ludwig Erhard machte aus seinem Herzen keine Mördergrube. Die Bevölkerung sollte wissen, wie ungerecht er behandelt wurde. Jeder sollte hören, wie heimtückisch der Regierungschef abgesägt wurde. Zu seinem Rücktritt bereitete er eine ausführliche Fernsehansprache vor, in der er die Abläufe kritisierte und auf seine Verdienste pochte. Deutlich zeigte er, wie verletzt er war.

Erhard erwähnte Gerüchte und geistloses Gezänk, klagte über massive Einflüsterungen, über den frevelhaften Akt der Selbstzerstörung. Harte Worte, aber Erhard nannte keine Namen. Doch hatte er wohl bestimmte Personen im Auge. Er sprach von parteipolitischer Blindheit, Machthunger und dem kalten Ehrgeiz politischen Strebertums. Für ihn stand fest: „Die persönliche Eitelkeit schafft noch lange keine politische Legitimation".[14] Die wirtschaftlichen Schwierigkeiten seien, so Erhard, kein Grund zum Regierungswechsel. Jeder neue Kanzler werde vor der gleichen Situation stehen. Jeder neue Kanzler werde dem Ehrgeiz der vielen anderen ausgesetzt sein. Verzweifelt erinnerte Erhard an seine Anerkennung bei den Wählern. Er hatte gehofft, „des Volkes Gunst" könnte ihn im Amt halten. Hatte er sich doch große Verdienste um den wirtschaftlichen Aufbau erworben. „Und dann kommen ein paar Leute daher, die möchten uns das alles als ein Nichts und Garnichts erscheinen lassen."[15]

Erhards Rücktrittserklärung ist ein ungewöhnliches Dokument. Hier ließ ein von allen Freunden Verlassener seiner Verzweiflung freien Lauf. Das Opfer gemeiner Ränke scheute sich nicht, seine seelischen Verwundungen ohne jegliche diplomatische Zurückhaltung offenzulegen. Erhard klagte ohne Reflexion und ohne Distanz. Eine solche Rücktrittserklärung findet sich kein zweites Mal. Larmoyanz stellt die Würde des Amtsinhabers in Frage. Davon ließ sich auch Ludwig Erhard im letzten Moment überzeugen – und machte diesen bedenklichen Text nicht öffentlich. Die Rücktrittserklärung, die Erhard am 30. November 1966 im Fernsehen vortrug, folgte den politischen Gepflogenheiten. Von seinen Klagen, seinem Zurückschlagen, seiner Verstörtheit war kaum noch etwas zu spüren. Die Treue zur demokratischen Idee habe sein Verhalten in den vergangenen Wochen bestimmt. In dem Hinweis, „Glauben Sie mir, daß mir das nicht immer leicht fiel", erschöpfte sich die Andeutung der Konflikte.[16]

Nur selten spiegelt eine Rücktrittserklärung den Zorn wider, der mit mancher Amtsniederlegung einhergeht. Karl Schiller hatte in seinem Rücktrittsbrief an Willy Brandt auf sieben Seiten über seine Behandlung durch die Kollegen und über die geringe Unterstützung des Kanzlers gejammert. Bundespräsident Gustav Heinemann, dem Schiller den Entwurf gezeigt hatte, riet dringend davon ab, ihn abzusenden. Das Schreiben sei eine einzige Anklage. Überraschend souverän dagegen meldete sich Hans Filbinger ab. Der Kampf um seinen Rücktritt war lang, seine Rücktrittserklärung im Landtag umso kürzer. Sie umfaßte lediglich sechs Sätze. Einer davon lautete: „Ich scheide aus meinem Amte, ohne in Bitterkeit zu verharren."[17] Angesichts der Vorgeschichte des Rücktritts war das kaum glaubhaft. Auch Filbingers Leben danach war voll von Bitterkeit. Aber er tat gut daran, sich kurz zu fassen. Er hatte in den Monaten zuvor genug erklärt, Zurückhaltung war angebracht. Aber nicht immer sorgt die Kürze der Rücktrittserklärung für Erleichterung.

Nicht leichten Herzens

Mit wenigen Worten war alles gesagt. Mit nur elf Worten beendete das wichtigste Mitglied im Kabinett seine Tätigkeit: „Hiermit trete ich von meinem Amt als Bundesminister der Finanzen zurück."[18] Hinzu kam die Nennung des Adressaten, des sehr verehrten Herrn Bundeskanzlers und die mit freundlichen Grüßen versehene Absenderangabe. Oskar Lafontaine hatte auf die denkbar kürzeste Weise seinen Rücktritt bekanntgegeben. Diese Rücktrittserklärung verkündete den Rücktritt, erklärte ihn jedoch nicht. Erst drei Tage später bequemte sich Lafontaine zu einer Erklärung, die diesen Namen verdiente, und erläuterte die Gründe seines Schrittes. Dabei enträtselte er auch sein Schweigen. Er habe Abstand benötigt, um die Erklärung nicht zu einer Selbstrechtfertigung werden zu lassen. Er habe sich nicht entlasten wollen, indem er andere belaste. Auch wenn Lafontaine es nicht so sah: Seine nachgeschobene Argumentation war wie jede Rücktrittserklärung eine Verteidigungsrede. Bei ihm zielte sie allerdings in eine besondere Richtung. Lafontaine musste sich nicht gegen Vorwürfe verteidigen, weder die Opposition noch die Medien saßen ihm im Nacken. Seine Rechtfertigung galt gegenüber der eigenen Partei. Wer in einer Kontroverse mit den eigenen Leuten zurücktritt, steht unter Rechtfertigungsdruck. Dem konnte sich Lafontaine nur für einige Tage entziehen.

Andere verspüren ein brennendes Bedürfnis, die Gründe für ihren Amtsverzicht darzulegen. Die Rücktrittsbriefe von Carl-Heinz Evers und Karl Schiller waren ausgiebige Statements zu den Problemen in ihren Ressorts. Ihr Ausstieg erfolgte aus sachlichen Gründen, ihre gründlichen Analysen sollten den Irrtum der Kabinettsmehrheit belegen. Die längste Rücktrittserklärung legte Gustav Heinemann vor. Er bezeichnete sie als Memorandum zur Frage der Wiederbewaffnung. Ausführlich ging Heinemann auf den politischen Hintergrund, auf seine christliche Einstellung und auf das Verhalten Konrad Adenauers ein. Erst am Ende seiner umfangreichen Abhandlung brachte Heinemann einige als „persönliches Wort" bezeichnete Sätze.

Heinemann übergab seine Denkschrift der Deutschen Presse-Agentur, aber viele Zeitungen druckten die Erklärung nur in Auszügen. Sie war zu lang. Ob der Text stärker verbreitet worden wäre, wenn sich Heinemann kürzer gefasst hätte? Der Friedenspolitiker hatte sich in seinem Drang nach Rechtfertigung nicht durch Umfangsbeschränkungen aufhalten lassen. Er wollte seine Amtsniederlegung nachvollziehbar machen. Das ist nicht immer möglich. Dann muss der Zurücktretende an das Einfühlungsvermögen seiner Parteifreunde appellieren, wie Hans-Ulrich Klose im Mai 1981. In einem Brief an Werner Staak, den Landesvorsitzenden der Hamburger SPD, begründete er seinen Rücktritt und heischte am Ende um Nachsicht: „Ich bitte um Verständnis für diesen Schritt, aber ich sehe nicht, wie ich mich anders verhalten könnte."[19]

Solche Formulierungen deuten an, dass sich der Betroffene nicht einfach aus dem Staub macht. Das gibt es auch bei Skandalisierten. Sie beschwören, wie Otto Graf Lambsdorff, das Ministerium nicht leichten Herzens zu verlassen oder bekennen wie Peter Strieder: „Dieser Schritt fällt mir nicht leicht."[20] Äußerungen dieser Art sind prägende Elemente in Rücktrittserklärungen nach einem Skandal. Dazu gehört auch, auf die Verantwortung, zumindest auf eine bestimmte Form der Verantwortung, zu verweisen.

Vergiftete Diskussionen

Das Millionendesaster Tempodrom war offensichtlich. Peter Strieder versuchte auch gar nicht, den Bankrott zu beschönigen. Ausführlich ging er in seiner Rücktrittserklärung darauf ein. Aber Strieder bedauerte nicht etwa den finanziellen Verlust, vielmehr sorgte er sich um das Renommee Berlins. Der Eindruck sei entstanden, die Stadt sei unfähig, sich zu reformieren, es ändere sich nichts an der alten Subventionspolitik. Nicht nur die Glaubwürdigkeit der Politik sei in Gefahr geraten, sondern auch der Ruf Berlins sei geschädigt worden. Deshalb sei sein Rücktritt unabdingbar, um weiteren Schaden abzuwenden. Er wolle damit die Voraussetzung schaffen, dass sich die Berliner Politik wieder auf die wichtigen Projekte konzentrieren könne.

Das war von erfrischender Deutlichkeit. Strieder hatte nicht um den heißen Brei herum geredet. Er hatte das zentrale Element des Rücktritts nach einer Skandalisierung benannt: Es gilt, mit einem personellen Neuanfang die Glaubwürdigkeit der Politik wiederherzustellen. Nur so lässt sich der Schaden, den die Verfassungsinstanz Senator oder Minister durch den Skandal erlitten hat, reparieren. Selten wird das mit dieser Klarheit gesagt. Warum? Vielleicht sind den Betroffenen diese Zusammenhänge nicht deutlich, oder sie halten dieses Wissen für selbstverständlich. Außerdem benennen Politiker diesen Sachverhalt ungern so konkret, sie beschränken sich in ihren letzten Worten lieber auf Andeutungen. Rainer Barzel meinte, der Bundestag müsse dringend von der Aufgeregtheit zu sachlicher Arbeit zurückfinden. „Meiner Verantwortung bewußt, will ich dazu beitragen", so Barzel in seiner Kapitulationsurkunde.[21] Björn Engholm wollte vermeiden, dass das Land und seine Partei mit seinem Fehler identifiziert wird. Auch Jürgen Möllemann wollte die Amtsführung seines Ministeriums nicht belasten. Bliebe er im Amt, wären öffentliche Auseinandersetzungen unvermeidbar.

Die Rücktrittsrede Möllemanns zeigt ein weiteres typisches Element. Nicht das Verhalten des Skandalisierten wirft aus seiner Sicht einen Schatten auf das Amt. Die Belastung entsteht durch die öffentliche Diskussion. Es ist ein beliebtes Muster, nicht im eigenen Verhalten, sondern in der Diskussion darüber eine Belastung des Amtes zu sehen. Max Streibl meinte, die Kampagnen und Angriffe, die von allen Seiten geführt würden, schadeten seinem Amt. Die großzügigen Wohltaten seiner Amigos, die er so gerne annahm, tauchten da nicht auf. Philipp Jenninger war nicht über seine Rede im Bundestag erschrocken, sondern über die Reaktionen darauf. Werner Münch bedauerte, dass die Diskussion seiner Gehaltsaffäre in der Öffentlichkeit vergiftet sei. Er fühlte sich ungerecht behandelt: „Der Rufmord erfüllt mich mit Zorn und ist ehrverletzend."[22] Hier stilisierte sich jemand zum Opfer. Die Frage, ob ihn das eigene Verhalten, und sei es nur schlechtes Krisenmanagement, zur Zielscheibe gemacht hatte, blieb ausgeblendet. In diesen Zusammenhang gehört auch die oft reflexartig betriebene Medienschelte.

Ein weiteres verbreitetes Motiv in der Rücktrittserklärung ist die Erwähnung der Familie. Max Streibl deutete an, dass seine Familie viel mitgemacht habe. Rudolf Seiters wollte sich und seiner Familie eine Diskussion über seine politische Verantwortung ersparen, und Lothar Späth schilderte bei der improvisierten Bekanntgabe seines Rücktritts, wie seine Frau und Kinder unter den Enthüllungen gelitten hätten. Dabei, so ein einfühlsamer Beobachter, stockte seine Stimme. In diesem Moment habe Späth um Fassung gerungen. Die Erwähnung der Familie in einer Rücktrittserklärung kann zwei Gründe haben. Zum einen ist es eine einschneidende Erfahrung für den Amtsinhaber, dass seine am Geschehen unbeteiligten Angehörigen unter der Skandalisierung leiden. Zum anderen geht vielen Entscheidungen zum Amtsverzicht eine Beratung im Familienkreis voraus. Die Verweise auf die Familie bringen einen emotionalen, privaten Gesichtspunkt ins Spiel. An dieser Stelle zeigt sich, dass der Politiker nicht nur als Funktionsträger, sondern auch als Person wahrgenommen werden möchte.

Die Familie mag an der Beschlussfassung beteiligt sein. Der Beschluss mag durch öffentlichen Druck notwendig geworden sein. Das sind zwei wichtige Aspekte, die sich in einer Rücktrittserklärung spiegeln. Doch das zentrale Element dieser Textsorte hat unmittelbar mit der Skandalisierung zu tun, deren Ursprung ein Vorwurf ist. Die entscheidende Frage ist: Wie gehen Rücktrittserklärungen mit Vorwürfen um? Ist die Stellungnahme von Peter Strieder, wie eingangs erwähnt, ein typisches Beispiel?

Alles nur Behauptungen

Peter Strieder beharrte auf seiner Integrität, die Vorwürfe gegen ihn seien falsch und ungerecht. Sein Rücktritt sei kein Schuldeingeständnis. „Im Gegenteil", setzte der scheidende Senator und Jurist noch eins drauf, „ich bin überzeugt, dass die Ermittlungsverfahren der Staatsanwaltschaft eingestellt werden." Er bekannte sich zwar zu seiner politischen Verantwortung, aber davon, dass seine Mitwirkung am Tempodrom-Bau ein Fehler gewesen sein könnte, war nicht die Rede.

Fehler werden häufig als Bagatelle dargestellt und finden sich allenfalls in einem Nebensatz. Kurt Biedenkopf erwähnte eigene Fehler, aber nur, um sie im selben Atemzug als Aufhänger einer bundesweiten Kampagne zu bezeichnen, die in keinem Verhältnis zum Anlass gestanden habe. Auch Jürgen Möllemann kam nicht umhin, seine Verfehlung in der Briefbogenaffäre einzugestehen. Er tat sie als eine Angelegenheit ab, die in der öffentlichen Darstellung eine weit überdimensionierte Bedeutung erlangt habe. Das mochten Biedenkopf und Möllemann so sehen. Aber die inkriminierten Vorgänge waren nur Ausgangsfehler, ihr ungeschicktes Verhalten danach war kein geringerer Makel. Die Rücktrittserklärung ist auch immer der Kampf um die eigene Wahrheit.

Vielen kommt das Wort Fehler nicht über die Lippen. Als wäre der Ausdruck mit einem Tabu belegt. Gerhard Stoltenberg nannte die widerrechtlichen Panzerlieferungen an die Türkei lediglich „Vorgänge" – die erste Stufe der Distanzierung. Die zweite war, keinerlei Beziehung zwischen sich und diesen Vorgängen einzuräumen. Dass diese in seinen Verantwortungsbereich fielen, dass er an den organisatorischen Mängeln seines Ministeriums Schuld sein könnte, lag für ihn außerhalb des Vorstellbaren. Auch Herta Däubler-Gmelin bediente sich in ihrer Rücktrittserklärung einer doppelten Distanzierung. Sie bedauerte, dass Berichte über ihre Aussagen Anlass zu Problemen gegeben hätten. Nicht ihre Aussagen also waren für sie ein Problem, sondern die Berichte darüber.

Und auch diese hatten nur Anlass zu Problemen gegeben. Dass ihr Hitler-Bush-Vergleich ein Fehler gewesen sein könnte, kam ihr nicht in den Sinn.

Eine offensive Abwehrstrategie ist das Abstreiten von Verfehlungen. Von falschen Anschuldigungen sprach Monika Hohlmeier, gegen die sie sich zur Wehr setzen wolle. Reinhart Klimmt stellte fest, dass die gegen ihn erhobenen Vorwürfe ohne Grundlage seien. Gerhard Glogowski äußerte in seiner Rücktrittserklärung nebulös: „Alle Vorwürfe finden sich als Vermutungen, Gerüchte oder bloße Behauptungen wieder."[23] Nur selten ist solch ein Verhalten berechtigt. Das gilt etwa für die Fälle, in denen der Zurücktretende die politische Verantwortung übernimmt. Frank Dahrendorf konnte zu Recht in seiner Rücktrittserklärung darauf bestehen: „Ich habe nach reiflicher Prüfung ein reines Gewissen."[24] Rudolf Seiters, der für die missglückte Aktion in Bad Kleinen die Verantwortung übernahm, betonte: „Persönlich habe ich mir nichts vorzuwerfen."[25] Zumindest auf die Fahndungspanne traf das zu.

Nur wenige Politiker bekennen sich in ihrer Rücktrittserklärung frank und frei zu einem Missgriff. Christoph Palmer urteilte über seine Ohrfeige, so etwas dürfe nicht geschehen. Gregor Gysi empfand es als unverzeihlichen Fehler, die Bonusmeilen für eine private Urlaubsreise genutzt zu haben. Björn Engholm bewertete es als Fehler, den Untersuchungsausschuss falsch informiert zu haben. Wie viel mehr, wie wenig mehr Beispiele ließen sich finden? Einen Fehler einzugestehen und sich für diesen Fehler zu entschuldigen, scheint eine der schwersten Übungen für Politiker zu sein. Es beginnt schon mit den Schwierigkeiten der Wahrnehmung. Der Amtsinhaber müsste erst einmal einen Fehler auf sich beziehen. Dazu kommt die Sozialisation des Politikers. Wer sich in einem Umfeld bewegt, in dem Schwäche zum Ausschluss führt, kann es sich nicht leisten, einen Irrtum einzugestehen. Wer gelernt hat, dass Flanke zeigen die Beißlust anregt, hält sich bedeckt. Dabei verlangt niemand, dass sich ein Skandalisierter öffentlich Asche aufs Haupt streut. Aber warum hat etwa Peter Strieder nicht gesagt, die Gewährung von Zuschüssen fürs Tempodrom sei ein Fehler gewesen? Da sei etwas aus dem Ruder gelaufen und sein Fehler sei es gewesen, nicht rechtzeitig gegengesteuert zu haben? Ein Blick auf Rücktrittserklärungen zeigt, dass eine solche Erwartung nicht realistisch ist. Wenn diese Textsorte als Balanceakt zwischen

Eingeständnis und Selbstbehauptung zu verstehen ist, so neigt sie eindeutig Letzterer zu.

Gibt schon kaum ein skandalisierter Politiker einen Fehler zu, wie viel seltener erst ist der Ausdruck des Bedauerns oder gar eine Entschuldigung. Uwe Barschel übernahm in seiner Rücktrittserklärung die Verantwortung für die Taten von Reiner Pfeiffer, die von der Pressestelle seiner Landesregierung ausgegangen waren. Den Namen des Opfers, Björn Engholm, mochte Barschel nicht nennen. Weder eine Andeutung von Mitgefühl noch eine Bitte um Pardon konnte er sich abringen. Vielleicht war Barschel in diesem Moment so mit sich selbst beschäftigt, dass er nicht daran dachte. Trotzdem ist ihm dieses Versäumnis als seelische Verhärtung anzukreiden.

Eine Entschuldigung macht eine Verfehlung nicht ungeschehen. Aber sie kann den Schaden verringern. Philipp Jenninger rechtfertigte sich, seine Rede sei nicht so verstanden worden, wie er sie gemeint habe und bedauerte das. Es täte ihm leid, wenn er andere in ihren Gefühlen verletzt haben sollte. Mit etwas Großzügigkeit lässt sich das als Entschuldigung deuten. Björn Engholm haderte mit seinem Fehler, „der mich bedrückt und für den ich das Parlament um Entschuldigung und die Öffentlichkeit um Verständnis bitte."[26] Engholm hat in seiner Rücktrittserklärung eine Verfehlung konkret benannt und sich dafür entschuldigt. Das hat Seltenheitswert.

Bis zur letzten Silbe

Die Rhetorik, die Kunst der Rede, war das Kernstück der Bildung im antiken Rom. Sie war wichtigstes Unterrichtsfach. Den jungen Römern wurde gern eine Übungsaufgabe gestellt: Sie sollten jene Rede schreiben, die Sulla bei seinem Amtsverzicht gehalten haben könnte. Ein reizvoller Auftrag, galt es doch, einen Schritt darzulegen, der unerwartet war. Es bedurfte einiger Redefertigkeit, um diese Herausforderung zu meistern, ein Verhalten ohne Beispiel zu erklären, eine Entscheidung zu begründen, die niemand nachvollziehen konnte. Zu Sullas Zeiten gab es keinen vergleichbaren Fall, der Orientierung gegeben hätte. Heutige Rhetorikschulen dagegen hätten eine Fülle von Vorbildern, auf die sie sich beziehen könnten. Sie könnten nicht nur die Aufgabe stellen, die ideale Rücktrittserklärung bei freiwilligem Amtsverzicht zu entwerfen.

Sie könnten auch Abschiedstexte nach parteiinternen Konflikten und nach einer Skandalisierung erstellen lassen.

Rücktrittserklärungen sind eine besondere Gattung der politischen Rede. Bei ihnen geht es nicht um den Machterhalt, das Ziel jeder Politik. Sie dokumentieren das Gegenteil, den Verlust der Macht. Sie können und wollen nichts bewegen, sondern kommentieren nur etwas, was ohnehin geschieht. Die Rücktrittserklärung verändert den Status des Sprechers grundlegend. Der vom Rednerpult tritt, der die Pressekonferenz verlässt oder der den Brief an den Regierungschef unterzeichnet, ist ein anderer als der, der er zu Beginn dieser Aktion war. Aber verändert dieser Text auch etwas beim Zuhörer? Kann der Sprecher erwarten, dass sich jemand auf ihn und seine Äußerungen einlässt? Dass jemand an seiner Argumentation interessiert ist? Der Zurücktretende kann hoffen, andere von seiner Sicht zu überzeugen oder wenigstens Verständnis für sein Verhalten zu wecken. Aber viele Rücktrittserklärungen sind nur Rückzugsgefechte. Das gilt vor allem bei Amtsniederlegungen nach einer Skandalisierung. Betroffene Politiker bestehen verbissen auf ihrer Unschuld, bis zur letzten Silbe versuchen sie, das Gesicht zu wahren. Das folgt einem Selbstverständnis, in dem kein Platz für eine Fehlleistung ist. Es macht viele letzte Worte im Amt unglaubwürdig, denn Leser und Zuhörer erwarten etwas anderes als beinhartes Beharren. Hätte sich Peter Strieder zu seinen Fehlern bekannt, hätte er Bedauern gezeigt, wäre der politische Nachruf in den Medien wohlmeinender ausgefallen.

KAPITEL 16

Reaktionen auf Rücktritte

Es ist ein Sieg der politischen Vernunft

Die Zahlen sprachen eine deutliche Sprache. Kurz nach Öffnung der Börse schnellte der Dax um 7,3 Prozent auf mehr als 5100 Punkte. Sogar die an der Wall Street gehandelten deutschen Papiere stiegen – Daimler-Chrysler etwa um sechs Prozent. Aber nicht nur auf dem Aktienmarkt ging es nach oben, auch die Währung legte rapide zu. Von 1,078 Dollar sprang der Euro über die Marke von 1,10 Dollar. „Das ist eindeutig wegen Oskar", zitierte die *Welt* einen Broker.[1] Der Abgang von Finanzminister Oskar Lafontaine im März 1999 hatte die Kapitalmärkte heiß gemacht. Zuvor hatte Lafontaines dirigistische Steuerpolitik die Wirtschaft verunsichert, jetzt war die Genugtuung groß. Hans Schreiber, Vorsitzender des Arbeitgeberverbandes der Versicherungsunternehmen, ließ sich sogar zu dem Jubelruf verleiten: „Das ist einer der schönsten Tage meines beruflichen Lebens!"[2] Er hatte Lafontaine als Kapitalvernichter gefürchtet. Jetzt war die Gefahr gebannt.

> Beim Abschied vom Markt
> lernt man die Kaufleute kennen.
> *Sprichwort*

Schlug beim Rücktritt Oskar Lafontaines die Erleichterung seiner Gegner zu Buche, so leuchtete bei Willy Brandts Amtsniederlegung die Sympathie seiner Anhänger hell auf. Kaum hatte der Rundfunk zu mitternächtlicher Stunde Brandts Rücktritt verkündet, machten sich ein- bis zweihundert Jusos zur Kanzlervilla am Bonner Venusberg auf. Brennende Fackeln illuminierten ihre ratlosen Gesichter. Hilflos forderten sie, Brandt möge im Amt bleiben. Stundenlang harrten sie in der Mainacht aus. In den folgenden Tagen kam es noch zu weiteren Solidaritätsdemonstrationen. In

West-Berlin, Hamburg, München und Frankfurt huldigten Tausende dem ausgeschiedenen Regierungschef, der Symbolgestalt einer neuen Politik.

Ob Kurssprünge an der Börse oder Fackelschein in der Nacht – Auswirkungen solcher Art sind ungewöhnlich. Zwar rufen spektakuläre Amtsniederlegungen oftmals heftige Reaktionen hervor, aber sie bleiben auf den Bereich der Politik begrenzt. In den meisten Fällen beschränken sich die Äußerungen auf Beteiligte und Beobachter des Geschehens: die eigene Partei, die Opposition und die Medien. Deren Kommentare und Wertungen fallen naturgemäß unterschiedlich aus. Die Reaktionen sind aufschlussreich, weil hier grundsätzliche Aspekte der Figur Rücktritt abgehandelt werden. War der Zurückgetretene überfordert oder zu sensibel? War der Rücktritt notwendig oder unvermeidlich, gibt es einen Maßstab für Rücktritte? Bewirkt der Rücktritt eine Veränderung oder ist er zumindest ein Akt der Reinigung?

Die typischen Reaktionen der eigenen Partei und der Opposition sind gegensätzlich. Die einen äußern Respekt, Dank und Bedauern, während die anderen Scheitern, Schuld und Krisen sehen. Aufrichtig muss weder die eine noch die andere Reaktionsweise sein. Manchmal sind die Fronten auch vertauscht: bei Rücktritten aus Protest oder nach parteiinternen Konflikten. Die Opposition bedauert den Zurückgetretenen, die eigene Partei gibt ihm Unfreundlichkeiten mit auf den Weg.

Fehlt irgendwo ein Silberlöffel?

Der Berliner SPD-Landesvorsitzende Peter Strieder war verblüfft. „Das glaub ich nicht", war sein erster Kommentar zur Meldung vom unvermittelten Rücktritt Oskar Lafontaines.[3] Die Vertreter der Partei benötigten Zeit, bis sie Worte fanden. Nur selten kommt ein Rücktritt so unvorhergesehen, dass es den Kollegen die Sprache verschlägt. Nachdem die Parteifreunde das erste stumme Erstaunen überwunden hatten, hagelte es Vorwürfe an die Adresse Lafontaines. Sie richteten sich gegen die Form seines Abgangs, brandmarkten ihn als unerhört und stillos. Hätte sich Lafontaine ordnungsgemäß mit einer Pressekonferenz verabschiedet, wäre die Kritik nicht weniger harsch, aber anders ausgefallen. Sie hätte sich mit den Gründen seines Rücktritts beschäftigt. Die SPD empfand

Lafontaines stilloses Abgang als Verrat. Das hatte seine Kapitulation mit Rücktritten aus Protest gemeinsam.

Demissionen aus Protest brüskieren die Partei, weil sie die bisherigen Mitstreiter und ihre Politik in Frage stellt. Applaus ist da nur von der gegnerischen Seite zu erwarten. Die eigenen Leute reagieren bestenfalls mit Unverständnis. Nicht nur ein Rücktritt aus Protest ruft gehässige Kommentare bei den Freunden hervor, auch nach Auseinandersetzungen in seiner Partei gibt es keinen Beifall für den Demissionär. Zum Rücktritt von Finanzminister Karl Schiller bemerkte SPD-Bundesgeschäftsführer Holger Börner: „Die Entscheidung war richtig, weil ein Schwelen des Problems sicher hart ins Fleisch gegangen wäre."[4] Nicht gerade nett, aber ehrlich. Das Ausscheiden des kapriziösen Schiller aus der Regierung empfand Willy Brandt als Erleichterung, trotz des Verlusts an Kompetenz. Nicht anders beurteilte die FDP-Fraktion den Rücktritt von Werner Maihofer. Parteichef Hans-Dietrich Genscher rang sich nur zähneknirschend eine Würdigung des ungeliebten Innenministers ab. Maihofer habe sich bemüht, Liberalität und innere Sicherheit miteinander zu verfolgen. Nun ja. Wenn nur für die Bemühungen gedankt wird, ist der Erfolg wohl ausgeblieben. Den schalen Beigeschmack dieses Nachrufs kommentierte die *Welt*: „Manches klingt wie aus dem Abgangszeugnis für ein Dienstmädchen, von dem man nicht weiß, ob es nicht doch ein paar silberne Löffel hat mitgehen lassen."[5]

Die Dankadresse gehört zum guten Ton. Ihr Ausbleiben macht stutzig, lässt auf ein Zerwürfnis schließen. Nach dem Rücktritt seines Justizsenators Jürgen Baumann gab der Berliner Bürgermeister Dietrich Stobbe eine Erklärung ohne ein Wort des Dankes ab. Von Journalisten auf diese Lücke aufmerksam gemacht, meinte Stobbe, er habe dem Senator bereits mündlich gedankt. Das mochte stimmen. Dennoch war diese Verabschiedung ein Verstoß gegen die Umgangsformen. Eine besonders ausgeprägte Distanziertheit war in der Antwort von Bürgermeister Klaus Schütz auf Harry Liehrs Rücktrittserklärung auszumachen. Er unterzeichnete „mit vorzüglicher Hochachtung". Der eisige Kommentar des SPD-Landesvorstands zu Liehrs Amtsniederlegung begann mit den Worten, das Gremium habe sich „mit einigen Vorgängen aus der von einem sozialdemokratischen Senatsmitglied verwalteten Senatsverwaltung für Verkehr und Betriebe beschäftigen" müssen.[6] Das klang wie mit der Kneifzange geschrieben und sprach für heftige innerparteiliche Verwerfungen.

Auf den Rücktritt eines problematischen Kabinettsmitglieds reagieren Regierungschefs manchmal mit beharrlichem Trotz. Willy Brandt meinte nach der Demission von Alex Möller: „Die Arbeit geht weiter, sie geht gestrafft weiter."[7] Möllers Ausscheiden kam Brandt zwar ungelegen, aber das wollte er nicht eingestehen. Auch Dietrich Stobbe verbuchte den Rücktritt von Jürgen Baumann nicht als großen Verlust: „Nach Einbußen nehmen wir den Faden wieder auf."[8] Der Rücktritt ist allenfalls eine kurze Unterbrechung der Arbeit. So stellte es auch Edmund Stoiber nach dem Abgang von Monika Hohlmeier dar. Stoiber berichtete der Presse von der Sitzung des CSU-Vorstands nach dem Rücktritt Hohlmeiers, in der er ihre Verdienste gewürdigt habe. Auf die Frage der Journalisten, welche Reaktionen es darauf gegeben habe, antwortete Stoiber trocken: „Wir sind dann zur Tagesordnung übergegangen".[9]

Im Fall von Monika Hohlmeier bestimmte auch ein deutlich vernehmbares Aufatmen die Reaktionen aus der Partei. Zu lange hatte sie die CSU mit ihren Intrigen belastet. Lästig geworden war auch Gesundheitsministerin Andrea Fischer, und die Grünen waren bei ihrem Abschied denn auch mehr dankbar als traurig. Groß ist das Gefühl der Entlastung, wenn der Parteifreund im Mittelpunkt eines Skandals stand. Dann ist ein Rücktritt auch eine Befreiung von politischem Druck. In die Betroffenheit über den Sturz Philipp Jenningers mischten sich auch Stimmen von Parteifreunden, die sich erlöst fühlten. „Besser jetzt gleich als nach einem langen Gezerre", zitierte die *Welt* einen nicht genannten Freund Jenningers.[10] Das war allerdings nur ein inoffizielles Stimmungsbild, denn offizielle Verlautbarungen aus der eigenen Partei klingen anders. Sie sprechen meistens von Achtung und Dankbarkeit.

Die üblichen Bezeugungen

Auch Bundeskanzler Gerhard Schröder hatte die Bestürzung über Lafontaines Rücktritt sprachlos gemacht. In einer ersten Stellungnahme fielen ihm nur ein paar nichtssagende Phrasen ein: „Zu diesem Zeitpunkt bleibt mir nur, meinen Dank für seine Arbeit auszudrücken, und der Respekt, den sein Rückzug aus der Politik und von allen politischen Ämtern erwarten kann".[11] Warum sollte Lafontaines Flucht aus den Ämtern Anerkennung verdienen? Schröder meinte wohl weniger respektieren als akzeptieren. Es blieb ihm ja auch nichts anderes übrig. Er musste den Rücktritt hinnehmen, aber wertschätzen konnte er ihn nicht. Einem anderen Fall brachte Schröder sehr wohl Achtung entgegen. Den schnellen Abgang von Justizministerin Herta Däubler-Gmelin nannte er menschlich hochanständig und politisch konsequent.

Herta Däubler-Gmelin versuchte mit dem Rücktritt Schaden von ihrem Amt abzuwenden, was ihr Respekt einbrachte. Viele Nachrufe von Regierungschefs auf ihre scheidenden Minister sprechen davon. Nach dem Rücktritt von Hermann Oxfort huldigte ihm Berlins Bürgermeister Klaus Schütz: „Diese Haltung verdient zu Recht unser aller Respekt."[12] Auch Philipp Jenninger verhinderte mit seinem Rücktritt eine weitere Beschädigung des Parlaments. Er habe Jenningers Entscheidung mit Respekt zur Kenntnis genommen, beteuerte Helmut Kohl. Diese Haltung ehre ihn. „Sie sagt alles über seine politische Integrität und seine demokratische Überzeugung", lobte der Kanzler.[13] Dass sich Jenninger zu dieser Integrität und Gesinnung erst durchgerungen hatte, nachdem er intensiv bearbeitet worden war, verschwieg Kohl. Eine Respektbezeugung sagt nichts darüber aus, wie freiwillig eine Entscheidung war, ebensowenig über die Aufrichtigkeit der Sprecher. SPD-Fraktionschef Herbert Wehner hatte Willy Brandt nach dessen Rücktritt nicht nur einen Strauß roter Rosen auf den Tisch gelegt. Er hatte auch ein paar tröstende Worte parat: „In mir ringen Schmerz über das Ereignis, Respekt vor der Entscheidung und Liebe zur Persönlichkeit Willy Brandts."[14] An der Ernsthaftigkeit von Wehners Worten ist kaum zu zweifeln. Doch enthält diese Aussage nichts über seinen eigenen Beitrag zu Brandts Amtsniederlegung.

Respekt ist der Schlüsselbegriff bei den Reaktionen der eigenen Partei auf einen Rücktritt. Nach dem Abgang von Jürgen Möllemann schrieb die *taz* lakonisch, Bundeskanzler Helmut Kohl habe die Entscheidung „mit der üblichen Respektbezeugung" entgegengenommen[15] – ein wenig respektvoller Kommentar, der die formelhafte Verwendung des Begriffs Respekt ironisierte. Selbst wenn – wie im Fall von Oskar Lafontaine oder Jürgen Möllemann – der Rücktritt nicht respektabel war, taucht der Begriff Respekt als standardisierter Baustein auf. Das zweite Standardelement des Nekrologs für einen zurückgetretenen Parteifreund ist der Dank.

Immerhin hatte sich Bundeskanzler Schröder ein Dankeswort für Oskar Lafontaine abgerungen. Gedankt wird mit unterschiedlichen Formulierungen für tatsächliche oder nur behauptete Leistungen. Etwa für unermüdlichen Einsatz in bewegender Zeit, für ungewöhnliches Engagement, unverwechselbare Handschrift und herausragende Arbeit. Gedankt wird auch für untadelige und erfolgreiche Arbeit, für pflichtbewusstes und unermüdliches Wirken. Dank wird für das Geleistete abgestattet, Respekt für die Entscheidung zum Rücktritt. Beide Elemente sind eine Form von Anerkennung. Das dritte Element der Nachrufe zu Lebzeiten hatte sich Schröder bei Lafontaine verkniffen: das Bedauern.

Betroffenheit zu äußern ist ein schöner Zug. Aber nicht immer wird deutlich, worauf sich diese bezieht. Dass ein guter Minister leider eine Verfehlung begangen hat und deswegen gehen muss? Oder dass leider die öffentliche Erregung so groß war, dass der Minister nicht mehr zu halten war? Oder sind die Parteifreunde einfach traurig über das Ende der kollegialen Zusammenarbeit? Mitunter ist dies der wesentliche Grund für das Bedauern. So meinte der Berliner Bürgermeister Klaus Wowereit beim Rücktritt von Peter Strieder: „Mir geht ein politischer Weggefährte verloren."[16]

Jetzt und auch künftig

Schon die Römer hatten die Devise, über Verblichene nur Gutes zu sagen. Zu Äußerungen von Respekt, Dank und Bedauern gesellen sich gern Vertrauensbezeugungen. Die fallen nach vollzogenem Rücktritt leichter als vorher, weil sie dann niemanden mehr interessieren. Es kostet nichts, dem politisch Toten ein paar Freundlichkeiten mit ins Jenseits zu geben. Sei es aus Überzeugung oder Trotz, aus Erleichterung oder mangelnder Einsicht – Kollegen beschwören oft die Integrität, Unschuld und Achtung des Ausgeschiedenen.

So behauptete Ernst Albrecht, Wilfried Hasselmanns persönliche Integrität stehe für ihn außer Zweifel. Obwohl die Staatsanwaltschaft gegen Heinz Striek Anklage erhoben hatte, verkündete Bürgermeister Klaus Schütz, dass sein Vertrauen zu Striek ebenso ungebrochen sei wie seine Hochachtung vor dessen Leistung. Björn Engholm ehrte Sozialminister Günther Jansen auch nach dessen Demission: „Die Achtung vor seiner Person und seine Glaubwürdigkeit stehen für mich unverändert nicht in Frage."[17] Solche Ehrenerklärungen sind nicht nur ein freundlicher Abschiedsgruß, sondern sollen auch dazu beitragen, das durch den Skandal ramponierte Image der Regierung zu verbessern. Dahinter steht die Botschaft: Wer trotz Integrität und Unschuld zurücktreten musste, ist wohl einer Kampagne zum Opfer gefallen. Allerdings ist der Regierungschef gut beraten, seine posthumen Lobgesänge nicht allzu grell zu intonieren, sonst leidet seine Glaubwürdigkeit. Die Unschuld eines Ministers zu versichern und gleichzeitig seinen Rücktritt zu akzeptieren, lässt sich kaum überzeugend miteinander vereinbaren.

Für den Abgänger mögen die Elogen ein Trostpflaster sein. Dieselbe Wirkung hat es, wenn der Regierungschef versichert, weiterhin auf den Zurückgetretenen zu setzen. Als der hessische Innenminister Gottfried Milde zurücktreten musste, kündigte Ministerpräsident Walter Wallmann großspurig an, der Abschied sei nicht von Dauer. Er gehe davon aus, dass Milde nach Klärung der gegen ihn erhobenen Anschuldigungen in die Landesregierung zurückkehre. Bereitwillig äußern Partei und Regierungschef den Wunsch, der Zurückgetretene solle auch ohne Amt mit Rat und Tat zur Verfügung stehen. Wolfgang Clement wollte nicht auf die Mitarbeit von Heinz Schleußer verzichten. So ließ er verlauten, er habe ihn gebeten, „uns Sozialdemokraten und mir persönlich auch in Zukunft zur Seite zu stehen."[18]

Je prominenter der Gestürzte, umso wichtiger ist es für seine Partei, sich weiter zu ihm zu bekennen. Schließlich hat der Betreffende bis zu seinem Rücktritt die Partei repräsentiert und für Wählerstimmen gesorgt. Hart hatte die CDU am Rücktritt von Hans Filbinger arbeiten müssen. Als es endlich so weit war und die Union von einem monatelangen Alpdruck befreit war, konnte sein Nachfolger Lothar Späth Filbingers weitere Mitarbeit verkünden. Das CDU-Präsidium sei Filbinger dankbar, dass er weiterhin präsent sein wolle und sich nicht aus der Politik zurückziehe. Auch Parteichef Helmut Kohl freute sich, weil Filbinger seine Parteiämter, darunter das des stellvertretenden Bundesvorsitzenden, weiter ausüben wollte. Nicht weniger intensiv war die Seelenmassage Philipp Jenningers durch seine Parteifreunde. Nachdem er sich zum Rücktritt durchgerungen hatte, versprach CSU-Chef Theo Waigel dem Gescheiterten anhaltende Solidarität. „Philipp Jenninger soll in dieser Stunde wissen, daß wir jetzt und auch künftig zu ihm stehen", versicherte Waigel. Seine Ergänzung machte die Aussage nicht überzeugender: „Und das soll und darf keine Floskel bleiben."[19]

Inwieweit solche Versicherungen anhaltender Sympathie zutreffen und ob es zu der beschworenen weiteren Mitarbeit kommt, müsste im Einzelfall untersucht werden. Aber solche symbolischen Gesten zeigen, wie schwierig es ist, einen zurückgetretenen Parteifreund zu verabschieden, müssen die Kollegen doch zwischen politischer Opportunität und persönlichen Rücksichten lavieren. Da hat es die Opposition mit Reaktionen auf Rücktritte leichter.

Schwundstufen der Regierung

Die Sache hinterließ bei Beteiligten wie Beobachtern einen üblen Nachgeschmack. Auch die Opposition im sächsischen Landtag mochte sich kaum zum Ausscheiden von Innenminister Heinz Eggert äußern. Sie könne gar nicht politisch reagieren, meinte die PDS-Abgeordnete Christine Ostrowski. Der Vorwurf der sexuellen Belästigung hatte sich nicht belegen lassen. Wie sollte da der Rücktritt bewertet werden? Ähnlich hielt sich die Opposition auch beim Ausscheiden von Lothar de Maizière zurück. Auch hier gab es keine Beweise, die Stasi-Mitarbeit blieb eine Vermutung. So waren selbst die Sozialdemokraten in Bonn bedrückt, dass auf de Maizière, dem wichtigen Helfer bei der Wiedervereinigung, plötzlich ein Schatten lag. Niemand wollte dem Unglücklichen hinterhertreten.

Die verhaltenen Töne bei Heinz Eggert und Lothar de Maizière waren Ausnahmen. In den meisten Fällen besteht kein Anlass zur Ratlosigkeit, ist das Urteil der Opposition nach einem Rücktritt eindeutig. Stereotype Wertungen wie angemessen, notwendig oder überfällig kommen fast immer vor, manchmal nur einer der Begriffe, manchmal sind alle drei zu hören. Daneben finden sich noch andere Varianten der Zustimmung. So feierten die niedersächsischen Grünen den Rücktritt des kurzzeitigen Kultusministers Wolfgang Knies als dessen erste richtige und verantwortungsvolle Tat. Den Rücktritt des Berliner Justizsenators Hermann Oxfort sah die CDU als sachlich gebotene Konsequenz. Oppositionsführer und Barschel-Opfer Björn Engholm begrüßte den Rücktritt von Uwe Barschel: „Es ist ein Sieg der politischen Vernunft."[20]

Erleichterung, Triumph, Befriedigung – ein bekämpfter, gescholtener, unzulänglicher Politiker musste gehen. Doch damit ist es meistens nicht getan. Zumindest für die Opposition ist ein Rücktritt ein Symptom. Sie sieht darin einen Anlass, eine Krise der Regierung auszurufen und dafür unterschiedliche Ursachen auszumachen. Mal sind es inhaltliche Gründe, mal personelle, manchmal auch parteiinterne Konflikte. Den Rücktritt von Heinrich Albertz sah die CDU als Ergebnis eines persönlichen Machtkampfes und politischer Konzeptionslosigkeit. Nach dem Abgang von Andrea Fischer und Karl-Heinz Funke meinte CDU-Generalsekretär Laurenz Meyer, die BSE-Krise habe sich zur Regierungskrise ausgeweitet. Die Amtsniederlegung von Hans-Otto Bäumer belege nach Ansicht der Opposition die tiefe Zerstrittenheit im Kabinett von Johannes Rau.

Ein skandalisierter Minister, der zurücktreten muss, diskreditiert die Regierung. Nach so mancher Demission wittert die Opposition Morgenluft. Gern macht sie einen Ministerrücktritt als Schwundstufe aus, sieht darin ein Signal für die fragile Substanz der Regierung. Nach dem Rücktritt des Berliner Bausenators Peter Strieder frohlockte FDP-Fraktionschef Martin Lindner, das habe dem rot-roten Senat das Rückgrat gebrochen. Schon die Gerüchte um den bevorstehenden Ausstieg des Berliner Bürgermeisters Klaus Schütz wertete die CDU als Zeichen für den rapiden Verfall. Nach Schütz' Abgang sprach sie von einem dramatischen Prozess der Selbstauflösung der SPD. Fortschreitende Erosion der Landesregierung konstatierte die SPD beim Rücktritt von Wilfried Hasselmann. Der Grünen-Fraktionsvorsitzende im hannoverschen Landtag, Jürgen Trittin, seufzte bei diesem Anlass erleichtert: „Endlich! Das ist der Anfang vom Ende, auch wenn das Ende zu spät kommt."[21] Vielleicht war ja aus dem Rücktritt noch politisches Kapital zu schlagen.

Abgehalfterte Zugpferde

Der Hasselmann-Rücktritt, so hoffte Trittin, sollte das Ende der Regierung Albrecht einleiten. Der Rücktritt eines Ministers ist für die Opposition bisweilen freudiger Anlass, den Regierungschef ins Visier zu nehmen. Nach dem Abgang der bayerischen Sozialministerin Barbara Stamm blies SPD-Generalsekretär Franz Müntefering zum Angriff auf Ministerpräsident Edmund Stoiber. Nachdem die Stammelei zu Ende sei, gerate Stoiber stärker ins Blickfeld, hoffte Müntefering. Auf den Regierungschef zielen auch Kommentare, die einen Ministerrücktritt als Bauernopfer bezeichnen. Um den eigentlich Verantwortlichen aus der Schusslinie zu nehmen, wird die Schuld auf einen Stellvertreter abgewälzt, wie etwa in den Fällen Frank Dahrendorf oder Alfred Sauter.

Oft muss ein erzwungener Rücktritt eines Kabinettsmitglieds als Indiz für die angebliche Führungsschwäche des Regierungschefs herhalten. Nach dem Rücktritt von Finanzminister Karl Schiller nahm der CDU-Vorsitzende Rainer Barzel die Gelegenheit wahr, auch Bundeskanzler Willy Brandt den Rücktritt zu empfehlen. Häufiger noch ist von einer Schlappe für den Regierungschef die Rede. Mit einem schlagkräftigen Bild bezog der niedersächsische Oppositionsführer Gerhard Schröder den Rücktritt von Kultusminister Wolfgang Knies auf den Regierungschef. Knies' Abgang sei „eine schallende Ohrfeige für Ministerpräsident Albrecht".[22]

Doch nicht immer triumphiert die Opposition. Wird ein Politiker von seiner eigenen Partei aus dem Amt getrieben, äußern die politischen Gegner Besorgnis und Mitgefühl. Ute Vogt, die SPD-Vorsitzende Baden-Württembergs, sah das Ende von Ministerpräsident Erwin Teufel als Ergebnis einer gnadenlosen Demontage und sprach von innerparteilichen Intrigen. Einen solchen Abgang habe Teufel nicht verdient. Nach dem Rücktritt von Bernhard Vogel als Regierungschef in Rheinland-Pfalz kondolierte Oppositionsführer Rudolf Scharping bissig. Die CDU habe ihr vormaliges Zugpferd abgehalftert, Vogel sei in menschlich unanständiger Weise mit Lügen und faulen Tricks abgesägt worden. In Nordrhein-Westfalen prangerte die Opposition die Zustände in der SPD am Ende der Regierungszeit von Heinz Kühn an. CDU-Landeschef Heinrich Köppler bedauerte, die Partei prügele ihren Ministerpräsidenten aus dem Amt.

Die Ermahnungen der Opposition zu würdigem Umgang innerhalb der Regierungspartei sind angemessen. Ob sie aufrichtig sind, darf bezweifelt werden. Inkonsequent verhielt sich die CDU beim Rücktritt von Johannes Rau als Ministerpräsident von Nordrhein-Westfalen. „Rau ist nicht zurückgetreten, Rau ist zurückgetreten worden", entrüstete sich Helmut Kohl.[23] Die eigene Partei habe ihn aus dem Amt gedrängt. Dies sei ein abenteuerlicher Vorgang, das Verhalten der SPD an Heuchelei nicht zu überbieten. Damit gab Kohl das Stichwort – allerdings für das Verhalten seiner Partei, denn noch kurz zuvor hatte CDU-Landeschef Norbert Blüm Raus Rücktritt gefordert.

Ob ein Amtsverzicht begrüßt oder bedauert, ob die Integrität des Weichenden oder seine Verfehlung herausgestrichen wird, hängt von der Perspektive des Betrachters ab. Reaktionen auf Rücktritte sind parteipolitisch geprägt, ebenso die Kommentare in den Medien. Aber ein Rücktritt hat noch andere Facetten als die Frage, ob er der Regierung nützt oder schadet, ob er respektabel oder blamabel ist. Anlässlich eines Rücktritts wird auch über die Persönlichkeit des Politikers geurteilt. Dabei geht es um Eigenschaften, über die ein Minister oder Regierungschef verfügen sollte. Sind sie nicht oder nur mangelhaft vorhanden, heißt es schnell: Der Zurückgetretene war kein Berufspolitiker.

Ein menschlicher Irrtum

Seit 48 Stunden stand er im Kreuzfeuer der Kritik. Aber der Bundestagspräsident ließ sich nichts anmerken. Mochte doch das politische Bonn vor Aufregung über seine anrüchigen Nebenverdienste kochen, Rainer Barzel ließ sich den festlichen Abend nicht verderben. Auf dem Empfang zum 65. Geburtstag von Annemarie Renger in der Godesberger Redoute gab sich der Gentlemen galant und locker wie gewohnt. Er zeige Stehvermögen, notierte die *Zeit* anerkennend über Barzels gelassene Fassade.

Auch wenn alle Indizien gegen Barzel sprachen, wurde im ersten Moment der Skandalisierung seine Beharrlichkeit geachtet. Beim Ausmaß seiner Verfehlungen konnte allerdings keine noch so ausgeprägte Unbeugsamkeit den Rücktritt verhindern. Aber die Gabe, auch heftigsten Anwürfen standhalten zu können, gehört zu den lebenswichtigen Eigenschaften eines Politikers. Fehlt dieses Talent, wird der Mangel schnell beklagt. Nach dem Rücktritt von Christa Thoben mäkelte die Berliner Kulturpolitikerin Monika Grütters, die Union hätte sich mehr Stehvermögen von der Kurzzeit-Senatorin gewünscht. Die Fraktionsspitze der CDU giftete, es solle bloß nicht noch einmal jemand aus der sensiblen Truppe ausgewählt werden.

Sensibilität gilt bei Politikern als fragwürdiges Merkmal. Auch die Medien problematisieren bei einem Rücktritt ein anscheinend zu weiches Wesen. Gerda Hasselfeldt galt als nicht robust genug, Peter Schulz wurde als sensibler und verletzbarer Intellektueller gezeichnet. Deren Rücktritte erfolgten nicht wegen einer Skandalisierung, sondern aus Frustration oder Überforderung. Erklärt wurden sie mit einem zu wenig abgehärteten Persönlichkeitsprofil, was im Umkehrschluss bedeutet: Wären diese Politiker aus anderem Holz geschnitzt, wären sie nicht zurückgetreten. Auch nach Willy Brandts Rücktritt beschäftigten sich die Journalisten mit ausgiebigen Charakteranalysen. Brandts Sensibilität hätte ihn in tiefe Zweifel und Skrupel gestürzt, meinte die *Süddeutsche*. Er sei menschlich im Sinn von empfindlich und verletzlich. Für die *Welt* war er zu gutmütig und vertrauensselig, ein schwacher Held in einem starken Stück. Die FAZ betonte die Kehrseite der Toleranz und Sensibilität seines Wesens, einen Mangel an Härte und Stehvermögen. Die *Neue Zürcher* hätte Brandt lieber als Bundespräsidenten gesehen. In diesem weniger harten Geschäft wären seine menschlichen Qualitäten besser zur Geltung gekommen. Heinrich Böll bilanzierte trocken: „Ich glaube, daß Willy Brandt zu anständig für ein solches Amt in dieser Welt und auch in diesem Land war und ist, zu empfindlich."[24]

Auch andere Rücktritte waren Anlass, über die Existenzbedingungen in der Sphäre der Politik zu reflektieren. Den Rücktritt von Heinz Eggert wertete der Vorsitzende des Rechtsausschusses im Bundestag, Horst Eylmann, als alarmierendes Symptom. „Es besteht die große Gefahr, daß künftig nur noch die Hartgesottenen und nicht die Anständigen politisch überleben", fürchtete Eylmann.[25] Aber nicht nur ein dickes Fell bestimmt die Tauglichkeit für den Alltag im Regierungsamt. In vielen Kommentaren zu Rücktritten heißt es, die Einhaltung der Spielregeln sei erforderlich, um den demokratischen Nahkampf erfolgreich zu bestehen. So soll Andrea Fischer das Gespür für politische Macht und die Absicherung der eigenen Position in der Partei gefehlt haben. Bei Heide Pfarrs Rücktritt hieß es, sie sei nicht mit jenen Wassern gewaschen, die bei anderen zu einer Immunisierung führten. „Weder das Fädenspinnen und Einbinden hat sie beherrscht noch das taktische Zurücknehmen und Kungeln", bedauerte die *Frankfurter Rundschau*.[26] Lothar de Maizière war, so die *Welt*, nicht hinreichend hinterhältig, um die Intrigen von Widersachern kalkulieren zu können. Ulrich Nölle besaß nach Einschätzung der FAZ zwei Merkmale, die von Berufspolitikern als Schwäche bezeichnet würden: zum einen die eigene Meinung frei zu sagen, zum anderen den Wunsch, Beschlüsse rasch umsetzen zu wollen.

Politik ist eben ein Handwerk, das erlernt werden will. Solche Weisheiten musste sich Hans Leussink, wie Ulrich Nölle ein Seiteneinsteiger, nachrufen lassen. Er hatte sich nicht über Ortsvereine und Unterbezirksvorstände nach oben gedient, war eben kein

Berufspolitiker. Bei einigen Ausnahmeerscheinungen wurde der Sonderstatus begrüßt. Heinz Eggert sahen die Medien als erfrischend anders und unkompliziert – eine willkommene Abwechslung zu den blassen und glatten Politprofis. Eggert musste allerdings nach seinem Rücktritt einräumen, er habe die Mechanismen des Politikerlebens nicht gekannt.

Eines steht also fest: Wer nicht aus dem Sattel kippen möchte, muss das Reiten geübt haben. Er braucht Erfahrung mit parteiinternen Abläufen, und er muss sich an die Usancen halten. Wie laufen die Entscheidungsprozesse ab, wie lassen sich Mehrheiten sichern? Ewald Bucher habe sich durch seine überforschen Bekundungen selbst die Schlinge geknüpft, in der er sich verfangen habe, kommentierte die *Welt* besserwisserisch. Ähnlich drückte sich die *taz* bei Alfred Gomolka aus. Dieser habe selbst das Netz der Intrigen zugezogen, das man über ihn geworfen habe. Hier wurde Unbedarftheit, Kompromisslosigkeit oder Unerfahrenheit eines Politikers als Grund für den Rücktritt angeführt. Die Betreffenden waren selbst an ihrem Auflaufen schuld.

Aber wer sich in die politische Arena begibt, muss über ein stabiles Naturell verfügen. Gekuschelt wird woanders. Diese Devise ist nach manchem Rücktritt zu hören. Bundeskanzler Ludwig Erhard wollte, nach all den Jahren, die von Adenauers taktischen Finessen bestimmt waren, einen neuen Politikstil betreiben. Erfahrene Kollegen kanzelten diesen Ansinnen als naiv ab. Erhards unangemessene Auffassung empfand die *Zeit* als nobel, aber zum Scheitern verurteilt. „Sein Irrtum ehrt den Menschen Erhard – er tötete den Politiker Erhard", hieß es nach seiner erzwungenen Demission.[27] Auch Kanzlerkandidat Björn Engholm hatte versucht, als Politiker Distanz zur Politik zu wahren. Er wollte, so der *Spiegel* nach seinem Rücktritt, in die Geschichtsbücher eingehen als Staatsmann, der Mensch geblieben ist. Das Ergebnis: „Nun ist er nur noch Mensch."[28]

Mit der Lüge vor dem Untersuchungsausschuss hatte Engholms Rücktritt einen konkreten Anlass. Aber zudem gab es Ursachen, die in seiner Persönlichkeit wurzelten. Nach solchen tieferliegenden Gründen wird gefragt, wenn ein Rücktritt überraschend oder bei einer Skandalisierung unerwartet schnell erfolgt. Häufig ist dann zu lesen, ein bestimmtes Ereignis habe das Fass zum Überlaufen gebracht oder der Amtsinhaber sei reif für den Rücktritt gewesen.

Die am häufigsten genannten Ursachen sind Amtsmüdigkeit, Verschleiß oder Überforderung.

Mit fahlem Gesicht

Von Willy Brandt hieß es nach seinem Rücktritt, er habe längst Symptome zunehmender Lethargie und Amtsmüdigkeit gezeigt. Heinz Kühn bescheinigte die FAZ bereits Monate vor seiner Amtsniederlegung demonstrative Unlust. Er wolle sich nicht mehr mit dem Regierungskleinkram abgeben. Die *Frankfurter Rundschau* hielt Verteidigungsminister Georg Leber kurz vor seiner Demission vor, er könne seit Jahr und Tag vor Amtsmüdigkeit kaum noch die Augen offen halten. So plausibel derartige Vorwürfe sein mögen, so heftig wehrt sich mancher dienstwillige Minister, wenn ihm Amtsmüdigkeit unterstellt wird. Wilhelm Hahn etwa wollte darüber nicht stolpern. Er stellte ausdrücklich klar, er sei nicht amtsmüde. Sein Rücktritt war von Ministerpräsident Hans Filbinger erzwungen.

Auch Karl Schiller wandte sich gegen den Eindruck, sein Ausstieg habe etwas mit Amtsmüdigkeit zu tun. Schiller hatte sich im zähen Kampf mit seinen Kollegen aufgerieben. Verschleiß setzt im Krisenfall die Widerstandsfähigkeit herab. Die innenpolitischen Schwierigkeiten hätten, so die *Wirtschaftswoche*, Willy Brandt bereits vor dem Fall Guillaume zermürbt und demissionsbereit geschunden. Bei Dietrich Stobbe war von einem politischen Ermüdungsprozess die Rede. Die dramatischen körperlichen Folgen der Abnutzung schilderte die *Frankfurter Rundschau* bei Georg Leber. Während seiner Rechtfertigungsrede im Bundestag bot er ein Bild des Jammers: „Das Gesicht fahl, den Zeigefinger wie zum Schutz gegen verbale Keulenschläge erhoben, die Andeutung eines abwesenden Lächelns im Gesicht, hilflos in Sprache und Argumentation, für alle sichtbar erschöpft und eigentlich wehrlos".[29] Wie lange noch, fragte der Autor des Artikels, müsse Leber die Last tragen, die ihm längst zu schwer geworden sei?

In anderen Fällen ist bei Rücktritten schnell von Überforderung die Rede. Für Ulrich Nölle, so die *Frankfurter Rundschau*, sei sein Amt zu schwierig gewesen. Ulrich Klug, höhnte die *Welt*, habe sich der politischen Verantwortung weder fachlich noch menschlich gewachsen gezeigt. Mit dem Amt des Bundeskanzlers hatte Ludwig Erhard nach

Ansicht der *Zeit* zu hoch gegriffen. Der Posten habe Fähigkeiten und Lebenserfahrung Erhards überstiegen. Philipp Jenningers verquere Bundestagsrede kommentierte der SPD-Fraktionschef Hans-Jochen Vogel: „Hier ist jemand an einer großen Aufgabe gescheitert".[30] Nur zu gern greift die Opposition das Motiv des Scheiterns auf.

Jedes Misslingen birgt tragische Züge. Wer aufgeben muss, wer sein Ziel nicht erreicht, kann auf – nicht immer aufrichtiges – Mitgefühl hoffen. Dann ist in den Reaktionen von persönlicher Tragik die Rede. In Heinz Kühns jahrelang verzögertem Abgang lag ein tragisches Moment, weil er einerseits ständig von seinem Rücktritt sprach, andererseits alle möglichen Nachfolger abwürgte. Tragisch am Rücktritt von Hermann Oxfort war, dass die Verursacher seiner Demission, die Befreier der Gefangenen von Moabit, den freiheitlichen Demokratiebegriff nicht teilten, für den er sein Amt riskiert hatte. Willy Brandts Rücktritt sah die *Welt* auch als Charaktertragödie, da ihn sein privates Verhalten erpressbar gemacht habe.

Das Gegenteil des tragischen ist der honorige Abschied, der jedem Politiker nach langem Engagement zu gönnen ist. Wenn aber wegen einer Skandalisierung das Finale zum Fiasko gerät, reagieren Parteigänger und wohlwollende Medien mit Bedauern. Dann heißt es, sie hätten dem Scheidenden ein besseres Amtsende gewünscht. So reagierte die FAZ auf Gerhard Stoltenbergs Rücktritt. Ihr Trost: Trotz der Verdüsterung am Ende bleibe sein Bild von Prinzipientreue und Fairness bestimmt. Bei Georg Leber hieß es, in Anbetracht seiner Verdienste hätte er einen anderen Abgang verdient. Erwin Teufel hätte die *Stuttgarter Zeitung* einen stilvollen Rücktritt gegönnt. Den habe er sich selbst vermasselt.

In den meisten Fällen bemühen sich die Parteien, einem Scheidenden einen würdigen Abschied zu ermöglichen. Sie haben bei einer Skandalisierung oder Überalterung ein Interesse an seiner Amtsniederlegung, nicht aber an einer persönlichen Beschädigung. Allerdings spielt der Rücktrittskandidat häufig nicht mit. Die CSU hatte Monika Hohlmeier mehrere goldene Brücken für einen halbwegs ehrenvollen Abgang gebaut. Aber ihr Starrsinn hinderte sie, eine davon zu begehen. Auch Hans Filbingers Hartnäckigkeit ließ alle Versuche seiner Partei, ihm einen ehrenhaften Rückzug zu ermöglichen, scheitern. In diesen wie in anderen Fällen haben die Skandalisierten die Entwicklung falsch eingeschätzt und zu lange gezögert. Die Wahl des richtigen Zeitpunkts ist schwierig, hat aber eine entscheidende Auswirkung auf die öffentliche Bewertung.

Wer zu spät geht

Die Situation war verfahren, die Empfehlung eindeutig. Der Finanz- und Wirtschaftsminister steckte in der Klemme. Seine Etatpläne ließen sich mit denen der Kabinettskollegen nicht auf einen Nenner bringen. „Ist Karl Schiller also gut beraten, dann sucht er sich jetzt umgehend einen plausiblen Grund zum Absprung", riet die *Welt am Sonntag* im März 1972. „Nach seinem Rücktritt könnte der Doppelminister soeben mit plus/minus null herauskommen."[31] Die folgenden vier Monate des Nervenkriegs um Schiller bestätigten diese Einschätzung. Ein früherer Abgang hätte ihm manch schlechten Nachruf erspart. Er wäre plus/minus null herausgekommen, wenn er den richtigen Zeitpunkt gewählt hätte. Das sah Schiller nach seinem Rücktritt ein: „Ich bin eigentlich zu spät zurückgetreten."[32]

Aber bis wann wäre es nicht zu spät gewesen? Wie hätte Schiller den richtigen Moment erkennen sollen? Diese Frage lässt sich nur in der Rückschau beantworten. Erst dann erweist sich, dass die eigenen Vorstellungen nicht mehr durchsetzbar waren, dass Ansehen und Gestaltungskraft nachgelassen hatten oder dass ein Skandal nicht mehr beherrschbar war. Von Wirtschaftsminister Helmut Haussmann meinte die *Süddeutsche*, er sei mit dem Rücktritt seinen Kritikern zuvorgekommen, will heißen, er wäre sowieso abgesägt worden. Insofern hatte der Erfolglose den richtigen Zeitpunkt getroffen. Das fällt, wenn der eigene Weizen noch blüht, ungleich schwerer. So war Außenminister Hans-Dietrich Genscher nicht nur ein Meister der Diplomatie, sondern auch ein Meister des Rücktritts. Mit feinem Gespür hatte er den richtigen Moment gewählt, um seine unvergleichliche Laufbahn zu beenden. Dieses Gespür besitzen die wenigsten.

„Ich klebe nicht an meinem Stuhl und weiß selbst, wann der richtige Zeitpunkt für einen Rücktritt gegeben ist", verkündete Max Streibl.[33] Seine Partei wollte ihn zur Aufgabe bewegen, doch Streibl wehrte sich. Zwei Wochen später legte Streibl sein Amt nieder. Zwei Wochen, in denen er vor allem eines gezeigt hatte: dass er eben nicht wusste, wann der richtige Moment zum Aufhören gekommen war. Das lag nicht nur an Streibl, auch seine Parteifreunde trugen dazu bei, wie SPD-Fraktionschef Albert Schmid meinte. Er geißelte die heuchlerischen Durchhalteparolen der CSU, die Streibl den richtigen Zeitpunkt zum Rücktritt hätten versäumen lassen. Schon vorher hatte sich der Ministerpräsident von Schmid vorhalten lassen müssen, ein Rücktritt an sich sei nicht ehrenrührig: „Nur der zu späte Rücktritt ist unehrenhaft."[34] Auch bei einer Skandalisierung gibt es einen richtigen Zeitpunkt für einen Rücktritt. Der ist spätestens dann gekommen, wenn sich die öffentliche Erregung über eine Verfehlung abzeichnet.

Die Amtsniederlegung von Wilfried Hasselmann kam nach Ansicht der *Frankfurter Rundschau* zu spät, um ehrenvolle Abgesänge anzustimmen. Innenminister Maihofer hätte sich, kommentierte der *Bayerische Rundfunk*, einen Dienst erwiesen, wenn er mit seinem Rücktritt nicht so lang gewartet hätte. So ist es häufig. Der Zögerliche blamiert nicht nur sich selbst, sondern kompromittiert als Repräsentant eines Verfassungsorgans auch dessen Bild in der Öffentlichkeit. Hans Filbinger sei zu spät zurückgetreten, um die Autorität seines hohen Staatsamtes nicht zu beschädigen, meinte die *Zeit*. Der Makel des zu späten Rücktritts haftet nicht nur am Amtsinhaber, sondern auch am Amt.

Ist der Schaden bereits entstanden, ist von einem fälligen, häufiger noch von einem überfälligen Schritt die Rede. Monika Hohlmeiers Rücktritt sei überfällig gewesen, er komme ein Jahr zu spät, monierte der bayerische SPD-Fraktionschef Franz Maget. Barbara Stamms Rücktritt war für die *Süddeutsche* mehr als überfällig: „Spät geht sie, doch sie geht".[35] In solchen Urteilen schwingt die Erleichterung mit, dass ein Skandal zu Ende ist. Manchmal klingt auch Triumph an. Zugleich wird mit dem Verweis auf die Überfälligkeit ein Rücktritt als gerechtfertigt und notwendig dargestellt. In ähnliche Richtung zielen Kommentare, die einen Rücktritt als unvermeidlich bezeichnen.

Das Unausweichliche

Bundeskanzler Willy Brandt sei nichts anderes übrig geblieben, als zurückzutreten, meinte die *Welt*. Die kuriose Begründung: Gegnerische Mächte hätten seine Privatsphäre bis in die intimsten Winkel ausspioniert. Anders motivierte die *Süddeutsche* ihre Auffassung, Brandts Rücktritt sei zwangsläufig gewesen. Zeitpunkt und Umstände seien überraschend, doch der Kanzlersturz unvermeidlich gewesen. Die innenpolitische Entwicklung hatte sich gegen Brandt gekehrt. In den meisten Fällen, in denen ein Rücktritt als unausweichlich bezeichnet wird, liegt eine Skandalisierung vor. Wenn eine Verfehlung offensichtlich ist, wird der Rücktritt eines Amtsinhabers als erforderlich angesehen. Bei Rainer Barzel meinte die *Süddeutsche*, sein Rücktritt sei objektiv zwingend.

Wenn ein Rücktritt als unvermeidlich gilt, bleibt dem Problempolitiker kein Entscheidungsspielraum. Sei es durch das Trommelfeuer der Medien, sei es durch polemische Forderungen der Opposition oder sei es auf Druck nervöser Parteifreunde – der Skandalisierte wird zum Rücktritt gedrängt, seine Entscheidung ist nicht selbstbestimmt. Dabei ist die Freiwilligkeit eine wesentliche Frage bei Rücktritten. Schon zu Sullas Zeiten im Jahr 79 v.u.Z. spekulierten die Zeitgenossen darüber, ob die Abdankung auf seinen Wunsch zurückging oder von Interessengruppen betrieben worden war. Diese Frage wird auch heute immer wieder gestellt. Warum spielt sie in den Reaktionen der Opposition und der eigenen Partei eine so wichtige Rolle?

Wenn ein Minister erst unter Zwang zurücktritt, kritisiert die Opposition, er habe keinen politischen Stil oder kein Unrechtsbewusstsein. Mangelnde Einsichtsfähigkeit fällt auf seine Partei zurück und wird dieser angekreidet. Andererseits haben die Partei und der Regierungschef eines zurückgetretenen Ministers ein Interesse daran, den Schritt als freiwillig zu verkaufen. Vielleicht möchten sie ihrem verdienten Mitarbeiter einen halbwegs ordentlichen Abgang verschaffen, vor allem aber möchten sie nicht als Drängler und Absäger dastehen, auch wollen sie ungern Fehler in der Personalauswahl eingestehen. Deshalb beteuern Regierungschefs und Partei gern, die Entscheidung habe ihr Minister selbst getroffen. Die Betonungen fallen umso nachdrücklicher aus, je mehr die Freiwilligkeit in Frage steht. Bei Philipp Jenninger erklärte CSU-Chef Theo Waigel wortreich, der Bundestagspräsident habe eine freie, eigenständige und souveräne Entscheidung getroffen. Waigel fügte an, aufgrund der Gesetzeslage hätte Jenninger niemand dazu zwingen können – kein überzeugender Beleg für die Freiwilligkeit. Die Medien lassen sich durch solche Beteuerungen nicht beeindrucken. Ohnehin geschehen die wenigsten Rücktritte von Skandalisierten oder Überalterten freiwillig. Sie erfolgen zu spät und unter zu großem Druck, als dass sie noch als überlegener Akt durchgehen könnten.

Womit aber wird der Zwang zum Rücktritt begründet? Aus welchen Gründen wird Druck auf einen Skandalisierten ausgeübt? Wie kommt es dazu, dass ein Rücktritt als unvermeidbar bezeichnet wird? Wie fundiert sind solche Urteile, sind sie gerechtfertigt und woran orientieren sie sich? Darauf gibt es keine allgemeingültige Antwort, aber die Frage nach einem allgemeingültigen Maßstab ist ein zentraler Aspekt der Figur Rücktritt.

Bagatellen, Petitessen und andere Kleinigkeiten

Verteidigungsminister Helmut Schmidt war sauer. Erregt schrie er Willy Brandt an: „Wegen dieser Lappalien kann ein Bundeskanzler sein Amt nicht aufgeben!"[36] Schmidt wollte Brandts Entscheidung nicht akzeptieren. Er hielt den Spionagefall Guillaume keineswegs für so gravierend, dass er einen Rücktritt erzwinge. Parteifreunde versuchen oft, ein Problem herunterzuspielen. Nach Gregor Gysis Rücktritt meinte der Berliner PDS-Chef Stefan Liebich, Anlass und Reaktion, Flugmeilen und Rücktritt, stünden in keinem vernünftigen Verhältnis.

Manchmal werten nicht nur die eigenen Parteifreunde einen Rücktritt als übertrieben. In Gysis Fall schrieb die *Frankfurter Rundschau* von einer Verfehlung von begrenzter Sündhaftigkeit. So etwas gehöre gerügt, abgestellt und im Wiederholungsfall bestraft, sei aber kein Grund für einen Rücktritt. Bei Andreas Renners Bischofs-Beleidigung hielt die *taz* eine Amtsniederlegung für unangemessen. Renners Ton möge ungebührlich gewesen sein, aber für einen Rücktritt reiche dies nicht aus. Über Jürgen Möllemanns Abgang urteilte die FAZ, bereits das Wort Briefbogenaffäre zeige, wie klein der Anlass gewesen sei. Andere Stimmen hatten die Anlässe dagegen sehr wohl als ausreichend für einen Amtsverzicht angesehen.

Um einen Rücktritt als angebracht darzustellen, stellen Beteiligte häufig Vergleiche mit anderen Fällen an. Als der Bremer Innensenator Bernd Meyer wegen des Polizeieinsatzes beim Gladbecker Geiseldrama zurückgetreten war, forderte der nordrhein-westfälische CDU-Landeschef Norbert Blüm auch den Abgang von NRW-Innenminister Herbert Schnoor: Bevor Meyer einmal zu gehen habe, müsse Schnoor zweimal gehen. Schließlich gebe es doppelt so viele

Gründe für Schnoors Rücktritt. Angesichts der ungenierten Skandalserie von Verkehrsminister Günther Krause ärgerte sich Jürgen Möllemann, dass er zurückgetreten war. Er komme sich, so Möllemann zwei Monate später, wie der letzte Blödmann vor. Schließlich habe er nicht für sich selber Vorteile schaffen wollen, sondern lediglich einen Verwandten unterstützt. In dieses Horn stieß auch die *taz*: „Was war die Familienfürsorge des Vetternwirtschaftsministers gegen die Raubzüge von Günther Krause?"[37]

Einen Vergleich über angemessenes Verhalten stellte die *taz* auch beim Rücktritt von Marianne Birthler an. Während Regierungschef Manfred Stolpe einen Rücktrittsgrund nach dem anderen produziere, sei sie diejenige, die Konsequenzen ziehe. Birthlers Abgang sei der falsche Rücktritt. Die Sturheit von Manfred Stolpe motivierte den Vorsitzenden des Bundestags-Rechtsausschusses, Horst Eylmann, zu einem Einspruch. Stolpe klebe trotz massiver Anschuldigungen an seinem Posten, während andere Minister wie Lothar de Maizière bereits nach vagen Verdächtigungen zurückgetreten seien. Eylmann forderte eine Debatte über Maßstäbe für Rücktritte.

Dieser Zwischenruf war weder einmalig noch neu. Immer wieder beziehen sich Kommentatoren auf Verhaltensnormen für Politiker, die sie entweder als selbstverständlich voraussetzen oder deren Fehlen sie beklagen. Bei Hans Filbinger meinte der *Tagesspiegel*, sein Rücktritt sei nach den geltenden moralischen Maßstäben unvermeidlich gewesen. Nach Andreas Renners Kleriker-Kritik beschwerte sich der SPD-Fraktionschef Wolfgang Drexler, dass Renner nicht vom Ministerpräsidenten entlassen worden sei. Günther Oettinger lasse das Gespür vermissen, welche Maßstäbe an das Verhalten von Ministern anzulegen seien. Dass es diese Standards nicht in ausdrücklich festgelegten Formulierungen gibt, mag bedauerlich sein. Aber die Reaktionen auf Rücktritte belegen, dass diese Standards trotz allem vorhanden sind.

Neues Personal, neue Antworten

Selten wird ein Rücktritt als vorbildhaftes Verhalten begrüßt. Das liegt daran, dass die meisten Rücktritte viel zu spät erfolgen, um den Anschein zu erwecken, hier reagiere jemand nicht auf öffentlichen Druck, sondern aus moralischen Erwägungen. Die wenigen raschen Rücktritte ernten dagegen Anerkennung. So lobte die FAZ,

Rudolf Seiters' Rücktritt sei geeignet, neue moralische Maßstäbe zu setzen. Hat Seiters' Rücktritt neue moralische Maßstäbe gebracht? Immerhin wird sein Rücktritt immer wieder als vorbildhaft herausgestellt, denn mit diesem Schritt hatte er den Skandal um die Todesschüsse von Bad Kleinen entschärft. Die Vorgänge wurden damit nicht aufgeklärt, aber es wurde eine atmosphärische Beruhigung erreicht. Der Volksmund spricht in solchen Fällen vom reinigenden Gewitter.

Eine Reinigung, meist eine Selbstreinigung, wird oft mit Rücktrittsforderungen in Verbindung gebracht. Vor Jürgen Möllemanns Amtsverzicht fragte die *Welt* besorgt, wie weit die Selbstreinigungskräfte der Demokratie reichten. Angesichts des verzögerten Rücktritts von Heinrich Lummer klagte die *taz* über die erschöpfte Selbstreinigungskraft des Berliner Senats. Als in Hessen der dringlich gewordene Rücktritt von Albert Osswald immer weiter hinausgeschoben wurde, warnte die *Süddeutsche* vor düsteren Verallgemeinerungen: Diese Tragödie dürfe nicht zu dem Schluss führen, die Demokratie sei zu immobil geworden, um sich selber zu reinigen.

Wer keine weiße Weste mehr hat, so ist diesen spitzen Kommentaren zu entnehmen, sollte zurücktreten. Zu diesen Reinigungsritualen gehört auch der Begriff der politischen Hygiene. Den Rücktritt von Steffen Heitmann würdigte die sächsische FDP als Beitrag zur Wiederherstellung der politischen Hygiene. Anlässlich des Rücktritts von Rainer Barzel meinte das *Handelsblatt*, Fragen der politischen Hygiene seien nie Bagatellfragen. Die Metaphern aus dem Sanitärwesen weisen auf eine elementare Funktion des Rücktritts hin. Eine Anrüchigkeit wird beseitigt, eine Wunde geschlossen. Ob sich dadurch langfristig etwas ändert, ist eine andere Frage.

Die Befürchtung, durch einen Rücktritt werde zwar das Personal ausgewechselt, das Problem aber nicht behoben, zieht sich durch die politischen Kommentare. Wenn der Rücktritt nach einer Skandalisierung erfolgte, die auf Organisationsmängel im Ministerium zurückgeht, erwartet die Öffentlichkeit wenig Abhilfe. Nach dem Rücktritt von Werner Best meinte die *Süddeutsche*, nun sei zwar ein Kopf gefallen, aber der Hanauer Giftmüllskandal nicht aus der Welt geschafft. In diesem Sinn kommentierte das ZDF die Demission von Jürgen Baumann. Es müsse sich jetzt auch in den Strafanstalten etwas ändern, sonst sei der nächste Rücktritt bereits vorprogrammiert.

Das Argument, ein Auswechseln der Personen löse die Probleme nicht, verwenden Regierungschefs, um den eigenen Rücktritt oder den eines Ministers abzuwehren. Klaus Schütz wies die Rücktrittsforderungen aus seiner Partei mit den Worten ab, die Schwierigkeiten der Berliner SPD sollten politisch begriffen werden, nicht persönlich oder personell. Das half ihm aber nicht, im Amt zu bleiben, ebenso wenig wie der Einsatz von Bürgermeister Eberhard Diepgen Heinrich Lummer rettete. Es sei, wandte sich Diepgen gegen die Opposition, ein billiges Klischee, nicht Probleme zu lösen, sondern Menschen zu ersetzen. Eine gegenteilige Auffassung vertrat der Hamburger Bürgermeister Klaus von Dohnanyi nach dem Rücktritt von Rolf Lange und Eva Leithäuser. Er wolle an seiner Politik festhalten, aber die beiden Senatoren haben das Vertrauen der Bevölkerung verloren, meinte Dohnanyi. Daher habe er sie ersetzen müssen, um mit neuem Personal die gleiche Politik fortführen zu können.

Und was hat sich durch den Rücktritt von Oskar Lafontaine geändert? Der Dax stieg, der Euro stieg, Daimler-Chrysler-Aktien stiegen. Und sonst? Was bedeutete Lafontaines Rücktritt für die Regierung? Die Antwort auf die Frage, ob dieser Schritt eine Verbesserung brachte, hängt von der politischen Einstellung des Betrachters ab. In formaler Hinsicht war die Konsequenz deutlich. Objektiv war Lafontaines Abgang eine Erleichterung. Die Gegensätze innerhalb des Kabinetts waren aufgelöst, Schröder war seinen Widersacher los und konnte einfacher regieren. Und was machte Lafontaine? Er musste nicht mehr den Spagat zwischen seiner politischen Vorstellung und der Kabinettsdisziplin aushalten. Für ihn hatte sich die Situation zumindest für den Moment geklärt.

Stolperstein Parteifreunde
Nicht die Skandale, für die sich Innenminister Werner Maihofer rechtfertigt, bewirkten seinen Rücktritt, sondern die eigene Partei.

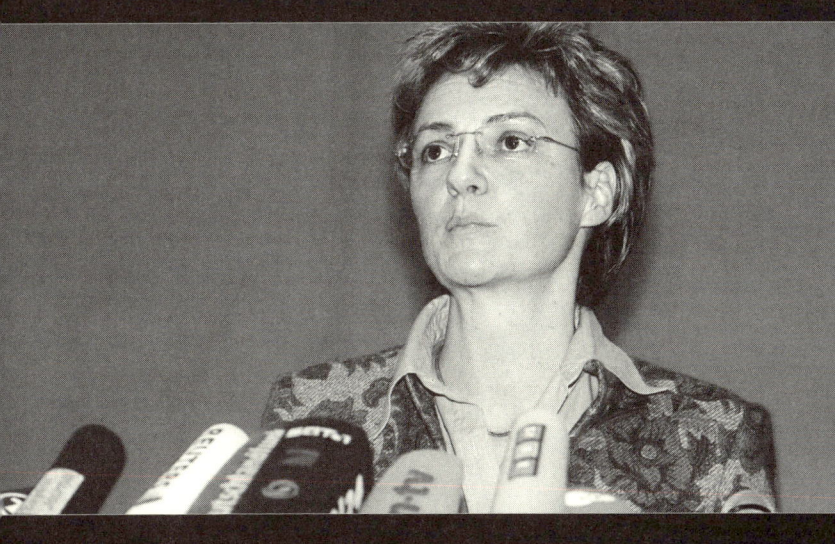

Zum letzten Mal Aufmerksamkeit
Lothar Späth (links), Gregor Gysi, Monika Hohlmeier, Alfred Gomolka und Rudolf Seiters geben ihren Rücktritt bekannt (im Uhrzeigersinn).

PARLAMENTARISCHE WAHRHEITSFINDUNG
Vor Untersuchungsausschüssen rechtfertigen sich Lothar Späth
(oben), Günther Jansen (unten) und Otto Graf Lambsdorff (rechts).

LÜGEN IN ZEITEN DES KALTEN KRIEGES
Bald nach seiner Rechtfertigung vor dem Bundestag muss
Verteidigungsminister Franz Josef Strauß das Kabinett verlassen
(folgende Seite).

KAPITEL 17

Das Leben danach

Nicht unbedingt am Ende seiner Karriere

So hatte er es sich vorgestellt. Endlich frei von den Lasten der Amtsgeschäfte die Tage in Muße zu verbringen. Zurückgezogen in seine prächtige Villa auf dem Land. Von den Staatsgeschäften hörte er noch manches, aber er mischte sich nicht mehr ein. Nur in der Kommunalpolitik engagierte er sich noch. Als im Nachbarort ein Konflikt zwischen Alteingesessenen und Zugezogenen ausbrach, sprang er als Schlichter ein. Für die Hauptstadt plante der 60-Jährige ein neues Archivgebäude. Aber sonst – es gab so viele schöne Dinge zu tun: die Freuden der Jagd und der Fischerei, fröhliche Feste mit Schauspielern und Tänzern. Und dann war da noch Valeria, seine junge Ehefrau, mit der er erst seit kurzem vermählt war. Doch nur ein Jahr als Privatmann war ihm vergönnt. Die Phtiriasis, eine eklige Läusekrankheit, fraß ihn auf. In Puteoli am Golf von Neapel starb Sulla im Jahr 79 v.u.Z. Er hatte sich, wie Plutarch und andere Biografen überliefern, nach seinem Rücktritt das Leben gut eingerichtet.

> Es ist noch nicht aller Tage Abend.
> *Livius, Römische Geschichte*

Sulla hatte genaue Vorstellungen davon, was er nach der Niederlegung seines Amtes machen wollte. Das wissen nicht alle Politiker bei einem plötzlichen Ende ihrer Regierungstätigkeit. „Und was wird aus mir?", entfuhr es Heide Simonis im März 2005. Die schleswig-holsteinische Ministerpräsidentin war nicht zurückgetreten, aber überraschend abgewählt worden. Ihre Frage wirft ein Schlaglicht auf das berüchtigte schwarze Loch, das sich nach einem plötzlichen Amtsende auftut. Viele Antworten auf die Frage nach der Zeit „danach", dem Leben nach dem Rücktritt, sind denkbar.

Die post-ministerielle Existenz lässt sich unterschiedlich gestalten. Zwei entgegengesetzte Optionen sind möglich: zum einen die Bühne der Politik zu verlassen, zum anderen weiterhin nach Ämtern und Mandaten zu streben. Aber in den meisten Fällen handelt es sich nicht um ein einfaches Entweder-Oder. Es gibt Abstufungen in der öffentlichen Präsenz, Teilrückzüge auf Hinterbänke und in Ausschüsse. Außerdem haben sowohl der Verbleib in der politischen Arena als auch der Ausstieg aus der Politik verschiedene Ausprägungen.

Wer als Regierungschef oder Minister zurücktritt, behält oft seinen Sitz als Abgeordneter und kann unter Umständen weiter Karriere in seiner Partei machen. Gelegentlich kommt es zu Differenzen mit der Partei, dann erfolgen spektakuläre Aus- oder Übertritte. Ein Zurückgetretener kann sich auch als elder statesman über die Parteigrenzen stellen. Nicht weniger weiträumig ist das Betätigungsfeld außerhalb der Politik. Je nach Tätigkeit vor dem Ministeramt besteht die Gelegenheit, in einen Beruf zurückzukehren. In vielen Fällen eröffnet sich aber auch ein neuer Horizont, sofern nicht das fortgeschrittene Alter einen Neuanfang verhindert.

Was Politiker nach einem Rücktritt treiben, ist im Bewusstsein der Öffentlichkeit kaum gegenwärtig. Das liegt daran, dass die Aufmerksamkeit der Medien nach dem Rücktritt schlagartig erlischt, egal ob die bisherige Spitzenkraft zur Un- oder zur Privatperson erklärt wird. Das öffentliche Interesse wendet sich dem neuen Akteur zu. Unmittelbar nach seiner Demission sieht sich der Abgetretene nur noch wenigen Fragen ausgesetzt: wie er sich fühlt und was er künftig zu tun gedenkt. Aber die Antworten sind unwesentlich. Das gilt auch für eine weitere Frage, die im Moment des Rücktritts noch für etwas Aufregung gut ist: Wie sieht die finanzielle Absicherung aus? Diese ist heute auch denjenigen garantiert, die nicht über so ertragreiche Latifundien verfügen wie einst Sulla.

Erleichtert in die Zukunft

Eugen Gerstenmaier war schwer getroffen. Der Rücktritt hatte sein Selbstverständnis erschüttert. Und nicht nur das. Dieser Schritt schien seine gesamte politische Arbeit in Frage zu stellen. Für ihn war es, als würden seine Leistungen – sein Engagement gegen die NS-Diktatur, 14 Jahre Amtszeit als allseits respektierter

Bundestagspräsident – nicht mehr zählen. Gerstenmaier sah sich, so schrieb er an Freunde kurz nach der Amtsniederlegung, vom Gespenst eines vergeblich gelebten Lebens bedroht. Bei einem derart schmachvollen Abgang mag für den Betroffenen im ersten Moment das Gefühl der Zerstörung seines Lebenswerks vorherrschen. Häufiger als solche Verlustängste aber äußern Zurückgetretene als erstes eine andere Empfindung: Erleichterung.

So war es bei Willy Brandt, nachdem er seinen Rücktrittsbrief losgeschickt hatte. Im privaten Gespräch vertraute er seine Gefühle Bundespräsident Heinemann an: „Gustav, ich war zum ersten Mal seit langer Zeit wieder fröhlich."[1] Diesen Eindruck vermittelte Brandt auch den Journalisten, die ihn drei Tage nach seinem Amtsverzicht aufsuchten. Brandt wirkte entspannt, heiter und befreit. Die Erleichterung, nicht mehr die Bürde der Macht tragen zu müssen, war unübersehbar. Schon in seiner Fernsehansprache, der öffentlichen Stellungnahme zu seinem Rücktritt, hatte er betont, erstmals gelöst von der Pflicht des Staatsamtes zu sprechen. Eine solche Entlastung tritt vor allem ein, wenn wie bei Georg Leber der Demission eine längere Phase der Skandalisierung vorausging. Hatte er vor der Entscheidung unter dem Joch des Amtes sichtlich gelitten, zeigte er danach gut gelaunte Gelassenheit. Alles Schwere schien von Leber abgefallen, notierte ein Besucher beruhigt. Solche Selbstdarstellungen dürften aufrichtig sein. Die Betonung der Erleichterung heißt nicht, dass da einer leichten Herzens gegangen wäre. Sie meint die Horizontöffnung nach einer skandal- oder stressbedingten Verengung.

Zwei Themen bestimmen oft den ersten Moment nach dem Rücktritt: die Ruhe und die Briefmarken. Der Wunsch nach Ruhe bezieht sich auf überstandene Strapazen, die durch seelischen Druck und Schlafentzug bei einer Skandalisierung oder durch immenses Arbeitspensum entstanden sein können. Carl-Heinz Evers meinte ironisch, jetzt könne er erst einmal elf Jahre Überstunden abbummeln. Der Rücktritt hat die Koordinaten verschoben, zumindest ist die Zeitachse erst einmal leergefegt. Die Briefmarken sind das Symbol eigenständigen Alltagshandelns, das nach jahrelanger Betreuung durch Schreibkräfte und Referenten neu erlernt werden muss. Diether Deneke klagte nach seinem Rücktritt, zum ersten Mal seit 20 Jahren ohne Sekretärin zu sein. Briefmarken hatte er zuletzt zehn Jahre zuvor eigenhändig gekauft. Auch Jörg König sah sich plötzlich mit banalen Anforderungen konfrontiert. „Wo ist eigentlich das nächste Postamt?", fragte er sich in der ersten Orientierungsphase.[2]

Der Hamburger Ex-Senator König machte noch eine andere Erfahrung: die Unterscheidung zwischen Freunden und angeblichen Freunden. Die einen hätten ihm geholfen, die anderen mit Häme reagiert. Ähnlich war es bereits Gustav Heinemann ergangen, der als erstes Mitglied einer Bundesregierung zurücktrat. „Schon in dem Augenblick meines Ausscheidens aus Bonn setzte prompt die Abkehr derer ein, die nur mit einer Ministerbekanntschaft sich selber hatten wichtig tun wollen", schrieb er in einem Brief.[3] Dies sei nicht verwunderlich, konstatierte Heinemann angesichts der politischen Stimmung Anfang der fünfziger Jahre. Andere erhielten Zuspruch von unerwarteter Seite. Eugen Gerstenmaier erfreute sich vieler Sympathie-Briefe, die ihm halfen, mit seiner Situation zurechtzukommen. Die persönliche Lage kann zu einer existentiellen Krise werden. Die Frage nach dem „Was tun?" stellt sich von allein, wird aber auch von Journalisten gestellt.

Die Antwort darauf hängt vom Anlass und den Umständen des Rücktritts ab. Wer wie Sulla seinen Abgang selbst betrieben hat, weiß zumeist, was er künftig tun möchte. Den erwischt es nicht so kalt wie Heide Simonis. Horst Werner Franke etwa stand sein Ziel vor Augen. Der altgediente Minister sehnte sich nach dem Ort seiner Kindheit zurück. Ein niedersächsisches Dorf, in dem er zwei Morgen Land mit Gewächshaus und einem Pferd namens Bille besaß. „Hier will der Senator a.D. seine Seele baumeln lassen und ein bißchen Ackerbau und Viehzucht treiben", war über seine Zukunftsgestaltung zu lesen.[4] Für andere schien die Zeit ihrer Hobbys gekommen zu sein. Georg Leber sah sich als Freizeitmaler an einer Staffelei stehen. Otto Schedl freute sich auf das Ordnen seiner Bibliothek mit 3000 Bänden.

Nicht jeden treiben bestimmte Vorstellungen über seine baldige Betätigung um. Klaus von Dohnanyi hatte weder berufliche Pläne noch konkrete Absichten, er wollte erst einmal eine Auszeit zur Besinnung nehmen. Johannes Rau hielt sich mit Auskünften bedeckt. Er sehe seiner Zukunft mit Unsicherheit und Neugier entgegen. Zu der üblichen Frage, ob er das Amt des Bundespräsidenten im Auge habe, wollte sich Rau bei der Bekanntgabe seines Rücktritts nicht äußern. Längst hatten Gerüchte über entsprechende Pläne die Runde gemacht. Andere verwiesen auf ihren erlernten Beruf. Carl-Heinz Evers brachte seine Ausbildung als Mathelehrer in Erinnerung und erwähnte den Personalmangel in diesem Bereich. Wolfgang Büsch führte seine Zulassung als Anwalt ins Feld. Er hatte genug vom Senatorengeschäft und sah für sich keine weitere Betätigung in der Politik. „Ich glaube, daß man auch als Politiker einmal ins Privatleben zurückgehen kann", meinte Büsch.[5]

Andere dagegen dachten gleich an neue Vorhaben. Heinz Kühn war schon bald nach seinem Amtsverzicht wieder tatendurstig. „Ich fühle mich richtig befreit und begierig für neue Aufgaben und Ziele", ließ er seinen ehemaligen Referenten wissen. Sein Terminkalender sei bald wieder so gefüllt wie in seiner Zeit als Ministerpräsident. Kurz darauf bekannte Kühn gegenüber einer früheren Mitarbeiterin: „In der Ruhe einer Pensionsexistenz vermöchte ich nicht zu leben."[6] Womit auch immer der Terminkalender künftig gefüllt sein mag – Termine auf dem Sozialamt gehören nicht dazu. Die Frage der Versorgung von Politikern nach einem Rücktritt erfreut sich größten Interesses.

Versorgung und Versicherung

Er fühle sich wie die fünf Millionen Arbeitslosen, jammerte Andreas Renner zwei Tage nach seinem Rücktritt. „Wie bitte?", konterte die *Bild*-Zeitung entrüstet und zählte die verbalen Entgleisungen des als Brilli- und Tattoo-Minister verhöhnten Renner auf. Der Ärger war groß: „Für diese Unverschämtheiten kriegt er auch noch 62 000 Euro!"[7] Die Summe, so die genaue Aufschlüsselung, setzte sich zusammen aus der dreimonatigen Gehaltsfortzahlung und dem Übergangsgeld, der Hälfte des Einkommens für weitere sechs Monate. Die empörten *Bild*-Reporter versäumten nicht darauf hinzuweisen, Renner sei gerade mal neun Monate im Amt gewesen. Das Übergangsgeld ist ein beliebtes Thema. Leicht lässt sich damit das Klischee vom Abzocker auf dem Ministersessel bedienen.

Das Übergangsgeld ist das eine, die Ministerpension das andere. Immer wieder wird in Berichten über Rücktritte das stattliche Ruhegeld hervorgehoben. Ehemaligen Bundesministern steht es bereits ab dem 55. Lebensjahr zu. Ihnen werde eine Altersversorgung gegönnt, von der normale Sterbliche nur träumen könnten, meinte der *Spiegel* nach dem Rücktritt von Michael Naumann.

Nach lediglich 698 Tagen hatte sich der Kurzzeit-Minister einen Anspruch auf eine Pension von 2840 Mark pro Monat erworben. Nicht erst in Zeiten von Rentenkürzungen und Steuererhöhungen fragen sich *Bild-* oder *Spiegel*-Leser, ob solche Bezüge angemessen sind. Der kleine Mann oder Normalsterbliche kann von finanziell derart paradiesischen Zuständen nur träumen.

Eine besondere Art wirtschaftlicher Vorsorge, die Garantie, auf einen Posten in der Wirtschaft zurückkehren zu können, findet sich nicht so häufig. Bevor Gustav Heinemann 1949 Adenauers Angebot annahm, als Innenminister nach Bonn zu kommen, vereinbarte er, dass ihm sein Platz in der Unternehmensführung der Rheinischen Stahlwerke reserviert blieb. Ebenso hielt sich Otto Graf Lambsdorff seinen Sitz in der Führungsetage warm. Seine Bedingung für die Annahme des Ministerpostens war die Zusage, jederzeit wieder bei der Viktoria Rückversicherungs AG weitermachen zu können. In seltener Ungeniertheit stand Lambsdorff zu dieser materiellen Voraussetzung: „Diesen Fall ins Freie hätte ich nicht exerzieren können." Er sei weder reich noch uneigennützig. „Ich bin kein Altruist", gestand der Versicherungsexperte im *Spiegel*.[8] Außerdem fand er es schon schlimm genug, als Minister künftig auf die Hälfte seines bisherigen Einkommens verzichten zu müssen. Die Aussagen stammen aus dem Jahr 1977. Wer würde sich heute, in Zeiten geforderter Flexibilität, noch so ungehemmt über seine Rückversicherung äußern?

Weil die Zahl der Quereinsteiger unter den Ministern abgenommen hat, finden sich solche Rückkehrregelungen in jüngerer Vergangenheit selten. Dafür gewähren die Parteien zurückgetretenen Ministern die weitere Mitarbeit. Dabei mögen Aspekte des Lebensunterhalts für den Ehemaligen eine Rolle spielen, entscheidend aber ist das politische Weitermachen. Nur in seltenen Fällen kommt es bei einem Rücktritt zum Bruch mit der Partei.

Pause auf der Hinterbank

„Die politische Laufbahn Eugen Gerstenmaiers ist beendet", urteilte Klaus Harpprecht im *Spiegel*.[9] Seine Bereicherungsversuche würden ihm bis an sein Lebensende anhängen. Er brauchte sich nicht noch einmal um ein Amt zu bewerben. Im Fall von Gerstenmaier war die Sachlage eindeutig. Das lag nicht nur an der Dimension seiner Verfehlung, sondern auch an seinem Alter. Mit 61 Jahren war es nicht weit hergeholt, an den Ruhestand zu denken. Auch bei anderen Ministern, die bei ihrem Rücktritt etwa in Gerstenmaiers Alter waren, war das Ende der politischen Karriere absehbar – bei dem 58-jährigen Georg Leber oder bei Gerhard Stoltenberg mit seinen 63 Jahren. Doch nicht immer muss es die fortgeschrittene Lebenszeit sein, die eine politische Tätigkeit mit dem Rücktritt als abgeschlossen erscheinen lässt. Auch Gerd Gies, mit dem Vorwurf der Intrige konfrontiert, prophezeite die *Berliner Zeitung* das Ende seiner kurzen politischen Karriere.

Solche Prognosen in den Medien sind naheliegend. Wer sich so gründlich blamiert hat, wird kaum noch einmal das Rampenlicht suchen. Und doch sind derartige Abgesänge keineswegs durchgängig. Selbst wenn der Amtsverzicht durch eine Skandalisierung erzwungen wurde, muss er nicht das Aus bedeuten. So galt der Rücktritt Jürgen Möllemanns nicht als Abbruch, sondern lediglich als Unterbrechung seiner Karriere. Zwar sei er jetzt gestolpert, aber wer wisse, wann er wieder zurückstolpere. „Ein Möllemann tritt notfalls zurück, nicht jedoch ab", bemerkte die *Frankfurter Rundschau*.[10] Aber nicht nur Politikern wie Möllemann, als Stehaufmännchen charakterisiert, wurde zugestanden, die politische Arbeit zu einem späteren Zeitpunkt wiederaufzunehmen. Sogar den Gipfel aller Peinlichkeiten, Philipp Jenningers Gedenkrede, werteten die Kollegen nicht als endgültiges Ausschlusskriterium. Helmut Kohl verkündete vor der Unions-Fraktion, Jenninger solle sich erst einmal im Hintergrund halten. Aber, so Kohl: „Der Mann hat Zukunft."[11] Vielleicht war Kohls Einschätzung auch nur diplomatisch dahergesagt. Sie ging jedenfalls nicht auf. Jenninger blieb für den Rest seines beruflichen Lebens in der Versenkung, denn zum Weitermachen gehören zwei: die eigene Partei, die den Rahmen dafür bietet, und der Zurückgetretene, der sein weiteres Engagement wünscht.

Aber Philipp Jenninger wäre vor Scham am liebsten im Erdboden versunken, wollte in seiner Verzweiflung auch sein Bundestagsmandat niederlegen. Doch davon hielten ihn Parteifreunde wie Opposition ab. Er hatte sich auf dem Präsidentenpodest unmöglich gemacht, in den hinteren Rängen des Hohen Hauses würde er jedoch nicht weiter auffallen. Tatsächlich meldete sich Jenninger von der Hinterbank nicht mehr zu Wort. Und schon bei der folgenden Bundestagswahl im Dezember 1990, zwei Jahre nach seinem Rücktritt, kandidierte er nicht mehr. Jenningers Ausstieg war eine Ausnahme. Zahlreiche Ex-Amtsträger blieben auch nach ihrem Rücktritt im Parlament – von Konrad Adenauer über Willy Brandt bis zu Hans-Dietrich Genscher.

Die Unabhängigkeit von einem bisherigen Amt, die Befreiung vom Protokoll nach einem Rücktritt, kann ein Gewinn an politischer Freiheit sein. Einen größeren Spielraum erhoffte sich schon Konrad Adenauer. Als Abgeordneter sei er von manchen Fesseln befreit, meinte der scheidende Bundeskanzler, der Platz auf der Regierungsbank schränke auch ein: „Der gestattet einem nicht immer, freien Schrittes zu gehen und frei zu sprechen."[12] Auch Hans-Dietrich Genscher vermutete, als einfacher Parlamentarier größere Handlungsmöglichkeiten zu haben. Er kündigte an, von der Unabhängigkeit eines Abgeordneten Gebrauch machen zu wollen. Ob diese Ungezwungenheit neue Spielräume eröffnete, ob diese genutzt wurden, war unterschiedlich. Der Gebrauch der neuen Redefreiheit setzt voraus, dass die Abgeordneten gehört werden wollen. Das traf in diesen Fällen zu. Auch wenn die Demission durch einen Skandal erzwungen war, muss dies keine Auswirkungen auf das Mandat haben. So blieb Herta Däubler-Gmelin ebenso Mitglied des Bundestages wie Otto Graf Lambsdorff oder Jürgen Möllemann. In den Landesparlamenten verhält es sich nicht anders. Wer erst einmal ein Spitzenamt innehatte, kann seiner Partei auch anderweitig dienlich sein. Das zeigen viele Polit-Karrieren.

Ein Rücktritt schließt einen Aufstieg in die Fraktionsführung oder in den Landesvorstand der Partei nicht aus. Dabei spielt der Grund des Rücktritts keine erkennbare Rolle. 15 Monate vergingen, bis Werner Best zum stellvertretenden Vorsitzenden der hessischen SPD-Fraktion gewählt wurde. Seinem Rücktritt als Landwirtschaftsminister im Oktober 1973 war ein Giftmüllskandal vorausgegangen. Nur wenig mehr als zwei Monate nach seinem Rücktritt wurde Carl-Heinz Evers in den Bundesvorstand der SPD gewählt. Seine Wahl war allerdings ein Signal der Parteibasis, die damit zeigte, wie wichtig ihr die Bildungsreform war.

Bei fast allen Ämtern und Funktionen finden sich Beispiele, dass sie Zurückgetretenen übertragen wurden. Keine vier Wochen nach seinem unfreiwilligen Rücktritt als NRW-Finanzminister wurde Friedrich Halstenberg zum Bundesschatzmeister der SPD gewählt.

Die Begründung: Halstenberg habe sich Verdienste als Finanzfachmann erworben, außerdem sei er nicht aus ehrenrührigen Gründen zurückgetreten. Otto Graf Lambsdorff wurde trotz seiner Verurteilung und seinem peinlichen Rücktritt vier Jahre zuvor sogar Bundesvorsitzender der FDP. Sowohl Georg Leber wie Rudolf Seiters wurden Vizepräsidenten des Bundestages. Diese Fälle zeigen, dass einem Zurückgetretenen alle Ämter und Würden offen stehen – sofern der Rücktritt nicht wegen Unfähigkeit erfolgte. Bei Leber war die Skandalisierung offenbar schnell in Vergessenheit geraten. Bei Seiters war es gerade die Demission aus Verantwortung, die ihm Reputation eingebracht hatte. Ein Rücktritt bedeutet also keineswegs eine Disqualifizierung.

Der zweite Versuch

Der Grund für den Rücktritt war nicht Unvermögen, sondern mangelndes Glück. So stellte es Hamburgs Bürgermeister Klaus von Dohnanyi dar. Notgedrungen akzeptierte er den Amtsverzicht seines Innensenators Rolf Lange wegen der Morde im Altonaer Polizeipräsidium. Dort hatte die Hamburger Rotlichtgröße Werner Pinzner den Staatsanwalt Wolfgang Bistry, seine Ehefrau und sich selbst erschossen. „Lange hatte eine ungewöhnliche Pechsträhne", bedauerte Dohnanyi.[13] Aber er hielt den Unglücklichen weiter für ministrabel. Der Skandal um Pinzner habe, so der Regierungschef, Langes Fähigkeiten nicht in Frage gestellt. Gegen die ungünstigen Umstände war Lange machtlos. Allerdings erhielt er trotz dieser Vertrauenserklärung nicht noch einmal ein Ministeramt. In anderen Fällen dagegen war die Demission kein Hindernis für eine Rückkehr an den Kabinettstisch.

Der Grund des Rücktritts spielt anscheinend keine Rolle, wenn ein zurückgetretener Minister reaktiviert wird. Selbst wer im Streit mit seiner Partei zurückgetreten ist, kann erneut zu hohen Würden gelangen. Peter Schulz, von den Genossen an der Elbe zum Rücktritt als Bürgermeister gezwungen, wurde vier Jahre später Präsident der Hamburger Bürgerschaft. Er war der Erste, der beide höchste Staatsämter der Hansestadt innehatte. Auch ein früherer Rücktritt aus Protest muss kein Manko sein. Gustav Heinemann, wegen Adenauers Rüstungspolitik als Innenminister ausgeschieden, wurde später Bundespräsident. Bereits seit 1966 war er wieder als

Minister in der großen Koalition für das Ressort Justiz zuständig. Heinemann ist allerdings aus zwei Gründen eine Ausnahme. Zum einen hatte er die Partei gewechselt, zum anderen lagen zwischen dem Rücktritt und seiner erneuten Ernennung 16 Jahre. In dieser Zeit hatte sich das politische Klima in der Bundesrepublik erheblich verändert. Fünf Jahre waren bei Christa Thoben zwischen Rücktritt und neuerlicher Kür vergangen. Im März 2000 hatte sie die Berliner Kulturbehörde verlassen, im Juni 2005 fand sie sich auf dem Chefsessel des NRW-Finanzressorts wieder. Was ihr die verärgerte Berliner CDU damals nachgeworfen hatte, war da schon lange vergessen.

Sogar eine frühere Skandalisierung schließt neuerliche Ministerwürden nicht aus. So wurde Franz Josef Strauß, wegen der Spiegelaffäre als Verteidigungsminister abgegangen, unter Kurt Georg Kiesinger Finanzminister. Die Aktionen gegen den *Spiegel* waren nicht die einzige Affäre des skandalresistenten Bayern. Aber was dem Populisten auch immer an Filz und Vergehen vorgeworfen wurde – nichts konnte seiner politischen Karriere etwas anhaben. Von 1978 bis zu seinem Tod 1988 amtierte er als Bayerischer Ministerpräsident und trat bei der Bundestagswahl 1980 sogar als Kanzlerkandidat der Union an. Die Lottoaffäre des Jahres 1994, in der sie fragwürdige Abfindungen und Arbeitsverträge der Lotto-Chefs in Hessen zu verantworten hatte, hinderte auch Annette Fugmann-Heesing nicht daran, gerade mal zwei Jahre nach ihrem Abgang als hessische Finanzministerin dieses Ressort in Berlin zu übernehmen.

Fugmann-Heesing besetzte dasselbe Amt in einem anderen Bundesland. Aber selbst die Rückkehr auf die gleiche Position am alten Ort ist möglich. So wurde Horst Rehberger neun Jahre nach seinem Rücktritt erneut Wirtschaftsminister in Sachsen-Anhalt. Er war einer der Westminister, die an der Gehaltsaffäre gescheitert waren. Sieben Jahre verstrichen, bevor Hermann Oxfort ein zweites Mal die Funktion des Justizsenators in Berlin übernahm. Oxfort hatte die Flucht von vier Terroristinnen aus einem Berliner Knast zu verantworten. Wenig mehr als vier Jahre waren vergangen, bevor Willi Görlach wieder zum hessischen Landwirtschaftsminister berufen wurde. Bei seinem Rücktritt wegen eines Umweltskandals im März 1980 hatte die *Frankfurter Rundschau* den 39-Jährigen getröstet, er müsse sich „nicht unbedingt am Ende seiner Karriere wähnen."[14]

Als beliebte Methode, einen Amtsverlust auszugleichen, dient die Delegation eines Ex-Ministers in den Bundestag oder ins Europaparlament. Wer sich auf Landesebene unmöglich gemacht hat wie Heinrich Lummer in Berlin, wird auf die Bundesebene abgeschoben. Heftig protestierte die Opposition gegen Lummers Gang nach Bonn. Auch wer als ehemaliger Regierungschef nicht wieder in den Fraktionsverband zu integrieren ist, wird weggelobt. Ob das nach Kuhhandel aussieht oder nicht – um einen ungeliebten Kollegen loszuwerden, um einen verdienten Mitstreiter zu beschäftigen, wird er nach Straßburg oder in die Bundeshauptstadt geschickt. Wie eng der Zusammenhang zwischen Rücktritt und Gnadenbrot sein kann, zeigte sich bei Wilhelm Hahn, dessen Rücktritt Ministerpräsident Hans Filbinger verlangt hatte. Mit einem Schreiben vom 2. Mai 1978 erklärte Hahn seinen Rücktritt, und zugleich bedankte er sich für den Beschluss des Landesvorstands der CDU, ihn auf einem der Spitzenplätze der Kandidatenliste für das Europäische Parlament zu platzieren. Als wäre dies noch nicht deutlich genug, nannte Hahn zweimal das gleiche Datum. Die Vereinbarung mit Filbinger über seinen Amtsverzicht stammte vom 11. Februar 1978, ebenso der Beschluss des Landesvorstands.[15]

Neben diesen Beispielen des kaum behinderten Weitermachens oder parteilichen Aufstiegs finden sich Fälle, in denen durch einen Rücktritt ein anderes Stadium erreicht wird: wenn ein Politiker Fraktionsgezänk und Tagespolitik hinter sich lässt und sich außerhalb des engen Kästchendenkens engagiert.

Weisheit des Alters

Der Rücktritt hat Willy Brandt nicht geschadet – weder seinem Ansehen noch seiner Glaubwürdigkeit, weder seiner persönlichen Ausstrahlung noch seiner politischen Reichweite. Wenn die Demission Brandts Karriere als Bundeskanzler beendet hat, dann nur, um ihn eine neue Karriere beginnen zu lassen: als elder statesman. Willy Brandt war nach seinem Rücktritt nicht am Ende. Im Gegenteil. Er blieb nicht nur weiter Parteivorsitzender der SPD, sondern agierte, bestimmt von einer globalen Perspektive, von 1976 bis 1992 als Präsident der Sozialistischen Internationale. In den 70er Jahren war er Vorsitzender der Nord-Süd-Kommission. Drei Mal sprach er als Alterspräsident des Bundestags zum Beginn der Legislaturperiode. Sein Engagement bestätigte diejenigen, die Willy Brandts Begabung außerhalb von Entscheidungszwängen, Machtpoker und diplomatischen Verstellungen angesiedelt hatten.

Die Rolle des erfahrenen Altpolitikers, der als moralische Autorität über dem Parteienzwist steht, wird in der Bundesrepublik nicht oft besetzt. Ein Vertreter dieser seltenen Spezies unter den Zurückgetretenen war Gustav Heinemann, Inbegriff des anständigen Deutschen in Großbritannien. Herbert Weichmann oder Hans-Dietrich Genscher verkörperten den Typus des elder statesman. Genscher mahnte in seiner Partei häufig die Grundsätze des Liberalismus an, die nicht unter aktuellen Sachzwängen leiden sollten. Eindeutig positionierten sich nach ihrem Rücktritt die SPD-Mitglieder Heinrich Albertz, Carl-Heinz Evers und Erhard Eppler, der Mann fürs Grundsätzliche, wie *Das Parlament* spottete. Sie entwickelten sich, oft genug im Konflikt mit der Parteispitze, zu Wortführern der Umwelt- und Friedensbewegung. Als zornige alte Männer klagten sie Defizite der Tagespolitik ein. So lassen auch sie sich der Rubrik moralische Instanz zuordnen.

Eine neue Form der Betätigung können auch Ämter und Ehrenämter sein, die nur im weiteren Sinn politisch sind: Aufgaben, für die es Erfahrung, Kompetenz und Reputation bedarf und wofür ehemalige Regierungsmitglieder bestens geeignet sind. Diese Aufgaben haben etwas vom Otium cum dignitate, wie Cicero sagte, von der Muße mit Würde. Damit meinte der alte Römer ein behagliches Leben, das mit einer angesehenen Stellung verbunden ist. So ging Martin Bangemann als Mitglied der EU-Kommission nach Brüssel, Klaus Schütz repräsentierte die Bundesrepublik als Botschafter in Israel. Auch Philipp Jenninger flüchtete in den diplomatischen Dienst, übernahm die Vertretung in Österreich und anschließend bis zu seiner Pensionierung die im Vatikan. Klaus von Dohnanyi leitete 2003 eine nach ihm benannte Kommission zur Reform des Hamburger Hochschulwesens. Danach engagierte er sich als Sprecher des Gesprächskreises Ost, der von der Bundesregierung eine Kurskorrektur in der Förderung der neuen Länder forderte. Rudolf Seiters übernahm die Präsidentschaft des Deutschen Roten Kreuzes, Kurt Biedenkopf ließ sich 2002 als Mitglied für das Kuratorium Fluthilfe gewinnen. Im Jahr darauf agierte er als Gründungspräsident der privaten Hochschule Dresden International University.

In manchen Fällen hatte die spätere Tätigkeit sogar etwas mit dem Rücktrittsgrund zu tun. Diether Deneke, der sich gegen Autobahnpläne im Naturschutzgebiet gewandt hatte, wurde Präsident der NRW-Stiftung für Naturschutz, Heimat- und Kulturpflege. Christian Schwarz-Schilling, der gegen die Untätigkeit der Bundesregierung in den Balkan-Kriegen protestiert hatte, war nach seinem Rücktritt zehn Jahre in Bosnien. Dort wirkte er als Schlichter zwischen Muslimen, Kroaten und Serben. 2005 wurde er der Hohe Repräsentant der Vereinten Nationen und EU-Sonderbeauftragter in Bosnien. In beiden Fällen war die post-ministerielle Tätigkeit eine konsequente Fortsetzung der Überzeugungen, die beide als Minister nicht durchsetzen konnten. Auch Marianne Birthlers weiterer Berufsweg hat einen Bezug zum Grund ihres Rücktritts. Mit ihrem Protest gegen den Amtsverbleib von Ministerpräsident Manfred Stolpe hatte sie sich für die Leitung der Behörde für die Stasi-Unterlagen profiliert. Die *taz* schrieb denn auch über die Grundlage ihres Karrieresprungs: „Dank Rücktritt im Aufwind".[16]

Marianne Birthler hatte ihren Rücktritt nicht mit ihrer Fraktion abgestimmt. Die war darüber nicht glücklich, weil der Abgang aus Stolpes Kabinett die Regierungsbeteiligung gefährden konnte. Aber Birthlers Rücktritt führte nicht zum Bruch mit ihrer Partei. Das ist nicht in allen Fällen so.

Der überspannte Bogen

Einen Tag nach Bismarcks Abschiedsaudienz beim Kaiser, am 27. März 1890, suchte der thüringische Gesandte Adolf von Heerwart den unfreiwillig Zurückgetretenen auf. Er überreichte ein Handschreiben des Großherzogs von Sachsen-Weimar. Bismarck war gerührt, schilderte die unschönen Umstände seiner Entlassung. Dabei machte er aus seinem tiefen Groll keinen Hehl. „Ich glaube", notierte Heerwart am folgenden Tag beunruhigt, „gestern den Blick in einen Krater getan zu haben, welcher von Zeit zu Zeit neue Ausbrüche befürchten läßt."[17] Heerwarts Sorge vor Querschüssen aus dem Sachsenwald sollte sich nicht bestätigen, war aber keineswegs unbegründet. Ein politischer Amoklauf des bitter enttäuschten Bismarck war nicht auszuschließen.

Auch in der Demokratie kann zum Problem werden, wie sich ein Politiker verhält, der im Unfrieden mit seiner Partei ausgeschieden ist, der aus dem Amt gedrängt wurde. Konrad Adenauer, dessen Abgang oft mit dem Bismarcks verglichen wurde, entgegnete auf die Frage nach seinem künftigen Verhalten: „Ich werde nicht etwa nun in die Schmollecke gehen und Widerstand leisten."[18] Keine drei Jahre später zeigte sich, dass der Altkanzler zwar nicht schmollte, aber sehr wohl Widerstand leistete. Mit weithin beachteten Redebeiträgen beteiligte er sich an der Demontage seines Nachfolgers Ludwig Erhard. Damit hatte Adenauer Anteil an Erhards Abgang im November 1966.

Aber Konrad Adenauer blieb seiner Partei trotz des erzwungenen Rücktritts bis zu seinem Tod verbunden. Noch bis März 1966 amtierte er als Bundesvorsitzender, danach wurde er zum Ehrenvorsitzenden ernannt. Die Querelen um seinen Zwangs-Ausstieg, die Nominierung des verhassten Erhard änderten nichts an Adenauers Loyalität zu seiner Partei. So war es nicht bei allen Demissionen. Rund ein Dutzend Zurückgetretene haben nicht nur ihr Amt, sondern auch ihr Mitgliedsbuch abgegeben. In einigen Fällen erfolgte der Parteiaustritt in Verbindung mit der Amtsniederlegung, in anderen ohne einen erkennbaren Zusammenhang.

Ohne Beziehung zum Rücktritt kam es etwa zu den Parteiaustritten von Ulrich Klug und Carl-Heinz Evers. Klug schied 1982, fünf Jahre nach seinem Amtsverzicht, aus der FDP aus, weil er den Koalitionswechsel der Liberalen in Bonn nicht mittragen wollte. Zwischen Evers Abgang als Kultursenator und seinem Austritt aus der SPD lagen sogar mehr als 20 Jahre. Es war die veränderte Haltung der Sozialdemokraten zum Asylrecht, die den Parteilinken an der SPD verzweifeln ließ. Diese Austritte waren sachlich begründet. Einzelfragen wurden als grundsätzliche Entwicklung gedeutet, gegen die Einspruch sinnlos zu sein schien. Es mag hinzugekommen sein, dass die Zurückgetretenen für sich keine weiteren Gestaltungsmöglichkeiten in ihrer Partei erwarteten.

Auch Jürgen Möllemann blieb nach seinem Rücktritt noch zehn Jahre in der FDP. Im März 2003 hatte er sich allerdings derart in eine innerparteiliche Sackgasse manövriert, dass ihm nur noch der Austritt blieb. Beim Bundestagswahlkampf 2002 hatten die Liberalen Möllemanns antisemitisch gefärbten Stimmenfang noch hingenommen. Nach dem Wahltag aber wurde abgerechnet. Im September 2002 musste Möllemann den stellvertretenden Bundesvorsitz abgeben, auch als NRW-Landeschef hatte er zu gehen.

Seine Gedankenspiele, eine eigene Partei zu gründen, verfestigten seinen Rückhalt in der FDP auch nicht. Im Februar 2003 verließ er die Bundestagsfraktion, im Monat darauf auch die liberale Abgeordnetengemeinschaft im Düsseldorfer Landtag. Möllemann hatte den Bogen der Provokation überspannt. Mit der Demission von 1993 hatte der Parteiaustritt nichts zu tun. Bei einigen anderen Rücktritten bestand allerdings ein Zusammenhang zwischen Rücktritt und einer Distanzierung zur Partei, selbst wenn mehrere Jahre dazwischen lagen. Die prominentesten Beispiele sind Gustav Heinemann, Karl Schiller und Oskar Lafontaine.

Wer draußen ist

Zwei Jahre nach seinem Rücktritt vom Oktober 1950 vergingen, bevor Gustav Heinemann der CDU den Rücken kehrte. Bis dahin hatte er gehofft, innerhalb der Christdemokraten etwas gegen die von Adenauer betriebene Wiederbewaffnung unternehmen zu können. Im November 1952 erkannte Heinemann, dass er in der Union hoffnungslos isoliert war. Er verließ die CDU und gründete die kurzlebige Gesamtdeutsche Volkspartei. Wie endgültig der Bruch mit dem Bundeskanzler war, zeigte eine Ansprache Konrad Adenauers im September 1953 in Heinemanns Heimatstadt Essen. „Wenn ich von Dr. Heinemann als Ihrem Mitbürger spreche, hoffe ich, Ihnen nicht zu nahezutreten", giftete Adenauer.[19] Auch anderweitig ließ sich der Kanzler höchst gehässig über seinen ehemaligen Innenminister aus.

Während sich Heinemanns Parteiaustritt erst aus der Rückschau als folgerichtig erweist, war ein solcher Schritt bei Karl Schiller bereits vor seinem Rücktritt naheliegend. Der Finanzminister hatte diese Spekulationen selbst aufgebracht. „Der schattenhafte Vorwurf, sogar die Möglichkeit eines Austritts aus der SPD angedeutet zu haben, hängt Schiller seit einigen Monaten an", kommentierte die *Süddeutsche Zeitung* im Mai 1972.[20] Im Juli des Jahres wurde gemunkelt, Schiller könnte sogar zur CDU übertreten. Ungenannte Beobachter wollten ihn am Rand eines DGB-Kongresses in Berlin im vertrauten Gespräch mit Oppositionsführer Rainer Barzel gesehen haben. Aber selbst wer solches berichtete, hielt eine Platzierung Schillers im Schattenkabinett von Kanzlerkandidat Barzel für unrealistisch. Zu einem Wechsel Schillers ins Unionslager kam es nicht, doch die Gerüchte über seinen Parteiaustritt bewahrheiteten sich. Kurz nach seinem Rücktritt im Juli 1972 stellte Schiller seinen Platz im Präsidium zur Verfügung, im September verließ er die SPD. Weniger Aufmerksamkeit erregte sein Wiedereintritt acht Jahre später.

Bundespräsident Gustav Heinemann, geprägt durch eigene Erfahrung, erteilte Schiller nach dessen Rücktritt Ratschläge zum künftigen Verhalten. Er ermahnte ihn, Nestbeschmutzung zu unterlassen, was Schiller nicht beherzigte. Im Herbst 1972 startete er mit Ex-Kanzler Ludwig Erhard eine Anzeigenkampagne, die sich gegen die Wirtschaftspolitik der SPD richtete. Danach hielt er sich in der Öffentlichkeit zurück. Das war bei Oskar Lafontaine anders.

Lautstark hatte Lafontaine mit seinem Rücktritt im März 1999 eine Politik-Abstinenz verkündet. Doch die war nur von kurzer Dauer. Bereits ein halbes Jahr danach meldete er sich mit seinem Zornbuch *Das Herz schlägt links* zurück. Im August 2000 warf er der Bundesregierung unanständiges Handeln vor. Im Jahr darauf stimmte er in die Kritik der Globalisierungsgegner von Attac ein. Lafontaines Ankündigungen, sich im saarländischen Wahlkampf für die Sozialdemokraten einzusetzen, wurde mit Skepsis aufgenommen. Die Führung der Bundes-SPD sah Lafontaine als Privatperson an. Nach der Devise „Wer raus ist, ist raus" wurde der ehemalige Vorsitzende weder zu Parteitagen noch zur 140-Jahr-Feier der Sozialdemokraten eingeladen. Zwar kam es noch einmal zu einem Händedruck zwischen Lafontaine und SPD-Generalsekretär Franz Müntefering – ein symbolischer Akt, der aber die Distanz nicht mehr überwinden konnte. Im Juni forderte Lafontaine einen Kurswechsel der SPD auf die Seite der Geringverdiener, im August 2004 verlangte er sogar den Rücktritt von Bundeskanzler Gerhard Schröder. Lafontaine beteiligte sich auch an den Montagsdemonstrationen gegen Schröders Reformpläne. Spätestens da war das Ende absehbar. Im Mai 2005 zog Lafontaine die Konsequenz. Nach 39 Jahren Mitgliedschaft verließ er die SPD. Als Grund nannte er unüberbrückbare Differenzen mit der Politik Gerhard Schröders. Lafontaine schloss sich der Wahlalternative Soziale Gerechtigkeit (WASG) an. Nur knapp drei Wochen nach seinem Austritt bei der SPD kürte die WASG ihn zum Spitzenkandidaten für die Bundestagswahl vom September 2005. Nachdem er dort ein Mandat errungen hatte, wurde Lafontaine Fraktionsführer des Bündnisses aus WASG und PDS. Sein gleichberechtigter Amtskollege, Gregor Gysi, war auch ein Zurückgetretener.

Wie kommt es zu solchen Konflikten, die nicht anders lösbar sind als durch die totale Trennung? Sie resultieren aus jeweils besonderen Problemlagen und individuellen Ausprägungen der Persönlichkeit. Doch solche Brüche sind nicht zwangsläufig, wie schon die geringe Zahl der Fälle zeigt. Wem die Umstände eine weitere Betätigung unerträglich machen, wer für sich keine Perspektive mehr sieht, zieht sich eher aus dem politischen Geschehen zurück als dass er rebelliert.

Was noch drin ist

Das öffentliche Urteil über Eugen Gerstenmaiers politisches Ende stand schnell fest. Bis er sich aber diesem Urteil anschloss, benötigte er einige Nachhilfestunden der Union im heimischen Württemberg. Dort wollte sich Gerstenmaier noch einmal für den Bundestag aufstellen lassen, aber eisiger Wind blies ihm ins Gesicht. Die anderen Kandidaten waren sauer. Aus der Jungen Union hieß es, die Wähler drohten mit Stimmentzug, falls Gerstenmaier kandidieren sollte. Auch die Landtagsfraktion zeigte eine breite Ablehnungsfront. Gerstenmaier kapitulierte und zog sich aus der Politik zurück.

Gerstenmaier war ein Ausnahmefall. Es kommt nicht häufig vor, dass die Partei einen Ex-Minister von der weiteren Mitwirkung im Parlament ausschließt. Auch einen vollständigen Rückzug aus Trotz vollziehen nur wenige. Eines der wenigen Beispiele gab Willy Dehnkamp. Den Bremer Bürgermeister hatte seine Partei im Oktober 1967 wegen erheblicher Stimmverluste bei der Bürgerschaftswahl unvermittelt zum Rücktritt genötigt. Dehnkamp war Spitzenkandidat seiner Partei gewesen – als die Partei ihn nicht mehr an der Spitze haben wollte, legte er auch sein Abgeordnetenmandat nieder. Er weigerte sich auch, an Empfängen und Veranstaltungen teilzunehmen, boykottierte sogar bockig dienstliche Konferenzen. Sofort und spurlos verschwand er aus dem politischen Geschehen. Nicht aus Trotz, sondern aus abgeklärter Weisheit entschloss sich Erwin Teufel zu einem platonischen Neuanfang – mit 65 begann er ein Studium der Philosophie.

Ein Totalrückzug aus der Politik muss nicht wegen fortgeschrittenen Alters erfolgen. Auch Jüngere können sich neuen Bereichen zuwenden. Gerade mal 42-jährig war Dietrich Stobbe bei seinem Rücktritt als Berliner Bürgermeister. Einige Zeit saß er noch im Bundestag, wurde dann aber nicht wiedergewählt. Da habe er sich gefragt, so Stobbe in einem späteren Interview, „was denn für mich noch drin ist mit 53 Jahren". Stobbe entschied sich für die Tätigkeit in einer Beratungsfirma. Jahre nach seinem Amtsverzicht konnte er eine erfolgreiche Integration ins Wirtschaftsleben vorweisen. Darüber freute er sich: „Daß ich den Weg aus den herausgehobenen politischen Positionen, in die ich durch mein politisches Engagement gekommen war, zurück in eine anspruchsvolle berufliche Tätigkeit gefunden habe, macht mich durchaus stolz."[21] Der Weg zurück kann auch wieder aufs Katheder führen. Wer vor seiner Ministertätigkeit Professor war und sich hat beurlauben lassen, kann an die Universität zurückgehen. Dafür entschieden sich etwa Jürgen Baumann, Werner Maihofer oder Hansjörg Sinn. Auch bei Rechtsanwälten scheint es unproblematisch zu sein, die frühere Tätigkeit wieder aufzunehmen.

Zahlreich sind die Wechsel in die Beraterbranche. Der frühere NRW-Europaminister Detlev Samland wurde von einer Beratungsagentur in der EU-Schaltstelle Brüssel engagiert. Samland präsentierte seinen Weg als Erfolgsgeschichte. Er weine der politischen Arbeit keine Träne nach, meinte der glückliche Ex-Politiker in späteren Interviews. Er zählte die Vorteile seines neuen Lebens auf: freie Wochenenden, Zeit für Freunde, mehr Einkommen als zuvor. Seine Entscheidung für Brüssel war ein konsequenter Schnitt. Er hatte den Wohnort, das Land und den Beruf zugleich gewechselt. „Das hat den Kopf befreit und die Wege neu geöffnet", meinte der Ex-Politiker. Vor der Leere, dem schwarzen Loch nach der Amtsniederlegung, hatte sich Samland nicht fürchten müssen: „Ich bin um 13 Uhr zurückgetreten, um 15 Uhr hatte ich schon das erste Angebot."[22] Schön, wenn jemand so unkompliziert umsatteln kann.

Der erfolgreichste Wechsel in die Wirtschaft gelang Lothar Späth. Nur drei Monate nach seinem Rücktritt vom Januar 1991 wurde Späth Berater der thüringischen Landesregierung für das marode, aus DDR-Bestand überkommene Carl Zeiss Werk in Jena. Im Juni 1991 übernahm er den Vorsitz der Geschäftsführung der Jenoptik GmbH. Als die Firma Anfang 1996 in eine AG umgewandelt wurde, amtierte Späth als Vorsitzender des Vorstands. Diese Arbeit konnte den Rastlosen jedoch nicht ausfüllen. Späth agierte auch als Talkmaster im Fernsehen, war daneben als Vortragsredner für politische Grundsatzfragen begehrt. Im Mai 2005 wurde er Chef der amerikanischen Investmentbank Merril Lynch in Deutschland und Österreich.

Ob es die parlamentarische Weiterarbeit ist oder ein Amt in Muße mit Würde, ob es die Rückkehr ins angestammte Arbeitsfeld oder eine berufliche Neuorientierung ist – die Möglichkeiten, das Leben nach dem Rücktritt zu gestalten, sind vielfältig. In zwei Fällen wurde allerdings keine der Optionen realisiert. Diese beiden Fälle endeten mit dem vorzeitigen Tod der Politiker: Jürgen Möllemann und Uwe Barschel. Bei Möllemann lag der Rücktritt zehn Jahre zurück. In dieser Zeit war er politisch weiter aktiv, wenn auch nicht sehr glücklich. Am 5. Juni 2003 wurde auf Antrag der Düsseldorfer Staatsanwaltschaft Möllemanns parlamentarische Immunität aufgehoben. Am selben Tag nahm der routinierte Springer Möllemann mit einigen Sportskameraden an einem Fallschirmsprung teil. Planmäßig verließ Möllemann in 1500 Metern Höhe das Flugzeug. Planmäßig öffnete sich sein Fallschirm. Aber diesen warf Möllemann auf etwa 600 Metern Höhe von sich. Der Notschirm öffnete sich nicht. Das automatische Rettungssystem war außer Betrieb gesetzt. In der Nähe des Startflughafen Marl-Loemühle schlug Möllemann auf einem Gerstenfeld auf.

Die Ermittler konnten eine bewusste Selbsttötung nicht zweifelsfrei feststellen. Auch im zweiten Fall mit tödlichem Ausgang blieben die Umstände ungeklärt. Der spektakulärste Skandal der Bundesrepublik endete auch spektakulär. Am Mittag des 11. Oktober 1987 wurde Uwe Barschel in Genf tot aufgefunden. Entwürdigende Fotos der Leiche wurden im *stern* publiziert und schockten die Öffentlichkeit. Barschel lag tot in der Badewanne seines Zimmers im Hotel Beau-Rivage. Schlampigkeiten bei der Spurensicherung erschwerten die Aufklärung. Das Blut des Toten enthielt Wirkstoffe verschiedener Schlaf- und Beruhigungsmittel. Doch hatte sich Barschel den Giftcocktail selbst eingeflößt? Gerüchte über einen Mord wegen angeblicher Verbindungen zu Waffenschiebern kursierten.

Barschel überlebte seinen Rücktritt nur um zwei Wochen. In dieser Zeit hatte sich schon der Untersuchungsausschuss des Landtages konstituiert. Bereits in der zweiten Sitzung brachte er Barschels

Lügengebäude zum Einsturz. Die Lübecker Staatsanwaltschaft stand zu Ermittlungen bereit. Barschels plötzlicher Tod hat die parlamentarische Aufklärung zwar nicht verhindert, aber es wurde ihm kein Prozess gemacht. Die strafrechtliche Einordnung seines Vorgehens unterblieb.

Schuld und Sühne

Das Ergebnis war eindeutig. Es war sogar so eindeutig, dass sich die Opposition bei Hermann Heinemann entschuldigte. Ihre Invektiven gegen den Minister waren unbegründet gewesen. Der Untersuchungsausschuss des Düsseldorfer Landtages hatte festgestellt, dass alle Filz-Vorwürfe gegen Heinemann unberechtigt waren. Die hatten zwar nur mittelbar zu seinem Rücktritt geführt – der direkte Anlass war die Drehbuchaffäre –, aber jetzt war Heinemanns Unschuld erwiesen. Ministerpräsident Johannes Rau freute sich, dass sein ehemaliger Minister rehabilitiert war. Der Bericht des Ausschusses lag im September 1994 vor, fast genau zwei Jahre nach Heinemanns unrühmlichem Abgang.

Aber trotz einer nachträglichen Entlastung muss ein Rücktritt nicht unangemessen gewesen sein. Heinemann hatte sich nicht wegen des Filzvorwurfs als amtsuntauglich erwiesen, sondern weil er sich mit detaillierten Anweisungen, dem sogenannten Drehbuch, auf die Befragung im Filz-Untersuchungsausschuss vorbereitet hatte. Das hatte für Hohn und Spott gesorgt, Heinemanns Rücktritt hatte auch die öffentliche Resonanz bewirkt. Die langwierige Arbeit parlamentarischer Aufklärung findet dagegen nur selten Aufmerksamkeit in den Medien. Anders als eine Skandalisierung und der Akt des Rücktritts schaffen es amtliche Entlastungen selten auf die erste Seite der Tageszeitungen. Ein spektakulärer Verdacht verfügt eben über größeren Nachrichtenwert als ein Persilschein. Für den Zurückgetretenen besitzt das Entlastungszeugnis nur symbolischen Wert. Die Wiederherstellung der persönlichen Ehre ist allenfalls eine späte Genugtuung, denn das Amt bringt sie nicht zurück.

Auch ein Freispruch in einem Strafverfahren öffnet kaum die Tür ins frühere Ministerbüro. Vor Gericht kann allerdings mehr als die Integrität auf dem Spiel stehen. Etwa eine Geldbuße oder gar eine Haftstrafe drohen. Aber in den meisten Fällen, in denen die Staatsanwaltschaft gegen einen Politiker ermittelt, wird das Verfahren noch vor der Anklageerhebung eingestellt. So war es etwa bei Steffen Heitmann, gegen den der Vorwurf des Geheimnisverrats erhoben worden war. Bereits wenige Wochen nach seinem Rücktritt stoppten die Ermittler das Verfahren. Bei Albert Osswald, ehemals hessischer Ministerpräsident, wurde zwei Jahre wegen seiner Verantwortung für den Helaba-Skandal ermittelt. Eine strafrechtlich relevante Verfehlung konnte ihm nicht nachgewiesen werden.

Selten nur sind Vorwürfe so stichhaltig oder haben sich Verdachtsmomente so weit erhärtet, dass es zu einem Strafverfahren kommt. Bei der Gehaltsaffäre von Werner Münch wurde zweieinhalb Jahre nach dem Rücktritt Anklage erhoben. Aber einige Monate später kam die Staatsanwaltschaft zu der Überzeugung, Münch habe das Gehalt zugestanden, dem Land sei kein Schaden entstanden. Nachdem auch noch das Oberverwaltungsgericht Magdeburg einen Rückforderungsbescheid des Landes zurückgewiesen hatte, war Münch vollständig rehabilitiert. Aber war sein Rücktritt deshalb falsch? War er überflüssig, weil ihm lediglich eine Kampagne des *Spiegel* zugrunde lag? Nein. Denn an Fällen wie diesem erweist sich nur, dass Recht und Moral nicht übereinstimmen müssen. Was Paragraphen gestatten, was Richter als rechtskonform erachten, muss nicht dasselbe sein, was Wähler tolerieren. Wer sich einem plausiblen Verdacht aussetzt und wer sich arrogant und mit flauen Ausreden rechtfertigt, muss sich nicht wundern, wenn ihm der Laden um die Ohren fliegt.

In anderen Verfahren kamen beschuldigte Ex-Minister einer Verurteilung durch die Annahme eines Strafbefehls zuvor. So akzeptierten Reinhard Klimmt und Klaus Meiser, beide wegen des Vorwurfs der Beihilfe zur Untreue ins Visier der Justiz geraten, eine Zahlungsverfügung in Höhe von jeweils über 20 000 Mark. Die Annahme eines Strafbefehls erspart den Beschuldigten einen langwierigen Prozess, der mit negativer Publicity und hohen Kosten verbunden wäre. Bei eindeutiger Sachlage, die einen Schuldspruch erwarten lässt, ist diese Abkürzung des Verfahrens üblich.

Die gerichtliche Verurteilung eines Ex-Ministers wegen einer Verfehlung, die zu seinem Rücktritt geführt hat, ist bislang nur in wenigen Fällen vorgekommen. Otto Graf Lambsdorff ist an erster Stelle zu nennen. 15 Monate Haft auf Bewährung sowie eine Geldstrafe in Höhe von 1,5 Millionen DM hatte die Staatsanwaltschaft gefordert. Verurteilt wurde Lambsdorff lediglich zu einer

Geldstrafe in Höhe von 180 000 Mark. Der Anklagepunkt der Bestechlichkeit war bereits während der Verhandlung fallengelassen worden. Ein Zusammenhang zwischen finanziellen Leistungen wie Parteispenden und einer politischen Entscheidung ist kaum nachzuweisen. Damit Lambsdorffs Bankkonto („Ich bin kein reicher Mann") nicht zu sehr in Mitleidenschaft gezogen wurde, erhielt er eine Prozesskostenbeihilfe von 515 000 DM aus der Staatskasse.

Zu den wenigen anderen rechtskräftig Verurteilten gehören Hermann Schaufler und Edwin Zimmermann. Schaufler, ehemals Verkehrsminister in Baden-Württemberg, erhielt vom Landgericht Offenburg 130 Tagessätze wegen Untreue und Anstiftung zur Untreue. Seine Finanzierungspraxis eines lokalen Sportvereins stand nicht im Einklang mit der Gesetzgebung, sie hatte aber nichts mit seinem Ministeramt zu tun. Dies war bei Edwin Zimmermann anders. Der hatte seine Stellung als Brandenburger Agrarminister zu Subventionsbetrug und Untreue genutzt. Der Richter des Landgerichts Potsdam war betroffen, mit wie viel krimineller Energie der Minister in der Backofenaffäre seinen Willen gegen alle Vorschriften durchgedrückt hatte. Das Urteil vom 18. April 2004 lautete elf Monate auf Bewährung sowie 5000 Euro Geldstrafe.

Zimmermanns Kabinettskollege Jochen Wolf war einige Jahre zuvor gelungen, was es bis dahin noch nicht gegeben hatte. Als erstes Ex-Mitglied einer Regierung wurde er wegen Vorteilsnahme im Amt verurteilt. Er hatte die Dienste eines Maklers in Anspruch genommen, mit dem er von Amts wegen zu tun hatte, aber er hatte sie nicht bezahlen müssen. Mit einer Geldstrafe von 8400 DM ahndete das Gericht Wolfs Verhalten. Wolf gebührt auch ein anderer trauriger Rekord. Es gibt keinen zweiten Fall, bei dem ein ehemaliger Minister derart kriminell wurde. Im Juli 2001 wurde Jochen Wolf im Berliner Bahnhof Zoo festgenommen, als er gerade mit einem von ihm angeheuerten Berufsmörder verhandelte, der seine Ehefrau Ursula umbringen sollte. Die war dem Ex-Minister zur Belastung geworden, da sie die Scheidung verkomplizierte. Als Mordlohn waren 20 000 Mark vereinbart. Ursula Wolf war bereits 1998 von der ukrainischen Geliebten Jochen Wolfs, Oksana Kusnezowa, mit einer Waffe bedroht worden. Sie konnte sich allerdings wehren und erstattete Anzeige. Daraufhin erschoss sich Kusnezowa. Der Besitzer der Waffe: Jochen Wolf. Schon damals ermittelte die Staatsanwaltschaft gegen ihn wegen Anstiftung zum Mord, aber die Ermittlungen wurden eingestellt. Kurz nach seiner Festnahme in Berlin unternahm Wolf einen Selbstmordversuch in der Brandenburger Justizvollzugsanstalt. Er überlebte. Wolf gestand, den Auftragskiller angeheuert zu haben. Wegen Anstiftung zum Mord wurde er im Februar 2002 von der ersten Großen Strafkammer des Landgerichts Potsdam zu fünf Jahren Gefängnis verurteilt. Ein solcher Ausstieg aus der Politik ist ohne Vergleich.

Die Kürze des Abstellgleises

Was wäre geschehen, wenn Uwe Barschel nicht tot aufgefunden worden wäre? Sicherlich hätte es strafrechtliche Ermittlungen gegen ihn gegeben. Wie immer diese ausgegangen wären – eines ist sicher: Nie wieder hätte er ein öffentliches Amt bekleiden können. Seine Partei hätte sich das nicht leisten können. Barschels politisches Ende kam zwangsläufig, aber dem Rücktritt hätte nicht der Tod folgen müssen. Was hatte Heinz Eggert zu Vertrauten gesagt, als der Skandal um ihn begann? Es gibt auch ein Leben nach der Politik. Das haben viele Beispiele gezeigt. Aber noch mehr Fälle haben deutlich gemacht, dass es nach einem Amtsverzicht auch ein Leben innerhalb der Politik gibt. Und dies ist nicht etwa eines zweiter Klasse. Dass diese Erkenntnis nicht allgemein verbreitet ist, liegt zum einen an der Perspektive der Medien, die wenig Interesse am Geschick der Ehemaligen zeigen. Zum anderen liegt es daran, dass die Zusammenschau von vielen über Jahrzehnte verstreuten Einzelereignissen nicht üblich ist.

Ein Rücktritt ist also keineswegs unabdingbar die Endstation einer politischen Karriere. Die zwei wesentlichen Kriterien, die darüber bestimmen, sind individuelle Faktoren: die eigene Entscheidung zum Aufhören sowie das Alter des Zurückgetretenen. Wer dagegen weitermachen möchte, kann dies tun. Sofern er sich nicht zu dreist bedient oder strafbar gemacht hat, sofern er nicht mit seiner Partei über Kreuz liegt, wird ihm niemand ein weiteres Engagement verwehren. Der überwiegende Teil der Zurückgetretenen bleibt politisch aktiv. Dabei ist die Beibehaltung eines Abgeordnetenmandats noch die geringste Form der Kontinuität. Auch ein Aufstieg innerhalb der Hierarchie kommt nicht selten vor, sei es die Wahl zum Landes- oder Fraktionsvorsitzenden oder die Nominierung eines Landespolitikers für den Bundestag. Auch nach einer Demission ist nicht aller Tage Abend. Das sollten sich alle Rücktritts-Kandidaten klar machen. Eine Amtsniederlegung mag sie aufs Abstellgleis schieben, aber nur für kurze Zeit.

Eine weitere mögliche Antwort auf die Was-wird-aus-mir-Frage wurde noch nicht angesprochen. Es ist ein auch unter Politikern auf dem Altenteil beliebtes Vorhaben: das Verfassen einer Autobiografie. Bereits in der Antike bemühten sich außer Dienst gestellte Staatsmänner um Selbstreflexion und Selbstrechtfertigung. Auch Sulla hat in Puteoli nicht nur gefischt und mit hübschen Tänzern gezecht. Eifrig schrieb er an seinen Memoiren, deren 22. Buch er, wie Plutarch wusste, gerade zwei Tage vor seinem Tod abgeschlossen hatte. Darin erwähnte er eine Weissagung, die ihm sein baldiges Ende auf der Höhe seines Glücks voraussagte. Leider sind Sullas Aufzeichnungen nicht erhalten. So lässt sich die Frage, wie er in seiner Autobiografie über seinen Rücktritt berichtet hat, nicht beantworten.

KAPITEL 18

Der eigene Rücktritt in der Erinnerung

In der dunkelsten Stunde meines politischen Lebens

„Damals tat dies alles sehr weh, heute sind es vernarbte Wunden", notierte Heinrich Albertz im April 1981 in sein autobiografisches Tagebuch.[1] Es waren hässliche Parteiquerelen im Sommer 1967 gewesen. Davor hatte der Berliner Bürgermeister kapituliert. Fast 14 Jahre später rief er sich die unschönen Vorgänge ins Gedächtnis. Der Rücktritt als Verletzung? Die Erinnerung daran eine Narbe? Albertz hat den erzwungenen Amtsverzicht als leidvolle Erfahrung beschrieben – eine typische Sichtweise für einen Lebensrückblick? Oder gibt es auch andere Bewertungen im Nachhinein, wenn sich der Pulverdampf verzogen hat, wenn milde Altersweisheit die früheren Schlachtfelder bestrahlt? Wie gehen Politiker in der Retrospektive mit ihrem Rücktritt um? An der Antwort darauf lässt sich ablesen, ob der Gewinn an Lebensjahren auch einen Gewinn an Einsicht bedeutet. Vielleicht bringt der zeitliche Abstand zum Geschehen eine ausgewogene Sicht mit sich. Vielleicht vermittelt die Rückschau neue Erkenntnisse über alte Geschichten.

> An Erfahrung fehlt es uns nicht, aber an
> der Gemütsruhe, wodurch das Erfahrene ganz allein
> klar, wahr, dauerhaft und nützlich wird.
> *J.W. von Goethe an C.F. Zelter, März 1827*

Autobiografien von Staatsmännern sind ein langerprobtes Genre. Schon in der Antike beschäftigten sich Politiker mit dem Bild, das die Öffentlichkeit von ihnen haben sollte. Sulla war keineswegs der Erste, der sich darum gekümmert hatte. Die Ursprünge der Autobiografie liegen im Griechenland des 4. Jahrhunderts v.u.Z., bei Platon und Isokrates. Seit jenen Tagen haben sich die wesentlichen Züge autobiografischen Schreibens erhalten. Es hilft bei der

Verarbeitung des Geschehens, dient dazu, eigenes Handeln zu rechtfertigen, Leistungen und Erfolge herauszustellen und ermöglicht eine Abrechnung mit den Gegnern. Die Autobiografie bietet die Chance, dem Lebenslauf einen Sinn zu geben.

Die klassische Autobiografie gibt eine subjektiv-erzählende Darstellung des eigenen Lebens von der Kindheit bis zur Gegenwart des Schreibenden. Daneben gibt es viele weitere Textsorten, in denen Politiker von sich sprechen. Das können Tagebücher oder Memoiren sein, die einen ausgewählten Lebensabschnitt betreffen, Anekdotensammlungen oder Gespräche und Interviews. Auch politische Sachbücher, in die eigene Erlebnisse eingebracht werden, sind eine Form des Selbstzeugnisses. Spannend ist die Frage, wie darin der Amtsverzicht geschildert ist. Wird er als Schmach und Niederlage bedauert oder neutral als Geschehen hingenommen? Sind diesem Schritt positive Seiten abzugewinnen? Wie wird rückblickend das eigene Handeln und das der Beteiligten, der Parteifreunde und der Medien, bewertet? Und – bewirkt der zeitliche Abstand eine Änderung der Sichtweise?

Die nachträgliche Beschreibung hängt von den Umständen des Rücktritts ab. Einem ehemals Skandalisierten sind andere Fragen wichtiger als einem, der wegen parteiinterner Konflikte zurücktrat. Doch den meisten Rücktritten ist eines gemeinsam: Sie sind Störerfahrungen. Der Erinnernde hat die Aufgabe, diese Erfahrungen in seinen Lebenslauf zu integrieren.

Eine besondere Art des Umgangs mit dem eigenen Rücktritt ist es, ihn zu ignorieren. Manche Zurückgetretene verfassen dicke Bücher über ihr Handeln und Denken, sprechen bereitwillig über ihre Karriere und äußern sich zu allen Lebensfragen – nur nicht zu ihrem Rücktritt.

Diskret bis zur Verlogenheit

Ob gesprungen oder geschubst, ob gewollt oder gezwungen – ein Rücktritt gehört weder zu den angenehmen Erlebnissen noch zu den wichtigsten Handlungen eines Politikers. Das gilt objektiv wie in der Selbstwahrnehmung. Wenn ein Rücktritt eine Laufbahn nur unterbrochen hat, wird er zur flüchtigen Episode. Wenn er eine langjährige Karriere beendet, soll er nicht alles zuvor Geleistete verdüstern. Verständlich, dass Politiker ihren Amtsverzicht in Selbstzeugnissen ignorieren. Warum sollten sie ungefragt ihre Schattenseiten beleuchten? Dies gilt umso mehr, wenn sie keine auf Vollständigkeit angelegten Autobiografien vorlegen.

Johannes Rau etwa wirkte 1999 an einem umfangreichen Band mit Texten und Gesprächen über sein Leben mit. Da lag sein kläglicher Rücktritt erst ein Jahr zurück, wurde aber mit keiner Silbe erwähnt. Das braucht nicht zu überraschen. Gerade erst, am 22. Mai jenen Jahres, war Rau zum Bundespräsidenten gewählt worden. Da lag die Frage nahe, was er künftig tun wolle, es ging um die Pläne für das höchste Staatsamt. Sein trübes Ende als Ministerpräsident von Nordrhein-Westfalen war unwesentlich geworden. Angesichts der Bedeutung der neuen Aufgabe spielten die damaligen Peinlichkeiten für Rau keine Rolle mehr. Es ist ihm nicht übel zu nehmen, dass er schweigend darüber hingweggegangen ist.

Erstaunlich aber ist die Leerstelle in der autobiografischen Abhandlung von Georg Leber. Zwar erstellte er keinen kompletten Lebenslauf, berichtete aber über seine Tätigkeit als Gewerkschaftsfunktionär und Minister. Auf fast 40 Seiten verbreitete sich Leber über seine Zeit auf der Hardthöhe, über die Modernisierung der Waffensysteme bis zum Staatsbürger in Uniform. Zwei Angelegenheiten erwähnte er allerdings nicht: die MAD-Abhöraffäre und den Spionagefall Lutze. An beiden Skandalen hatte sich die Überforderung Lebers gezeigt. In den Medien wie im Bundestag war darüber lang und breit diskutiert worden, weshalb Lebers Diskretion unpassend wirkt. Einziger Hinweis auf seinen Rücktritt ist die Bemerkung, er sei „im sechsten Jahr meiner Amtstätigkeit aus dem Verteidigungsministerium ausgeschieden".[2] Peinlichst vermeidet Leber, seinen Rücktritt zu benennen und zu beschreiben. Seine Zurückhaltung ist verlogen.

Leber hatte Schwierigkeiten, den erzwungenen Amtsverzicht zu akzeptieren. Das war auch bei anderen Politikern so, die ihren Rücktritt in ihrer Selbstdarstellung übergangen haben. Eine solche Auslassung kann allerdings auch äußere Ursachen haben. Franz Josef Strauß starb vor dem Abschluss seiner Autobiografie. 1200 Manuskriptseiten hatte Strauß diktiert, als er am 3. Oktober 1988 unerwartet ums Leben kam. Das Buch erschien posthum 1989. Die Erinnerungen reichen von seiner Kindheit bis in die Gegenwart der 80er Jahre, sparen allerdings eine Episode aus: die Affäre um den *Spiegel* und seinen Rücktritt vom November 1962. Der Verleger

Wolf Jobst Siedler teilte in einem Nachwort mit, Strauß habe sich an seinem letzten Arbeitstag vorgenommen, das nächste Mal die *Spiegel*-Krise ausführlich darzustellen. Es ist merkwürdig, dass Strauß gerade dieses Ereignis so spät betrachten wollte. Hatte er Hemmungen, sich dieser Störerfahrung zu stellen? Kaum anzunehmen, denn seine kurzen Bemerkungen zu den Vorgängen vom Herbst 1962 zeigen, dass er keine Probleme mit seinem damaligen Verhalten hatte.

Für Franz Josef Strauß war der Rücktritt keine einschneidende Erfahrung. Selbst wenn er, damals 47-jährig, zum Zeitpunkt seines Abgangs Skrupel gehabt haben sollte – als er mit über 70 Jahren sein Leben Revue passieren ließ, war ihm der Vorgang unbedeutend geworden. Für andere dagegen hielt die Erfahrung des Rücktritts grundlegende Einsichten in politische Zusammenhänge bereit. Darüber zu schreiben ist ein Versuch der Bewältigung.

Das schnelle Ende der Lust

Macht ist vergänglich. Der Weg vom Würdenträger zum Buhmann kann kurz sein. Das erlebt mancher Skandalisierte. Auch Rainer Barzel trieb diese schmerzliche Erfahrung um. Drei Jahre nach dem Rücktritt erschienen seine *Geschichten aus der Politik*. Darin wertete Barzel die Möglichkeit des plötzlichen Absturzes als Grundbedingung des politischen Lebens. Das Hosianna! und das Crucifice! waren für ihn wie Tag und Nacht, zwei Seiten derselben Medaille. Mit dieser Konstruktion stellte Barzel sein Geschick als unvermeidlich dar, stilisierte sich zum Opfer der Verhältnisse. Sein tiefer Fall, so die indirekte Behauptung, geschah ohne sein Zutun.

Ähnlich schicksalhaft betrachtete Eugen Gerstenmaier den raschen Wandel der Publikumsgunst. Ein literarisches Zitat aus „Reiters Morgengesang" von Wilhelm Hauff, mit dem er das Kapitel über seinen Rücktritt überschrieb, deutete diese Sichtweise an: „Gestern noch auf stolzen Rossen...". Der vollständige Text, zu Gerstenmaiers Zeit noch allgemein bekannt, lautet: „Kaum gedacht,/ War der Lust ein End' gemacht,/ Gestern noch auf stolzen Rossen,/ Heute durch die Brust geschossen,/ Morgen in das kühle Grab!" Mit diesen poetischen Zeilen über das schnelle Ende von Lust und Stolz wies er nicht nur jede Mitverantwortung für die

Vorgänge zurück. Darüber hinaus nimmt das Bild, der Amtsverzicht käme der Tötung gleich, den anderweitig geäußerten Vorwurf des Rufmords auf. Die Anspielung auf den Soldatentod sollte dem Rücktritt auch noch den Anschein des Heroischen geben. Klaus Schütz, ehemals Berliner Bürgermeister, beschrieb das politische Auf und Ab und seine Geschwindigkeit undramatischer. Wer in der Politik in die vorderste Reihe gerate, müsse wissen, dass dies kein fester Standort sei. Diese Erkenntnis war Schütz so wichtig, dass er sie zum Titel seiner Erinnerungen machte: *Logenplatz und Schleudersitz.*

Selten reflektiert jemand aus Anlass des eigenen Abgangs über das Allgemeine des Rücktritts. Oskar Lafontaine war eine solche Ausnahme. Schon im Vorwort seines autobiografischen Berichts *Das Herz schlägt links* wies er darauf hin, dass ein Rücktritt fester Bestandteil der demokratischen Kultur sei. Lafontaine meinte, Teile der deutschen Öffentlichkeit hätten dieses Prinzip vergessen, und er erinnerte daran: „Ein Minister sollte nicht nur dann zurücktreten, wenn die Medien ihn aufgrund eigenen Fehlverhaltens dazu drängen, sondern insbesondere dann, wenn er mit der Politik seines Regierungschefs oder seiner Regierung nicht mehr einverstanden ist."[3] Klassisches Beispiel dafür sei Gustav Heinemann. Lafontaine hatte damit zu kämpfen, dass seiner Amtsniederlegung der Ruch der Fahnenflucht anhaftete. Das wollte er nicht auf sich sitzen lassen und reklamierte schon allein deshalb Normalität für einen Amtsverzicht.

Mit ähnlichen Anwürfen sah sich Gregor Gysi konfrontiert. Also dachte er über Maßstäbe für Rücktritte nach. Im Jahr nach seiner Demission erschien sein Bericht *Was nun?* über seine Senatorenzeit, in dem Gysi nach objektiven Kriterien für einen Rücktritt fragte. Abgesehen von Straftaten habe ein Politiker dann zu gehen, so Gysi, wenn er durch Fehlverhalten sein Image beschädigt habe. Franz Josef Strauß etwa hätte nicht wegen einer dubiosen Parteispende zurücktreten müssen, denn der habe nie das Image besonderer Korrektheit gepflegt. Mit dieser Überlegung wandte sich Gysi gegen den Vorwurf, er sei leichtfertig zurückgetreten. Schließlich hatte er nach eigener Einschätzung sein Bild in der Öffentlichkeit getrübt. Zugleich bescheinigte er sich ein honoriges Image. Wie Lafontaine musste Gysi seinen Rücktritt legitimieren und setzte ihn dazu, wie Lafontaine, ins Verhältnis zu anderen Rücktritten. Das ist selten, kommen doch ehemals skandalisierte Politiker zumeist auch im Rückblick nicht auf die Idee zu fragen, ob andere wegen ähnlicher Verfehlungen hatten zurücktreten müssen. Für viele ist ihr eigenes Erleben im Mittelpunkt aller Erinnerung.

Zu Gysis autobiografischem Nachdenken über den Rücktritt gehörte seine Einschätzung des eigenen Stellenwertes. „Man darf sich selbst auch nicht für unersetzlich halten", meinte Gysi gelassen.[4] Das war pure Eitelkeit angesichts der überschaubaren Belegschaft seiner Partei. Schließlich war er das Zugpferd der PDS, Ersatz für ihn gab es nicht. Außerdem war Gysi ein geübter Selbstdarsteller, der sich im Rampenlicht gefiel. Und doch könnte ein solcher Gedanke manchem Zurückgetretenen als Mahnwort gelten.

Ein Rücktritt ermöglicht nicht nur Erkenntnisse über die Flüchtigkeit von Macht. Mitunter provoziert er auch überraschende Erfahrungen über das soziale Umfeld. Als eines der unangenehmsten Erlebnisse bei seinem Rücktritt nannte Heinrich Albertz das Verhalten von Opportunisten und Karrieristen, die ihn von einem Tag zum anderen nicht mehr kennen wollten. Ähnliche Erfahrungen machte auch Eugen Gerstenmaier. Er schrieb von der „Furchtsamkeit, um nicht zu sagen Feigheit einiger Gestalten" und verbuchte sie als Enttäuschungen.[5] Noch stärker hatte Rainer Barzel mit der Brüchigkeit politischer Freundschaften zu kämpfen. Jene, die sich noch am Vortag angebiedert hätten, klagte Barzel, hätten ihn wie die Pest geflohen. Am deutlichsten sei das bei jenen gewesen, die ihm am meisten zu verdanken hätten. Barzel bedauerte das Verlassensein nach dem Rücktritt. Nur wenige seien als Freunde verblieben. Allerdings entdeckte er auch, dass in jedem Verlust ein Gewinn versteckt sei. Ihm habe der Rücktritt die Augen geöffnet, meinte Barzel. „In der dunkelsten Stunde meines politischen Lebens" habe er gelernt, „die Vordergründigkeit des glanzvollen, hektischen und allzu oft oberflächlichen politischen Betriebes zu erkennen".[6]

Dieser Einsicht ist nicht zu widersprechen, auch wenn sie nur bedingt gilt. Ohne die Skandalisierung hätte Barzel in dem oberflächlichen Betrieb munter weiter mitgemischt. Da hätte ihn die Vordergründigkeit ebenso wenig gestört wie in den Jahren zuvor. Das Unfreiwillige der Läuterung schwächt deren Überzeugungskraft. Aber mit diesen Einsichten, bereits drei Jahre nach seinem Rücktritt formuliert, konnte Barzel dem erzwungenen Schritt etwas Positives abgewinnen. Da war die Verletzung noch längst nicht vernarbt. Es war sein erster Versuch, das Trauma zu bewältigen. In seiner Autobiografie *Ein gewagtes Leben* aus dem Jahr 2001 versuchte er dies mit mehr Zurückhaltung.

Der Rücktritt als Rosine

Nach dem Stolpern folgt das Aufrappeln. Mit dem Wort *Sturz* betitelte Rainer Barzel den Abschnitt über seinen Rücktritt. Das Kapitel danach, das letzte seiner Autobiografie, heißt *Neues Leben*. In dieser Überschrift schwingt vieles mit – dass es ein voriges Leben gegeben habe; dass es wie bei Saulus eine Bekehrung gegeben habe; dass es jetzt noch weitergehe. Der Wiedergeborene beschrieb sein Eheglück und seine kunstgeschichtlichen Interessen. Beides bestimme und erfülle nun sein Dasein. Ähnlich Eugen Gerstenmaier, der behauptete, seit seinen Studientagen mit der Vita contemplativa des Gelehrten geliebäugelt zu haben. Allerdings hatte er sich erst 30 Jahre und einen Rücktritt später darauf besonnen. Gerstenmaier macht aus der Not eine Tugend, wollte den Eindruck erwecken, so ungelegen sei ihm die plötzliche Außerdienststellung nicht gekommen. Die Absicht ist offensichtlich: Auch das Leben danach sollte spannend und gehaltvoll sein.

Hans Filbinger wählte eine andere Variante der Sinnstiftung. Er verzichtete in seiner Selbstdarstellung darauf, seine Aktivitäten nach dem Rücktritt neun Jahre zuvor darzulegen. Er beschloss sein Buch mit einem Blick nach vorn. Darin setzte er seine Hoffnung auf die junge Generation, „die mit Opas Marxismus nichts mehr vorhat".[7] Die solle sich wieder dem Patriotismus und den überkommenen Werten zuwenden. Optimistisch machte Filbinger bereits Anzeichen für eine derartige Einstellung aus. Die alte Generation, also er selbst und seinesgleichen, die das Erbe über zwei Weltkriege bewahrt habe, könne dabei Hilfestellung geben. Mit dem Hinweis auf den Krieg behauptete Filbinger noch einmal indirekt, sein umstrittener Einsatz als Marinerichter habe einen tieferen Sinn gehabt, weil er zum „Durchhaltenwollen und Durchhaltenmüssen gegenüber der russischen Gefahr"[8] beigetragen und so die Bedrohung der abendländischen Tradition durch den Bolschewismus verhindert hatte.

Rainer Barzel, Eugen Gerstenmaier und Hans Filbinger standen beim Schreiben ihrer Lebensberichte vor einer großen Herausforderung. Sie konnten nicht nur ihren kontinuierlichen Aufstieg schildern, den Machtzuwachs, die langen Jahre an der Spitze. Sie mussten auch das unrühmliche Ende benennen, den Absturz. Sie standen vor einem Scherbenhaufen und mussten der Niederlage positive Seiten abgewinnen. Andernfalls hätten sie die Schilderung ihrer Laufbahn mit dem peinlichen Scheitern enden lassen müssen. Aber statt einen schalen Nachgeschmack zu hinterlassen, betonten sie die Freuden des Privatiers oder politischen Optimismus. Diese Strategien wirken bemüht, zu deutlich scheint das Konstruierte und Erzwungene durch. Glaubwürdiger sind Sinnzuweisungen an den Rücktritt, wenn er aus eigener Entscheidung erfolgte.

Wer seinen Amtsverzicht im Nachhinein akzeptiert, muss ihm keinen Gewinn oder tieferen Sinn zusprechen. Paul Nevermann bereute seinen Schritt nicht: „Ich habe meinen Rücktritt nie bedauert, denn ich hatte damit die Weichen zu einem neuen Glück gestellt."[9] Der Ausstieg hatte Nevermann aus einer verqueren Situation befreit. Ohne Heuchelei leben zu können, mag ein angemessener Ausgleich für den verlorenen Posten sein. Diese positive Einstellung muss nicht stimmen, aber sie kann stimmen. Und wer seine Autobiografie *Rosinen aus meinem Lebenskuchen* nennt, hat wohl ohnehin eine positive Haltung zum Leben.

Auch Willy Brandt hatte eine Sinnstiftung nicht nötig. Zu erfolgreich war sein politisches Wirken danach. Dennoch arbeitete er sich in seinen Erinnerungen aus dem Jahr 1994 an seinem Rücktritt ab. Er bezeichnete ihn nicht ausdrücklich als Fehler, distanzierte sich aber indirekt davon. Seine Reaktion auf den Fall Guillaume sei überzogen gewesen, der Rücktritt nicht zwingend. Die Frage der Verantwortung habe ihn damals mehr gequält als er es in der Rückschau für gerechtfertigt hielt. Brandts Fazit: „In der physischen und psychischen Verfassung späterer Jahre wäre ich nicht zurückgetreten, sondern hätte da aufgeräumt, wo aufzuräumen war."[10] War diese verbale Kraftmeierei realistisch? Wohl kaum. Diese Aussage zeigt, dass Brandt bei der Betrachtung seines Lebenslaufes mit seinem Rücktritt haderte. Es gelang ihm, den Rücktritt in die Lebensbeschreibung zu integrieren, doch diese Störerfahrung hatte die Qualität einer Narbe. Dazu gehörte auch die Frage nach den Schuldigen. Brandt stellte fest, bei einigen der Beteiligten habe politisch und persönlich bedingte Böswilligkeit hineingespielt. Davon nahm er den undurchsichtigen Fraktionsvorsitzenden Herbert

Wehner nicht aus. Deutlicher äußerte sich Brandt nicht über die Intrigen in seiner Partei. Das ist in vielen Erinnerungen von Politikern anders.

Ohne viel Federlesens

Diese Sitzung hatte das Ende besiegelt. Keiner aus der Fraktion wollte mehr auf Konrad Adenauer hören. Am 22. April 1963 musste sich der ewige Kanzler in die Unvermeidlichkeit seines Rücktritts schicken. Noch an jenem Abend diktierte er seiner Assistentin Anneliese Poppinga einen Vermerk über die unangenehme Zusammenkunft. „Nehmen Sie ihn zu den Unterlagen für meine Memoiren", bestimmte Adenauer.[11] Die Niederschrift belegte, so Poppinga, die eiskalt durchgeführte Ausschaltung des Kanzlers. Adenauers Tod am 19. April 1967 verhinderte die Fertigstellung des letzten Bandes seiner Memoiren. Anneliese Poppinga gab ihn als Fragment heraus. Selbstverständlich wollte sie den Text darin aufnehmen, schließlich hatte Adenauer ihn dafür vorgesehen. Aber Heinrich Krone, Fraktionsvorsitzender der Union, riet davon ab – mit Rücksicht auf die CDU. Adenauers Protokoll hätte ein schlechtes Licht auf das christliche Miteinander in der Union geworfen.

Wie hätte Adenauer in seinen Memoiren diese Fraktionssitzung geschildert? Wie wären seine Parteifreunde dabei weggekommen? Hätte er der Wahrheit Ehre gegeben und seine Abservierung dokumentiert? Hätte er seine Niederlage diplomatisch verschleiert oder mit dem Triumph über das spätere Scheitern Ludwig Erhards überdeckt? Darüber lässt sich nur spekulieren. Möglicherweise hat die Auslassung dieser Episode Adenauer vor einer unerfreulichen Abrechnung mit der eigenen Partei bewahrt. Solche Abrechnungen sind peinlich, wenn sie Rechthaberei mit Indiskretion kombinieren. Das Paradebeispiel ist Jürgen Möllemanns autobiografischer *Klartext* aus dem Jahr 2003, eine Sammlung aggressiver, ressentimentgeladener Tiraden mit einem kräftigen Schuss Populismus. Bei seinen Schmähungen bedachte Möllemann das Führungspersonal der FDP, seine ehemaligen Kollegen, reichlich. Zu den Vorwürfen gehörten Unwahrhaftigkeit, Taktieren und Inkonsequenz, was Möllemann auch auf die Zeit seines Rücktritts als Wirtschaftsminister zehn Jahre zuvor bezog. Otto Graf Lambsdorff hätte ihm falsch geraten, seinen Urlaub nicht abzubrechen. Hans-Dietrich

Genscher habe im Nachhinein das Gegenteil empfohlen, zugleich aber den Rücktritt nahegelegt. Ursache für seinen Abgang waren also die schlechten Ratschläge seiner Parteifreunde und nicht die eigene Torheit, wie Möllemann seinen Empfehlungsbrief für den Chip-Schwager nannte.

Sachlich dagegen blieb Oskar Lafontaine. Auch wenn Anlass und Absicht seines Buches die Kritik an Gerhard Schröder waren, blieb der gescheiterte Parteivorsitzende im Tonfall gemäßigt. Aber so moderat Lafontaine klang, so hart war sein Urteil. Er warf Gerhard Schröder, dem Freund der Wirtschaft, Mangel an Fairness und Wahrhaftigkeit vor. „Sein Ziel war eher die Zustimmung der veröffentlichten Meinung, weniger die Entwicklung neuer Programme zur Verbesserung der Lebensbedingungen", so Lafontaines drastisches Verdikt.[12] Schröder sei unfähig zu kameradschaftlicher Zusammenarbeit. Mit so einem ließ sich nicht gemeinsam Politik machen.

In abgeklärter Gelassenheit blickte Klaus Schütz auf seine Amtsniederlegung zurück. Der Berliner Bürgermeister war wie sein Vorgänger Heinrich Albertz von der eigenen Partei abgesägt worden. „So ein Rücktritt ist nicht einfach", resümierte Schütz, aber das sei normal. Seinem Amtsverzicht seien die üblichen parteiinternen Kungeleien vorausgegangen. Schon seit längerem hätten sich einige Nachfolgekandidaten bereitgehalten. „Dann war es so weit, und alles verlief in Ruhe und ohne viel Federlesens", beschwichtigte Schütz 15 Jahre später.[13] Auch diese Harmonisierung ist eine Bewältigungsstrategie. Seinerzeit hatte sich Schütz mit Händen und Füßen gegen seinen Rücktritt gewehrt. „Da muß man mich schon aus der Verantwortung raustragen", hatte Schütz im April 1977 verkündet.[14] Drei Tage später war er weg vom Fenster. So glatt und ruhig war sein Abgang also nicht verlaufen, Schütz hatte doch kräftig Federn lassen müssen. Aber in der Rückschau war das nicht mehr wichtig. Dort stellte Schütz die Abläufe als naturgemäß dar. Diese Zurückhaltung in seiner Autobiografie wirkt ehrenhaft.

Auf solch honorige Distanziertheit gegenüber früheren Konflikten verstehen sich die Wenigsten, ebenso auf die Fähigkeit, zu relativieren. Carl-Heinz Evers war ein Sonderfall. Der ehemalige Bildungssenator ließ keinen Zweifel daran, dass er von innerparteilichen Gegnern bekämpft worden war, aber er differenzierte: „Ein Schwarz-Weiß-Gemälde vom ‚Ritter und Schurken' eignet sich nicht zur Deutung der Ereignisse. Ich war nicht nur getreten worden, sondern hatte mich gewehrt und dabei zuweilen auch kräftig zurückgetreten."[15] Damit stellte sich Evers nicht nur als Opfer von Intrigen dar, sondern präsentierte sich auch als kraftvollen Akteur im innerparteilichen Streit um Konzepte und Programme. Evers trug sein Scheitern mit Selbstbewusstsein.

Eine Beute der Wölfe

Ging dem Rücktritt nicht ein Zwist um Macht und Posten, sondern eine Skandalisierung voraus, stellt der Zurückgetretene eine andere Frage: Wie weit reichte die Unterstützung der Parteifreunde? Waren sie solidarisch oder haben sie mich vorschnell fallengelassen? Eugen Gerstenmaier erwähnte nur eine Ehrenerklärung von Bundeskanzler Kurt Georg Kiesinger. Dass die CDU nach seinem fatalen Auftritt in der Pressekonferenz vollständig und in Windeseile von ihm abgerückt war, überging Gerstenmaier in seinen Erinnerungen. Gerstenmaier hätte Grund genug gehabt, seiner Fraktion die Leviten zu lesen. Schließlich hatte die seinen Unschuldsbeteuerungen nicht geglaubt. Aber das war in der Autobiografie nur ein Nebenkriegsschauplatz. Wichtiger als mit den Parteifreunden abzurechnen war für Gerstenmaier, eine DDR-gesteuerte Kampagne zu konstruieren.

Hans Filbinger blickte sachlich auf die Interessenlage der CDU Baden-Württembergs. Sie habe ihn lange mit Vertrauensbekundungen gestützt, aber im Lauf der Kampagne habe sie sich einschüchtern lassen. Schließlich habe die Partei den dringenden Wunsch geäußert, aus den Schlagzeilen zu kommen. Dieses Anliegen habe er respektiert. So verblendet Filbinger sonst war – hier hatte er Ursache und Wirkung zutreffend benannt. Filbinger zeigte sich verständnisvoll. Was hätte er auch sagen sollen? Er hatte die Solidarität über Gebühr strapaziert. Lothar Späth hatte sich tapfer für ihn geschlagen, und nach Filbingers Auffassung stand der Gegner schließlich links. Folgerichtig verzichtete er auf jegliche Kritik an seiner Partei.

Anders Rainer Barzel, der sich wehleidig als Ausgestoßener gerierte. Er sei sich vorgekommen wie auf einem Schlitten, der in wilder Fahrt dahinsause, von gierigen Wölfen verfolgt. Da hätten der Schlittenlenker, gemeint ist Helmut Kohl, und die Kameraden entschieden, einer, nämlich Barzel, müsse den Wölfen zum Fraß vorgeworfen werden, um die anderen zu retten. Einen solchen Vergleich anzustellen, ist eine Frage des Geschmacks. Barzel drückte seine damaligen Empfindungen ohne Distanz gegenüber den damaligen Vorgängen aus. Die schwere narzisstische Kränkung setzte das Gespür für die eigene Würde außer Kraft. Noch 17 Jahre nach seinem Rücktritt formulierte Barzel drastisch: „Ich spürte, daß ich zum Abschuß freigegeben war".[16]

Barzel verstieg sich in seiner Autobiografie auch zu einer abstrusen Verschwörungstheorie. Er, der Herzkranke, sollte zum Infarkt getrieben werden. Diese groteske Behauptung bereitete Barzel in seinen Erinnerungen geschickt vor. Dazu schildert er die Szene seiner Ladung vor den Flick-Untersuchungsausschuss. Am 5. Oktober 1984 hätten ihm die Vorsitzenden des Ausschusses, Manfred Langner und Willfried Penner, die Zeugenvorladung überbracht. Die gegen ihn geäußerte Unterstellung sei ihm derart auf den Magen geschlagen, dass er in Gegenwart der beiden Abgeordneten ein Medikament eingenommen habe. Damit müsste, so deutet Barzel an, seine bedrohte Gesundheit bekanntgewesen sein. Wenige Seiten weiter beschrieb er Herzrhythmusstörungen, die ihn noch lange Zeit begleitet hätten. Barzels Erkenntnis im Rückblick: „Wenn ich jetzt über das alles nachdenke, glaube ich, daß meine Feinde sehr wohl wußten, was sie mir antaten, mich auch gut genug kannten, um meine Reaktionen einrechnen zu können."[17]

Welch bizarre Blüten mangelnde Selbstreflexion treiben kann. Barzel fühlte sich als verfolgte Unschuld. Die massive öffentliche Kritik, von ihm als Kampagne bezeichnet, hatte seine Wahrnehmung dauerhaft beeinträchtigt.

Persilscheine als Belege

Ein Politiker müsse wissen, dass er der Neugierde und der Sezierlust von Journalisten ausgesetzt sei, meinte Klaus Schütz in seinen Erinnerungen. Auch Hans-Dietrich Genscher reflektierte über den öffentlichen Status des Politikers. Davon wisse man vorher, es gäbe keine Zwangsverpflichtung, in die Politik zu gehen. Die beiden hatten gut reden, denn sie wurden während ihrer Laufbahn von den Medien vielleicht kritisiert, aber nicht skandalisiert. Kein Wunder, dass ihre Bemerkung über journalistische Neugier so zurückhaltend war. Bei anderen, die wegen eines Skandals zurücktreten mussten, fiel das Urteil im Rückblick anders aus.

Skandalisierte sehen sich häufig als Opfer einer Kampagne. Das ändert sich mit zeitlichem Abstand kaum. Der Rückschauende schildert sein eigenes Verhalten nur knapp oder gar nicht, sondern konzentriert sich auf die Reaktionen der Medien und der Öffentlichkeit. Diese Einseitigkeit kann zu grotesken Verzerrungen führen, wie das Beispiel Franz Josef Strauß zeigt. Bei seiner kurzen Erwähnung der sogenannten *Spiegel*-Krise schrieb er von der emotionalisierten, aufgeheizten Stimmung gegen ihn, sah sogar Anzeichen eines Massenwahns. Strauß, geschulter Agitator, scheute dabei auch nicht vor Absurditäten zurück: „Ich bin damals behandelt worden wie ein Jude, der es gewagt hätte, auf dem Reichsparteitag der NSDAP aufzutreten."[18] Dieser abstruse Vergleich war an Dreistigkeit nicht zu überbieten. Strauß deutete die breite Kritik an seinem Verhalten und seinen Falschdarstellungen als Ergebnis irrationaler Verblendung. Diese Volte zeigt, wie wenig seine Auskünfte zur Aufklärung der Spiegelaffäre beigetragen hätten.

Besonders ausgeprägt war die Vorstellung, einer Kampagne ausgesetzt zu sein, bei Hans Filbinger. Begriffe wie Demagogie, Kesseltreiben und Rufmordlüge, geistiger Guerillakrieg und publizistischer Großeinsatz durchziehen seine Darstellung. Ausgeführt wurde das Ganze nach Filbinger von östlichen Hintermännern und Einflussagenten, der linken Medienmafia und der linken Intelligenzija, linken Jägern und linksgewirkten Journalisten, der Hochuthschen Jagdgesellschaft und Kolonnen von Inquisitoren. Filbinger tat sich schwer, die einhellige Ablehnung seiner Haltung zu verstehen, was ihn zu paranoider Polemik trieb. Wie auch immer das Verhalten der Medien zu bewerten war – Filbinger schoss weit übers Ziel hinaus. Schon bei seinem Rücktritt hatte er, wie Barzel und Gerstenmaier, von einer Kampagne gesprochen, und er revidierte oder relativierte dieses Urteil auch später nicht. Im Gegenteil. Es war die traumatische Erfahrung der Ohnmacht, die weiter wirkte. Er, der Macher, der Gestalter des politischen Prozesses, hatte plötzlich erleben müssen, dass ihm das Heft des Handelns aus der Hand genommen worden war. Auf einmal war er machtlos gegen die Dynamik öffentlicher Erregung gewesen – damit wurde er auch später nicht fertig.

Der Skandalisierte hat den Eindruck, die öffentliche Meinung habe sich gegen ihn verschworen. In der späteren Darstellung sucht er nach Kronzeugen, die seine Sichtweise bestärken sollen. Deshalb führen Zurückgetretene in ihren Autobiografien so oft nachträgliche Ehrenbezeugungen von Parteifreunden an oder bringen entlastende Stellungnahmen. Hans Filbinger zitierte ausführlich die „Rechtfertigungserklärung für mich", die der CDU-Vorsitzende Helmut Kohl auf dem Parteitag im März 1981 abgegeben hatte.[19] Darin sprach Kohl Dank, Respekt und Vertrauen aus. Er beklagte die infame Verleumdungskampagne gegen Filbinger – vertraute Worte, die nicht nur Balsam auf die Wunden waren. Filbinger verbuchte sie als Ehrenrettung. Rainer Barzel ließ seinen Nachfolger Philipp Jenninger ausführlich zu Wort kommen. Der hatte am 13. März 1986 im Bundestag verkündet, die gegen Barzel erhobenen Vorwürfe seien unzutreffend. Für Barzel war das die offizielle Absolution und seine vollständige Rehabilitierung.

Häufiger noch werden private Aufmunterungen beigebracht. Sogar der selbstgewisse Franz Josef Strauß kam nicht umhin, sich Schützenhilfe zu holen, um seine Aktionen gegen den *Spiegel* nachträglich zu rechtfertigen. Er berief sich auf Karl Carstens, der ihm später bescheinigt habe, sein damaliger Einsatz sei rechtens gewesen. Carstens, der nachmalige Bundespräsident, war in den 60er Jahren Staatssekretär im Verteidigungsministerium gewesen, was seine Expertise aber nicht überzeugend macht.

Was sollen diese Persilscheine? Sie sind Waffen in der autobiografischen Entlastungsoffensive. Der Zurückgetretene will zeigen, dass er nicht ausgestoßen wurde, will belegen, dass er doch im Recht war. Dass seine Sicht auch von anderen geteilt wurde. Dieses Anliegen ist so verständlich wie aussichtslos. Die zitierten Zustimmungen sind lediglich symbolische Gesten, die nichts beweisen. Sie belegen nur den Willen des Zitierenden, seine Unschuld zu dokumentieren und die Unfähigkeit, sich eigenen Fehlern zu stellen. Eigene Fehler bleiben ein heikles Thema, auch Jahre später.

Vor dem ewigen Richter

Der Kirchenvater Augustinus hat im 4. Jahrhundert seine Autobiografie *Confessiones*, Bekenntnisse, genannt. Was wäre eine geeignetere Form als der Lebensrückblick, um auf Momente des Versagens und Versäumens einzugehen? Wann sonst, wenn nicht am besinnlichen Ende, wäre auf Scheitern und Schwäche zu blicken? Doch was manchem selbstverständlich erscheint, gibt es kaum. Von eigenen Irrtümern, von Missgriffen oder falschen Entscheidungen ist in den publizierten Erinnerungen nur selten die Rede. Das gilt nicht nur für das Handeln, das zu einer Skandalisierung geführt hat, sondern auch für das anschließende Krisenmanagement.

Ausdrücklich keinen Fehler bei sich sah Hans Filbinger. Bezüglich seiner NS-Vergangenheit sowieso nicht. Das führte er in seinen Erinnerungen seitenlang aus. Aber nicht einmal an seiner Verteidigung im Juli 1978 fand er rückblickend etwas auszusetzen. Niemand habe einen glaubwürdigen Weg gewiesen, was er hätte anders machen sollen. In seiner Darstellung von 1987 fragte Filbinger leutselig: „Sollte ich Demutsgesten oder Schuldbekenntnisse ablegen, wo keine Schuld vorlag?" Das sei für ihn nicht in Frage gekommen. Nicht einmal den Vorwurf, er hätte sich ungeschickt verhalten, akzeptierte er: „Was hätte ich geschickter machen sollen?"[20] Filbinger konnte noch immer nicht verstehen, warum ihm seine Kritiker Selbstgerechtigkeit vorgeworfen hatten. Immerhin erwähnte er den vor seinem Rücktritt vieldiskutierten Begriff, aber nur um ihn als unzutreffend zurückzuweisen. Filbinger ließ sich nicht beirren.

Rainer Barzel sah in seinem hochdotierten Vertrag bei der Kanzlei Paul keinen Makel. Weder vor noch nach seinem Rücktritt. Ausführlich stellte Barzel die Korrektheit seines Engagements dar. Deshalb konnte er aus seiner Sicht auch bei seiner Verteidigung keinen Fehler gemacht haben. Schließlich hatte er bloß auf seinem Recht beharrt. Eugen Gerstenmaier räumte immerhin ein, dass seine Ausfälle auf der Pressekonferenz ein Fehler waren. Aber die Absicht, sich mit der Wiedergutmachung ein hübsches Sümmchen beschaffen zu wollen, wies er auch im Nachhinein zurück. Auch seine Mitwirkung an der Lex Gerstenmaier, die eine Wiedergutmachung in seinem Fall erst ermöglichte, stritt der ehemalige Bundestagspräsident in seiner Autobiografie ab.

Anflüge von Selbstkritik zeigte Willy Brandt in seinen Erinnerungen von 1994. Er habe auf die Enttarnung Guillaumes nicht angemessen reagiert. Auch warf er sich Gutgläubigkeit, ungenügende Menschenkenntnis und zu geringes Problembewusstsein vor. Das hatte er schon in seiner ersten Darstellung, noch im Jahr seines Rücktritts, getan, aber nun hatten mit der deutlicheren Schelte der Sicherheitsbehörden auch die Vorwürfe gegen ihn selbst zugenommen. Oskar Lafontaine blickte summarisch auf Versäumnisse und Missgriffe zurück. Er habe oft die Fehler anderer kritisiert, schrieb Lafontaine und ergänzte: „Am meisten geärgert aber habe ich mich immer über die eigenen."[21] Sein wesentlicher Fehler war allerdings, so der Tenor seines Buches, Gerhard Schröder vertraut zu haben. In den Darstellungen von Brandt und Lafontaine übernehmen beide die Verantwortung für einen anfänglichen Fehler – ein zweischneidiges Modell des Bekenntnisses, scheint doch alles, was daraus folgte, zwangsläufig geschehen zu sein.

Mehrfach beschäftigte sich Heinrich Albertz mit seinem Rücktritt und unterzog sich dabei schonungslos einer kritischen Selbstprüfung. Er distanzierte sich zwar von der landläufigen Annahme, er sei wegen des Todes von Benno Ohnesorg am 2. Juni 1967 zurückgetreten. Und doch standen die Nachwirkungen dieses Ereignisses im Zusammenhang mit seiner Amtsniederlegung. Später warf sich der ehemalige Bürgermeister sein damaliges Verhalten vor. Für den Polizeieinsatz in Berlin war er nicht verantwortlich gewesen. Aber hatte nicht sein Satz gegenüber dem Einsatzleiter, er wolle nach dem Opernbesuch keine Demonstranten mehr vor dem Gebäude sehen, das brutale Vorgehen der Beamten ausgelöst? Albertz zermarterte sich darüber noch Jahre später den Kopf.

Er werde die Schuld für sein Versagen tragen müssen, bis er vor seinem ewigen Richter stehe, so Albertz. In seiner protestantischen Bußfertigkeit war Albertz eine Ausnahmeerscheinung. In einem Gespräch neun Jahre nach seinem Rücktritt meinte er: „Offensichtlich ist es in diesem Lande das schlimmste Verbrechen, öffentlich von einem eigenen Fehler oder einer Fehlentscheidung zu sprechen."[22] Er habe gegen die bei Politikern übliche Selbstgewissheit verstoßen, folgerte Albertz. Diese Selbstgewissheit der Memoiren und Erinnerungen, der Tagebücher und Interviews unterscheidet sich nicht von der behaupteten Unfehlbarkeit in den Rücktrittserklärungen.

Milde statt Zynismus

Hans Filbinger kündigte im Vorwort seines Buches an, es gehe ihm um die möglichst getreue Tatsachenschilderung. Das Problem in seinem Fall waren aber nicht die Tatsachen. Es war ihre Interpretation. Auch Rainer Barzel sah seine Aufzeichnungen als Aufklärung. „Die Wahrheit hat immer Anspruch auf Vorfahrt", lautete sein Postulat.[23] Mit der Frage konkurrierender Wahrheiten hatten sich

Filbinger und Barzel nicht auseinandergesetzt. Sie hatten keine bewusste Falschdarstellung geliefert, aber sie hatten auch nicht danach gefragt, ob es Indizien und Argumente für eine andere Bewertung gab. Das hätte ihre Darstellung ausgewogener gemacht. Aber das interessierte sie nicht. Sie wollten ausschließlich ihre Einschätzung der Vorgänge, ihre Interpretation der Nachwelt überliefern.

Bei Filbinger zeigt sich eine Form autobiografischer Texte in Reinkultur: die Rechtfertigung. Jede Autobiografie ist ein Rechenschaftsbericht. Der Autor dokumentiert nicht nur Entwicklungen, Entscheidungen und Überlegungen, sondern baut seine Argumentation so auf, dass Gedanken und Taten folgerichtig wirken. So erscheinen selbst Darstellungen wie die von Hans Filbinger plausibel, gehorchen dabei jedoch nur einer hermetischen Logik. Widersprüche und Gegenmeinungen werden ausgeblendet oder geglättet. Solche Harmonisierungen in einer Autobiografie sind natürlich, nach einer Skandalisierung sind sie besonders ausgeprägt. Der Skandalisierte hat oft das Gefühl, zu Unrecht im Kreuzfeuer der Medien gestanden zu haben. Im Rückblick sieht er sich als Verlierer in der Auseinandersetzung um die Deutung des eigenen Verhaltens. Wenigstens in seiner Autobiografie möchte er die Herrschaft darüber wiedererlangen und beharrt auf den vormaligen Positionen.

Diese Subjektivität ist ärgerlich, sollte aber nicht den Blick auf deren Ursachen verstellen. Es geht um den Zusammenhang von erzählter Geschichte und Identität. Für Skandalisierte wie Barzel, Filbinger oder Gerstenmaier bedeutete der Rücktritt einen Bruch im Lebenslauf. Sie hatten Schwierigkeiten, das Vorher und das Nachher zu verbinden. Deshalb war die Autobiografie für sie keine Selbstbefragung, sondern eine Selbstvergewisserung. Sie sollte den Bruch durch den unfreiwilligen Amtsverzicht überwinden, die eigene Identität nach einer Lebenskrise wiederherstellen. Anders motivierte Rücktritte sind auch anders in die Rückschau eingebunden. Heinrich Albertz oder Oskar Lafontaine empfanden ihre Situation als belastend und stellten ihre Abgänge als Befreiung dar. Ihre Identität war durch den Rücktritt nicht in Frage gestellt, sondern bestätigt worden.

Autobiografien stoßen auf ein allgemeines Interesse. Eine Mischung aus Mitgefühl und Voyeurismus spielt dabei ebenso eine Rolle wie die Erwartung, mit der Lektüre Zeitgeschichte authentisch nachvollziehen zu können. Die Leser erhoffen sich Aufschlüsse, vielleicht sogar Enthüllungen, über bisher verborgene Hintergründe. Das mag für Teile der geschilderten Erlebnisse zutreffen, für den Abschnitt über den Rücktritt sicher nicht. Wer erwartet, über diesen Schritt neue Einsichten geliefert zu bekommen, wird enttäuscht. Die Selbstzeugnisse enthalten keine Überraschungen, keine sensationellen Erkenntnisse. Autobiografien von Politikern sind, wie der *Zeit*-Journalist Rolf Zundel formulierte, die Fortsetzung der Politik mit anderen Mitteln. Wer seinen Rücktritt als ungerechte Demontage erlebt hat, betont dies auch in seiner Autobiografie. Wer schon bei seinem Rücktritt selbstkritisch war, behält diese Einstellung auch in seinen Memoiren bei. Wer sich arrangiert hat, berichtet neutral darüber.

Alle bisher betrachteten Selbstzeugnisse betreffen unfreiwillige Rücktritte. Über selbstbestimmte Amtsniederlegungen gibt es kaum autobiografische Aufzeichnungen. Zum einen sind solche Rücktritte selten, zum anderen mag nach einem vorzeitigen Wechsel ins Privatleben oder in die Privatwirtschaft das politische Zwischenspiel und die Zeit danach wenig berichtenswert erscheinen. Die Ausnahme ist Hans-Dietrich Genscher. Der folgte, wie schon Sulla, dem klassischen Modell, nach seinem Ausstieg aus der Politik seine Erinnerungen aufzuschreiben. Auch Genscher hatte viel zu erzählen. Über 1000 Druckseiten umfasst die Buchausgabe seiner *Erinnerungen*.

Genschers politische Laufbahn war unbestritten eine gelungene Karriere. Dementsprechend ist seine Autobiografie eine lange Schilderung harter Bemühungen, großer Leistungen und großer Erfolge. Als Erfolg sah Genscher auch seinen Rücktritt, dessen Vollzug am 18. Mai 1992 er nicht ohne innere Bewegtheit erlebte. Aber diese Ergriffenheit konnte ihn nicht verunsichern. Er habe zu keiner Sekunde die Richtigkeit seiner Entscheidung in Frage gestellt, beharrte der ausgeschiedene Minister. Er konnte leichten Herzens und guten Gewissens auf seine Tätigkeit zurückblicken. Er freute sich, dass ihm ein Ausscheiden nach einer politischen Niederlage, einem Regierungswechsel oder einem Fehler erspart geblieben war und betonte, wie wichtig es für ihn war, das Ende seiner Amtszeit selbst bestimmt zu haben.

Darüber sprach er auch bei einem Abschiedsessen, das Bundeskanzler Helmut Kohl am 24. Mai 1992 zu Ehren Genschers für die Ministerrunde ausrichtete. Dabei gab Genscher auch eine

Vorausschau auf seinen künftigen Lebensabschnitt. Das sah er „im Sinne einer Lebenshilfe für die Zurückbleibenden". Den Kollegen stünde das Ausscheiden aus dem Kabinett noch bevor. Genscher wünschte ihnen, was ihm vergönnt gewesen sei: über Zeitpunkt und Umstände des Ausscheidens selbst befinden zu können. Genschers Rat verhallte allerdings ungehört. Sonst gäbe es vielleicht mehr Selbstzeugnisse Zurückgetretener, frei von Zorn oder Verbitterung. Für Genscher zeigte sich, wie er in seinem Schlusswort formulierte, alles in einem milderen Licht: „Das ist gut so, denn es bewahrt uns davor, zu Zynikern zu werden."[24]

KAPITEL 19

Verweigerte Demission und Entlassung

Nicht Grund genug für einen Rücktritt

Es sollten heitere Spiele werden. Und plötzlich war eine grausame Tragödie daraus geworden. Die Geiselnahme israelischer Sportler durch palästinensische Terroristen warf einen dunklen Schatten auf die Olympiade in München. Die versuchte Befreiung der Geiseln am 3. September 1972 endete in einem Blutbad. Bei der Polizeiaktion auf dem Flughafen Fürstenfeldbruck starben die jüdischen Athleten. Innenminister Hans-Dietrich Genscher hatte alles getan, um einen friedlichen Ausgang des Dramas zu erreichen. Er hatte direkt mit den Terroristen verhandelt, hatte sich sogar zum Austausch für die Geiseln zur Verfügung gestellt. Das hatte das Terrorkommando abgelehnt. Nach dem Tod der Sportler war Genscher erschüttert. Er war aber auch voller Sorge, wie die Reaktion des Auslands ausfallen würde. Das Ansehen des Staates war bedroht, sollte der Bundesrepublik Nachlässigkeit unterstellt werden können. Obwohl nicht er, sondern die bayerische Polizei für den Einsatz verantwortlich war, sah sich Genscher in der Pflicht. Er bot dem Bundeskanzler seinen Rücktritt an. Doch Willy Brandt wehrte den symbolischen Schritt ab: „Keiner kann Ihnen auch nur den geringsten Vorwurf machen. Sie haben alles getan, was getan werden konnte."[1]

> Kühn war das Wort, weil es die Tat nicht war.
> *Schiller, Wallensteins Tod*

Wie in seiner Autobiografie zu lesen ist, hielt Genscher sein Angebot aufrecht. Falls die öffentliche Reaktion auf die Vorgänge einen politischen Befreiungsschritt erfordere, sei er dazu bereit. Der Kanzler sicherte zu, darauf zurückzukommen, falls es notwendig werden sollte. Es wurde aber nicht notwendig. Niemand warf der Bundesregierung ein Versäumnis vor. Es gab keinen Fehler, der durch einen Rücktritt Genschers hätte gesühnt werden können. Hätte der Bundeskanzler dies anders gesehen, hätte er das Angebot angenommen. So aber wurde Genschers Offerte ein verhinderter Rücktritt, den die Öffentlichkeit kaum wahrnahm.

In den meisten Fällen, die zu den verhinderten Rücktritten zählen, ist das anders. Wenn eine Verfehlung vorliegt, wenn ein Amtsinhaber skandalisiert wird, werden Rücktritte erwartet. Aber nicht jede Skandalisierung führt zu einer Amtsniederlegung. Die drei schwerwiegendsten Fälle, in denen sich ein Amtsinhaber einem Rücktritt verweigert hat, waren Manfred Stolpe, der eine jahrelange Skandalisierung überstand, Joschka Fischer, dessen Status innerhalb kürzester Zeit bedroht war, und Manfred Wörner, der sich das gröbste Fehlverhalten geleistet hat, das nicht durch einen Rücktritt sanktioniert wurde.

In das Kapitel der verhinderten Rücktritte gehört auch der erzwungene Abschied, die Entlassung. Der so unfreiwillige wie schmähliche Abgang von Rudolf Scharping als Verteidigungsminister war der eklatanteste Fall der Entlassung eines Regierungsmitglieds durch den Bundeskanzler. Die Möglichkeit, einen Skandalisierten durch Rauswurf loszuwerden, entfällt, wenn der Skandalisierte der Regierungschef ist, der an seinem Sessel klebt und das ihm anvertraute Amt belastet. So war es bei Manfred Stolpe, der über Jahre alle Kritik an sich abprallen ließ.

Leichen im Keller

Er selbst hatte die Sache aufgebracht. Er selbst hatte über seine Kooperation mit der Stasi berichtet. Für ihn war sie selbstverständlich. Deshalb konnte sich Manfred Stolpe die Aufregung im Januar 1992 nicht erklären. Der brandenburgische Ministerpräsident war über die kritischen Nachfragen erstaunt. Als führendes Mitglied der evangelischen Kirche in der DDR hatte er über Jahrzehnte in regelmäßigem Dialog mit den Sicherheitsorganen des Staates gestanden. Dies war unumgänglich, um der Kirche im Sozialismus Freiräume zu sichern. Auch für die Stasi, die ihn als Inoffiziellen Mitarbeiter (IM) unter dem Namen Sekretär führte, war Stolpe nützlich. So hatten die Stasi-Leute die kirchliche Opposition jederzeit im Blick.

Stolpe hatte die Sprengkraft, die in seiner Offenlegung so kurz nach der Wende steckte, verkannt. Plötzlich stand seine Integrität in Frage. War der Gründungsvater Brandenburgs ein willfähriger Handlanger des SED-Regimes gewesen? Der demokratische Neuanfang schien diskreditiert. Im Frühjahr 1992 kamen nach und nach weitere Akten zum Vorschein, in denen immer deutlicher wurde, wie intensiv seine Kontakte waren. Stolpe machte es seinen Kritikern leicht. Er reagierte nur, vermied es, von sich aus eine Schilderung seiner Tätigkeiten abzugeben und griff stattdessen zur bekannten Salamitaktik. Erst wenn ein neuer Sachverhalt auf dem Tisch lag, bekannte er sich dazu.

Doch nicht nur in dieser Hinsicht war Stolpes Krisenmanagement schlecht. Den Stasi-Akten wollte er seine eigenen Aufzeichnungen entgegen halten. Als es aber darum ging, dieses Material öffentlich zu machen, berief er sich auf den Schutz seiner Privatsphäre. Zu seiner Verteidigung erwähnte er die Zahl von acht Mitstreitern aus Kirchenkreisen, die es wie er mit der Stasi gehalten hätten. Aber aus Gründen des Personenschutzes weigerte er sich, deren Namen zu nennen. Im April 1992 wollte Stolpe gar nichts mehr sagen. Als Kirchenmann unterliege er der Schweigepflicht. Dieser Eiertanz nährte den Verdacht, Stolpe habe etwas zu verbergen.

So war es auch. Stolpe hatte nie angegeben, ein Widerstandskämpfer zu sein. Allerdings hatte er im Januar 1992 behauptet: „Ich bin aber auch kein Verräter und habe keine Leichen im Keller."[2] Im September 1992 wurde indes bekannt, dass Stolpe 1978 die Verdienstmedaille der DDR erhalten hatte. Das war so ungewöhnlich nicht, doch in seinem Fall schien die Stasi die Verleihung veranlasst zu haben. Es fand sich ein ehemaliger Hauptamtlicher, Major Klaus Roßberg, der angab, Stolpe die Medaille übergeben zu haben. Und zwar am 21. November 1978 im konspirativen Objekt Wendenschloss in Berlin Köpenick. Stolpe dagegen behauptete, er habe die Auszeichnung aus den Händen des Staatssekretärs für Kirchenfragen, Hans Seigewasser, erhalten. Der konnte das nicht bestätigten. Seigewasser war 1979 gestorben. Einer der beiden, Major oder Regierungschef, log. Darüber entbrannte im März 1994 ein Streit in Brandenburg, für die Opposition – und nicht nur sie – war Stolpe untragbar geworden.

Seit die oppositionelle CDU im Januar 1992 einen Untersuchungsausschuss beantragt hatte, sah sich Stolpe mit Rücktrittsforderungen konfrontiert. Als die Medaillengeschichte publik wurde, war Stolpes Ampelkoalition aus SPD, FDP und Bündnis 90 bedroht.

Erst nach schwierigen Krisensitzungen konnte er die Kritiker vom Bündnis 90 wieder auf Linie bringen. Nur Bildungsministerin Marianne Birthler scherte aus und trat am 29. Oktober 1992 zurück. Stolpe überstand diesen Verlust ebenso wie den Bruch der Koalition fünf Monate später. Nach den unterschiedlichen Darstellungen über die Verleihung der Medaille hatte sich Günter Nooke vom Bündnis 90 zum schärfsten Kritiker Stolpes entwickelt. Er bezichtigte den Regierungschef der Lüge. Daraufhin löste die SPD die Koalition auf. Nooke blieb unversöhnlich. Als der Bericht des Untersuchungsausschusses am 16. Juni 1994 im Landtag debattiert wurde, ging er Stolpe frontal an. Er hielt ihm vor, die Menschen mit der Sympathie, die sie für ihn empfänden, erpresst zu haben. Nookes Appell war deutlich: „Herr Stolpe, treten Sie zurück! Sie würden sich selbst eine Ehre erweisen und dem Land Brandenburg zum Besten dienen, wie Sie es in Ihrem Amtseid zugesagt haben."[3]

Solche Rücktrittsforderungen glitten an Manfred Stolpe ab. Das lag an seiner Auffassung, mit seinen Stasi-Kontakten niemandem geschadet zu haben, aber auch an seiner Überzeugung, unverzichtbar zu sein, und schließlich an seinem Stehvermögen. Die *taz* meinte mit Blick auf Stolpes Erfahrungen in der DDR: „Der Panzer, den er sich dabei zulegte, schützt ihn auch heute noch."[4] Diese Kaltblütigkeit war nicht nur Nervensache, sie hatte ihre Berechtigung. Nicht einmal, als es um seine Verdienstmedaille ging, war Stolpes Position als Regierungschef gefährdet. Das hatte zwei Gründe: zum einen seinen Rückhalt in der SPD, zum anderen sein Ansehen in der Bevölkerung. Von Anfang an erhielt Stolpe Rückendeckung sowohl vom Landesverband seiner Partei als auch aus dem Bund. Und noch als im März 1994 der Untersuchungsausschuss über die fragliche Lüge Stolpes debattierte, bekräftigte SPD-Bundesgeschäftsführer Günter Verheugen: „Wir stehen zu Stolpe."[5] Die Unterstützung der Partei war mehrfach motiviert. Stolpe war die Galionsfigur der SPD in den neuen Bundesländern. Keiner repräsentierte die Sozialdemokraten im Osten so wie er. Darüber hinaus symbolisierte er als Ministerpräsident die Einbindung der Ostdeutschen in die Bundesrepublik. Außerdem wäre eine Verurteilung von Stolpes Stasi-Kooperation nicht glaubwürdig gewesen – auch westdeutsche Politiker hatten Kontakte mit dem DDR-Regime gepflegt.

Der zweite Grund, der Stolpe eine so große Selbstsicherheit verlieh, war sein durch nichts zu erschütterndes Ansehen in der Bevölkerung. Die Brandenburger standen zu ihrem Ministerpräsidenten – trotz oder vielleicht erst recht wegen der Vorwürfe. Im Februar 1992 sprach sich die Mehrheit der Wähler gegen einen Rücktritt Stolpes aus. Selbst die Diskussion über Stolpes mögliche Lüge im März 1994 beeindruckte niemanden. Die *Frankfurter Rundschau* stellte fest: „Zwischen Cottbus und Wittstock haben Stolpes Stasi-Kontakte bislang kaum einen gekratzt."[6] Lediglich 13 Prozent der Brandenburger nahmen eine Unwahrheit Stolpes an. 73 Prozent sprachen ihm ihr Vertrauen aus. Diese Meinungen spiegelten sich im Ergebnis der Landtagswahlen vom 11. September 1994 wider. Drei Monate nach dem Abschluss des Untersuchungsausschusses errangen die Sozialdemokraten mit Stolpe als Spitzenkandidat 54 Prozent der Stimmen. In seinem Wahlkreis Cottbus II fuhr Stolpe fast 65 Prozent der Erststimmen ein. Überzeugender konnte kein Gunstbeweis sein.

Die Leistungen Stolpes für das Land waren kaum der Grund für diesen überwältigenden Rückhalt in der Bevölkerung. Vielmehr galt Stolpe als Symbol. Einer von ihnen, ein Ostdeutscher, wehrte sich gegen westliche Kritik. Über einen anderen Aspekt hat der Psychiater Hans-Joachim Maaz nachgedacht. Er sah in der Unterstützung Stolpes ein Phänomen der Verdrängung. „Stolpe ist die Inkarnation der Schuldabwehr", meinte Maaz. In seiner Figur realisiere sich das Robin-Hood-Syndrom, die Erlösungssehnsucht, die Hoffnung auf den großen Helden. Und solange Stolpe an der Macht bleibe, könnten sich Täter und Mitläufer beruhigt zurücklehnen: „Schuld ist dann nicht mehr von moralischer Bedeutung, unsere Vergangenheit ist dann nicht mehr sonderlich belastet".[7] So sei der Übergang in die neue Ordnung ohne wesentliche Einsicht und Veränderung möglich.

Hätte Manfred Stolpe trotzdem zurücktreten sollen? Auf diese Frage gibt es nur eine Antwort: Ja. Allerdings nicht wegen seiner Stasi-Kontakte. Manches daran mag vorauseilender Gehorsam oder übertriebene Beflissenheit gewesen sein, aber die Kooperation als solche ist nicht zu verurteilen. Problematisch war nicht das historische, sondern das aktuelle Verhalten Stolpes, seine Verteidigungsstrategie. Sein Lavieren und Taktieren führte zum Verlust seiner Glaubwürdigkeit. Dass die Wähler das nicht sanktionierten, lag an der Situation der Nachwendezeit. Den Brandenburgern waren ihre akuten Identitätsprobleme dringlicher als vom Westen aufgestellte moralische Maßstäbe. Dabei bedeutete Stolpes Beharrlichkeit eine Belastung für die Verfassungsinstitution Ministerpräsident. Viele Politiker sind zurückgetreten, weil sie während der Aufklärung von Vorwürfen ihr Amt nicht belasten wollten. Spätestens bei den Enthüllungen über seine Medaille hätte Stolpe die Diskussion durch einen Rücktritt beenden sollen. Damit wäre zwar – nach Gerd Gies, Alfred Gomolka und Josef Duchac – auch der letzte ostdeutsche Regierungschef weg gewesen. Aber wäre dieser Verlust nicht durch solch einen Akt der Reinigung ausgeglichen worden? Besser noch, Stolpe hätte sich an den Rat des FDP-Bundestagsabgeordneten Burkhard Hirsch gehalten: „Wenn ich der IM Sekretär gewesen wäre, dann würde ich mich aus dem öffentlichen Leben zurückziehen, selbst wenn ich in bester Absicht gehandelt hätte."[8]

Die Kritik an Manfred Stolpe hatte sich an seinem politischen Vorleben entzündet. Aber erst Stolpes Taktieren sorgte für eine Skandalisierung, machte daraus den Fall Stolpe. Schlechtes Krisenmanagement kann eine fatale Dynamik hervorrufen. So erging es auch Joschka Fischer im Frühjahr 2005. Falsche Reaktionen auf einen geringfügigen Anlass brachten ihn in höchste Gefahr.

Versäumnisse der Mitarbeiter

Jahrelang war Joschka Fischer der beliebteste Politiker Deutschlands. Unangefochten rangierte er auf Platz eins der Popularitätsliste, genoss als Außenminister höchstes Ansehen. Darauf hatte auch die Diskussion über seine Vergangenheit als Steinewerfer keine negativen Auswirkungen. Fischer hatte den Streit damals nicht ohne Behagen angeheizt. Das Gezeter der Opposition konnte ihm nichts anhaben. Rücktrittsforderungen berührten ihn nicht, seine Position blieb unangefochten. Das war vier Jahre später, im Frühjahr 2005, anders. Fischer geriet ernsthaft in Bedrohung und rutschte innerhalb weniger Wochen vom glänzenden diplomatischen Parkett in die Mühlen des politischen Überlebenskampfes. Was war geschehen?

Fischer wurde eine politische Verfehlung vorgeworfen. Das Auswärtige Amt hatte durch einen Erlass vom März 2000 die Vergabe von Visa für Osteuropäer fahrlässig erleichtert. Fischer hatte Bedenken von Innenminister Otto Schily ignoriert, ebenso die Einwände des bayerischen Innenministers Günther Beckstein. Eine gründliche Überprüfung der Einreisenden war nicht mehr vorgesehen. Dadurch waren Hunderttausende Ukrainer und Russen, darunter auch Kriminelle, Schwarzarbeiter und Zwangsprostituierte, nach Deutschland gekommen. Dies sei zum Teil, so der Vorwurf, durch illegale Schlepperbanden organisiert worden. Michael Glos, Vorsitzender der CSU-Landesgruppe, beschimpfte Fischer deshalb als Zuhälter.

Im Dezember 2004 hatte die Union einen Untersuchungsausschuss beantragt. Anfang Februar 2005 wurde das Thema breit in den Medien abgehandelt. Da wirkte Fischer bereits angezählt, für die Opposition war sein Rücktritt offenbar nur noch eine Frage der Zeit. „Wenn Fischer noch einen Funken Selbstachtung hätte, dann wüsste er was zu tun ist", giftete CDU-Chefin Angela Merkel. FDP-Fraktionschef Wolfgang Gerhardt ernannte Fischer zum Prototyp der doppelten Moral. „Er forderte ständig Rücktritte, klebt aber selbst am Amtssessel", ärgerte sich Gerhardt und prophezeite: „Wer derart doppelte Standards setzt, wird sich nicht mehr lange halten."[9] Aber nicht nur die Opposition äußerte ihren Unmut, zum ersten Mal seit Jahren war Fischer in den wöchentlichen Umfragen nicht mehr der beliebteste Politiker.

Wie hatte es dazu kommen können? Weshalb wurde aus drögem Konsularkram plötzlich die Visaaffäre, die Fischer derart zusetzte? Das lag an seinem desaströsen Krisenmanagement. Lange Zeit hatte er es nicht für nötig befunden, sich zu den Vorhaltungen zu äußern. Dann hatte er die Angelegenheit nicht ernstgenommen. Eine erste Stellungnahme gab er Anfang Februar im Vorübergehen, auf dem Fußweg vor der grünen Parteizentrale in Berlin, ab. Die Journalisten mussten in Winterkälte und Schneetreiben ausharren. Wie oft verhielt sich Fischer unerträglich arrogant, räumte aber immerhin ein: „Für mögliche Versäumnisse und Fehler meiner Mitarbeiter trage ich die politische Verantwortung".[10] Von eigenen Fehlern war nicht die Rede – ein Sturm der Entrüstung brach los. Daran mögen auch Rachegefühle von Journalisten beteiligt gewesen sein. Jahrelang hatte Fischer sie mit anmaßender Herablassung behandelt. Jetzt zeigten sie ihm, wo der Schrank steht. Fischer war fehlbar wie alle anderen. Das sollte er zu spüren bekommen.

Zwei Vorwürfe waren Fischer zu machen. Zum Ersten hatte die Visaaffäre ein Führungsproblem offenbart, denn Fischer hatte seinen Laden nicht im Griff. Zum Zweiten lag die Verantwortung für die Affäre, wie er selbst bekannte, bei ihm – aber Konsequenzen mochte er nicht daraus ziehen. Bereits einer dieser Vorwürfe hätte für einen

Rücktritt genügen können, hätte in anderen Fällen zu einer Demission geführt. Nicht so bei Joschka Fischer. Dabei hatte er Anfang März über seinen Rücktritt nachgedacht. „Wenn ich das abwäge, auch mit Blick auf die Herausforderungen, vor denen wir innen- und außenpolitisch stehen, komme ich zum Schluss: Ich mache weiter", erklärte Fischer. Sollte das überzeugen? Ihm war klar, dass andere Minister aus geringerem Anlass zurückgetreten waren, er wandte jedoch ein: „Es sind wieder andere auch mit größeren Versäumnissen im Amt geblieben. Insofern bleibt nur, mit sich selbst zu Rate zu gehen."[11] So wenig überzeugend das Kriterium der Selbstbefragung ist – der einzige Umstand, der Fischers Rücktritt hätte hervorrufen können, war seine Entscheidung. Aber Joschka Fischer ist nicht zurückgetreten. Die Gründe dafür lagen im Gehalt der Vorwürfe, in seiner Person sowie in der politischen Konstellation.

Die laxe Vergabepraxis von Visa war sicherlich ein Fehler, aber warum dieser Fehler so erheblich sein sollte, war nicht ersichtlich. Das Ausmaß des Schadens durch die massenhafte Visavergabe sei noch längst nicht festgestellt, warnte CDU-Außenpolitiker Wolfgang Schäuble Anfang März 2005. Nur: Der Schaden ließ sich überhaupt nicht in Zahlen fassen. Weder eine Zunahme von ukrainischen Zwangsprostituierten noch eine Ausweitung der Russenmafia war nachweisbar. Das machte die Verfehlung zu einem abstrakten Phänomen. Überdies handelte es sich um einen Vorgang, der bereits ein halbes Jahr zurücklag. Lange vor dem Skandal, am 26. Oktober 2004, hatte Fischer den problematischen Erlass aufgehoben.

Der zweite Faktor, der Fischers Rücktritt verhinderte, war seine Persönlichkeit. Sein internationales Ansehen und seine Leistungen als Außenpolitiker waren überragend. „In Relation dazu ist sein Verhalten in der Visaaffäre ärgerlich, aber nicht Grund genug für einen Rücktritt", so das abwägende Urteil der *Süddeutschen*.[12] Fischers gewachsene Souveränität ließ sich auch nicht durch Anspielungen auf seine Vergangenheit erschüttern. Der *Spiegel* sah als Gründungsideal der Grünen den Traum von einer Welt ohne Grenzen: „Er wurzelt im diffusen Wir-Gefühl der 68er, denen es deshalb schwer fällt, zwischen Weltoffenheit und naiver Multikulti-Folklore zu unterscheiden."[13] Solche Unterstellungen sollten Fischer zum realitätsfernen Schwärmer stempeln, aber die erleichterte Visavergabe ließ sich nicht mit ideologischer Verblendung erklären. Zu Fischers Rettung trug auch seine Umsicht bei. Bei aller Kopflosigkeit seiner Verteidigung – einen Stolperstein umging Fischer. Er äußerte sich zur Sache erst, nachdem er alle Unterlagen zur Kenntnis genommen hatte. Manch einer musste wegen einer Unwahrheit im Untersuchungsausschuss zurücktreten. Dieser Gefahr setzte sich Fischer nicht aus.

Der dritte und entscheidende Faktor schließlich war Fischers unangefochtene Position in seiner Partei. Die Grünen waren zwar über das plötzliche Wanken ihres Vormannes verunsichert, zögerten aber nicht mit Solidaritätsbekundungen. Auch Bundeskanzler Gerhard Schröder stellte sich uneingeschränkt hinter Fischer, den Garanten des rot-grünen Bündnisses. Der *Tagesspiegel* meinte, die Koalition würde einen Kanzlerwechsel überstehen: „Für den Außenminister aber gibt es keinen Nachfolger. Und genau so benimmt sich Fischer."[14] Die zentrale Stellung Fischers musste auch Wolfgang Schäuble einräumen. Es sei klar, dass jeder andere Minister schon jetzt nicht mehr länger im Kabinett zu halten wäre, grollte Schäuble Anfang März.

Erst im Nachhinein lässt die Aufzählung dieser Faktoren Fischers Position ungefährdet wirken. Im Februar und März 2005 tobte eine tägliche Schlacht in den Medien, legte die Opposition täglich neue Vorwürfe auf den Tisch. Offen war, ob sich der Dauerbeschuss auf die Wahlergebnisse der Grünen auswirken würde. Offen war, wie lang die Parteisolidarität anhalten würde. Offen war auch, wie sich Fischer vor dem Untersuchungsausschuss schlagen würde. Seine Vernehmung fand am 25. April statt. Diesem Tag fieberten Medien und Politiker wochenlang entgegen.

Fischers Auftritt vor dem Gremium war nicht brillant, aber überzeugend. Mit seiner Aussage in der über zwölfstündigen Sitzung umschiffte er alle gefährlichen Klippen. Ein Sieg nach Punkten, wie SPD-Obmann Olaf Scholz meinte: „Es war ein guter Tag, die Affäre ist beendet." Fischer bleibe im Amt, für einen Rücktritt gebe es keinen Grund. Der Unionsvertreter im Ausschuss, Eckart von Klaeden, sah das anders. Wenn der Begriff der politischen Verantwortung noch einen Wert hätte, müsste Fischer zurücktreten. Die Untersuchung solle weitergehen. „Es ist noch viel Stoff da", meinte von Klaeden.[15] Aber die Luft aus dem Skandal war raus.

Allerdings war auch Fischers Ansehen ramponiert. Matthias Geis hatte in der *Zeit* schon vor der Vernehmung vermutet: „Ein Sturz ohne Rücktritt, vielleicht ist es das, was ihm droht."[16] So ähnlich kam es, aber auf ungeahnte Weise. Im Mai 2005, vier

Wochen nach Fischers Aussage im Ausschuss, verlor die SPD die Landtagswahl in Nordrhein-Westfalen. Überraschend setzte Bundeskanzler Gerhard Schröder Neuwahlen an. Nach der Bundestagswahl vom September 2005 waren die Grünen nicht mehr in der Regierung, Fischer nicht mehr Außenminister. So hatte sich die Rücktrittsdiskussion von selbst erledigt.

Wäre Joschka Fischers zurückgetreten, hätte ein kleiner Anlass eine große Wirkung gehabt. Bei Verteidigungsminister Manfred Wörner war es andersherum. Da hatte ein großer Anlass keine Wirkung. Sein verhinderter Rücktritt wird immer ein Makel der Regierung von Helmut Kohl bleiben.

Nach diesen Erfahrungen

Am 23. September 1983 erhielt Günter Kießling, General der Bundeswehr, seine Entlassungsurkunde. Nach § 50 des Soldatengesetzes wurde er zum 31. Dezember außer Dienst gestellt. Gründe wurden nicht genannt. Eine offizielle Verabschiedung mit dem obligatorischen Großen Zapfenstreich war nicht vorgesehen – das schmucklose, vorzeitige Ende einer erfolgreichen Karriere als Berufssoldat. Kießling war als Vier-Sterne-General einer der drei ranghöchsten Offiziere der Bundeswehr und stellvertretender Nato-Oberbefehlshaber. Wie kam es zu diesem plötzlichen Absturz?

Die Entlassung hatte Verteidigungsminister Manfred Wörner verfügt. Dem hatte der Militärische Abschirmdienst (MAD) ein Dossier über Kießling vorgelegt, in dem es um das angebliche Privatleben des Generals ging. Der Unverheiratete sei schwul und verkehre in Kölner Szenelokalen. Das mache ihn erpressbar und damit zu einem Sicherheitsrisiko. Wörner hatte Kießling in einem Gespräch am 15. September 1983 mit den Behauptungen konfrontiert. Der hatte jegliche homosexuelle Neigungen verneint. Als Militär alter Schule hatte er sein Ehrenwort gegeben. Doch Wörner glaubte dem MAD mehr als dem General. Er meinte, das Sicherheitsrisiko nicht verantworten zu können.

Wie sich Anfang Januar 1984 herausstellte, war das Dossier schlampig recherchiert, die Indizien nur dürftig. Die in den Kölner Schwulenkneipen Café Wüsten und TomTom befragten Zeugen waren zweifelhaft. Als die Öffentlichkeit erfuhr, warum Kießling unehrenhaft entlassen worden war, wurde Wörner wegen seiner

Voreiligkeit gewaltig attackiert. Doch der sah keinen Anlass für einen Rücktritt. Wörner musste sich im Verteidigungsausschuss wie in einer Aktuellen Stunde rechtfertigen. Die *Süddeutsche* erkannte eine „Bombe unter dem Ministersessel",[17] denn der Fall Kießling war zu einem Fall Wörner geworden.

Der Minister geriet immer mehr in Beweisnot. Da griff er nach jedem rettenden Strohhalm, auch wenn der von halbseidenen Figuren angeboten wurde. Einige davon empfing Wörner sogar im Ministerium. Einer von ihnen outete sich als Mitbegründer der Partei der Homophilen. Ein anderer, Alexander Ziegler, ehemaliger Chefredakteur der Schwulenpostille *du und ich*, bot Beweise über Kießlings angebliche Kontakte zu Strichjungen an. Wörner hatte ihn eigens aus der Schweiz einfliegen lassen. Kaum zurück, plauderte Ziegler brühwarm in der Zürcher Boulevardzeitung *Blick* über seinen Besuch auf der Hardthöhe. Wörner hatte sich vollends desavouiert.

Die Gespräche mit den Figuren aus dem Milieu waren der massivste Missgriff. Andere Verstöße gegen Pflicht und Anstand waren vorangegangen. Am Anfang stand die Desorganisation und Fahrlässigkeit des MAD, gefolgt von mangelnder Sorgfalt, als Wörner sich auf die dünnen Berichte über den General einließ. Danach hatte er sich von seinem Apparat unter Druck setzen lassen. Mit verwerflicher Naivität hatte er seinen Beratern geglaubt. Dabei hat Wörner die Fürsorgepflicht für seinen Untergebenen grob verletzt, ein für jeden Dienstherren fatales Vergehen. Mit seinen Panikreaktionen hatte sich Wörner der Krisensituation nicht gewachsen gezeigt. Wie sollte es da erst im Verteidigungsfall aussehen? Und schließlich hatte Wörner seine Autorität verspielt und damit der Bundeswehr, dem Amt und der Regierung schweren Schaden zugefügt.

Im Januar 1984 stellte sich nicht mehr die Frage, ob, sondern nur noch wann der Minister zurücktreten würde. In anderen Fällen hatte bereits eine einzige der Verfehlungen zur Demission geführt. Bei Wörner kamen alle zusammen, jede einzelne machte seinen Abgang zwingend notwendig. Aber der Minister blieb im Amt. Wenn Wörner so massive Verfehlungen anzulasten waren, weshalb konnte er auf seinem Posten bleiben? Die Antwort heißt Helmut Kohl.

Der Kanzler hatte triftige Gründe, einen Rücktritt von Wörner zu vermeiden. Die Motive, die Kohl im Bundestag zur Verteidigung des Blamierten anführte, waren nicht die entscheidenden. Er nannte das Ansehen Wörners als kenntnisreicher Verteidigungsminister und die Solidarität mit einem Regierungsmitglied. Gewiss war Wörner der profilierteste Wehrexperte der Union, und sicherlich spielte die Frage der Parteiloyalität eine Rolle. Als Wörner in der Kritik stand, erinnerten ehemalige Unionsgrößen wie Hans Filbinger und Eugen Gerstenmaier an ihr Schicksal. Doch Loyalität gegenüber Parteifreunden ist für einen Regierungschef keine vorrangige Richtlinie.

Für Wörners Amtsverbleib hatte Kohl andere Gründe. Sie waren mit den Namen Otto Graf Lambsdorff und Franz Josef Strauß verbunden. Wirtschaftsminister Lambsdorff stand Anfang 1984 in der Flickaffäre schwer unter Beschuss. Die Staatsanwaltschaft ermittelte gegen ihn. Wenn Wörner gehen musste – wie sollte Lambsdorffs Amtsverbleib zu rechtfertigen sein? Hans-Dietrich Genscher, Vizekanzler und Parteichef, machte Kohl klar, dass Lambsdorff nicht zur Disposition stehe. Aus Bayern waren bedrohliche Töne zu vernehmen. CSU-Chef Franz Josef Strauß spekulierte genüsslich über eine größere Kabinettsumbildung. Der bayerische Ministerpräsident ließ durchblicken, er würde einem Ruf auf die Hardthöhe wie einem Befehl folgen – die größte Angst von Helmut Kohl. Er fürchtete wie der Teufel das Weihwasser, den Bayern am Kabinettstisch sitzen zu haben. Diese Angst hinderte Kohl an der Entlassung Wörners. Willy Brandt spottete, Kohl habe sich die alte Juso-Parole „Stoppt Strauß" zu eigen gemacht.

Dieses Weißwurstsyndrom, wie Joschka Fischer lästerte, trug zu Kohls Passivität bei. Wochenlang sah er dem Treiben Wörners schweigend zu. Die *Frankfurter Rundschau* geißelte die Tatenlosigkeit als Durchsitzvermögen, als „hartnäckige, durch nichts zu erschütternde Liebe zum Status quo."[18] Der *Spiegel* mokierte sich über das grinsende Aussitzen des Kanzlers. Aber die Affäre Wörner erledigte sich nicht von allein, die öffentliche Diskussion beruhigte sich nicht. Erst spät griff Kohl ein. Dabei bewährte er sich als Meister der Diplomatie. Zuerst brachte er Manfred Wörner und Günter Kießling dazu, einem Deal zuzustimmen. Wörner sollte Kießling rehabilitieren und wieder in den aktiven Dienst aufnehmen. Dafür sollte der General dem Minister attestieren, pflichtgemäß gehandelt zu haben. Auch sollte er umgehend seine Versetzung in den einstweiligen Ruhestand beantragen. Gleichzeitig bearbeitete Kohl die CDU, sich hinter Wörner zu stellen. Es gelang ihm, Franz-Josef Strauß ruhigzustellen, und er versicherte sich der Nichteinmischung

Genschers. So konnte er am 1. Februar 1984 seine Entscheidung verkünden, Manfred Wörner im Amt zu halten.

Die Begründung für seinen Entschluss, die der Kanzler gab, war grotesk: „Ich bin überzeugt, daß Manfred Wörner in Zukunft – gerade nach diesen Erfahrungen – besonders gute Arbeit für unsere Bundeswehr leisten wird."[19] Als wäre ein Ministerium, zumal das für Verteidigung, der geeignete Raum, um schlechte Erfahrungen zu sammeln. Wörner hatte sowohl persönlich gefehlt als auch versagt, die Verantwortung zu tragen. Die *Frankfurter Rundschau* konterte, wenn alle Verkehrsgerichte so gnädig wären, könnte nicht ein einziger Führerschein eingezogen werden. Nicht nur Willy Brandt sorgte sich, welche Maßstäbe von jetzt an überhaupt noch angelegt werden sollten, um einen Rücktritt zu ermöglichen. Auch in Bayern wurde darüber nachgedacht. Der *Spiegel* kolportierte die Aussage eines CSU-Ministers über Kohls neue Maßstäbe für Rücktritte: „Die Latte liegt jetzt bei 5,90 Meter, da kann jetzt jeder aufrecht druntergehen, sogar auf Stelzen."[20]

Die Affäre Wörner endete am 26. März 1984 mit einem Großen Zapfenstreich für Kießling, im Beisein des Verteidigungsministers. Der blieb im Amt, aber sein Ansehen war schwer beschädigt. Kohl hatte sein Ziel, den Machterhalt, erreicht. Aber so dickfellig kann sich nur verhalten, wer auf politische Moral und das eigene Ansehen keinen Wert legt. Wer als Regierungschef dagegen auf die öffentliche Meinung Rücksicht nehmen muss, vielleicht weil eine Wahl bevorsteht, kann einen Skandal nicht durch Aussitzen erledigen. Wenn sich ein problematischer Minister in einem solchen Fall seinem Rücktritt verweigert, kann der Bundeskanzler zur ultima ratio greifen: der Entlassung. Mit diesem letzten Mittel entledigte sich Gerhard Schröder im Juli 2002 Rudolf Scharpings.

Wie jeder andere

Der Minister hatte eine Neue gefunden. An seinem Glück sollten auch andere teilhaben. Unter dem Titel „Total verliebt auf Mallorca" breitete Rudolf Scharping auf mehreren Seiten in der Illustrierten *Bunte* seine Urlaubsfotos von der Baleareninsel aus. Einige zeigten ihn mit der Dame seines Herzens, Kristina Gräfin Pilati-Borggreve, im Swimmingpool. Über Geschmack ließ sich in diesem Fall nicht streiten, die Schnappschüsse waren peinlich.

Verweigerung und Entlassung

Und der Zeitpunkt der Veröffentlichung war denkbar schlecht. Im August 2001 machten sich deutsche Soldaten bereit zum Einsatz in Mazedonien, der ersten Auslandsmission der Bundeswehr. Dass ihr oberster Dienstherr, der Verteidigungsminister, gleichzeitig den übermütigen Lover gab, war unpassend.

Mit diesen Fotos hatte sich Scharping zum Hanswurst gemacht. Spott und Häme ergossen sich über den instinktlosen Urlauber. In die Lästereien mischten sich Vorwürfe. Scharping habe für seinen Urlaub die Flugbereitschaft strapaziert. So hatte er sich, zwischen zwei Terminen, für lediglich acht Stunden zu seinem mallorquinischen Urlaubsziel fliegen lassen. Zur Sprache kam auch, wie oft Scharping mit Fliegern der Bundeswehr vom Dienstort Berlin zum Wohnsitz der Gräfin Frankfurt am Main geflogen war. Offenbar ließen sich nicht alle Reisen dienstlich begründen. Die Opposition forderte Scharpings Rücktritt und kündete einen Untersuchungsausschuss an. Auch in den eigenen Reihen mehrte sich die Kritik. Am 10. September musste sich Scharping vor dem Verteidigungsausschuss rechtfertigen. Es wurde eng für den Minister. Aber einen Tag später änderte sich überraschend die Agenda. Mit den Anschlägen vom 11. September 2001 auf das World Trade Center rückten andere Probleme in den Vordergrund. Scharping war gerettet. Doch der einstige SPD-Vorsitzende und Kanzlerkandidat hatte sein Ansehen unwiderruflich beschädigt.

So war Scharpings Position bereits fragil, als der *stern* am 19. Juli 2002 über ominöse Geschäfte des Ministers berichtete. Scharping hatte Kontakt zu dem Frankfurter PR-Berater Moritz Hunzinger, der sich gern seiner vielfältigen Beziehungen zu Politikern und Wirtschaftsbossen rühmte und die Entscheidungsträger in seinem Politischen Salon zusammenbrachte. Im Jahr 1998 hatte Hunzinger Scharping 80 000 Mark auf ein Konto überwiesen, 1999 gingen dort weitere 60 000 Mark ein. Wofür floss so viel Geld? Die erste Summe, so Hunzinger, zahlte er für die Lizenz von Scharpings Autobiografie. Der damals 52-jährige Scharping hatte bis dahin zwar weder eine Zeile geschrieben noch den Beginn der Arbeit terminiert. Aber Hunzinger wollte sich schon einmal die Lizenz sichern. Die zweite Zahlung erging für drei Vorträge in den Jahren 1996-1998. Warum die Überweisung so spät erfolgte, ließ sich nicht erklären. Oder stand das Geld etwa im Zusammenhang mit einem Treffen Scharpings mit einem Rüstungsunternehmer, das

Hunzinger 1999 arrangiert haben soll? War die Zahlung zur Beförderung einer U-Boot-Lieferung nach Ägypten gedacht? Auch andere Fragen stellten sich: Warum hatte Scharping dem PR-Mann Hunzinger eine Vollmacht für das zwei Tage vor der Bundestagswahl 1998 eröffnete Konto erteilt? Und dann präsentierte der *stern* noch eine horrende Rechnung des noblen Frankfurter Herrenausstatters Möller & Schaar. Für 54 885 Mark wurden dort Anzüge gekauft – angeblich für Scharping, von Moritz Hunzinger bezahlt.

Die Indizien waren dürftig, die Zusammenhänge schienen konstruiert, ein konkreter Vorwurf ergab sich nicht. Dennoch: Unmittelbar nach der *stern*-Story meldete sich Regierungssprecher Uwe-Karsten Heye zu Wort. Aber nicht etwa um Scharping beizuspringen, im Gegenteil. Heye forderte den Minister auf, möglichst rasch zu den Veröffentlichungen Stellung zu nehmen. Damit war klar, wie gering Scharpings Rückhalt beim Bundeskanzler war. Schröder war nervös. Neun Wochen vor der Bundestagswahl im September 2002 konnte er nicht schon wieder eine Debatte über Scharping gebrauchen. Die Opposition würde das Thema gnadenlos ausschlachten. Wer wusste schon, was noch alles kommen würde. Ein Minister im Zwielicht war eine Belastung. Scharping musste weg.

Doch der sah bei sich kein Fehlverhalten. „Wie jeder andere habe ich Honorare bekommen", verteidigte sich Scharping.[21] Der Anspruch darauf stamme aus der Zeit, als er kein Regierungsamt ausgeübt habe. Alles sei ordnungsgemäß versteuert worden. Die Behauptungen des *stern* seien falsch und ehrenrührig, er werde die Vorwürfe klären. Aber Scharping hatte wieder einmal die Lage falsch eingeschätzt, nicht nur seine eigene Stellung, auch die aktuelle Situation. Zeiten des Wahlkampfs seien nicht die Zeiten von Fairness und Abgewogenheit, ließ Gerhard Schröder verlauten.

Schröder forderte den Minister zum Rücktritt auf. Der weigerte sich. Es könne nicht sein, dass ein Minister sein Amt aufgeben müsse, nur weil ein Magazin unbelegte Behauptungen verbreite. Außerdem sähe ein Amtsverzicht wie ein Schuldeingeständnis aus. „Mein Verhalten ist gesetzeskonform, mehr kann ich nicht tun. Also sah ich keinen Grund für meinen Rücktritt", meinte Scharping hinterher.[22] So zeigte sich der Minister dreifach uneinsichtig. Zum einen verstand er nicht, dass er durch fragwürdige Kontakte einen üblen Verdacht erweckt hatte. Zum Anderen erkannte er nicht, dass er seiner Partei mit seiner Sturheit schadete. Und schließlich sah

Scharping nicht ein, dass er auch den letzten Rest seines Ansehens verspielte. „Er muss jetzt von sich aus zurücktreten, das ist das einzig halbwegs Ehrenhafte, das er noch machen kann", äußerte am 19. Juli 2002 ein Mitglied der SPD-Fraktionsführung.[23] Das war zehn Uhr vormittags. Fünfeinhalb Stunden später verkündete Gerhard Schröder die Entlassung von Rudolf Scharping als Verteidigungsminister. Die knappe Begründung: „Die notwendige Basis für eine gemeinsame Arbeit in der Bundesregierung ist nach meiner Auffassung nicht mehr gegeben."[24]

Hatte Schröder damit Handlungsfähigkeit bewiesen oder eine unkontrollierte Panikreaktion gezeigt? Die Meinungen darüber gingen auseinander. Doch er hatte keine andere Möglichkeit. Zu Scharpings öffentlichem Widerspruch gegen seine Entlassung gibt es auf Bundesebene keine Parallele. Die Entlassung eines Ministers steht dem Kanzler zu, notfalls auch gegen den Willen des Betroffenen. Mit einem selbstvollzogenen Abschied hätte sich Scharping einen Rest von Würde bewahren können. Mindestens dazu kann ein Rücktritt gut sein. Aber selbst dies sah der Geschasste nicht ein. Er verlasse sein Amt mit erhobenem Haupt und geradem Rückgrat, beharrte Scharping. Die *Süddeutsche* höhnte ihm hinterher: „Scharping hat lange sein Haupt immer so hoch getragen, dass er nicht mehr sah, was sich um ihn herum ereignete."[25]

Unbekümmert machtbewusst

Mit der Verweigerung seines Rücktritts hat sich Scharping selbst geschadet. Nach seinem Rauswurf war sein Ansehen völlig dahin, und durch sein Verhalten hatte er sich auch die weitere Mitarbeit in seiner Partei verbaut. Wenig mehr als ein Jahr nach seiner Entlassung, im November 2003, gab der Gescheiterte den Posten als stellvertretender SPD-Vorsitzender auf. 2005 schied er aus dem Bundestag aus.

Scharpings Entlassung wie Manfred Wörners verhinderter Rücktritt zeigen, dass in solchen Situationen das Verhalten des Regierungschefs das entscheidende Kriterium ist. Gegen den Willen des Kanzlers oder Ministerpräsidenten bleibt keiner im Kabinett. Wenn der allerdings nur fest genug zu seinem Minister steht, kann er ihn auch durchboxen. Dazu muss der Regierungschef entsprechend dickfellig sein und darf sich nicht um sein Renommee scheren. Ist der

Regierungschef der Skandalisierte, hängt sein politisches Überleben vom Rückhalt seiner Partei ab. In beiden Fällen entscheidet der Blick auf die Wähler. Droht der Partei kein Stimmenverlust, verzeihen die eigenen Leute Verfehlungen. Auch der Zeitpunkt ist wichtig. So ist am Beginn einer Legislaturperiode ein Rücktritt oftmals nicht dringend. Das Wählergedächtnis reicht kaum für mehrere Jahre.

Für den Rückhalt von Regierungschef und eigener Partei spielen auch andere Fragen eine Rolle. Steht ein geeigneter Nachfolger bereit? Ist der Rücktrittskandidat zu ersetzen oder hat er, wie Joschka Fischer, eine zentrale Stellung im Kabinett? Koalitionen erschweren die Situation zusätzlich. Auch situative Aspekte spielen eine Rolle. So kann der Regierungschef, wie im Fall Wörner, einen Rücktritt verhindern, wenn es noch andere fällige Kollegen gibt, aber eine größere Kabinettsumbildung vermieden werden soll. Diese Vielschichtigkeit macht es schwer, Rücktritte oder verhinderte Rücktritte zu vergleichen. Deshalb kann es keine verbindliche Erklärung geben, wann Rücktritte erfolgen oder nicht. Die Figur des Rücktritts hat zu viele Variablen. Das schließt aber nicht aus, die Maßstäbe für eine Amtsniederlegung zu thematisieren.

In Reaktionen auf einen Rücktritt ist, wie in Kapitel 16 gezeigt, häufig nicht nur von der Genugtuung der Opposition die Rede. Häufig wird die Demission als Akt der politischen Hygiene begrüßt. Da wird gern von einem Beitrag zur Selbstreinigung in der Politik gesprochen. Wäre dann, umgekehrt, ein verweigerter Rücktritt etwas Unsauberes, eine Befleckung oder Verunreinigung des Amtes? Wenn, wie bei Wörner, eine berechtigte Skandalisierung im Nichts verläuft, fehlt ein sichtbares Ende der Affäre. Wenn, wie bei Stolpe, ein handfester Verdacht über Jahre köchelt, fehlt ein definitiver Schlusspunkt des Kapitels. Das erlahmende Interesse von Opposition und Medien bewirkt zwar ein Ende der Skandalisierung, aber der Konflikt wird nicht aufgelöst. Das hat eher etwas Unbefriedigendes als etwas Unsauberes. Allerdings nicht im Sinn einer vordergründigen Sensationsgier, der es nur auf rollende Köpfe ankommt. Es fehlt die Sanktionierung von Fehlverhalten, die symbolische Handlung, die auf die Wiederherstellung der Ordnung zielt.

Wer seinen Rücktritt verweigert, muss sich die Beschädigung des Amtes vorhalten lassen. Worin könnte ein solcher Schaden bestehen? Beziffern lässt er sich nicht. Aber Marion Gräfin Dönhoff hat ihn im Fall Wörner benannt. In der *Zeit* machte sie ihrer bitteren

Enttäuschung Luft: „Ohnmächtige Wut erfaßt einen angesichts der moralischen Unbekümmertheit, mit der in Bonn das Vertrauen der Bürger, dieses mühsam angesammelte Kapital, verschleudert wurde." Dönhoff beklagte das Beharren im Amt aus Karrieregründen. Auch empfand sie es als ehrverletzend, dass Helmut Kohl die Rechenschaftspflicht des Ministers umgangen hatte. Sein Vorgehen war für sie eine Beleidigung, sie sah Integrität und Glaubwürdigkeit des demokratischen Systems auf beschämende Weise in Frage gestellt. Dem Bundeskanzler attestierte sie einen Mangel an Stilgefühl. Dönhoff wies auf die wirkliche Kunst des Politikers, die darin bestehe, zu wissen, „wo jeweils die Grenze verläuft, wo also Pragmatismus zu Opportunismus wird und an welcher Stelle ein Kompromiß zur Preisgabe moralischer Grundwerte führt."[26] Damit hat Dönhoff das zentrale Moment in der Diskussion um Rücktritte benannt: die Spannung zwischen Macht und Moral. Es ist die Frage des politischen Stils. Aus den vollzogenen wie den verhinderten Rücktritten lässt sich eine Kultur des Rücktritts entwickeln.

RACHE ODER BESCHÖNIGUNG
Konrad Adenauer konnte den letzten Band seiner Memoiren nicht vollenden.
Wie hätte er den erzwungenen Rücktritt dargestellt?

Verfehlung ohne Rücktritt
Verteidigungsminister Manfred Wörner (Foto oben, rechts), der den unberechtigt entlassenen General Günter Kießling rehabilitieren muss, wird von Helmut Kohl im Amt gehalten. Verteidigungsminister Rudolf Scharping (unten) ließ Urlaubsfotos von sich und seiner neuen Lebensgefährtin Kristina Pilati verbreiten. Nach weiteren Peinlichkeiten wurde er von Gerhard Schröder gefeuert.

Unerwartet
Den meisten Rücktritten gehen eine längere Diskussion in den Medien voraus. Willy Brandts Amtsverzicht kam überraschend (rechte Seite).

SINKENDE STERNE UND ABGELAUFENE UHREN
Während Fotografien nur eine Momentaufnahme geben, können Karikaturen den Prozess darstellen, der dem Rücktritt vorausgeht, hier bei Franz Josef Strauß, Hans Filbinger, Eugen Gerstenmaier und Karl Schiller (im Uhrzeigersinn).

Schoenfeld

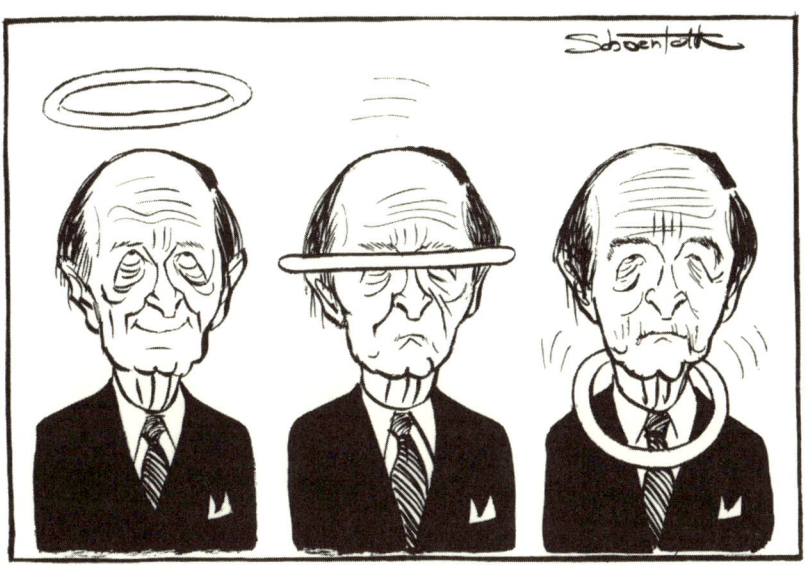

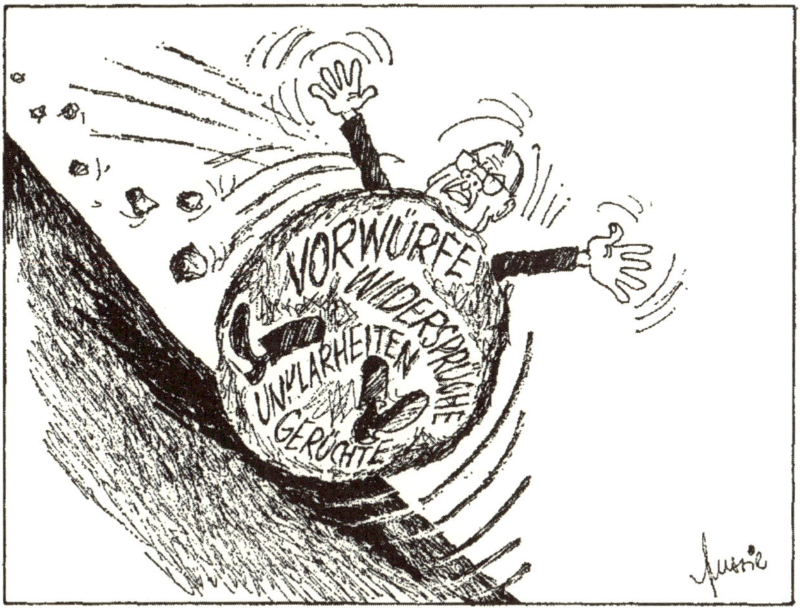
VORWÜRFE
WIDERSPRÜCHE
UNKLARHEITEN
GERÜCHTE

Der Bundeskanzler bestimmt die Richtlinien der Politik
Minister sind auf den Rückhalt des Regierungschefs angewiesen, hier Lothar de Maizière (rechts) und Bundeskanzler Helmut Kohl.

RATLOSE TRAUER
Auf dem Münchener Marienplatz nach dem Rücktritt von Willy Brandt.

Kapitel 20

Fazit: Die Kultur des Rücktritts

Manche Notwendigkeiten der Politik

In seinen autobiografischen Texten hat sich Willy Brandt mehrfach zu seinem Rücktritt geäußert. In den 1976 erschienenen *Begegnungen und Einsichten* urteilte er über die allgemeinen Konsequenzen seines Amtsverzichts: „Die Einsicht in manche Notwendigkeiten der Politik wurde durch den Schock meines Rücktritts gefördert."[1] Welche Einsichten, welche Notwendigkeiten das sein sollten, führte Brandt nicht weiter aus. Meinte er die Erkenntnis über politische Verantwortung und dass es erforderlich sei, diese Verantwortung zu übernehmen? Willy Brandts Amtsverzicht ist ein Schulbeispiel für einige wichtige Momente des Rücktritts. Sein Fall erteilte auch andere Lehren: etwa über die gebotene Willensstärke des Amtsinhabers. Oder wie unerlässlich die Solidarität der eigenen Partei ist. Weitere Aspekte lassen sich anderen Fällen abgewinnen. Dieses Kapitel stellt die wesentlichen Erkenntnisse über Rücktritte heraus.

> Erkenne Dich selbst.
> *Orakel von Delphi*

Dabei geht es nicht um eine statistische Auswertung aller Amtsniederlegungen. Viele Fälle wurden hier beschrieben, mehr noch konnten nicht einmal erwähnt werden. Was würde eine Gesamtschau aller Rücktritte zeigen? Aus einer zahlenmäßigen Aufstellung ließen sich etwa geografische Verteilungen erkennen. Die Minister des Saarlands haben sich mit einer vorzeitigen Beendigung ihrer Amtsgeschäfte stets zurückgehalten. In Berlin war die Rücktrittsdichte größer. In den neuen Bundesländern gab es in der ersten Hälfte der 90er Jahre zahlreiche Demissionen. Das lag an den noch ungefestigten Strukturen, an Stasi-Vergangenheiten und dem Mangel an Erfahrung. Was ergäbe eine Auszählung nach Parteien?

FDP-Politiker traten häufiger aus Koalitionsgründen zurück als Vertreter anderer Parteien. Dafür mussten liberale Minister seltener wegen eines Skandals den Hut nehmen. Das lag schlicht daran, dass es nicht so viele von ihnen gab. Ein grundsätzlicher Unterschied ist nicht erkennbar. Das gilt für die Rücktrittsgründe ebenso wie für den parteiinternen Umgang mit Nachfolgefragen oder die Solidarität der Kollegen bei Skandalisierungen. Und die Häufigkeit? Die Chronologie seit 1949 zeigt eine zunehmende Zahl an Rücktritten nach Skandalen. In den 50er Jahren gab es nur zwei solche Vorgänge, allein 1993 waren es mehr als ein Dutzend – ein Spitzenwert. Danach pendelte sich die Zahl auf etwa fünf Rücktritte pro Jahr ein.

Die Deutung solcher Daten ist nicht ergiebig. Sie belegt, dass Rücktritte nicht das Problem einer Region, einer Periode oder einer Partei sind, sondern das Problem des einzelnen Politikers. Das zeigt sich besonders bei Abdankungen aus Altersgründen. Wie stark sich Präsentation und Wahrnehmung von Politik in der Mediendemokratie auch verändert haben – an den Schwierigkeiten eines im Amt Ergrauten, dieses Amt zu verlassen, hat sich nichts geändert. Von Konrad Adenauer im Jahr 1963 bis zu Edmund Stoiber im Jahr 2007 ist die Dramatik des verzögerten Abdankens gleichgeblieben. Politiker, so scheint es, haben nichts dazugelernt. Das gilt auch für Fehlverhalten und Reaktionen auf eine Skandalisierung. Von Franz Josef Strauß im Jahr 1962 bis zu seiner Tochter Monika Hohlmeier im Jahr 2005 haben sich fatale Muster vererbt. Wenn jede neue Generation die Fehler der vorangegangenen wiederholt, ist ein Lerneffekt ausgeblieben. Sonst hätte sich eine Kultur des Rücktritts herausgebildet, wie sie im Folgenden vorgestellt wird.

Die drei wichtigsten Erkenntnisse über Rücktritte betreffen die Kernfragen nach den Maßstäben, nach den Faktoren und nach der Funktion von Demissionen. Dann geht es um drei allgemeine Themen: über die Persönlichkeit von Politikern, über Ursache und Bedeutung politischer Skandale und über politische Kultur. Daraus ergeben sich Überlegungen für eine Kultur des Rücktritts.

Sollbruchstellen zur Entsorgung

So oft sie auch gefordert wurden – verbindliche Maßstäbe, wann ein Rücktritt erforderlich ist, bestehen nicht. Niemand hat bisher einen generellen Katalog unverzeihlicher Fehltritte aufgestellt. Das hat seine Ursachen. Verbindliche Maßstäbe für Rücktritte kann es nicht geben. Der einzige zwingende Rücktrittsgrund wären nachgewiesene Straftaten eines Amtsinhabers. Dieses Kriterium gilt aber nur theoretisch, denn kein Minister kann die gerichtliche Klärung von Vorwürfen im Amt abwarten. Deshalb erfolgen viele Rücktritte bereits, wenn ein Ermittlungsverfahren eingeleitet wird. Bei nicht justitiablen Vorwürfen zeigt sich über die Jahre keinerlei konsequente Linie. Was Öffentlichkeit, Regierung und Partei dem einen durchgehen lassen, bricht dem anderen das Genick. Wo dieser mit Tadel und Ermahnung davonkommt, muss jener mit Schimpf und Schande die Koffer packen. Diese Uneinheitlichkeit hat drei Ursachen: das Prinzip der Anhäufung, den zeitlichen Faktor und das Verhalten des Amtsinhabers während einer Skandalisierung.

Das Prinzip der Anhäufung meint das Zusammenkommen mehrerer Einzelverfehlungen, die, für sich genommen, vielleicht nicht der Rede wert wären. Summiert aber können sie wie eine Keule wirken. Paradebeispiel ist Gerhard Glogowski, dessen zahlreiche Gunsterschleichungen in ihrer Gesamtheit das Maß voll gemacht hatten. Die zweite Ursache für die verschiedenen Maßstäbe ist der zeitliche Faktor. Gleiches wird nicht immer gleich bewertet. Hätte Herta Däubler-Gmelin nicht im Wahlkampf 2002 über Bush gelästert, sondern drei Jahre später, als die Hintergründe seines Irak-Kriegs offenbar geworden waren, wäre ihre Aussage den Medien allenfalls eine Randglosse wert gewesen. Ein Wort zur falschen Zeit kann danebengehen. Deshalb gibt es auch kaum unnötige Rücktritte. Selbst wenn ein Vorwurf unerheblich ist, kann er sich im entsprechenden Moment zu einer Skandalisierung eignen. Dann ist ein Rücktritt erforderlich, um in diesem Moment Druck aus dem Kessel zu nehmen. Und schließlich der dritte Grund für fehlende allgemeine Maßstäbe: Häufig sind nicht die Vorwürfe der Grund für einen Rücktritt. Grund ist die Art, wie mancher Amtsinhaber damit umgeht. Viele bringen sich um den Rest des Vertrauens, weil sie lügen oder Vorgänge abstreiten, Kritik zurückweisen oder Nachfragen arrogant abwimmeln.

Die zweite generelle Aussage lässt sich über die Faktoren treffen, die einen Rücktritt bewirken. Der erfolgt nur selten freiwillig im Sinn des Wortes: aus eigenem, freien Willen, ohne Beeinflussung durch andere. Der Amtsinhaber ist nicht der Einzige, der über seinen Rücktritt befindet. Der Regierungschef, die eigene Partei sowie die Medien haben einen wesentlichen Anteil an der Entscheidung. Solange ein Minister von seiner Partei und dem Regierungschef getragen wird, muss er nicht zurücktreten. Erst wenn Fraktion und Landesvorstand, Ministerpräsident oder Bundeskanzler den Daumen senken, ist die Zeit abgelaufen.

Das Urteil der eigenen Partei und die Dauer ihrer Solidarität richtet sich nach dem Image des Amtsinhabers. Wenn ein Politiker gewährleistet, auch künftig der Regierungsverantwortung gerecht zu werden, besteht kein Grund für einen Rücktritt. Wenn aber Fehltritte die Glaubwürdigkeit und Eignung in Frage stellen, ist ein Imageschaden entstanden, der am nächsten Wahltag Stimmen kosten könnte. Die Partei fragt sich, ob das Festhalten an einem skandalisierten Politiker mögliche Einbußen wert ist. Kommt sie zu einem negativen Ergebnis, drängt sie auf Rücktritt. Die Medien, die durch ihre Berichterstattung das gute oder schlechte Image des Amtsinhabers aufbauen oder zerstören, spielen in diesem Abwägungsprozess die zentrale Rolle. Nicht immer führt eine begründete Skandalisierung zu einem Rücktritt – siehe Manfred Wörner oder Manfred Stolpe. Aber das waren Ausnahmen, denn in den meisten Fällen, in denen Integrität und Kompetenz eines Ministers in Zweifel standen, kam es, mit kräftiger Unterstützung der Medien, zu einem Rücktritt.

Die dritte allgemeine Aussage betrifft die beiden wesentlichen Funktionen, die ein Rücktritt hat: die als Notbremse und die der Reinigung. Wahlen sind das Korrektiv der Politik. Mit der Stimmabgabe werden Parteien und Personen bestätigt oder abgewählt. Ein Skandal oder mangelhafte Amtsführung können, das gute Gedächtnis der Wähler vorausgesetzt, am Wahltag geahndet werden. Darauf lassen es Parteien aber nicht ankommen. Um den Machterhalt nicht zu gefährden, um die Regierungsarbeit nicht zu belasten, entsorgen sie zweifelhafte Amtsträger. Mit einem Rücktritt lässt sich zwischen den Wahlen ein Mangel beheben oder ein Vertrauensverlust ausgleichen. Der Rücktritt ist ein Akt der Selbstkontrolle in der Politik, er ist die Sollbruchstelle einer Regierung. Im Schadensfall wird, wie bei Bauteilen in der Technik, die negative Energie auf diesen Punkt gelenkt, um eine Beschädigung des Ganzen zu verhindern.

Ein Rücktritt ist immer auch ein Akt der Reinigung. Dabei muss es keineswegs das archaische Prinzip des Sündenbocks, der stellvertretenden Sühne, sein. Die Reinigung ist nicht nur symbolisch, sondern konkret und direkt. Wer als Amtsinhaber eine Verfehlung begangen hat, wer Anlass zu einer Skandalisierung gab, hat dem Amt Schaden zugefügt. Wenn er zurücktritt, wird nicht nur das Fehlverhalten sanktioniert. Ein neuer Anfang ist möglich, mit einem neuem Ressortchef, der, ausgestattet mit neuem Vertrauensvorschuss, die Leitung übernimmt. Darin besteht die wesentliche Funktion von Rücktritten. Häufig zweifeln Medien oder Opposition den Sinn von Rücktritten an. Dann heißt es, die Person habe gewechselt, die Probleme seien geblieben. Das trifft zwar zu, aber eine neue Spitze bietet die Möglichkeit, die Probleme anders anzugehen und zu lösen. Ohne diesen Optimismus würde Demokratie scheitern.

Diese grundsätzlichen Aussagen über die Figur des Rücktritts weisen auf drei Themenfelder der Politik, über die Rücktritte etwas aussagen: die Persönlichkeit des Politikers, politische Skandale und politische Kultur.

Demut statt Dünkel

Nirgendwo sonst zeigt sich das personale Prinzip in der Politik, die Übereinstimmung von Amt und Person, so direkt wie im Moment des Rücktritts. Deshalb spielt die Persönlichkeit des Politikers eine wichtige Rolle. Welche charakterlichen Voraussetzungen muss er haben, um im politischen Geschäft zu bestehen? Auf die Frage, was für ein Mensch man sein müsse, um seine Hand in die Speichen des Rades der Geschichte legen zu dürfen, nannte Max Weber schon 1919 drei entscheidende Qualitäten: Leidenschaft, Verantwortungsgefühl und Augenmaß. Diese Eigenschaften machten für Weber die Stärke einer politischen Persönlichkeit aus. Dementsprechend sah er die Eitelkeit als die zentrale Bedrohung eines Politikers: Diese gelte es täglich, sogar stündlich zu überwinden. „Die ganz gemeine Eitelkeit", so Weber, sei „die Todfeindin aller sachlichen Hingabe und aller Distanz, in diesem Fall: der Distanz sich selbst gegenüber."[2] Damit hat Weber ein Grundübel des Politikers benannt. Dessen Ursachen liegen in den Bedingungen des Politikbetriebes.

Politik ist die Durchsetzung von Interessen. Wer in die Politik geht, strebt nach der Macht, seine Interessen durchsetzen zu können. Um an eine entsprechende Position zu gelangen, sind Beharrlichkeit und Geltungsdrang vonnöten. Selbstzweifel und Neigung zu Skrupeln gehören nicht ins charakterliche Portfolio. Entweder bringt jemand von Haus aus die erforderlichen Eigenschaften mit, oder er erwirbt sie auf dem Weg nach oben. Ob dies als professionelle Formation oder Deformation zu werten ist, sei dahingestellt. Ob Machtwille besonders Narzissten eigen ist, wie Erhard Eppler meint, oder ob Macht eine Droge ist, die zur Sucht wird, wie Jürgen Leinemann schreibt, spielt keine Rolle. Selbstgewissheit, Freude am Blitzlichtgewitter und Lust am Bestimmen gehören für den Inhaber eines Regierungsamtes dazu, führen aber auch zu einer Gefährdung. „Das parvenumäßige Bramarbasieren mit Macht und die eitle Selbstbespiegelung in dem Gefühl der Macht", so noch einmal Max Weber, sei die verderblichste Verzerrung politischer Kraft.[3]

Diese Verzerrung äußert sich als Realitätsverlust, Selbstüberschätzung, Anmaßung und Allmachtsphantasie. Die antiken Griechen bezeichneten diese Erscheinungen als Hybris, als Übermut. Vieles, was in den Medien als Verfehlung gegeißelt wurde und zu Rücktritten führte, entstammt dieser Vermessenheit. Sei es die Entgleisung Peter Gloysteins, die Überfliegerei Lothar Späths, der zu große Schuh Philipp Jenningers oder der kleine Dienstweg des Franz Josef Strauß in der sogenannten Spiegelaffäre. Sie hatten die Maßstäbe aus den Augen verloren, die Grenzen des Zulässigen waren verwischt. Viele, die sich etwas vorwerfen lassen mussten, haben sich durch verkümmertes Unrechtsbewusstsein und uneinsichtige Verteidigung unmöglich gemacht. Anmaßend, wie etwa Hans Filbinger, haben sie ihre Sichtweise für die allein gültige gehalten. Auch bei den späten Rücktritten aus Altersgründen zeigt sich oft ein Mangel an Selbstkontrolle. Ob Konrad Adenauer oder Kurt Biedenkopf, ob Johannes Rau oder Erwin Teufel – sie alle hielten sich für unersetzlich und für die Besten. Die Spatzen pfiffen es längst von den Dächern, dass da jemand überfällig sei. Jeder wusste es – nur die Betreffenden wollten es nicht wissen.

Selbstbewusstsein ist die unabdingbare Voraussetzung für Spitzenpolitiker, zu viel davon zeitigt aber schlechte Folgen. Das haben die vielen Diskussionen um allzu späte Rücktritte gezeigt. Dabei könnte es anders sein. Politische Funktionsträger brauchen nicht ihren natürlichen Geltungsdrang zu unterdrücken, aber sie sollten über seine Bedingungen und Gefährdungen reflektieren. Sie sollten die eigene Person relativieren und Selbstdistanz einüben: Demut statt Dünkel, Bescheidenheit statt Arroganz, zuhören statt anordnen. Wer in der Lage ist, von sich abzusehen, wer sich selbstkritisch beobachtet, vermeidet ein Verhalten, das unstatthaft ist oder zu Fehldeutungen führt. Wie viel Aufregung wäre vermieden worden, hätte sich mancher gefragt, wie sein Benehmen auf andere wirkt. Stattdessen kam es zu einer Skandalisierung.

Im Unterschied zum Installateur

Max Streibl hatte es als normal angesehen, auf die Hazienda seines Freundes eingeladen zu werden. Auch Lothar Späth konnte an den von Unternehmern spendierten Urlauben nichts Anrüchiges entdecken. Darf ein Ministerpräsident nicht mit seinen Freunden Urlaub in der Ägäis machen? Immer wieder wird die Frage gestellt, ob für Politiker andere Maßstäbe gelten. Erhard Eppler hat diese Frage mit Ja beantwortet. Wer vom Wähler die Macht übertragen bekommen habe, so Eppler, werde schärfer beobachtet und kritisiert als ein Manager. Es sei ein Irrtum zu glauben, ein Politiker dürfe alles tun, was beim Chef einer Installationsfirma ohne weiteres hingenommen werde. Epplers Fazit: „Es bringt wenig, darüber zu räsonieren, ob dies ‚gerecht' sei. Es ist so, und wer sich in die Politik begibt, muß dies wissen und darf darüber nicht lamentieren."[4]

Politiker werden gründlicher kontrolliert und schärfer beurteilt als andere. Aber die Kriterien, nach denen ihr Verhalten bewertet wird, sind nicht aus der Luft gegriffen. Sie orientieren sich an den jeweiligen Moralvorstellungen der Gesellschaft. Die unterliegen einem steten Wandel – mit den entsprechenden Folgen für Rücktrittsdiskussionen. Beispiele aus dem Privatleben veranschaulichen das. Paul Nevermann war 1965 gestrandet, weil er sich von seiner Frau getrennt hatte. Im Frühjahr 2007 berichtete eine Zeitung, der verheiratete Horst Seehofer habe eine schwangere Geliebte. Niemand kam auf die Idee, seinen Rücktritt als Agrarminister zu fordern. Nicht einmal seine Kandidatur für den Vorsitz der CSU wurde in Frage gestellt. Seehofers Liebesleben mag jeder nach seinen persönlichen Maßstäben bewerten. Über Skandalisierung und Rücktritt sagt der Vorgang zweierlei aus. Zum einen eignet sich heute, anders als zu Nevermanns Zeiten, dieser Aspekt nicht mehr für Rücktrittsforderungen. Zum anderen zweifelt niemand mehr wegen eines privaten Verhaltens die politische Eignung als Minister an – eine hilfreiche Versachlichung.

An jedem Skandal zeigen sich moralische Standards und Normen einer Gesellschaft. Der Erkenntnisgewinn liegt nicht im Tatbestand der Affäre. Er liegt in der Art ihrer Aufklärung und Aufarbeitung. Die Frage ist, wie die Öffentlichkeit mit dem Skandal umgeht, wie sie darüber diskutiert. Skandale offenbaren das Unrechtsbewusstsein einer Gesellschaft. Ob das nützlich ist? Welche Folgen politische Skandale haben, ist umstritten. Die einen werten sie positiv, weil sich die Gesellschaft damit über ihre Wertvorstellungen verständigt und Missstände verarbeiten kann. Die anderen sehen solche günstigen Effekte nicht. Sie befürchten, das Vertrauen in das politische System werde geschwächt. Aber ob Skandale als stabilisierend oder gefährdend für die Demokratie gewertet werden, ändert nichts an ihrem Vorkommen.

Politische Skandale, die einem Amtsinhaber zugerechnet werden, lassen sich durch Rücktritte beenden. Das ersetzt weder die juristische Aufarbeitung, die vor Gericht zu leisten ist, noch die politische Aufarbeitung. Die übernimmt ein Untersuchungsausschuss. Aber erst ein Rücktritt schafft die Voraussetzung für die nüchterne Auseinandersetzung mit den Fakten. Bei späterer Betrachtung kann sich herausstellen, dass Vorwürfe haltlos waren. Nicht alle Skandalisierungen sind berechtigt, manche werden von der Presse inszeniert und geschürt. Sensationsgier und Konkurrenzdruck beeinträchtigen häufig die sachliche Berichterstattung. Aber an die Verantwortung der Medien zu appellieren, ist genauso wirkungslos wie die Aufforderung an Politiker, jeden falschen Anschein zu vermeiden. Der medialen Entwicklung ist nicht mit Appellen, sondern mit einem überzeugenden Krisenmanagement zu begegnen.

Was gehört dazu? Es ist zunächst einmal das Bewusstsein, dass die Kommunikation im öffentlichen Raum stattfindet. Dort herrschen andere Bedingungen als beim Zwiegespräch. In einer oft stark emotionalisierten Atmosphäre helfen rationale Argumente nicht immer. Vier Elemente führen zu einer erfolgversprechenden Verteidigung. Zunächst geht es um die Entwicklung einer konsequenten Strategie, denn widersprüchliche Aussagen gehen auf Kosten der Glaubwürdigkeit. Damit hängt das zweite Element zusammen: die vollständige Offenlegung aller in Frage stehenden Sachverhalte. Die Salamitaktik à la Filbinger führt ins Abseits. Dazu gehört auch ein Perspektivwechsel. Der Amtsinhaber sollte überlegen, wie andere sein Verhalten betrachten. Drittens muss er eigene Fehler, sofern sie passiert sind, eingestehen. Das gilt ebenso für aktives Fehlverhalten wie für Fehler durch Unterlassen oder falsche Einschätzungen, die zu einer falschen Entscheidung geführt haben. Das Gefühl der Unverwundbarkeit ist trügerisch, behauptete Unfehlbarkeit unglaubwürdig. Der vierte Baustein ist eine Entschuldigung. Das Sätzlein „Es tut mir leid" hat noch niemandem einen Zacken aus der Krone gebrochen. Wer Bedauern äußert, zeigt keine Schwäche, er zeigt Menschlichkeit und die Fähigkeit zur Einsicht und Änderung.

Ein besseres Krisenmanagement hätten die meisten der Skandalisierten gebrauchen können. Aber selbst wer angemessen auf eine Skandalisierung zu reagieren weiß, sollte einen Rücktritt als Möglichkeit in Betracht ziehen. Selbst wer Fehler einräumt und sich entschuldigt, sollte einen Amtsverzicht nicht von der Hand weisen. Rücktritte können ein Beitrag zur politischen Kultur sein.

Blick aus der Kaiserwolke

Mit ihrem Rücktritt protestierte Marianne Birthler gegen Ministerpräsident Manfred Stolpe. Birthler sah durch Stolpes Amtsverbleib die politische Kultur bedroht. „Der Demokratie, die wir neu gewonnen haben, wird durch die Art und Weise der Diskussion um die Vergangenheit des Ministerpräsidenten schwerer Schaden zugefügt", klagte Birthler.[5] Sie sehe Stolpes Verhalten, kommentierte die FAZ zustimmend, als schwere Beeinträchtigung der politischen Kultur, und damit stehe Birthler nicht allein. Der Begriff politische Kultur beschreibt die Vorstellungen einer Gesellschaft über Handlungsweisen und Normen in der Politik. Es geht um Grundsätze, um Falsch und Richtig, Gut und Schlecht.

Politische Kultur besteht in der Anerkennung demokratischer Prinzipien und allgemeiner Gepflogenheiten. Im Fall Stolpe hätte das geheißen: Raus mit der Wahrheit. Die Fakten auf den Tisch, und zwar alle. Das Gebot der Offenheit für Politiker ist eine moralische, keine rechtliche Verpflichtung. So etwas lässt sich nicht mit dem Strafgesetzbuch regeln. Es geht, wie Willy Brandt bei seinem Rücktritt sagte, um die ungeschriebenen Regeln. Weil diese nicht fixiert sind, hat jeder Politiker einen Ermessensspielraum. Diesen hat Stolpe weit ausgereizt, der Wille zum Machterhalt überwog das Gefühl für Stil und Anstand. Wäre dies ausgeprägter gewesen, wäre Stolpe gar nicht erst als Regierungschef angetreten – oder zumindest frühzeitig abgetreten. Mit seinem schäbigen Lavieren hat er Vertrauen und Glaubwürdigkeit aufs Spiel gesetzt. Wegen der besonderen Umstände in Brandenburg schlug sich das nicht in den Wahlergebnissen nieder. In den meisten Fällen dokumentiert sich eine Vertrauenskrise an der Wahlurne.

Vertrauenskrise bedeutet ein Missverhältnis zwischen Erwartungen und Realität. Diese Widersprüchlichkeit kann sich auf zwei verschiedene Bereiche beziehen. Zum einen auf den Unterschied zwischen den Erwartungen der Wähler und dem Verhalten eines Politikers. Jene wollen, dass sich dieser gesetzestreu verhält. Wenn er stattdessen krumme Dinger dreht, enttäuscht er die Erwartungen. Bei Stolpe waren die Wähler davon ausgegangen, als Mann der Kirche habe er keine Sünden aus der DDR-Vergangenheit. Zum anderen bezieht sich die Widersprüchlichkeit auf den Unterschied zwischen den Äußerungen eines Politikers und seinem Handeln. Wer Einschnitte ins soziale Netz als notwendig darstellt, sollte seine Position nicht ausnutzen, um sich materielle Vorteile zu sichern. Und Horst Seehofer hätte erst dann – und zu Recht – Schwierigkeiten bekommen, wenn er sich stets als Vorkämpfer der Monogamie hervorgetan hätte.

Es geht also nicht um abstrakte Moralvorstellungen, sondern um die Übereinstimmung von Anspruch und Wirklichkeit. Nur dann sind Vertrauen und Glaubwürdigkeit gewahrt. Ein gewählter Politiker muss sich des Vertrauens würdig erweisen. Wenn er es verspielt, muss er zurücktreten. Schon die Frage, ob er dazu in der Lage wäre, könne ein Kriterium der Wertschätzung sein. Im April 1993 fragte die *Woche* Gregor Gysi, welcher Politiker ihm Vertrauen einflöße. Seine Antwort: „Einer mit Selbstzweifeln und der Fähigkeit, wirklich freiwillig zurückzutreten."[6] Das war, wie viele Formulierungen Gysis, eine prägnante Pointe – mit einem gewichtigen Kern. Er greift die Forderung Max Webers nach Selbstdistanz auf. Gysi hat diese Maxime mit seinem Rücktritt beherzigt und darüber hinaus bewiesen, dass nach einem Rücktritt eine Wiederkehr auf die politische Bühne möglich ist.

Die dazwischenliegende Auszeit kann hilfreich sein. Darüber hat Stefan Zweig in seiner Biografie des französischen Politikers Joseph Fouché nachgedacht. „In der politischen Welt", so Zweig, „schenkt ein zeitweiliges Außensein dem Staatsmann neue Frische des Blicks, ein besseres Überdenken und Berechnen des politischen

Kräftespiels." Deshalb könne einem Politiker nichts Glücklicheres als eine zeitweilige Unterbrechung seiner Laufbahn passieren. Den Grund führte Zweig bildhaft aus: „Wer die Welt einzig immer nur von oben sieht, aus der Kaiserwolke, von der Höhe des elfenbeinernen Turmes und der Macht, der kennt nur das Lächeln der Unterwürfigen und ihr gefährliches Bereitsein". Immerwährender Beifall mache stumpf. Misserfolge, Niederlagen und Ungnade dagegen wertete Zweig als Lehrmeister, die neue Einsichten ermöglichten: „Nur das Unglück gibt Tiefblick und Weitblick in die Wirklichkeit der Welt."[7] Das Dichterwort lässt sich als eine Ermunterung zum Rücktritt lesen.

Abgang in Schönheit

Rücktritte haben ein schlechtes Image. Bei einer Skandalisierung gelten sie als Eingeständnis von Schuld, bei Protest oder nach parteiinternen Konflikten ist schnell von Amtsflucht die Rede. Wer zurücktritt, scheint ein Verlierer zu sein. Dieses schlechte Image hat seine Gründe. Im Wesentlichen ist es die zähe Unfreiwilligkeit, mit der die meisten Rücktritte ablaufen. Egal ob aus Altersgründen oder nach einer Skandalisierung – fast alle Rücktritte erfolgen zu spät, um noch den Anschein der Selbstbestimmtheit zu wahren. Anlass und Notwendigkeit eines Rücktritts lassen sich nicht vermeiden. Fehlverhalten, ob beabsichtigt oder nicht, und Skandalisierung, ob berechtigt oder nicht, werden immer vorkommen. Das ist weder durch gesetzliche Vorschriften noch durch moralische Appelle zu ändern. Aber den politischen Folgen von Fehlverhalten und Skandalisierung wäre beizukommen, wenn es mehr Rücktritte gäbe, wenn Rücktritte schneller vollzogen würden. Dann gäbe es mehr gelungene Rücktritte.

Gelungene Rücktritte? Ja, so etwas kommt vor, wenn auch nur selten. Zu den wenigen Ausnahmen eines geglückten Amtsverzichts zählen die Fälle von Gustav Heinemann, Rudolf Seiters und Hans-Dietrich Genscher. Der Erste trat aus Protest zurück, der Zweite übernahm Verantwortung, der Dritte ging wegen seines Alters. An den Gründen liegt es also nicht. So verschieden die Anlässe waren, haben die Rücktritte doch Gemeinsamkeiten. In allen drei Fällen hatte niemand damit gerechnet. Alle drei Politiker waren geachtet. Noch hatte niemand ihre Position in Frage gestellt. Und alle drei stellten ihren Schritt überzeugend als selbstbestimmt heraus. Genscher sei es gelungen, in Schönheit zurückzutreten, gestand die *Süddeutsche Zeitung* zu. Es wäre übertrieben, diese Fälle als Sternstunden der Demokratie zu glorifizieren, aber sie zeigen ein Amtsverständnis, von dem sich mancher Sesselkleber eine Scheibe abschneiden könnte. Mit wenigen anderen können sie als beispielhaft gelten. „Wenn das Wort von der Glaubwürdigkeit der Politik noch nicht ganz verkommen ist", so Heribert Prantl in seinen Überlegungen zu einer Kultur des Rücktritts, „dann liegt das an solchen Namen."[8]

Wie sähe eine solche Kultur aus? Und welche Folgen hätte sie? Voraussetzung ist die kritische Selbstprüfung eines Amtsinhabers. Vielleicht nicht stündlich, wie von Max Weber gefordert, aber doch gelegentlich sollte er sich fragen, ob er noch die richtige Person am Platz ist. Sei es aus Altersgründen nach jahrelanger Tätigkeit, sei es nach einem vorgeworfenen Fehlverhalten oder nach einem aufgedeckten Missstand innerhalb seines Verantwortungsbereiches. Wer zu dieser kritischen Selbstbefragung fähig ist, würde in vielen Fällen frühzeitig erkennen, dass ein Verbleiben im Amt sinnlos und fatal ist. Sinnlos, weil sich ein Rücktritt aufgrund des öffentlichen Drucks nicht vermeiden lässt. Fatal, weil mit einem zu späten Rücktritt eine Schädigung des Amtes und der eigenen Person einhergeht. Auch diese Notwendigkeit der Politik gehört zu den Einsichten, die Willy Brandts Rücktritt vermittelt.

Wer schnell zurücktritt, bleibt Herr des Verfahrens. Je früher er geht, desto geringer sein Imageschaden, und umso größer ist die Möglichkeit, später erneut einen öffentlichen Posten zu bekleiden. Stefan Zweig hat den Erkenntnisgewinn von Unterbrechungen beschrieben. Wie das Kapitel „Das Leben danach" gezeigt hat, muss ein Rücktritt nicht den Absturz bedeuten. Aber auch eine Beschädigung des Amtes würde vermieden. „Ich gehe, um Schaden von meinem Amt abzuwenden" – dieser Standardsatz aus Rücktrittserklärungen träfe dann zu. Bisher war in den meisten Fällen der Schaden längst eingetreten, bevor diese Aussage getroffen wurde.

Aber zu einer Kultur des Rücktritts gehörte auch, häufiger zu überlegen, ob ein Rücktritt nicht die angemessene Reaktion ist. Politiker sollten weniger an ihrem Amt kleben. Das ist keine Aufforderung zur Fahnenflucht oder ein Appell, bei jeder kleinen Schwierigkeit zu kneifen, auch keine Anstiftung zum vorschnellen politischen Selbstmord. Dieses Plädoyer ergibt sich aus der Betrachtung zahlloser Fälle von erfolgten und verhinderten Rücktritten. Vorwürfe wie Unglaubwürdigkeit und Versorgungsdenken gehören zu den Gründen für die vielbeklagte Politikverdrossenheit und das schlechte Image von Politikern. Diesen Vorhaltungen könnte durch mehr Rücktritte begegnet werden. Wer bei einer Skandalisierung auf sein Amt verzichtet, kann belegen, dass er für das Prinzip der politischen Verantwortung einsteht; dass er den Dienst an der Sache höher stellt als die eigene Person; dass er nicht aus eigennützigen Gründen auf seinem Posten bleibt.

Rücktritte hätten dann nicht mehr den sensationellen Ausnahmecharakter. Sie würden zu einem akzeptierten Reaktionsmuster, wären eine reguläre Handlungsoption. Diese könnte so selbstverständlich wie respektiert sein. Die Kultur des Rücktritts würde dem einzelnen Politiker nutzen, aber sie würde auch der politischen Kultur im Allgemeinen dienen.

# Anmerkungen

Für alle Rücktritte wurde die Berichterstattung in den Medien Frankfurter Allgemeine Zeitung, Frankfurter Rundschau, Der Spiegel, Süddeutsche Zeitung, Der Tagesspiegel und Die Welt durchgehend ausgewertet. Für ausgewählte Fälle wurden zusätzlich herangezogen u.a. Berliner Zeitung, Handelsblatt, Neue Zürcher Zeitung, Rheinischer Merkur, Das Parlament, stern, taz, Welt am Sonntag und Die Zeit, gelegentlich auch Beiträge aus Rundfunk und Fernsehen. Den Angaben zu Personen liegen allgemeine und biographische Nachschlagewerke zu Grunde sowie die monographische Literatur. Nachgewiesen werden nur wörtliche Zitate.

1 [1] Bismarck 1983, S.3. [2] Zeit 11.5.1979. [3] Tagesspiegel 30.3.2000; FR 1.8.2002.

2 [1] Karl V. 2001, S.14. [2] Zweig 1950, S.172f. [3] Zit.n. Christ 2002, S.133. [4] Ebd. [5] Plutarch 1938, S.208. [6] Eutropius 1995, S.139. [7] Lactanz 2003, S.199. [8] Panegyricos 1989, S.29. [9] Zit.n. Demandt 1998, S.41. [10] Zit.n. Herde 1981, S.127. [11] Karl V. 2001, S. 9 u. 14. [12] Zit.n. Kleinheyer 1987, S.126. [13] Zit.n. Stirling 1858, S.326. [14] Zit.n. Masson 1968, S.165. [15] Zit.n. Bauer 1995, S.118f. [16] Zit.n. Von der Heyden-Rynsch 2000, S.98. [17] Maine 1936, Erg.lieferung S.17. [18] Ebd., S.18. [19] Herzog von Windsor 1951, S.525. [20] Ebd., S.491. [21] Ebd., S.493.

3 [1] Welt 11.5.1988. [2] FAZ 10.9.1977. [3] FR 23.11.2000. [4] SZ 28.4.1992. [5] Ebd. [6] Rheinischer Merkur 1.5.1992. [7] Welt 11.5.1988. [8] FAZ 20.5.1988. [9] stern 21/1988. [10] Schmid 1979, S.455, S.300. [11] Interpress Nr.173/1950. [12] Tagesspiegel 1.9.1983. [13] FR 7.2.1990. [14] FAZ 18.3.1964. [15] Schmid 1979, S.669f. [16] Zit.n. Koerfer 1998, S.287. [17] Zit.n. Bucerius 1976, S.85. [18] Welt 21.2.1963. [19] taz 26.01.2001.

4 [1] Zit.n. Barzel 1986, S.100. [2] Zit.n. ebd. 1986, S.108. [3] Zit.n. Hentschel 1996, S.648. [4] Welt 27.9.1967. [5] Handelsblatt 26.5.1981. [6] Hahn 1981, S.217. [7] Zeit 11.9.1981. [8] FAZ 15.4.1999. [9] Spiegel 23/1978. [10] Report 8.2.1965. [11] FAZ 27.3.1965. [12] Welt 12.11.1962.

ANMERKUNGEN

5

[1] Zit. n. P. Weber 1996, S.316f. [2] Zit. n. Nüske 1982, S. 103. [3] Heinemann 1956, S.462. [4] Zit. n. D. Koch 1972, S.154. [5] Heinemann an Adenauer 9.10.1950, in: ebd., S.518. [6] Heinemann 1977, S.107. [7] FR 5.5.1979. [8] Welt 15.12.1995. [9] Tagesspiegel 30.10.1992. [10] taz 30.10.1992. [11] Heute noch! 1987, S.73f. [12] Tagesspiegel 6.3.1970. [13] Eppler 1978, S.101. [14] Welt 15.5.1971. [15] Berliner Zeitung 25.3.2000. [16] Welt 24.3.2000 [17] Zit. n. P. Weber 1996, S.317. [18] Tagesspiegel 5.3.1970. [19] SZ 6.7.1974; Welt 5.7.1974. [20] FAZ 6.7.1974. [21] Tagesspiegel 30.10.1992; FAZ 30.10.1992. [22] taz 15.12.1995. [23] Tagesschau 13.5.1971. [24] Tagesspiegel 25.3.2000. [25] Berliner Stimme 7.3.1970. [26] Spiegel 19/1979. [27] Tagesspiegel 28., 30.3.2000. [28] Welt 29.12.1979. [29] Welt 14.5.1971. [30] M. Weber 1999, S.85. [31] Welt 4.10.1963. [32] Zit. n. H.-E. Volkmann 1987, S.15. [33] M. Weber 1999, S.83. [34] Ebd., S.75. [35] Erhard Eppler in: Gustav Heinemann 1999, S.80. [36] M. Weber 1999, S.84f.

6

[1] R. Brandt 1994, S.269. [2] Presse- und Informationsamt der Bundesregierung, Bulletin Nr.56, 9.5.1974, S.557. [3] Ebd. [4] Verhandlungen des Deutschen Bundestages, Stenographische Berichte, 2/42, 16.9.1954, S.1967. [5] Ebd., S.1959. [6] Ebd., S.1968. [7] Ebd., S.1975f. [8] M. Weber 1999, S.41; Hervorhebung im Original. [9] Weekly Hansard 20.7.1954, zit. n. Ehmke 1969, S.86f. – Aus dem Engl. vom Verf. [10] Welt 5.7.1993. [11] Zit. n. Berg 2002, S.185. [12] Osnabrücker Zeitung 19.10.2000. [13] Das Parlament 25.8.2003. [14] SZ 6.7.1993. [15] Hamilton 1972, S.455; aus dem Engl. vom Verf. [16] FR 15.11.1979. [17] Landtag Rheinland-Pfalz, Plenarprotokoll 9/8, 25.10.1979, S.379, die folgenden Zitate ebd. S.385, 378, 380, 382. [18] FR 15.11.1979. [19] Spiegel 14/1992. [20] SZ 31.3.1992. [21] FAZ 31.3.1992. [22] taz 1.4.1992. [23] taz 9.9.1999; FR 30.7.1999; vgl. Welt 7.9.1999; Welt 11.9.1999. [24] Bayerischer Landtag, Plenarprotokoll 14/63, 13.9.1999, S.1640; die folg. Zitate S.1614 u. 1625. [25] Bayerischer Landtag, Plenarprotokoll 14/65, 9.5.2001, S.4667. [26] Rabels 1979, S.65. [27] Bürgerschaft Hamburg Bericht 1980, S.122. [28] W. Brandt 1994, S.523 u. 522. [29] W. Brandt 1974, S.172. [30] W. Brandt 1994, S.530. [31] Spiegel 6.5.1974. [32] NZZ 8.5 u. 9.5.1974. [33] Zit. n. Baring 1998, S.888. [34] Zit. n. P. Koch 1988, S.452.

7

[1] Netzzeitung 3.1.2001. [2] Vgl. FAZ 23.1.2001. [3] Zit. n. In Sachen Filbinger 1980, S.112. [4] Welt 15.12.1990. [5] Zeit 14.12.1990. [6] Zeit 12.9.1991. [7] FAZ 10.8.1991. [8] Landtag Sachsen-Anhalt, Stenographischer Bericht, 12.9.1991, S.34. [9] SZ 29.11.1991. [10] Welt 19.12.1991. [11] FR 25.1.1992. [12] Zit. n. FR 25.6.1979 u. FAZ 25.6.1979. [13] FAZ 25.6.1979. [14] Zit. n. FR 22.3.1978. [15] Ebd. [16] Albert Norden, [Vorlage für das Politbüro] 11.3.1960, zit. n. Wachs 2001, S.41. [17] Zit. n. Spiegel 49/59. [18] Zit. n. Wachs 2000, S.351. [19] Zeit 29.1.1960. [20] Spiegel 17/1960. [21] FR 23.6.1978. [22] Zit. n. In Sachen Filbinger 1980, S.68. [23] Zit. n. ebd., S.31. [24] FR 23.6.1978. [25] Zit. n. In Sachen Filbinger 1980, S.48. [26] Zit. n. ebd., S.151. [27] FAZ 8.8.1978. [28] Zit. n. In Sachen Filbinger 1980, S.115. [29] FR 19.12.1991. [30] SZ 4.1.2001. [31] Spiegel 5/2001. [32] FR 24.1.2001. [33] FAZ 8.1.2001. [34] FAZ 5.2.2001.

Anmerkungen

8 [1] Welt 4.5.1984. [2] Deutsche Universitätszeitung, 8.6.1955, S.3. [3] Zit. n. ebd., S.VI. [4] Zit.n. Marten 1987, S. 167. [5] SZ 20.6.1995. [6] FAZ 11.7.1995. [7] Welt 29.5.1965. [8] Welt 2.6.1965. [9] Hamburger Abendblatt 2.6.1965. [10] Zeit 4.6.1965. [11] FAZ 20.9.2002. [12] FAZ 20.9.2002. [13] taz 13.5.2005. [14] Bild 13.5.2005. [15] Hamburger Abendblatt 14.5.2005. [16] Laut Bild, zit.n. Spiegel-online 12.5.2005. [17] Tagesspiegel 26.10.2004. [18] Stuttgarter Zeitung online 25.10.2004. [19] Spiegel-online 25.10.2004. [20] SZ 2.3.1993. [21] FR 22.4.1993. [22] Bericht aus Bonn 11.11.1988, zit.n. Philipp Jenninger 1989, S.41. [23] FR 11.11.1988 u. 12.11.1988.

9 [1] FR 21.9.1995. [2] FAZ 28.1.1978. [3] FR 23.12.2000. [4] FAZ 5.9.2000. [5] SZ 13.9.2000. [6] FR 18.9.2000. [7] SZ 22.7.2004. [8] FAZ 10.8.1988. [9] FR 27.10.1988. [10] 8-Uhr-Blatt 3.11.1962, zit.n. Skandale der Republik 1989, S.75. [11] Spiegel 46/1962. [12] Zit.n. Schöps 1983, S.133. [13] Zit.n. Koerfer 1998, S.716. [14] Ebd. 1998, S.720. [15] FAZ 19.9.1987.

10 [1] FAZ 30.7.2002. [2] taz 1.8.2002. [3] FAZ 6.11.2000. [4] Handelsblatt 28.6.1984. [5] Bayernkurier 6.2.1993. [6] NZZ 9.1.1991. [7] Spiegel 3/1991. [8] SZ 13.1.1969. [9] Zit.n. Spiegel 4/1969. [10] Spiegel 10/1969. [11] SZ 25.11.1993. [12] Welt 29.11.1993. [13] FAZ 23.8.1993. [14] taz 17.2.1994. [15] SZ 16.10.1984. [16] SZ 18.10.1984. [17] FAZ 23.10.1984.

11 [1] Vgl. SZ 18.11.2003. [2] FR 15.11.2000. [3] FAZ 21.9.2002. [4] Welt 18.5.1973; Tagesspiegel 28.3.1986; Parlament 15.2.2002. [5] FAZ 29.5.1978. [6] FR 25.4.1978. [7] Berliner Stimme 5.6.1981. [8] FR 23.6.1978. [9] FR 31.3.1992. [10] FAZ 16.11.2000. [11] taz 17.5.2001. [12] Zeit 15/2005. [13] FAZ 29.4.2003. [14] Zeit 5.8.1983. [15] FAZ 13.12.1997. [16] SZ 29.3.2004. [17] Telegraf 5.3.1970; Evers Gespräch 1970, S.4. [18] Tagesspiegel 30.3.1968; Zeit 5.4.1968. [19] Tagesspiegel 11.12.2002. [20] SZ 6.10.2003. [21] Freitag 5.12.2003.

12 [1] FAZ 10.6.2003. [2] FAZ 16.11.2000. [3] SZ 22.7.1978. [4] FAZ 29.7.1978. [5] Tagesspiegel 28.4.1977. [6] SZ 14.1.1991. [7] SZ 18.12.1990. [8] SZ 16.4.2005. [9] FR 29.5.2001. [10] FR 29.5.2001. [11] Volksblatt 28.6.1984. [12] Welt 2.7.1991. [13] FR 29.3.1986; Spiegel 35/2000. [14] FAZ 16.11.2000. [15] Welt 8.5.1974. [16] FR 18.3.1993. [17] Zit.n. Berg 2002, S.192. [18] Stuttgarter Zeitung online 28.1.2006. [19] Zeit 4.4.1986. [20] FR 6.3.1993. [21] Welt 26.9.1987. [22] Welt 11.1.1991. [23] Spiegel 5/1969. [24] taz 14.5.2005. [25] SZ 4.4.2005. [26] Spiegel 5/1969.

13 [1] Spiegel 26/1993. [2] taz 3.8.2002. [3] Kilz/Preuss 1983, S.313. [4] Herzog von Windsor 1951, S.470. [5] FR 17.9.1987. [6] FR 29.6.1995. [7] FAZ 9.9.2000. [8] Welt 24.11.1999. [9] FR 17.9.1987. [10] Spiegel 4/1969. [11] taz 4.4.1986. [12] taz 1.4.1992. [13] Spiegel 23/1978; FR 7.12.1991. [14] FAZ 23.11.1999; Spiegel 1/1993. [15] Spiegel 1/1993. [16] Zit.n. FR 31.3.1992. [17] SZ 24.1.2001. [18] Herzog von Windsor 1951, S.456. [19] FR 12.8.1988. [20] FR 27.11.1999. [21] Spiegel 28/1991.

ANMERKUNGEN

14
[1] SZ 7.6.1978. [2] Welt 2.6.1965. [3] SZ 8.8.1978. [4] Ebd. [5] Tagesspiegel 28.4.1992. [6] Welt 12.11.1988. [7] Welt 14.5.1971. [8] SZ 28.5.1993. [9] Welt 2.11.1962. [10] Tagesspiegel 12.11.1988. [11] Zeit 11.8.1978; SZ 24.1.2001; Tagesspiegel 29.11.1993. [12] taz 16.3.1992. [13] Ebd. [14] SZ 7.6.1978. [15] taz 10.1.2001; FR 10.1.2001 [16] Welt 15.12.1995. [17] FAZ 24.1.2001. [18] Spiegel 4/2002. [19] FAZ 18.2.1994. [20] FR 3.8.2002. [21] FR 4.1.1993. [22] FAZ 3.8.2002. [23] Zit.n. Wessels 1988, S.69. [24] Hamburger Echo 21.12.1960. [25] Deutsche Zeitung 12.10.1963. [26] Gerstenmaier 1981, S.486. [27] Welt 19.3.1999.

15
[1] Berliner Zeitung 8.4.2004. [2] Vgl. Wilhelm Hahn an Hans Filbinger, 2.5.1978, Staatsministerium Baden-Württemberg. [3] Handelsblatt 28.6.1984. [4] Erhard 1988, S.1024. [5] Presse- und Informationsamt der Bundesregierung, Bulletin 16.10.1963. [6] Abgeordnetenhaus von Berlin, 8.WP, 44.Sitzung, 15.1.1981, S.1948. [7] Zeit 18.11.1988. [8] Erhard 1988, S.1025. [9] SZ 27.5.1993. [10] Karl V. 2001, S.13. [11] Presse- und Informationsamt der Bundesregierung, Bulletin 16.10.1963. [12] FR 18.4.2002. [13] Kühn 1987, S.397. [14] Ludwig Erhard: Entwurf [hs.: 1. Entwurf], o.D. [November 1966], Nachlass Erhard NE II 1)I., S.8, Ludwig-Erhard-Stiftung, Bonn. [15] Ebd., S.10. [16] Erhard 1988, S.1022. [17] Landtag Baden-Württemberg, Plenarprotokoll, 7/54, 30.8.1978, S.3555. [18] Lafontaine 1999, S.226. [19] FR 26.5.1981. [20] Welt 8.4.2004. [21] Barzel 2001, S. 406. [22] Welt 29.11.1993. [23] SZ 27.11.1999. [24] Bürgerschaft Hamburg, 9.WP, Drucksache 9/2121, S.122. [25] FAZ 5.7.1993. [26] Burchardt/Knobbe 1993, S.380.

16
[1] Welt 12.3.1999. [2] Spiegel 11/1999. [3] Welt 12.3.1999. [4] Spiegel 29/1972. [5] Welt 8.6.1978. [6] Tagesspiegel 24.2.1976. [7] Welt 14.5.1971. [8] Tagesspiegel 4.7.1978. [9] SZ 19.4.2005. [10] Welt 12.11.1988. [11] FAZ 12.3.1999. [12] Tagesspiegel 11.7.1976. [13] FAZ 12.11.1988. [14] SZ 8.5.1974. [15] taz 4.1.1993. [16] Welt 8.4.2004. [17] Tagesspiegel 24.3.1993. [18] Information der Landesregierung NRW, 69/1/2000. [19] FAZ 12.11.1988. [20] Spiegel 40/1987. [21] taz 27.10.1988. [22] SZ 2.11.1988. [23] Welt 18.3.1998. [24] FR 9.5.1974. [25] SZ 12.7.1995. [26] FR 14.5.1993. [27] Zeit 4.11.1966. [28] Spiegel 19/1993. [29] FR 28.1.1978. [30] FAZ 12.11.1988. [31] WamS 5.3.1972. [32] Spiegel 29/1972. [33] Welt 11.5.1993. [34] SZ 10.5.1993. [35] SZ 24.1.2001. [36] Zit.n. Merseburger 2002, S.737. [37] taz 31.3.1993.

17
[1] SZ 11.5.1974. [2] Hamburger Abendblatt 10.10.1984. [3] Gustav Heinemann an Helmut Gollwitzer, 18.5.1954. In: Heinemann 1999, S.201. [4] FR 7.2.1990. [5] Welt 20.9.1967. [6] Zit.n. Düding 2002, S.312. [7] Bild online 30.1.2006. [8] Spiegel 42/1977. [9] Spiegel 5/1969. [10] FR 4.1.1993. [11] Spiegel 48/1988. [12] Presse- und Informationsamt der Bundesregierung, Bulletin 16.10.1963. [13] Welt 11.8.1986. [14] FR 22.3.1980. [15] Vgl. Wilhelm Hahn an Hans Filbinger, 2.5.1978, Staatsministerium Baden-Württemberg. [16] taz 17.12.1999. [17] Bismarck 1983, S.9. [18] Welt 12.10.1963, [19] Zit.n. Heinemann 1999, S.202. [20] SZ 30.5.1972. [21] Interview Stobbe, in: Appel 1996, S.273. [22] WamS 17.8.2003; taz 13.8.2002.

Anmerkungen

18 [1] Albertz 1981, S.243. [2] Leber 1979, S.230. [3] Lafontaine 1999, S.7f. [4] Gysi 2003, S.151. [5] Gerstenmaier 1981, S.593. [6] Barzel 1987, S.233. [7] Filbinger 1987, S.255. [8] Ebd. S.248. [9] Nevermann 1977, S.171. [10] W. Brandt 1994, S.326. [11] Poppinga 1997, S.506. [12] Lafontaine 1999, S.86. [13] K. Schütz 1992, S.125. [14] Welt 27.4.1977. [15] Evers 1998, S.372. [16] Barzel 2001, S.405. [17] Ebd., S.406. [18] Strauß 1989, S.424. [19] Filbinger 1987, S.204. [20] Ebd., S.196. [21] Lafontaine 1999, S.10. [22] Albertz 1976, S.53. [23] Barzel 1987, S.228. [24] Genscher 1995, S.1023 u. 1029.

19 [1] Genscher 1995, S.159f. [2] Tagesspiegel 20.1.1992. [3] Abschlußbericht 1994, S.283. [4] taz 30.10.1992. [5] FAZ 17.3.1994. [6] FR 17.3.1994. [7] Maaz 1992, S.126 u. 134. [8] Spiegel 17/1992. [9] SZ 28.2.2005; Frankfurter Allgemeine Sonntagszeitung 27.3.2005. [10] Tagesspiegel 15.2.2005. [11] FR-Interview, zit.n. SZ 5.3.2005. [12] SZ 28.2.2005. [13] Spiegel 6/2005. [14] Tagesspiegel 15.2.2005. [15] SZ 27.4.2005. [16] Zeit 10.3.2005. [17] SZ 14.1.1984. [18] FR 2.2.1984. [19] Parlament 18.2.1984. [20] Spiegel 6/1984. [21] FR 18.7.2002. [22] FR 19.7.2002. [23] SZ 19.7.2002. [24] FAZ 20.7.2002. [25] SZ 19.7.2002. [26] Zeit 10.2.1984.

20 [1] W. Brandt 1976, S.586. [2] M. Weber 1999, S.68. [3] Ebd., S.69. [4] Eppler 2000, S.30. [5] SZ 30.10.1992. [6] Zit.n. König 2005, S.336. [7] Zweig 1950, S.121. [8] SZ 16.2.2002

BILDNACHWEIS

Bildnachweis

Seite 10: SV-Bilderdienst/S.M. • S.12: SV-Bilderdienst • S.13: SV-Bilderdienst/UPI • S.14 o.: SV-Bilderdienst/dpa, u.: Reuters • S.15: SV-Bilderdienst/dpa • S.16: SV-Bilderdienst/F.Rust • S.18: SV-Bilderdienst/dpa(4) • S.19: SV-Bilderdienst/dpa • S.20: SV-Bilderdienst/AP • S.51: ullstein-Sven Simon • S.52: SV-Bilderdienst/dpa • S.54: SV-Bilderdienst/dpa • S.55: SV-Bilderdienst/AP • S.56 l.o.: SV-Bilderdienst/A.Heddergott, l.u.: SV-Bilderdienst/dpa, r.o.: SV-Bilderdienst/UPI, r.u.: SV-Bilderdienst/AP • S.235: SV-Bilderdienst/dpa • S.236/237 v.l.: SV-Bilderdienst/Werek, SV-Bilderdienst/dpa, SV-Bilderdienst/UPI, SV-Bilderdienst/AP • S.238: SV-Bilderdienst/AP • S.239 o.: SV-Bilderdienst/argum/T.Einberger, u.: SV-Bilderdienst/dpa • S.240: Graffiti/M.Storz • S.242: Spiegel-Verlag (4), S.362: SV-Bilderdienst/Werek • S.364 o.: Graffiti/M.Storz, m.: SV-Bilderdienst/dpa, u.: SV-Bilderdienst/AP • S.365 o.: SV-Bilderdienst/AP, u.: SV-Bilderdienst/S.Rumpf • S.366 o.: SV-Bilderdienst/AP, u.: SV-Bilderdienst/dpa, S.367: SV-Bilderdienst/L.Kucharz • S.368: SV-Bilderdienst • S.430: SV-Bilderdienst/UPI • S.432 o.: SV-Bilderdienst/AP, u.: SV-Bilderdienst/IMO • S.433: SV-Bilderdienst/O.Baumeister • S.434 o.: F.Mussil, u.: unbekannt • S.435 o.: K.-H.Schoenfeld, u.: F.Mussil • S.436: unbekannt • S.438: SV-Bilderdienst/W.Deisenroth

Die Süddeutsche Zeitung hat sich bemüht, sämtliche Bildrechte zu klären, was nicht in jedem Fall möglich war. Bei berechtigten Ansprüchen wenden Sie sich bitte an die Süddeutsche Zeitung GmbH, Sendlinger Straße 8, 80331 München.

Literaturverzeichnis

Nicht aufgenommen sind Periodika, Plenarprotokolle der Parlamente, Nachschlagewerke und allgemeine Darstellungen.

Abschlußbericht des Stolpe-Untersuchungsausschusses des Landtages Brandenburg. Lesbar gemacht von Ehrhart Neubert. Mit einem Vorwort von Viktor Böll. Hg. Heinrich Böll-Stiftung e.V., Köln 1994.
Adenauer, Konrad: Erinnerungen 1959-1963, Stuttgart 1968.
Albertz, Heinrich: Dagegen gelebt. Von der Schwierigkeit, ein politischer Christ zu sein. Gespräche mit Gerhard Rein, Reinbek bei Hamburg 1976.
Albertz, Heinrich: Blumen für Stukenbrock, Stuttgart 1981.
Anatomie des politischen Skandals. Hg. Rolf Ebbighausen/Sighard Neckel, Frankfurt a.M. 1989.
Appel, Reinhard: Die Regierenden von Berlin seit 1945. Die Nachkriegsgeschichte der Stadt im Spiegel ihrer Bürgermeister, Berlin 1996.
Arnim, Hans Herbert von: Fetter Bauch regiert nicht gern. Die politische Klasse – selbstbezogen und abgehoben, München 1997.

Badura, Peter: Die parlamentarische Verantwortlichkeit der Minister. In: Zeitschrift für Parlamentsfragen, 11.Jg. 1980, S.573-582.
Die Bananenrepublik. Skandale und Affären in der Bundesrepublik. Eine Chronik. Hg. Fritz Lietsch/Bernhard Michalowski, München 1989.
Baring, Arnulf: Sehr verehrter Herr Bundeskanzler! Heinrich von Brentano im Briefwechsel mit Konrad Adenauer 1949-1964, Hamburg 1974.
Baring, Arnulf: Machtwechsel. Die Ära Brandt-Scheel, Berlin 1998.
Barzel, Rainer: Im Streit und umstritten. Anmerkungen zu Adenauer, Erhard und den Ostverträgen, Frankfurt a.M./Berlin 1986.
Barzel, Rainer: Geschichten aus der Politik. Persönliches aus meinem Archiv, Frankfurt a.M./Berlin 1987.
Barzel, Rainer: Ein gewagtes Leben, Stuttgart/Leipzig 2001.
Bauer, Markus: Das große Nein. Zum Zeremoniell der Resignation. In: Zeremoniell als höfische Ästhetik im Spätmittelalter und Früher Neuzeit. Hg. Jörg Jochen Berns/Thomas Rahn, Tübingen 1995, S.99-124.
Beaverbrook, William Maxwell Aitken, Lord: The Abdication of King Edward VIII, London 1966.
Berg, Ulrike: Rudolf Seiters – Der stille Macher. Karriere in Hintergrund und Rampenlicht, Leer 2002.

Beucker, Pascal/Überall, Frank: Endstation Rücktritt. Warum deutsche Politiker einpacken, Berlin 2006.
Beyme, Klaus von: Die politische Klasse im Parteienstaat, 2. Aufl., Frankfurt a.M. 1995.
Bickerich, Wolfram: Franz Josef Strauß. Die Biographie, Düsseldorf 1996.
Bismarck, Otto von: Erinnerung und Gedanke. Hg. Georg Engel. Werke in Auswahl. Hg. Gustav Adolf Rein u.a., Bd.8 Teil A, Stuttgart u.a. 1975.
Bismarck, Otto von: Rückblick und Ausblick 1890-1898. Hg. Rudolf Buchner/Georg Engel. Werke in Auswahl. Hg. Gustav Adolf Rein u.a., Bd.8 Teil B, Stuttgart u.a. 1983.
Brandt, Rut: Freundesland. Erinnerungen, Düsseldorf 1994.
Brandt, Willy: Begegnungen und Einsichten. Die Jahre 1960-1975, Hamburg 1976.
Brandt, Willy: Erinnerungen. Mit den Notizen zum Fall „G", Berlin/Frankfurt a.M. 1994.
Brandt, Willy: Über den Tag hinaus. Eine Zwischenbilanz, Hamburg 1974.
Braunbuch Kriegs- und Naziverbrecher in der Bundesrepublik und in Westberlin. Hg. Nationalrat der Nationalen Front des Demokratischen Deutschland, 3. überarb. Aufl., Berlin 1968.
Brochhagen, Ulrich: Nach Nürnberg. Vergangenheitsbewältigung und Westintegration in der Ära Adenauer, Berlin 1999.
Brügmann, Claus/Höpfinger, Renate: Ministerpräsident Hanns Seidel. In: „Das schönste Amt der Welt". Die bayerischen Ministerpräsidenten von 1945 bis 1993 [Ausstellungskatalog], München 1999, S.99-105.
Bucerius, Gerd: Der Adenauer. Subjektive Beobachtungen eines unbequemen Weggenossen, Hamburg 1976.
Burchardt, Rainer/Knobbe, Werner: Björn Engholm. Die Geschichte einer gescheiterten Hoffnung, Stuttgart 1993.

Christ, Karl: Sulla. Eine römische Karriere, München 2002.

Delhaes, Daniel: Politik und Medien. Zur Interaktionsdynamik zweier sozialer Systeme, Wiesbaden 2002.
Demandt, Alexander: Geschichte der Spätantike. Das römische Reich von Diocletian bis Justinian 284-565 n.Ch., München 1998.
Diehl, Hermann: Sulla und seine Zeit im Urteil Ciceros, Hildesheim 1988.
Ditfurth, Christian von: Blockflöten. Wie die CDU ihre realsozialistische Vergangenheit verdrängt, Köln 1991.
Dohnanyi, Klaus von: Im Joch des Profits? Eine deutsche Antwort auf die Globalisierung, Stuttgart 1997.
Donsbach, Wolfgang u.a.: Beziehungsspiele – Medien und Politik in der öffentlichen Diskussion, Gütersloh 1993.
Düding, Dieter: Heinz Kühn 1912-1992. Eine politische Biographie, Essen 2002.

Eastman, John R.: Papal abdication in later medieval thought, Lewiston NY u.a. 1990.

Edelman, Murray: Politik als Ritual. Die symbolische Funktion staatlicher Institutionen und politischen Handelns, Frankfurt a.M. 1976.
Ehmke, Horst: Politik der praktischen Vernunft. Aufsätze und Referate, Frankfurt a.M. 1969.
Ehmke, Horst: Mittendrin. Von der Großen Koalition zur deutschen Einheit, Berlin 1994.
Ellwein,Thomas/Liebel, Manfred/Negt, Inge: Die Reaktion der Öffentlichkeit. Die Spiegel-Affäre Bd.2, Hg. Jürgen Seifert, Olten/Freiburg i.Br. 1966.
Eppler, Erhard: Das Schwerste ist Glaubwürdigkeit. Gespräche über ein Politikerleben mit Freimut Duve, Reinbek bei Hamburg 1978.
Eppler, Erhard: Komplettes Stückwerk. Erfahrungen aus fünfzig Jahren Politik, Frankfurt a.M./Leipzig 1996.
Eppler, Erhard: Privatisierung der politischen Moral?, Frankfurt a.M. 2000.
Erhard, Ludwig: Gedanken aus fünf Jahrzehnten. Reden und Schriften. Hg. Karl Hohmann, Düsseldorf/Wien/New York 1988.
Eutropius: Eutropii Breviarium ab urbe condita. Einleitung, Text und Übersetzung. Hg. Friedhelm L. Müller, Stuttgart 1995.
Evers, Carl-Heinz: Zwischen-Fälle. Begegnungen aus Schule und Politik, Hamburg 1998.
Evers Gespräch: [anonym:] Gespräch mit dem zurückgetretenen Berliner Schulsenator Carl-Heinz Evers. In: betrifft: erziehung, Nr.4/1970, S.8-10.

Fabio, Udo di: Verantwortung als Verfassungsinstitut. In: Staat, Amt, Verantwortung. Hg. Wolfgang Knies, Stuttgart 2002, S.15-40.
Filbinger, Hans: Die verlorene Generation, Stuttgart 1987.
Filbinger – eine deutsche Karriere. Hg. Wolfram Wette, Springe 2006.
Fischer, Jörn/Kaiser, André/Rohlfing, Ingo: The Push and Pull of Ministerial Resignations in Germany, 1969-2005. In: West European Politics, 29.Jg. Nr.4, 2006, S.709-735.
Friedrich, Carl J.: Pathologie der Politik. Die Funktion der Mißstände: Gewalt, Verrat, Korruption, Geheimhaltung, Propaganda, Frankfurt a.M./New York 1973.

Gebhard Müller blickt zurück. Der ehemalige Staatspräsident von Württemberg-Hohenzollern, Ministerpräsident von Baden-Württemberg und Präsident des Bundesverfassungsgerichts im Gespräch mit dem Intendanten des Süddeutschen Rundfunks Stuttgart, Hans Bausch, am 16. Mai 1980, Stuttgart 1980.
Geiger, Thomas/Steinbach, Alexander: Auswirkungen politischer Skandale auf die Karriere der Skandalierten. In: Medien und politischer Prozeß. Hg. Otfried Jarren/Heribert Schatz/Hartmut Weßler, Opladen 1996, S.119-133.
Genscher, Hans-Dietrich: Erinnerungen, Berlin 1995.
Gerstenmaier, Eugen: Streit und Friede hat seine Zeit. Ein Lebensbericht, Frankfurt a.M./Berlin/Wien 1981.
Gierke, Julius von: Widerstandsrecht und Obrigkeit. Gedanken anlässlich des Falles ‚Schlüter', Stuttgart 1956.
Göttingen versus Schlüter. [mit Beiträgen u.a. von] Bruno Snell, Toni Stolper, Helmuth Plessner. A Bulletin of the Committee on Science and Freedom, Manchester 1955.

Graeff, Max Christian/Moles Kaupp, Cristina: Was die Nation erregte. Skandalgeschichten der Bundesrepublik, München 1998.
Groß, Hans Ferdinand: Hanns Seidel 1901-1961. Eine politische Biographie, München 1992.
Die große Hetze. Der niedersächsische Ministersturz. Ein Tatsachenbericht zum Fall Schlüter, Göttingen 1958.
Gustav Heinemann und seine Politik. Red. Regina Krane, Berlin 1999.
Gysi, Gregor: Was nun? Über Deutschlands Zustand und meinen eigenen, Hamburg 2003.

Hahn, Wilhelm: Ich stehe dazu. Erinnerungen eines Kultusministers, Stuttgart 1981.
Hamilton, Alexander: The Federalist. Hg. Benjamin Fletcher Wright, Cambridge, Mass. 1972.
Hammelmann, Winfried/Northeim, Sven: Die Selbstbedienungsrepublik. Steckbriefe: Unsere Skandalpolitiker und ihre Affären, Frankfurt a.M. 1994.
Hans Filbinger. Der ‚Fall' und die Fakten. Eine historische und politologische Analyse. Hg. Bruno Heck, Mainz 1980.
Hans Filbinger. Ein Mann in unserer Zeit. Festschrift zum 70. Geburtstag. Hg. Lothar Bossle, München 1983.
Heinemann, Gustav: Was Dr. Adenauer vergisst. Notizen zu einer Biographie. In: Frankfurter Hefte, 11. Jg. Nr.7, 1956, S.455-472.
Heinemann, Gustav: Es gibt schwierige Vaterländer… Reden und Aufsätze 1919-1969. Hg. Helmut Lindemann, Frankfurt a.M. 1977.
Heinemann, Gustav Walter: Einspruch. Ermutigung für entschiedene Demokraten. Hg. Diether Koch, Bonn 1999.
Hentschel, Volker: Ludwig Erhard. Ein Politikerleben, München/Landsberg a.L. 1996.
Herde, Peter: Cölestin V. ‚Der Engelpapst'. In: Das Papsttum I. Von den Anfängen bis zu den Päpsten in Avignon. Hg. Martin Greschat, Stuttgart u.a. 1985, S.229-247.
Herde, Peter: Cölestin V. (1294) (Peter vom Morrone). Der Engelpapst. Mit einem Urkundenanhang und Edition zweier Viten, Stuttgart 1981.
Heringer, Hans Jürgen: „Ich gebe Ihnen mein Ehrenwort". Politik-Sprache-Moral, München 1990.
Herzog von Windsor [vormals Edward VIII.]: Eines Königs Geschichte. Die Memoiren des Herzogs von Windsor, Berlin 1951.
Heß, Hans-Jürgen: Innerparteiliche Gruppenbildung, Bonn/Bad Godesberg, 1984.
Heß, Hans-Jürgen: Die ‚Ära' Albertz. Ein Abschnitt aus dem Machtzerfall der Berlin SPD. In: Berlin in Geschichte und Gegenwart. Jahrbuch des Landesarchivs Berlin 1984, S.119-162.
Heute noch! Carl-Heinz Evers. Eine politisch-pädagogische Biographie. Hg. Lutz van Dick/Georg Hansen, Weinheim/Basel 1987.
Hitzler, Ronald: Skandal. Karrierebremse oder Karrierevehikel? Inszenierungsprobleme Bonner Parlamentarier. In: Sozialwissenschaftliche Informationen, 16.Jg. Nr.1, 1987, S.22-27.
Hitzler, Ronald: Eine Medienkarriere ohne Ende? Fallstudie am Beispiel von Jürgen Möllemann. In: Öffentlichkeit, Kultur, Massenkommunikation. Hg. Stefan Müller-Doohm/Klaus Neumann-Braun, Oldenburg 1991, S.231-250.

Hitzler, Ronald: Die mediale Selbstinszenierung von Politikern. Eine personalisierte Form der ‚Staatsrepräsentation'. In: Staatsrepräsentation. Hg. Jörg-Dieter Gauger/Justin Stagl, Berlin 1992, S.205-222.
Hitzler, Ronald: Die banale Seite der Macht. Politik als Beruf heute – und morgen. In: Helmut Berking/Ronald Hitzler/Sighard Neckel: Politikertypen in Europa, Frankfurt a.M. 1994, S.280-295.
Hoegner, Wilhelm: Der schwierige Außenseiter. Erinnerungen eines Abgeordneten, Emigranten und Ministerpräsidenten, München 1959.
Hösle, Vittorio: Moral und Politik. Grundlagen einer Politischen Ethik für das 21. Jahrhundert, München 1997.
Hoffmann, Johannes: Das Ziel war Europa. Der Weg der Saar 1945-1955, München/Wien 1963.
Hoffmann, Ludger/Switalla, Johannes: Äußerungskritik oder: Warum Philipp Jenninger zurücktreten mußte. In: Sprachreport 1/1989, S.5-9.
Huber, Wolfgang: Protestantismus und Protest. Zum Verhältnis von Ethik und Politik, Reinbek bei Hamburg 1987.

In Sachen Filbinger gegen Hochhuth. Die Geschichte einer Vergangenheitsbewältigung. Hg. Rosemarie von dem Knesebeck, Reinbek bei Hamburg 1980.

Jarren, Otfried /Donges, Patrick: Politische Kommunikation in der Mediengesellschaft. Eine Einführung. Bd.2: Akteure, Prozesse und Inhalte, Wiesbaden 2002.

Käsler, Dirk u.a.: Der politische Skandal. Zur symbolischen und dramaturgischen Qualität von Politik, Opladen 1991.
Kaisen, Wilhelm: Meine Arbeit, Mein Leben, München 1967.
Kanzler und Minister 1949-1998. Hg. Udo Kempf/Hans-Georg Merz, Wiesbaden 2001.
Karl V.: Rede vor den Generalstaaten der Niederlande am 25. Oktober 1555. Mit einem Essay von Mathias Mayer: Individualität und Zurückhaltung. Die Resignation Karls des Fünften, Hamburg 2001.
Kepplinger, Hans Mathias/Hartung, Uwe: Am Pranger. Eine Fallstudie zur Rationalität öffentlicher Kommunikation, München 1993.
Der Kieler Untersuchungsausschuß. Die Fragen und die Antworten. Oktober 1987 – Januar 1988. Hg. Schleswig-Holsteinischer Landtag, Kiel 1988.
Kilz, Hans Werner/Preuss, Joachim: Flick. Die gekaufte Republik, Reinbek bei Hamburg 1983.
Kleinheyer, Gerd: Die Abdankung des Kaisers. In: Wege europäischer Rechtsgeschichte. Karl Kroeschell zum 60. Geburtstag. Hg. Gerhard Kälber, Frankfurt a.M. u.a. 1987, S.124-144.
Klose, Alfred: Gewissen in der Politik. Ethik für die Entscheidungskrise, Graz/Wien/Köln 1982.
Koch, Peter: Willy Brandt. Eine politische Biographie, Berlin/Frankfurt a.M. 1988.
Koch, Diether: Heinemann und die Deutschlandfrage, München, 2. Aufl. 1972.
Köhler, Henning: Adenauer. Eine politische Biographie, Berlin/Frankfurt a.M. 1994.
König, Jens: Gregor Gysi. Eine Biographie, Berlin 2005.
Koerfer, Daniel: Kampf ums Kanzleramt. Erhard und Adenauer, Berlin 1998.
Kohler, Alfred: Karl V. 1500-1558. Eine Biographie, München 1999.

Kraushaar, Wolfgang: Fischer in Frankfurt. Karriere eines Außenseiters, Hamburg 2001.
Kühn, Heinz: Aufbau und Bewährung. Die Jahre 1945-1978, Hamburg 1981.
Kühn, Heinz: „Stets auf dem Weg, niemals am Ziel". Reden und Aufsätze 1932 bis heute, Bonn 1987.
Kuhoff, Wolfgang: Diocletian und die Epoche der Tetrarchie. Das römische Reich zwischen Krisenbewältigung und Neuaufbau (284-313 n.Chr.), Frankfurt a.M. u.a. 2001.
Kunst, Symbolik und Politik. Die Reichstagsverhüllung als Denkanstoß. Hg. Ansgar Klein u.a., Opladen 1995.

Lafontaine, Oskar: Das Herz schlägt links, München 1999.
Lactanz: De mortibus persecutorum. Die Todesarten der Verfolger. Übersetzung und Einleitung von Alfons Städele, Turnhout 2003.
Laux, Lothar/Schütz, Astrid: „Wir, die wir gut sind". Die Selbstdarstellung von Politikern zwischen Glorifizierung und Glaubwürdigkeit, München 1996.
Leber, Georg: Vom Frieden, Stuttgart 1979.
Leinemann, Jürgen: Höhenrausch. Die wirklichkeitsleere Welt der Politiker, München 2004.
Lessenthin, Martin/Graw, Ansgar: Lothar Späth. Politik, Wirtschaft und die Rolle der Medien, Zürich/Wiesbaden 1991.
Leyendecker, Hans/Stiller, Michael/Prantl, Heribert: Helmut Kohl, die Macht und das Geld, Göttingen 2000.
Leyendecker, Hans: Die Korruptionsfalle. Wie unser Land im Filz versinkt, Reinbek bei Hamburg 2003.
Liedtke, Rüdiger: Die neue Skandal Chronik. 40 Jahre Affären und Skandale in der Bundesrepublik, Frankfurt a.M. 1989.
Lindemann, Helmut: Gustav Heinemann. Ein Leben für die Demokratie, München 1978.

Maaz, Hans-Joachim: Die Entrüstung. Deutschland, Deutschland. Stasi, Schuld und Sündenbock, Berlin 1992.
Macht der Öffentlichkeit – Öffentlichkeit der Macht. Hg. Gerhard Göhler, Baden-Baden 1995.
Maier, Reinhold: Erinnerungen 1948-1953, Tübingen 1966.
Maine, Basil: Prinz von Wales. König Eduard VIII. Eine Biographie, Berlin 1936. [Mit einer Ergänzungslieferung]: Die Abdankung König Eduards VIII.
Marten, Heinz-Georg: Der niedersächsische Ministersturz, Göttingen 1987.
Masson, Georgina: Christina. Königin von Schweden, Tübingen 1968.
Mayer, Mathias: Die Kunst der Abdankung. Neun Kapitel über die Macht der Ohnmacht, Würzburg 2001.
Mayer, Mathias: Individualität und Zurückhaltung. Die Resignation Karls des Fünften in Brüssel. In: Kaiser Karl der Fünfte: Rede vor den Generalstaaten der Niederlande am 25. Oktober 1955, Hamburg 2001, S.17-53.
Merseburger, Peter: Willy Brandt 1913-1992. Visionär und Realist, Stuttgart/München 2002.
Meyer, Thomas: Die Inszenierung des Scheins. Voraussetzungen und Folgen symbolischer Politik, Frankfurt a.M. 1992.

Meyer, Thomas/Ontrup, Rüdiger/Schicha, Christian: Die Inszenierung des Politischen. Zur Theatralität von Mediendiskursen, Opladen 2000.
Möllemann, Jürgen W.: Klartext. Für Deutschland Möllemann, München 2003.
Möller, Alex: Genosse Generaldirektor, München/Zürich 1978.
Möller, Alex: Tatort Politik, München/Zürich 1982.
Mommsen, Theodor: Römische Geschichte, Bd.3, 4.Buch: Die Revolution, München 1976.
Moral und Moralismus in Politik und Wirtschaft. Hg. Dieter Ruloff, Chur 2002.
Müller, Gebhard: Württemberg-Hohenzollern 1945 bis 1952. In: Das Land Württemberg-Hohenzollern 1945-1952. Hg. Max Gögler/Gregor Richter, Sigmaringen 1982, S.13-29.

Neubauer, Franz: Das öffentliche Fehlurteil. Der Fall Filbinger als ein Fall der Meinungsmacher, Regensburg 1990.
Nevermann, Paul: „Rosinen aus meinem Lebenskuchen". Metaller – Bürgermeister – Mieterpräsident, Köln 1977.
Nitzsche, Frank: Ehrenwort oder Moral? Die Relevanz vormoderner Werte in Politik und Gesellschaft. In: Skandal oder Medienrummel? Hg. Jürgen Bellers/Maren Königsberg, Münster 2004, S.24-50.
Nüske, Gerd Friedrich: Neubeginn von oben: Staatssekretariat und Landesregierungen. In: Das Land Württemberg-Hohenzollern 1945-1952. Hg. Max Gögler/Gregor Richter, Sigmaringen 1982, S.81-110.

Opfer der Macht. Müssen Politiker ehrlich sein? Hg. Peter Kemper, Frankfurt a.M./Leipzig 1993.
Osswald, Albert: Eine Zeit vergeht. Lebenserinnerungen des ehemaligen hessischen Ministerpräsidenten, 2. Aufl., Gießen 1994.

Der Panegyricos des Jahres 310 auf Konstantin den Großen. Übersetzung und historisch-philologischer Kommentar von Brigitte Müller-Rettig, Stuttgart 1990.
Persönlichkeit und Politik in der Bundesrepublik Deutschland. Hg. Walther L. Bernecker/Volker Dotterweich, 2 Bde., Göttingen 1982.
Pflanze, Otto: Bismarck. Der Reichskanzler, 2 Bde., München 1998.
Philipp Jenninger. Rede und Reaktion. Hg. Armin Laschet/Heinz Malangré, Aachen/Koblenz 1989.
Plutarch: Römische Heldenleben, Stuttgart 1938.
Pörksen, Uwe: Die politische Zunge. Eine kurze Kritik der öffentlichen Rede, Stuttgart 2002.
Pötzl, Norbert: Der Fall Barschel. Anatomie einer deutschen Karriere, Reinbek bei Hamburg 1988.
Politische Akteure in der Mediendemokratie. Politiker in den Fesseln der Medien? Hg. Heribert Schatz/Patrick Rössler/Jörg-Uwe Nieland, Opladen 2002.
Politische Kultur und publizistische Verantwortung. Hg. Heinz J. Kiefer, Bochum 1990.
Poppinga, Anneliese: „Das Wichtigste ist der Mut". Konrad Adenauer – die fünf letzten Kanzlerjahre, Bergisch-Gladbach 1997.
Prantl, Heribert: Deutschland Leicht entflammbar. Ermittlungen gegen die Bonner Politik, München 1994.

Rabels, Peter: Bericht des Untersuchungsführers gemäß Senatsauftrag vom 13./18. September 1979 „Stoltzenberg-Skandal", Hamburg 1979.
Ramge, Thomas: Die großen Polit-Skandale. Eine andere Geschichte der Bundesrepublik, Frankfurt a.M./New York 2003.
Rau, Johannes: Stationen und Begegnungen. Lebensbilder in Texten und Gespräche, Interviews und Fotos. Hg. Rüdiger Reitz/Manfred Zabel, Gütersloh 1999.
Riebschläger, Klaus: Vor Ort. Blicke in die Berliner Politik, Berlin 1983.
Ristock, Harry: Neben dem roten Teppich. Begegnungen, Erfahrungen und Visionen eines Politikers, Berlin 1991.

Sarcinelli, Ulrich: Mediale Politikdarstellung und politisches Handeln: analytische Anmerkungen zu einer notwendigerweise spannungsreichen Beziehung. In: Politische Kommunikation in Hörfunk und Fernsehen. Elektronische Medien in der Bundesrepublik Deutschland. Hg. Ottfried Jarren, Opladen 1994, S.35-50.
Schambeck, Herbert: Die Ministerverantwortlichkeit, Karlsruhe 1971.
Scheer, Hermann: Die Politiker, München 2003.
Scheuch, Erwin K./Scheuch, Ute: Cliquen, Klüngel und Karrieren, Reinbek bei Hamburg 1992.
Scheuner, Ulrich: Verantwortung und Kontrolle in der demokratischen Verfassungsordnung. In: Festschrift für Gebhard Müller. Hg. Theo Ritterspach/Willi Geiger, Tübingen 1970, S.379-402.
Schily, Otto: Politik in bar. Flick und die Verfassung unserer Republik, München 1986.
Schmid, Carlo: Erinnerungen, Bern/München/Wien 1979.
Schnibben, Cordt/Skierka, Volker: Macht und Machenschaften. Die Wahrheitsfindung in der Barschel-Affäre, Hamburg 1988.
Schoenbaum, David: Ein Abgrund an Landesverrat. Die Affäre um den Spiegel. [Reprint der Erstausgabe von 1968] Mit einem Vorwort von Rudolf Augstein, Berlin 2002.
Schöps, Joachim: Die Spiegel-Affäre des Franz Josef Strauß, Reinbek bei Hamburg 1983.
Schreiber, Hermann: Kanzlersturz. Warum Willy Brandt zurücktrat, München 2003.
Schütt, Siegfried: Theodor Oberländer. Eine dokumentarische Untersuchung, München 1995.
Schütz, Klaus: Logenplatz und Schleudersitz. Erinnerungen, Berlin/Frankfurt a.M. 1992.
Schütz, Uwe: Gustav Heinemann und das Problem des Friedens im Nachkriegsdeutschland, Münster 1993.
Schütze, Christian: Skandal. Eine Psychologie des Unerhörten. Wie ein Skandal entsteht, überarb. Aufl. Bern 1985.
Schuster, Jacques: Heinrich Albertz. Der Mann, der mehrere Leben lebte. Eine Biographie, Berlin 1997.
Seibt, Ferdinand: Karl V. Der Kaiser und die Reformation, Berlin 1990.
Siever, Holger: Kommunikation und Verstehen. Der Fall Jenninger als Beispiel einer semiotischen Kommunikationsanalyse, Frankfurt a.M. 2001

Die Skandale der Republik 1949-1989. Von der Gründung der Bundesrepublik bis zum Fall der Mauer. Hg. Georg M. Hafner/Edmund Jacoby, Frankfurt a.M. 1989.
Stierling-Maxwell, William: Das Klosterleben Kaiser Karls des Fünften, 2. verm. Aufl., Dresden 1858.
Stimmungen, Skandale, Vorurteile. Formen symbolischer und emotionaler Kommunikation. Hg. Manfred Piwinger, Frankfurt a.M. 1997.
Stolpe, Manfred: Schwieriger Aufbruch, Berlin 1992.
Stoltenberg, Gerhard: Erinnerungen und Entwicklungen. Deutsche Zeitgeschichte 1945-1999, Flensburg 1999.
Strauß, Franz Josef: Die Erinnerungen, Berlin 1989.
Straßner, Erich: Dementis, Lügen, Ehrenwörter. Zur Rhetorik politischer Skandale. In: Rhetorik. Ein internationales Jahrbuch, Bd.11. Hg. Joachim Dyck/Walter Jens/Gert Ueding, Tübingen 1992, S.1-32.
Sueton [d.i. C. Suetonius Tranquillus]: Die Kaiserviten. De vita caesarum. Hgg. und übers. von Hans Martinet, Düsseldorf/Zürich 1997.

Thies, Jochen: Die Dohnanyis. Eine Familienbiografie, Berlin 2004.

Überlebensgroß Herr Strauß. Ein Spiegelbild. Hg. Rudolf Augstein, Reinbek bei Hamburg 1980.

Von der Heyden-Rynsch, Verena: Christina von Schweden. Die rätselhafte Monarchin, Weimar 2000.
Volkmann, Hans: Sullas Marsch auf Rom. Der Verfall der römischen Republik, München 1958.
Volkmann, Hans-Erich: Gustav W. Heinemann und Konrad Adenauer. Anatomie und politische Dimension eines Zerwürfnisses. In: Geschichte in Wissenschaft und Unterricht, 38. Jg., 1987, S.10-32.

Wachs, Philipp-Christian: Der Fall Theodor Oberländer (1905-1998). Ein Lehrstück deutscher Geschichte, Frankfurt a.M./New York 2000.
Wachs, Philipp-Christian: Die Inszenierung eines Schauprozesses – das Verfahren gegen Theodor Oberländer vor dem Obersten Gericht der DDR. In: Wolfgang Buschfort/ Philipp-Christian Wachs/Falco Werkentin: Vorträge zur deutsch-deutschen Nachkriegsgeschichte, Berlin 2001, S.30-55.
Wagner-Egelhaaf, Martina: Autobiographie, Stuttgart 2000.
Die Wahrheit über Oberländer. Braunbuch über die verbrecherische faschistische Vergangenheit des Bonner Ministers. Hg. Ausschuß für Deutsche Einheit, 2. erw. Aufl., Berlin (Ost) 1960.
Wassermann, Rudolf: Vergangenheitsaufarbeitung nach 1945 und nach 1989. In: Jahrbuch Extremismus und Demokratie. Hg. Uwe Backes/Eckhard Jesse, Bonn, 5. Jg. 1993, S.29-50.
Weber, Max: Politik als Beruf. Mit einem Vorwort von Robert Leicht, Frankfurt a.M. 1999.
Weber, Petra: Carlo Schmid 1896-1979. Eine Biographie, München 1996.
Weinacht, Paul-Ludwig: Die politische Person und das Persönliche an der Politik. In: Sozialethik und Politische Bildung. Festschrift für Bernhard Sutor zum 65. Geburtstag. Hg. Karl Graf Ballestrem u.a., Paderborn u.a. 1995, S.55-75.

Weizsäcker, Richard von: Vier Zeiten. Erinnerungen, Berlin 1997.
Wengst, Udo: Ministerverantwortlichkeit in der politischen Praxis der Bundesrepublik Deutschland. In: Zeitschrift für Parlamentsfragen, Nr.4, 1984, S.539-551.
Wessels, Herbert: Ein politischer Fall. Uwe Barschel – Die Hintergründe der Affäre, Weinheim 1988.
Wielenga, Friso: Schatten deutscher Geschichte. Der Umgang mit dem Nationalsozialismus und der DDR-Vergangenheit in der Bundesrepublik, Vierow bei Greifswald 1995.

Zundel, Rolf: Macht und Menschlichkeit. ZEIT-Beiträge zur politischen Kultur der Deutschen. Vorwort von Theo Sommer, Reinbek bei Hamburg 1990.
Zweig, Stefan: Joseph Fouché. Bildnis eines politischen Menschen, Stockholm 1950.

Danksagung

Zur Entstehung dieses Buches haben viele beigetragen. Die Hamburger Stiftung zur Förderung von Wissenschaft und Kultur gewährte durch ein großzügiges Stipendium den Freiraum für die Niederschrift des Textes. Dafür bin ich sehr dankbar. Die Mitarbeiterinnen und Mitarbeiter des Süddeutschen Verlages haben das Buch umsichtig betreut. Für die Fotorecherche danke ich Sven Riepe und seinen Kolleginnen vom SV-Bilderdienst, für das engagierte Lektorat und die anregende Zusammenarbeit bei der Erstellung der Druckfassung Daniela Wilhelm-Bernstein, für die wohlbedachte und sorgsame Typographie Eberhard Wolf, für Satz und Grafik Dennis Schmidt.

Die wesentlichen Quellen zu diesem Buch stammen aus der umfassenden Zeitungsausschnittsammlung im Pressearchiv des Otto-Suhr-Instituts für Politikwissenschaft in der Bibliothek für Publizistik der Freien Universität Berlin in Lankwitz, einige Ergänzungen lieferte das Ausschnittarchiv der Deutschen Zentralbibliothek für Wirtschaftswissenschaften, Hamburg. In Lankwitz hat mir Franz Jean Frohn monatelang freundlichst alle Recherchewünsche erfüllt. Die Plenarprotokolle des Bundestages und der Länderparlamente, die umfangreiche Sekundärliteratur und die elektronischen Mediendokumentationen konnte ich in der Staatsbibliothek Berlin und in den Bibliotheken der Institute für Politikwissenschaft, für Geschichte und für Publizistik der Freien Universität Berlin einsehen. Ich danke den Bibliothekarinnen und Bibliothekaren für stete Hilfsbereitschaft.

Die Texte der Rücktrittserklärungen erhielt ich freundlicherweise von Mitarbeiterinnen und Mitarbeitern verschiedener Staatsarchive, Landesministerien, Staats- und Senatskanzleien und Parlamentsbibliotheken der Länder und dem Presse- und Informationsamt der Bundesregierung. Die Rücktrittserklärung von Rainer

Barzel stellte das Archiv für Christlich-Demokratische Politik der Konrad Adenauer Stiftung in Sankt Augustin zur Verfügung, die von Ludwig Erhard die Ludwig-Erhard-Stiftung in Bonn. Ihr danke ich für die freundliche Erlaubnis, daraus zitieren zu dürfen.

Über Rücktritte aus politischer Verantwortung habe ich in der Festschrift für Wolfgang Hempel *Die Kunst des Vernetzens*, Berlin 2006, geschrieben, über die Rolle der Medien bei Rücktritten auf dem 23. wissenschaftlichen Kongress der Deutschen Vereinigung für Politische Wissenschaft in Münster 2006 referiert. Die Diskussion mit Freunden und Kollegen im Anschluss an Veröffentlichung und Vortrag haben mir wichtige Anregungen vermittelt.

Bei den Anfängen der Recherche half Stefan Otto. Freundschaftlichen Rat und kritische Hinweise erhielt ich vor allem von Antje Evertz, aber auch von Rolf Mertig, Bodo Mrozek, Florian Roesner und Frithjof Trapp. Für die vielen konstruktiven Diskussionen bin ich sehr dankbar. Der größte Dank gebührt Anne Rubach-Larsen. Sie hat das Projekt über Jahre, von der ersten Idee im Sommer 2002 bis zu den Druckfahnen, mit Ansporn, unermüdlichem Interesse und vielfacher Hilfe begleitet. Ihr ist das Buch gewidmet.

Namenverzeichnis

Kursive Ziffern verweisen auf Bildlegenden

Adenauer, Konrad 49, *53*, 59, 66, 70, 73-77, 81, 97f., 102f., 118f., 153, 158f., 206-208, 224, 232, 250, 254, 279, 281, 291, 300, 320-322, 326-330, 333, 352, 374, 376f., 382f., 401, *431*, 440, 444
Ahlers, Conrad 141, 206-208
Albertz, Heinrich 79, 83-86, 348, 380, 393, 398, 402, 408f.
Albrecht, Ernst 91f., 201, 203, 272, 345, 348f.
Altmaier, Peter (MdB) 244
Altmaier, Peter (Ministerpräsident Rheinland-Pfalz) 316
Andersch, Alfred 207
Appelhoff, Hubert 199f.
Appian (Appianos von Alexandria) 33
Arckenholz, Johan 45
Asmussen, Roger 211
Augstein, Rudolf 141, 206, 208, 292, 301
Augustinus 406

Bachmann, Ingeborg 207
Bahr, Egon 141, 267
Baldwin, Stanley 45f.
Bandmann, Volker 196
Bangemann, Martin 380
Barberino, Francesco da 38
Barschel, Uwe 8, 25, 182f., 190, 203-205, 209-212, *235*, 264, 273, 279f., 287, 292, 294f., 312, 314, 319f., 338, 347, 387f., 391
Barth, Heinz 77
Bartling, Heiner 267
Barzel, Rainer 214, 228, 230-233, *236*, 245, 263, 270f., 273, 282, 292, 297, 326, 334, 349f., 357, 360, 383, 396, 398f., 403-409
Baum, Gerhard 96
Baumann, Jürgen 243, 342f., 360, 386
Bäumer, Hans-Otto 348
Beaverbrook, Max 283
Becher, Johannes R. 152
Beckstein, Günther 144, 301, 417
Beker, Hersch 194
Best, Werner 278, 288, 360, 376
Biedenkopf, Ingrid 77
Biedenkopf, Kurt 48, *59*, 76-78, 80, 174, 196f., 232, 251, 255, 270, 272, 291f., 312, 315, 322, 330, 336, 380, 444
Biermann, Manfred 264
Birthler, Marianne 101, 105, 107f., 114-119, 121, 359, 381, 415, 447
Bismarck, Otto von *10*, 21, 381f.
Bistry, Wolfgang 377
Blankenhorn, Herbert 102
Blaul, Iris 189f.
Blüm, Norbert 349, 358
Böhmer, Wolfgang 227
Boljahn, Richard 71
Böll, Heinrich 351
Börner, Holger 268f., 342
Bosbach, Wolfgang 166
Brahe, Per 44
Brandt, Rut 122
Brandt, Willy 8, *15*, *16*, 49, *55*, 60, 83f., 95, 108-111, 114f., 122, 126, 140-143, 162, 176, 186, 218, 231, 239, 254, 256, 258, 274f., 332, 340, 342-344, 349,

Namenverzeichnis

351, 353f., 356-358, 371, 376, 379f., 400f., 407f., 412, 423f., *432*, *438*, 439, 447, 450
Brauchitsch, Eberhard von 217f., 232
Brauer, Max 175, 320f.
Brentano, Heinrich von 80, 98, 250, 279
Brunner, Gerd 145, 149-151, 153, 166
Bucerius, Gerd 159
Bucher, Ewald 80, 94-96, 352
Burckhardt, Jacob 29
Büsch, Wolfgang 85, 373
Bush, George W. 177-179, 287, 441
Byrne, David 193

Caesar, Gaius Julius 34
Carstens, Karl 57, 406
Christina von Schweden 32, 42-45, 48f.
Churchill, Winston 46
Cicero, Marcus Tullius 33, 380
Claussen, Karl Eduard 211
Clement, Wolfgang 72, 257, 271, 322, 346
Cölestin V. 32, 37, 37-40, 42, 49
Constantius Chlorus 35

Dahrendorf, Frank 123, 134, 137-140, 306f., 337, 349
Dante Alighieri 38, 49
Däubler-Gmelin, Herta 169, 177-179, 182, 187, 246, 248, 267, 287, 336, 344, 376, 441
Dehler, Thomas 124f.
Dehnkamp, Willy 385
Deneke, Diether 23, 100, 103-105, 116f., 371, 381
Diehl, Rudolf 217f., 231
Diels, Rudolf 170
Diepgen, Eberhard 111, 115f., 265, 279, 361
Diokletian (Gaius Aurelius Valerius Diocletianus) 32, 35-37, 42, 48f.
Doerfert, Hans-Joachim 215
Doetsch, Holger 230
Dohnanyi, Klaus von 58f., 64f., 275, 309, 317-319, 361, 372, 377, 380
Domcke, Hans 229
Dönhoff, Marion Gräfin 74, 428f.
Dregger, Alfred 263, 270, 326

Drevermann, Heinz Rolf 200
Drexler, Wolfgang 359
Duchac, Josef 145, 151-153, 165f., 247, 280f., 295, 298, 417
Dugdale, Sir Thomas 126f., 140

Echternach, Jürgen 248f.
Edward VIII. *14*, 32, 45-49, 176, 283, 293, 302
Eggert, Heinz 169, 172-174, 187, 251, 269f., 272, 293f., 296, 299f., 313, 315, 347, 351f., 391
Ehmke, Horst 126, 141, 218, 275
Ehre, Ida 290
Eichel, Hans 195
Elizabeth II. 175
Enderlein, Hinrich 116
Engelhard, Ilse 175
Engholm, Björn 182-184, 203-205, 209-212, *242*, 245, 273f., 279, 289, 292, 298, 302, 327, 334, 337f., 345, 347, 352
Eppelmann, Rainer 152f.
Eppler, Erhard 101, 108-110, 113f., 118-121, 162f., 218, 247, 249, 380, 444f.
Erhard, Ludwig *14*, *53*, 74f., 77, 79, 81-84, *236*, 254, 296, 300, 322, 327f., 331f., 352-354, 382, 384, 401
Ertl, Josef 96
Eschenburg, Theodor 142, 208, 301
Eutropius 36
Evers, Carl-Heinz 101, 108f., 113, 116, 118f., 258, 333, 371, 373, 376, 380, 382, 402f.
Eylmann, Horst 270f., 351, *359*

Farthmann, Friedhelm 252
Felsenstein, Marian 201f.
Ferdinand I. 40-42
Fest, Joachim 185
Filbinger, Hans 8, *19*, 88, 145f., 160-166, 247-249, 251, 265f., 289, 292, 297, 301f., 308f., 312, 326, 332, 346, 353f., 356, 359, 379, 399, 403, 405-409, 423, *434*, 444, 447
Fingerhut, Helmut 191
Fischer, Andrea 192f., 247, 296-298, 314, 343, 348, 351

Namenverzeichnis

Fischer, Joschka *19*, 144-146, 165-167, 174, 252, 413, 417-421, 423, 428
Fleischer, Ari 177
Flick, Friedrich Karl 216, 233
Foertsch, Friedrich 320
Fouché, Joseph 32, 449
Franke, Horst Werner 69, 372
Friderichs, Hans 59-61, 90, 217f., 326f.
Fugmann-Heesing, Annette 378
Funke, Karl-Heinz 192f., 348

Galerius (Gaius Galerius Valerius Maximianus) 35f., 49
Gaus, Günter 141, 262
Gauweiler, Peter 214, 228-230, 272, 278, 316f.
Geil, Rudi 132
Geis, Matthias 420
Geißler, Heiner 251, 270
Genscher, Hans-Dietrich 55, 59f., 62-64, 72, 78, 93, 96, 140-142, 260, 306, 309, 319, 342, 355, 376, 380, 401f., 404, 410f., 412f., 423f., 449f.
Gerhardt, Wolfgang 418
Gerstenmaier, Eugen 81f., 214, 223-226, 233, *242*, 247, 272, 281f., 296f., 300, 321, 370-372, 374f., 385, 396, 398f., 403, 405, 407, 409, 423, *434*
Gies, Gerd 197f., 228, 271, 375, 417
Giesen, Thomas 195, 197
Globke, Hans 153
Glogowski, Gerhard 214, 219, 221-223, 234, 245, 267, 288, 292, 295, 298, 301f., 337, 441
Glos, Michael 178, 245, 418
Gloystein, Peter 169, 179-182, 187f., 281, 287, 444
Glück, Alois 136, 275, 322
Goebbels, Joseph 177
Goll, Gerhard 309
Gomolka, Alfred *19*, 313, 352, *365*, 417
Gorbatschow, Michail 78, 177
Görlach, Willi 268f., 378
Grabert, Horst 141
Grams, Wolfgang 127, 129, *242*
Grass, Günter 109, 207
Grob, Burkhart 219
Gröger, Walter 161f.

Grundig, Max 220
Grütters, Monika 350
Guillaume, Günter 8, *16*, 122, 140-143, 274, 407
Gustav II. Adolf 43
Gysi, Gregor *14*, 27, 213f., 233f., 244, 292f., 296, 317-319, 337, 358, *365*, 385, 397f., 448

Haase, Hans-Herbert 151
Haedke, Joachim 199
Haffner, Sebastian 185
Hahn, Michael 177
Hahn, Otto 171
Hahn, Wilhelm 80, 88f., 326, 353, 379
Halstenberg, Friedrich 376f.
Hamilton, Alexander 130
Hamm-Brücher, Hildegard 201
Harpprecht, Klaus 141, 374
Hartmann, Ulrich 87, 138, 307
Hasse, Edgar 148
Hasselfeldt, Gerda 350
Hasselmann, Wilfried 201-203, 272, 293, 298, 300-302, 345, 348, 356
Hauff, Wilhelm 396
Haussmann, Helmut 355
Heerwart, Adolf von 381
Heinemann, Gustav 100, 102f., 105, 110, 118-121, 332f., 371f., 374, 377f., 380, 383f., 397, 449
Heinemann, Hermann 288, 388
Heisenberg, Werner 171
Heitmann, Steffen 195-197, 245, 273, 295, 312f., 360, 389
Hellwege, Heinrich 171
Hennig, Ottfried 133
Hertle, Fritz 190
Herwarth von Bittenfeld, Hans-Heinrich 321
Herzog, Roman 323
Heuss, Theodor 74
Heye, Uwe-Karsten 426
Hildebrand, Martin 202f.
Hildebrandt, Heinz 228
Himmler, Heinrich 185
Hintze, Peter 204
Hirsch, Burkhard 106, 116, 417
Hitler, Adolf 159-161, 177f., 185, 224

Namenverzeichnis

Höcherl, Hermann 92, 208
Hochhuth, Rolf 160f.
Hoffmann, Johannes 79
Hofmann, Michael 302
Hohlmeier, Monika 198f., 268, 281f., 297, 337, 343, 354, 356, *365*, 440
Hopf, Volkmar 207
Huber, Antje 80, 88f.
Huber, Erwin 272
Hunzinger, Moritz 425f.

Isokrates 393

Jansen, Günther 169, 182-184, 203-205, 279, 288, 293, 345, *366*
Jenninger, Philipp 169, 184-187, *239*, 250f., 269, 290, 309f., 312, 335, 338, 343f., 346, 354, 357, 375f., 380, 406, 444
Jens, Uwe 200
Jens, Walter 207
Jesus Christus 38, 190
Johannes Paul II. 37f.
John, Otto 124, 126
Junker, Maximilian 199
Jüttner, Wolfgang 222

Kaesler, Hans-Jürgen 226f.
Kaisen, Wilhelm 59, 70-72
Karl II. 38
Karl V. 31f., 40-42, 48, 329
Karl X. Gustav 42, 44
Kiesinger, Kurt Georg 95, 153, 226, 259, 278, 378, 403
Kießling, Günter 421-424, *432*
Klaeden, Eckart von 420
Klagges, Dietrich 170
Klimmt, Reinhard 215f., 245, 250, 264f., 273, 276, 337, 389
Klose, Hans-Ulrich 64, 80, 86f., 100, 137-139, 248f., 285, 300, 306f., 333
Klug, Ulrich 300, 353, 382
Knies, Wolfgang 80, 91f., 347, 349
Koch, Christoph 198
Koch, Roland 166
Koerth, Jürgen 223
Kohl, Helmut 63, 76, 97, 105, 115, 129, 134, 146-149, 165, 177, 191, 201, 203, 211, 218, 231f., 249, 255, 263, 270f., 276f., 280, 292, 312, 316, 344, 346, 349, 375, 403, 406, 410, 421-424, 429, 432, *437*
Köhler, Erich 59, 65-68
König, Jörg 168f., 172, 187, 371f.
Köppler, Heinrich 349
Körfgen, Viktor 199
Koschnick, Hans 154
Kraske, Konrad 281
Krause, Günther 293, 313, 359
Krone, Heinrich 160, 401
Kühn, Heinz 293, 330, 349, 353f., 373
Künast, Renate 250
Kusnezowa, Oksana 390

Lactantius 37
Lafontaine, Carl-Maurice *20*, 304
Lafontaine, Oskar *20*, 27, 35, 49, 80, 89-91, 116, 285f., 291, 293, 304f., 311, 316, 322f., 332f., 340-345, 361, 383-385, 397, 402, 407-409
Lambsdorff, Otto Graf 93f., 96, 150, 214, 216-218, 231, 260, 270f., 293, 327, 333, *366*, 374, 376f., 389f., 401, 423
Landowsky, Klaus 116, 265
Lange, Rolf 361, 377
Langner, Manfred 404
Leber, Georg 190-192, 267, 353f., 371f., 375, 377, 395
Lehmann-Brauns, Uwe 116
Leicht, Robert 230f.
Leinemann, Jürgen 444
Leisler Kiep, Walter 218
Leithäuser, Eva 361
Lengemann, Jochen 153
Lenz, Hans 97
Leussink, Hans 315f., 351
Leutheusser-Schnarrenberger, Sabine *55*, 101, 105f., 114f., 118, 258, 313f.
Lieberknecht, Ulrike 153
Liebich, Stefan 358
Liehr, Harry 281, 342
Lindner, Martin 348
Lohr, Helmut 219f., 234, 288
Lübke, Heinrich 321
Lücke, Paul 258f., 278
Lüder, Wolfgang 186
Ludwig, Oliver 137

Namenverzeichnis

Lummer, Heinrich 245, 247, 265, 273, 278f., 291, 296, 298, 360f., 379
Luther, Martin 121
Lutze, Lothar-Erwin 191
Lutze, Renate 191

Maaz, Hans-Joachim 416
Maget, Franz 136, 198, 356
Maier, Reinhold 124-126, 143
Maihofer, Werner 80, 91-94, 298, 301, 306, 314, 342, 356, 363, 386
Maizière, Lothar de 145, 147-149, 151, 153, 165f., 268, 270, 273, 300, 347, 351, 359, 437
Malines, Francesco 43
Mattick, Kurt 85
Maximian (Marcus Aurelius Valerius Maximianus) 35
Maximilian Josef I. 320
Mayer, Till 243
Mayer, Wenzel 189
Meiser, Klaus 215f., 389
Merkel, Angela 166, 418
Merz, Friedrich 178
Meyer, Bernd 358
Meyer, Laurenz 178, 348
Milbradt, Georg 77f., 265, 315, 322
Milde, Gottfried 194f., 197, 346
Mischnick, Wolfgang 97, 259
Mitscherlich, Alexander 162
Mitscherlich, Margarete 162
Mittnacht, Hermann von 21
Möcklinghoff, Egbert 201
Möllemann, Carola 200
Möllemann, Jürgen 55, 199-201, 236, 242, 250, 260f., 271, 289, 291, 298, 301, 317-319, 334-336, 344, 358-360, 375f., 382f., 387, 401f.
Möller, Alex 101, 110f., 113, 115, 118, 258, 310, 343
Mommsen, Theodor 34
Morrone, Peter von s. Cölestin V.
Müller, Gebhard 99f., 117
Müller, Michael 261
Münch, Werner 149, 151, 214, 223, 226-228, 288, 292, 302, 312, 314, 335, 389
Müntefering, Franz 348, 384

Naumann, Michael 59-61, 373
Neubauer, Kurt 85, 250, 266f.
Neumer, Rainer 196
Nevermann, Grete 174f.
Nevermann, Paul 47, 169, 174-176, 187, 286f., 307, 400, 445
Newrzella, Michael 127
Nilius, Klaus 182, 204f.
Nixon, Richard 210
Nollau, Günter 140
Nölle, Ulrich 69, 351, 353
Nooke, Günter 415
Norden, Albert 157f., 160

Oberländer, Theodor 28, 145, 157-160, 165f., 281
Oelschläger, Udo 179f.
Oertzen, Peter von 157, 248
Oesterle-Schwerin, Jutta 185
Oettinger, Günther 72, 278, 280, 284, 359
Ohnesorg, Benno 85, 408
Osswald, Albert 278, 360, 389
Ost, Friedhelm 250
Oster, Achim 207
Ostrowski, Christine 347
Oxfort, Hermann 344, 347, 354, 378

Paefgen, Günter Max 232f.
Palmer, Christoph 169, 180-182, 187, 287, 337
Paul, Albert 231-233
Paulig, Ruth 322
Paulina-Mürl, Lianne 319
Paulus 38
Penner, Willfried 404
Perschau, Hartmut 226
Pfarr, Heide 256, 351
Pfeifer, Anton 226
Pfeiffer, Joachim 181
Pfeiffer, Reiner 182f., 203-205, 210-212, 287f., 338
Philipp II. 40f., 329
Piëch, Ferdinand 245
Pilati-Borggreve, Kristina Gräfin 424, 432
Pinzner, Werner 377
Platon 393
Platzeck, Matthias 72, 118, 317
Plottnitz, Rupert von 194

NAMENVERZEICHNIS

Plutarch 34, 369, 392
Poppinga, Anneliese 401
Prantl, Heribert 450
Puvogel, Hans 145, 155-157, 166, 248
Rabels, Peter 138
Rademacher, Karin 199
Rastemborski, Ulrich 59, 67f.
Rau, Johannes 14, *19*, 73, 104, 252, 257, 274, 310, 322, 348f., 372, 388, 395, 444
Reents, Jürgen 232
Rehberg, Eckhardt 313
Rehberger, Horst 226, 228, 378
Reimann, Max 66
Renger, Annemarie 350
Renner, Andreas 278, 284f., 358f., 373
Rice, Condolezza 177
Roßberg, Klaus 414
Ruppelt, Wolfgang 133f.

Samland, Detlev 271, 386
Sander, Hans-Heinrich 246
Sauer, Roland 271
Sauter, Alfred 123, 134-137, 140, 349
Schädler, Johannes 189
Schäfer, Wolfgang 228
Scharping, Rudolf 274, 349, 413, 424-427, *432*
Schäuble, Wolfgang 246, 268, 277, 419f.
Schaufler, Hermann 390
Schedl, Otto 372
Scheel, Walter 97, 122, 143, 218
Scherf, Henning 59, 71f., 180
Schiller, Karl 80, 90, *95f.*, 254, 332f., 342, 349, 353, 355, 383f., *434*
Schily, Otto 417
Schlede, Stefan 116
Schlereth, Max 77
Schleußer, Heinz 271, 292, 346
Schleyer, Hanns Martin 60, 92
Schlüter, Leonhard 169-172, 187
Schmid, Albert 356
Schmid, Carlo 66, 74, 99, 112, 226
Schmidt, Helmut 60, 80, 86, 88f., 93, 109f., 113f., 120, 143, 191f., 205, 209, 239, 255f., 274f., 358
Schmidt, Renate 135, 229

Schnoor, Herbert 358f.
Scholl, Hans-Otto 131
Scholz, Olaf 420
Schönberg, Leo 132
Schreiber, Hans 340
Schreiber, Werner 226
Schreiner, Ottmar 262
Schröder, Gerhard (Bundesinnenminister) 124-126, 130
Schröder, Gerhard (Ministerpräsident Niedersachsen, Bundeskanzler) 61, 73, 89-91, 167, 174, 177-179, 192, 244, 248, 250, 255-257, 261f., 264, 267, 274, 286, 323, 343-345, 349, 361, 384, 402, 408, 420f., 424, 426f., *432*
Schuchart, Helga 93
Schulz, Peter 204f., 350, 377
Schumacher, Kurt 66, 232
Schütz, Klaus 83, 108, 116, 258, 267, 342, 344f., 348, 361, 380, 397, 402, 404
Schwarz-Schilling, Christian 381
Seehofer, Horst 445, 448
Seidel, Hanns 59, 68f.
Seifriz, Hans *19*, 145, 154-157, 165f., 210, 286f.
Seigewasser, Hans 414
Seiters, Rudolf 123, 127-130, 143, 242, 276f., 289, 327, 337, 360, *365*, 377, 380, 449
Sethe, Paul 119, 224
Shaw, George Bernhard 45
Siedler, Wolf Jobst 396
Simitis, Spiros 194
Simon, Helmut 234
Simonis, Heide 369, 372
Simpson, Wallis *14*, 45f., 283
Sinn, Hansjörg 256, 386
Sommer, Theo 162
Späth, Lothar 47, 164, 214, 219-221, 223, 234, *239*, 246, 265f., 268, 271, 280, 288f., 308f., 335, 346, *365f.*, 386f., 403, 444f.
Springer, Axel 175
Staak, Werner 333
Stahl, Alexander von 127
Stamm, Barbara *55*, 301f., 312, 314f., 348, 356

Namenverzeichnis

Stammberger, Wolfgang 97f., 207, 312
Starke, Heinz 97
Starke, Werner 87
Steffel, Frank 244
Stobbe, Dietrich 83, 328, 342f., 353, 386
Stock, Josef 202
Stoiber, Edmund 134-137, 139, 198, 219, 229f., 239, 268, 272, 281, 316, 343, 348, 440
Stolpe, Manfred 72, 107f., 115-118, 264, 271, 278, 317, 359, 381, 413-417, 428, 442, 447f.
Stoltenberg, Gerhard 123, 130, 133f., 140, 236, 249, 277, 280, 292, 297, 301, 313, 336, 354, 375
Strauß, Franz Josef 25, 80, 82, 97, 190, 198, 205-209, 218, 229, 250, 301, 316, 320, 366, 378, 395-397, 405f., 423, 434, 440, 444
Strauß, Walter 207
Streibl, Max 219, 229, 239, 275, 301, 312, 321f., 328-330, 335, 355f., 445
Strieck, Heinz 345
Strieder, Peter 324f., 327, 334, 336f., 339, 341, 345, 348
Strippel, Arnold 131
Strobel, Lothar 220
Struck, Peter 265, 273, 276
Stücklen, Richard 310
Sulla (Lucius Cornelius Sulla Felix) 32-35, 42, 48f., 338, 357, 369f., 372, 392f.

Teufel, Erwin 47, 73, 181, 239, 268, 280, 308, 330, 349, 354, 385, 444
Theisen, Otto 123, 131-134, 140
Thierse, Wolfgang 90, 128
Thoben, Christa 27, 101, 110-113, 116, 118, 350, 378
Traube, Klaus 93
Trittin, Jürgen 144, 246, 348
Trundle, Guy Marcus 47

Verheugen, Günter 415
Vogel, Bernhard 55, 132, 253-255, 328, 349
Vogel, Hans-Jochen 186, 250f., 354
Vogl, Josef 230
Vogt, Ute 349

Volkert, Heinz Peter 132
Von der Heydte, Friedrich August Freiherr 206
Vossius, Isaak 44

Waigel, Theo 250, 285, 346, 357
Wallmann, Walter 194f., 346
Walther, Rudi 134
Wartenberg, Ludolf von 202
Weber, Christine 264f.
Weber, Max 101, 119-121, 125, 138, 443f., 448, 450
Wedemeier, Klaus 69
Wehner, Herbert 110, 141, 143, 207, 274, 344, 400f.
Weichmann, Herbert 380
Weizsäcker, Carl Friedrich von 171
Weizsäcker, Richard von 55, 57-59, 61, 67f., 185f.
Westerwelle, Guido 118, 178, 258
Weyrich, Karl-Heinz 131
Wieland, Wolfgang 27
Wilckens, Ulrich 212
Wilhelm, Hans-Otto 253f.
Windelen, Heinrich 310
Woermann, Emil 170f.
Wörner, Manfred 413, 421-424, 427f., 432, 442
Wolf, Jochen 264, 278, 390f.
Wolf, Ursula 390
Wowereit, Klaus 345
Wrocklage, Hartmut 269
Wulff, Christian 245

Zeh, Klaus 153
Ziegler, Alexander 422
Zimmermann, Edwin 271, 292, 390
Zumpfort, Wolf-Dieter 211
Zundel, Rolf 410
Zweig, Stefan 32, 448-450

Süddeutsche Zeitung Edition

Die Reportage hat sich auch im Medienzeitalter als Königsdisziplin des Journalismus behauptet. In der Süddeutschen Zeitung ist ihr Platz auf Seite Drei – der Platz für Geschichten, die vom unmittelbaren Erleben des Reporters geprägt sind, für Geschichten aus allen Lebensbereichen: Politik, Kultur, Wirtschaft, Sport, Gesellschaft. Ein halbes Jahrhundert, dargestellt in einem Mosaik aus 61 Reportagen.

Die Seite Drei.
Reportagen aus vier Jahrzehnten
Herausgegeben von Gernot Sittner
576 Seiten, 24,90 € (D), 25,60 € (A), 43,70 sFr
ISBN 978-3-86615-484-1

Aus unserem Programm:

UnterBayern

UnterBayern ist das bayerische Streiflicht der Süddeutschen Zeitung. Dieser Band versammelt die besten Glossen, die vom 2004 bis 2006 jeweils samstags im Bayernteil erschienen sind.
Mit Zeichnungen von Dieter Hanitzsch.
176 Seiten, 9,90 € (D), 10, 20 € (A), 18,10 Sfr
ISBN 978-3-86615-346-2

Auch erhältlich als Hörbuch, gelesen von Bruno Jonas
2CDs, 14,90 € (D), 15, 50 € (A), 26,80 Sfr
ISBN 978-3-86615-348-6

Das Streiflicht

Ein kleines, zartes Licht. Seit 60 Jahren täglich in der Süddeutschen Zeitung und jetzt in diesem Buch, das die Ernte zweier Jahre (2004–2006) bündelt.
288 Seiten, 12,90 € (D), 13,30 € (A), 23,30 Sfr
ISBN 978-3-86615-345-5

Auch erhältlich als Hörbuch
2CDs, 14,90 € (D), 15, 50 € (A), 26,80 Sfr
ISBN 978-3-86615-347-9

Bestellen Sie jetzt:
Telefonisch unter **0 18 05-26 21 67**,
per Fax unter **0 18 05-26 21 68**
oder im Internet unter **www.sz-shop.de**.